中国人力资源和社会保障年鉴
（工作卷）

CHINA HUMAN RESOURCES AND SOCIAL SECURITY YEARBOOK

2011

中国劳动社会保障出版社
中国人事出版社

图书在版编目(CIP)数据

中国人力资源和社会保障年鉴. 2011/人力资源和社会保障部编. —北京：中国劳动社会保障出版社，2011

ISBN 978-7-5045-9300-9

Ⅰ.①中… Ⅱ.①人… Ⅲ.①人力资源管理-中国-2011-年鉴②社会保障-中国-2011-年鉴 Ⅳ.①F249.21-54②D632.1-54

中国版本图书馆 CIP 数据核字(2011)第 237257 号

中国劳动社会保障出版社
中 国 人 事 出 版 社 出版发行

（北京市惠新东街 1 号 邮政编码：100029）

出 版 人：张梦欣

*

北京市艺辉印刷有限公司印刷装订 新华书店经销

880 毫米×1230 毫米 16 开本 66.5 印张 1598 千字

2011 年 12 月第 1 版 2011 年 12 月第 1 次印刷

定价：498.00 元

读者服务部电话：010-64929211/64921644/84643933

发行部电话：010-64961894

出版社网址： **http://www.class.com.cn**
http://www.renshipublish.com

《中国人力资源和社会保障年鉴》编辑委员会成员

《中国人力资源和社会保障年鉴》编辑部成员

编 辑 说 明

一、《中国人力资源和社会保障年鉴（2011）》是关于人力资源和社会保障工作的专业性史料工具书。全书系统收录了2010年度我国人力资源社会保障工作重要文献、资料和数据，全面记录了2010年我国人力资源社会保障事业发展概况，客观反映了人力资源社会保障工作改革发展成就、经验以及今后需要继续研究解决的问题。它是对党政机关领导干部和各部门工作人员、人力资源社会保障系统工作者、企业领导和人力资源管理者，以及人力资源社会保障科研理论工作者有价值的参考用书和工具书。

二、本年鉴分文献卷、工作卷两卷。文献卷包括人力资源和社会保障重要文献、2010年人力资源和社会保障大事记。工作卷包括人力资源和社会保障工作概览、全国人力资源和社会保障工作、地方人力资源和社会保障工作、人力资源和社会保障统计资料。

三、本年鉴中，全国人力资源和社会保障工作分为28个部分：就业工作、人力资源市场建设与管理、职业能力建设、军转安置、专业技术人才工作、事业单位人事管理、公务员管理、养老保险、失业保险、医疗保险、工伤保险、生育保险、农村社会养老保险和被征地农民社会保障、社会保险经办管理、社会保险基金监督、劳动关系、调解仲裁管理、机关事业单位工资福利工作、农民工工作、法制建设、劳动保障监察、规划统计、信息化建设、科学研究、干部教育培训和表彰、新闻宣传政务信息与出版、国际及港澳台地区交流合作、社团活动；地方人力资源和社会保障工作52篇。

《中国人力资源和社会保障年鉴（2011）》的编辑出版是在全国人力资源社会保障系统的共同努力下完成的。在此，向所有参加编辑出版工作的领导和同志表示衷心的感谢。

《中国人力资源和社会保障年鉴》编辑部

2011 年 10 月

目　　录

工作卷

人力资源和社会保障工作概览

全国人力资源和社会保障工作

地方人力资源和社会保障工作

统 计 资 料

工作卷

人力资源和社会保障工作概览

2010 年人力资源和社会保障工作概览

2010 年是我国进入新世纪以来经济发展最为复杂的一年，也是人力资源和社会保障工作压力巨大、任务繁重、挑战严峻的一年。各级人力资源社会保障部门坚决贯彻党的十七大和十七届五中全会精神，落实中央经济工作会议和全国组织部长会议部署，以民生为本、人才优先作为工作主线，全面推进人力资源社会保障事业科学发展，为经济社会发展作出了重要贡献。

一、就业局势保持总体稳定

（一）实施更加积极的就业政策

坚持把就业工作摆在人力资源社会保障工作的首要位置，进一步落实更加积极的就业政策，会同有关部门研究制定新一轮促进就业税收优惠政策并启动实施；“五缓四减三补贴”、灵活就业人员社会保险补贴等政策执行期延长一年。以落实创业政策和创业型城市建设为重点，全面促进以创业带动就业。指导各地加大援企稳岗政策措施的贯彻落实力度，进一步做好东部 7 省市扩大失业保险基金支出范围试点工作。

（二）统筹解决重点群体就业问题

继续把高校毕业生就业问题放在首位，组织公共就业人才服务专项活动，实施高校毕业生就业推进行动和就业见习计划，统筹推进“三支一扶”等高校毕业生服务基层项目，开展高校毕业生就业大调研。推进农村劳动力转移就业示范县建设，改善农村劳动力转移就业环境。开发公益性岗位，创建充分就业社区，积极帮助就业困难人员实现就业；及时研究制定重大自然灾害下灾区就业政策，做好汶川地震灾区的二次就业工作。

（三）着力加强公共就业人才服务

加强公共就业人才服务体系和能力建设，针对各类劳动者组织开展了形式多样的就业服务系列专项活动。完善就业管理制度，实行全国统一样式、统一编号的《就业失业登记证》，推进实名制就业与失业管理，全面启动全国就业信息监测工作。在全国 105 个城市建立失业动态监测制度。不断加大人力资源市场监管力度。加快发展人才服务业。

（四）全面提高劳动者就业能力

国务院出台了《关于加强职业培训促进就业的意见》，继续全力实施特别职业培训计划，以企业吸纳农民工培训、劳动预备制培训和创业培训为重点，全年共组织近 1 800 万人参加各类职业培训。

据统计，全年城镇新增就业 1 168 万人（为全年目标的 130%），下岗失业人员再就业 547 万人（为全年目标任务的 109%），其中就业困难人员就业 165 万人（为全年目标的 165%）。四季度末城镇登记失业率为 4.1%，比上年底降低 0.2 个百分点，低于 4.6%的控制目标。

二、社会保障体系建设不断完善

（一）社会保险法规制度建设取得重要突破

《社会保险法》正式颁布，《工伤保险条例》重新修订，为加强完善社会保障制度体系提供了法律保障，对于建立覆盖城乡居民的社会保障制度体系具有十分重要的意义。

（二）新型农村社会养老保险试点取得积极进展

首批新农保试点工作平稳推进，第二批扩大试点工作如期启动，全国有838个县和4个直辖市的大部分区县纳入国家试点，制度覆盖面达到24%，参保农民达到1.03亿人。

（三）城镇职工基本养老保险制度进一步完善

养老保险关系转移接续办法平稳实施。2010年调整增加的企业退休人员基本养老金全部发放到位。通过认真评估，进一步巩固了养老保险省级统筹成果。出台解决未参保集体企业退休人员基本养老保障等遗留问题的意见。

（四）医疗保险和生育保险稳步提高

医疗保障覆盖面和待遇水平稳步提高，统筹解决了800万关闭破产企业退休人员和困难企业职工的参加医保问题。全国已有80%的地区开展了城镇居民医保门诊费用统筹，90%的地区基本实现医疗费用即时结算，平稳实施医疗保险关系转移接续和异地就医结算工作。生育保险工作进一步加强。

（五）工伤保险工作取得重大进展

《工伤保险条例》重新修订，工伤预防、工伤补偿、工伤康复三位一体的制度体系基本确立，待遇水平大幅提高。大力实施“平安计划”二期，农民工参保人数超过6 200万人。积极稳妥开展工伤预防和工伤康复试点。

（六）社会保障基金监管和经办管理进一步加强

深化社保基金专项治理成果，开展医保基金管理情况检查，强化基金稽核和内控工作，进一步规范企业年金管理。大力推进社会保险经办工作专业化、信息化、标准化建设，努力夯实数据基础，提高管理效率和服务质量，确保各项社会保险待遇按时足额支付，全面完成全年扩面征缴计划。

截至12月底，全国参加城镇基本养老、基本医疗、失业、工伤和生育保险的人数分别达到2.57亿人、4.32亿人、1.34亿人、1.62亿人和1.23亿人。全年五项社会保险基金收入合计18 646.4亿元，支出合计14 810.9亿元。覆盖人数、基金收入均继续保持较快的增长速度。

三、人才队伍建设取得新成绩

（一）人才工作机制进一步健全

认真贯彻落实全国人才工作会议精神和国家中长期人才发展规划纲要。成立了人力资源社会保障部人才工作领导小组，人才工作机制进一步健全。研究制定了专业技术人才队伍建设中长期规划和高技能人才队伍建设中长期规划以及“专业技术人才知识更新工程”和“国家高技能人才振兴计划”两个重大人才工程的实施方案。

（二）专业技术人才队伍建设进一步加强

选拔了近4 000名享受政府特殊津贴人员。新设博士后科研工作站516个。制定支持留学人员回国创业的意见和加强留学人员回国服务体系建设工作的意见，出台了规范留学回国人员落户工作政策，组织实施留学人员回国创业启动支持计划、海外赤子为国服务行动计划，继续开展高层次留学人才回国资助试点工作和留学人员科技活动项目择优资助工作，加强留学人员创业园建设。配合中组部继续实施海外高层次人才引进计划，分两批引进481名海外高层次创新创业人才，“千人计划”入选人才已达1 143人。“653”人才工程圆满结束，累计培养培训专业技术人才300万人次。继续开展新疆、西藏少数民族专业技术人才特殊培养工作和青海三江源人才培养工程，研究制定了第四批新疆特培方案。全年共举办了95期高研班，培训中高级专业技术人才6 000多人。职称制度改革进一步深化，指导吉林、山东、陕西完成中小学教师职称制度改革试点工作。

（三）高技能人才队伍建设进一步推进

组织开展了全国职业技能竞赛系列活动，全国有近千万企业职工和职业院校学生参加。

组织国家职业资格全国统一鉴定工作。开展优秀高技能人才评选表彰活动，选拔了386名享受国务院政府特殊津贴高技能人才。启动国家职业分类大典修订工作。大力推进技工院校改革发展，印发了《关于大力推进技工院校改革发展的意见》，开展了职业培训政策、高技能人才师资和骨干技工院校校长等系列业务研修活动，启动了“一体化”课程教学改革试点工作。

（四）引进国外智力工作成效显著

大力推动各领域、各地方引进高层次人才和紧缺人才，全年境外来中国内地工作外国专家和港澳台专家约46万人次。在总量控制的基础上，切实提高出国（境）培训质量和效益。创新合作方式，开展不同层面的对外人才智力资源交流合作。加大引智精品工程和重点项目支持力度，促进成果的消化吸收并转为现实生产力。大力推进局省、部际合作，引智服务区域发展和行业发展能力不断增强。

（五）人力资源交流与合作成绩突出

干部对口支援力度不断加大，引导高校毕业生到农村基层支教、支农、支医和扶贫，区域人才合作机制不断完善。牵头承办了第五届亚太经合组织人力资源开发部长级会议，胡锦涛主席出席会议并发表重要讲话，深刻阐述了包容性增长理念，受到广泛赞誉。会同国新办起草了新中国成立以来第一份中国人力资源状况白皮书，在国内外产生积极反响。

四、人事制度改革不断深化

（一）公务员制度不断完善

出台了《公务员录用体检特殊标准》和《公安机关人民警察纪律条令》等5部专项处分规章，研究制定了聘任制公务员管理试点办法，起草了公务员转任规定、回避规定。加快推进分类管理试点工作。积极探索公开遴选试点工作，召开了全国行政机关竞争上岗工作经验交流会。参照管理工作进一步规范。圆满完成2010年度各项考录工作，全国共录用17万名公务员。不断加大从基层和生产一线考录公务员的力度，省级以上机关录用有基层工作经历人员的比例达到70%。成功组织承办了2010年全国劳动模范、上海世博会、玉树抗震救灾、全国防汛抗旱暨舟曲抢险救灾、嫦娥探月工程等一系列表彰奖励活动，积极稳妥地开展授予省部级荣誉称号工作。拟定了“十二五”行政机关公务员培训纲要。开展了中央机关新录用公务员初任培训、处级公务员任职培训，完成公务员对口培训2 000余人。公务员纪律惩戒制度建设和公务员申诉工作进一步加强。

（二）事业单位人事制度改革稳步推进

配合国家法制办继续修改完善《事业单位人事管理条例（草案）》，会同有关部门研究修改《事业单位工作人员处分规定》。聘用制推行面不断扩大，全国聘用合同签订率达到90%。进一步推行公开招聘制度，召开了全国事业单位公开招聘工作座谈会，会同中组部下发了《关于进一步规范事业单位公开招聘工作的通知》。事业单位岗位设置管理工作在31个省份和新疆生产建设兵团全面推开，中央单位完成80%左右。积极配合有关部门推动事业单位分类改革和行业体制改革。开展事业单位人事制度改革业务培训。

（三）军转安置工作不断加强

落实中央关于做好军队转业干部安置工作的要求，圆满完成军转干部安置任务。中央单位开展统一考试服务试点工作取得明显成效，自主择业军转干部政策进一步完善，管理服务工作稳步推进，军转干部教育培训工作得到加强。

五、工资收入分配工作取得新进展

（一）公务员工资制度进一步完善

研究建立干部职务与职级并行制度和对基层实行工资倾斜的政策措施，调整西藏特殊津贴和艰苦边远地区津贴四至六类区标准，出台提高新疆机关事业单位工资收入水平的政策措施，积极解决一些部门特殊岗位津贴问题。继续做好规范公务员津贴补贴工作。认真开展公务员与企业相当人员工资水平调查试点工作，完成2010年中央级在京202家单位近4万人的工资统发工作。

（二）事业单位收入分配制度改革稳步推进

做好公共卫生与基层医疗卫生事业单位绩效工资组织实施工作，稳慎推进其他事业单位实施绩效工资工作，加强对义务教育学校实施绩效工资的督查，妥善解决中央事业单位退休人员待遇问题。

（三）企业工资分配工作不断加强

各地适时调整最低工资标准，全国有30个省份调整了最低工资标准，月最低工资标准最高档平均增长幅度为24%。认真落实规范中央企业负责人薪酬管理的意见，及时审核确定2009年中央企业负责人基本年薪基数，实施中央企业工资总额和水平双调控政策。稳步推进工资集体协商，落实工资指导线和人力资源市场工资指导价位制度，促进企业建立工资正常增长机制。切实加大保障农民工工资支付的工作力度，开展专项检查和督查，使元旦、春节期间农民工工资支付基本得到保障。

六、劳动关系总体保持和谐稳定

（一）农民工权益保障不断加强

落实全国人大常委会对转移农村劳动力保障农民工权益工作情况报告的审议意见。开展服务农民工的社会组织情况专题调研。配合有关方面积极稳妥推进户籍管理制度改革。进一步加强农民工培训工作。认真落实《国务院办公厅关于发展家庭服务业的指导意见》。加强农民工工作宣传，丰富农民工精神文化生活。

（二）稳步推进《劳动合同法》贯彻实施

开展农民工签订劳动合同“春暖行动”、小企业劳动合同制度实施专项行动、集体合同制度实施“彩虹计划”，指导各地进一步提高农民工劳动合同签订率，扩大集体合同制度覆盖面。

（三）做好劳动关系重大问题的研究应对工作

加强对劳动关系形势的分析研判，稳妥处置深圳富士康事件及部分企业职工要求加薪引发的停工事件。

（四）劳动人事争议调解仲裁工作取得积极进展

前三季度共立案受理争议案件44.3万件，比上年同期下降了14.6%，仲裁结案率为87.4%。调解在争议处理中的基础性作用日益显现，仲裁院建设得到进一步加强。

（五）劳动保障监察执法力度不断加大

组织开展清理整顿人力资源市场秩序、整治非法用工打击违法犯罪和农民工工资支付保障等专项行动。依法及时查处了89件劳动保障重大违法案件。制定下发《跨地区劳动保障监察案件协查办法》。劳动保障监察“两网化”管理试点工作进展顺利，积极开展劳动保障监察“机构标准化、执法规范化、人员专业化”建设。前三季度，指导全国劳动保障监察机构共检查用人单位120.1万户，责令用人单位为640.3万名劳动者补签劳动合同，补发工资待遇等58.7亿元，督促9.3万户用人单位补缴社会保险费27.9亿元。

全国人力资源和社会保障工作

就 业 工 作

一、就业总量继续增长，就业结构逐步优化

2010年末，全国城乡从业人员76 105万人，比上年末增加277万人。其中第一产业27 931万人，占36.7%；第二产业21 842万人，占28.7%；第三产业26 332万人，占34.6%。年末城镇就业人员34 687万人，比上年末净增加1 365万人。其中单位就业人员13 052万人，比上年末增加479万人；城镇私营和个体就业人员10 538万人，比上年末增加750万人。在城镇单位就业人员中，在岗职工12 251万人，比上年末增加427万人。

2010年，全国城镇新增就业人员1 168万人，下岗失业人员再就业547万人，其中帮助"4050"人员等就业困难人员实现再就业165万人，分别完成全年目标任务的130%、109%、165%。年末，城镇登记失业人数908万人，城镇登记失业率为4.1%。全面完成年初确定的"95146"（全年城镇新增就业人员900万人以上，下岗失业人员再就业500万人，其中，就业困难对象再就业100万人，城镇登记失业率控制在4.6%以内）就业目标任务。

当年，全国共有零就业家庭85739户（其中，新增8.4万户），共帮助8.5万户零就业家庭成员实现就业9.9万人，期末实有零就业家庭1 093户。各地开展零就业家庭援助工作以来，全国已累计援助零就业家庭116.2万户，占总量的99.9%。全国基本实现零就业家庭动态援助、动态消除的目标。

二、实施更加积极的就业政策

2010年，按照党中央、国务院决策部署，进一步落实和完善促进就业的政策措施。国务院下发了《关于加强职业培训促进就业的意见》（国发［2010］36号）。经国务院批准，人力资源社会保障部会同财政部、国家税务总局共同发出《关于进一步减轻企业负担稳定就业局势有关工作的通知》（人社部发［2009］175号），将"五缓四减三补贴"等援企稳岗政策的执行期限延长一年；财政部、税务总局、人力资源社会保障部、教育部调整完善了支持和促进就业税收优惠政策，鼓励企业吸纳就业和扩大创业扶持政策对象范围；人力资源社会保障部、教育部、财政部、人民银行、税务总局、工商总局印发了《关于实施2010高校毕业生就业推进行动大力促进高校毕业生就业的通知》（人社部发［2010］25号）。

年初，党中央、国务院确定"95146"的就业目标任务。1月，国务院就业工作部际联席会议全体会议召开，张德江副总理出席会议并讲话。经全体会议审定，印发了联席会议2010年工作要点及成员单位主要工作安排，对各部门共同做好就业工作进行安排部署。

坚持将促进就业与经济发展和结构调整相结合。会同商务部、海关总署积极推动加工贸易产业转型升级和梯度转移工作，共同认定转型升级试点城市和梯度转移重点承接地，出台指导意见。开展低碳经济发展与促进就业研究，推动"绿色就业"。

继续加大中央财政就业专项资金支持力

度，切实加强资金监管。6月，会同财政部向各地拨付第二批中央财政补助资金，全年通过专项转移支付分配地方资金404亿元。9月份，还提前安排2011年部分就业专项资金278亿元，为就业政策落实提供坚实保障。加强资金监管，及时对违规使用资金问题进行处理。3月，下发了《关于深入开展警示教育 切实加强就业专项资金监管的通知》（人社厅发［2010］27号）；8月，召开全国就业工作视频会议，通报有关违规使用资金问题，部署进一步加强资金使用管理工作，切实提高资金使用效益。

进一步加强外国人就业管理工作。4月，会同外交部、公安部下发《关于加强外国人就业管理工作有关问题的通知》（人社部发［2010］33号）。6月，三部门召开视频会进行部署。

三、大力组织实施就业服务专项行动，促进重点群体就业

针对不同就业群体的特点，人力资源社会保障部会同教育部、全国总工会、全国工商联、全国妇联、中国残联等部门开展公共就业服务专项活动，加强对就业重点群体的就业服务。

元旦、春节期间，联合中国残联在全国开展“2010年就业援助月”活动，以“就业援助进家入户，帮您解决就业困难”为主题，重点帮助各类就业困难人员和残疾登记失业人员就业，通过收集岗位信息，深入基层宣传，对所有援助对象进行家访，组织有针对性的专场招聘活动，落实就业扶持政策等措施，对就业援助对象进行跟踪帮扶，取得了良好效果。据统计，活动期间，全国共进行家访73万多户；组织招聘会1万多场；帮助近50万就业困难人员实现了就业，其中，高校毕业生近6万人，残疾人近4万人；帮助2.5万户零就业家庭中的3万人实现了就业；为74万就业困难人员落实了岗位补贴和社保补贴等政策帮扶。

春节后，联合全国总工会、全国妇联在全国开展“春风行动”，以“服务进城务工，帮助就近就业，扶持返乡创业”为主题，针对部分地区企业招工难，农村劳动力转移就业存在的问题，重点帮助农村劳动者通过异地流动就业、就地就近就业和返乡创业等渠道实现转移就业，为用工企业招聘合适员工提供有效帮助。通过提前了解企业用工状况，开展农村劳动力转移就业需求摸查，组织专场招聘活动，开展劳务对接，推荐诚信职业介绍服务机构等措施，对缓解部分企业招工难、促进农村劳动力转移就业发挥了积极作用。据统计，春风行动期间，全国共发放春风卡等宣传资料3 520万份，组织专场招聘会近2万场；提供免费咨询等就业服务2 233万人次；实现跨地区有组织劳务输出1 500万人，实现本地企业吸纳农村劳动者就业832万人，就地就近自主创业成功29万人；组织参加创业培训38万人，组织参加职业技能培训253万人，享受培训补贴的有119万人；提供劳动维权服务和法律援助154万人，全国各地共推荐诚信服务机构6 500家。

5月下旬，联合教育部、全国总工会和全国工商联共同举办“2010全国民营企业招聘周”，以“为高校毕业生就业搭桥，为民营企业招聘人才服务”为主题，以高校毕业生为主，兼顾进城农民工和就业困难群体，加强合作，创新方式，开展了针对性强、形式多样的招聘活动。各地将招聘活动延伸到乡镇、街道社区，现场发放政策问答手册，宣传积极就业政策，鼓励用人单位更多地提供适合高校毕业生的就业岗位信息，做好高校毕业生招聘工作，同时，还举办就业困难人员和农民工的专场招聘会，取得了良好的效果。据统计，全国有17万多户民营企业参加了招聘活动，提供各类岗位信息近295万条，有近110万求职者与用人单位达成了就业意向，其中，大中专毕业生62万人，农民工21万人，其他各类求职者27万人。

9月，继续组织开展“全国高校毕业生就业服务月活动”，以“服务就业、成就人才”

为主题，以2010届以及历届离校未就业高校毕业生、各类基层就业项目服务期满高校毕业生，特别是长期失业毕业生、零就业家庭毕业生、家庭困难毕业生为重点，开展形式多样的活动，积极为离校未就业高校毕业生提供政策咨询、求职（失业）登记、职业指导、职业介绍、技能培训、就业见习、就业援助等全方位的就业服务，认真落实相关就业政策。据统计，全国共发放各类高校毕业生就业宣传材料472份；为156万名毕业生提供求职（失业）登记，其中2010届毕业生81.8万人，困难毕业生8.4万人；组织各类专场招聘活动近4 700场次，提供就业岗位220万个，71.4万人签订就业意向；提供就业见习岗位22万个，组织11.1万人参加就业见习；组织27.9万人参加职业技能培训，其中参加创业培训9.3万人；对11万名困难毕业生开展就业援助，帮助6.6万人实现就业。

四、加强公共就业服务制度和体系建设，不断提高服务水平

4月，下发《关于加强就业援助工作的指导意见》（人社部发［2010］29号），推进就业援助工作精细化、长效化，大力开发公益性岗位，开展创建充分就业社区活动，努力构建动态、长效帮扶机制。

5月，下发《关于进一步加强基层平台就业工作若干问题的意见》（人社部发［2010］37号），召开全国基层就业暨就业援助工作座谈会，指导各地加强街道（乡镇）、社区（村）基层平台的就业工作职能，将基层平台建设、充分就业社区建设和就业援助三项工作紧密衔接，推动基层就业取得重要进展。

建立全国统一的就业失业登记制度和监测制度。围绕落实促进就业税收新政策，进一步完善了就业失业登记制度，10月，下发了《关于印发就业失业登记证管理暂行办法的通知》（人社部发［2010］75号），实行全国统一样式、统一编号的《就业失业登记证》，明确了证件印制、发放、使用和管理等具体内容。《就业失业登记证》记载劳动者就业与失业状况、享受相关就业扶持政策、接受公共就业人才服务等信息，作为劳动者按规定享受相关就业扶持政策的重要凭证，并在全国范围内通用。实行全国统一的《就业失业登记证》制度打破了地域限制，统一了各地种类繁多的政策凭证，为劳动者跨地区享受相关就业扶持政策提供了条件，关系到广大劳动者的切身利益，向实施就业信息实名制管理迈出了重要一步。结合实行全国统一的《就业失业登记证》制度，下发了《关于建立全国就业信息监测制度的通知》（人社部发［2010］86号），依托各地公共就业人才信息系统和金保工程部省市三级业务专网，在原有失业登记与失业保险信息监测工作基础上，建立了全国就业信息监测平台，实施全国就业信息监测制度，在全国范围内的中央、省、市三级人力资源社会保障部门对劳动者就业登记、失业登记和享受就业扶持政策等相关信息进行全面监测，为劳动者跨地区享受相关就业扶持政策、各级就业政策相关主管部门核验《就业失业登记证》信息和各级政府宏观决策提供信息支持。

2010年，各级公共就业人才服务机构共办理登记求职5 388.5万人次，介绍成功2 552.0万人次，为381.1万户次用人单位提供了招聘服务，为3 444.0万人次办理了就业登记，为2 486.5万人次提供了职业指导服务，为211.2万人次提供了创业服务。年末，全国有124个城市开展了职业供求信息季度分析并向社会发布。

五、积极促进高校毕业生就业

进一步完善促进高校毕业生就业的政策措施，组织实施“2010高校毕业生就业推动行动”大力促进高校毕业生就业。4月，人力资源社会保障部会同教育部等5部门组织召开2010高校毕业生就业推进行动电视电话会议，对相关工作进行部署安排，推动各地进一步采取有效措施，切实做好高校毕业生就业工作。各地继续把高校毕业生就业摆在当前就业工作

的首位，进一步落实和完善国务院文件提出的促进高校毕业生就业的各项政策措施，大力实施“岗位拓展计划”“创业引领计划”和“就业服务与援助计划”，努力促进高校毕业生就业。

组织开展高校毕业生就业工作大调研。根据国务院领导要求，为全面掌握高校毕业生就业情况，研究完善促进高校毕业生就业的政策体系，6至8月，人力资源社会保障部会同教育部在全国范围内部署开展高校毕业生就业工作调研。在组织各地和各高校自行调研的基础上，7月份，国务院就业工作部际联席会议部分成员单位开展了联合调研。同时，还委托相关专业机构开展用人单位需求调查和毕业生就业意向调查。通过调研，更加准确地把握了高校毕业生就业形势，总结了各地高校毕业生就业工作的经验做法，同时也查找了工作中存在的问题和难点，研究提出进一步做好高校毕业生就业工作的政策措施建议。调研报告上报了国务院。

继续实施“三年百万高校毕业生就业见习计划”。认真组织开展这项活动，全力落实2009年度（2009年7月1日至2010年6月30日）目标任务，截至2010年6月底，全国共组织38.3万名高校毕业生参加就业见习，超额完成30万人的目标任务。8月，下发了《关于下达2010年度高校毕业生就业见习任务和公布首批高校毕业生就业见习国家级示范单位名单的通知》（人社厅发［2010］75号），明确了2010年度全国组织35万名高校毕业生参加就业见习的目标任务，并对目标任务进行了分解。同时，评选北京招商银行有限公司北京分行等100家单位为首批高校毕业生就业见习国家级示范单位。此外，还组织开展就业见习座谈会和就业见习调研等相关活动，推动各地进一步完善就业见习政策，加强就业见习管理。

六、加强农村劳动力转移就业

5月，人力资源社会保障部下发《关于推荐农村劳动力转移就业工作示范县的通知》（人社厅函［2010］189号），同时印发《创建农村劳动力转移就业工作示范县工作重点》，要求各地据此组织推荐一批在农村劳动力异地转移就业、就地就近就业或返乡创业方面取得突出成效的县作为农村劳动力转移就业工作示范县。在各地推荐的基础上，经审核并公示后，于10月印发《关于创建农村劳动力转移就业工作示范县的通知》（人社厅发［2010］93号），确定北京顺义区、延庆县等192个县作为示范县。

为积极应对国际金融危机对我国就业的影响，及时了解就业形势变化，人力资源社会保障部建立了就业相关数据快速调查工作，其中包括要求安徽等5省25县250个具有代表性的行政村上报农民工外出及返乡数据。2010年底，考虑到就业工作形势发展，特别是及时掌握农村劳动力转移就业情况和相关数据的需要，人力资源社会保障部在就业相关数据快速调查工作的基础上，开展农村劳动力转移就业情况试点监测，扩大监测范围，共有河北、吉林、安徽、江西、山东、河南、湖北、湖南、四川、陕西10个省50个县500个行政村，作为农村劳动力转移就业的监测对象，并将农村劳动力转移就业情况列入人力资源社会保障部2011年常规报表制度。在扩大监测范围时，为加强与农村劳动力转移就业工作示范县的衔接，要求各地应从农村劳动力转移就业工作示范县中选择新增加的监测对象。

七、维护乙肝表面抗原携带者入学和就业权利

2月，人力资源社会保障部会同教育部、卫生部下发了《关于进一步规范入学和就业体检项目维护乙肝表面抗原携带者入学和就业权利的通知》（人社部发［2010］12号），进一步明确取消入学、就业体检中的乙肝检测项目，规定各级各类教育机构、用人单位在公民入学、就业体检中不得开展乙肝项目检测，各级医疗卫生机构不得在入学、就业体检时提供

乙肝项目检测服务。为贯彻落实这一文件，同月，人力资源社会保障部又下发了《关于切实做好维护乙肝表面抗原携带者入学和就业权利工作有关问题的通知》（人社厅发［2010］22号）。7月，根据国务院领导要求，在全国部署开展专项检查，了解各地贯彻落实政策规定情况，并会同教育部、卫生部于9月底将专项检查情况上报国务院。

八、扎实推进以创业带动就业工作

4月，人力资源社会保障部印发《关于开展创建创业型城市工作绩效考核评估的通知》（人社部函［2010］121号），对首批国家级创建创业型城市工作绩效考评作出部署安排。5月，人力资源社会保障部与吉林省人民政府、长春市人民政府共同举办中国长春创业博览会。同月，印发《关于实施大学生创业引领计划的通知》（人社部发［2010］31号），提出三年促进帮扶45万大学生创业的工作目标。6月，人力资源社会保障部在浙江省杭州市召开华东七省市促进大学生创业观摩交流会，指导各地加强对大学生创业的政策鼓励和扶持，加强经验交流和典型引路，引导和带领更多的大学生通过创业实现就业。12月，人力资源社会保障部在陕西省西安市召开全国创建创业型城市工作绩效考评会议，总结交流创建创业型城市工作经验，部署第二阶段绩效考评工作。

人力资源市场建设与管理

2010年，人力资源市场工作紧紧围绕实施人才强国战略和就业优先的发展战略，坚持民生为本、人才优先的工作主线，加快推进统一规范灵活的人力资源市场建设，不断提高人力资源开发配置服务能力，推动人力资源合理流动与有效配置，规范市场秩序，逐步形成市场体系，统一监管已经起步，人力资源服务业进一步发展壮大。

一、统一规范灵活的人力资源市场建设有序推进

2010年6月，人力资源和社会保障部在山东烟台召开了全国人力资源市场建设座谈会，总结交流人力资源市场建设经验，统一思想，进一步明确人力资源市场在促进就业和人才工作中的地位和作用，部署当前和今后一个时期的重要工作任务。当前和今后一个时期，人力资源市场建设工作将以邓小平理论和“三个代表”重要思想为指导，深入贯彻落实科学发展观，坚持民生为本、人才优先的宗旨，以统一人力资源市场管理为突破口，以大力发展人力资源服务业为重点，以增强市场机制的活力为核心，以构建人力资源市场体系为基础，加快整合步伐，推动统一规范、更加开放的人力资源市场建设，为实施人才强国战略和就业优先发展战略服务。

研究制定了“十二五”期间人力资源市场建设工作总体思路，并列入部“十二五”规划和就业专项规划。要求充分发挥市场机制在促进就业和配置人力资源中的基础性作用。完成劳动力市场和人才市场的统一和改革，健全人力资源市场运行机制和监管体系，整合人力资源市场管理职能，统一市场管理法规和政策制度，消除人力资源市场城乡分割、身份分割和地区分割。

加强人力资源市场监测工作，启动实施了“人力资源和社会保障部人力资源市场《一线观察》项目”。人力资源市场《一线观察》项目是人力资源市场监测工作的创新之举，主要是采用专题调查的形式，委托一线人力资源服务机构直接面向人力资源市场供求主体（用人单位及求职者），就人力资源市场领域的重点、难点和热点问题定期开展专题调查，以及时反映市场供求情况、深度剖析影响市场供求的因素、推断预测市场发展趋势，为加强公共管理和公共服务、制定完善政策提供参考。

二、人力资源市场的统一监管已经起步

市场立法工作积极推进。着眼统一市场法规制度，完成人力资源市场条例草稿及说明稿，会同有关部门开展条例的研究论证和修改工作。组织开展市场管理调研，研究起草了人力资源服务机构管理规定、招聘会审批管理规定和网络招聘服务管理规定等法规规章草案。根据各地机构改革进展情况，制定下发《关于做好当前人力资源市场管理工作的通知》，对监管机构设置、统一行政许可、做好招聘活动监管、统一换发许可证等工作提出明确指导意见，指导各地全面做好机构改革过渡期间的市场管理工作。人力资源服务标准化建设工作取得进展，成立全国人力资源服务标准化技术委员会，着手制定相关的行业技术标准。目前，

《高级人才寻访服务规范》已经国家标准委审定发布，2011 年 1 月 1 日起实施。

三、人力资源流动与配置日益活跃

认真贯彻落实全国人才工作会议精神和国家中长期人才发展规划纲要，人力资源市场中人才群体的流动开发和优化配置工作继续得到加强。区域性人才开发呈现新特点，注重发挥人力资源市场在人才配置中的基础性作用，引导区域人才合理流动和有效开发。支持西北地区人才中心（人才市场）联席会和全国部分大中城市人才中心主任联席会活动，指导其完善合作机制、拓展合作领域，更好地为人才流动配置服务。加强对中国海峡人才市场相关工作的指导，促进海峡两岸人力资源开发合作。根据国务院区域发展的有关文件要求，指导环渤海地区、“泛珠三角”区域、关中一天水经济区开展人才合作的工作。人才开发配置服务工作与经济社会发展的联系日益紧密。人才流动政策不断创新。组织开展北京、上海等特大城市实施“人才居住证”情况调研。研究改革人才流动相关政策，引导人才向经济社会发展急需方向、重点工程、重大项目和优先发展的产业流动。人员调配政策不断完善，服务水平不断提高，为国家重点工程、重点项目和中央单位选调优秀人才成效明显。加强对东北、西部地区人力资源市场建设的支持力度，从人力资源市场信息网络建设、管理和从业人员培训等方面给予支持，提升其人才吸引和开发的服务能力；鼓励其通过各种形式“走出去”，到北京、上海等发达地区招聘急需人才。

2010 年，全国各类人力资源服务机构共接待流动人员 25 216 万人次；登记要求流动人员 11 953 万人次；帮助 5 588 万人找到了工作或转换了工作岗位。市场机制在人力资源配置中的基础性作用进一步发挥，人力资源流动的规模和总量保持着快速的增长趋势。

四、人力资源服务业蓬勃发展

人力资源服务机构规模日益壮大。截至 2010 年年底，全国共设立各类人力资源服务机构 4.9 万家，从业人员 22.1 万人。从构成类别上看，公共就业服务机构 2.5 万家，公共人才服务机构 0.4 万家，国有性质人力资源服务企业 0.7 万家，私营性质人力资源服务机构 1.2 万家，港澳台及外资性质的服务企业 324 家，分别占人力资源服务机构总量的 51.8%、8.7%、14.3%、24.5%、0.7%。公共服务与市场经营性服务共同发展的人力资源服务业格局已经形成。在人力资源市场网络服务方面，截至 2010 年年底，全国各类人力资源服务机构共设立固定交流场所 2.8 万个，建立各类人力资源市场网站 7 211 个。2010 年，发布各类岗位需求信息 9 167 万条，求职信息 11 068 万条。

人力资源开发配置服务能力日益提高。2010 年，全国各类人力资源服务机构共为 1 327 万家次用人单位提供了各类人力资源服务。其中，国有企事业单位 153 万家次，私营企业 903 万家次，外资企业 271 万家次，分别占总数的 11.5%、68.1%和 20.4%。非公有制经济组织仍是人力资源服务的主要对象。

2010 年，全国各类人力资源服务机构共举办各类现场招聘会（交流会）14.7 万场，各类参会求职人员 10 218 万人次，参会单位 621 万家次，提供招聘岗位信息 9 344 万条；管理流动人员人事档案 2 522 万份，依托档案提供工资调整、档案查阅、开具相关证明等服务 1 254 万人次；举办各类培训班 12 万次，培训各类人员 697 万人；为 12.5 万家用人单位提供了劳务派遣服务，派遣各类人员 340 万人，并登记要求派遣人员 497 万人；为 98 万人提供了人才测评服务；为 63 万家用人单位提供各类人力资源管理咨询服务；提供了高级人才寻访（猎头）服务，成功推荐选聘各类高级人才 87 万人。

其中，充分发挥政府所属公共人力资源服务机构职能作用，组织举办了 2010 年秋季全国人力资源市场高校毕业生就业服务周活动，千方百计促进高校毕业生就业。2010 年，各类人力资源服务机构共举办高校毕业生专场交流会4万场次。

推动人力资源服务业发展工作已经启动。认真贯彻落实国务院关于加快发展服务业的若干意见，研究起草了关于促进人力资源服务业发展的意见稿，进一步明确了人力资源服务业发展方向和目标任务。组织开展人力资源服务国家标准研究制定工作，提出了标准拟订设想，开展相关论证工作。实施促进人力资源服务业发展的项目。在上海建立了首个国家级人力资源服务业发展集聚区——中国上海人力资源服务产业园区，为人力资源服务业在高起点上科学发展搭建了实体平台，促进了人力资源服务业的集聚发展、创新发展。

五、引导高校毕业生服务基层工作取得新的突破

引导高校毕业生面向城乡基层就业和服务，既是解决高校毕业生就业结构性矛盾的有效手段，也是优化农村基层人才队伍结构，加强基层人才队伍建设的一项重要举措。2010年，引导和鼓励高校毕业生面向基层就业和服务工作，在各级有关部门的共同努力下，在各用人单位和高校毕业生的积极参与下，工作稳步推进，取得新的成效。

高校毕业生服务基层项目统筹推进。中央组织部、人力资源和社会保障部、教育部、财政部、共青团中央召开了协调领导小组会，在就业工作部际联席会框架下建立了引导和鼓励高校毕业生面向基层就业部际协调机制，并联合下发了协调机制工作方案和议事规则，开展了相关政策的协调工作，研究项目人员统一参保政策，维护“三支一扶”大学生权益。四部门牵头组织的项目，2010年共选拔近14.3万高校毕业生充实到农村基层，数量为历年之最。在新招募的人员中，本科及以上学历比例达到59.3%，有的项目、有些地方甚至超过了85%。一方面为农村基层选派了一批高素质人才，将为推进农村各项社会事业发展发挥积极作用，另一方面，也为拓宽高校毕业生就业渠道和培养青年人才发挥了重要引导和示范作用。

2010年，高校毕业生“三支一扶”计划实施工作稳步推进，取得新的成效。创新选拔招募机制，人员素质结构明显优化，全国共招募33 032名高校毕业生到农村基层开展支教、支农、支医和扶贫服务。完善全国高校毕业生“三支一扶”计划管理信息系统，开展数据的采集及汇总工作。目前，已收录有效信息13万人，为加强“三支一扶”大学生的管理和服务奠定了基础。组织开展总结评估工作，对“三支一扶”计划五年来的实施情况进行总结，对今后工作提出意见。全力开展就业服务，期满就业取得明显成效。经过多年的努力，促进“三支一扶”大学生期满就业的政策体系已经建立，明确了大学生就业渠道，强化了就业创业服务。在不少地方，服务期满就业的已占总数85%以上，有些地方已经达到100%。

职业能力建设

2010年，职业能力建设工作贯彻落实全国人才工作会议要求，围绕“民生为本、人才优先”工作主线，以加强高技能人才队伍建设和实施特别职业培训计划为重点，各项工作取得了明显成效。全年共对1 821万人开展各类职业培训；技工院校年招生158.6万人，毕业生就业率达到96.7%；全国共有1 657.5万人参加职业技能鉴定，获取职业资格证书人数为1 392.9万人，其中新增技师、高级技师38.8万人。

一、高技能人才队伍建设工作取得较大进展

一是按照全国人才工作会议和《国家中长期人才发展规划纲要（2010—2020年）》要求，研究制定了《高技能人才队伍建设中长期规划（2010—2020年）》和《国家高技能人才振兴计划实施方案》，并经中央人才工作协调小组原则审议通过。《规划》提出了到2020年我国高技能人才工作的指导思想、目标任务、政策措施及重大工程；《实施方案》提出以高技能人才培训基地、技能大师工作室、高级技师培训三个项目为重点，对实施高技能人才振兴工程作出具体安排。二是开展优秀高技能人才评选表彰活动。会同相关部门，推选第二批中国高技能人才楷模10名，评选第十届中华技能大奖获得者20名、全国技术能手300名、国家技能人才培育突出贡献奖100个获奖单位和80名获奖个人，推荐了386名高技能人才享受国务院政府特殊津贴。三是举办中国人才发展论坛高技能人才分论坛。以“技能振兴、人才强国”为主题，邀请政府官员、专家学者、行业企业及技工院校代表，共同研讨新形势下加强高技能人才队伍建设的思路、对策和措施。

二、职业培训工作成果显著

一是研究起草《国务院关于加强职业培训促进就业的意见》（国发［2010］36号），提出了进一步推进职业培训工作的目标任务和政策措施，对于加强职业培训统筹，规范职业培训管理，推动职业培训发展具有重要作用。二是继续实施特别职业培训计划。会同国家发改委、财政部联合召开视频会进行部署推动，以企业吸纳农民工培训、劳动预备制培训和创业培训为重点，大力推进特别职业培训计划的实施。开展企业在岗农民工培训319万人，困难企业职工培训128万人，农村“两后生”劳动预备制培训126万人，进城求职农村劳动者培训704万人，城镇失业人员技能培训385万人，登记求职高校毕业生技能培训40万人，创业培训119万人。同时，还开展了国家级职业培训教材开发以及职业培训专项规划和援疆项目等工作。

三、技工院校改革有序推进

一是制定下发《关于大力推进技工院校改革发展的意见》（人社部发［2010］57号），提出了技工院校改革发展的方向、目标任务、工作重点及相关政策措施，将对新形势下技工院校改革发展产生重要和深远的影响。二是召开了加强规范管理推动技工院校改革发展视频

会，对加强技工院校制度建设，抓好国家助学金政策落实，强化资金监管等工作进行部署。三是推进“一体化”课程教学改革试点。开发完成了5个专业、98门课程“一体化”标准和教材，并选择30所技工院校启动了“一体化”教学改革试验。四是加强与相关部门的协调合作，以《国家中长期教育改革发展规划纲要（2010—2020年）》的颁布实施为新起点，会同教育部、财政部联合印发《关于实施国家中等职业教育改革发展示范学校建设计划的意见》，第一次将技工院校纳入国家中等职业教育示范校建设支持项目；同时，在技工院校班主任工作、德育工作、校园文化建设、免学费以及招收士官政策等方面制定文件，为技工院校发展营造公平良好的政策环境。五是全力做好技工院校招生工作。会同教育部联合下发了《关于做好2010年技工学校招生有关工作的通知》（人社厅发［2010］35号），对做好技工学校招生工作提出要求，首次明确提出将技校纳入中职招生统一计划，统一政策，统一招生代码，力争从制度上解决技校招生难问题。并于5月中旬开展了全国技能人才队伍建设暨技工院校招生宣传活动，推动各地做好技工院校招生工作。技工院校招生158.6万人，在校生达421万人，开展社会各类人员培训468.4万人次。另外，还开展了国家重点技校和高级技校评估工作，支持地方开展纪念胡锦涛总书记视察珠海高级技工学校一周年活动，以及广东省的“百校千企”校企合作大会、第二届合肥技工节等活动。

四、职业技能鉴定工作进一步规范

一是组织召开了全国职业技能鉴定工作视频会，科学地分析了当前及今后一个时期鉴定工作所面临的新形势、新问题，进一步明确了职业技能鉴定工作的方向、任务和要求，要求各地坚持社会公益性方向，坚持质量第一，坚持在实践中改革，坚持高端带动，继续做好鉴定工作。召开了行业企业职业技能鉴定工作座谈会，对行业鉴定工作情况进行总结和交流，就深入推进鉴定工作进行研究，对鉴定基础开发工作和信息化建设工作进行部署。二是加强职业技能鉴定规范管理。进一步加强对全国统一鉴定考点的集中管理，做好2010年国家职业资格全国统一鉴定工作，加强职业技能鉴定机构质量管理体系建设，2010年有21家职业技能鉴定机构通过了人力资源社会保障部职业技能鉴定机构质量管理体系认证。三是启动职业分类大典修订工作。召开修订工作座谈会，开展职业及岗位设置情况调查，会同国家质检总局、国家统计局下发《关于做好国家职业分类大典修订工作的通知》（人社部发［2010］55号），组建工作委员会和专家委员会，制订大典修订工作实施方案，编制《大典修订工作手册》，并召开大典修订启动会，作出工作部署。四是开展职业技能鉴定相关基础工作。做好行业职业技能鉴定机构设立审批和鉴定站的复核换证工作，完成12个新职业技能标准和36个行业特有职业技能标准的终审，以及2010年版职业技能鉴定国家题库启用和配发工作。会同军队有关部门联合印发《中国人民解放军现役士兵职业技能鉴定规定》。开展职业资格证书绩效评价工作，加强职业资格证书核发管理。

五、职业技能竞赛蓬勃开展

组织开展职业技能竞赛系列活动。全年全国职业技能竞赛系列活动共有国家级一类竞赛5项和全国职业院校技能大赛、国家级二类竞赛25项，涉及78个职业（工种）。其中，人力资源社会保障部重点牵头组织开展了第三届全国技工院校技能大赛和第四届全国数控技能大赛。各省、自治区、直辖市结合当地实际情况，也组织开展几十项富有特色的竞赛活动。全国有近千万企业职工和职业院校学生参加这些活动。4月16日，人力资源社会保障部会同有关部门在北京举办了2010年全国职业技能竞赛系列活动启动仪式，尹蔚民部长出席并讲话。10月7日，在牙买加召开的2010年世界技能组织大会上，我国以全票通过正式加入该组织，成为第53个成员国，人力资源社会保障部正会同有关部门积极筹备参加第41届世界技能大赛。

六、基础工作进一步加强

一是召开职业能力建设工作座谈会，王晓初副部长出席并作重要讲话，明确提出2010年职业能力建设工作要围绕更好实施人才强国战略和扩大就业的发展战略，坚持“民生为本、人才优先”工作主线，以实施国家高技能人才振兴计划为龙头，以实施特别职业培训计划为重点，深入推进技工院校改革，不断加强职业技能鉴定质量管理，进一步创新完善有利于加强职业技能培训，加快技能人才队伍建设的政策措施和制度机制的总体思路，对做好工作提出了明确要求。会议总结和交流了近年来职业能力建设工作的进展和经验，对当前和今后一个时期形势进行分析，对下一步职业能力建设工作的总体思路和重点工作作了部署。二是加快立法工作。配合国务院法制办认真做好《职业技能培训和鉴定条例（草案）》修改工作。三是按照部党组工作安排，由王晓初副部长带队，职业能力建设司及相关司局同志参加，赴云南、贵州、陕西、四川四省调研，完成了调研报告，提出了加强人力资源社会保障工作的政策建议。四是开展重大课题研究，为增强高技能人才发展规划的战略性、科学性和指导性，对未来10年我国技能劳动者包括高技能人才分行业需求预测以及内涵、素质的需求变化等进行了研究，为今后开展职业培训工作奠定了良好基础。五是开展系列业务研修活动。举办职业培训政策研修班，对300名地方从事职业培训工作的同志进行培训，提高他们理解和执行政策的能力；组织10个专业、27个班次、800名技工院校骨干教师参加的高技能人才师资培训，加快培养“一体化”教师；组织百名骨干技工院校校长参加研修活动。开展创业培训师资选拔和提高培训，壮大创业培训师资队伍。组织技工院校信息管理系统业务研修活动，提高有关工作人员的政策水平和业务能力。六是推进职业技能鉴定信息化和国家题库运行管理网络建设。加快证书查询系统建设，完成17家重点行业（企业）证书查询联网工作。扩大在线考务管理系统应用范围。启动部分技能型全国统考职业的题库建设，积极推进地市级、行业分库建设。此外，还组织召开了高技能人才东部地区培训工程总结会等活动。

军转安置

2010年是军转安置工作取得显著成效的一年。在党中央、国务院、中央军委的领导下，各级党委、政府、各有关部门和军队各级组织，认真贯彻落实中央的决策部署，按照《军队转业干部安置暂行办法》（中发［2001］3号）和《关于进一步做好军队转业干部安置工作的意见》（中发［2007］8号）要求，坚持把安置军队转业干部作为一项重要的政治任务，加强组织领导，采取有效措施，积极克服困难，狠抓工作落实，圆满完成了3.9万名军转干部接收安置任务，自主择业军转干部管理服务、军转干部教育培训等各项工作扎实推进。

一、科学筹划，动员部署军转安置各项工作

各级党委、政府和各有关部门针对2010年的新情况，早动员、早部署，提前启动军转安置程序，确保各项工作按照时间节点有序进行。

（一）军队和地方相关部门共同研究军队转业干部安置工作

经国务院军队转业干部安置工作小组领导批准，3月30日、31日，全国军队转业干部安置工作总结座谈会在南京召开。会议总结了2009年军转安置工作，交流了各地贯彻第五次全国军转表彰大会精神，做好军转安置工作的经验做法，分析研究了2010年军转工作形势和任务，并对部分企业军转干部解困和稳定工作进行了部署。国务院军队转业干部安置工作小组副组长、人力资源和社会保障部副部长何宪出席会议并作重要讲话，国务院军队转业干部安置工作小组成员、总政治部干部部副部长赵勇出席会议并讲话。国务院办公厅、中组部、中编办、财政部等单位的同志出席会议。各省、自治区、直辖市和副省级城市人力资源和社会保障厅（局）分管军转工作的领导、军转办主任和军队各大单位和省军区（卫戍区、警备区）转业办主任参加了会议。

（二）国务院军队转业干部安置工作小组研究部署军转安置工作

5月5日，国务院军队转业干部安置工作小组会议在京召开。国务院军队转业干部安置工作小组组长、中组部副部长、人力资源和社会保障部部长尹蔚民主持会议并讲话，何宪副部长向小组汇报了2009年工作情况、提出了做好2010年军转工作的意见。国务院军队转业干部安置工作小组副组长、总政治部主任助理许耀元出席会议并讲话。会议同意何宪副部长所作的工作报告和对2010年的工作意见。国务院军队转业干部安置工作小组成员、成员单位相关部门的同志参加了会议。

（三）动员部署全国军队转业干部安置工作

全国军队转业干部安置工作电视电话会议2010年5月14日召开。会议总结了2009年军转安置工作，对2010年全国军队转业干部安置工作作出了全面部署。中共中央政治局委员、国务院副总理张德江，中央军委委员、总政治部主任李继耐出席会议并讲话，尹蔚民部长作工作报告。何宪副部长主持会议，许耀元主任助理和国务院军队转业干部安置工作小组

成员、成员单位相关部门的同志参加了会议。

会议认为，在党中央、国务院、中央军委的亲切关怀和正确领导下，经过各级党委、政府和军队各级组织的共同努力，2009 年，顺利完成了 4.2 万余名军转干部安置任务，自主择业管理服务、军转干部教育培训、部分企业军转干部解困和稳定工作也取得了明显成效。

会议指出，2010 年将有 3.9 万名军队干部转业到地方工作。各地、各有关部门要严格执行中发［2001］3 号、中发［2007］8 号文件精神和相关政策规定，积极克服困难，挖掘安置潜力，认真落实安置计划。党政机关要继续带头接收安置军转干部，按计划落实接收安置任务；政法、执法监管部门调整和充实人员，应优先吸纳军转干部，企事业单位也要切实担负起接收安置军转干部的责任和义务。中央国家机关和中央垂直管理系统，要认真执行并按时完成好军转干部安置计划，继续发挥示范和表率作用。要坚持把师团职干部作为安置重点，采取使用空出的领导职位、按规定增加非领导职数或者先进后出、带编分配等办法，安排好他们的职务和工作。要在坚持指令性分配办法的同时，积极探索与军转干部服役期间德才表现和贡献相挂钩，与考核选调、考试考核、双向选择等办法相结合的分配办法，进一步健全完善公开公正的安置工作机制，不断推进计划分配安置工作的制度化、规范化、程序化。

会议强调，各级党委、政府、各有关部门和军队各级组织要深入贯彻落实中央关于军转安置工作的方针政策，坚定“两个服务”思想，坚持政治任务观念，进一步增强做好军转工作的责任感使命感，按照这次会议的部署和要求，切实加强对军转安置工作的组织领导，扎实抓好军转安置任务落实，大力推进中国特色退役军官安置制度建设，确保 2010 年军转安置各项任务的圆满完成。

国务院军队转业干部安置工作小组成员及成员单位负责同志；军队驻京大单位、武警总部政治部负责同志，干部部领导或转业办主任出席主会场会议。各省、自治区、直辖市、副省级城市分管军队转业干部安置工作的党政领导，军队转业干部安置工作小组成员，党委组织部负责同志，人力资源和社会保障厅（局）长和军转办主任；军队京外大单位政治部领导和转业办主任，省军区（卫戍区、警备区）和武警总队领导及转业办主任出席分会场会议。

各省、自治区、直辖市，按照中央的统一要求，相继召开了 2010 年度军转安置工作会议，对本地区的军转安置工作进行了动员部署。

（四）安排部署中央单位军队转业干部安置工作

7 月 14 日，中央单位军队转业干部安置工作会议在北京召开。会议总结了 2009 年中央单位军转安置工作情况，部署了 2010 年的军转安置任务。何宪副部长出席会议并作重要讲话。会议认为，2009 年，中央单位保持和发扬优良传统，认真贯彻中央部署，自觉把接收安置军转干部作为重要的政治任务，以高度负责的精神，妥善安置，在全国起到较好的示范和表率作用。会议要求各接收单位进一步强化政治意识、人才意识、责任意识，在完成任务、发挥表率作用上下工夫，在落实政策规定、维护中央权威上下工夫，在改进分配办法、推进公开透明上下工夫，在抓好教育培训、增强发展后劲上下工夫。中央和国家机关各部委，各直属机关、事业单位、人民团体，各中央企业人事（干部）部门负责同志和分管军转安置工作的处（室）负责同志参加了会议。

二、深入调研，完善军转安置相关政策规定

针对军转安置工作遇到的突出矛盾和问题，人力资源和社会保障部与中央国家机关和军队有关部门，深入调查研究，广泛征求意见，完善相关政策规定，积极协调解决存在的矛盾和问题。

（一）下发了《关于下达2010年军队转业干部安置计划的通知》

人力资源和社会保障部在与中央国家机关和军队有关部门充分酝酿、反复沟通，达成一致意见的基础上，国务院军队转业干部安置工作小组、中组部、中编办、人力资源和社会保障部、财政部、总政治部、总后勤部等7部门于7月2日联合下发了《关于下达2010年军队转业干部安置计划的通知》（国转联［2010］1号），提出了进一步做好各地军转安置工作的具体意见。《通知》明确，各级党委、政府和军队各级组织要认真贯彻中发［2001］3号、中发［2007］8号文件及其配套文件规定，按照全国军转安置工作电视电话会议部署和要求，切实把军转安置工作作为一项政治任务，列入各级党委、政府和军队各级组织的重要议事日程。同时要求，各省（区、市）于6月中旬完成军队转业干部档案交接工作，7月中旬完成军转安置工作部署，9月底之前向部队发出军队转业干部报到通知，报到工作于10月底之前结束。

（二）印发了《关于印发2010年中央单位接收安置军队转业干部计划的通知》

国务院军队转业干部安置工作小组、中组部、人力资源和社会保障部于7月9日印发了《关于印发2010年中央单位接收安置军队转业干部计划的通知》（国转联［2010］2号），提出了中央单位进一步做好军转安置工作的意见。要求中央单位要继续为全国军转安置工作做出表率，认真落实军转安置各项政策规定，妥善解决军转干部的工作分配、职务安排以及相关保障等问题；进一步改进和完善军队转业干部分配办法，规范工作程序，推进中央单位军转安置工作的制度化、规范化；严肃安置工作纪律，对在规定时间内没有完成任务的单位，将继续采取指令性分配的办法落实安置任务。

（三）下发了《关于切实抓好2010年军队转业干部安置任务落实的通知》

10月，国务院军转办和全军转业办在对全国安置情况进行调研时发现，各地安置工作进展不平衡，发出报到通知和离队报到的数量比例偏低，少数地区工作部署不及时。为确保安置任务顺利完成，国务院军队转业干部安置工作小组、中组部、人力资源和社会保障部、总政治部等于10月20联合下发《关于切实抓好2010年军队转业干部安置任务落实的通知》（国转联［2010］3号），要求各地进一步加大军转安置工作组织领导力度，严格按照时间节点推进安置工作落实，加强对军转安置工作督导检查，抓好军转干部离队前的教育管理。

（四）下发了《关于核定和调整自主择业军队转业干部退役金有关地区津贴问题的通知》

根据军队和移交地方安置的军队退休干部调整完善艰苦边远地区津贴制度和高原海岛津贴制度的情况，人力资源和社会保障部和财政部、总政治部等部门组成调研组，对青海、新疆、甘肃、内蒙古、黑龙江、吉林、辽宁等省区的艰苦边远地区军转干部自主择业工作进行调研论证，7月1日，在西藏林芝地区召开了内蒙古、四川、云南、西藏、甘肃、青海、新疆等7个省区及州（地、县）高类别艰苦边远地区自主择业工作座谈会，总结交流艰苦边远地区自主择业军转干部管理服务工作，研究地区津贴调整相关问题。何宪副部长出席会议并作重要讲话。11月1日，国务院军队转业干部安置工作小组、人力资源和社会保障部、财政部、总政治部联合下发了《关于核定和调整自主择业军队转业干部退役金有关地区津贴问题的通知》（国转联［2010］4号），对安置在艰苦边远地区和新纳入艰苦边远地区的自主择业军转干部的生活待遇进行了较大幅度调整，明确实施对象、津贴范围和标准、计发基数、相关问题的处理、执行时间及经费保障办法。这个文件的颁布实施，完善了自主择业军转干部地区津贴制度，对推进自主择业工作发展和进一步深化军转安置制度改革，具有积极的重要意义。

三、加强指导，促进军转安置各项任务落实

根据年度工作部署和各地工作进展情况，国务院军转办在军转安置的不同阶段，及时协调中央国家机关和军队有关部门组成联合督查组，督查指导各地的军转安置工作，确保了各项任务的有效落实。

（一）安置工作

2010年全国各地区、各部门共接收安置军队转业干部（含武警部队）3.9万余名，其中，计划分配近3.3万名，自主择业0.6万余名，安置随调随迁配偶子女0.9万余名。各地按照中央的部署要求，进一步改进完善分配办法，很多省市通过考试考核、考核选调、双向选择等方式改进安置办法，建立了公开、公平、公正的安置机制，提高了安置进度和安置质量。为进一步改进和完善分配办法，中央单位的军转安置工作经国务院军转安置工作小组领导批准，进行了部分单位统一笔试工作试点。经过各单位共同努力，统一考试工作取得了实质性进展。中央督查组先后在6月和11月对部分省（区、市）的档案移交情况和安置进度进行了督查，国务院军转办和全军转业办督查组先后对8个省（市）的军转安置进度进行了督查调研。12月初，又召开了安置形势分析会，对军转安置的收尾工作进行分析研究，提出了明确要求。各地按照要求，加大工作落实力度，认真落实各项工作任务，顺利完成了安置任务。

（二）自主择业工作

2010年是自主择业安置方式实施的第10年。10年来，全国共有10.9万余名军转干部选择自主择业，占同期安置军转干部总数的18%。4月29日，下发了《关于征求对自主择业军转干部管理服务工作内容和标准意见建议的通知》，对自主择业军转干部管理服务工作的内容和标准、管理服务机构人员队伍建设等方面作了进一步探讨。9月14日，在西安市召开21个副省级或省会城市自主择业管理服务工作座谈会。何宪副部长出席会议并作重要讲话。会议总结交流了工作经验，分析了大城市自主择业管理服务工作的现状，以及存在的主要问题，对进一步做好大城市自主择业管理服务工作进行了探讨。12月14日，在海南召开的自主择业军转干部地区津贴工作部署会议，研究了高类别地区人员流动和管理问题。

各地通过人才市场、人事人才网和举办专场招聘会、就业推介会等形式及时提供就业信息，推荐自主择业军转干部就业，鼓励扶持自主择业军转干部创办经济实体，提供政策咨询和创业服务，协助落实减免税收等优惠政策，促进了自主择业军转干部的就业创业。

（三）教育培训工作

坚持把加强军转干部教育培训作为推动军转工作改革发展的一项重要内容，加大工作力度，调整充实内容，改进方式方法。1月，在北京召开了12省（区、市）自主择业军转干部网络培训试点工作会议，首次尝试利用网络手段开展军转培训，有7000多名自主择业军转干部参加了国务院军转办与清华大学创办的自主择业军转干部网络课堂学习，军转培训乘上了网络信息化的快车。6月，在广东召开了网络课堂试点省市座谈会，通过现场展示，总结交流经验，研究继续推进试点工作的办法和措施，取得良好效果。目前，网络课堂已开设80门课程，约600学时。8月，国务院军转办下发了《关于印发〈军队转业干部教育培训大纲〉——计划分配公共类（试用）的通知》（国转办［2010］26号），对计划分配军转干部培训内容、学时等进行了全面规范，这是军转工作历史上第一个专门的培训大纲。这个培训大纲的颁布，为军转培训科学化、规范化、制度化打下了坚实基础。同时，根据国转联［2008］5号文件要求，国务院军转办组织力量，按照新的培训大纲课程框架，对军转培训教材进行了全面调整修订。国务院军转办下发了国转办［2010］9号文件，要求各地对贯彻落实国转联［2008］5号文件情况进行全面彻查，有效地促进了军转培训工作的发展。

专业技术人才工作

2010年，专业技术人才工作紧紧围绕实施人才强国战略，认真贯彻落实全国人才工作会议精神和国家中长期人才发展规划纲要，突出重点，统筹兼顾，开拓进取，工作机制进一步健全，队伍建设取得新成绩。

一、突出抓好学习贯彻实施全国人才工作会议精神和人才规划纲要的各项工作

一是全程参与人才规划纲要编制工作，完成人才规划纲要涉及人力资源社会保障部的重大政策、重大工程论证上报工作。二是参与筹备召开全国人才工作会议和贯彻落实人才规划纲要座谈会。三是全面部署人力资源社会保障系统贯彻会议精神和人才规划纲要工作，举办了首届中国人才发展论坛，进一步加大了人才工作宣传力度。四是编制了《专业技术人才队伍建设中长期规划（2010—2020年）》，经人力资源社会保障部第51次部务会和中央人才工作协调小组第30次会议审议通过并报国务院；制定了专业技术人才知识更新工程实施方案；配合教育部、科技部等多个部委做好专项人才发展规划研究制定工作。五是围绕“十二五”规划的制定，研究起草了《关于人才战略研究》《加强专业技术人才队伍建设对策研究》等课题报告。六是研究提出了建立人力资源社会保障系统人才工作协调机制的意见，成立了人力资源社会保障部人才工作领导小组，并召开了第一次领导小组会议。尹蔚民部长担任组长，部内17个司局为成员单位，办公室设在专业技术人员管理司。七是完成中央人才工作协调小组交办的各项任务。

二、高层次专业技术人才队伍建设进一步加强

一是进一步完善了高层次人才选拔培养政策体系。研究起草了《关于继续实行政府特殊津贴制度的意见》，并经人力资源社会保障部第56次部务会审议通过。研究起草了《万名专家服务基层行动计划》和《国家专家服务基地建设管理办法》。二是加强了高级专家选拔培养工作。开展了2010年享受政府特殊津贴人员选拔工作，经国务院批准，3 972人享受2010年政府特殊津贴。加大新世纪百千万人才工程国家级人选培养力度，在中国延安、浦东干部学院举办了2期国内培训班，举办了1期赴英国培训活动，共培训近200人。系统总结了百千万人才工程实施15年来的情况，对国家级人选情况进行统计和信息更新，着手研究起草“百千万人才工程”的新方案。三是积极做好专家服务工作。分别组织3批专家赴云南、辽宁、宁夏开展西部行、东北行服务活动。开展了中秋国庆专家慰问活动、海南专家休假活动。制作并发放专家联系服务卡。四是积极开展离退休专业技术人才发挥作用工作。召开了离退休专业技术人员发挥作用联席会议，支持中国老科协做好离退休专业技术人才情况调查工作。

三、职称制度改革逐步深化

一是加快推进《关于深化职称制度改革的意见》的研究制定工作，多次召开座谈会，广泛征求意见和建议。二是扎实推进中小学教师

职称制度改革试点工作。会同教育部指导吉林、山东、陕西三省完成改革试点工作。三是工程技术人员职称制度改革研究取得重要成果。起草了《关于深化工程技术人员职称制度改革的意见（稿）》，召开了全国工程师制度改革协调小组会议，启动了工程技术人员职称制度改革征求意见工作，委托中国科协开展正高级工程师评价标准课题研究，研究拟定正高级工程师评价办法、工程师职业分类框架。四是启动会计系列职称制度分类改革工作。会同财政部开展前期调研，就改革具体思路和工作步骤进行了研究。五是进一步规范专业技术人员资格考试管理工作。开展了《专业技术人员资格考试违纪违规行为处理规定》修订工作。会同有关部门组织了44项专业技术人员资格考试。研究拟定了《专业技术人员资格考试证书管理信息化建设工作方案》，并在注册税务师等资格考试中开展试点。与环境保护部、全国总工会共同组织第一届环境监测专业技术人员大比武活动，探索专业技术人才评价新的方式。六是进一步加强和改进职称评审工作。研究拟定中央单位高级职称评审委员会备案工作审核标准，研究起草了《中央单位职称评审委员会管理规定》，拟定了全国职称管理信息化工作方案，完成了28家中央单位高级职称评审委员会审核备案工作，会同有关部门完成农技推广、公安、安全等资格评审工作。七是职业资格清理规范和发展完善工作稳步推进。上报国务院《关于清理规范职业资格工作及发布第一批公告有关问题的请示》，会同有关部门研究论证职业资格清理规范第二批公告制度项目。八是加强了职称工作基础建设工作。编制了1999—2009年度专业技术人员资格考试数据统计手册，整理编制了《评委会管理主要政策文件汇编》和经审核备案的中央单位高级职称评审委员会目录。

四、留学回国人员服务工作力度进一步加大

一是进一步完善政策措施。制定了《关于支持留学人员回国创业的意见》，报中央人才工作协调小组审议同意；修改完善《关于加强留学人员回国服务体系建设的意见》稿；会同公安部印发《关于规范留学回国人员落户工作有关政策的通知》（公通字［2010］19号），解决了留学人员回国落户的实际困难；按照中央领导要求，调查研究中国“绿卡”待遇政策，起草了《关于进一步完善中国“绿卡”待遇的意见》；研究起草留学回国工作“十二五”规划。二是大力支持留学人员回国创业。组织实施2010年中国留学人员回国创业启动支持计划，对34项创业项目给予最高50万元的资金支持，共资助800万元；与昆山、东莞共建留学人员创业园，人力资源社会保障部与地方共建创业园总数达到38家；指导支持各地开展留学人员创业活动，建立中国留学人员回国创业专家指导委员会，组织召开首届全国留学人员回国创业培训班，召开海外高层次人才创业基地座谈会。三是鼓励并组织开展留学人员为国服务活动，组织实施全国首届留学人员为国服务“赤子计划”，对36个项目共资助435万元，继续与有关地方、部门共同筹备开展一系列留学人员人才项目交流活动。四是配合中组部继续实施海外高层次人才引进计划。会同科技部组织召开了2010年度第一批、第二批“千人计划”创业平台评审会，共选拔出110位“千人计划”创业人才；开展海外高层次人才服务窗口的相关工作，组织召开了全国“千人计划”服务窗口工作视频会和全国“千人计划”人选代表座谈会；配合中组部举办首届“千人计划”入选者专题培训班。五是组织召开2010年留学人员回国服务工作部际联席会议。六是继续做好有关经费资助工作，继续开展高层次留学人才回国工作资助试点工作和留学人员科技活动项目择优资助工作，共资助400余人，2 000多万元。

五、博士后管理工作稳步推进

一是完善博士后管理制度和政策体系。稳步推进博士后工作分级管理，研究起草了《关

于改革完善博士后制度促进博士后事业发展的意见》和《关于加强企业博士后工作推进企业成为自主创新主体的意见》，开展了《博士后工作“十二五”规划》编制工作。二是加强了博士后国内外学术交流与合作。组织开展了10期博士后学术论坛。筹备开展内地与香港联合培养博士后工作以及接收非洲博士来华开展博士后研究工作项目。三是完成新设博士后科研工作站申报评审工作。新设了516个博士后科研工作站，使工作站总数达到2 158个。四是会同财政部实施2010年博士后日常经费资助计划，共资助2 550人，资助金额2.55亿元。完成博士后科学基金第47、48批面上资助工作，完成第三批特别资助工作。五是开展2010年博士后评估工作。对评估优秀的148个博士后科研流动站、56个工作站和60名优秀管理人员进行了通报表扬。六是召开了全国博士后工作会议暨纪念博士后制度25周年座谈会。

六、专业技术人才继续教育工作深入开展

一是专业技术人才知识更新工程实施成效显著。全面完成“十一五”期间工程任务，对“653”工程进行终期检查、验收，全面总结和评估工程实施情况。2010年是“653工程”最后一年，工程实施以来，累计培训专业技术人才300万人次。研究制定了新一轮专业技术人才知识更新工程实施方案，经中央人才工作协调小组审议通过。二是继续开展新疆、西藏少数民族专业技术人才特殊培养工作和青海三江源人才培养工程，分别为新疆、西藏培养225名、120名特培学员，为青海三江源地区培训了1 100名管理人才和专业技术人才。研究制定了第四批新疆特培方案，培养力度进一步加大，计划从2011年起实施。三是实施2010年高研班计划，在现代农业、装备制造、信息、医药卫生、新材料、环境保护、能源、防灾减灾、交通运输、现代管理、社会工作等重点领域举办了95期高研班，培训了6 000多名高层次急需紧缺人才。其中，资助了14期东西部对口支援高研班，针对东北老工业基地人才资源开发中的重点领域和特色产业资助了6期高研班，针对青海和四川灾后重建重点急需领域进行的人才培养培训活动给予专项资助。四是推进继续教育立法工作，修订完善《专业技术人员继续教育规定》；修改完善专业技术人员继续教育基地建设管理办法，着手建设继续教育公共信息服务平台工作，开展继续教育交流服务活动，开展专业技术人员创新活动规律课题研究工作。据不完全统计，2010年全国接受继续教育的专业技术人员超过3 000万人次，全国各类培训机构达6万多家。

事业单位人事管理

一、全面推行聘用制度

按照2009年底全国人力资源社会保障工作会议确定的“争取2010年在全国全面建立聘用制度”的要求，继续扩大聘用制度推行面。据统计，到2010年底，除西藏外，全国事业单位聘用合同签订率达到90%，标志着聘用制度已经在全国全面建立。

二、大力推行公开招聘制度

2010年7月，首次全国事业单位公开招聘工作座谈会在青岛召开。人力资源社会保障部副部长王晓初到会讲话，回顾总结了事业单位公开招聘工作的进展情况，充分肯定了取得的成绩，深刻分析了当前所面临的新形势，并对做好今后一个时期公开招聘工作提出了明确要求。

12月，人力资源社会保障部与中组部联合下发了《关于进一步规范事业单位公开招聘工作的通知》（人社部发［2010］92号），强调在公开招聘工作中落实制度规定，针对存在的突出问题提出相关要求。

研究制定事业单位公开招聘工作网络舆情处置应急预案，加强舆情监控处置工作。指导相关地方妥善处理重大舆情十余起。

筹备搭建事业单位公开招聘信息服务平台。以自愿、免费的形式在部政府网站刊登国务院部门所属事业单位公开招聘信息。

三、强化岗位设置管理工作

加快推进岗位设置方案的备案、核准工作。2010年，全国事业单位岗位设置管理工作取得突破性进展。中央和国家机关事业单位岗位设置管理工作进展顺利，已正式核准备案的占80.2%；全国31个省、自治区、直辖市以及新疆生产建设兵团全部启动了岗位设置管理实施工作，基本完成了全部市（地）级以上机关、40%的县级机关所属事业单位岗位设置的工作目标。

研究专业技术一级岗位设置实施办法。在完成专业技术一级岗位模拟实施工作的基础上，总结经验做法，提出范围、条件、程序等方面的基本考虑。

启动职员制度研究。探索打破行政级别与职员等级一一对应的实现形式，拓展职员的职业发展空间。

研究特设岗位设置管理有关问题，着手起草规范管理的指导性意见。

四、夯实事业单位人事制度改革工作基础

加快事业单位人事管理法制建设步伐。积极推动《事业单位人事管理条例》出台；会同中组部、监察部、国务院法制办起草《事业单位工作人员处分规定》（草案）；修改《事业单位工作人员奖励规定》《事业单位工作人员考核规定》；起草《事业单位工作人员申诉规定》《事业单位工作人员竞聘上岗规定》。

参与事业单位整体改革和行业体制改革。配合中编办研究分类推进事业单位改革意见，起草《关于进一步深化事业单位人事制度改革的意见》。根据中组部统一部署，启动“健全党对事业单位领导的体制机制”课题研究，形

成专题研究报告，并获得2010年度组织工作全国重点课题调研成果一等奖。参与教育、卫生、文化体制改革，参与政府机关事务管理体制改革。

指导和加强系统业务能力建设。开展事业单位人事制度改革业务培训，举办2期培训班，对省、副省级市人力资源社会保障厅（局）事业单位人事管理处领导及业务骨干，以及部分地（市）人力资源社会保障局分管领导进行业务培训。组织编写《事业单位人事管理》教材，深入总结推广理论创新、改革实践、制度建设成果，推动工作深入进行。

公务员管理

2010年，在党中央、国务院正确指引和部、局党组的坚强领导下，在各级党委、政府的高度重视及各方面的大力支持下，公务员管理工作认真贯彻党的十七大和十七届四中、五中全会精神，按照党中央、国务院一系列重要部署和部党组的要求，围绕全面实施公务员法，大力推进公务员制度建设，进一步完善公务员选用机制，切实加强公务员队伍建设，认真做好政府表彰奖励工作，扎实推进基础建设和部门自身建设，各项工作都取得了明显成效。

一、公务员职位管理工作

（一）聘任制公务员制度建设迈出实质性步伐

2010年6月，国家公务员局会同中组部在上海召开座谈会，研究修改聘任制公务员管理规定。10月，聘任制公务员管理规定下发各地区各部门征求意见。11月，国家公务员局局务会审议并原则通过。12月，人力资源社会保障部部务会、中组部部务会审议通过，并将名称修改为《聘任制公务员管理试点办法》。

《试点办法》严格按照公务员法对聘任制的原则性规定，吸收了上海市浦东新区、深圳市聘任制公务员管理试点的成熟经验，重点对聘任制公务员管理的基本原则、职位招聘、聘任合同、日常管理和纪律监督等作了规定。《试点办法》规定，聘任公务员要坚持公开、平等、竞争、择优的原则，依照法定的权限、条件、标准和程序进行；机关聘任公务员应当面向社会公开招聘，对于采取公开招聘方式中符合聘任职位条件人选少的专业性较强的职位，经省级以上公务员主管部门批准，才可以从符合条件的人员中直接选聘；聘任制公务员按照国家规定实行协议工资制；聘任合同解除或者终止后，聘任人员不再具有聘任制公务员身份。《试点办法》的出台和实施，对各地区各部门开展聘任制公务员管理试点具有重要的指导作用，将有力地保证聘任制公务员管理试点积极稳妥地进行，将对建立党政机关部分职位聘任制奠定良好的基础。

（二）加快推进分类管理工作

2010年2月，国家公务员局指导深圳市人力资源社会保障局报请市政府印发《深圳市行政机关公务员分类管理改革实施方案》，由市政府办公厅印发《深圳市行政机关行政执法类公务员管理办法（试行）》《深圳市行政机关专业技术类公务员管理办法（试行）》和《深圳市行政机关聘任制公务员管理办法（试行）》。3月，国家公务员局副局长傅兴国带队对深圳公务员分类管理和聘任制试点情况进行调研。4月，人力资源社会保障部向中共中央政治局委员、中央书记处书记、中组部部长李源潮和中共中央政治局委员、国务院副总理张德江报送了《关于公务员分类管理和聘任制工作情况的报告》。6月，国家公务员局有关人员会同国家税务总局到江苏调研国家税务局系统行政执法类公务员管理试点工作。12月，国家公务员局印发《关于同意国家税务局系统行政执法类公务员管理试点方案的复函》，批复同意国家税务局系统部分单位开展行政执法类公务员管理试点工作。

按照中央深化司法体制改革的要求，会同公安、司法等部门建立人民警察分类管理制度。会同公安部启动了人民警察警员职务套改，近100万公安机关执法勤务机构人民警察实行了新的职务序列。

（三）大力推进竞争上岗工作

2010年5月，国家公务员局在京召开全国行政机关公务员竞争上岗工作经验交流会。人力资源社会保障部副部长、国家公务员局党组书记、副局长杨士秋同志出席会议并作重要讲话，傅兴国副局长进行了总结。北京市人力资源社会保障局、教育部人事司等15个单位介绍了竞争上岗工作的经验和做法。各省区市、新疆生产建设兵团和副省级市公务员局的分管局领导，以及国务院各部委、各直属机构人事部门负责此项工作的同志，共150余人参加了会议。会议总结了推行竞争上岗制度取得的成效和经验，统一了思想，明确了今后的工作目标和任务，提出要在提高竞争上岗的科学化、民主化、制度化水平上下工夫，有力地推动了竞争上岗工作。同时，积极做好竞争上岗宣传工作。《人民日报》、新华社、《中国人事报》以及《中国劳动保障报》等多家媒体刊发了竞争上岗经验交流会相关信息。《人民日报》在“声音”栏目登载杨士秋副部长署名文章《竞争上岗让人更服气更踏实》，发表竞争上岗工作综述——《竞争上岗走向科学化》。《中国人事报》开辟竞争上岗工作专栏，陆续刊发经验交流材料，增强了宣传效果，营造了良好的舆论氛围。

（四）积极稳妥开展公开遴选试点工作

2010年8月，为进一步优化中央机关公务员队伍来源结构和经历结构，推进公务员转任工作，加强公务员队伍建设，国家公务员局首次组织开展了中央国家行政机关公开遴选试点，从省级以下机关遴选优秀公务员到中央国家行政机关工作。外交部、教育部、农业部、文化部、人口计生委、安全监管总局、法制办、测绘局、民航局、邮政局、食品药品监督管理局等11个部门拿出30个职位参加了此次试点。2000余人通过资格审查，参加了遴选考试。公开遴选拓宽了中央机关选人用人的视野，畅通了下级机关公务员向上级机关流动的渠道，对建立来自基层的公务员培养选拔机制进行了有益探索。对于此次遴选试点，人民网、新华网等各大媒体均在第一时间刊发了相关信息。社会各界高度关注并给予了积极评价，认为公开遴选是选人用人工作的创新，有利于进一步增强宏观政策与社情民意的契合度，提高党和政府的科学民主决策能力。

二、公务员考试录用工作

（一）依法考录工作不断推进

2010年3月，人力资源社会保障部、卫生部联合印发《关于修订〈公务员录用体检通用标准（试行）〉及〈公务员录用体检操作手册（试行）的通知〉》（人社部发［2010］19号），对原有体检通用标准及操作手册中涉及乙肝病源携带者的内容进行修订。

4月，中组部、人力资源社会保障部联合印发《关于广西壮族自治区公务员录用考试泄题事件的通报》（人社部函［2010］106号），通报广西壮族自治区公务员录用考试严重泄题事件，要求各地进一步严肃考录纪律，大力开展公务员考试警示教育活动，深入开展公务员考试录用制度落实情况自查自纠，加强公务员考试机构建设，净化考试环境，营造良好考录氛围。

7月，人力资源社会保障部办公厅印发《关于公务员考录中基层工作经历起始时间的界定》（人社厅发［2010］59号），要求按照实事求是、客观公正的原则，对基层工作经历起始时间进行界定，进一步规范公务员考录工作。

同月，国家公务员局会同中组部发出《关于开展从大学生“村官”等服务基层项目人员中考试录用公务员工作的通知》（人社部发［2010］52号），要求各地每年拿出公务员考录计划的10%～15%，定向考录大学生“村官”等服务基层项目人员；大学生“村官”等服务基层项目人员报考公务员不再实行加分等优惠政策。

9月，人力资源社会保障部、国家公务员局联合印发了《关于进一步做好公务员录用考试管理工作的通知》（人社部发［2010］65号），要求各级人力资源社会保障厅（局）、公务员局高度重视录用考试管理工作，牢固树立考试工作的安全意识，继续推进录用考试管理制度建设，积极优化录用考试工作环境，努力提高录用考试工作保障水平，不断加大录用考试工作监督力度，切实加强录用考试管理工作的组织领导。

10月，人力资源社会保障部印发了《关于进一步规范公务员招考年龄设置的通知》（人社部发［2010］74号），规定任何招录机关不得随意缩小公务员报考年龄；放宽年龄上限的，必须经省级以上公务员主管部门批准。

11月，人力资源社会保障部、卫生部、国家公务员局联合印发《关于印发公务员录用体检特殊标准（试行）的通知》（人社部发［2010］82号），进一步完善公务员录用体检政策，公安机关、国家安全机关、监狱、劳动教养管理机关的人民警察和人民法院、人民检察院的司法警察职位，以及外交、海关、海事、检验检疫、安监等部门对身体条件有特殊要求的职位录用公务员，应按照此标准的规定检查有关体检项目。

12月，人力资源社会保障部办公厅印发了《关于进一步做好公务员录用考试违纪违规人员信息核查工作的通知》（人社厅发［2010］112号），要求各地在公务员考录中进一步提高对做好违纪违规人员信息核查工作重要性的认识，严格核对违纪违规人员信息，依法认定和处理违纪违规行为，及时报送违纪违规人员信息，严把公务员入口和质量关。

（二）考录科学化工作取得进展

2010年1月，国家公务员局组织开展了《公务员录用面试新技术开发研究》《行政职业能力测验雷同试卷判定研究》等8个课题的研究工作。5月，在江苏苏州组织召开了考录科研课题中期汇报会，中国人民银行、辽宁等相关部委和省市负责考录工作的同志以及多年参与考录工作的专家参会。会议逐一听取了各课题组的课题实施情况汇报，重点就课题前一阶段的研究内容和成果进行了展示，与会代表对各课题的实施情况进行了集中评审，对下一步如何深化课题研究提出了意见和建议。会议还听取了专家对《考录科研总体规划》的建议。此次会议充分展示了考录科研的阶段性成果，增加了与会专家参与考录科研工作的使命感和责任感，调动了省市、部委参与考录科研工作的积极性，为未来考录科研工作指明了方向。

9月，在福建建立首个国家公务员录用考试（福建）测评基地，并指导云南建立省公务员录用考试测评基地，推动公务员测评基地建设。

（三）各项公务员招考工作顺利完成

继续完成中央机关及其直属机构2010年度考试录用公务员工作。1月，公布中央机关及其直属机构考试录用公务员公共科目笔试合格分数线、进入专业科目考试和面试人员名单、需调剂职位表以及调剂公告。3至4月，开展面试、体检和考察工作。5月，为满足有新增职位、空缺职位且急需用人单位的需求，组织了中央机关及其直属机构本年度补充录用公务员工作，补充录用476人。之后，各招录机关陆续进行拟录用人员公示和备案。2010年度共录用公务员和参照管理单位工作人员近1.4万人，其中省级以上行政机关录用具有两年以上基层工作经历人员的比例超过70%。整个招考工作于7月底前结束。

开始中央机关及其直属机构2011年度考试录用公务员工作。2010年8月，国家公务员局下发了《关于编制2011年度中央国家行政机关及其直属机构公务员和参照公务员法管理事业单位工作人员录用计划的通知》（国公局发［2010］6号），并召开工作部署会，对录用计划编制工作进行部署，130多个中央国家行政机关和参照公务员法管理的单位参加。

9月，中组部、人力资源社会保障部、国家公务员局下发《关于印发中央机关及其直属机构2011年度考试录用公务员工作实施方案的通知》（人社部发［2010］64号），随后，中组部和国家公务员局联合组织召开了工作部署会，并向社会发布中央机关及其直属机构2011年度考试录用公务员新闻通稿，10月，发布中央机关及其直属机构2011年度考试录用公务员公告及招考简章、考试大纲、报考指南等相关信息，报名和资格审查工作相继全面展开。据统计，共有217.2万人次报名，141.3万人通过资格审查。11月上旬，开展网上报名确认工作，104万名考生确认参加考试。12月5日，中央机关及其直属机构2011年度考试录用公务员公共科目笔试在全国31个省（区、市）同时进行，共有约90.2万考生参加考试。

开展环保、气象、证监会单独招考工作。为解决环保、气象特殊专业人才社会存量较少、长期难以录用到合适人选的问题，2010年5月至9月，人力资源社会保障部、国家公务员局、环境保护部和中国气象局开展了特殊专业职位单独考试。气象系统和环保部分别录用153名和57名参照公务员法管理事业单位工作人员，补充了一大批具有专业背景的新成员，达到了预期目标。12月，人力资源社会保障部、国家公务员局和中国证券监督管理委员会下发了《关于印发2011年度考试录用中国证监会参照公务员法管理事业单位工作人员工作实施方案的通知》（人社部发［2010］94号），为中国证监会组织一次单独招考，共设155个职位，计划招录258人。12月31日，网上报名结束，共有2万多人提交报名申请，平均报考比例约为79：1，职位竞争较充分。

深入推进政法干警招录培养体制改革试点工作。根据《中共中央转发〈中央政法委员会关于深化司法体制和工作机制改革若干问题的意见〉的通知》（中发［2008］19号）精神，为加强政法干部队伍建设，完善政法干警招录培养体制，在前两年试点的基础上，深入推进2010年的改革试点工作。此项试点工作涉及29个省份和新疆生产建设兵团的基层政法机关，拟录用19211人，面向普通高校毕业生和退役士兵。

三、公务员考核奖励工作

（一）政府表彰工作

表彰奖励工作条例立法取得新进展。根据国务院法制办要求，将《国务院荣誉称号条例》修改为《国务院表彰奖励工作条例》，经多次修改，初稿已提交国务院法制办，并在网上向社会公开征求意见，将列入2011年国务院立法计划。

会同中办起草发布了《评比达标表彰活动管理办法（试行）》（中办发［2010］33号）及全国评比达标表彰工作协调小组议事规则、办公室工作规则等文件。

严格执行部级荣誉称号表彰计划申报审批制度。批复22个部门开展24项授予部级荣誉称号工作，会同国资委等31个部门联合开展了28次表彰奖励工作，共表彰先进集体1 119个、先进个人1 939名，会同公安部等部门追授先进个人19名。

组织2010年全国劳模和先进工作者评选表彰工作。完成了2 985名劳模和先进工作者的人选推荐审核、群众举报处理、组织参加表彰大会及相关文件文稿起草等工作。

组织青海玉树全国抗震救灾表彰工作。完成了225个先进集体和339名先进个人的人选推荐审核、群众举报处理、全国公示、大会筹备与组织及有关文件文稿起草等工作。

组织上海世博会表彰工作。完成了387个先进集体和547名先进个人的人选推荐审核、群众举报处理、全国公示、大会筹备与组织及有关文件文稿起草等工作。

积极参与组织其他重要表彰工作。会同全国防汛抗旱总指挥部、解放军总政治部研究开展了全国防汛抗旱抢险救灾暨舟曲泥石流抢险救灾总结表彰工作。会同国防科工局研究开展了嫦娥2号控月工程表彰奖励工作。

组织百名省部级以上荣誉称号获得者休假疗养活动。分别于4、7、9、11月在浙江杭州、辽宁大连、山东青岛、广西桂林举办了4期休假疗养活动。活动得到承办地省委、省政府的高度重视和省人力资源社会保障厅、公务员局的大力支持，由于准备充分、组织周密、安排合理、内容丰富、富有特色，受到代表们高度评价。

组织国内外荣誉制度基础研究。在开展国外勋章和荣誉制度研究课题基础上，将美国、英国、法国、德国、俄罗斯（含苏联）和日本等6个国家的国家荣誉制度进行了整理汇编并印制成册，提供给国务院法制办参考。会同中国社会科学院文献研究中心，启动了我国历代表彰奖励制度课题研究，已制定了研究提纲。基础研究工作为国家荣誉制度立法提供了第一手参考资料。

切实做好基础建设工作。会同人力资源社会保障部信息中心开展省部级以上荣誉称号获得者数据库编制工作，召开编制工作座谈会，邀请地方和中央国家机关有关部门参加，听取意见建议。目前，数据库编制工作正在推进中。

（二）公务员奖励工作

进一步推进公务员奖励制度建设。会同中组部规范和完善了中央国家机关公务员奖励方案的审核程序和奖章证书的发放程序，明确了参照公务员法管理单位的获奖集体和个人的奖章、证书以及审批表样式。

会同中组部研究修改《关于开展带头创先争优　争做人民满意公务员活动的意见》。按照中央关于深入开展创先争优活动的总体要求，借鉴历届全国“人民满意的公务员”评选表彰活动经验，以推动科学发展、促进社会和谐、服务人民群众为主题，激励广大公务员立足本职创先争优，始终做到对人民负责、为人民服务、受人民监督、让人民满意。

积极做好公务员及时奖励工作。会同中组部研究对沈浩同志的奖励方案并联合下发了《关于追授沈浩同志全国“人民满意的公务员”荣誉称号的决定》；完成以国务院名义给公安部刘金国同志记一等功的专项工作；批复发改委、审计署等部门及时奖励方案。

（三）公务员考核工作

加强政策指导。会同中组部研究修改《关于加强公务员平时考核工作的通知》，完善公务员考核制度，推动公务员平时考核工作。针对《公务员考核规定（试行）》实施中遇到的普遍性问题，起草《实施〈公务员考核规定（试行）〉有关问题的答复意见》，并会同中组部研究修改，作为指导各地各部门考核工作的依据。

建立公务员考核工作联系点。在河北、江苏、福建、江西、湖南、陕西6省建立公务员考核工作联系点，在公务员平时考核、分级分类考核指标体系、考核结果使用等方面进行理论研究和实践探索。5月，在陕西西安召开公务员考核工作座谈会，总结交流公务员考核工作经验，研究部署公务员考核工作联系点有关工作。

推广典型经验。6月，在外交部机关召开公务员平时考核工作现场经验交流会，演示外交部平时考核管理系统，交流公务员平时考核工作经验。9月，与国务院办公厅有关人员组成联合调研组，赴湖南省调研公务员平时考核和年度考核工作开展情况。印发公务员局《情况通报》，推广外交部和湖南省考核工作的经验做法。

（四）做好考核奖励综合管理工作

举办公务员考核奖励工作培训班。为认真贯彻落实党和国家对考核奖励工作的新要求，进一步提高系统内从事考核奖励工作人员的业务水平和能力，7月，在内蒙古举办了公务员考核奖励工作培训班，各省区市分管公务员考核奖励工作的厅局领导和处长共100人参加了培训。

（五）继续做好《汶川特大地震抗震救灾志·英模人物》分卷编纂工作

6月和10月，分别在四川和北京召开编纂工作座谈会和培训班，地方志专家、英模本人和集体代表对相关素材进行了审核修改。召开《英模人物》分卷专家座谈会，组织地方志专家对稿件进行审核。

四、公务员培训与监督工作

（一）公务员培训工作取得积极进展

认真学习贯彻《2010—2020 年干部教育培训改革纲要》。分别举办中央国家机关和各省区市公务员培训处长学习贯彻《干部教育改革纲要》专题培训班，对公务员培训处长进行了全员培训，使全国公务员培训处长了解了《干部教育改革纲要》的出台背景、精神实质和重点任务，进一步明确了贯彻落实的思路和措施，为确保各项任务的落实打下了基础。同时，通过召开座谈会、经验交流会、专题研讨会、课题研究等形式加强对各地各部门公务员培训工作的指导，推动各地各部门做好贯彻落实工作。

认真总结“十一五”行政机关公务员培训工作，研究制定“十二五”行政机关公务员培训纲要。下发了《关于做好行政机关公务员培训“十一五”总结评估和“十二五”问卷调查工作的通知》，要求各地各部门做好“十一五”行政机关公务员培训总结工作。经广泛调研、深入论证，研究制定了《2011—2015 年行政机关公务员培训纲要（稿）》，初步明确了“十二五”期间行政机关公务员培训的目标、任务和政策措施。

推进公务员职业道德建设工作取得显著进展。就公务员职业道德建设进行了深入研究，起草了《关于加强公务员职业道德建设的意见（稿）》，提出了中国特色公务员职业道德的主要内容和加强公务员职业道德建设的政策措施。

重点培训项目有序推进。一是贯彻国家区域协调发展总体战略，继续加强公务员对口培训。印发了《2010 年公务员对口培训计划》，全年举办培训班 39 期，培训 2 000 余人；开展专项调研，了解公务员对口培训开展 10 年的情况，为对口培训十周年总结会做好准备。二是向青海、甘肃、吉林等受灾地区和西藏、新疆等地区进行政策倾斜，举办 9 期专题培训班，培训 600 余人。三是与中组部、国家行政学院联合下发了《关于国家行政学院 2010 年招生工作的通知》。四是与国家保密局进行协调，共同推进在公务员中开展保密安全培训工作。五是与中宣部、教育部等九部门继续推进普通话培训工作，联合开展了第 13 届全国推广普通话宣传周活动。

公务员初任、任职、专门业务和在职培训不断深化。一是联合中组部对来自中央机关 99 个单位的 1 100 余名新录用公务员进行初任培训。研究起草了《关于进一步加强新录用公务员初任培训工作的通知（稿）》，修订再版了《公务员初任培训读本》，出版了《初任公务员必备法律法规汇编》。二是与中组部研究了加强任职培训的政策措施，共同举办了 2 期中央机关处长任职培训班，培训 120 余名处长，取得了良好效果。三是加强对有关部门、系统培训工作的指导，参加相关调研和文件起草，推动专门业务培训工作开展。四是以加强对公共管理硕士（MPA）专业学位教育的指导为重点，强化公务员在职培训。以全国公共管理硕士专业教育指导委员会为依托，加强对 MPA 教育的指导，不断提高 MPA 教育的培养质量。

（二）公务员纪律惩戒和申诉控告工作稳步推进

公务员纪律惩戒制度建设进一步加强。一是会同有关部门制定下发了《关于公务员纪律惩戒有关问题的通知》（人社部发［2010］59 号）。二是会同有关部门制定下发了《关于公务员被采取强制措施和受行政刑事处罚工资待遇处理有关问题的通知》（人社部发［2010］104 号）和《关于公务员受处分工资待遇处理有关问题的通知》（人社部发［2010］105 号）。三是会同有关部门制定出台了《公安机关人民警察纪律条令》《设立“小金库”和使用“小金库”款项违法违纪行为政纪处分暂行规定》《违反规定插手干预工程建设领域行为处分规定》和《用公款出国（境）旅游及相关违纪行为政纪处分规定》等5部专项处分规章。四是会同有关部门开展了适用于海关、保密、城乡规划、税务等领域的多部专项处分规章的研究起草工作。五是加大治懒治庸力度，开展了严肃公务员工作纪律有关政策的专题研究。

公务员监督约束机制进一步健全。一是会同国土资源部和监察部开展2009年度土地执法检查工作，联合召开会议并下发通知部署启动问责工作。二是会同审计署等部门研究制定了《党政主要领导干部和国有企业领导人员经济责任审计规定》，推进经济责任审计工作深入开展。三是进一步规范因公因私出国（境）人员管理。配合中组部开展专项调研，研究制定因公出国人员审批办法。会同公安部积极防范公职人员外逃。四是配合中组部研究修订《干部监督信息沟通办法》，畅通信息沟通渠道，推进相关整治工作。

公务员申诉工作进一步推进。一是同北京大学共同完成了公务员权益救济机制建设课题研究，为开展工作提供理论支撑。二是推进经验交流，加强对各地、各垂直管理部门公务员申诉公正委员会组建工作的指导。三是依法妥善处理有关部门人员对年度考核结果不服的申诉案件。

公务员申诉监督基础工作不断强化。一是先后召开了中央和地方公务员纪律惩戒和申诉控告工作座谈会，推动《行政机关公务员处分条例》和《公务员申诉规定》的贯彻实施。二是开展了业务培训，努力提高工作人员的业务水平和工作能力。三是积极参加有关联席会议，进一步加强对公务员的监督。

五、参照公务员法管理工作

（一）基本完成中央国家行政机关参照公务员法管理审批工作

批复了水利部水库移民局等5个部门所属事业单位参照公务员法管理。截至2010年底，共计审批国务院直属12家事业单位参照公务员法管理，审批国务院部门所属的74家事业单位参照公务员法管理，涉及编制共计78 425名（含垂直管理机构）。对当年新批准的5个部门所属事业单位进行了方案审核，对人员进行了登记备案。完善了参照管理数据库。

（二）督促指导各地参照公务员法管理工作加快推进

6月，中组部办公厅、人力资源社会保障部办公厅、国家公务员局综合司联合制定《印发〈关于参照公务员法管理机关（单位）公务员法实施工作有关问题的答复意见〉的通知》（组厅字［2010］22号），进一步明确了参照公务员法管理单位的公务员法实施相关工作，统一了有关政策的答复口径。督促各地做好参照公务员法管理单位的日常管理工作。到2010年底，各省区市、市、县三级的参照公务员法管理审批工作已基本完成。

六、公务员管理基础工作

（一）完成公务员2009年度统计工作

按照中组部、人力资源社会保障部、国家公务员局的统一部署，进行了2009年度全国公务员统计数据的审核汇总和复核，对部分省区市公务员统计工作进行了检查调研，为领导决策和业务工作提供了数据支撑。为进一步表彰先进，促进统计报表质量的全面提高，中组部、人力资源社会保障部、国家公务员局对各地各部门上报的2009年度公务员统计年报表按照统一标准进行了评审，下发了《关于2009年公务员统计年报表评审结果的通报》（组通字［2010］55号），评出全优报表单位120个，优秀报表单位24个。

在总结上年度公务员统计工作的基础上，中组部、人力资源社会保障部、国家公务员局联合下发了《关于做好2010年全国公务员统计工作的通知》（组通字［2010］62号），作出专门部署开展，并在湖北省武汉市举办了两期公务员统计培训班。

（二）开展公务员管理信息系统建设需求分析和数据指标研究工作

为做好公务员管理信息系统建设规划和设计方案的编制工作，推进公务员管理信息系统建设，开展了系统建设需求分析和数据指标研究，确定了总体思路和工作机制，形成了建设方案，为全国公务员管理信息系统建设奠定了良好基础。

（三）开展公务员管理基础理论和重大课题研究工作

为了切实提高公务员管理科学化水平，围绕公务员管理中的热点、难点问题，国家公务员局组织开展了一系列课题研究，重点开展了公务员通用能力、考试录用、竞争上岗、考核和权益保障等方面的课题研究，为改革试点和政策制定提供了理论指导。

此外，还编写了《公务员制度与管理》（干部培训教材）和《治国之举—中国特色公务员管理制度研究》。

七、重大会议

1月5日至6日，国家公务员局在京召开全国行政机关公务员管理工作会议。会议深入贯彻党的十七大和十七届四中全会精神，落实全国组织部长会议和全国人力资源社会保障工作会议部署，围绕全面实施公务员法和2010—2020年深化干部人事制度改革规划纲要，总结2009年行政机关公务员管理工作，分析面临的形势，研究部署2010年和今后一个时期的工作。中组部副部长、人力资源社会保障部部长、国家公务员局局长尹蔚民出席会议并讲话，人力资源社会保障部副部长、国家公务员局党组书记、副局长杨士秋主持会议并作工作报告。国家公务员局党组成员、副局长信长星、傅兴国、吴云华出席会议。

7月5日至6日，国家公务员局在京召开务虚会。会议深入研究贯彻《2010—2020年深化干部人事制度改革规划纲要》《国家中长期人才发展规划纲要（2010—2020年）》，总结上半年公务员管理工作，谋划落实下半年重点任务。杨士秋副部长出席会议并讲话。信长星、傅兴国、吴云华副局长出席会议并发言。

11月19日，国家公务员局召开务虚会，深入学习贯彻党的十七届四中、五中全会精神，总结一年来公务员管理工作的进展情况，谋划推进2011年公务员管理工作的思路。会议认为，在部党组的高度重视和尹蔚民部长的直接领导下，按照“努力夯实基础，大胆开拓创新，科学谋划摆布，注重统筹协调，坚持以人为本”的工作思路，贯彻落实深化干部人事制度改革规划纲要和国家中长期人才发展规划纲要的有关要求，求真务实，开拓进取，公务员管理各项工作取得了较大进展。杨士秋副部长主持会议。傅兴国、吴云华副局长出席会议。

养老保险

2010年是“十一五”规划的收官之年，养老保险工作任务繁重而艰巨。一年来，按照落实科学发展观和构建和谐社会的总要求，以加快建立覆盖城乡居民的养老保障体系为目标，以规范制度、完善政策、推进重大政策落实为重点，统筹规划，狠抓落实，各项工作取得了新的进展。

一、确保企业离退休人员基本养老金按时足额发放

各级人力资源和社会保障部门继续以非公有制企业、个体工商户、灵活就业人员和农民工参保为重点，不断加大扩面征缴力度。全国基本养老保险参保人数为25 707万人，较2009年增加2 157万人，同比增长9.2%。2010年，全国基本养老保险基金总收入13 420亿元，比2009年增加1 929亿元，增长16.8%。基金总支出10 555亿元，比2009年增加1 660亿元，增长18.7%。基金历年累计结余15 365亿元。中央财政对地方养老保险补助资金共计1 560亿元。2010年，扩面征缴基金继续发挥了资金主渠道作用，确保了企业离退休人员基本养老金按时足额发放，已实现连续7年养老金当期发放无拖欠。

二、继续巩固省级统筹成果

进一步巩固省级统筹成果，按照省级统筹标准，先后对海南、广西、贵州、河北、山西、安徽、内蒙古等7省份和新疆生产建设兵团的省级统筹工作进行了调研评估，确认其基本实现了省级统筹。截至2010年底，经人力资源社会保障部、财政部评估确定，实现省级统筹的达到25个。

三、全力抓好养老保险关系转移接续办法的贯彻落实

2009年底国务院办公厅转发养老保险关系转移接续办法后，在时间紧、任务重、要求高的情况下，通过采取抓宣传、抓培训、抓督导等措施，全力抓好贯彻实施工作。同时，针对各地实施中所提出的若干具体问题，下发了《城镇企业职工基本养老保险关系转移接续若干具体问题的意见》（人社部发［2010］70号），进一步指导各地抓好落实。

四、研究解决未参保集体企业养老保障遗留问题

按照国务院2010年《政府工作报告》关于“加快解决未参保集体企业退休人员基本养老保障等遗留问题”要求，在总结地方经验的基础上，经国务院同意，会同财政部印发了《关于解决未参保集体企业退休人员基本养老保障等遗留问题的意见》（人社部发［2010］107号）。

五、进一步提高企业退休人员基本养老金水平

为使企业退休人员分享社会经济发展成果，决定2010年进一步提高企业退休人员养老金水平。企业退休人员基本养老金调整水平按企业退休人员月人均基本养老金的10%左右确定，并采取措施向具有高级职称的企业退

休科技人员、新中国成立前老工人、1953 年底以前参加工作的人员、原工商业者等退休早、基本养老金相对偏低的人员进行适当倾斜。调整后，全国企业退休人员月平均基本养老金水平达 1 300 多元。2010 年 12 月，经国务院批准，会同财政部下发了《关于 2011 年调整企业退休人员基本养老金的通知》（人社部发［2010］106 号），对 2011 年调整基本养老金工作进行了部署。

六、继续做好做实个人账户试点工作

按照人力资源社会保障部、财政部联合下发的《关于完善做实个人账户试点工作有关问题的通知》（人社部发［2008］110 号）要求，重点指导天津等 8 省份将相关配套资金及时归集到位，进一步规范做实个人账户基金的管理。截至 2010 年底，东北三省和天津等 8 省份共积累做实个人账户基金 2 039 亿元。

七、积极推动事业单位养老保险制度改革试点工作

按照中央关于推进事业单位分类改革的总体要求和任务分工，加快工作节奏，加强调查研究和协调沟通，广泛听取各方面的意见，研究起草了《事业单位职业年金试行办法》，并报事业单位改革文件起草组讨论通过。结合事业单位分类和绩效工资实施情况进行调研，对事业单位养老保险制度改革的重点难点问题进行了研究，指导山西等 5 个试点省市进一步做好测算和拟订改革试点方案工作，为积极稳妥推进改革做了准备。

八、进一步推动和规范企业年金发展

继续指导具备条件的中央企业建立企业年金制度，加强对地方的工作指导，推动企业年金规范建立和发展。认真做好企业年金方案和基金管理合同的备案工作，2010 年共有 24 家企业在人力资源社会保障部进行了企业年金方案的备案。截止到 2010 年底，在人力资源社会保障部完成备案的中央、行业企业共 108 家，涉及 2 060 个公司，共 649 万名职工，累计积累企业年金基金约 1 447 亿元。

九、加强社会化管理服务工作

2010 年，各级人力资源社会保障部门继续加大推动企业退休人员社会化管理服务工作，不断提高管理服务水平。截至 2010 年 12 月底，全国纳入社区管理的企业退休人员 4 344 万人，占企业退休人员总数的 76.2%，比上年底增加 465 万人。

失业保险

2010年，失业保险在确保失业人员基本生活的基础上，充分发挥预防失业、促进就业的作用，进一步改革和完善制度，全面推进各项工作的开展，取得了明显成效。

一、进一步发挥失业保险稳定就业的作用

按照《关于进一步做好减轻企业负担稳定就业局势有关工作的通知》(人社部发［2009］175号）和《关于做好当前失业保险工作稳定就业岗位有关问题的通知》(人社厅函［2010］35号）要求，指导各地进一步加大援企稳岗政策措施贯彻落实的力度。2010年，全国经由失业保险基金为企业减轻负担共计249亿元。

（一）使用失业保险基金支付补贴情况

全国31个省（区、市）和新疆生产建设兵团，全年累计支付各类补贴共计105亿元，比上年增加26亿元，增长32%。其中，社保补贴59亿元，岗位补贴44亿元，其他补贴2亿元。补贴支出金额超过10亿元的有山东和黑龙江两省，其中，山东省最高，达到18亿元。河北、四川、广东和新疆等4省份支付补贴超过5亿元。其他超亿元的依次是北京、江苏、云南、湖北、陕西、贵州、河南、福建、浙江、安徽、山西、甘肃、广西、湖南和重庆等15个省份。

（二）降低失业保险费率基金减收情况

北京、天津等29个省份及新疆生产建设兵团的部分地市降低了失业保险费率，全年减收失业保险基金140亿元，比上年增加30亿元，增长27%，涉及企业212万户，职工6 666万人。广东、山东、江苏、北京、云南、福建、黑龙江和湖北等8个省份降低费率减收失业保险基金超过5亿元，其中，广东省最高，达到38亿元。其他超亿元的依次是河南、重庆、四川、广西、山西、贵州、安徽、辽宁、浙江、陕西、新疆和海南等12个省份。

（三）缓缴失业保险费情况

河北、山西、吉林、黑龙江、江苏、安徽、江西、山东、河南、湖北、湖南、广东、广西、四川、贵州、陕西和宁夏等17个省份，全年缓缴失业保险费4亿元，比上年减少1.4亿元，降低26%，涉及企业3257户，职工95万人。

二、东部7省（市）扩大失业保险基金支出范围试点工作取得明显成效

按照《关于适当扩大失业保险基金支出范围试点有关问题的通知》(劳社部发［2006］5号）和《关于延长东部7省（市）扩大失业保险基金支出范围试点政策有关问题的通知》(人社部发［2009］97号）的要求，人力资源社会保障部门积极推动东部7省（市）试点工作的开展，充分发挥失业保险基金预防失业、促进就业的作用。

截至2010年底，东部7省（市）扩大失业保险基金支出范围试点工作已经开展五年。各地根据试点政策要求，认真制定试点方案，履行备案程序，稳步推进试点工作，取得明显成效。

（一）结合实际扩大支出项目，用于促进就业的基金支出逐年增加。随着支出项目扩

大，东部7省（市）失业保险基金用于预防失业、促进就业的支出逐年加大。试点期间，各地从预防失业、促进就业实际需要出发，逐步扩大支出项目，主要有：职业培训补贴、职业介绍补贴、社会保险补贴、岗位补贴和小额担保贷款贴息、困难企业稳定岗位补贴、参保人员职业技能鉴定补贴、失业人员一次性创业补贴等。另外，一些地区还结合各自实际，将就业困难人员社会保险补贴、高校毕业生见习补贴、返乡农民工和城镇复转军人创业补贴纳入试点政策范围。在保障失业人员基本生活的前提下，各地失业保险基金用于促进资金逐年增加，一些地区失业保险基金成为促进就业资金的主要来源。

（二）试点政策受益人数持续增长，城镇登记失业率稳中有降。东部7省（市）试点政策的受益群体几乎涵盖了城镇所有登记失业人员和已参加失业保险的就业困难人员。在扩大失业保险基金支出范围试点政策、援企稳岗政策、更加积极就业政策、扩大内需政策等多方面政策的共同作用下，试点地区就业局势基本稳定，城镇登记失业率稳中有降。东部7省（市）城镇登记失业率全部低于全国平均水平。

（三）探索实践了失业保险预防失业、促进就业功能，为进一步改革完善失业保险制度积累了经验。试点5年来，东部7省（市）在政策实施中形成了一些长期性支出项目和受益群体，对稳定就业局势起到了重要作用。特别是在应对危机稳定就业中，东部7省（市）通过实施降低费率、缓缴保费、援企稳岗补贴等政策，有效预防了金融危机影响下有可能发生的大规模失业问题，在稳定本地区就业局势的同时，也为全国就业局势的稳定做出了重大贡献。扩大失业保险基金支出范围试点政策和援企稳岗政策的实施，初步形成了政府支持、企业承担社会责任、共同稳定就业的新型关系，体现了权利义务对等的原则，提高了企业和职工参保缴费的积极性，增强了失业保险制度的活力。

总体上看，试点5年来，东部7省（市）对扩大失业保险基金支出范围进行了积极探索，使用失业保险基金预防失业、促进就业取得了一定成效，拓展了支出项目，扩大了受益群体，加大了基金支出，为改革完善失业保险制度提供了宝贵的实践经验。

三、失业保险扩面和基金征缴保持增长

（一）覆盖情况

截至2010年末，全国参加失业保险人数为13 376万人，比上年末增加660万人，增长5%。分地区看，绝大多数地区参保人数比上年末有不同程度增加，增幅超过10%的依次是海南、北京、浙江、广东和重庆等5个省份。参保人数增加超过50万的省份依次是广东157万、北京99万、浙江90万、江苏74万。这4个省（市）的经济较发达，并以非公有制经济为重点，加大扩面力度，参保人数共增加420万人，占全国总增量的64%。

2010年末，全国农民合同制工人参加失业保险人数为1 990万人，比上年增加347万人。分地区看，农民合同制工人参保人数较多的主要集中在经济发达省份，这些省份就业机会相对较多，对农民工的需求量较大。广东省农民合同制工人参保人数达到617万人，为全国最高，其他超过100万人的省份依次是浙江414万、江苏261万、北京155万、福建105万。这5个省份的农民合同制工人参保总数为1 552万人，占全国总量的78%。

（二）待遇享受情况

2010年，全国共有432万失业人员领取了不同期限的失业保险金，其中新增领取人数224万人。因待遇期满、重新就业等原因停止领取人数为250万人。分地区看，全年领取人数最多的是江苏省，达47万人；其他超过20万人省份的依次是山东、上海、河南、安徽、辽宁和广东等6省。

2010年12月，全国领取失业保险金人数为209万人，比上年末减少26万人，减幅11%。在领取人员中，女性领取人数为89万人，占43%，与上年基本持平；连续领取6个

月以上的120万人，占57%，比上年下降3个百分点。分地区看，当月领取人数最多的是山东省，达21万人；超过10万人的依次是江苏、河南、上海、辽宁和广东等5省。

（三）基金运行情况

2010年，各地在降低费率和缓缴失业保险费等减收因素影响下，加大参保扩面和基金征缴力度，全年基金收入650亿元，比上年增加69亿元，增长12.0%。其中，失业保险费征缴收入620亿元，比上年增加70亿元，增长12.7%。全年基金支出423亿元，比上年增加56亿元，增长15.4%。其中，保障失业人员基本生活支出154亿元，占基金总支出的36.4%；稳定就业、促进就业支出255亿元，占基金总支出的60.3%；农民合同制工人一次性生活补助支出6亿元，占基金总支出的1.4%；其他支出8亿元，占基金总支出的1.9%。

截至2010年末，全国失业保险基金滚存结余1750亿元，比上年增长14.8%。基金结余分布不平衡，北京、上海、江苏、浙江、福建、山东和广东7省市基金结余总计885亿元，占全国基金结余总量的50.6%。

四、稳妥推进全国失业动态监测工作的开展

按照《关于做好失业动态监测工作有关问题的通知》（人社部发［2009］152号）要求，从2010年1月起，人力资源社会保障部在全国31个省（区、市）和新疆生产建设兵团的100多个城市开始建立失业动态监测制度，共监测企业3 500余家，涉及职工500多万人。失业动态监测工作在全国的开展，为科学研判就业失业形势和宏观决策，提供了重要数据支持，并为建立失业预警制度奠定了基础。

医疗保险

2010年，各级人力资源社会保障部门围绕推进全民医保，贯彻落实中央深化医药卫生体制改革精神，进一步扩大医疗保险覆盖面，稳步提高医疗保险待遇，不断提高医疗保险管理服务水平，各项工作进展顺利，成效显著。

一、基本医疗保险覆盖面不断扩大

一是妥善解决关闭破产企业退休人员和困难企业职工医疗保障问题。按照国务院的部署，指导地方将各类关闭破产国有企业退休人员纳入职工医保，妥善解决其他关闭破产企业退休人员和困难企业职工的医疗保障问题。截至年底，全国共将约600万原未参保的关闭破产国有企业退休人员纳入职工医保。二是不断完善居民医保制度，努力扩大覆盖面。6月初，人力资源社会保障部会同财政部印发了《关于做好2010年城镇居民基本医疗保险工作的通知》（人社部发［2010］39号），要求各地完善参保政策，巩固扩大覆盖面，推进大学生参保，落实符合条件的农民工选择参加居民医保的有关政策。各地认真贯彻落实文件精神，截至2010年底，全国城镇基本医疗保险参保人数达到43 263万人，超额完成国务院下达的4.1亿人的扩面任务，比上年年底增加3 116万人。其中职工基本医疗保险参保23 735万人，城镇居民基本医疗保险参保19 528万人，有4 583万农民工参加了医疗保险。全年全国城镇基本医疗保险基金收入4 309亿元，支出3 538亿元。

二、筹资和待遇水平稳步提高

2010年各级政府对居民医保补助标准提高到每人每年不低于120元，个人缴费标准也有所提高。在此基础上，医疗保险待遇稳步提高。一是着力提高住院费用基金支付比例。多数地区居民医保政策范围内住院费用支付比例达到60%，职工医保支付比例达到70%以上。职工医保和居民医保的统筹基金最高支付限额逐步达到当地职工年平均工资和居民可支配收入的6倍以上。二是加快推进门诊统筹。人力资源社会保障部对推进门诊统筹工作进行了专门部署，并组织了专题培训和经验交流，要求在全国60%的统筹地区建立居民医保门诊统筹。为探索解决门诊统筹工作重点难点问题，确定了14个居民医保门诊统筹重点联系城市，印发了《关于印发重点联系城市门诊统筹政策和管理指导要点与重点联系城市门诊统筹基础数据采集表（试用）的通知》（人社厅函［2010］257号）以及《关于开展城镇居民基本医疗保险门诊统筹评估工作的通知》（人社医司便函［2010］110号）。通过开展专题调研，召开座谈会等方式，指导重点联系城市推进门诊统筹，加强运行分析，进行管理机制的探索创新，力求有所突破。截止到2010年底，80%以上的统筹地区开展了居民医保门诊统筹工作，广州、珠海、青岛、泰州等城市还对城镇职工医保门诊统筹进行了探索。

三、医疗保险服务水平进一步提高

一是加快推进医疗费用即时结算工作。召开了全国医保即时结算和社保卡应用经验交流会，对全面推动医保即时结算进行了部署。对医保即时结算工作进展情况按月进行调度，加大督导力度。截止到2010年底，全国91.7%的统筹地区已实现住院和门诊医疗费用即时结算。二是规范医疗保险关系转移接续经办规程。制定印发了《流动就业人员基本医疗保险关系转移接续经办流程（试行）》（人社险中心函［2010］58号），明确了社会（医疗）保险经办机构在办理医疗保险关系转移接续业务时的具体经办流程。召开了专题会议进行调度和督导。三是积极开展异地就医结算服务工作。福建、江苏、湖南、云南、浙江、广东、青海、江西8省实现或启动省内异地联网结算，上海与15个地区、广州与成都、海南等地签订了异地就医委托报销协议，天津与河北、山西、内蒙、吉林、海南、宁夏、新疆兵团也签订了异地就医合作框架协议。

四、医疗保险管理进一步完善

一是加强定点医疗机构和定点药店管理。人力资源社会保障部制定印发了《关于实行基本医疗保险定点医疗机构分级管理的意见》（人社厅发［2010］9号），各地积极推动建立分级管理制度。二是会同卫生部、财政部、民政部、中国残联印发了《关于将部分医疗康复项目纳入基本医疗保险保障范围的通知》（卫农卫发［2010］80号），将9项医疗康复项目纳入基本医疗保险支付范围。三是对医疗保险药品目录中部分药品的名称剂型、限定使用范围等进行调整规范，印发了《关于〈国家基本医疗保险、工伤保险和生育保险药品目录〉部分药品名称剂型调整规范的通知》（人社厅发［2010］58号）。指导各地采取分步实施的办法执行2009版医疗保险药品目录。医保目录甲类部分在全国已经普遍实施，乙类部分在大部分地方也已开始实施。四是探索付费方式改革，积极进行与付费相关工作的研究。部分地方开展了按病种、按人头、总额预付和其他形式的付费方式改革探索，发挥不同付费方式对医疗服务行为的激励约束作用。

五、探索开展医疗保险城乡统筹，成效初步显现

按照医改提出的“有效整合基本医疗保险经办资源，逐步实现城乡基本医疗保障制度和管理统一”的要求，部分地区积极开展统筹城乡医疗保障制度探索。目前，开展统筹城乡医疗保险的有天津、重庆、宁夏和新疆生产建设兵团等4个省级单位，成都、广州、长沙、杭州、厦门等35个城市和其他地区的142个县（区、市），多数地方从理顺管理体制入手，统一信息标准，整合经办资源，逐步统一城乡医疗保障制度体系。从地方实践看，统筹城乡医疗保险制度，提高了农村居民医疗保障待遇，在一定程度上避免重复参保，减少了重复投入，提高了管理效率和服务水平，方便了参保人员。

工 伤 保 险

2010年，工伤保险工作全面落实科学发展观、构建和谐社会要求，认真贯彻全国人力资源社会保障工作会议精神和实施全国工伤保险座谈会工作部署，全年紧紧围绕实施“平安计划”二期、大力解决“老工伤”问题、努力推动工伤保险市级统筹三项重点工作，各项工作取得了积极进展，圆满完成了当年的任务。

一、继续大力推进扩面工作，提前完成全年参保目标

工伤保险参保扩面工作继续以推进落实“平安计划”二期为核心，在各地的共同努力下，全年参保人数稳步增长。尽管一季度参保人数出现季节性下滑，但从二季度开始转入正常增长并呈现逐月加快之势。年末，全国工伤保险参保人数16 161万人，其中农民工6 300万人，分别比上年底增加1 265万人和713万人，均提前完成全年扩面目标，基本实现了有较稳定劳动关系的农民工都纳入工伤保险统筹的目标。2010年，全国享受工伤保险待遇共计144万人。全年全国工伤保险基金总收入为285亿元，同比增加45亿元，增长18.7%；征缴收入273亿元，同比增加45亿元，同比增长19.8%，完成征缴计划120.8%。基金总支出192亿元，同比增加37亿元，同比增长23.6%，累计结余561亿元（含储备金82亿元）。

二、推动各地抓紧解决“老工伤”工作取得积极进展

指导和推动各地结合实际，加快解决“老工伤”问题。截至2010年底，全国已有112万“老工伤”人员纳入统筹管理。为落实温家宝总理在年初政府工作报告中提出的将130万“老工伤”人员纳入工伤保险统筹的要求，二季度，人力资源社会保障部会同财政部、国资委共同部署开展了国有企业和集体企业“老工伤”情况调查摸底工作，并对调查情况进行了汇总分析。在此基础上，人力资源社会保障部、财政部、国资委、监察部共同向国务院报送了《关于妥善解决国有企业老工伤人员纳入工伤保险统筹有关问题的请示》，经国务院140次常务会议审议批准，4部委联合印发了《关于妥善解决国有企业老工伤人员纳入工伤保险社会统筹管理有关问题的通知》，明确了将“老工伤”纳入工伤保险统筹的工作目标、政策措施和工作要求。目前各地正在抓紧部署落实。

三、工伤保险市级统筹工作进一步推进

按照工伤保险工作的总体部署，继续督促各地加快推进工伤保险市级统筹工作。3月，人力资源社会保障部下发了《关于推进工伤保险市级统筹有关问题的通知》，督促指导各地采取典型引路、学习交流的方式，大力推进市级统筹工作。截至2010年末，全国已有20多个省（自治区、直辖市）按照部里“六个统一”要求，在全省范围基本实现了市级统筹。其他省份的部分统筹地区（设区市）也实现了市级统筹。根据统计，全国已有超过86%的统筹地区实现了工伤保险市级统筹。

四、积极稳步开展了工伤预防和工伤康复试点工作

进一步规范了在广东、河南、海南三省开展的工伤预防试点工作，取得了积极成效，为下一步扩大试点范围奠定了较好基础。继续扩大并规范工伤康复试点工作，继上年开展第一批工伤康复试点机构评估工作后，2010 年又对北京、辽宁、吉林、安徽、河南、湖北、山西、天津等省市的 20 家工伤康复机构进行了评估。工伤康复试点工作已在全国大多数省份有序开展，为确保工伤职工权益，促进工伤职工回归社会发挥了积极作用。

五、继续做好相关法律法规的制定修订和政策完善工作

一是积极配合国务院法制办进行《社会保险法》《工伤保险条例》等法律法规的制定和修订工作。社保法和新《条例》已颁布，印发了《贯彻做好〈工伤保险条例〉（修订）贯彻实施工作的通知》（人社部函［2010］344 号）和《关于印发〈工伤保险条例〉（修订）宣传提纲的通知》（人社厅发［2010］115 号）。在全国组织开展了新《条例》集中宣传活动。

二是结合《工伤保险条例》的修订工作，开展了配套部颁规章的起草修订工作。新修订的《工伤认定办法》《非法用工一次性赔偿办法》和新制定的《部分行业企业工伤保险费缴纳办法》已经发布，其他相关配套的部颁规章起草修订工作也在有序进行当中。

三是在全国各地和国务院各有关部门部署开展了国家机关和参公事业单位工伤保障政策调研工作。调研情况已陆续反馈，正在抓紧汇总分析，并提出建立和完善国家机关和参公事业单位工伤保障政策的研究报告和政策建议。

2010 年，在加强工伤保险统计分析，推进工伤保险信息化建设等基础工作方面也取得了积极进展。国际交流与合作方面，根据与德国法定工伤保险总会的交流协议，举办了中德工伤保险专题研讨会，组织实施了联合国开发计划署（UNDP）农民工工伤保险项目 2010 年活动计划，参与并较好完成了中欧社会保障项目有关工伤保险的活动计划。

生育保险

2010年是生育保险事业发展的重要一年，各地通过加强生育保险制度建设，在促进妇女公平就业、维护妇女生育保障权益方面进行了积极的探索。

一、生育保险扩面任务顺利完成

2010年是贯彻落实《中国妇女发展纲要（2001—2010年）》和“十一五”规划的最后一年，在各级人力资源社会保障部门的共同努力下，生育保险工作完成了《纲要》提出的生育保险覆盖面达到90%和“十一五”规划提出的生育保险参保人数达到8 000万人的目标要求。截止到2010年底，生育保险参保人数达到12 336万人，比上年底增加1 460万人，增长13.4%。广东省参保人数已达到2 038万人，处于全国第一位，其次是江苏省1 086万人、浙江省864万人、山东省774万人、上海市657万人。

二、落实生育保险待遇，生育保险基金运行平稳

各地加强对生育保险的管理，积极推进生育医疗费与医疗机构即时结算，全国有17个省份实现了社会保险经办机构与医疗机构即时结算。当年，全国生育保险基金收入160亿元，同比增长20.5%，基金支出110亿元，基金当期结余50亿元。截至年末，生育保险基金累计结存261亿元。2010年，全国享受生育保险待遇211万人次，其中生育人数为118万人。人均生育待遇支出为8 702元，比上年增长1.7%，其中人均生育医疗费支出2 714元，人均生育津贴支出5 988元。

三、全面落实城镇居民生育保障待遇

各地认真贯彻落实人力资源社会保障部办公厅颁布的《关于妥善解决城镇居民生育医疗费用的通知》（人社厅发［2009］97号），将城镇居民住院分娩的医疗费用纳入城镇居民基本医疗保险基金支付范围。目前，有30个省份发文落实城镇居民生育保障措施。全国已有85%的统筹地区将城镇居民住院分娩医疗费用纳入医疗保险基金支付范围；30%的统筹地区将产前检查费用纳入医疗保险门诊统筹支付范围。

四、积极推动生育保障试点工作

2010年11月，人力资源和社会保障部在江苏省南通市召开城镇居民生育保障试点工作座谈会，贯彻落实《社会保险法》，交流试点工作经验，研究生育保障工作发展思路，为下一步制定生育保险相关配套法规和推动生育保险工作打下基础。2009年人力资源社会保障部确定长春等7个城市为生育保障试点城市后，各试点城市按照试点方案积极推动工作。一是探索统筹城乡生育保障模式，对城镇、农村居民生育保障实行统一政策、统一管理，由人力资源和社会保障部门负责推动这项工作；二是建立财政补助机制，对城镇非职业妇女生育给予资金补助，减轻参保人员医疗费负担；三是探索新生儿落地参保及医疗待遇的支付措施，将新生儿医疗费纳入保障范围。目前，试点工作进展顺利。

农村社会养老保险和被征地农民社会保障

一、新型农村社会养老保险工作

2010年，在继续做好全国首批试点地区新型农村社会养老保险（以下简称“新农保”）工作的基础上，试点范围进一步扩大，试点覆盖面达到24%。全国27个省、自治区的838个县和4个直辖市的大部分地区纳入国家新农保试点，截至2010年12月底，第二批试点县如期启动试点工作，首批和第二批试点地区参保人数达到1.03亿人，其中领取待遇人数达到2 862.6万人。

（一）抓好新农保试点的实施工作

一是对首批和第二批新农保试点进行督导。2010年1月，人力资源社会保障部联合发展改革委、财政部、民政部、人口计生委、中国残联等国务院新农保试点工作领导小组成员单位，组成7个督导组，分别赴云南、贵州等19省区督导新农保试点工作，确保首批试点扎实起步，确保春节前把基础养老金发放到符合条件的农村老年居民手中，确保党中央、国务院的亲切关怀及时传递给农民。2010年12月，国务院新农保试点工作领导小组办公室印发了《关于做好当前新型农村社会养老保险试点工作的通知》，要求各地组织好第二批试点县开展试点工作，确保来年元旦、春节期间养老金按时足额发放，并组成6个督导组，对7省市的新农保工作进行督导、检查。

二是开展首批试点检查评估。2010年7月，人力资源社会保障部印发了《关于对首批新农保试点工作情况进行检查评估的通知》（人社厅函［2010］382号），决定在8月—9月组织对全国首批新农保试点县（市、区、旗）的工作情况进行检查评估。这次检查评估活动主要内容包括组织领导、政策措施、资金保障、工作体系、工作成效等5个方面。要求各地加强领导，统筹安排好各项工作，将检查评估工作与指导各地做好扩大试点的准备工作结合起来；深入细致地组织好自查自评，不留死角，并针对查找出的问题和不足，及时制定整改措施；通过检查评估，对首批试点的成功经验和存在问题进行认真梳理，提出巩固和发展试点成果的意见和建议，把总结检查评估的过程作为解决问题、建立机制、加强经办能力建设的过程，为推动新农保试点工作更好更快地发展创造有利条件。

三是加强试点规范管理。2010年6月和8月分别于山东省即墨市、河北省秦皇岛市召开了部分省（市、区）人力资源社会保障部门新农保试点暨审计整改工作座谈会，传达学习国务院领导和部领导对专项审计报告的重要批示，听取各地新农保试点及审计整改进展情况汇报，研究部署审计整改和规范管理工作。随后，召开全国新农保试点审计整改和规范管理工作视频会议，对全国试点地区开展新农保工作自查自纠和规范管理工作进行全面动员和部署。9月中旬，人力资源社会保障部组成5个检查组，分赴黑龙江等10个省区进行抽查，督导新农保试点工作落实，并专门召开抽查情况汇报会，全面了解情况，总结交流经验，统一思想共识。

（二）部署全国新农保第二批扩大试点工作

根据国务院第101次常务会议精神和当年

政府工作报告要求，经国务院新农保试点工作领导小组第三次会议研究决定，人力资源社会保障部印发了《关于2010年扩大新型农村社会养老保险试点的通知》（人社部发［2010］27号），部署本年度重点扩大试点和普遍扩大试点工作，指导各地精心组织，及时申报，对继续扎实做好首批试点工作及扩大试点准备工作提出了明确的要求。

5月，国务院新农保试点工作领导小组办公室在四川成都召开了西藏及4省藏区2010年扩大新农保试点工作会议。会议部署了西藏及4省藏区2010年扩大试点工作任务，对下一步做好扩大试点工作提出了明确的工作要求。6月末，人力资源社会保障部组织部内有关单位和地方试点县的人员赴西藏林芝和日喀则地区，对西藏自治区县级以上人力资源社会保障局、社保局的业务人员进行新农保政策、业务和信息系统等方面的培训工作。

6月，新疆维吾尔自治区人民政府在乌鲁木齐市召开了2010年扩大新农保试点工作会议，会议贯彻中央新疆工作座谈会精神，落实国务院第101次常务会议和国务院新农保试点工作领导小组第三次会议精神，部署当年全区重点扩大新农保试点的工作任务，对新疆维吾尔自治区推进扩大新农保试点工作提出了明确要求。

（三）批复2010年重点扩大和普遍扩大试点县

一是批复重点扩大试点县名单。指导相关地区申报，会同财政部于6月30日审核批复重点扩大试点名单。重点扩大试点地区是：西藏自治区全区和四川、云南、甘肃、青海4省藏区县；新疆维吾尔自治区喀什地区、和田地区和克孜勒苏柯尔克孜自治州的全部县市，阿克苏地区的乌什县、柯坪县及全疆其他边境县、国家扶贫开发工作重点县。共有177个县纳入重点扩大试点，试点工作于7月1日顺利启动。

二是批复普遍扩大试点县名单。重点扩大试点工作完成后，及时安排部署普遍扩大试点工作，指导相关省（区、市）政府按照经济条件好中差结合、人口规模大中小兼顾的原则申报试点，会同财政部逐一审核各地普遍扩大试点县申报情况，上报国务院新农保试点工作领导小组同意后，批复了当年普遍扩大试点名单，新增341个县，于10月1日顺利启动试点工作。

（四）拟定新农保基金财务会计制度及其他衔接制度

协调财政部、民政部、人口计生委等部门做好新农保政策的完善配套工作，与国家人口计生委、财政部联合印发了《关于做好新型农村社会养老保险制度与人口和计划生育政策衔接的通知》。会同财政部研究起草新农保基金财务会计制度，拟于2011年初出台。召开了新农保金融服务研讨会，起草了新农保金融服务规范和管理办法，正进一步修改完善。

（五）开展新农保政策宣传活动

指导各地认真做好政策宣传和政策落实工作，配合新农保试点，开展送政策、送宣传、送服务活动，切实使新农保政策深入农村、深入农户，惠及广大农村居民。策划制作了“新农保宣传礼包”赠送各省（自治区、直辖市），内容包括《新农保试点工作宣传口号、标语、年画集成》《10分钟新农保宣传光盘》《新农保基层培训教材光盘》《新农保经办实务手册》，于元旦、春节期间，面向全国各试点县和所属地级市启动新农保试点工作大型宣传活动，以“新农保、新生活、新农村”为主题进一步宣传新农保试点政策，使符合参保条件和待遇领取条件的农村居民充分了解新农保政策，鼓励广大农民群众参保缴费。

二、被征地农民社会保障工作

深入贯彻落实物权法关于“征收集体所有的土地，应当依法足额支付土地补偿费、安置补助费、地上附着物和青苗的补偿费等费用，安排被征地农民的社会保障费用，保障被征地农民的生活，维护被征地农民的合法权益”和《中共中央关于推进农村改革发展若干重大问题的决定》中关于“依法征收农村集体土地，按照同地同价原则及时足额给农村集体组织和农民合理补偿，解决好被征地农民就业、住房、社会保障”，以及“做好被征地农民社会保障，做到先保后征，被征地农民基本生活长期有保障”的要求，进一步完善被征地农民就业和社会保障政策，维护被征地农民的合法权益。

（一）指导地方出台被征地农民社会保障政策文件

至2010年末，全国已有29个省、自治区、直辖市出台或转发关于做好被征地农民社会保障工作的政策文件，被征地农民社会保障覆盖面不断扩大。

（二）完善被征地农民社会保障工作相关配套政策措施

指导各地制定了符合实际的实施办法，部分地区还建立了预存征地补偿款制度，制定了被征地农民社会保障工作流程和管理规范、被征地农民社会保障资金管理办法、被征地农民社会保障资金会计制度等政策文件，增强了政策有效性、制度可操作性。

（三）加强调研和监督检查，加大与相关部门协调力度

积极协调相关部门，推动被征地农民社会保障制度建设，规范被征地农民社会保障实施办法。根据国务院领导批示要求，核查群众反映的情况，督促政策贯彻落实。

社会保险经办管理

一、提前超额完成年度各项计划指标

2010年末，全国参加基本养老、城镇基本医疗、工伤和生育保险人数分别达到25 707万人、43 263万人、16 161万人和12 336万人，分别完成年度计划的107.1%、105.5%、105.5%和109.2%。较“十一五”计划指标分别实际增加3 400万、1.33亿、2 200万和4 336万人。工伤保险“平安计划”二期全面完成，农民工参保达到6 300万人，完成年度计划的108.6%。全国全年基本养老、基本医疗（城镇职工）、工伤和生育保险基金征缴收入分别达到11 110亿元、3 736亿元、273亿元和156亿元，完成年度计划的112.9%、117.5%、120.8%和115.1%。全国累计缓缴4项社会保险费48.4亿元，通过降低费率，累计减收基本医疗、工伤和生育保险3项保险费98.9亿元。当年，对社会保险费征缴情况实地稽核221万户次，14 185万人次，共查出企业少报缴费基数242亿元，少缴社会保险费26亿元，已补缴到账25亿元。共核查享受待遇人数6 707万人，冒领社会保险基金8 154万元，已经追回7 977万元。稽核定点医疗服务机构10万个，违规1万个，违规金额1.97亿元，已追回1.94亿元。清理收回历年企业欠缴的基本养老保险费422.5亿元，完成年度计划的264%。全国企业退休人员纳入社区管理的比例达到76.2%。

二、继续较大幅度提高各项社会保险待遇

2010年，是城镇企业参保退休人员基本养老金连续进行调整的第6个年头，全国人均达到每月近1 300多元，比“十五”期末增长近一倍。1—12月，全国实发企业5 812万名离退休人员基本养老金9 410亿元。补发基本养老金历史拖欠工作也取得了新的进展，江西、宁夏、内蒙古已补发完毕历史拖欠，使全国无历史拖欠的省份达到26个。全国新农保试点覆盖4个直辖市和838个试点县，参加新农保人数达到1.03亿人，其中领取待遇人数2 863万人，发放基础养老金178亿元。加上各地自行试点，全国共有试点县1 154个，参加新农保人数达到1.43亿人，领取待遇人数4 243万人。城乡基本医疗保险报销比例逐步提高，城镇职工医保最高支付限额由职工年平均工资的4倍提高到6倍以上，城镇居民医保、新农合的最高支付限额分别达到居民年人均可支配收入、农民年人均纯收入的6倍以上，各级财政对城镇居民医保、新农合的补助标准从期初的每人每年40元提高到120元。2010年，共支付医疗、工伤和生育保险待遇3 835亿元。失业保险金、工伤和生育保险待遇标准进一步提高。各项社会保险待遇水平稳步提高，改善了广大群众特别是低收入群体的生活，使更多的人分享到经济社会发展成果。

三、重点工作取得明显成效

2010年，是全面落实新医改意见，实施养老、医疗保险关系转移接续，实施新农保经办规程，实施社会保险基金预算管理的关键一年，落实社保政策任务之重前所未有。一年来，各级经办机构开拓创新，攻坚克难，各项

重点工作取得明显成效。一是全国医保即时结算和社会保障卡应用工作。据统计，91.7%的城镇职工医保、城镇居民医保统筹地区实现医疗费用即时结算，提前完成国务院提出的80%即时结算的任务。同时，各地积极推动定点医疗机构分级管理，到年底已有21个省份下发了分级管理文件，并开展分级管理评定工作。二是加快推进社会保险关系转移接续工作。全面落实养老、医疗保险关系转移接续等规定，全国全年共办理跨省转移职工基本养老保险关系28.8万人次，转移资金33.3亿元。三是认真落实新农保经办规程。各试点地区确保政策落到实处，取得应有效应。四是积极开展异地就医结算服务工作。福建、江苏、湖南、云南、浙江、广东、青海、江西8省实现或启动省内异地联网结算，上海与15个地区、广州与成都、海南等地签订了异地就医委托报销协议，天津与河北、山西、内蒙、吉林、海南、宁夏、新疆兵团也签订了异地就医合作框架协议。五是全国社会保险基金预算工作加快推进。初步建立了预算工作机制，全面完成了社会保险基金预算编制、审核和汇总工作，为实现基金预算的规范化管理积累了经验。

四、基础建设进一步加强

2010年，各级经办机构着眼经办管理服务的长远发展，以实现社会保险经办管理服务的规范化、专业化、信息化和标准化为目标，进一步加强基础建设。一是完成了“数据质量年”活动检查验收和总结工作，摸清了社会保险全系统数据底数，开展了金保工程联网数据专题分析，提升了数据质量和应用分析水平。完成了异地居住人员领取社会保险待遇资格协助认证信息建设，并在长三角地区先行试点。全面开展了社会保险运行分析。适时组织开展了养老、医疗、工伤、生育四项保险运行分析，为领导决策提供科学依据。二是加强内控制度建设，积极探索风险管理，建立了社会保险基金年度报告制度。同时，自觉接受社会监督和舆论监督，及时、主动披露2009年当地社会保险基本情况。三是全力推动社会保险业务档案达标验收，成立全国社会保险业务档案达标验收领导小组，制定达标验收工作程序等规定，组织了达标验收人员培训，启动了全国社保业务档案达标验收工作。天津、内蒙古、吉林、辽宁、河南、广东、江苏、江西、湖南等省区市的10个经办机构通过了达标验收。四是稳步推进标准化建设。完成了两个国家标准的起草工作；吉林、上海成功申办标准化试点。研究制定了《关于开展社会保险标准化工作的指导意见》，成功举办两期社会保险标准化培训班。五是不断拓展精算工作新领域。进一步规范养老保险精算工作，下发《基本养老保险精算业务规程》。举办了4期精算培训班，开展医疗保险精算工作，建立了省级和重点联系城市医疗保险精算工作制度；将精算分析纳入养老、医疗保险运行分析工作内容，精算成果应用得到进一步加强。六是不断加强经办队伍建设。截至2010年底，全国社会保险经办机构工作人员共计15万多人，经办机构总数达7 635个，其中参照公务员法管理的机构有3 988个，占经办机构总数的52.2%。2010年，举办了首期省级经办机构主要负责人培训班和2期地市级以上经办机构负责人培训班，经办队伍素质进一步提高。

社会保险基金监督

2010年，基金监督司按照部党组的统一部署，加强基金监督法制建设，深化社保基金专项治理成果，组织实施医保基金管理情况检查，继续推进企业年金市场规范发展，努力维护基金安全，较好地完成了各项任务。

一、加强基金监督法制建设

2010年10月，全国人大常委会审议颁布了《社会保险法》。这是我国社会保险发展史上具有里程碑意义的大事，也使社会保险基金监督工作第一次有了全面而坚实的法律依据。《社会保险法》总则中就提出“国家对社会保险基金实行严格监管”；“国务院和省、自治区、直辖市人民政府建立健全社会保险基金监督管理制度，保障社会保险基金安全、有效运行”；“县级以上人民政府采取措施，鼓励和支持社会各方面参与社会保险基金的监督”。第十章专章规定了社会保险监督的主要内容、方式、职责和有关方面的权利、义务；在第十一章的多条中，又对侵害社会保险基金安全行为的行政和法律责任作出了具体规定。作为社会主义市场经济体系的支架性法律之一，《社会保险法》总结和提炼多年的实践经验，从顶层法律制度上对加强社会保险基金监督提供了最具权威性的支持。各地结合《社会保险法》的颁布和贯彻国家有关政策法规精神，进一步加强社会保险基金监管工作，制定出台了一批地方性规章和规范性文件，形成了更有效的监督制约机制。

二、深化社保基金专项治理成果

召开全国社会保险基金专项治理暨监督工作会议，形成全国专项治理总结报告，上报国务院和中央纪委。下发进一步做好专项治理违纪违规问题整改工作通知，组织对部分省市进行实地调研，检查深化专项治理成果情况，督促各地深化专项治理成果。各地按照部里的统一部署，加大组织回查力度，积极整改落实检查发现的问题，进一步完善基金监管政策，维护了基金安全。

三、开展医保基金管理情况检查

下发《关于印发城镇职工基本医疗保险基金检查方案的通知》，部署开展医疗保险基金专项检查。部里抽调部分医学专家和地方相关机构工作人员，组成3个检查组，分2批对山西、黑龙江、江苏、海南、贵州、陕西6省的医保基金管理情况进行直查，共涉及76个被检查单位。通过查找基金结算、支付、管理中存在的风险和漏洞，发现查处了一些违法违规问题，减少了基金损失，进一步了解了医保基金管理情况，为今后完善政策、改进管理、加强监管提供了帮助。

四、推动社保基金监管软件联网应用

下发《关于社会保险基金监管软件联网应用有关事项的通知》，指导推动地方开展监管软件联网应用。协调软件开发商发布《中软国际关于基金监管软件全国联网应用部署服务承诺书》。会同有关部门组织进行了2期、340人参加的监管软件联网应用培训。积极指导推动当年计划部署安装的19个省市开展软件联网应用部署实施工作。目前，重庆、江苏等省市部分地区已完成或正在完成数据处理和软件安装工作。其他省市有的正在签署协议，准备进场安装，有的已完成方案的制订，正在进行安装服务协议的洽谈和进场准备工作。

五、加强企业年金市场监管

一是完善企业年金有关政策。会同银监会、证监会、保监会修订《企业年金基金管理试行办法》，对机构准入条件、投资品种和比例、法人治理结构、管理机构行为规范等加以补充和完善，更好地适应市场需要。研究企业年金数据交换规则，提高企业年金基金管理的数据质量和工作效率。研究起草企业年金基金管理服务及收费标准，确保企业年金市场有序竞争。二是开展企业年金基金托管情况检查。组织对工商银行、建设银行和中国银行等3家企业年金基金托管机构进行调研检查，及时纠正检查发现的问题。三是审核延续企业年金管理机构资格。对第二批企业年金基金管理机构，下发《关于企业年金基金管理机构资格延续有关问题的通知》，组建评审专家组，进行业务情况和资格审核，公布是否延续资格的结果。四是做好企业年金基金管理情况统计工作，定期发布通报。五是抓紧筹建社会保险学会企业年金分会。下发《关于中国社会保险学会企业年金分会筹建工作有关事项的函》，抓紧做好筹建布置和会员征集工作。截止到2010年底，建立企业年金的企业3.7万家，参加职工1 334万人，积累基金2 809亿元，企业年金覆盖人数的增加和基金规模的迅速扩大，说明党中央确定的“广覆盖，保基本，多层次，可持续”的方针正在得以落实，多层次养老保险体系建设取得了新的进展；由专业机构投资运营的企业年金，近4年平均收益率达到了11.45%，战胜了同期通货膨胀，实现了保值增值，这为更好地保障职工退休后的生活创造了条件。

六、做好全国社会保障基金监管工作

配合有关部门认真做好全国社会保障基金月度、季度和年度财务会计报告和投资政策审核工作。组织对《全国社会保障储备基金条例》草案提出修改意见。配合审计署做好对全国社会保障基金管理情况的审计。截至2010年底，全国社保基金权益达8 377亿元，应对人口老龄化高峰的社会保障资金能力得到进一步增强。

七、加强社保基金监管能力建设

在原《社会保险审计检查证管理规程》基础上，制定下发《关于进一步规范社会保险基金监督检查证发放管理的通知》，进一步规范监督检查证的发放管理。举办全国社保基金监督业务培训班，对全国31个省区市及新疆生产建设兵团143名地方基金监督工作人员进行了培训，审核发放了136个社会保险基金监督检查证。落实中央新疆工作会议精神，为新疆维吾尔自治区专门举办了社会保险基金监督业务培训班。支持江西、河北、重庆等3个省市进行了地方社会保险基金监督业务培训。截止到2010年底，全国共有466人通过培训、考试取得了社会保险基金监督检查证，强化了对社会保险基金监督的持证上岗、依法行政。

劳动关系

一、做好劳动关系突出问题研究应对工作

2010年以来，针对劳动关系领域出现的新情况和新问题，人力资源社会保障部加强对劳动关系形势的分析研判，就一些地区因部分企业职工要求增加工资、改善劳动条件引发集体停工情况分别向国务院常务会议和党中央、国务院领导进行了专题汇报，提请国务院办公厅转发了《关于进一步促进劳动关系和谐稳定的意见》（国办发［2010］40号），并制定了20多项抓好落实的措施。经过各级人力资源社会保障部门和相关部门共同努力，集体停工事件得到了妥善处理。

二、继续推动《劳动合同法》贯彻实施

在巩固大中型企业劳动合同签订率、继续实施农民工劳动合同签订“春暖行动”的基础上，2010年4月，人力资源社会保障部、中华全国总工会、中国企业联合会/中国企业家协会联合下发《关于印发全面推进小企业劳动合同制度实施专项行动计划的通知》（人社部发［2010］30号），督促各类小企业与劳动者普遍依法签订劳动合同。各地采取切实有效措施，深入推动小企业劳动合同制度实施专项行动的开展。江苏省建立了定点联系企业制度，以职工人数多、争议纠纷多、举报投诉多的小企业为重点，组织开展现场辅导和重点帮扶活动，并对企业人力资源管理人员进行培训。陕西等地利用基层劳动保障工作平台，深入小企业相对集中的工业园区、街道、社区、楼宇和就业服务机构，发放用工指导手册、农民工劳动合同文本、建筑业劳动合同文本等宣传资料，增强了工作的针对性和有效性。2010年底，全国规模以上企业劳动合同签订率达到97%，小企业劳动合同签订率也显著提高。

三、深入推进集体合同制度实施“彩虹计划”

2010年5月，人力资源社会保障部、中华全国总工会、中国企业联合会/中国企业家协会联合下发《关于深入推进集体合同制度实施“彩虹计划”的通知》（人社部发［2010］32号），计划从2010年到2012年，力争用三年时间基本在各类已建工会的企业实行集体合同制度。其中，2010年集体合同制度覆盖率达到80%以上。对未建工会小企业，通过签订区域性、行业性集体合同努力提高覆盖比例。各地根据国家协调劳动关系三方统一部署，结合本地实际制定了具体的工作方案，明确了实施步骤、督促检查、考评验收等措施。天津市制定了《企业工资集体协商条例》，黑龙江、浙江、安徽省制定了《集体合同条例》，福建省制定了《企业集体协商和集体合同条例》，云南省制定了《企业工会条例》，这些地方性法规对集体协商尤其是工资集体协商都作出了具体规定，为推动集体合同制度实施提供了坚实的法律保障。截止到2010年底，全国经人力资源社会保障部门审查的当期有效集体合同92.1万余份，覆盖职工1.14亿人。

四、加强企业工资分配宏观调控和指导工作

指导各地适时调整最低工资标准。2010年，全国30个省份调整了最低工资标准，月最低工资标准平均增长幅度为22.8%。上海、浙江、广东三个省市月最低工资标准最高档突破1 000元，其他地区月最低工资标准最高档在700～1 000元。小时最低工资标准最高的为北京市11元。认真落实规范中央企业负责人薪酬管理的意见。及时审核认定确定2009年央企负责人基本年薪的基数，指导薪酬审核部门做好2009年年薪兑现和备案工作。继续加强国有企业工资总额管理工作，指导各地区、各部门做好工资总额与经济效益挂钩工作，审核批复了31户中央企业工资总额。继续指导各地及时发布工资指导线。2010年，全国有29个省（区、市）发布了工资指导线，上线为19%左右，基准线为13%左右。进一步完善人力资源市场工资指导价位制度，组织开展企业薪酬调查第二次试调查工作，将调查范围扩大到北京、吉林、江苏、山东、湖北、广东、四川、陕西8个省市。

五、加大保障企业职工工资支付的工作力度

继续指导各地完善企业工资支付保障长效机制，会同住房和城乡建设部等部门和中华全国总工会对做好2010年元旦、春节期间保障农民工工资支付工作作出部署，督促各地认真贯彻落实国务院办公厅《关于切实解决企业拖欠农民工工资问题的紧急通知》（国发明电［2010］4号），联合下发了《关于加强建设工程项目管理解决拖欠农民工工资问题的通知》（人社部明电［2011］2号），深入部分地区开展联合督查，较好地维护了农民工的合法报酬权益。2010年“两节”期间，各级人力资源社会保障部门共督促企业为149.42万名农民工补发被拖欠工资及赔偿金29.67亿元。

六、加强劳动标准管理工作

进一步完善特殊工时制度，加强对企业实行特殊工时制度的审批和管理。2010年，全国各级人力资源社会保障部门共审批41 088户企业实行特殊工时制度，涉及职工1 098万人。其中，人力资源社会保障部审批中央企业3户，涉及职工7万人。推动落实服务外包企业特殊工时政策，会同商务部制定下发了《关于进一步做好促进服务外包产业发展有关工作的通知》（人社部发［2010］56号），将服务外包企业特殊工时政策适用范围扩大到示范城市以外地区。加强劳动定额定员标准管理政策研究。继续推动职工带薪年休假落实。9月份我部开展的40个城市人力资源社会保障基本情况调查显示，符合享受带薪年休假条件的职工中有49.7%的安排了休假（另有5.6%职工未休假但已获补偿），相对2009年上升了4.4个百分点。

七、继续深化和谐劳动关系创建活动

为进一步推进和谐劳动关系创建活动，人力资源社会保障部、中华全国总工会、中国企业联合会/中国企业家协会于10月在河北廊坊召开了国家协调劳动关系三方会议第十五次会议，对推进和谐劳动关系创建活动相关工作进行专门研究，下发了《关于推荐劳动关系和谐企业与工业园区的通知》（人社部明电［2010］49号），组织开展了模范劳动关系和谐企业与工业园区推荐工作。各地依托协调劳动关系三方机制，继续巩固和扩大创建活动成果，推动劳动关系双方互利合作，增强企业与职工的凝聚力。宁夏回族自治区人民政府制定下发了《关于促进劳动关系和谐稳定的意见》，对进一步加强劳动关系协调工作、充分发挥三方机制作用提出了明确要求。广东省以街镇（社区）、工业园区等区域内的各类企业为基本创建单位，在全省范围内全面推进创建和谐劳动关系示范区工程，促进整个区域内劳动关系和谐程度普遍提升。浙江等地成立由省级领导牵头的

创建领导小组，推动创建活动覆盖面不断扩大，传化集团和谐劳动关系创建经验受到中央领导的充分肯定。江苏、福建、四川等地已将创建活动拓展到街道（乡镇）和社区。同时，各地进一步加强协调劳动关系三方机制建设，全国县级以上普遍建立了协调劳动关系三方机制，共建立各级三方组织 1.4 万多家。其中，广东省还新组建了本地海上三方机制，对进一步推进地方行业三方机制建设进行了积极探索。

八、积极推动劳动关系立法工作

积极做好《企业裁减人员规定》《劳务派遣规定》《贯彻实施劳动合同法若干规定》《特殊工时管理规定》等规章草案的修改论证和《企业工资条例》起草工作，并就特殊工时等立法广泛征求了各省、自治区、直辖市人力资源社会保障厅（局）和国务院有关部门、中华全国总工会、中国企业联合会的意见。配合全国人大常委会和国务院法制办做好《刑法修正案（八）》《女职工劳动保护条例（草案）》《职业病防治法（修订）》《企业民主管理条例（草案）》等法律法规的研究论证工作。

调解仲裁管理

2010年，劳动人事争议调解仲裁工作深入贯彻落实科学发展观，以贯彻落实劳动争议调解仲裁法为主线，以加强基层调解组织建设和仲裁机构实体化基本建设为着力点，按照“鼓励和解、加强调解、加快仲裁、衔接诉讼，最大限度地通过非诉方式解决劳动人事争议”的思路，突出重点，稳中求进，不断加强调解仲裁体制建设和队伍建设，不断提高争议处理效能，有效促进了劳动人事关系和谐和社会稳定。

一、加大仲裁办案指导力度，案件处理效能显著提高

（一）加大工作力度，有效处理了大量劳动人事争议案件

2010年，案件总量上升的势头得到减缓，处理争议的协调性逐步增强，减小了争议冲突性，从总体上维护了劳动人事关系的和谐。全年各级劳动人事争议调解仲裁机构受案128.74万件，比上年增加3.85%；结案126.41万件。仲裁机构立案受理60.26万件，比上年减少12.27%，期末累计未结案件比上年减少41.51%，结案率提高至93.13%；调解组织受理（含仲裁机构案外调解）68.48万件，比上年增加23.89%，结案率91.75%。2010年，各级劳动人事争议仲裁机构和各类调解组织共处理人事争议2415件，比2009年下降53.87%。

（二）开辟绿色通道，及时办结涉及农民工工资案件

各地仲裁机构按照“快立、快调、快裁、办好”的原则及时处理涉及拖欠农民工工资的劳动争议，把拖欠农民工工资争议案件纳入“绿色通道”，能够立案受理的及时立案，及时裁决。专门调集一批业务熟练的仲裁员限时办结拖欠农民工工资争议案件，依法通过适用简易程序、一裁终局或先予执行等方式，及时让农民工拿到劳动报酬。建立拖欠农民工工资劳动争议案件专报制度，把涉及农民工争议案件纳入争议统计范围。

（三）建立联动机制，快速应对重大集体劳动争议

加快建立部门联动的重大集体劳动人事争议应急协调机制，充分发挥人力资源社会保障、司法、工会、企业代表组织及主管部门在预防调解劳动人事争议方面的职能作用，落实重大集体劳动争议信息报告制度。北京市实施人力资源社会保障、总工会、司法、信访和法院系统的“五方联动机制”，全面建成覆盖各区县的基层调解组织。山西省成立了由政府领导牵头，人力资源社会保障厅等12个相关部门组成的劳动人事争议应急调解协调领导机构。部分省市面对因用人单位倒闭、经营者逃匿，拖欠劳动报酬引发的集体劳动争议案件，在涉及劳动者人数多、欠薪数额大、地域广、有过激维权现象等复杂情况下，及时反应，明确案件处理基本原则，规范案件处理程序，统一裁决标准，保证了突发集体劳动争议得到及时妥善处理，有效维护了社会稳定。2010年各地共处理集体劳动争议9 314件，涉及劳动者21.18万人。

（四）积极协调沟通，裁审一致率逐步提高

配合最高人民法院研究制定《关于审理劳

动争议案件适用法律若干问题的解释（三）》，解决了当前仲裁与诉讼衔接方面的重点疑难问题。一些省市积极探索与法院的沟通机制，有的与法院建立定期会商、信息通报和重大疑难案件共同办理制度。人民法院也加大了对劳动争议案件办理力度，一些省市在基层法院增设劳动争议专门审判庭，有的在劳动人事争议仲裁院设立专门法庭，裁审一致率逐步提高，仲裁权威明显提升。

二、加强基层调解工作，调解在争议处理中的基础作用日益显现

（一）加强乡镇街道调解组织建设，基层社保平台调解功能逐步发挥

积极抓好人力资源社会保障部《关于进一步整合资源加强基层劳动就业社会保障公共服务平台和网络建设指导意见》的贯彻落实，在街道、乡镇劳动就业社会保障公共服务平台增加和健全劳动争议调解服务功能，落实各项保障条件，分片分区地将矛盾化解在萌芽状态。将政府开发公益性岗位、吸纳就业困难的大学毕业生与充实基层调解人员有机结合，充实基层调解员队伍，提高调解员素质。福建省依托乡镇街道劳动保障服务所（站）设立的调解组织占73.4%。天津市招募420名从事公益性岗位的高校毕业生，充实到乡镇街道等基层调解组织。

（二）开展企业劳动争议预防调解示范工作，企业自主解决争议的能力有所提高

在全国各省区市及新疆生产建设兵团的64家企业进行试点，下发了《关于在部分国有企业开展劳动争议预防调解示范工作的通知》，指导示范企业健全组织机构、建立预防机制、完善工作制度、落实保障措施。北京、吉林和江西等省市在部分国有企业建立劳动争议调解中心，形成以总部劳动争议调解组织抓总，以分支机构调解组织为基础，以调解小组为基本工作单位的多层次企业内部劳动争议调解工作网络。河北省将企业工会组建与调解组织组建同步推进，将调解组织建设纳入县级工会规范化建设和达标考核目标，提高了新企业和改制企业劳动争议调解委员会的组建率。唐山市私营企业劳动争议调解组织组建率达到79%。

（三）积极探索调解方式，调解的公信力得到提升

各级仲裁机构注重把调解贯穿案件审理全过程，有的地方仲裁前调解结案达到80%左右。有些地方推行调解建议书制度，有些地方探索了调解与仲裁的衔接方式，有些地方创新调解方式，使部分小额、简单案件化解在基层。积极开展调解协议的仲裁审查确认工作，提升调解协议的权威性和执行力。

（四）发挥各方优势，部门联动调解格局初步形成

积极协调有关部门，推动劳动人事争议调解纳入社会大调解工作格局，并与人民调解、司法调解紧密衔接。人力资源社会保障部、司法部、全国总工会、中国企业联合会/中国企业家协会联合对各地落实《关于加强劳动人事争议调解工作的意见》进行督查，建立了四部门定期通报制度，推动调解工作意见落实到位。广东省横向建立人力资源社会保障部门主导，司法行政、工会、企联等共同参与的多元化调解格局；纵向把仲裁、信访、劳动监察等职能捆绑在一起，建立“三合一”调解工作平台，在乡镇街道的基点上进行了有机整合，将60%的案件通过调解解决。浙江省创建“劳动纠纷调解中心”，全面整合行政调解、人民调解、仲裁调解、司法调解和工会劳动争议调解等各方资源，重点建立区、乡镇劳动争议联合调解组织。2010年约有40%的劳动争议案件和70%的人事争议案件通过调解方式解决。

三、资源整合优势显现，劳动人事争议仲裁院建设取得积极进展

（一）抓住机构改革之机，劳动、人事争议仲裁职能实现整合

2010年1月，人力资源社会保障部颁布了《劳动人事争议仲裁组织规则》。随着市县

两级人力资源社会保障部门机构改革的推进，各级劳动人事争议仲裁机构逐步得到整合。各级劳动人事争议仲裁基本实现了职能的统一、办案机构的统一和办案程序的统一，充分发挥人事、劳动仲裁各自的优势，仲裁办案人员的整体素质得到提高。同时，各地抓紧调整、组建劳动人事争议仲裁委员会。截至2010年12月底，全国各级劳动人事争议仲裁委员会组建率为46.9%。

（二）重点推进与规范统一相结合，仲裁院建设取得明显进展

各地大力推进仲裁机构实体化建设，加大在人员编制、场地设施、设备配备等方面的基础投入，以缓解“案多人少”的压力。截至2010年12月底，全国已建立各级仲裁院946个，组建率为29.3%。其中，成立了仲裁院的省（自治区、直辖市）15个，副省级市13个，地（市）202个，县（市）717个。浙江、江苏两省的仲裁院组建率分别达到98%和96%。各地在推行仲裁院基本建设中，积极推动办案工作标准化、规范化，进一步提高办案质量和效率。

（三）推动办案经费落实，调解仲裁工作条件得到初步改善

全国已有超过半数的省区市人力资源社会保障部门与财政部门联合发文，落实了调解仲裁工作经费。部分省市统一了办案服装，有的地区配备了办案用车，有的地区增设了专门的调解庭，增加了仲裁办案场所面积。

四、扎实抓好基础工作，队伍建设、信息化建设取得一定成效

（一）加大仲裁员培训力度，为仲裁员队伍专业化夯实基础

全国共294名仲裁员参加了部级培训，通过考试并取得结业证书。积极探索实现师资、教材、课程设置的专业化。组织力量编写培训教材，劳动人事争议调解仲裁培训的首部教材《劳动人事争议仲裁办案实务》已出版。各地邀请高校专家、教授、法律工作者进行讲授，组织跨地区的交流学习，调解员仲裁员专业素质有所提高。

（二）积极推动信息化建设，为提高服务效能提供有效手段

研制开发了全国仲裁员队伍信息数据库并已投入使用，全面详尽地采集了各级仲裁机构和仲裁员的信息，为指导仲裁机构队伍建设、加强仲裁员管理提供了基础。有些地方把信息化建设作为仲裁院建设的重要内容，开发了办案系统，进一步规范了办案流程。

（三）提高统计分析能力，为全面掌握劳动关系状况提供依据

结合两年来的统计工作实际情况，对调解仲裁统计报表进行修订，进一步统一统计标准，完善统计指标。加强调解仲裁统计人员培训，提高统计分析水平。每季度通过对统计数据的分析，研判争议发生的规律和发展趋势，定期提供劳动人事争议统计分析报告，为领导决策提供重要参考。

机关事业单位工资福利工作

2010年，人力资源社会保障部扎实推进机关事业单位工资福利工作，公务员工资制度不断完善，事业单位工作人员工资收入分配制度改革稳步推进，工资统发和总额管理进一步加强，离退休工作取得了新的进展。

一、研究完善公务员工资制度

根据党的十七届四中全会决定有关精神，会同有关部门研究建立干部职务与职级并行制度和工资待遇向基层倾斜的办法，到部分地方进行调研测算。配合财政部继续做好规范公务员津贴补贴工作，研究推进规范津贴补贴工作的政策考虑。结合规范津贴补贴工作进展，研究实施地区附加津贴制度问题，委托部分科研机构和地方开展课题研究，组织部分地方人力资源社会保障部门和部分专家学者进行研讨。落实中央第五次西藏工作座谈会和中央新疆工作座谈会精神，会同财政部做好涉及机关事业单位工资问题的相关工作。落实司法体制和工作机制改革有关任务，组织实施人民警察法定工作日之外加班补贴和调整司法助理员岗位津贴标准，出台公安机关执法勤务机构警员工资政策。研究完善公务员与企业相当人员工资水平调查比较制度，开展课题研究，形成比较方案和试调查分析报告，在陕西和广东两省进行调查试点工作。根据公务员法和公务员纪律惩戒相关法规规定，会同中组部、监察部、公务员局制定出台公务员受处分处罚工资待遇的处理意见。

二、深化事业单位收入分配制度改革

根据国务院部署，为配合医药卫生体制改革，特别是实行基本药物制度，会同财政部、卫生部组织实施公共卫生与基层医疗卫生事业单位绩效工资，审核各地实施意见，通过编发简报、调研督查等形式，做好组织实施工作，部分省份已兑现到位。按照“分类指导、分步实施、因地制宜、稳慎推进”的方针，稳慎推进其他事业单位实施绩效工资工作，部分省份已组织实施。会同财政、教育部门全面了解义务教育学校实施绩效工资工作的兑现情况，督促解决实施中的问题，及时向国务院报送实施情况总结报告。配合分类推进事业单位改革，研究拟订深化事业单位收入分配制度改革意见。经国务院同意，会同财政部调整艰苦气象台站、艰苦广播电视台站、艰苦地震台站和艰苦岛屿作业津贴标准。

三、做好工资总额管理和统发统计工作

审核编制下达了2010年度中央单位工资总额计划，加强计划执行的监督检查。做好中央国家机关及参照公务员法管理事业单位工作人员工资统发工作，加强工资统发业务培训，升级完善工资统发数据库系统。会同中编办、财政部将部分新批复的参照公务员法管理事业单位纳入工资统发范围。完成31个省（区、市）和157家中央单位2009年机关事业单位工作人员工资统计报表审核汇总工作，加强数据分析整理，编印统计资料。

四、积极推进机关事业单位离退休工作

经国务院批准，会同财政部出台规范中央事业单位退休人员津贴补贴政策，做好组织实

施工作。针对中央转制事业单位转制前退休人员待遇偏低的情况，经国务院批准，会同财政部、科技部、国资委在年初先行出台适当提高中央转制单位转制前退休人员补贴水平政策，跟踪了解执行情况，加强政策宣传解释，切实抓好落实。认真做好离退休干部管理服务工作，配合中组部等部门制定出台关于利用社区资源做好离退休干部服务工作的意见。

五、加强对工资收入分配制度改革有关问题的研究

会同部内有关单位，研究深化企业、事业单位和机关工资收入分配制度改革问题，提出政策建议。结合编制“十二五”规划纲要，研究起草“十二五”规划重大课题“关于完善国民收入分配制度研究”专题中涉及本部职能的分报告。

农民工工作

2010 年，农民工工作按照国务院农民工工作联席会议第七次全体会议的总体部署，深入贯彻落实党的十七届三中、四中、五中全会精神，积极应对国际金融危机的冲击，以扩大就业和维护农民工合法权益为重点，在增加就业岗位、加强技能培训、加大清欠力度、保障工资支付、参加社会保险、提升公共服务、丰富文化生活等方面不断加大工作力度，农民工工作取得了新进展。

一、农民工就业规模不断扩大

2010 年，全国农民工总数达 2.42 亿人(其中外出就业 1.53 亿人，本地非农就业 0.89 亿人)，比上年增加 1 245 万人，增长 5.4%。主要措施：一是开发了为农民工服务的网上公共职业介绍系统，在全国确定了 192 个农村劳动力转移就业和返乡创业示范县，组织各地公共就业服务机构积极开展以“服务进城务工，帮助就近就业，扶持返乡创业”为主题的春风行动。财政部、国家税务总局下发了关于支持和促进就业有关税收政策的通知，将从事个体经营的税收优惠政策享受对象扩展到进城务工失去岗位的农民工。商务部积极促进农民工境外就业和权益维护。陕西、广西建立了农民工创业扶持基金，安徽、重庆等地建立了农民工返乡创业园。二是积极推动发展家庭服务业促进农民工就业。国务院办公厅印发了《国务院办公厅关于发展家庭服务业的指导意见》（国办发［2010］43 号)。发展家庭服务业促进就业部际联席会议研究提出了加大财税扶持力度、规范市场秩序、加强技能培训等落实指导意见的 9 项主要措施，并召开全国视频会议部署发展家庭服务业促进就业工作。北京、上海、广东、河南等地，出台了贯彻落实指导意见的具体办法。妇联开展了春风送岗位家政服务月活动，农民工办、全国妇联举办了全国家庭服务职业风采大赛。据调查，当年家庭服务业从业人员新增 100 万人。

二、农民工培训工作不断加强

一是国务院办公厅印发了《国务院办公厅关于进一步做好农民工培训工作的指导意见》（国办发［2010］11 号)，明确了农民工培训的目标、重点任务和培训资金省级统筹、建立国家基本培训补贴标准等措施。农民工办组织有关成员单位落实指导意见，提出了“168”的工作方案，24 个省（区、市）研究制定了实施意见。二是增加了农民工培训投入。中央和各地都不同程度地加大了农民工培训的投入，仅广东省农民工培训补贴就增加了 10 亿元。三是加强了农民工职业技能培训。人力资源社会保障部、教育部、科技部、住房城乡建设部、农业部和扶贫办等部门实施的“特别职业培训计划”“农村劳动力转移培训计划”“星火计划”“建筑业农民工技能培训示范工程”“阳光工程”“雨露计划”以及工青妇组织开展的各类农民工职业技能培训，总计约 700 万人次（不含短期引导性培训)，比上年增加了约 70 万人次。各地区开展了富有特色的农民工培训，培训的质量和针对性进一步提高，新疆在加强职业技能培训中，增加了汉语培训、政策法规培训和民族团结教育。

三、农民工劳动合同签订率不断提高

一是继续开展以建筑业、采矿业、制造业、住宿和餐饮业、居民服务业为重点的农民工签订劳动合同“春暖行动”，大力推广适用于农民工的简易劳动合同文本，中小企业中农民工劳动合同签订率达到了65%，提高了20个百分点。二是实施“彩虹计划”，稳步推进工资集体协商。通过签订区域性、行业性集体合同，扩大集体合同覆盖面和实效性。在已建工会企业中，集体合同制度覆盖面达60%。三是推进农民工劳动用工备案制度建设。吉林、福建、河北、西藏等14个省区下发了劳动用工备案实施办法，全国共有216个城市和地区开展了劳动用工备案工作，包括农民工在内的备案人数达到5 123万人。

四、积极解决拖欠农民工工资案件，农民工收入加快增长

一是推动各地在建筑业建立工资保证金，在拖欠农民工工资的多发地建立欠薪应急周转金，同时建立一级建筑承包企业解决分包企业欠薪制度、行政司法联动打击欠薪逃匿制度、地方政府负总责制度。建议全国人大常委会在《刑法修正案（草案）》中设立“恶意欠薪罪”。二是在第四季度集中开展了农民工工资清欠专项行动。人力资源社会保障部、公安部、住房城乡建设部、国资委、全国总工会组织开展了农民工工资支付情况专项检查；召开全国视频会议部署“两节”清欠工作；对各地农民工工资支付专项检查情况进行了联合督察，努力做到元旦、春节期间农民工工资基本无拖欠，涉及拖欠农民工工资的劳动争议案件在春节前基本办结，因拖欠工资问题引发的群体性事件基本控制。2010年，为149.4万名农民工追回被拖欠工资及赔偿金29.7亿元。三是在深入调研的基础上，总结推广河北、天津、湖北等地在解决拖欠农民工工资问题上取得的新经验。在全国视频会议和农民工工作简报上，介绍了河北省邢台市推行建筑领域农民工实名制“一卡通”的有效做法。通过上述三个方面不断加大清欠工作力度，遏制了国际金融危机以来拖欠农民工工资出现反弹的势头，拖欠工资案件大幅下降，2010年全国各级劳动争议仲裁机构受理涉及农民工工资问题的争议案件比上年下降了15.1%，因拖欠工资问题引发的百人以上群体性事件下降了30.6%。四是全国30个省份调整了最低工资标准，平均增长幅度为24%，最高的是北京市为1 160元。2010年，农民工月均收入达到1 690元，比上年增加273元，增长19.3%。

五、农民工参加“五险”人数不断增加

一是加强转移接续办法的宣传，停止办理农民工退保，对重点地区贯彻落实情况进行督促检查。2010年，全国共办理农民工跨省养老保险关系转移接续9.67万人次。二是在巩固高危行业农民工参加工伤保险的“平安计划”一期工程的基础上，以大中城市为重点地区，以商贸、餐饮、住宿、家庭服务等行业农民工为重点人群，实施“平安计划”二期工程。积极引导农民工参加城镇职工基本医疗保险、新型农村合作医疗或城镇居民基本医疗保险。对符合享受失业保险待遇条件的农民工，按规定及时支付一次性生活补助。2010年底，农民工参加养老、医疗、工伤、失业等各项社会保险人数分别达3 284万人、4 583万人、6 329万人、1 990万人，比上年末分别增加22.7%、5.7%、13.3%、21.1%。三是《社会保险法》明确规定进城务工的农村居民依照本法规定参加社会保险，为农民工参加社会保险提供了法律保障。

六、农民工职业安全卫生保障进一步提升

一是落实进一步加强农民工安全生产工作的指导意见，把农民工安全教育培训纳入监察执法的重要内容。2010年，全国农民工安全培训1 044万人次，同比增加8.1%。通过培训，农民工安全生产意识和技能明显提高，农民工工伤事故呈下降趋势。二是贯彻落实国家

职业病防治规划（2009—2015），深入开展以农民工为主要对象，以粉尘、高毒物品为重点的职业危害专项治理行动。2010 年，基本职业卫生服务试点扩大至 29 个省（区、市）的 65 个县（区），进一步提高了基层职业卫生服务能力。

七、农民工公共服务进一步改善

教育部门认真落实“两为主”的政策，已有 80%的农民工随迁子女在城镇公办中小学免费接受义务教育。2010 年，财政部下拨中央专项奖励资金，用于鼓励和支持接收农民工子女较多的城市学校补充公用经费和改善办学条件。全国妇联以共享蓝天关爱农村留守流动儿童行动为载体，继续开展“代理家长”等各类关爱活动，会同有关单位举办“女性农民工健康关爱行动”活动，为在京工作的 1 000 名女性农民工提供免费体检。人口计生委召开全国流动人口服务管理“一盘棋”机制建设会议，制定下发了重点区域协作指导意见，各地广泛开展了流动人口计划生育“关怀关爱”活动。卫生部门积极开展农民工疾病预防控制及其适龄子女免费免疫接种工作，在 7 个省份启动了农民工艾滋病综合防治工作。民政部门鼓励发展农民工公益性社会组织，引导农民工积极参与社区事务管理，探索农民工参加居民委员会选举的方式方法。工会系统积极推动农民工入会，2010 年度新增农民工工会会员 840 万人，总计达到 8 854.7 万人。浙江、江苏、重庆等农民工集中地依托城市社区和劳动保障工作平台，建立农民工综合服务中心，围绕农民工就业培训、社会保险、疾病防控、计划生育、文化教育、公共信息咨询等方面开展综合服务，促进农民工逐步融入城镇。

八、农民工维权渠道进一步畅通

一是劳动争议仲裁机构建立方便农民工劳动争议申诉的“绿色通道”，采取简易程序快速处理，对小额劳动报酬争议案件实行终局裁决、先予执行。2010 年，全国各级劳动争议仲裁机构共立案受理以农民工为主的劳动争议案件 66.1 万件，当期结案率达到 93.1%。二是继续以乡村小砖窑、小煤矿、小矿山、小作坊为重点，开展第 4 次整治非法用工打击违法犯罪专项行动，检查用人单位 35.85 万户，取缔无照经营 2 029 户，吊销营业执照 190 件，查处职介机构和用人单位违法案件 1.27 万件。三是司法部门进一步畅通农民工法律服务渠道，健全农民工法律援助案件异地协作机制，扩大农民工法律援助覆盖面。拓宽了农民工法律援助经费保障渠道，2010 年财政部从中央专项彩票公益金中安排法律援助项目资金 5 000 万元。四是贯彻落实国务院办公厅关于转发进一步促进劳动关系和谐稳定意见的通知，通过 60 个试点城市劳动保障监察网格化、网络化管理，重点查处超时加班等劳动违法案件，特别是妥善处理了一批重点案件。

九、农民工宣传文化工作力度进一步加大

一是中宣部、文化部等部门和农民工办积极组织开展符合农民工特点的文化活动，推动各地积极开展“两看一上”活动，即使农民工集中场所能够看报纸、看电视，有条件的能上网，指导各地利用图书馆、文化馆等公益性文化设施，丰富农民工的精神文化生活。中央电视台《新闻联播》等多家媒体对优秀农民工巨晓林先进事迹进行宣传报道。农民工办在中国劳动保障报开办农民工专版。2010 年春节前夕，农民工办、发展改革委、文化部等部门分别组织举办多台反映农民工、慰问农民工的文艺晚会。二是组织开展全国农民工电影周活动。农民工办会同中宣部文艺局、广电总局电影局等单位在人民大会堂举行了启动仪式，发放了《所有梦想都开花》《马东的假期》《梦想就在身边》《爱上油菜花》等 4 部农民工题材的优秀影片，受到农民工的普遍欢迎。三是加强对农民工的人文关怀。在 2010 年农村党员干部现代远程教育活动中，农民工办组织了“农民工权益保障”十集专题教材的制播工作。河南信阳等地在农民工输入地建立党团组织，

发挥维护农民工权益的先锋作用。广东等地在新生代农民工集中的企业开展情感热线等心理咨询工作。

十、农民工在城镇落户等政策有新突破

一是发展改革委、公安部、人力资源社会保障部、农业部等部门出台了关于汶川地震灾区部分在外务工经商人员及其家属在就业地落户的指导意见。国务院办公厅、公安部会同有关部门，研究落实放宽中小城市落户条件的政策，促进有稳定劳动关系和工作一定年限的农民工在城镇落户。二是各地积极探索农民工在就业地落户。广东省已有10.36万名农民工通过积分入户城镇，陕西省制定了加大力度推进有条件的农村居民进城落户的意见，重庆市印发了统筹城乡户籍制度改革农村居民转户实施办法（试行），宁波、成都等地也制定了户籍制度改革办法。三是住房城乡建设部等部门联合出台了加快发展公共租赁住房的指导意见，对解决农民工住房困难作出了制度安排。目前，重庆、江苏苏州等地已将农民工纳入了公共租赁住房供应范围。四是农业部进一步健全土地承包经营纠纷调解仲裁体系，依法维护农民工土地承包权益，使农民工土地承包经营权有序流转。

法制建设

2010年，人力资源社会保障法制建设紧紧围绕“民生为本、人才优先”的工作主线，立法工作实现重大突破、普法任务顺利落实、复议应诉工作稳妥开展、法律实施检查扎实推进，法制建设各项工作取得新进展，为人力资源社会保障事业实现新发展发挥了积极作用。

一、人力资源社会保障立法取得突破性进展

（一）法律制定工作取得重大突破

2010年10月28日，全国人大常委会审议通过了《中华人民共和国社会保险法》（以下简称《社会保险法》），于2011年7月1日起施行。这部法律的公布施行，是人力资源社会保障法制建设的一个重要里程碑，是我国经济社会生活中的一件大事，对于全面建设小康社会、推动科学发展、促进社会和谐，具有重要而深远的意义。

（二）行政法规和规章制定工作取得新成绩

2010年12月20日，国务院公布了《关于修改〈工伤保险条例〉的决定》，于2011年1月1日起施行。人力资源社会保障部制定公布了《工伤认定办法（修订）》《非法用工单位伤亡人员一次性赔偿办法》《部分行业企业工伤保险费缴纳办法》《关于废止和修改部分人力资源和社会保障规章的决定》4件部门规章；与国务院有关部门联合制定公布了《违反规定插手干预工程建设领域行为处分规定》《用公款出国（境）旅游及相关违法行为处分规定》《护士执业资格考试办法》《房地产经纪管理办法》4件部门规章；此外，《企业年金基金管理办法》已经部务会审议通过，待与国务院有关部门会签后即可公布；《专业技术人员职业资格考试违纪违规处理规定》《事业单位工作人员处分规定》2件部门规章草案经部务会原则通过正在向社会公开征求意见，待作进一步修改并经部领导审定后即可公布。

（三）其他人力资源社会保障法律法规立法工作开展顺利

《职业技能培训和鉴定条例（草案）》正在就部门职责分工等作进一步协调。《事业单位人事管理条例（草案）》正在抓紧与中组部等有关部门协调，近期拟向社会公开征求意见。《国家勋章和荣誉称号法》《国务院表彰奖励条例》《女职工劳动保护规定（修订）》《外国专家来华工作条例》草案正在抓紧进行提请国务院审议前的协调。

（四）规章清理工作提前完成

按照国务院要求，全面开展对现行部颁规章和规范性文件的集中清理，规章清理工作已经完成，印发了《关于公布现行有效人力资源和社会保障规章目录的公告》（人社部公告［2010］1号）；规范性文件清理工作正按计划进行。

（五）确定了立法总体规划

研究制订了《人力资源社会保障立法体系构想》，确定了今后一个时期人力资源社会保障立法工作的思路、规划和措施。

二、人力资源社会保障普法工作目标任务全面落实

（一）认真组织实施“五五”普法检查验收

2010年是“五五”普法的最后一年，按照中宣部、司法部、全国普法办《关于组织开展“五五”普法检查验收工作的通知》的要求，结合系统普法工作实际，制定下发了《人力资源社会保障部关于组织开展“五五”普法检查验收的通知》和《全国人力资源社会保障系统“五五”普法检查验收指导标准》，认真组织实施普法检查验收工作。各地按照部里的要求，认真开展自查，总结经验、查找不足，推动工作。在总结各地自查情况的基础上，向全国普法办报送了《人力资源社会保障系统“五五”普法自查情况报告》，使人力资源社会保障系统“五五”普法工作画上了圆满的句号。

（二）抓紧抓好社会保险法和新修改的《工伤保险条例》学习宣传与贯彻落实各项准备工作

人力资源社会保障部高度重视社会保险法和新修改的《工伤保险条例》的学习贯彻工作，成立了学习贯彻工作领导小组，制订了贯彻实施工作方案，明确了工作分工；召开视频会议，对人力资源社会保障系统学习贯彻工作作出了动员部署；编发宣传提纲，开展了系列普法教育和宣传培训活动，为社会保险法和新修改的《工伤保险条例》的正式施行营造了良好氛围。

（三）积极创新普法方式，加大面向全社会的人力资源社会保障普法工作力度

从服务人力资源社会保障工作的实际需要和社会公众的法制需求出发，积极探索利用信息化手段开展普法，充分发挥“12333”电话服务平台在普法中的作用，加大了人力资源社会保障法规咨询服务系统开发力度。同时，通过召开普法工作经验交流会，加强对地方普法工作的指导，在提高系统普法整体水平方面取得较好效果。

三、人力资源社会保障复议应诉工作稳妥开展

（一）妥善处理人力资源社会保障行政争议

各级人力资源社会保障部门建立健全行政争议处理工作制度，认真办理行政复议案件和行政应诉案件，妥善处理行政争议。2010年，全系统共处理人力资源社会保障行政复议案件6 825件，行政应诉案件5 996件，其中部本级直接处理行政复议案件227件，行政应诉案件3件，被申请国务院裁决案件1件。通过复议应诉，化解大量争议，消除不稳定因素，为维护社会和谐稳定发挥了积极作用。

（二）加强疑难案件分析指导

因历史遗留问题和政策模糊引发的疑难案件多，处理难度大，是2010年行政复议案件的显著特点。针对这种情况，为加强对地方的指导，通过举办行政争议预防与处理培训班，召开案例研讨会，以案说法，编印典型案例等形式，加强对疑难案件的剖析研究，总结经验，把握规律，有效提高了各地复议应诉办案工作水平。

四、人力资源社会保障法律实施检查工作扎实推进

（一）全面推进人力资源社会保障系统依法行政工作

2010年，各级人力资源社会保障部门认真学习领会全国依法行政工作会议精神和《国务院关于加强法治政府建设的意见》，结合工作实际，采取切实措施，把本系统的依法行政工作扎实向前推进。一是人力资源社会保障部召开全国人力资源社会保障依法行政工作视频会议，对人力资源社会保障系统加快推进依法行政工作进行了全面部署。二是及时制定《关于加快推进人力资源社会保障依法行政工作的意见》及工作规划，明确了人力资源社会保障系统依法行政的总体要求和主要任务。三是各

地按照部里的要求，将加快推进依法行政摆在重要位置，制订规划、明确任务、落实责任，依法行政工作取得明显成效。

（二）积极配合做好有关法律的执法检查工作

制定了《人力资源社会保障部落实全国人大常委会法律实施检查工作规范》，建立了法律实施检查工作体制，理顺了工作流程。配合做好全国人大常委会对妇女权益保障法、科学技术进步法的执法检查以及工会法执法检查后续工作，报送了人力资源社会保障部门贯彻落实这些法律情况的报告。

（三）认真办理其他各项法律事务

人力资源社会保障法律事务涉及面广、工作难度大、规范要求高，2010 年，部本级协调办理全国人大有关机构和国务院有关部门征求意见法规文件稿 106 件，配合中政委开展劳改立法有关工作，配合法工委研究恶意欠薪行为定罪问题，进行了“十二五”法制建设专题研究，开展了干部培训教材、《社会保险法》学习培训教材的编写工作，等等。各地人力资源社会保障部门法制机构也处理了大量法律事务，为人力资源社会保障事业发展提供了良好的法律服务。

劳动保障监察

2010年，各级劳动保障监察机构按照“执法服务促发展、维护权益保稳定、夯实基础谋长远”的工作思路，在预防违法行为、查办违法案件、强化基础保障等三个方面下工夫，组织开展各项执法活动，建立健全监察制度体系，推动机构队伍建设，圆满完成了年初确定的各项工作任务，取得了明显成效。通过监察执法，共责令用人单位与937.8万名劳动者补签劳动合同，为502.1万名劳动者追发工资等待遇99.5亿元，督促13.9万户企业为劳动者补缴社会保险费共计48.2亿元，督促8.6万户企业进行了社会保险登记。

一、预防与查处并重，主动监察和接受举报投诉的执法效能进一步提高

各地劳动保障监察机构加大主动监察的力度，以执法事项的全面覆盖、执法对象的重点监控为工作目标，周密制订日常巡视检查计划和书面审查方案，全国劳动保障监察主动监察工作力度逐步加大，检查单位数量进一步增加。全年共巡视检查的用人单位173.1万户，书面审查用工材料的用人单位177.2万户。各地在开展日常巡视检查和书面审查的过程中，将宣传法律、服务企业、规范用工与查处违法相结合，坚持做到检查一户、宣传一户、服务一户、规范一户。天津等地加强对违法行为易发的重点区域进行巡视检查，做到宣传在前、警示在前，发现问题主动介入、及时化解。江苏、辽宁等地对书面审查的程序、内容和标准提出统一要求，力求做到单位全、内容实、数据准，不断提高执法的规范化水平。黑龙江、浙江等地加强对主动监察结果的应用，将检查情况充实到用人单位基本用工信息数据库并作为用人单位诚信等级评价的依据。

在做好主动监察的同时，各地进一步提高举报投诉案件查处的质量和效率，确保举报投诉渠道畅通、案件查处及时高效、问题解决令劳动者满意，举报投诉案件结案率达到95%。河北、山西、山东等地向劳动者发放举报投诉指南，开设网上举报投诉信箱，开通广播电视维权热线，进一步畅通劳动者投诉举报的渠道。辽宁、吉林、南京等地公开举报投诉案件的办理情况，提高案件办理的透明度，接受社会的监督。陕西、四川等地加大投入，制定举报投诉窗口服务规范化建设标准，改造举报投诉窗口服务设施，为方便劳动者举报投诉创造良好的环境。

二、重点整治与建立长效机制相结合，针对突出违法问题开展的专项执法活动取得明显成效

针对人力资源市场和企业用工等方面存在的突出违法问题，2010年在全国范围统一组织了3次专项整治活动。一是2月至4月，联合公安、工商行政管理等部门开展清理整顿人力资源市场秩序专项检查，共责令退赔求职费用413.8万元，取缔非法职业介绍活动4 132件。二是6月至7月，联合9部门在全国范围组织开展整治非法用工、打击违法犯罪专项行动，共检查用人单位35.85万户，涉及劳动者1 338万人，查处违法案件9.43万件。三是从2010年11月到2011年1月，联合住房和城

乡建设、公安、国资委、工会等部门和组织开展农民工工资支付情况专项检查，共为129.16万名农民工补发被拖欠的工资及补偿金29.42亿元。此外，各地还根据本地区实际情况开展了社会保险费征缴、最低工资标准执行情况等专项执法活动。各地在开展专项执法检查的过程中，认真做好宣传动员、执法检查、督促指导、分析总结等各个环节的工作，加强部门之间的协作配合，并将专项整治的成效进一步转化为解决突出违法问题的管理制度与治理机制。在清理整顿人力资源市场秩序专项检查中，首次把用人单位违反规定将“乙肝五项”作为体检项目的情况列为重点检查内容，切实维护乙肝表面抗原携带者入学和就业权利。

三、深入开展劳动保障监察“两网化”管理工作试点，完善监察执法工作体系

2010年，人力资源社会保障部加大了对“两网化”试点工作的指导力度，多次召开专题座谈会并进行实地调研，研究解决试点工作中的问题。制定下发了《劳动保障监察管理信息系统基础指标集和代码》（人社部发［2010］84号），为各地网络化建设提供了统一标准。研发了全国统一的监察管理信息系统软件，并在多个地市进行测试运行。各试点城市按照试点工作要求，进一步做实网格，建设网络，完善机制，全力做好试点工作。根据对试点工作进展情况的问卷调查和评估总结，各试点城市通过试点，显著增强了基层监察执法力量，提高了监察信息化水平，扩大了有效监管范围，摸清了用人单位底数，规范了网格内用人单位的用工行为，增强了监察的服务功能、预防功能和纠错功能，实现了违法案件和投诉举报案件数量双下降，较好地完成了各项工作任务，达到了试点的预期目的。

四、加大现场督办和舆情监控，及时查办一批重大违法案件

2010年，人力资源社会保障部继续指导各地劳动保障监察机构做好重大违法案件的查办工作，加大对重点案件的现场督办力度，全年共督办重大违法案件69件。同时，进一步加强对网络、报刊等媒体舆情的监控，做到及时发现、及时处理、及时反馈，全年共督办媒体反映的案件20件。各地劳动保障监察机构在重大违法案件查处过程中不断完善案件查处、情况报告、社会公布、舆情引导等制度，切实保障案件查处的效率和效果。广西制定了重大违法案件信息报告和宣传报道制度，陕西将有关案件调查处理情况在省政府网站进行公布，加大了对案件查处情况的社会公布力度。江苏、贵州等地建立重大违法案件挂牌督办制度，深圳建立重大案件督察制度，强化了案件查处的责任。

五、各地劳动保障监察机构协同配合，保障了上海世博会的顺利举办

各地劳动保障监察机构按照《关于做好上海世博会期间劳动保障监察工作的通知》的要求，充分认识做好劳动保障监察工作服务世博会的重要性，加大主动巡视检查工作力度，注重从源头上预防和化解因劳动保障违法行为引发的社会矛盾，最大限度减少不稳定因素，为上海世博会的举办营造良好的社会环境。上海市劳动保障监察机构针对世博园区内用人单位的用工特点，对参展方、服务商进行法律法规培训和咨询服务，开展用工情况的摸底排查，及时消除纠纷隐患，制定突发事件应急预案，建立案件查处的园区内外联动机制，及时化解劳资矛盾。同时，各地尤其是上海市外来务工人员输出地及上海周边省市，对涉及上海跨地区案件的协助调查给予积极配合，确保了世博会期间劳动关系的和谐稳定。

六、加强监察制度机制建设，建立健全跨地区案件协查等重要制度，进一步强化了监察执法手段

2010年，积极推进跨地区案件协查等重要制度的建设，制定下发了《跨地区劳动保障监察案件协查办法》，明确了跨地区案件协查的工作范围、操作程序及实施办法，为打破行政区划，明确案件的查处责任和协查责任、提高案件办理的工作质量和效率提供了制度保障。同时，为加大对重大违法行为的打击力度，还对建立重大违法行为社会公布制度进行了深入研究。各地劳动保障监察机构积极探索、先行先试，在建立健全劳动保障监察制度方面取得积极进展。内蒙古自治区修订了《劳动保障监察条例》，进一步明确了监管责任、强化了执法手段。河南省政府和宁夏回族自治区政府出台文件，对加强劳动保障监察工作提出明确要求。江苏、浙江、上海、安徽等地签订《泛长三角地区劳动者工资支付异地救济申请办法》，探索建立劳动者异地投诉救济制度。湖北成立劳动者权益保障促进会，搭建多方位、多层次的劳动者权益维护平台。

七、加强机构队伍能力建设，劳动保障监察执法效能不断提高

各地按照“名称规范、职能统一”的原则，加强市县级机构改革中劳动保障监察机构组建工作，在理顺体制、充实人员、强化保障方面取得了明显成效。人力资源社会保障部下发《关于进一步加强劳动保障监察培训的通知》，明确了完善劳动保障监察培训制度的指导思想、培训原则及任务分工，同时组织资深监察员和专家编写劳动保障监察培训教材并开展全国劳动保障监察师资培训。与国际劳工组织开展以“加强劳动监察服务”为主题的项目合作，加大了我国劳动保障监察对外合作交流的力度。江苏、浙江等地加强街道（乡镇）派出的劳动保障监察中队建设，将监察机构延伸到最基层。黑龙江、上海等地科学制定执法工作目标，加强对监察机构的目标管理考核。新疆、广西、贵州、云南等地组织开展大规模的监察员培训，组织多部门参与案例研讨活动。

规划统计

一、规划工作

2010年，坚持以“十二五”规划编制工作为重点，推动规划计划各项工作取得积极进展。

（一）“十二五”规划编制工作有序推进，取得阶段性成果

“十二五”规划编制工作启动以来，组织开展了一系列卓有成效的工作。一是扎实开展了“十二五”规划前期研究。按照中财办部署，完成了促进就业、完善社会保障体系、深化收入分配制度改革、人才战略4个重要课题研究，形成了高质量的研究报告。同时，配合“十二五”规划编制，组织开展了34个重大问题研究，涉及部内30多个单位。各课题承办单位高度重视，深入研究，取得了丰硕研究成果。部领导主持召开了“十二五”规划重大问题研究报告论证总结会，对前期研究工作给予了充分肯定。二是研究起草了《人力资源和社会保障事业发展“十二五”规划纲要》。在前期研究的坚实基础上，集中力量起草了规划纲要，并征求了部属有关单位、部内专家、地方人力资源社会保障部门的意见。按照国家发改委要求，报送了纳入国家“十二五”总体规划的重要指标、重大任务、重点项目和重大改革政策。三是积极协调编制国家级专项规划。经与国家发改委沟通协调，确定由我部牵头编制促进就业和社会保障体系两个国家级专项规划，体现了党和政府对民生事业的高度重视。目前，《促进就业规划纲要（2011—2015年)》和《社会保障体系规划纲要（2011—2015年)》已经部务会审定，并征求了有关部委和地方人力资源社会保障厅局意见，召开了专家论证会。同时，积极参与国家基本公共服务体系专项规划编制，协调编制就业服务体系和社会保障服务体系专题研究报告。配合国家重大信息化工程建设“十二五”规划编制工作，组织部内有关单位起草了金保工程二期项目建议书。四是指导地方做好规划编制工作。在全国规划财务工作座谈会上，孙宝树副部长对“十二五”规划编制工作进行了再动员、再部署，以会代培，取得了明显成效。目前，各地“十二五”规划编制工作进展顺利。五是开展了规划编制的宣传和征文活动。通过组织《人事报》和《劳动保障报》开展了为“十二五”规划建言有奖征文活动，收到征文近400篇。

（二）有效实施2010年事业发展计划，科学编制2011年计划

一是认真做好2010年人力资源社会保障事业发展计划工作。年初印发了2010年人力资源和社会保障事业发展计划，明确了当年的目标任务。定期开展计划执行情况监测分析，从统计数据来看，2010年人力资源和社会保障事业发展计划执行情况总体良好，城镇新增就业人数、新增技师和高级技师人数、社会保险扩面征缴、能力建设等计划指标均完成或超额完成全年计划。二是会同国家发改委，组织开展了基层就业和社会保障服务设施建设试点工作，共安排中西部地区24个省份162个县及乡镇中央预算内投资补助资金5亿元，对于改善中西部地区基层人力资源和社会保障公共服务设施发挥了重要作用。三是科学编制

2011年事业发展计划。紧紧围绕“民生为本、人才优先”工作主线，将人力资源和社会保障事业的关键指标纳入年度计划，进一步完善了指标体系。本着突出重点、积极务实、科学合理、综合测算的原则，合理确定各项计划目标，较好地发挥了计划的导向作用。

（三）协调区域人力资源和社会保障事业发展，编制实施灾后恢复重建规划

一是先后与海南、安徽、甘肃、江西四省政府签署共同推进人力资源和社会保障事业发展备忘录。二是组织开展推进西藏及四省藏区、新疆跨越式发展和长治久安人力资源社会保障有关工作。组织开展了系统对口援疆工作，召开了三次系统对口援疆工作会，孙宝树、胡晓义、信长星、张小建等部领导作了重要讲话，对援疆工作进行了部署。协调编制培训就业和农民工公共服务两个对口援疆专项规划，各支援省市人力资源社会保障部门与新疆维吾尔自治区人力资源社会保障厅和兵团人事局、劳动保障局签署了对口支援协议。三是组织编制了青海玉树灾后人力资源社会保障公共服务设施恢复重建规划，参与舟曲特大泥石流灾后恢复重建规划编制，指导实施汶川地震人力资源和社会保障服务设施重建规划。

二、统计工作

2010年，人力资源社会保障统计工作在健全制度、统计调查、统计分析、信息服务等方面取得了明显成效。

（一）建立健全统计工作制度

一是全面修订人力资源社会保障统计指标体系和报表制度。为适应人力资源和社会保障事业发展要求，健全统计工作制度，强化统计数据调查项目管理，组织部属20多个司局，反复征求地方意见，对100多张人力资源和社会保障统计报表进行了较大修订。二是组织编写统计教材。按照部里的统一要求，组织部内十几个司局编写了人力资源社会保障统计和信息化建设干部培训教材。经过动员部署、审定大纲、组织撰写、专家审核、修改完善、文字审核等步骤，基本完成教材编写任务。三是加强统计信息化建设，启动了统计调查软件的整合升级工作，初步完成了统计软件功能的开发任务。四是根据国家统计局、监察部等部门的统一部署，在全部范围内开展了第一次统计执法大检查。五是配合国家统计局，圆满完成第六次全国人口普查督导工作。六是研究制定《人力资源和社会保障统计工作考评办法》。

（二）积极开展统计调查

一是开展人力资源社会保障基本情况调查。为贯彻落实党中央、国务院对就业再就业、社会保险、人才队伍建设、劳动关系和农民工工作的一系列重大部署，在全国40个城市1 800个社区开展了人力资源社会保障基本情况调查。通过社区入户调查和农民工访谈等方式进一步摸清大学生就业、劳动合同签订、工资支付、工时休假、社会保险参保、人才队伍建设及农民工权益维护等方面的情况。二是继续做好就业相关数据快速调查。为及时了解就业形势的变化，准确掌握最新动态，在10个省继续开展就业相关数据快速调查，按月统计农民工返乡及外出数据和企业减员及岗位流失数据。每月定期牵头汇总上报“五缓四减三补贴”减负数据，并进行分析。三是开展农村实用人才试调查。为贯彻落实国家中长期人才规划纲要，根据人才规划办的要求，制定完善了农村实用人才统计调查方案，并第一次在全国四个省市开展了农村实用人才试调查。四是开展了大学生就业专项调查和企业薪酬专项调查，为部中心工作和收入分配等重大改革提供数据支持。

（三）深入开展统计分析工作

一是进一步完善了统计分析决策咨询制度，围绕部中心工作需要，精心策划和组织编发了统计分析报告和统计分析参考60多期。二是组织开展了首次政策满意度调查，重点对就业、社保、收入分配、劳动关系、人事人才等政策进行公共满意度调查。尹蔚民部长在调查报告上作出了重要批示：“坚持下去，不断完善，作为考评工作的一个手段”，给予了充

分肯定。三是配合国家和部“十二五”规划编制，重点对调查失业率、登记失业率、新增就业人员、净增就业人员等指标设置问题进行研究分析，提出意见和建议。四是在统计前瞻性研究上，根据新形势新任务的要求，启动人力资源社会保障统计监测体系课题研究，形成了建立人力资源社会保障统计监测体系的基本思路。

（四）积极编印统计数据资料

与国家统计局联合发布了《2009 年人力资源和社会保障事业发展统计公报》，向社会各界及时宣传人力资源和社会保障事业的进展情况。编印《人力资源社会保障统计摘要》《人力资源社会保障主要统计数据快报》《中国劳动统计年鉴 2010》等相关数据资料。

信息化建设

2010年，按照人力资源社会保障部党组“完整、正确、统一、及时、安全”的总要求，各级人力资源社会保障部门紧紧围绕中心工作，以金保工程建设为重点，全面推动各项工作。总体上看，全国人力资源和社会保障信息化建设进度逐步加快，统一程度显著提高，数据集中管理、系统整合、体制创新已成为当前系统建设的新特点，应用效果初步显现。

一、信息化统一建设的格局基本形成

经过几年的建设，人力资源社会保障全系统信息化基础设施得到显著加强。不仅在性能上满足了当前业务的顺利开展，而且呈现出从分散到集中、从孤立到整合的良好发展态势。覆盖全国的人力资源社会保障信息网络架构初具规模。全国统一组织开发的核心应用软件已在绝大部分统筹地区部署实施，特别是山东、河南、安徽、广西、湖北、贵州、广东、辽宁、吉林、新疆等许多省份全省统一进行本地化，有力地促进了系统的统一和业务流程的规范。总体上看，一个以应用软件基本统一、数据集中管理为主要特征的、统一的技术支撑平台已在全国基本形成，为各项业务的协同办理奠定了坚实的基础，信息化统一建设的格局基本形成。

二、信息化基础设施进一步巩固加强

中央数据中心运转良好，基本具备了对金保一期各项应用的支持能力。省级数据中心的能力进一步增强，大多数省份实现了支持新农保“省级大集中”和跨地区业务的实时处理能力，市级数据中心建设在向业务全覆盖、功能更全面的纵深发展。全国270多个地级以上城市建立了符合金保工程建设标准和要求的数据中心。借助统一的数据中心，实现了就业服务、社会保险等各类业务数据的集中、统一管理，人事人才领域业务数据的集中管理正逐步纳入。

三、社会保障卡建设取得新进展

进一步推动各地发放社会保障卡，近150个地级以上城市经批准发行了社会保障卡，已批准的发卡人数2亿多人，实际持卡人数达到1.03亿人，其中福建、湖北、山西、浙江、山东、黑龙江等地全省统一推进，呈现出良好的发展态势。会同人民银行推动社会保障卡搭载金融功能应用，对以隐性磁条形式搭载金融功能的社会保障卡卡面进行规范。结合新农保、转移接续、异地医疗等业务开展社会保障卡标准修订工作和异地用卡方案研究工作。

四、全国联网工程建设取得成效

部省市主干网络已覆盖到全国32个省级节点和90%的地市，19个省份实现了部省市三级网络贯通。城域网已经覆盖到92.5%的社会保险经办机构和就业服务机构，部分地区已向人事人才领域各类管理服务机构覆盖。大部分地区已将网络延伸到了街道和社区，并加速向乡镇基层服务机构扩展。部省视频会议系统开通到全部省份，省市视频会议系统开通到77.5%的地市。基本形成了主备双链路、多业务共享、高效传输、统一管理、分级维护的全国网络体系。

五、联网应用领域进一步扩展

全国29个省份和新疆生产建设兵团上报了养老保险联网数据，占同期统计报表全国参保人数比例89.4%；20个省份上报了医疗保险联网数据，占同期统计报表全国参保人数的32.5%；18个省份上报了工伤保险联网数据，占同期统计报表全国参保人数的39.5%；18个省份上报了生育保险联网数据，占同期统计报表全国参保人数的27.8%。28个省份和新疆生产建设兵团已完成新联网软件的实施工作。与人民银行的数据交换工作继续推进，按照计划双方今年完成了四次数据交换。决策支持应用系统部本级部分完成安装调试，完成历史数据整理转换。

六、社会保障业务信息化水平不断提高

新型农村社会养老保险信息系统已修改完善，目前已有28省份启动了新农保信息系统实施工作。新农保系统需求书和项目建议书等立项材料已编制上报，立项需求分析报告和项目建议书也进行了评审。金保一期开发的10个全国统一应用软件全面推广应用。社会保险业务财务系统一体化建设指导意见起草下发。财务生产接口软件下发，社会保险关系转移信息系统完成系统升级，在山西、上海、江苏完成集中测试。异地转移系统建设方案、实施方案和接口技术方案制定并下发，并制定了养老保险关系转移电子化流程和接口指标。城镇企业职工基本养老保险关系转移接续系统已正式上线，已经正式入网的省份有12个，共涉及78个地市，480个经办机构。异地协查电子化工作流程和接口指标、系统建设方案已制定，异地居住人员社会保险待遇领取资格协助认证系统升级并测试，该系统拟于下一年正式启用。基金监管软件进一步在各地推广应用。

七、人力资源应用系统建设继续推进

开展人力资源管理信息系统核心平台研究。国务院军转办内部办公自动化系统部署实施，汇总和分析了上年全国军转安置数据，拟定了全国军转安置管理信息系统建设方案。进一步完善人员调配和高校应届毕业生接收计划管理系统，拟定人力资源市场管理系统需求分析报告和人力资源市场管理系统建设方案。完成劳动保障监察管理信息系统基础数据项标准编制工作，组织研发全国劳动保障监察管理信息系统，并开展软件试点实施。完成全国仲裁办案机构和仲裁员数据采集工作，建立了全国集中数据库，组织开发全国仲裁员管理信息系统。对劳动用工备案管理信息系统进行修改完善，建立了劳动用工备案管理信息系统的运行维护制度。完成了部省市三级的公务员信息系统建设情况和需求调查，分析形成了公务员综合指标集和核心指标集。

八、系统安全性能进一步提升

完成了部本级灾备系统和灾备中心建设，实现了对金保一期重要应用系统的容灾。进一步完善电子认证系统建设，实现了全国联网监测管理软件、社会保险基金监管软件、社会保险关系转移管理信息系统等列入金保工程一期建设任务的全国性跨地区应用系统基于PKI/CA的身份认证，重要数据加解密、数据签名和验签等功能的集成。完成了部本级信息安全等级保护整改规划、设计和集成实施，对全国基金监管系统、社会保险跨地区业务管理信息系统等12个重要信息系统进行了等级保护整改。进一步完善人力资源社会保障系统的网络与信息安全信息通报机制。

九、开展金保一期验收、二期立项和“十二五”规划编制工作

开展金保工程一期初步验收工作，制定金保工程档案整理规则，组织整理软件类、培训类、会议类文档。总结金保工程一期各项任务

完成情况，组织起草金保一期应用成效案例集。开展金保工程二期立项工作，金保二期已列入“十二五”国家重大信息化工程建设规划。开展了人力资源社会保障信息化“十二五”专项规划编制工作，规划初稿已经完成。

科学研究

一、人事科学研究

2010年是“十一五”规划的最后一年，中国人事科学研究院认真学习十七届五中全会精神，贯彻落实第二次全国人才工作会议精神和《国家中长期人才发展规划纲要（2010—2020年）》，以科学发展观为统领，围绕更好地实施人才强国战略这条主线深入开展课题研究、项目开发以及举办研讨会等各项工作，努力提高科研能力和管理水平。在这一年里，全院累计完成科研项目77项，为部中心工作服务的项目占60%以上。中国人事科学研究院承担撰写任务的《中国的人力资源状况》（白皮书），已向全世界发布。由人力资源社会保障部主办，中国人事科学研究院主要承办的新中国成立以来首届由政府主办的人才论坛——中国人才发展论坛于10月在北京成功召开。当年，中国人事科学研究院出版科研专著16部，科研人员公开发表论文206篇。

（一）课题研究和项目开发工作

2010年的科研工作表现为：两个注重，即注重战略思考、注重研究方法；两个贴近，即贴近政策制定、贴近基层实际；两多两少，即重大项目多、集体攻关多，一般化课题少、社会一般咨询课题少。全年共展开科研课题研究77项。其中：国家级课题3项；部领导交办的17项；本部部级课题8项；司局委托课题11项；院级课题24项；合作网课题2项；社会咨询项目12项。

一是着力于开拓具有学科前沿水平和重大意义的科研课题。由科研人员自主申报成功国家（基金）课题3项，较上年有较大进步。包括：国家科技支撑项目《我国科技人才开发与法制化研究》、国家社科基金重大项目《实施人才强国战略重大问题跟踪研究》、国家自然科学基金青年项目《身份、就业机会与工资不平等——城镇劳动力市场不同人群工资决定机制比较研究》。

二是充分发挥决策部门参谋团、思想库和智囊团的职能作用。高质量完成了中央有关部门交办课题和工作，推出了一系列具有战略性、全局性、指导性的研究成果。主要包括：中央领导交办的《中国的人力资源状况》（白皮书）起草工作；人力资源社会保障部主办，中国人事科学研究院主要承办的首届中国人才发展论坛的组织筹备工作；参与起草《“十二五”人事人才事业发展总体思路研究》；院内有关同志负责的《公共部门的人力资源开发与管理》《关于加强对长期制约干部人事工作发展的重点难点问题的研究》《关于在深化改革扩大开放中同步推进干部人事制度改革研究》《加强人才学学科和机构建设研究》《人才资源开发规律研究》《关于加强干部人事制度改革理论研究》《卫生系统绩效工资实施情况调查研究》和《深入开展地区附加津贴制度研究》等。其中，《卫生系统绩效工资实施情况调查研究》项目组对多个省市实施绩效工资以来的具体情况进行调研走访，获取大量第一手数据资料，研究报告获得部领导的高度肯定。

三是紧扣中心任务。针对实际工作的热点、难点和焦点问题，完成了2010年部级课题，提高了科研工作为决策服务的能力。包括：部重大政策专项研究《事业单位人事分类基本框架研究》《高校毕业生创业政策研究》；部级课题《海外人才引进战略研究》《职业资格设置管理立法问题研究》《人力资源市场信息监测体系研究》《公共就业服务规范及绩效考核指标体系研究》《外国人就业管理的国际比较研究》《公务员养老保险改革问题研究》；延续2009年部发展规划研究《“十二五”人事人才事业发展总体思路研究》进行补充研究。

四是紧密结合司局实际工作的需要。积极开展并落实各司局课题和交办工作，提高了科研工作的实用性和可操作性。包括：《我国公务员公开遴选制度研究》《“十二五”公务员管理对策研究》《公务员与企业相当人员工资水平比较方案研究》《引进国外智力软件学研究》《国外公务员养老保险制度借鉴研究》《国外人力资源市场监管情况研究》《人才竞业避止若干问题研究》《事业单位人事关系问题研究》《党对事业单位领导体制机制问题研究》《百千万人才工程实施方案（2011—2020年）》《地区附加津贴影响因素及模式研究》等。

五是服务国家部委，拓宽科研服务范围。2010年承担并完成了一批其他部委委托开展的科研课题研究。包括：国务院法制办《我国科技人才开发与法制化研究》（国家科技支撑项目)、环保部《环境监测从业人员职业标准及岗位津贴研究》、国家旅游局项目《中国旅游业“十二五”人才规划》、中国民航总局民航研究院项目《中国民航科学技术研究院岗位分析和岗位评价研究》、中国煤炭工业协会项目《中国煤炭工业协会绩效薪酬管理体系课题研究》等。

六是结合自身发展需要，展开研究。以院科研人员队伍建设和科研发展目标为基础，加强前瞻性、探索性、先导性的理论和对策研究，主要包括：《公务员培训焦点问题和解决路径》《取消事业单位行政级别问题研究》《事业单位养老保险改革研究》《事业单位管理模式研究》《公益性事业单位岗位绩效考核问题研究》《关于地方建立与国际接轨人才管理体系改革“实验区”的研究——以江苏省无锡市为例》《基层专业人才队伍建设关键问题与对策研究》《人力资源市场成熟度及指标体系研究》《创新型军转人才能力模型及培训调查》等。以培养青年科研人员科研水平，组建青年科研人员队伍，开展一批青年创新研究：《公务员聘任制试点情况研究》《人事关系认定依据研究》《我国产业转移承接地区高技能人才开发研究》《科技创新人才能力发展模式研究—以工程科技人才为例》《英国的社会企业创业人才开发研究》《工程科技人才标准的制定模式及其应用研究》等。

七是关注地方和企业人事科学的发展和实践。完成了一系列地方政府及社会委托课题，为人事工作实践提供了新的思路、新的技术和实际操作方法。主要包括：《无锡新区高层次创新创业人才开发体系建设研究》《广西公安系统人才发展规划》《中国汽车整车企业科技人才状况与发展研究》《包头市十二五人才发展规划》《中铁九局集团有限公司绩效考核与薪酬管理体系建设研究》《北京市朝阳区城管队伍心理健康测评研究》《佛山市顺德区干部人事制度改革研究》《社会复合主体评价与发展问题研究》等。

（二）学术活动

2010年，中国人事科学研究院组织开展了三次学术交流会议。多途径、多形式的科研合作工作取得了全国人事科研系统的共识，进一步团结了全国人事系统的科研力量。包括：组织召开了2010年海峡两岸与区域人才合作发展论坛暨2010年科研年会；承办了首届中国人才发展论坛；组织召开了全国人事科研合作网负责人联席会议。其中，首届中国人才发展论坛和2010年科研年会得到了中央领导、部领导的肯定。

（三）国际交流合作工作

根据院科研工作重点，2010年中国人事科学院积极实施出国学习考察项目，组织和参加各类国际学术交流活动，接待国外来访团体，大力开拓国际科研合作渠道，进一步提升学术影响力，为融入相关国际研究领域打下了良好的基础。

组织了赴比利时、澳大利亚、印度尼西亚、日本和尼泊尔等出国考察团及国际会议团组。全年共接待外事来访团组5个。日本高千穗大学理事长率团与本院签署《合作备忘录》。此外，还接待了来自智利、泰国、越南三个外事访问团以及国际行政科学学会主席金判锡和总干事的来访。中国人事科学研究院还承担了中欧公共管理项目二期，共与外国专家召开了10次工作会议。

二、劳动保障科研工作

劳动保障科研工作发挥科学研究既是理论研究又是应用研究的特色，积极探索科研创新点，转变科研发展方式，提升综合保障能力，注重科研人才培养和科研队伍建设，体现了民生性、应用性、协同性和国际性的特点。

（一）以加强科研创新为突破点，不断为决策提供理论支撑

坚持以“为党中央、国务院相关决策服务，为地方、企业深化改革的实践服务”的要求，结合当前国际国内经济形势的新变化、新特点，特别是国际金融危机对人力资源和社会保障工作的影响，进一步创新科研思路，重点围绕就业、劳动关系、工资收入分配、社会保障、国际经验借鉴等问题，以应用性为主开展课题研究，2010年劳动保障在研课题130余项。

1. 在稳定和促进就业研究方面。密切关注经济形势变化对就业的影响，围绕就业优先的发展战略，开展了后金融危机对就业的影响、开发性金融支持城乡创业就业规划等课题研究。其中，深入研究了“刘易斯拐点”、工资增长与扩大就业的关系等热点问题，课题成果在部机关工作中发挥了作用。

2. 在构建和谐劳动关系研究方面。针对稳定劳动关系和保护劳动者权益的新情况新问题，对近期劳动关系群体性事件相关问题进行研究，重点开展了劳动关系群体性事件原因和对策、劳动争议仲裁实体化建设等多项课题研究。其中，关于特殊工时制度研究被部有关司局采纳。

3. 在推进工资收入分配制度改革研究方面。针对机关和企事业工资收入分配领域存在的突出问题，重点开展企业薪酬调查和信息发布制度等课题研究。其中，企业、事业单位和机关工资收入分配制度改革问题研究，工资水平增长对企业承受力的影响研究，得到部领导及部有关司局的好评。

4. 在加强社会保障体系建设研究方面。围绕完善社会保障制度、扩大覆盖范围、提高统筹层次和待遇水平等问题，开展了被征地农民社会保障制度、养老保险基金投资运营与监管等课题研究。其中，建立覆盖城乡居民社会保障体系构想研究获得部领导肯定，并出版学术专著。

5. 在农民工问题研究方面。以发展家庭服务业为重点进行农民工政策研究，着力开展了国家调整农民工政策评估、农民工培训规划等一系列研究。其中，发展家庭服务业促进就业问题研究、家庭服务业劳动使用关系研究，得到部农民工司及有关业务司局的高度评价，为制定相关文件提供了建设性意见。

6. 在国外劳动保障借鉴问题研究方面。为应对后金融危机，有效地制定具有针对性政策措施，开展中外人力资源市场管理政策比较、后金融危机时期国外罢工要求增加工资等情况的研究，并对如何加以借鉴提出建议。其中，国外职场员工精神健康问题研究得到了部领导及有关单位的好评。

7. 开展“十二五”规划若干重大问题研究。围绕编制“十二五”人力资源和社会保障事业发展规划工作，开展了“十二五”劳动保障事业发展总体思路，促进就业总体思路，宏观经济和社会发展对劳动关系、收入分配、社会保障的影响和对策，国外人力资源和社会保障中长期规划及其借鉴等一系列相关问题的研究，研究成果获得了部领导表扬，为规划的制定提供了重要的理论支撑。

8. 开展基本科研业务费项目和基础性研究。在2009年设立青年创新研究基金和青年创新研究成果出版基金的基础上，2010年加大经费投入，严格项目过程管理，着重扶持重点研究项目和有发展潜质的青年科研人员，保障科研成果质量。仿真实验系统建设获得了国家社科基金重点项目支持，现已启动，标志着我院在创新研究方法上迈出了关键一步。此外，还开展了标准化和技工院校相关研究项目，取得了较丰富的科研成果。

（二）开展多种形式的科研活动，加强科研交流

召开2010年度全国劳动保障科研工作座谈会，对中国农民工问题进行了专题研讨，完成《科思简报》创刊，与天津师院、咸宁人力资源社会保障局、四达公司联合成立三个科研创新实践基地，进一步完善了“政、产、学、研”相结合的研究体系。举办了中国劳动论坛2010年专题研讨会暨两岸三地交流研讨会，就如何实现“开发人力资源、大力促进就业、实现包容性增长”进行研讨。举办了第七届中国薪酬高层论坛。赴韩国出席第八次东北亚劳动论坛，就中日韩三国劳务派遣的状况与政策问题进行交流。此外，还参与举办了首届人才发展论坛、中国装备制造业高技能人才发展国际论坛等活动。

（三）以提高创新能力为重点，加强人才队伍建设

为实现由主要依赖物质资源投入向增加人力资本投资转变，科研院所专门拿出经费，加大对人才引进和培养的力度，开展了多种形式的人员培训，鼓励和支持科研创新。同时，在中国劳动保障科学研究院设立博士后工作站引进高水平研究人员。

（四）加强重点项目建设，提高科研保障能力

劳动保障仿真模拟实验室硬件建设已初具规模，进入软件调试阶段。劳科院科研附属楼装修改造后，科研基础设施更加齐全，科研环境明显改善。加大对劳动保障数字化图书馆系统投入力度、加强制度建设和后勤服务，不断提升科研保障能力。

干部教育培训和表彰

2010年，在中央组织部的大力支持下，人力资源社会保障部机关和系统干部教育培训工作认真贯彻中央关于大规模培训干部、大幅度提高干部素质的要求，坚持与时俱进，改革创新，较好地完成了全年工作任务，有力地促进了中心工作。

一、加强培训计划和统筹管理

为了搞好部机关和系统干部教育培训工作，通过问卷调查、召开座谈会方式，了解培训对象需求，并根据部业务工作安排，制定了《人力资源社会保障部2010年度业务培训班计划》，统筹推进干部教育培训工作。当年，面向部机关和系统开展计划内培训134个班次，培训干部近15 000人次。

二、围绕保障和改善民生，面向省市政府分管领导干部进行培训

为了更好落实党中央、国务院关于保障和改善民生的要求，推进人力资源和社会保障工作，在中央组织部的大力支持下，积极开展了面向各省（区、市）和中央有关部门省部长、地市分管市长的研讨培训，以推动地方政府进一步加强对人力资源和社会保障工作的重视，争取中央有关部门对此项工作更大支持。

（一）举办了省部级领导干部加强农村社会保障建设专题研讨班

6月2日至11日，中央组织部、人力资源社会保障部和国家行政学院共同举办了省部级领导干部“加强农村社会保障建设”专题研讨班。部分省（区、市）分管人力资源社会保障工作的领导和中央有关部委领导共23人参加研讨班。中共中央政治局委员、国务院副总理张德江出席研讨班学员座谈会并发表重要讲话。人力资源社会保障部部长尹蔚民，副部长张小建、杨士秋、胡晓义出席研讨班，胡晓义副部长作了专题讲授。研讨班围绕新型农村养老保险、农民工养老保险、被征地农民社会保障、新型农村合作医疗、流动人员社会保险关系接续等问题进行研讨，使学员加强了对农村社会保障工作的关注，加深了对新农保政策的了解，对于推动新农保工作进展具有重要意义。

（二）举办了人力资源和社会保障公共服务市长专题研讨班

11月8日至12日，中央组织部、人力资源社会保障部和中国浦东干部学院共同举办了“人力资源和社会保障公共服务”专题研讨班，全国43名分管人力资源社会保障工作的地市政府领导参加。人力资源社会保障部副部长胡晓义、信长星分别出席了研讨班结业式和开班式并讲话，胡晓义、张小建还分别为研讨班授课。通过学习，提高了参训学员对人力资源社会保障公共服务重要性的认识，增强了落实相关政策的主动性和自觉性，对各地加强人力资源社会保障公共服务体系建设，推进民生事业发展，具有积极意义。

三、围绕提高综合能力素质，面向部内干部全方位、多层次地开展教育培训

为了提高部内干部综合能力素质，尽快实现部党组提出的“四个形成”，2010年通过分

层级举办培训班、自主选学、组织调训等形式，大规模开展了部内干部培训工作。共有597人次参加了为期一周以上的专题培训，1 939人次参加了“人社部讲坛”和中欧项目研讨等培训。

（一）分层级全方位举办脱产培训班

一是举办了青年干部培训班。4月12日至16日，人事司和高培中心联合举办了2010年青年干部培训班，部属单位48名处以下干部参训。分别由人事司和高培中心领导带队，赴人力资源社会保障部扶贫县山西省天镇县和安徽省霍山县、金寨县进行实践锻炼，并与当地群众同吃、同住、同劳动。二是举办了2期处级干部培训班。4月25日至30日、5月9日至14日，人事司和教培中心联合举办了部内第三期、第四期处级干部培训班。来自部属单位100名处级干部和部对口扶贫县14名乡镇、县直部门领导参训。期间，培训班学员到河北省承德市进行了社会实践。三是举办了司级干部研讨班。7月5日至9日，在能力建设中心以提高战略思维、创新思维、辩证思维能力为主题，举办了部内司级干部研讨班，部内司级干部56人，部对口扶贫县有关负责同志12人参训。尹蔚民部长与全体学员和部属单位主要负责同志座谈，并发表讲话，提出了“善于谋划、掌握数据、把握适度、加强协调、狠抓落实”的要求。杨士秋副部长出席了研讨班，并以“我部干部人事工作”为主题作了专题报告。四是举办了新入部人员培训班。11月22日至26日，在高培中心举办了入部人员培训班，2010年新入部的公务员、部属事业单位工作人员和军转干部共51人参训，学习本部办公程序，人事、财务、外事规定、安全保密要求及公文技能等。

（二）开展“人社部讲坛”系列讲座

结合实际开办了“人社部讲坛”，根据形势任务和部里工作安排适时组织，内容涉及政治、经济、社会、文化、历史、科技、军事和本部中心工作等方面。2010年共开展了7次专题讲座，分别围绕“我国宏观经济形势分析”“开发未来人口红利”“低碳经济的国际关系与大国博弈”“协调与沟通艺术”“走进音乐世界”“国防现代化建设和当前热点问题”“当前的国际形势和外交政策”等主题讲授，部内干部共1 700余人次参加。这项活动对于拓宽干部视野，学习多方面知识，培养眼界宽、思路宽、胸襟宽的干部，产生了积极促进作用。

（三）积极选送干部参加组织调训

根据调训安排，积极选派了80人次参加相关组织调训。推荐14名同志参加新加坡总理奖学金、志奋领奖学金、中澳发展奖学金等组织的选拔考试，有5名同志获得赴国外学习进修资格。大力开展司级干部自主选学工作，共有548人次参加，每人完成40学时以上选学任务。

（四）拓展培训资源办好其他培训

利用中欧社会保障合作项目开展短期专题培训，分别举办了“养老保险关系转移接续研讨班”“农村养老保险政策研讨班”“平等享受就业和社会保障研讨班”“城镇化对就业的影响研讨班”等专题研讨，邀请人力资源社会保障部有关司级领导、部外专家以及欧盟社会保障专家授课，部内干部共239人次参训。举办了两期英语培训班，每期班3个月，每周二、四晚上进行，部内同志91人参加。

四、围绕人力资源社会保障中心工作，大规模开展系统干部培训

围绕人力资源社会保障中心工作，加大了系统干部教育培训力度。2010年，人事司直接举办了9期重点培训班，培训系统干部400多人次。指导部属单位举办了125期业务培训班，培训系统干部14 000多人次。

（一）抓好重点和示范培训班次

为了贯彻落实《人力资源和社会保障系统2008—2012年大规模培训干部的实施意见》，举办了以本系统厅局长（含市县局长）为对象的系列培训班。一是9月1日至15日举办深化事业单位人事制度改革专题研讨班，系统厅局长45人参加。学习了事业单位人事制度改

革的有关理论政策，研讨了事业单位改革热点难点问题。二是10月12日至21日举办公务员队伍能力建设培训班，系统公务员局长51人参加。围绕当前和今后一个时期人才工作、干部人事制度改革重点和公务员管理需要，组织学习研讨公务员管理有关制度、政治体制改革与民主建设、依法行政等重点难点问题。三是10月10日至19日举办全国市县局长培训班，全国市县人力资源社会保障局长134人参加。培训以推动政策落实，破解热点、难点和重点问题，解决群众困难等为主要内容，尹蔚民部长、杨士秋副部长亲自为培训班作专题报告，部属单位主要负责同志担任师资，体现部党组对基层工作的高度重视。四是举办了系统人事处长培训班。系统讲授了事业单位人事制度改革及专业技术人员管理的有关政策，介绍了部里事业单位改革的有关作法，交流了地方事业单位机构改革好的经验做法，研讨了机构改革中的难点热点问题。

（二）围绕中心工作进展全面开展业务培训

8月10日至12日，举办了贯彻实施《人才规划纲要》厅局长培训班，系统厅局长及部属单位负责同志70余人参加。尹蔚民部长出席开班式并作了“认真学习贯彻人才规划纲要，统筹推进各类人才队伍建设”的重要讲话，王晓初副部长出席结业式并作总结讲话，中央组织部人才局局长徐家新到班指导。此外，举办了系统专业技术人员高研班，组织参训人员学习人才规划纲要、高层次人才队伍建设、留学人员吸引激励政策和创新能力等内容，促进专业技术人员对《人才规划纲要》的学习理解和贯彻落实。为了做好贯彻实施《社会保险法》的培训工作，推动全系统和其他有关人员深入学习掌握这部法律的立法背景、主要内容和精神实质，提高执行能力和水平，12月连续举办了3期培训班，对分管厅局长、社保局长和业务处长共800人进行了培训，胡晓义副部长、信长星副部长、袁彦鹏组长分别为3期培训班作动员讲话，胡晓义副部长、国家公务员局副局长陈刚及部属有关单位负责同志为培训班授课。2010年，还面向系统举办了技工院校长管理能力高级研修班、中央单位工资统发工作业务及软件培训班、公共服务能力建设培训班、事业单位人事管理能力建设培训班等100多个班次，为推进人力资源和社会保障事业发展起到了重要作用。

（三）开展支援西部地区培训

积极落实人力资源社会保障部关于支援西部省区发展的有关要求，举办了援青援疆等系统干部培训班。6月和9月在北京开办了2期青海系统干部培训班，一期是面向青海藏区县处级领导干部，29人参加，重点组织学习人力资源和社会保障两大领域的业务知识；另一期是面向社保经办人员，30人参加，着重组织学习社会保险经办业务。9月在南京市举办了新疆系统领导干部培训班，39人参加，既学习了人力资源社会保障业务，又实地参观学习了南京、苏州、上海等地的人力资源社会保障工作和经济社会发展状况，开阔了学员眼界，促进了东西部地区干部交流与合作。10月在北京举办了新疆社会保险基金监督业务培训班，130人参加，重点组织学习研讨了当前社保基金的监管政策和监管实务，提高了基金监督人员业务素质及依法行政能力。

五、立足长远，加强系统干部教育培训教材和师资库等基础建设

始终把干部教育培训基础建设摆在重要位置，在抓好干部教育培训工作的同时，切实加强基础建设。开展了人力资源社会保障干部培训教材编写工作，杨士秋副部长作动员讲话，进行部署并提出要求。本次开发的系统干部培训教材共计19本，由尹蔚民部长担任总主编，各分管副部长担任主编，预计于2011年全部完成并出版。同时，着手开展了干部教育培训师资库建设工作。

六、认真贯彻中央有关要求，做好系统评比达标表彰工作

认真贯彻中央关于开展评比达标表彰活动的有关要求，加强综合管理，指导有关单位开展系统评比达标表彰工作。

（一）加强评比达标表彰制度建设

根据中共中央办公厅、国务院办公厅关于印发《评比达标表彰活动管理办法（试行）》的通知精神，研究起草了《人力资源社会保障部部属单位评比达标表彰活动管理办法（试行）》（征求意见稿）。

（二）做好评比达标表彰综合管理工作

一是向中央办公厅汇报关于我部清理规范评比达标表彰活动有关工作情况，对今后全国开展评比达标表彰工作提出意见建议。二是根据国务院清理规范评比达标表彰活动通知，向部属单位印发有关通知，明确本部保留的表彰项目，并对部属单位提出要求。三是对部属有关单位开展评比达标表彰活动进行沟通协调和审查把关。

（三）开展系统创建“优质服务窗口”表彰活动

为总结推广新部组建以来系统优质服务窗口创建活动经验成果，推进系统优质服务窗口创建活动深入开展，更好地发挥优质服务窗口创建活动在作风建设方面的引领示范作用，2010年12月31日，人力资源社会保障部对2008—2010年度北京市人才服务中心等390个优质服务窗口进行了评选表彰。受表彰的窗口单位中，共涉及就业服务、社会保险经办、人事人才服务、劳动保障监察、调解仲裁、行政审批、人事考试、信访、职业技能鉴定、门户网站等十大类。

新闻宣传政务信息与出版

一、新闻宣传工作

2010年是实施“十一五”的“收官”之年，是我国进入新世纪以来经济发展最为复杂的一年，也是人力资源和社会保障工作压力巨大、任务繁重、挑战严峻的一年。在人力资源社会保障部党组的高度重视下，人力资源和社会保障宣传工作认真贯彻落实全国宣传部长会议和全国人力资源社会保障工作会议精神，高举旗帜，围绕中心，服务大局，惠及民生，紧紧抓住构建人力资源社会保障大宣传格局这个重点，进一步创新理念、建立机制、改进方法，着重抓好政策法规宣传、先进典型宣传和舆论引导及文化培育等，着力回答人民群众普遍关心的重点、热点问题，增强宣传工作的针对性、时代性、群众性和实效性，为推动人力资源社会保障工作全面协调持续发展努力营造良好的舆论氛围和社会环境。2010年，各类新闻媒体刊播人力资源社会保障工作方面的稿件4 100余篇（条），其中，中央主要新闻媒体刊播稿件1 900余篇（条）；组织开展专题宣传15次，举办部季度新闻发布会4次。

（一）围绕大局抓部署，宣传工作着手早

年初，经部党组批准，成立了由孙宝树副部长任组长的人力资源社会保障部宣传工作领导小组，办公室设在宣传中心，进一步形成统一领导、分工负责、相互协调的宣传工作机制。围绕部中心工作，制定和印发了《2010年人力资源和社会保障宣传工作要点》，明确全年宣传工作的指导思想、主要内容和基本要求，及时指导全系统的宣传工作。4月中旬，在湖北襄樊召开了全国人力资源和社会保障宣传工作座谈会，进一步统一思想、明确任务、落实责任，推动人力资源社会保障大宣传格局向广度和深度发展。

（二）集中力量抓重点，正面宣传声势大

2010年，部领导多次出席重要活动、接受专访或发表文章，为推进工作营造良好舆论环境。尹蔚民部长做客中央电视台“七个怎么看——理论热点面对面2010”系列访谈节目，畅谈“怎么看就业难”问题；出席全国学联第二十五次代表大会“共和国部长与全国学联代表面对面”活动，针对我国当前就业形势以及青年就业创业的有关话题，与青年代表进行交流；围绕“十一五”我国人力资源社会保障事业发展成就和“十二五”目标，接受中央主要新闻媒体“部长访谈录”栏目专访。《经济日报》《求是》《紫光阁》及部属有关媒体先后刊发尹蔚民部长题为《加快建立覆盖城乡居民的社会保障体系》《推进公务员管理制度的创新和完善》《加快建设人才强国》《以高层次高技能人才为重点　统筹推进各类人才队伍建设》《健全覆盖城乡居民的社会保障体系》等署名文章。杨士秋副部长就公务员招考工作情况接受中央电视台专访。王晓初副部长走进《对话》栏目探讨人才大计，出席国新办《中国人力资源状况》白皮书新闻发布会并答记者问。胡晓义副部长出席全国“两会”“保障和改善民生”专题新闻发布会并回答中外记者提问，接受中央电视台《东方时空》“回顾‘十一五’展望‘十二五’”专访。

积极组织协调中央主要新闻媒体，采取开

辟专栏、政策解读、在线访谈、专题报道、实地采访等形式，着力做好“两节”农民工工资清欠、春风行动、就业援助月、人才工作会议和人才规划纲要、第五届 APEC 人力资源开发部长级会议、第四届中国社保论坛、首届中国人才发展论坛及人才发展理论创新座谈会、公务员法颁布五周年成就、《社会保险法》颁布实施等重大活动和重大法律法规政策的宣传，注意挖掘和树立典型，形成正面宣传强势，促进了各项法律法规和政策措施的贯彻落实。

（三）上下联动抓落实，宣传触角深入基层

将“和谐中国民生行——人力资源社会保障政策法规主题宣传活动”作为 2010 年宣传工作的主线，紧紧围绕民生为本、人才优先主题，抓住人民群众最直接、最关心、最迫切的利益问题，坚持宣传重心下沉，广泛开展“走进社区、走进企业、走进农村”系列宣传活动，有力推动宣传工作向基层延伸，形成由上而下、从系统内到全社会的宣传热潮。各地根据不同群体需求，开发了相关书籍和依托台灯、扑克、雨伞等物品的宣传品，创作小品、歌曲、戏曲等文艺作品，深入院校、社区、企事业单位、农村举办各类宣传咨询服务活动，使人力资源社会保障政策法规逐步深入人心。全年共收到各地人力资源社会保障部门推荐报送的文艺作品 40 多个，电视宣传片 40 多部，宣传资料 200 多套，移动资讯 1 000 多条。年底，印发《关于人力资源社会保障政策法规主题宣传年活动情况的通报》（人社厅函［2010］13 号），对各地主题宣传年活动进行总结讲评，推动主题宣传活动深入开展。

（四）关注热点抓引导，确保舆论导向正确

加强舆论管控和引导，突出舆情搜集、研判和引导三个重点，继续坚持常规舆情每日报告、重点舆情阶段性集中编报，做好每周舆情综述工作，加强舆情分析研判。根据不同时期的工作重点和舆论热点，着重做好社会保险法出台、义务教育学校实施绩效工资、富士康员工跳楼事件、部分地区或企业招工难、广东佛山奇美公司实习生非正常死亡事件、公务员招录考试等重大政策、热点问题的舆情监控和引导，积极协调中宣部、国务院新闻办等主管部门及人民网、新华网、新浪网、搜狐网等各主要门户网站，阐明真相，表明立场，迅速平息部分媒体炒作和渲染，有效维护了舆论的和谐稳定。6 月，在江西九江举办了人力资源社会保障系统舆情应对培训班，邀请中央和国务院有关部门领导和媒体从业人员、专家学者进行专题授课，着力提高全系统舆情工作人员业务素质和工作能力。2010 年共编发《舆情快报》294 期、热点专题 48 期。

（五）统筹协调抓外宣，借船出海树形象

人力资源社会保障部会同国新办，起草发布了新中国成立以来第一份人力资源状况白皮书，在国内外产生了积极反响。精心设计制作了《中华人民共和国人力资源和社会保障部简介》《中国的人力资源和社会保障事业》等宣传画册并在国际劳工会议、第五届 APEC 人力资源开发部长级会议等重要国际会议和重要外事活动中发放，扩大了对外宣传的影响。统筹利用境内外媒体，结合第五届 APEC 人力资源开发部长级会议、中国社会保障论坛第四届年会、第五届中欧社会保障高层圆桌会议，大力宣传我国人力资源社会保障工作理念、制度体系和建设成就，向国际社会展示我国良好形象。

（六）部属报刊齐努力，宣传水平进一步提高

2010 年，《中国人事报》紧紧围绕中央组织部和人力资源社会保障部中心工作，精心策划，推出了人才工作会议和人才规划纲要宣传、干部人事制度改革、大学生村官工作等一批重大宣传报道。积极创新报道方式，重大宣传报道中大胆尝试特刊、专版、专栏等多种方式相结合，日常报道中综合运用点上经验报道与面上综述报道相结合、新闻报道与编者按（短评、时评）相结合等多种报道形式，努力

丰富报道内容。全年共出版报纸144期。5月，开展了“十二五”人力资源社会保障规划征文，就如何规范干部选任提名权、从严管理干部、提高民主测评的真实性等开展广泛的话题讨论，引起了读者广泛关注和参与；9月，组织召开了2010年中国人事报刊宣传表彰会议，对72个先进单位予以表彰；10月，中央人才工作宣传小组第二次会议增补《中国人事报》为小组成员单位；12月，经中组部和人力资源社会保障部同意、新闻出版总署批准，《中国人事报》更名为《中国组织人事报》。

《中国劳动保障报》坚持“三贴近”原则，突出重点，丰富报纸内容，将坚持正确导向与通达民意统一起来，良性引导社会舆论，展示了人力资源社会保障部的良好形象，报纸质量得到进一步提升，受到部领导的好评。围绕人力资源社会保障中心工作，对群众反映强烈社会普遍关注的就业、新农保、医疗保险、养老保险关系转移接续和收入分配等民生问题，进行了重点宣传和深度报道；重点推出了转变经济发展方式、招工难、关注人才队伍建设等系列报道；关注留守儿童、返乡农民工等弱势群体的生活与保障，体现人文关怀；推出“图说”系列，以读者喜闻乐见的形式突出解读国家政策法规；开辟《系统榜样》《身边典型》等人物典型系列栏目，突出先进典型报道；围绕重大会议和活动，提前谋划，积极运作，确保第一时间将人力资源社会保障事业的大政方针和发展蓝图传达给系统干部和广大百姓。

2010年3月，经新闻出版总署批准，《中国劳动保障》杂志更名为《中国人力资源社会保障》。更名后的杂志充分发挥其作为人力资源社会保障领域综合性期刊的作用，继续坚持“权威解读政策法规、全面报道系统工作、全力关注民生动态”的编辑方针，在深度报道、品牌建设上取得较大进展。为加大政策宣传的覆盖面，全年开展了向部分地区社区工作平台和企业免费赠阅杂志的活动。《中国人才》杂志坚持为本部门服务、为人才工作机构服务、为人才工作者服务的宗旨，增加服务性内容比重，增强了杂志的服务性和实用性；加强人才规划纲要、高校毕业生就业等重大政策的解读和首届中国人才发展论坛等重要活动的理论报道，加强重要理论问题的研究探讨。全年共出版12期正刊和1期增刊。经中组部同意，从2011年第1期起，《中国人才》杂志成为中央人才工作协调小组指导刊物。《转业军官》杂志突出唱响军转安置工作改革与发展的主旋律，加强策划，重点报道了规范和改进安置办法，加大自主择业管理服务报道力度，增强了服务性和可读性。与国务院军转办联合召开了军转干部创业论坛暨杂志创刊20周年座谈会，出版了模范军转干部画册，进一步扩大了在军地双方的影响。《中国社会保障》杂志紧扣社保体系建设形势和热点难点，陆续策划实施了“养老保险打破转续坚冰”“新农保调查”“医保经办模式创新调查”“老工伤新保障”“社会保险法赋权于民”等重点选题；并派记者先后赶赴阿勒泰雪灾区、云南旱区、玉树震区、抚州洪区采访，加强对重大民生事件报道，受到读者的关注和好评。《中国劳动》《中国培训》《中国就业》《职业》《中国医疗保险》《劳工世界》《人事政策法规专刊》《劳动和社会保障法规政策专刊》等刊物和人力资源社会保障部政府网站也在宣传人力资源社会保障政策和相关工作等方面继续发挥重要作用。

二、政务信息

2010年，人力资源社会保障信息工作紧扣党中央、国务院的决策部署，突出民生为本、人才优先的工作主线，围绕热点难点焦点问题，及时反映人力资源社会保障领域的新情况、新问题、新经验和新举措，加大信息上报下发力度，挖掘信息深度，提升采编质量，为上级领导和人力资源社会保障部门把握工作全局、科学决策和实施领导提供及时、准确、全面的信息服务。全年编发《每日动态》236期、《工作信息》45期、《要情快报》24期、《要情上报》150期。

（一）提升信息工作思想认识

专题组织学习党中央、国务院和部领导对信息工作的重要批示精神，不断提高对信息工作的思想认识水平。按照要求，加强部重点工作阶段性进展的信息报送和系统重要动态情况的及时报送，着力提升信息报送质量，努力实现“第一手情况、第一份资料、第一时间报送”的工作目标。充分发挥部办公厅信息主渠道作用，加大信息上报力度，确保重要信息及时、全面、准确上报。

（二）加大信息上报下发力度

2010年，围绕民生为本，人才优先的工作主线，信息工作继续以就业和社会保障为重点，进一步强化信息意识，确保重要信息及时上报，重要情况及时下达。全年采用各地报送信息870条，涵盖了就业、社会保障、人才工作、人事制度改革、收入分配和劳动关系6个方面。及时上报每月全国就业和社会保险工作情况，增加环比数据和同比数据，为领导决策和了解情况提供了有针对性的信息服务。围绕一些阶段性热点问题和领导关心的问题，加大信息调研力度，上报专题信息。如上半年我国劳动关系总体和谐稳定、2010年度中央机关考试录用公务员工作情况、全国已有30个省份调整最低工资标准、全国公共卫生与基层医疗卫生事业单位绩效工资实施工作平稳有序推进、新农保试点实施工作稳步推进等。全年报送国办信息150条，国办采用84条，采用率为56%。同时，积极配合重点工作的开展，开辟专刊。例如，为配合社会保险法颁布，增设“贯彻实施社会保险法专辑”。

（三）加强信息工作谋划

建立健全沟通和约稿机制，坚持每周定期分析本周需要上报的信息，结合中办、国办定期的信息报送要点和部各个阶段的重点工作，加大约稿工作力度，定期向地方发布信息报送重点，主动挖掘重点信息。10月24日，李克强副总理在人力资源社会保障部报送的“全国公共卫生与基层医疗卫生事业单位绩效工资实施工作平稳推进”信息上作出重要批示，既是对事业单位实施绩效工资工作的有力推动，也是对人力资源社会保障部信息工作的充分肯定。

（四）加强全系统政务信息工作交流

分片区召开全国人力资源社会保障系统政务信息工作座谈会，交流经验做法，听取意见建议，取长补短，有效促进了工作水平的提升。加强信息报送信息化工作，研发了全国人力资源和社会保障政务信息报送系统。该系统具有信息报送、信息查询、信息统计、通知公告、消息提醒、信息采用和即时通讯等功能，极大提高了部信息工作的信息化水平，提升了工作效率，加强了全系统的沟通联络，有利于共同推进政务信息工作取得新发展。在各地增设了90个信息直报点，进一步拓宽信息渠道。坚持每季度通报各地信息采用情况，对全年政务信息工作成绩突出单位进行表扬。

三、出版工作

2010年，中国人事出版社和中国劳动社会保障出版社按照中办、国办关于深化中央各部门各单位出版社体制改革的总体要求，在部属出版社体制改革工作领导小组的直接领导下，积极推进落实“两社合并，一并转企”工作，转企改制工作始终走在中央部门出版社前列。转制方案首批获中央领导小组办公室批准，清产核资报告由财政部首批批复备案，两社事业编制和事业法人按期注销，全员加入社会保险和签订劳动合同按期完成，在人员、业务、思想上实现全面融合，圆满完成合并转企任务，正式登记注册为出版企业。相继制订、修订并颁布163项各类规章制度，完善各项工作计划，推进内部管理，使经营管理更加科学，生产更加协调有序。中国人力资源和社会保障出版集团筹备工作全部完成。

两社以合并转制为契机，以统筹整合出版资源、加大产品开发和营销工作力度为重点，以生产经营模式和激励机制创新为动力，实现科学发展。坚持传统特色，以“大人事”“大职教”“大社保”“大安全”的视野积极扩大选题领域，基本确定了人事人才、劳动社会保障、职业教育、职业培训、职业卫生与安全生产五大出版板块。全年出版新书800余种，在销产品达到7 000多种，实现销售码洋4亿余元。围绕部中心工作和重大法律政策的出台，开发出版了《中华人民共和国社会保险法释义》《〈工伤保险条例〉宣传画》等系列图书和产品；配合全国军队转业干部培训工作策划出版了《中国国情概要》等“全国军队转业干部培训核心教材”6种；为加强公务员队伍建设，出版了《公务员民族知识读本》《公务员宗教知识读本》《公务员保密知识读本》等一系列公务员学习用书；在专业技术人员经济师考试用书、职称外语考试用书出版的基础上，又出版了计算机能力考试系列用书，规范了专业技术人员考试用书的出版。根据职业教育院校的实际，开发修订了中高职公共课系列教材，制作并推出了第二批中国高技能楷模事迹读本和宣传画；推出了城市轨道交通岗位培训教材、创业培训大学生版教材和家庭服务工程适用教材。开发出版了教育部中职基础课规划教材，进一步扩大了市场、强化了品牌效应。针对安全生产领域，落实了一批特种设备、煤炭、危险化学品、建筑等行业的安全生产培训教材，为下一步业务拓展奠定了基础。探索性开发经管类选题，进一步拓宽了出版领域。创新营销工作，加强终端推广。在职业教育培训教材和重点产品的营销中，加强编发结合的工作交流和联动机制，注重产品从生产到销售全过程的营销策划，加强了终端信息采集和数据整理，取得良好效果。网络销售新渠道逐步拓展，与网络书店的合作范围进一步扩大。

2010年，是中国劳动社会保障出版社“二五”规划的收官之年，“二五”规划主要发展目标基本实现，综合实力大幅提升。在新闻出版总署首次发布的新闻出版产业分析报告中，劳动社名列中央各部门各单位图书出版社经济规模综合评价第10位。在第二届中国出版政府奖评选中，荣获先进出版单位奖，出版的“社会政策论丛”（5种）获图书奖提名奖。

2010年下半年，出版集团（筹）组织开展了一系列专项课题的研究，制定了集团未来三年发展规划和选题规划两个纲领性文件及一系列配套实施计划，确定了努力将集团建设成为产业布局合理、产品特色鲜明、经营业绩优异、品牌影响显著的现代出版企业这一战略目标。与此同时，深入开展创先争优活动，加强党建、思想政治工作和企业文化建设，逐步形成与集团实际和长远发展要求相适应的企业文化。

国际及港澳台地区交流合作

2010年，人力资源社会保障国际交流合作工作坚决贯彻落实科学发展观和中央的对外工作方针，紧紧围绕国家总体外交大局和人力资源社会保障中心工作，突出重点、注重实效、积极作为，各方面工作取得显著进展。

一、倡导理念、扩大影响，成功举办第五届亚太经合组织人力资源开发部长级会议

承办第五届亚太经合组织人力资源开发部长级会议是2010年人力资源社会保障部外事工作的首要任务和全部工作的一件大事，在外交部、教育部、财政部等有关部门的大力支持下，集中全部各方智慧和力量，会议于9月16日至17日在北京召开，取得圆满成功。这次会议的主要目的是，为各方应对国际金融危机带来的社会问题、探讨实现包容性增长搭建一个交流合作的平台，推动亚太经合组织人力资源开发领域合作，促进亚太地区经济的可持续复苏和平衡增长。会议的主题是，开发人力资源、大力促进就业、实现包容性增长。三个分议题是，优先关注稳定和扩大就业，实施有利于就业的宏观经济政策；完善社会保障网络，加强对弱势群体的保护和就业支持；加强人力资源能力建设，为重振增长做好劳动力准备。

胡锦涛主席出席开幕式并发表题为《深化交流合作、实现包容性增长》的重要讲话，深刻阐述了包容性增长的科学内涵。张德江副总理、戴秉国国务委员出席了开幕式。张德江副总理出席闭幕式，并发表了题为《为实现包容性增长　加强人力资源开发　提高社会保障水平》的讲话。

来自亚太经合组织21个成员、亚太经合组织秘书处、亚太经合组织工商咨询理事会、太平洋经济合作理事会的164名代表出席会议，国际劳工组织（ILO）作为特邀嘉宾参加会议。会议首次实现了“全家福”，即亚太经合组织21个经济体成员都派出代表团与会，其中部级代表团19个，包括11个正部级代表团（日本代表团中有3位部级官员，泰国代表团2位部长参会），是历次亚太经合组织人力资源开发部长级会议中参加成员最多、代表人数最多、正部级代表团和部级官员最多的一次。中组部、外交部、教育部、发展改革委、财政部，以及北京市政府有关负责人，各省（区、市）、副省级城市人力资源社会保障厅（局）负责人等150人列席会议。

尹蔚民部长在会上作了主旨发言。与会代表围绕会议主题和分议题进行深入研讨，总结过去特别是应对国际金融危机以来亚太经合组织各成员在人力资源开发领域取得的经验，分析当前面临的机遇与挑战，并从促进就业、加强社会保护、强化职业技能开发、实现包容性增长等方面，提出了推进亚太地区人力资源开发的战略目标和政策措施。会议通过了《第五届亚太经合组织人力资源开发部长级会议联合声明》《开发人力资源　大力促进就业　实现包容性增长战略行动计划（2011—2014年）》和“亚太经合组织技能开发促进项目”等三个成果文件。

本次会议主题鲜明、成果丰富，是历届亚太经合组织人力资源开发部长级会议中规格最

高、规模最大的一次会议。胡锦涛主席的讲话提升了会议主题的战略地位，成为本次会议的最大亮点。

二、围绕重点、主动作为，积极参与多边国际活动并实现新突破

尹蔚民部长4月出席首届G20劳工部长会议，全面介绍了我国应对国际金融危机取得的成效，对会议的成功举办和会议共识的达成发挥了重要作用。人力资源社会保障部与国际劳工组织联合召开“实施全球就业协定、稳定和扩大就业”研讨会，亚太11个国家的代表与会。中国三方代表团出席第99届国际劳工大会期间，与国际劳工组织共同举办了“应对国际金融危机，稳定和扩大就业”中国专场报告会。这是我国在国际劳工组织中由被动应对到主动宣传的成功尝试，扩大了我国在ILO的影响，树立了我国自信和负责任大国的形象。世界技能组织（WSI）2010年大会批准我国正式加入该组织，实现中国高技能人才走上国际舞台的重大突破。我国推荐的候选人成功当选国际行政科学学会副主席和国际继续工程教育协会副主席。通过积极参与多边国际活动，宣传了我国在促进就业、人力资源开发和完善社会保障制度等方面的政策主张，为我国人力资源社会保障事业发展创造了良好的外部条件。

三、拓宽领域、提升水平，务实推进双边交流合作和国际条约的谈判签署工作

尹蔚民部长3月作为中国政府特使出席智利总统权力交接仪式，8月出席我国承办的中日韩人事部门首长会议，9月出席上海世博会斯洛伐克国家馆日等，提升了人力资源社会保障领域对外交流合作的水平。4月，杨士秋副部长陪同中央领导出席第二届“中新（加坡）论坛”框架下“领导人才选拔与培养”主题讨论。7月，王晓初副部长出席联合国公务员制度委员会会议，10月，出席上海世博会阿塞拜疆国家馆日。11月，胡晓义副部长出席全球社会保障论坛暨国际社会保障协会第30届大会。12月，袁彦鹏组长出席第三届亚欧劳工部长会议。人力资源社会保障部与近30个国家开展了部级代表团互访活动，深化了与美国、俄罗斯、英国、法国、日本等大国在人力资源社会保障领域的交流与合作，密切了与埃及、保加利亚、古巴、越南等发展中国家的关系，宣传了我在人力资源社会保障领域取得的成就。开拓新的对话合作机制，优化合作布局。与美国劳工部在中美战略与经济对话框架下开展了首次部门间对话，与印度、土耳其、哥斯达黎加、伊朗、埃及、日本、韩国等国对口部门新签了6个合作谅解备忘录。积极参与国际条约谈判和签署工作。召开中新资格认证工作会议，参加中澳自贸区谈判、中俄移民问题会议、中挪自贸区谈判，有效地维护和巩固了我国在相关国际条约中的利益。

四、拓展渠道、开发资源，推动技术合作取得新进展

认真执行中欧社会保障合作项目、联合国千年发展目标基金项目、农民工就业促进与工伤保险项目、东北地区老工业基地和西部地区人力资源能力建设项目、中澳农民工社会保障项目和中瑞劳动力市场合作项目等技术合作项目。组织举办全球就业协定亚洲经验交流会、绿色就业经验交流会，宣传我在应对全球金融危机，促进就业方面的经验和做法。启动中欧公共管理二期合作项目，完成中加劳动仲裁项目立项工作，举办中国—东盟职业培训高层研讨会等。2010年，共围绕项目实施召开130个专题研讨会和培训班，促进了本部相关法律法规的实施和各项重点工作的开展。

五、扩大队伍、完善政策，稳步推进国际职员工作

成功召开第七次国际职员工作协调会。完成“十二五”规划国际职员工作研究报告，对完善管理政策、巩固扩大队伍以及加强服务作出了规划。协助联合国组织中文语言类专业竞争考试笔试工作，举办了第一期国际职员后备人员培训班，为提高后备人员竞争力进行积极尝试。目前，我国国际职员总数达 1 002 人，提前完成 2012 年中期规划，进一步提升了我在国际组织中的代表性和影响力。

六、服务大局、务实互动，切实做好港澳台工作

香港劳工及社会福利局局长张建宗、澳门劳工事务局局长孙家雄、香港劳工处处长谢凌洁贞先后访问我部，与部领导就内地三方机制等问题进行会谈。根据在大陆台湾居民的需求，会同国台办、卫生部和教育部等部门，就台湾居民在大陆就业及进行职业技能鉴定和参加专业技术人员资格考试问题进行专题调研。中国医疗保险研究会、中国社会保险学会、中国劳动学会等组团赴台交流，委托医保研究会就两岸医疗保险协作机制问题进行专题研究。与港澳台地区的交流合作，使特区政府加深了对中央政府政策的理解，加强了与台湾相关单位的联系，配合了国家总体战略部署。

社团活动

一、中国人才研究会

2010年，中国人才研究会在部党组的关心和领导下，围绕国家人才工作重点、难点问题，紧紧依靠广大会员，充分调动秘书处的积极性和创造性，抓住机遇，发挥优势，认真开展各项工作，取得了显著成绩，为党和政府决策做出了重要的理论贡献。

（一）发挥专家优势，为《国家中长期人才发展规划纲要》的颁布和实施献计献策

2010年5月，中共中央、国务院召开了全国人才工作会议，对实施《国家中长期人才发展规划纲要（2010—2020年）》进行了全面部署，提出了我国人才发展的战略目标、指导方针、总体部署和重大举措。在《人才规划》的制定和实施过程中，中国人才研究会充分发挥了专家和组织优势，主要做了两个方面的工作。一是积极参加《人才规划》专家顾问组，承担专题研究，破解难点问题，提出合理建议。二是深入贯彻落实《人才规划》，开展学术活动14项、撰写多篇解读文章。

（二）整合科研力量，围绕热点、难点问题开展课题研究

发挥本会的组织和专家优势，整合资源，积极组织开展了一批课题研究。年初给会员下达课题指南，经过申报及专家审定后，已批准8个立项课题。分别是：创新工程与环境评价；国家文化产业“十二五”规划研究；人才学教程；构建人才特区问题研究；建设新农村视野下的中国大学生村官研究；重庆市创新型科技人才队伍建设研究；重庆市社会工作人才队伍建设情况研究；中国西部地区创新人才开发研究。另外，研究会办公室还承担了一个课题“海外高层次人才引进计划实施情况调研”。

（三）开拓宣传阵地，创办研究会刊物和网站

为扩大本会社会影响，搭建总会、各分会、各分支机构交流信息的平台，为广大会员发表学术观点、开展学术研讨提供阵地，创办了《中国人才研究前沿》。积极筹建“中国人才研究网”，近期即将上线，发挥信息交流、扩大对外宣传、提高办事效率、便于会员管理的作用。

（四）开展国际合作交流，吸收、借鉴国外人才研究的新成果、新理论

6月间，研究会组团赴澳大利亚进行为期6天的学术考察，先后访问了澳中人才交流协会、澳大利亚人力资源管理学会、澳大利亚公共管理学会等社团机构，重点考察社团组织的自身建设以及在国家人力资源开发中的地位和作用等，获得了不少有价值的信息，形成了考察报告。

（五）加强研究会建设，促进健康发展

一是加强分支机构管理，完善总会与各会员单位的工作机制。研究制定了《关于对分支机构管理若干问题的规定》，积极指导和参加各分会、专业委员会举办的活动，充分发挥总会的指导作用。各分会、分支机构在科研、学术交流、组织建设等方面开展了很多有意义的工作。二是积极整顿、发展会员。对以往会员情况进行了全面的摸底，制定了会员发展方案。同时，注重加强与相关研究院所和大专院

校著名专家学者的联系，联络了一批在全国具有影响力的人才学研究中青年骨干，为深入开展人才学研究壮大了队伍。三是充分发挥研究会办公室的积极性和创造性，确保研究会各项工作的落实。10 月 21 日，召开了“2010 年中国人才研究会年会”，李有慰会长出席并主持了会议。年会对 2010 年的工作进行了总结，提出了 2011 年的工作设想。参会代表对研究会一年来的工作给予了充分肯定。

二、中国继续工程教育协会

2010 年，中国继续工程教育协会全体理事、会员单位坚持以邓小平理论和“三个代表”重要思想为指导，深入贯彻落实科学发展观，认真学习贯彻中央人才工作会议精神和《国家中长期人才发展规划纲要（2010—2020年）》，紧密围绕国家经济社会发展需要，大力开展各项继续教育活动，推动了专业技术人才队伍的建设，促进了专业技术人才能力素质的提升。

（一）开展继续教育专项研究

根据中央人才工作会议精神和国家中长期人才发展规划纲要的精神，重点加强了专业技术人才队伍建设和继续教育的理论与实证研究。配合部专技司全面总结了“653 工程”（即专业技术人才知识更新工程）的实施情况和经验，开展了重大人才工程之一的专业技术人才知识更新工程实施方案预研。从 4 月至 8 月，协会组织力量参加了部专技司牵头的课题组进行专业技术人才知识更新工程专题研究。戴光前理事长率队分赴福建、江苏、陕西、重庆、黑龙江等 5 省市开展继续教育调研活动和实地考察，与 125 个相关单位召开了 27 场调研会，与 276 名专业技术人员和相关管理人员进行了交流座谈。完成了“专业技术人才知识更新工程研究专题报告”。对人力资源社会保障部在“十一五”期间组织实施完成的“653 工程”进行了全面总结，汇总了全国实施情况，评估了各地做法实效，提炼了创新经验成果，研究了深层发展问题，为部职能部门制定相关政策、制度提供决策依据。在此基础上，完成研究、起草即将实施的人才工程项目中的部分实施办法和技术方案。

（二）完成 653 工程任务，配合做好工程总结

2010 年是“653 工程”的收官之年。按照工程实施计划，上半年仍是以实施培训活动为主，协会组织理事、会员单位完成了工程年度任务。一是继续做好工程项目办公室各项工作。建立健全工程实施各技术环节的管理办法，开展了工程培训证书网上验证工作，创新了工程培训质量社会监管办法，提高了工程培训项目的公益品牌效应。二是继续做好石油石化领域工程实施牵头工作。积极与各企业合作，探索建立知识产权保护规则下的优质课程资源共享机制，以高级研修班为基础搭建知识、经验共享平台，组织开展跨企业的高层次人才培训项目。按总结工作要求，组织完成了能源技术领域工程终期检查工作和统计。三是做好“653 工程”的总结工作。协会秘书处配合部专技司开展了工程终期总结检查和培训统计数据的汇总上报工作。召开了 4 次“653 工程”领域行业牵头单位座谈会，起草了“653 工程”的总结报告，充分反映了工程在推动专业技术人才队伍建设方面所取得的积极成果，全面总结了五年来工程实施过程中探索的新经验和好的做法，对工程实施存在的问题进行了分析，对新工程方案的制订决策提供了有价值的咨询建议。

（三）组织开展继续教育培训活动，开发培训项目

重点开展了继续教育示范活动。组织实施 3 期专业技术人才知识更新工程能源技术领域跨企业高级研修班：即“复杂条件下的天然气开发”“劣质原油加工中设备防腐蚀技术”“海上油气田开发中环境保护”高研班。中石油、中石化和中海油三大石化企业分别拿出自己最新技术成果和优势培训项目向其他企业开放，实现技术共享，带动了同业的技术创新和科研成果转化。协会秘书处还主办了“继续教育技

术开发与管理高级研修班”，并与国家知识产权局联合举办了“现代农业领域知识产权战略高级研修班”，共培训学员410人。依据国家节能减排工作需要，开发了能源技术领域公共课程“能源管理体系培训项目”，已开训的“能源审计”和“能源合同管理”两门课程培训了586人。

（四）加快网络建设，提供继续教育信息化公共服务

协会秘书处进行了国家继续教育公共服务平台改造工程和二期平台的开发建设。按照专业技术人才知识更新工程的工作要求，重点开发了远程培训平台的学习功能、考试功能和继续教育信息管理功能，为今后开展大规模的远程继续教育培训活动奠定技术支撑平台。落实了新工程增加的技术、内容要求；完成统计指标体系和相关页面设计；研发“继续教育网络课件行业技术标准”和继续教育管理软件；为开展远程继续教育培训和开展继续教育信息化管理做好准备。建立远程继续教育课程资源库，启动了课程群建设，起草了课程资源使用管理办法。

继续办好协会新闻网站，及时反映各地、各部门继续教育活动开展情况，交流继续工作经验及做法，展示继续教育理论研究成果，介绍国外继续工程教育发展趋势。全年发布信息约50万字。配合部信息化建设“十二五”规划的“国家继续教育公共服务平台二、三期建设报告”的立项，开展预研，提供资料。

（五）加强国际交流，提升对国际继续教育界的影响力

5月，协会在北京承办了国际继续工程教育协会（以下简称国际协会）理事会议，活动包括召开了国际协会理事会、国际继续工程教育报告会、国际协会中国会员座谈会和国际协会理事成员赴上海宝钢的考察活动。王晓初副部长、戴光前理事长分别会见了国际协会主席和各位理事。5月19日在清华大学举办了国际继续工程教育报告会，160多名代表出席，5位国际协会理事作了专题演讲，报告会获得与会人员的一致好评。有12家国际协会中国会员单位的代表参加了国际协会中国会员座谈会，介绍了各单位开展继续教育情况，并和国际协会理事进行了交流。此次活动获得国际协会各位理事的高度称赞，秘书长弗兰克先生称是国际协会20年历史上举办最好的一次。中国协会开放务实、细致严谨的工作作风给国际协会理事会同行留下深刻印象。

10月，协会组团参加了第十二次世界继续工程教育大会和国际协会第九届会员大会。会议由国际协会主办、新加坡国立大学承办，来自20多个国家、地区的160多名代表参加了会议，其中中国有26家单位派人参会，入选宣讲论文33篇。经国际协会理事会全票通过，本协会推荐的中国宝钢集团公司荣获2008至2010年度“继续工程教育企业组织奖”（马丁奖），这是我国企业第一次获此殊荣。在大会上，国际协会主席向宝钢代表、宝钢人才开发研究院副院长冯爱华颁发了奖牌和证书。国际协会进行了换届选举，本会副理事长、清华大学副校长程建平成功当选国际协会副主席。

本协会作为东南亚、东亚及太平洋地区工程教育协会（以下简称亚太协会）的轮值主席和秘书处所在国组织，与15个会员国和联合国教科文组织保持日常联系，承担着亚太协会秘书处各项工作和学术活动的组织协调，负责网站维护和会员联系。组织筹备并组团参加了5月19至22日在菲律宾马尼拉召开的亚太协会第20次执委会会议和专题研讨会。研讨会主题是：帮助发展中国家加入“华盛顿协议”。本协会指导和协助菲律宾国立大学承办了会议，组织日本、澳大利亚、韩国和新加坡的有关专家进行授课交流，并争取了联合国教科文组织的专项资金用于资助发展中国家代表参会。亚太协会执委会议确定2011年将由中国继续工程教育协会承办亚太协会执委会会议和研讨会。9月，协会秘书处研究起草了2011年研讨会主题和征文通知，与亚太协会各执委讨论确定了研讨会方案，并于11月向各成员

国发出了2011年亚太协会工程教育创新发展研讨会征文通知。

7月，戴光前理事长会见了英国工程技术学会首席执行官Nigel Fine先生，交流了继续工程教育方面的经验和情况，就有关合作事宜进行了洽谈。之后，协会秘书处与英国工程技术学会着手共同研究开发“卓越工程科技人才培养”合作项目。

（六）加强会员单位联系，广泛开展继续教育交流研讨活动

协会组织会员单位广泛开展继续教育交流研讨活动。1月7日至8日，北京市人力资源社会保障局教育培训处、北京继续教育协会组织了“第四届继续教育创新与发展”论文征集活动专家评审会议，共有122个单位上报论文225篇，评选产生获奖论文29篇，其中一等奖2篇、二等奖6篇、三等奖10篇、优秀奖11篇，西城区人力资源社会保障局、北京继续教育协会基础教育委员会等6个单位获得组织奖。

6月8日至9日，中国科协在北京召开中国科协人才工作会议，会议对《关于加强继续教育工作的若干意见》的有关内容进行了讨论。科协常务副主席邓楠在讲话中提出：要制定实施好这份文件，深入推进中国科协继续教育和专门培训工作。中国科协于8月份印发了《中国科协关于加强继续教育工作的若干意见》。

9月19日至21日，全国高等院校继续教育学会2010年学术交流年会在上海召开，年会由东华大学承办。共有来自全国高校继续教育部门和施教机构的213名代表参加了会议，共收到论文49篇。会议主题是：“加快发展继续教育，努力形成人人皆学、处处可学、时时能学的学习型社会”。

10月24日至25日，由中国科协继续教育中心、清华大学继续教育学院、总装备部继续教育中心、联合国教科文组织继续工程教育中国教席共同主办，中国科协继续教育中心承办的“第十届21世纪继续教育论坛”在昆明市召开。论坛以“继续教育科学发展与创新”为主题，聚焦新的人才战略和教育战略格局下继续教育事业发展的机遇与挑战。来自全国科协系统继续教育培训机构、国内各高校继续教育机构和部队所属教育培训机构的70余名代表参加了论坛。有9位代表分别就继续教育管理运行机制、模式和手段创新，继续教育质量控制与评估，继续教育标准化研究等热点问题作了发言。论坛组委会对应征论文进行了评选表彰，评出一等奖4篇，二等奖8篇，优秀奖12篇。

11月20日至21日，由全国计算机继续教育研究会、《计算机教育》杂志社等单位主办的“第六届全国高等学校计算机课件评比大会”在湖北十堰召开。由中国科学院研究生院、清华大学、华中科技大学等知名院校的10位专家及观众组成评委，最后评出一等奖6件，二等奖11件，三等奖27件。

上海、河北、江西、宁夏等省区市，在组建新的人力资源社会保障厅局后，分别召开了继续教育协会会议，加强了对协会工作的领导，强化了继续教育协会作为政府职能部门的重要助手作用，确定了协会贯彻落实中央人才工作会议精神和国家中长期人才发展规划纲要战略部署的工作目标与任务。

三、中国人才交流协会

2010年，中国人才交流协会围绕实施人才强国战略和就业优先战略，认真贯彻落实全国人力资源社会保障工作会议精神，围绕中心，服务大局，立足促进就业大格局，面向人才服务大市场，适应行业发展需要，大力推进标准化建设进程；搭建交流服务平台，充分发挥桥梁纽带作用；着眼行业长远发展，推动统一规范灵活的人力资源市场建设，促进了我国人力资源服务业又好又快地发展。

（一）围绕提升行业规范化水平，人力资源服务标准化建设有了新突破

一是出台了我国人力资源服务业首个国家标准，并展开该标准的宣传推广工作。协会高

度重视《高级人才寻访服务规范》的研制发布，根据《国家标准管理办法》的规定，将有关材料报国家标准委，并根据国家标准委审查意见进一步修改完善。该服务规范已于2010年9月2日由国家质量监督检验检疫总局正式发布，2011年1月1日起实施。这是我国人力资源服务业首个国家标准，标志着对人力资源市场的监管进入一个新的阶段。协会及时策划了宣传推广方案。召开了贯彻实施座谈会，专题研究标准推广工作。同时，启动了《〈高级人才寻访服务规范〉国家标准解读与实施》教材的编制工作。

二是继续开展《人才测评服务规范》等四项国家标准的修改完善，抓紧《毕业生就业指导服务规范》等三项国家标准的研究制定。按照人力资源服务标准委工作计划，《人才测评服务规范》《人力资源网站服务规范》《人力资源服务术语》《人才服务机构等级划分与评价指标》等四项国家标准，在进一步修改完善的基础上完成了征求意见稿，并通过网站、座谈会等形式对部分专家、人才服务机构和客户广泛征求了意见。启动了《毕业生就业指导服务规范》《人力资源外包服务规范》《人才测评服务机构等级评定》等三项国家标准的研究起草工作，其中前两项国家标准立项已获国家标准委批准。此外，还发出《关于公开征集〈人力资源培训服务规范〉国家标准起草单位的通知》，以保证标准的起草质量。

三是办理了《人力资源管理咨询服务规范》等六项国家标准的立项。按照人力资源服务标准化工作计划，向人力资源社会保障部提交了《人才测评工具》《人才测评服务机构等级评定》《高级人才寻访服务机构等级评定》《劳务派遣服务规范等级评定》《人力资源管理咨询服务规范》等六项国家标准的立项申请，其中《人力资源管理咨询服务规范》国家标准已获国家标准化管理委员会批准。

四是举办了两期人力资源服务标准化培训班。6月和12月，协会与人力资源社会保障部教育培训中心在青岛、海口举办了“第二、三期全国人力资源服务标准化培训班”，来自全国29个省份的410多人参训，为人力资源服务标准化建设培养了骨干。

五是开展了国家标准委公益性项目《人才服务标准体系及重要标准研究》的课题研究工作。组织人员到北京、上海、四川等地开展调查研究，开展资料收集整理，在对我国人才、人力资源服务标准化工作的现状、问题分析的基础上，提出了人才服务标准体系框架，完成了阶段性研究工作，通过了国家标准委年度工作验收。

（二）搭建交流平台，会员服务力度有了新增强

一是继续承办了“2010年秋季全国人力资源市场高校毕业生就业服务周”活动。根据人力资源社会保障部安排部署，协会与全国人才流动中心，于11月举办了“2010年秋季全国人力资源市场高校毕业生就业服务周活动”。各省份和副省级城市人力资源社会保障部门、国家部委人才服务机构积极参与协办。参加本届服务周活动的全国各级人力资源社会保障部门所属人才服务机构、公共就业服务机构、民营人才服务机构和中国人才交流协会会员单位共141个。活动期间，通过举办现场招聘会、网络招聘会，组织就业见习，开展“就业指导进校园”“创业直通车”等活动，为高校毕业生提供就业创业服务。据统计，共举办现场招聘会1725场，参会招聘单位17.6万多家，提供就业岗位356万个，达成就业意向74.8万人。服务周启动仪式11月15在湖北省武汉市举行，人力资源社会保障部副部长信长星，湖北省委常委、常务副省长张岱梨出席启动仪式并讲话；人力资源社会保障部有关单位及湖北省人力资源社会保障厅负责人等出席了启动仪式。

二是召开了“第八届6.18海峡两岸人才交流合作大会和第四届全国中小城市人才服务工作座谈会”。6月17日，由中国人才交流协会、全国台湾同胞投资企业联谊会、福建省委组织部、福建省公务员局等单位联合主办的海

峡两岸人才交流合作大会在福建省福州市举办。中国人才交流协会会长侯建良、全国台湾同胞投资企业联谊会常务副会长何世忠出席大会开幕式并讲话，人力资源社会保障部人力资源市场司、全国人才流动中心、中国人才交流协会负责人出席开幕式。10月21日，协会在江苏省江阴市召开了第四届全国中小城市人才服务工作座谈会，来自全国26个省份、58个中小城市的160多名代表与会。人力资源社会保障部人力资源市场司、中国人才交流协会和江阴市有关负责同志出席会议并讲话。会上，唐山、无锡等9个城市的人才服务中心负责同志作了典型经验介绍，珠海、天水等20个城市的人才交流服务机构作了书面发言。

三是加强分类指导，推动人才服务跨区域合作深入发展。协会通过参加区域性人才服务组织安排的活动，指导区域性人才服务组织整合资源优势，加强总结交流，丰富合作内容，探索人才服务合作项目。一年来，先后参加了长三角、泛珠三角、环渤海、西南、西北、东北等区域性人才服务联盟组织的活动，较好促进了市场机制在人力资源配置中基础性作用的发挥。

四是紧密配合，注重做好公共服务宣传报道工作。协会通过编印《中国人才资讯》会刊，改版协会网站等，大力宣传党和国家关于人力资源服务方面的方针政策和相关规定，宣传人力资源服务业涌现出的先进单位和个人，总结交流实践中的典型经验，展示会员单位精神风貌，为行业创新发展营造良好的舆论环境。

（三）反映行业诉求，参与相关政策法规的研制有了新进展

根据人力资源社会保障部安排部署，协会积极参与了“十二五”人力资源和社会保障事业发展规划的研究起草工作，参与了“十二五”服务业发展规划和国家基本公共服务均等化专项规划的部分工作，提出了大力发展人力资源服务业，不断加强人才公共服务的意见和建议。

研究起草了《关于申请开展人力资源专业管理人员职业水平评价工作的请示》，为开展行业从业人员资格评价工作提出了建议，拓展了服务领域。

（四）着眼行业长远发展，组织建设基础有了新加强

一是精心做好协会第三届会员大会前期筹备工作。及时成立筹备工作领导小组，组建了筹备班子，拟定了工作方案。确定了换届工作方案，上报换届工作请示，修改了章程，提出了协会发展的基本思路；印发了推选理事、常务理事的通知，在民主推荐的基础上，提出了第三届理事、常务理事候选名单和协会领导班子候选名单。

二是召开了部分省市人才服务中心和人才交流协会负责人座谈会。6月2日，协会在京召开了由北京、天津、上海、陕西、沈阳、青岛以及住房和城乡建设部、国家电力公司等人才服务中心主任、人才交流协会负责人参加的座谈会。会议紧紧围绕传达贯彻全国人才工作会议和《国家中长期人才发展规划纲要（2010—2020年）》精神，专题就我国人力资源服务业创新发展和协会建设进行研究讨论。全国人才流动中心、中国人才交流协会有关负责同志出席会议并讲话。

三是成立了中国人才交流协会汽车人力资源分会。8月6日，协会汽车人力资源分会在吉林长春市成功召开了成立大会。中国人才交流协会会长侯建良，中国机械工业联合会会长王瑞祥，吉林省人力资源社会保障厅和长春市有关负责同志出席大会并讲话。有关方面和单位的负责同志100多人参加了会议。汽车分会的成立，拓展了协会工作的覆盖面，为协会长远发展探索了新路。

四是完成了中国人才交流协会国家机关人才交流机构分会换届选举工作。3月10日，协会国家机关人才交流机构分会在京召开会员大会，来自分会的37家单位70多名代表出席了会议。中国人才交流协会会长侯建良等出席会议并讲话。会上，选举产生了由13家会员

单位组成的第三届常务理事会，以及会长、常务副会长、副会长和秘书长。

五是制度建设得到较好坚持，会员发展工作稳步进展。协会通过召开会长办公会、部分省市人才服务中心主任座谈会等形式，及时传达贯彻党的十七届五中全会、全国人才工作会议和《国家中长期人才发展规划纲要（2010—2020年）》精神，贯彻全国人力资源社会保障工作会议部署，统一思想认识，结合行业建设实际抓好贯彻落实。本着积极稳妥的原则，2010年发展新会员21个，扩大了协会的知名度和影响力。

四、中国博士后科学基金会

中国博士后制度是由著名科学家李政道先生倡议，邓小平同志亲自决策于1985年建立的。1990年5月成立中国博士后科学基金会，小平同志亲自题写会名。2010年，中国博士后科学基金会在部党组和部领导的正确领导下，认真学习贯彻全国人才工作会议精神和《国家中长期人才发展规划纲要（2010—2020年）》，以提供满意服务为主旨，强化服务意识，改进服务方式，提升服务质量，各项工作取得了较为显著的社会效果。

（一）认真做好中国博士后科学基金资助工作

根据财政部对中国博士后科学基金“十一五”期间的资助经费计划，2010年中国博士后科学基金中央财政预算经费全年拨付18 560万元。其中，特别资助经费8 000万元，面上资助经费10 560万元。

组织开展了第三批中国博士后科学基金特别资助申报、评审工作。设站单位和省市负责组织申报，在全国近30 000名在站博士后中选拔推荐了1 946人。其中，自然科学领域占68%，社会科学领域占32%。函评共分126个学科组，聘请同行专家630名。经过同行专家函评，1 007人进入会评，占申报人数的52%。基金会聘请了涵盖所有参加会评博士后人员所涉及的一级学科的专家进行会议评审，分18个会评学科组，聘请了107名专家。专家经过审阅材料、评议、投票等程序，最终确定800人获得特别资助。

圆满完成了第47、48批中国博士后科学基金面上资助工作。根据《中国博士后科学基金资助规定》和《中国博士后科学基金面上资助实施办法》的要求，基金会严格按程序组织了这两批面上资助的申报和评审工作。两批共有12 010人申请。评审按博士后本人填报的二级学科进行分组，共分628个学科组，聘请3 130名同行专家进行函评。结果3 391人获得资助，其中207人获得一等资助，3 184人获得二等资助，总资助金额为10 582万元。人均资助强度为3.1万元，比上年略有增加；资助比例为28.2%，比上年略有下降。为提高基金评审的科学化和规范化水平，开发了新评审专家信息库系统。

（二）圆满完成了2010年博士后科研流动站、工作站评估工作

根据2009年评估实践，对综合评估和新设站评估的评估指标体系（包括指标、指标细化说明、调查问卷、计分办法、评估表）进行了部分调整，对指标权重重新进行了赋值，使评估工作更加科学化、规范化。

按照《博士后科研流动站和工作站评估办法》（人社部发［2008］115号）的要求，配合专技司开展了综合评估和新设站评估工作。参加2010年博士后工作综合评估的流动站有935家，工作站521家，其中，参评流动站学科范围包括89个一级学科中的81个，参评工作站涉及的行业领域包括20个国民经济行业领域中的14个。参加新设站评估的工作站共311家。

在本年度评估工作中，中国博士后科学基金会整理、核实、汇总评估数据，进行评估数据分值计算，开展评估检查，分析、统计评估结果，确保了本年度评估工作的顺利完成。

（三）扎实开展博士后日常管理工作

办理博士后进出站备案工作，全年全国共办理博士后人员进站10 553人，出站7 245

人。编制博士后日常经费拨款计划，累计拨款2.35亿多元。在苏州、重庆分别组织了三期全国新设站博士后管理人员培训班，培训博士后管理人员422人。组织开展了“博士后管理信息网络系统”二期建设的有关工作。

按照“中韩青年科学家交流计划”的要求，选派了10名博士赴韩开展博士后研究工作。启动并实施了“接收非洲国家科研人员来华开展博士后研究”项目，共接收来自肯尼亚、埃及、尼日利亚、突尼斯、塞拉利昂和南非的12名博士来华开展博士后研究工作。配合专技司做好内地与香港联合培养博士后人员的“香江学者计划”筹备工作，该计划将于2011年启动。

（四）积极搭建博士后学术、文体交流平台

中国博士后科学基金会坚持服务博士后的理念，积极为博士后搭建开展学术、文体活动的平台，与高校和科研院所合作，举办不同学科领域的博士后学术论坛，不断推动相关学科的理论研究和创新。学术交流对博士后的培养，特别是提高博士后的综合素质具有特别重要的意义。2010年与清华大学联合举办了“2010全国计算机学科博士后论坛”；与大连理工大学、大连银行联合举办了“第二届（2010）金融风险与公司财务管理国际研讨会”；与中国社会科学院共同举办了第五届中国社会学博士后“城市·空间·社会”论坛和“第五届中国博士后经济学论坛”；与北京市人力资源社会保障局共同举办了“世界城市战略——2010北京博士后学术论坛”；与北京师范大学共同举办“2010年中国博士后学术论坛暨大中药产业健康发展战略研讨会议”；与中央党校共同举办了“经济复苏期的中国：机遇与挑战”学术论坛。目前，博士后学术交流及社会影响越来越大，各设站单位也越来越重视博士后学术论坛工作，博士后学术论坛活动已经成为博士后人才培养的一个重要途径。

为丰富博士后的业余文化生活和加强地区之间博士后的交流，基金会组织了“2010年北京博士后趣味运动会”，北京地区近50个设站单位，800多名博士后及家属参加了运动会。承办了“传承光荣、继往开来——庆祝中国博士后制度实施25周年暨2011博士后迎春晚会”，包括军队系统在内的15家设站单位选送了19个丰富多彩的节目。主办方全国博士后管委会办公室、总政治部干部部科技文职干部局的有关领导，特邀优秀博士后代表、有关设站单位的领导及博士后管理人员、博士后及其家属1 000余人观看了演出。召开了“全国2010博士后联谊会理事长联席会议”，会议以“继往开来、共享互动”为主题，20多个省市自治区的60多家博士后设站单位90多位博士后工作负责人、博士后联谊会理事长代表出席了会议，并就如何加强地区间博士后的交流，如何进一步做好博士后联谊会工作进行座谈。

（五）稳步推进博士后人才引荐工作

为适应社会经济形势及博士后事业发展的需要，中国博士后科学基金会针对用人单位和博士后之间信息不畅的状况，积极主动为用人单位和博士后搭建引荐博士后人才的平台。2010年与北京市委组织部、市人力资源社会保障局等单位共同举办了“北京2010博士后人才引荐会”，参会单位148家，其中京外单位38家，有24家单位就62个项目与博士后进行了现场洽谈。北京市有关区县为博士后提供了152个挂职岗位。共有1 300余名博士后参加了当天的引荐会。与天津市人力资源社会保障局共同举办了“天津博士后人才项目洽谈会”，此项活动已成为每年津洽会期间的一项重要内容。北大、清华、中科院、社科院等国内40多家院校和科研机构的博士后390多人参会，与天津企事业用人单位150多家进行了人才和项目洽谈，有49人确定到津工作或从事博士后研究工作，有153名博士后与用人单位达成项目合作意向。这两项活动已连续开展了7年。

（六）积极开展博士后科技成果转化工作

基金会在重视博士后人才培养的同时，还注重把人才培养、科技开发和科技成果转化有机地结合起来，积极与有关省市联系，为博士后的科研成果转化搭建平台。3月份，组织51名博士后参加了山东引进人才工程暨“博士后沂蒙行”活动，洽谈签订了76项合作协议。9月，以网上对接形式，组织了50多名博士后参加第六届鲁台经贸洽谈会暨“百名博士潍坊行”活动。10月，组织博士后参加了“（山东鱼台）鱼米之乡行”科技活动，针对企业17个项目，落实参会博士后人员。此活动中，清华大学的3名博士后给企业及鱼台县政府各管理部门的领导作了专题讲座，受到好评。11月份，组织国内165名博士后报名参加了山东的“第六届海内外高端人才洽谈会”，约80名博士后参会进行了项目对接。

（七）编辑发行博士后杂志，扩大博士后政策宣传力度

编辑发行了四期《中国博士后》杂志，结合部和博士后工作的核心工作，研讨博士后工作发展中的热点和突出问题。继续做好《中国博士后》杂志电子版的工作，扩大杂志宣传范围。及时更新博士后网站信息，宣传博士后制度，并为博士后设站单位提供博士后人员招聘、人才引进等信息发布服务。

五、中国劳动学会

2010年，中国劳动学会深入学习贯彻党的十七大及十七届三中、四中、五中全会精神，以科学发展观为统领，在部党组的领导下，紧紧围绕中心工作，以提升人力资源能力和构建和谐稳定劳动关系为重点，全系统同志齐心协力，比较好地完成了各项工作任务：服务大局，工作迈上新台阶；开拓创新，开辟工作新领域；强化管理，自身建设有新突破。

（一）围绕中心，突出重点，服务大局

2010年，在国际金融危机的影响尚未消除，国内经济环境面临前所未有的机遇和挑战的形势下，学会紧紧围绕当前人力资源社会保障工作中一些亟待研究和解决的突出问题、难点问题，认真开展专项调研和学术研讨活动，努力协助政府相关部门做好政策制订和研究工作。

中国劳动学会与中国劳动保障科学研究院联合在厦门举办了“中国劳动论坛2010年专题研讨会暨两岸三地交流研讨会”。研讨会围绕经济复苏中企业人力资源能力提升的途径与作用这个主题，对企业在提升人力资源能力的制度安排和政策法规、理论研究以及工作实践等方面遇到的新情况、新问题及应当采取的对策和措施进行了深入研讨；对如何实现“开发人力资源、大力促进就业、实现包容性增长”进行了广泛交流。人力资源社会保障部杨志明副部长向会议发来贺信，中国劳动学会会长华福周出席会议并发表讲话。与会代表集中交流和讨论了两岸三地提升企业人力资源管理水平的制度安排、对策措施、实践经验和有益做法，着重研讨了提升企业人力资源能力水平的理论支撑、有效途径、实践效果。香港人力资源管理学会的代表介绍了面向全球化的、注重培养全面人才的香港教育体制改革，台湾中华劳动学会的代表介绍了台湾在应对国际金融危机中的就业政策和当前劳务派遣的法制化等问题。来自全国总工会、人力资源社会保障部有关司局、台湾中华劳动学会、香港人力资源管理学会和地方劳动保障学会，两岸三地部分研究机构以及企业界代表，共计100余人参加了会议，研讨会取得了积极成果。

中国劳动学会与劳动工资研究所共同承担了2010年度部级重大政策研究课题《我国小企业劳动关系研究》。中国劳动学会专门组织人员，赴有关省市，召开有劳动保障行政部门、工会组织、雇主代表、企业员工等方面人员参加的座谈会，了解实际情况，掌握第一手资料。同时，与有关地区劳动保障学会协作开展问卷调查工作，为课题的顺利完成奠定了重要的基础。这项研究为推动地方政府管理部门和中小企业重视劳动关系问题研究，妥善处理劳动争议，促进社会和谐稳定发挥了积极作用。

中国劳动学会与对外友协积极协调，参加了第五届中国东盟民间友好组织大会，并与新

加坡—中国友好协会共同组织了首次设立的人力资源与就业论坛。华福周会长应邀率团出席了这次大会，并在主旨讲话中介绍了中国人力资源开发所取得的成效和提升人力资源能力的主要政策措施。与会专家和学者的专题演讲与代表分享了新的理念与观点，共同探讨了经济复苏过程中有关员工培训与开发人力资源的途径和方法。通过参与这次国际交流大会，广泛宣传了我国人力资源和就业领域所取得的成绩，拓展了中国劳动学会对外交流领域，增强了与东盟以及其他国家相互间的了解与沟通。

各省市劳动保障学会、中国劳动学会各分支机构，认真结合本地区、本行业的实际，积极开展了形式多样的理论研究和学术交流活动。北京市劳动保障学会通过举办“当前我国就业领域的主要矛盾及对策”主题学术报告会，针对低保就业服务对象的社会支持系统问题作了专项研究，积极为劳动保障行政部门制定与完善政策出谋划策。上海市劳动和社会保障学会积极探索学会课题研究组织新方式，采取“学会课题招标、自选课题申报、自主课题参与”相结合的新模式，有效鼓励了更多会员参与学会课题研究的积极性，促进了劳动经济和人力资源管理理论水平的提升。重庆市、山东省劳动保障学会积极开展优秀论文征集评选活动，组织发动会员单位撰写学术论文，并对优秀成果进行表彰。浙江、江苏省劳动和社会保障学会参与承担了本省“十二五”规划前期劳动保障工作总体思路研究工作，认真分析宏观经济及社会发展对就业和劳动关系、社会保障的影响，为制订规划纲要（草案）提供了权威性的资料与数据，充分发挥了参谋和智囊的重要作用。广西劳动保障学会以关注民生、服务民生、保障民生为重点，积极开展学术研讨活动，由学会报送的多篇论文，荣获广西社会科学优秀成果奖。中国劳动学会核工业分会开展了对所属企事业单位内部分配、薪酬数据等情况的全行业梳理和调研工作，掌握了大量的基础数据，为行业管理工作分析和解决问题提供切实的服务。中国劳动学会薪酬专业委员会通过举办“第七届中国薪酬管理高层论坛”，针对“民生·公平——后金融危机时代中国收入分配制度改革”等当前我国收入分配领域的突出问题进行深入研讨，引起了社会的广泛关注和反响。中国劳动学会信息化专业委员会通过召开“人力资源和社会保障一卡通研讨会”，积极推动社会保障卡的发放和应用工作。

（二）搭建平台，加强沟通，服务会员

面对新的形势和要求，积极寻找为会员服务的新办法、新措施，努力为深化企业用工、收入分配制度改革以及维护职工合法权益服务。

学会秘书处组织召开了两次企业工作座谈会，及时了解大型国有企业在贯彻实施国家法律法规过程中遇到的新情况、新问题，积极提出意见和建议。座谈会成果受到了部领导的重视和肯定，并将报告批转有关司局进行研究，充分发挥了学会联系政府和企业的桥梁纽带作用。

中国劳动学会与中国太平洋经济合作全国委员会人力资源开发委员会在沈阳联合召开了中国装备制造业高技能人才发展国际论坛，为探索和建立我国高技能人才培养机制及全面提升劳动者素质，振兴老工业基地发展献计献策。

中国劳动学会与冶金分会共同举办了钢铁企业并购重组中的人力资源管理研讨会，共同探讨当前我国钢铁企业在结构调整和产业升级过程中企业在人员重组、收入分配和社会保障等方面的问题和对策。

很多地方、行业劳动保障学会也都积极发挥各自的优势，采取丰富多彩的形式和有效途径，努力为中心工作服务，为会员服务，为广大劳动者服务。福建省劳动保障学会组织社会科学普及宣传周咨询活动，围绕促进高校毕业生和农民工就业等开展政策咨询和服务活动，现场发放政策宣传资料，劳动保障知识有奖问答等，得到了社会大众的好评。河北省劳动保障学会充分利用 12333 劳动保障咨询服务热线，为广大会员提供相关业务和政策法规咨询服务。广州市劳动保障学会大胆探索在新形势下建立更加行之有效的政策法规宣传新渠道，开发了学/协会宣传网站，年点击上网浏览量已达到28万人次，有效地扩大了政策法规的宣传面。四川、新疆、武汉等劳动保障学会还通过举办《劳动合同法》、国家职业资格人力资源管理师全国统考辅导等重点培训和专题讲座活动，积极为基层企事业单位人力资源管理人员和劳动保障工作者服务。

（三）加强党建，提高水平，团结奋进

学会秘书处始终坚持把党的思想建设放在各项工作的首位，努力将学习实践科学发展观活动，创先争优活动与提高学会实际工作水平相联系，正确把握了学会的工作方向。学会党支部按照创先争优活动要求，广泛征求大家意见，认真查找工作中的不足，并提出整改办法和措施，有力促进了学会工作能力和水平的提高。

大力加强学会自身建设和宣传服务工作。加强分支机构的统一管理，拟定了新的《中国劳动学会分支机构管理办法》（讨论稿），按照民政部和有关方面的要求，进一步强化和规范了分支机构的财务管理。同时，学会通过出版的学术刊物以及学会网站，探讨和交流劳动保障领域的科研成果与学会活动信息，促进了学会工作的提高。

学会秘书处积极协调，及时组织召开全国劳动学会会长秘书长工作会议，总结交流工作经验，指导地方劳动保障学会开展业务活动。同时，通过与地方劳动保障学会共同举办活动、调研走访等，加强了与地方劳动保障学会的联系，实现了为学会事业发展上下连动、团结一致、相互促进、共同发展的良好局面。

地方和行业分会、专业委员会都在加强组织和能力建设、提高自身综合素质上狠下工夫，并取得很好的实效。广西劳动保障学会通过开展学习实践科学发展观的活动，进一步加强对学会发展现状及其存在问题进行调查研究，用《广西劳动保障学会章程》规范运作，加强管理。中国劳动学会机械分会认真对会员单位进行清理和整顿，优化了会员结构，增强学会的活力。湖北省劳动和社会保障学会等很多学会都能认真做好年审、年检工作，主动配合当地社团管理部门的指导和监督，并严格按照社团管理法规及有关规定，规范学会的管理工作。吉林省人力资源和社会保障协会等一些地方学会、行业分会，通过适时召开会长、顾问工作会议以及地区、行业学会工作会议等形式，加强与学会领导成员、理事和会员的联系，广泛听取大家对学会工作的意见和建议，有力促进了学会工作的有序开展。

六、中国社会保险学会

2010年，中国社会保险学会深入贯彻党的十七届五中全会精神，以科学发展观为统领，紧密围绕社会保险中心工作，服务大局，突出重点，团结会员，积极开展课题研究与学术交流，继续加强管理、改进服务，推进自身发展。

（一）课题研究

在“首届两岸四地养老保险研讨会”成果的基础上，进一步推进与香港退休计划协会、澳门社会保障学会和台湾退休基金协会的合作，共同开展了《两岸四地养老保险制度比较与分析》课题研究。经四地学（协）会推荐，由西北大学席恒教授、香港岭南大学陈章明教授、澳门理工学院陈慧丹研究员、台湾淡江大学陈登源教授共同组成了课题研究小组，讨论并制定了研究大纲。课题研究由席恒教授主持，港澳台专家给予大力支持，提供丰富而翔实的研究材料。经过多月研究与撰写，基本完成了课题报告，并提交港澳台专家及学（协）会征求意见。

王建伦会长作为课题专家委员会副主任委员，参与了《国家应对人口老龄化战略研究》。该项研究由国家老龄委牵头、有关部委及学科领域专家共同参与，采取跨学科、团队化、集成化的研究模式，主要针对我国人口老龄化的发展态势进行科学预测，做出基本判断，分析人口老龄化对国家人口安全、经济建设、政治建设、文化建设、社会建设的深刻影响，研究老年社会保障体系、老龄服务体系和老龄工作体系建设的目标和方向，从国家总体发展战略上提出相应的对策。

（二）学术交流

10月21日—25日，与香港退休计划协会、澳门社会保障学会和台湾退休基金协会在台北共同举办了“第二届两岸四地养老保险研讨会”。参加本次会议的有两岸四地学（协）会的会员代表及台湾有关方面代表共50余人。会议主要就两岸四地养老保险制度比较和两岸四地养老保险制度改革趋势、养老保险基金管理策略、跨境劳动者养老保险关系的转移与衔接，及两岸四地学（协）会今后交流与合作事宜等五个方面的内容进行了交流探讨，并达成了一些共识。

11月27日—12月3日，王建伦会长率中国社会保险学会代表团赴南非开普敦出席“全球社会保障论坛暨国际社会保障协会第30次大会”。本届会议聚集了100多个国家的千余名代表，会议主要内容包括社会保障全球发展的趋势、人口变化对社会保障的影响、社会组织优秀管理准则及理念、对扩大社保覆盖范围的对策等。

（三）中国社会保障论坛各项工作

一是完成第四届论坛主题征文与评比工作。在全国范围内开展了以“社会保障体系建设与可持续发展”为主题的征文活动，共收到社会各界应征论文530篇。根据《中国社会保障论坛第四届主题征文论文评选办法》，经过初评、复核、终评和票选，评选出一等奖1名、二等奖4名、三等奖17名、优秀奖88名。

二是筹备并召开“第四届中国社会保障论坛·2010”。8月23日，“第四届中国社会保障论坛·2010”在北京人民大会堂举行。中共中央政治局委员、国务院副总理张德江出席论坛开幕式并致辞，人力资源和社会保障部部长尹蔚民作了主旨演讲，胡晓义副部长宣读了“社会保障体系建设与可持续发展”征文获奖名单，向论文获奖作者代表颁发了证书。论坛分为主题论坛和“养老保障体系建设与可持续发展”“医疗保障体系建设与可持续发展”两个专题论坛，中国社会保险学会王建伦会长和中国医疗保险研究会王东进会长分别主持了专题论坛。30余位社会保障领域的专家学者在论坛上进行了演讲和交流。政府官员、专家学者、业界人士和国际组织代表共600余人参加了论坛。

三是完成“第四届中国社会保障论坛·2010”后续工作。整理、印制了《第四届中国社会保障论坛·2010文献》，并向有关人员赠阅。

（四）内部机构建设

根据《中国社会保险学会章程》有关规定，经第七次会长工作会建议，并征求学会理事同意，增选五名学会副会长。基本完成企业年金分会和农村社会保险委员会两个分支机构的筹建工作，为进一步开展相关工作奠定了良好的组织基础。

七、中国职工教育和职业培训协会

2010年，中国职工教育和职业培训协会（以下简称中国职协）紧密围绕人力资源社会保障部中心工作开展各项工作，取得了一定的成效。

一、召开技校委员会第二十一届年会暨中国苏州技能人才校企合作博览会

为贯彻全国职业能力建设工作会议精神，落实国家技能人才振兴计划和特别职业培训计划，推进校企合作培养技能人才工作，中国职协于2010年5月16至17日在江苏苏州组织召开了中国职协技校委员会第21届年会暨中国苏州技能人才校企合作博览会。人力资源社会保障部副部长张小建，全国政协委员、中国职协会长林用三等出席会议并致辞。全国150余家骨干示范性技工院校校长、部分省市人力资源社会保障部门和企业代表共约300人参加了会议。

来自全国各地的中国职协技校委员会136

所会员学校参加了校企合作博览会，并与长三角地区特别是苏州地区的101家企业进行了校企合作洽谈。经初步统计，有31所学校与89家企业达成了校企合作意向。

本次会议主题鲜明、形式丰富，既有国家政策制度的宣讲，又有技工院校校企合作的经验介绍；既有学校与企业的展览展示和面对面的合作洽谈，又有专家和企业代表围绕校企合作展开的交流对话，为技工院校和企业搭建了一个多功能的服务载体，形成了有效的校企交流平台。

二、深化理论研究，加大宣传力度

（一）优秀科研成果评审工作取得进展

多年来，中国职协的优秀科研成果评审工作稳步发展，2009至2010年度优秀科研成果评审工作圆满完成。本期评审征集活动共收到各类成果1 729份，其中，论文类约1 200篇，课题、调研报告200项，教材200余部，比往年均有较大增长，总量比上年增加80%以上。2010年的评审工作较之往年，增加了校本教材（讲义）以及教案类别成果的评审，并对评审的程序、标准等作了进一步规范和完善，提升了评审过程的科学性和评审的客观程度。

（二）围绕中心工作参与课题研究

受人力资源社会保障部委托，中国职协承担了《技能大师工作室规范发展》课题；参与完成了《技工院校改革与发展研究》课题；参与《高技能人才“十二五”规划》的研究，承担了部分撰写任务；对东部工程总体情况进行回顾与评估，提交了《国家高技能人才东部地区培训工程评估报告》。完成了亚洲开发银行“中国校企合作培养技能人才研究”课题项目以及国际劳工组织“少数民族就业项目研究”课题项目。

（三）编辑出版《中国职业培训发展报告（2009版）》

在认真总结《中国职业培训发展报告（2007）》经验的基础上，结合我国职业培训事业的新发展，经过多次修改，按时完成2009版主报告的编写出版工作。

三、大力推进多层次培训，实施重点培训项目

（一）继续推进企业培训师制度建设和企业班组长培训

全年直接培训了625名企业培训师，其中高级350人，中级275人，受到企业的欢迎。同时，为企业和培训机构开展班组长培训提供教学大纲、教材、证书等方面的服务。

（二）举办班主任示范培训班

为贯彻落实《关于加强中等职业学校班主任工作的意见》（教职成［2010］14号）精神，于8月和12月分别在山东、深圳举办了两期班主任示范培训班，共有120余名技工院校的一线班主任参加了培训。培训内容力求贴近班主任工作实际，突出简明实用的特点，受到了学员的欢迎。

（三）开展技工院校多层次赴外培训活动

为提高我国技工院校领导综合管理水平和提升专业技术教师的专业技能，中国职协于8月和9月分别组织技工院校管理人员和一线教师赴德参加培训。培训团成员表示，培训目标明确、内容丰富，对于系统了解德国职业教育体系，借鉴其先进经验，为我国技工院校教学改革提供了有益经验和启示。

四、完善技工院校学生多元资助渠道

（一）做好全国技校资助办的基础建设和管理工作

协调组织技校信息管理系统迁移工作，新数据中心于5月初正式上线投入使用。推进各地成立技工院校学生资助机构，组织其工作人员参加相关政策和技术培训，并建立工作联系网络和机制。推动资助政策落实，规范资助工作管理，配合财政部、人力资源和社会保障部职业能力建设司统计相关学生信息数据，核算中央有关投资预备计划等，并四次开展专项核查，加强资助资金监管。

（二）做好“华育奖助学金”评定发放工作

2009至2010学年度，共有95所学校的1 040名优秀贫困学生获得了该项奖学金。为

更好地开展此项工作，6月上旬，北京华育助学基金会和中国职协还共同赴四川对助学金发放工作进行了调研。10月，北京华育助学基金会再度拨款130万元，启动了2010至2011学年度“全国技校华育奖助学金”发放工作。

（三）做好美容美发技能扶助金的发放工作

为帮助家庭贫困的青年学习美容美发技术，实现技能就业与脱贫，中国职协联合日本企业，于2007年6月设立了美容美发技能扶助金。目前，此项目已经执行了4年，2010年资助学生116名。

五、开展会员活动，加大宣传力度

（一）积极开展企业会员活动

1月召开了在京中央企业的情况通报会，7月底在长春举办了企业专业委员会年会，学习了中央第二次人才工作会议和2010—2020年人才规划纲要的精神，交流了会员企业培养高技能人才的做法与经验，考察了中国北车集团长春客车公司技能大师工作室的建设情况。通过这些活动的开展，宣传贯彻了党和国家的方针政策，沟通了会员企业情况，发挥了桥梁纽带作用。

（二）加强宣传网络建设

完成了中国职协网站的重建工作，并配合《中国培训》《中国职协工作简讯》形成一刊、一报、一网的宣传网络。在宣传重心上，紧紧围绕当前经济社会发展的新形势和新要求，以及国家和部的工作重点，加大对国家职业教育和高技能人才培养的宣传力度，随时跟进相关活动的新闻报道，全面关注各省市职业教育和职工培训的创新发展。在内容上，及时关注当前职业教育和职业培训工作中的热点和难点问题，有针对性地进行主题策划，加强栏目的内容建设和创新。

八、中国就业促进会

2010年，中国就业促进会紧紧围绕就业中心工作，积极开展理论研究，主动配合行政部门开展就业服务活动，努力发挥社团工作优势，组织开展各类就业促进项目，全面完成了各项工作任务，取得了积极成果。

（一）召开第二届会员代表大会，完成换届工作

2010年11月，中国就业促进会第二届会员代表大会在北京召开。第十届全国人大常委会副委员长、中国就业促进会荣誉会长成思危，中组部副部长、人力资源社会保障部部长尹蔚民分别致信祝贺。第十一届全国政协副主席黄孟复、第十届全国人大常委会副委员长何鲁丽、第九届全国政协副主席陈锦华、第十一届全国政协经济委员会主任张左己、原劳动保障部副部长林用三、湖北省人大常委会副主任蒋大国等领导同志为大会题词。人力资源社会保障部副部长信长星出席会议并讲话。中国就业促进会荣誉会长林用三出席会议。原人力资源社会保障部副部长张小建当选新一届会长。来自全国各地区、各相关部门以及社会有关方面的会员代表和特邀嘉宾共400多人参加了会议。大会审议并通过了第一届理事会工作报告、章程（修改案）等文件，表决通过了关于聘请荣誉会长、名誉会长的建议，选举产生了第二届理事会领导成员。会上，湖北、江苏、成都、宝鸡三省一市的地方就业促进会就如何服务就业中心大局，发挥社团桥梁纽带作用等问题进行了经验交流。会议期间，中国就业促进会专家委员会、创业专业委员会、公共就业服务专业委员会，分别组织了就业形势分析会和相关工作座谈会，失业保险专业委员会召开了成立大会暨研讨交流会，为不同工作领域的会员提供了多元化的服务。

（二）成立专家委员会，搭建专业化的理论交流平台

2010年3月，中国就业促进会成立了专家委员会，时任人力资源社会保障部副部长、中国就业促进会会长的张小建同志担任专家委员会名誉主任，来自国内外就业领域的36位知名学者担任特邀专家。一年来，专家委员会围绕就业热点问题和前沿领域问题，开展理论研讨和课题研究活动，先后举办了“就业优先

战略”研讨会、“在编制十二五规划中体现就业优先思路”专家研讨会，“绿色就业”研讨会、“中欧绿色就业”研讨会，“就业形势”分析会，还邀请部分专家出席了部里和地方的相关活动。围绕这些活动，先后编印了《就业优先战略研讨会文集》《在编制十二五规划中体现就业优先思路专家研讨会文集》《就业形势分析会专家观点》《绿色就业研究文集》，将专家们的研究成果、提出的意见建议汇集起来，报部领导和有关部门，为判断就业形势，制定就业政策提供了有益的参考。专家委员会还承担了2010年人力资源社会保障部重大政策课题研究“在编制十二五规划中体现就业优先的思路”，并完成研究报告。

（三）依托各专业委员会，组织开展就业促进活动

一是为配合推动全国创业型城市创建工作，依托创业专委会，与中国就业培训技术指导中心合作，开展了全国创业培训优秀师资评选表彰活动，发挥优秀师资的示范带动作用；设计开通“中国创业网”，为有创业愿望的广大劳动者和社会公众提供便捷高效的创业信息服务；进一步加强全国创业项目库信息平台建设，积极做好检索查询功能开发工作。

二是为配合推动公共就业人才服务体系建设，依托公共就业服务专委会，联合中国就业培训技术指导中心，组织召开公共就业服务机构综合性服务场所功能建设经验交流会，推广功能建设先进经验和技术方法；表彰了首批公共就业服务机构功能建设“创新奖”单位；举办全国基层劳动保障工作平台（就业篇）征文评选活动，宣传基层就业工作者的风采和工作经验。

三是正式成立了失业保险专委会，为配合行政部门开展失业保险相关理论政策研究，发挥失业保险基金在促进就业和稳定就业中的重要作用搭建了专业化服务平台。

（四）巩固成果，创新思路，继续做好其他有关工作

一是继续搞好国内外有关合作项目。扎实做好大学生就业能力提升项目工作，举办数期师资培训班，组织召开项目研讨会，全面启动项目实习就业信息系统，全年项目受益学员达3万人；联合吴泰集团举办2010全国网络创业大赛，通过开展网店经营能力测评、创业计划与实施综合评比，挖掘大学生的创业潜质，扶持大学生自主创业；积极做好与拜耳医药公司合作开展的“农业富余劳动力健康转移就业培训项目”的总结和终期评估筹备工作，并通过《中国就业》杂志开展项目宣传，树立先进典型；继续做好与惠普公司合作的“惠普创业者学习启动项目”工作，重点对下岗妇女、湿地渔民、返乡农民工等特殊群体提供创业服务，得到了惠普项目亚太区管理中心的好评；组织编写《项目管理实用手册》，供有关项目合作单位学习参考。

二是积极开展劳务品牌基础性研究工作。组织召开部分省市劳务品牌建设工作座谈会，听取对劳务品牌建设工作的意见建议，收集汇总各地劳务品牌材料，为研究探索劳务品牌创建的方法和途径奠定基础。

三是加强就业工作宣传。进一步做好《中国就业》杂志、《就业工作通讯》、促进会网站三位一体的就业宣传平台建设；配合“春风行动”的开展，结合新形势，调整进城务工须知扑克牌的宣传内容；完成2010年中国就业十件大事及地方创新事件征集评选活动。

四是努力做好组织建设和基础建设。组织召开第三次全国促进会会长、秘书长会，交流各地促进会工作经验，指导地方推进组织建设；加强秘书处队伍自身建设，完善规章制度，引导职工加强政治理论和业务知识学习，并注重在实际工作中培养锻炼干部，努力打造一支积极向上、运转有序的秘书处工作队伍。

九、中国医疗保险研究会

2010年，中国医疗保险研究会深入贯彻落实中央医改文件精神，把握“聚贤、纳言、立说、献策”的宗旨，按照为医疗保障制度建设提供理论研究、政策研究和技术标准研究三

个支撑的要求，明确研究主线，统筹协调安排，着重前瞻性、全局性和基础性课题研究，着重解决重点难点问题的实用性研究，加快医疗保险研究成果推广力度，积极促进医疗保险研究体系和研究能力建设。主要做了以下几方面工作：

（一）开展医疗保险可持续发展的研究

一是继续开展城镇居民基本医疗保险试点评估。组织评估专家组完成《2009 年城镇居民基本医疗保险评估报告》，上报国务院领导以及医改领导小组成员单位。开展 2010 年评估工作，全年组织专家对天津、江苏、广西、山东、四川、甘肃、陕西、重庆、湖南等 9 省市进行评估调研；从 11 月中旬到 12 月中旬完成了对 9 个城市的第 4 次连续跟踪入户调查，成功调查 11 109 户，随访率达到 91%.

二是开展完善中国特色医疗保障体系合作项目。受人力资源社会保障部委托，承担了为期三年的“完善中国特色医疗保障体系合作项目”的执行工作。组织召开了项目指导委员会第一次会议，项目专家组会议完成了项目总体方案和 8 个子项目研究方案的设计。制定了项目资金管理办法，落实了子项目工作计划、专家团队及分工，启动开展了按病种付费的病种遴选办法等快速课题研究。

三是开展医疗保险战略研究项目。与中国人民大学合作开展中国医疗保障制度发展战略研究项目，组织专家初步完成城镇职工基本医疗保险制度完善的路径研究、公平与效率研究、中国城乡居民医保制度整合与发展研究、中国西部医疗保障发展战略研究、中国医疗救助制度发展战略研究、中国长期护理保险制度推进研究、中国医疗保障监督管理体制改革与发展等 7 个子课题研究报告。与中国人民大学合作开展的宏观经济与医疗保险发展研究，重点研究我国医疗保险调查统计体系的现状，已经完成资料搜集、文献检索等工作。与北京大学合作开展了全民医保与公立医院改革研究，对镇江市、神木县、高州市、湛江市、成都市等地进行了调研。

（二）开展医疗保险制度机制研究

一是城乡统筹医疗保障制度研究。申报并基本完成了部 2010 年重点科研项目——统筹城乡医疗保险经办管理研究；举办了第四届和谐社会与医疗保险论坛；召开了统筹城乡医疗保险制度建设经验交流会；积极参与人大、政协的专项研究，参与了全国政协社法委调研，先后对天津、江苏、四川等地统筹城乡医疗保险制度的情况进行调研。

二是门诊统筹研究。在总结分析国际经验、开展国内实地调研的基础上，完成了城镇居民基本医疗保险门诊统筹研究课题报告。积极配合部医疗保险行政管理部门对 14 个城市门诊统筹的重点联系工作，参与相关方案的起草，负责制定评估方案和评估指标，对重点联系城市的门诊统筹运行情况进行评估。

三是地市级统筹研究。对浙江、湖北、福建等省部分城市调研，完成“省直管县”财政体制改革对实施医疗保险地市级统筹的影响及对策的研究，形成报告初稿。

四是谈判机制研究。启动了药物经济学在医疗保险用药谈判中的应用、医疗保险用药谈判独立评审人制度研究、医疗保险用药谈判不同结果及实施运行模式研究三个项目。配合部医疗保险行政管理和社会保险经办主管部门起草药品谈判工作方案，重点负责药物经济学评价的专家库建设、评价组织和流程设计。

五是付费制度研究。对国内部分城市实行单病种的做法进行调研，完成“DRGs 付费制度实施的基本条件和配套政策研究”报告和“医师管理制度国际比较研究”报告。配合部医疗保险行政管理部门制定关于单病种结算办法相关文件，在病种界定及费用测算等方面提供技术支持。

（三）开展医疗保险技术标准的研究和基础建设

一是起草医疗保险药品编码、诊疗项目编码 2 个行业标准以及医疗保险术语国家标准。其中，医疗保险药品编码和诊疗项目编码已经完成了编制初稿，明确了编制原则和编码规则，征求了专家和地方同志的意见。医疗保险术语国家标准也即将形成初稿。

二是开展医疗保险标准理论研究。完成医疗保险“一卡通”技术标准体系研究报告。积极配合人力资源社会保障部向国家标委申请社会保险标准的立项工作，完成了社会保险管理服务标准研究—医疗保险标准体系框架研究项目的立项。

三是继续开展住院参保患者医疗服务利用情况分析。召开了数据收集点联络员会议，收集了近 70 个城市参保患者住院信息，进行数据清理、统计及初步分析，进一步完善并充实了药品和诊疗项目基本数据库。在此基础上，完成了国家软科学指令项目医疗保险住院患者医疗服务利用情况分析系统研究，并提交了验收申请。

（四）开展重点慢性病医疗保险管理服务研究

一是完成恶性肿瘤、高血压参保患者就医管理和医疗费用结算方式现状研究。在吉林召开了医疗保险恶性肿瘤参保患者就医管理和医疗费用结算方式研讨会。

二是启动了精神分裂症、慢性肾病、肾病透析患者医疗保险就医管理及支付方式研究项目，设计了课题研究方案，落实了项目经费。

（五）强化医疗保险研究成果转化和推广

一是汇集本会上年度完成的 6 个项目研究报告，提交给医改领导小组成员单位和部内有关司局。并在此基础上，形成了多篇论文，在国内主要杂志上发表。

二是积极参与国际学术交流。《参保糖尿病患者就医管理和费用支付方式研究报告》及《参加高血压患者社区治疗现状与费用支付方式研究报告》，分别在美国 ISPOR 年会和欧洲卫生经济学年会上进行了学术交流。

三是积极促进两岸医疗保险学术交流。组织相关司局及地方研究会同志赴台参加两岸医疗保险学术会议。对在大陆台胞医疗保险管理问题进行调研，分析了 ECFA 之后对两岸医疗保险制度的影响，提出了建立两岸医疗保险管理协作机制建议。

四是举办了医疗保险管理局长主任培训班和定点医疗机构医疗保险分管院长培训班，培训近 300 人。完成 2009 年医疗保险优秀论文评选，编辑出版了《中国医疗保险理论与实践—2009 年卷》。《中国医疗保险》杂志发行突破 5 万册，编印《中国医疗保险研究动态资讯》24 期，对中国医疗保险网站进行改版。

（六）大力推动医疗保障研究体系的建立

一是召开医疗保险研究工作会议，进一步明确医疗保险研究的方向、研究重点，探讨了医疗保险研究机构发展思路以及研究会与地方医疗保险研究机构相互协作的工作机制。

二是积极促进地方医疗保险研究机构的建立，积极参与地方活动。2010 年新成立 3 家省级医疗保险研究会。全国省一级医疗保险研究（学、协）会达到 19 家，部分省会城市、地级市也陆续成立了相应的机构。积极支持中国医疗保险西部论坛开展活动。

三是进一步扩大与大专院校和科研机构合作。在继续与部社会保障研究所和清华、北大、人大、华科、复旦等院校及科研机构开展合作的同时，2010 年又和部国际劳工与信息研究所、西安交大、中南财大、首都经贸大等单位建立了合作关系，分别就主要国家十年医改政策、慢性肾病保障范围及医疗服务利用现状等项目开展合作研究。

工作卷

地方人力资源和社会保障工作

北　京　市

2010年，北京市各级人力资源社会保障部门坚决贯彻党中央、国务院和北京市委、市政府的部署，深入践行科学发展观，同心协力、顽强拼搏，较好地完成了全年各项任务，实现了“十一五”的圆满收官。

回顾过去的五年，全市人力资源社会保障系统以推进城乡一体化建设为目标，加快制度创新，努力保障改善民生，积极推进人事人才工作，取得了一系列令人瞩目的成就，实现了人力资源和社会保障事业的跨越式发展。5年来，坚持统筹城乡，初步构建了城乡平等的就业制度，就业规模不断扩大，结构日趋优化，就业局势持续稳定；着力填补制度空白，在全国率先实现了社会保障制度城乡全覆盖，保障范围逐年扩大，待遇水平大幅提高；深入实施人才优先发展战略，探索创新工作机制，人才队伍不断壮大，结构日趋合理，素质稳步提升；大力推进人事制度改革，公务员管理、事业单位人事管理和军转安置工作进一步完善；稳步实施机关事业单位工资制度改革，不断健全企业职工最低工资和工资支付保证金制度，工资收入分配宏观调控得到加强；加快健全劳动关系调处机制，努力保障劳动者权益，初步构建了规范、和谐、有序、稳定的劳动关系。“十一五”时期，是北京市人力资源和社会保障制度改革力度最大、事业发展最快、人民群众得到实惠最多、人才贡献率最大的时期，标志着首都人力资源和社会保障事业迈入了新的历史阶段。

2010年，是圆满完成“十一五”目标任务的决胜之年，也是北京市人力资源社会保障系统顺利完成机构改革、全面开展工作的第一年。全市各级人力资源社会保障部门加强融合，精诚团结，辛勤耕耘，取得了丰硕成果。

一、不断健全具有首都特色的政策服务体系，促进城乡劳动者充分就业

以建立城乡一体化的就业新格局为目标，大力促进城乡各类群体就业，保持了就业局势的稳定。全市全年实现城镇新增就业44.6万人，同比增长5.1%；失业人员再就业21.2万人，就业率达到68.2%；城镇登记失业率为1.37%。

（一）创新和完善促进就业政策

实施一揽子稳定和扩大就业政策，全年拨付资金7.2亿元，帮助458户企业稳定就业岗位7.1万个。将城市化建设地区的农民纳入城镇促进就业政策范围。完善区域协调发展机制，提高对高失业率地区促进就业的补贴标准，并将政策向生态涵养区延伸，全年拨付资金693.3万元，帮助4 936人实现就业。

（二）加大重点群体就业帮扶力度

坚持把高校毕业生就业工作放在首位，健全服务体系，搭建就业岗位信息集中发布平台，实施专项就业促进计划，选聘2 409名大学生“村官”、2 958名社区工作者，帮助合同期满的2 000多名大学生“村官”实现再就业。2010年，全市共有9.7万名北京生源高校毕业生实现就业，就业率达到97.6%。加大农村转移劳动力就业帮扶力度，促进9.6万人实现就业；启动专项就业援助计划，帮助82%的“纯农就业家庭”实现至少一人转移就

业。完善长效帮扶机制，帮助16万名城乡就业困难人员就业，就业特困人员全部得到托底安置，实现了城乡“无零就业家庭”目标。

（三）全面加强公共就业服务

依托各级公共就业服务组织，开展全方位就业服务。全年开发社区就业岗位16.8万个，安置失业人员11.2万人；实现创业1.7万人，带动就业5.2万人；培训各类劳动力26万人；集中开展“就业援助月”“春风行动”“外籍人才引智洽谈会”“随军家属就业服务月”等专项活动；举办招聘会809场，提供就业服务35万人次；统一规范的人力资源市场建设取得实质性进展；流动人员人事档案公共服务管理信息系统规划设计工作初步完成；职业技能培训指导工作进一步加强。同时，建立了家庭服务业促进就业联席会议制度，培训家政服务员、医院护理员和养老护理员2.6万人。

二、社会保障体系建设实现重大突破，民生保障水平进一步提高

以“人人享有社会保障”为目标，加大惠民政策力度，攻克难点问题，推进城乡一体化建设，努力满足人民群众的社会保障需求。截至2010年底，全市养老、医疗、失业、工伤和生育保险参保人数分别达到982.5万人、1 063.7万人、774.2万人、823.8万人和372.2万人，同比分别增长18.7%、13.4%、10.1%、10.3%和7.3%；城乡居民养老保险和城镇居民医疗保险参保人数分别达到168万人和143.7万人。

（一）社保卡工程整体建设取得圆满成功

这项重大的民生工程于2007年底启动，历时近3年时间，经过规划设计、系统建设、试点测试和全面推进四个阶段，提前半年完成了整体建设。2010年，北京市举全系统之力，与相关单位通力协作、攻坚克难，在石景山、西城区测试和试点基础上，在全市滚动推开。截至2010年底，全市发卡825万张，1 779家定点医疗机构实现了“持卡就医、即时结算”，减轻个人垫付款负担92亿元，受到了职工群众的广泛欢迎。社保卡工程整体建设的成功，集中体现了全系统干部职工同心同德、倾心为民、勇攀高峰的精神和品格，在北京市社会保障发展史上具有里程碑式的意义。

（二）养老保障实现“人群全覆盖”的重大制度性跨越

出台养老保险补缴政策，解决了职工群众反映强烈的历史遗留问题。完善参保政策，使城市化改造中的失地农民可以享受城镇职工延期缴费政策或灵活就业人员参保政策。完善城乡居民养老保险筹资办法，初步建立了与职工基本养老保险的衔接机制。平稳启动了基本养老保险关系跨省转移接续工作。

（三）医疗保障制度城乡一体化建设大力推进

整合“一老一小”、无业居民大病医疗保险制度，建立了城镇居民基本医疗保险制度，为统一城乡居民医疗保障制度奠定了基础。实现了区县公费医疗与职工基本医疗保险制度并轨，为市级公费医疗改革创造了条件。

（四）社会保障水平进一步提高

继续调整社会保障相关待遇标准。截至2010年底，企业退休人员基本养老金、最低工资、失业保险金、工伤职工伤残津贴月人均水平分别达到2 098元、960元、686元和2 203元。落实提高门诊报销比例、最高支付限额等8项惠民政策，减轻群众医疗负担25亿元。扩大工伤辅助器具报销范围，缓解了工伤人员的实际困难。

（五）社保基金监管和经办服务能力不断提升

全系统把收好、管好、用好社保基金作为重要的政治责任，不断完善社保基金和就业资金监督管理机制。通过建立社保基金监督信息系统、开展专项审计、社保待遇领取资格认定、清理沉淀基金等一系列措施，确保了基金安全。改进经办服务模式，实现了社保业务网上申报、查询，推行劳动能力“现场鉴定”、推进社会化管理服务，进一步方便企业和职工。

三、努力创新工作机制，人才队伍建设取得突出成果

坚持“以用为本”，创新机制，完善政策，强化服务，营造人才发展的良好环境。

（一）探索建立高层次人才引进机制

在中关村国家自主创新示范区、石化新材料等重点区域和项目，开展人才引进试点，制定专项政策，简化审批流程，开辟绿色通道。创新人才引进模式，首次面向海内外集中发布高层次人才引进专项计划，提供1 376个岗位需求。试行以能力、业绩和贡献为导向的人才综合评价系统，全年引进各类高层次人才2 646人，同比增长71%。加大海外人才吸引力度，开展“海外赤子北京行”、留学人员科技交流活动，择优资助留学人员科技项目。实施重点产业引智项目55个，引进外国专家537人次。49名海外高层次人才入选“千人计划”，119人入选“海聚工程”。

（二）大力推进专业技术人才队伍建设

在中关村科技园区海淀园等6个园区开展博士后（青年英才）创新实践基地建设试点，增设24个博士后科研工作站和14个企业分站。选拔74名享受国务院特殊津贴推荐人选、101名百千万人才工程市级人选，表彰6名“首都杰出人才奖”获得者。选派各类人才出国（境）培训3 075人次。实施专业技术人才继续教育13.5万人。深化职称制度改革，建立农业技术推广教授制度。圆满完成170万科次、74万人的各类资格考试，5.3万人获得初级以上职称。

（三）加大高技能人才培养力度

根据首都产业发展需要，全年培养高级工以上技能人才6.9万人，其中技师、高级技师1.4万人，全市技能人才总量达到223万人。健全表彰奖励机制，选拔12名享受国务院特殊津贴推荐人选、83名享受市政府技师特殊津贴和30名有突出贡献的高技能人才。启动人事和职业技能鉴定考务信息系统升级改造规划设计。圆满完成292个职业（工种）27.5万人次的技能鉴定。北京劳动保障职业学院进入全国首批高职骨干校建设行列。

四、全面深化人事制度改革，公务员管理、事业单位改革和军转安置工作迈出新步伐

（一）公务员管理制度改革和能力建设顺利推进

首次开展公务员公开遴选，全年新录用5 876名公务员，其中，市、区县党政机关录用有两年以上基层工作经历人员的比例均达到83%。全面推行竞争上岗，市、区县机关竞争上岗人员分别达到72%和68%。针对基层公务员队伍建设中的突出问题，拟定相关办法，在录用、职数管理、福利待遇等方面给予政策倾斜。首次组织公众网上投票推荐，开展了第五届“人民满意的公务员”评选表彰工作。加大公务员交流力度，选派450多名党政领导机关和基层一线干部进行双向挂职锻炼。拟订加强北京市公务员考核工作的意见。加大公务员培训力度，全年培训公务员27.5万人次。同时，做好事业单位参照管理审批工作。

（二）事业单位人事制度和工资收入分配制度改革深入实施

98%的事业单位完成近50万个岗位设置，所有事业单位新进人员全部实现公开招聘。在平稳推进义务教育学校绩效工资的基础上，启动实施了公共卫生与基层医疗卫生事业单位和其他事业单位绩效工资工作。

（三）军转安置任务圆满完成

完善军转安置办法，实施促进基层、郊区和企业安置的8条倾斜政策，顺利完成全年任务。积极推进自主择业军转干部管理服务工作，加强教育培训，着力做好解困和维稳工作，企业军转干部保持总体稳定。

五、完善调控体系，维护劳动关系和谐稳定

（一）健全劳动关系协调机制

在朝阳、海淀和顺义区启动仲裁办案机构实体化试点。推进管理体制整合，成立市劳动

人事争议仲裁委员会。与工会、司法、信访及法院建立劳动争议调解“五方联动机制”。在287个街道（乡镇）推行劳动监察“两网化”管理。在全国率先开展小型、非公企业创建“双百双规范”活动。完善信访维稳长效机制，快速妥善处置60起群体性突发事件。

（二）以“签合同、上保险、保工资”为重点，加大维权力度

积极推进劳动合同制度，地方企业劳动合同签订率达到96.9%，城镇职工劳动合同续订率达到94.6%。全年查处违法案件1.4万件，受理争议案件6.1万件，接待信访12.9万件，“12333”提供服务67.7万件。处置农民工群体讨薪事件237起，为3.9万名农民工追发工资1.7亿元，实现了“无拖欠工资”目标。加强企业工资分配宏观调控，坚持企业工资指导线、人工成本状况等发布制度，上调高温津贴标准。

与此同时，人力资源社会保障法制、宣传、调研、规划统计、信息系统建设、政务运转、财务、后勤和老干部工作，事事服务大局、保障有力；退休人员及干部休养、对口支援什邡等工作，取得了新成绩；“创先争优”活动扎实推进，党风廉政和行风建设不断加强，干部队伍素质和能力进一步提升。2010年，北京市人力资源社会保障局还集思广益，编制了“十二五”时期就业、社会保障和人才发展规划，描绘了事业发展蓝图。

（北京市人力资源和社会保障局）

天　津　市

2010年，天津市人力资源和社会保障工作按照市委、市政府的决策部署，认真贯彻科学发展观，深入开展“解难题、促发展、上水平”活动，坚持把民生为本、人才优先作为工作主线，着力解决涉及群众利益的突出问题，统筹推进各项工作取得新进展，各项任务指标圆满完成。

一、就业工作

全年新增就业32.2万人，超额完成新增就业27万人的目标任务，同比增长18.4%。城镇登记失业率为3.6%，低于全国平均水平。重点采取五项措施，促进就业。

（一）实施项目拉动就业

各级人力资源社会保障部门把全市770个重大项目作为拉动就业的重要载体，盯紧靠上，搞好服务。滨海新区围绕9个功能区建设，盯住320个重大产业化项目开发就业岗位；中心城区围绕80个重大服务业项目建设，盯住服务外包、文化创意、会展经济、楼宇经济等新兴服务业扩大就业容量；其他区县围绕区域经济发展特色，盯住区县重大项目落实就业岗位。

（二）实施创业带动就业

全面落实创业带动就业规划纲要和50条实施意见，推动市政府与人力资源社会保障部共建实验区取得新进展。认真抓好各项措施落实，协调有关部门降低市场准入和经营准予条件，落实税费减免，重点搞好与高新技术园区、设施农业实施对接。同时，指导各区县建立创业培训服务机构，完善街乡镇创业服务窗口功能，支持社会创业服务机构发展。

（三）实施重点群体统筹就业

制定实施了促进高校毕业生就业的20条意见，应届高校毕业生就业率达到90%。把促进农村富余劳动力转移就业作为重点，围绕29个示范小城镇建设，开发农村居住社区物业管理、养老服务、商贸餐饮等岗位；盯住31个区县示范工业园建设，加强农民技能培训，开发加工制造类岗位。实施盯人帮扶、托底安置，保持零就业家庭安置动态为零，其他困难群体安置率86%以上。

（四）实施帮扶企业稳定就业

延长援企稳岗优惠政策期限至2010年底，帮扶困难企业28家，累计帮扶379家，稳定就业岗位17万个。对尚未完成退出任务的集团总公司和区县明确完成任务时间表，多渠道筹措资金，清偿职工债务，至年末三类企业整体安置职工任务基本完成，妥善安置56万人，清偿债务57.5亿元。

（五）实施目标管理推进就业

市政府与各区县签订就业工作目标责任状，并通过区县对乡镇下达农民转移就业考核指标。完善局际就业联席会议协调机制，落实月统计、季检查、半年通报、年终考核制度，对考核优秀的单位给予表彰奖励。完善新增就业实名制管理办法，实行新增就业与社会保险扩面联动考核。

二、社会保障工作

截至2010年底，基本养老保险参保523.5万人（城乡居民养老保障92万人，职工基本养老保险 431.5 万人），医疗保险参保 956 万人（城乡居民基本医疗保险 486 万人，城镇企业职工基本医疗保险 470 万人），失业、工伤、生育保险分别为 246.09 万人、304.45 万人、212.02 万人。

（一）统筹城乡的社会保障制度建设持续推进

围绕“人人享有基本社会保障”的目标，按照“城乡统筹、全民参保，总体设计、分步实施”的原则，加快社会保障制度建设步伐，努力构建人员范围广覆盖、保障水平多层次、制度办法可衔接、管理服务现代化的全民社会保障体系。全面实施城乡居民养老保障制度，城乡老年人按月领取生活费补助，城乡居民参保缴费全部计入个人账户，政府给予每月 150 元的基础养老金。全面实施城乡居民基本医疗保险制度，将职工医保覆盖范围以外的所有城乡居民以及学生儿童，全部纳入保障范围。

（二）社会保险待遇水平不断提高

完成基本养老金第 6 年连调，131.8 万退休人员月人均增加养老金 150 元，达到 1 520 元。实施系列医疗保险惠民政策，对困难企业退休人员享受医疗保险待遇与单位缴费脱钩；调整大病统筹医疗保险制度，使所有参保人员享有门（急）诊大额医疗费补助待遇；提高门诊、住院和大额医疗费救助最高支付限额；将领取失业保险金人员纳入城镇职工医保范围等，提高参保患者的待遇水平。同时，社会保险经办能力进一步提升，实现网上申报缴费 2.8 万户。

（三）社会保险基金管理监督更加完善

认真落实国务院《关于试行社会保险基金预算的意见》，严格预算管理，逐步健全预决算公开制度。完善社会保险监督机制，强化非现场监督工作，确保基金运行安全。实施《基本医疗保险就医诊疗监督管理办法》，开展专项治理活动，建立参保人员就医诊疗实时监控系统，有效打击了医保违规行为，维护了社保基金安全。

三、工资收入分配工作

全面实施市委、市政府确定的 18 项增收政策措施，2010 年城市居民家庭人均可支配收入 24 293 元，比上年同期增长 13.5%。企业单位从业人员人均劳动报酬 47 845 元，同比增长 16.8%，增幅提高 9.7 个百分点。

（一）着力提高企业职工工资水平

制定实施《天津市企业工资集体协商条例》，大力推进建立工资集体协商制度，健全工资共决机制。提高最低工资标准，由 820 元调整为 920 元。颁布了企业工资指导线，调整了防暑降温费、中夜班津贴、丧葬费、丧葬补助费以及其他社会保险待遇等多项职工福利待遇标准。

（二）稳妥推进公共卫生与基层医疗卫生事业单位实施绩效工资工作

会同市财政、卫生局对全市 330 个公共卫生与基层医疗卫生事业单位进行收入摸底调查，拟定了《天津市公共卫生与基层医疗卫生事业单位绩效工资实施意见》，经市委、市政府审议通过，全面部署实施。

（三）做好困难群体帮扶解困工作

会同民政、财政、工商等十部门出台了《全面做好生活困难群众帮扶解困工作的意见》，形成了对就业困难、工资偏低、未参保、生活困难、特殊困难等五类困难群体的综合帮扶政策，帮扶范围进一步扩大、各项待遇标准逐步提高，提高了困难群体的生活水平。

四、人事制度改革工作

严格公务员队伍管理，强化四类规范化培训。积极推进以聘用合同制度为基础，以岗位设置管理为重点的事业单位人事制度改革。创新管理体制，转换用人机制，形成科学规范、充满活力的人事管理格局。

（一）规范公务员选用工作

修订完善了《天津市公务员录用实施办法》，进一步提高录用有基层工作经历人员比例，市级机关招录公务员一般应具有两年以上基层工作经历。组织实施全市公开招考公务员工作，共有 5.8 万人报名，3.3 万人参加考试，录取 1 185 人。扎实开展公务员四类规范化培训，2010 年共培训 15.3 万余人次。完善公务员任用机制，进一步推进公开选拔、竞争上岗制度。规范公务员调任工作，会同市委组织部出台加强和改进公务员调任工作的规定，进一步规范调任工作制度，严格调任方式、程序、条件等关键环节，增强了选人用人的透明度和公信度。

（二）深入推进事业单位人事制度改革

扎实推进事业单位岗位设置管理工作，86%的事业单位完成方案核准，市属单位已基本完成。完善事业单位人员聘用制度，认真抓好聘用合同的日常管理，指导推动事业单位依法履行聘用合同。健全事业单位公开招聘制度，规范公开招聘的原则、范围、条件及程序，根据不同行业、岗位特点创新公开招聘的考试、考核方法，加强招聘工作监督检查，确保了信息公开，过程公开，结果公开。

（三）稳步推进职称制度改革

按照“调整功能定位、健全分类体系、完善评价机制、实现科学管理”的思路，构建以能力和业绩为导向，社会和业内认可的专业技术人才评价机制。加强职称评审工作，提高评审质量，对在重大工业项目、自主创新产业化项目中做出突出贡献的专业技术人员，打破学历、资历限制，给予破格、越级评定。全市共有 5 945 人取得高级职称（其中正高级 795 人），15 860 人取得中级职称，32 387 人取得初级职称。组织了专业技术人才考试 45 种 60 余项，累计报考 12 万余人次。

（四）扎实做好军转安置工作

全力做好计划分配军转干部安置工作，积极协调有关部门加强编制管理，使空出的编制优先安置军转干部。调整指令性分配和双向选择相结合的安置方法，加大指令性分配力度，确保了 640 名军转干部安置工作的圆满完成。同时，完善了自主择业军转干部管理服务体系，并狠抓了企业军转干部解困政策落实，确保了企业军转干部的稳定。

五、人才队伍建设工作

深入落实人才强市战略，以引进培养创新创业领军人才为重点，扩大人才队伍规模，优化人才队伍结构，为经济社会发展提供人才支撑。

（一）加强高层次人才选拔

扩大市政府特聘专家队伍，支持本市重点学科领域和重大项目发展。发布《2010 年紧缺人才目录》，聘请了中国工程院李宁院士、王梦恕院士为市政府特聘专家，全市特聘专家总数达到 55 名。成功举办了第六届津洽会、博士后人才与项目引荐会活动，引进博士、博士后 202 名。加强博士后工作，支持重大项目承担单位建立博士后科研工作站，全年新增科研工作站 10 个，招收了 240 名博士后人员。

（二）加强高层次人才培养

制定实施了“131”创新型人才培养工程新一轮的实施意见，较好地完成了第二批“131”创新型人才培养工程第一层次人选期满考核工作。全市“新世纪百千万人才工程”国家级人选达到 94 人。出台《天津市引进人才服务办法》及配套文件，建立市引进人才联席会议制度，设立“人才服务窗口”，设置引进人才服务专员。建立了首批“天津市专家服务基地”，开展“专家牵手企业”活动，促成 50 余名专家学者与 35 家企业成功对接，解决研发、生产或经营方面的难题 61 项。

（三）进一步提升人才服务水平

建立引进高层次人才和紧缺人才联席会议制度，推进行政审批、手续办理、后续工作“一站式”服务，在天津市人才服务中心设立服务窗口和 VIP 洽谈室。开展人才服务月活动，对引进人才实行主动服务、一对一服务，使各类人才引得进、留得住、用得好。

（四）着力推进引进国外人才智力工作

认真组织引智项目实施，执行引智项目 370 个，争取国家支持，落实地方匹配，投入专项经费 2 246 万元，带动项目单位配套 2.8

亿元，办理来华工作许可外国专家证共计1 730人次，选派出国境培训人员1 214人次。完善引进海外人才政策体系，围绕本市支柱产业和重大项目建设需要，采取组团招聘、网上招聘等方式，全年引进1 480余名海外留学人员。推动留学人员创业园建设，新增留学生创办企业100家。实施国际顶尖大师进滨海计划，推动百名综合配套改革创新人才培养工程，为滨海新区开发开放提供智力支持。全面落实企校引智合作工程和外国专家开发计划。加强引智示范基地建设，形成和推广引智成果达到69项。

（五）大力加强职业技能培训

加大高技能人才培养力度，制发《2010年度职业培训成本及市场需求程度目录》，培养高技能人才4.6万人，全市高技能人才总量达到29.8万人。全面启动“百万技能人才培训计划”，以紧缺职业和重大项目急需的高技能人才培训为重点，以职业资格证书和技能竞赛为抓手，利用5年时间，培养100万技能人才。完善职业培训平台体系。重点组织100家培训机构与200个市属大项目对接，实现项目建设与技能培训同步。完善职业技能评价办法，打破年龄、资历和身份界限，对有突出贡献的技术骨干，允许破格参加技师、高级技师考评。在职业院校大力推行“双证书”制度，提高学生职业能力。

六、劳动关系和劳动者权益维护工作

坚持职工权益与企业利益“双维护”，以推动劳动合同签约履约为重点，充分发挥三方协调机制的职能作用，健全畅通群众利益诉求通道，促进劳动关系和谐稳定。

（一）规范劳动关系管理

大力推进劳动合同新三年行动计划，各区县抓住批发零售、住宿餐饮、小型企业等重点行业企业和农民工、劳务派遣人员、新增就业人员等重点人群，不断提高劳动合同签订率。积极推进集体合同四年规划，工会组织健全的规模以上企业全部建立集体合同制度，尚未建立工会组织的街、镇企业和工业园区积极开展区域、行业集体协商。深入开展和谐劳动关系创建活动，制定实施了《关于构建和谐劳动关系的若干意见》，组织了31个调研组，在全市范围内开展了“促进企业发展、职工增收、劳动关系和谐”调研活动，走访1 500户重点增资企业，推动企业建立和谐劳动关系。加强劳动关系和谐企业创建活动，累计命名3 412家和谐企业，覆盖职工100万人，和谐园区达到20家。

（二）强化劳动保障监察

坚持执法与服务相结合更加注重服务，查处与预防相结合更加注重预防，处罚与教育相结合更加注重教育。突出劳动者核心权益维护，重点查处举报投诉案件；突出群体性事件的应急处置，快速反应、妥善处理；突出对建筑工地、困难企业和重点区域的预防监控，发现问题及时化解，跟踪落实整改情况。适时开展需求监察和专项监察。积极稳妥地推进劳动监察网格化和网络化建设。加大劳动保障监察力度，工作中坚持“三步式”执法模式，加强劳动保障监察执法，追发拖欠劳动者工资1975万元，2010年重大节假日期间，全市没有发生因工资拖欠而引发的群体性事件。

（三）强化劳动人事争议预防和调解

建立多元化劳动争议调解模式，指导企业建立健全劳动争议调解委员会，大力推动区域性、行业性劳动争议调解组织建设，建立街乡镇劳动争议调解机构，劳动纠纷50%以上化解在基层。提高劳动人事争议仲裁效能，积极推进区县仲裁机构实体化建设，坚持以调为主、先调后裁，妥善处理劳动人事争议，时效内结案率达到90%。2010年立案劳动人事争议案件6.5万件，结案率达98%，其中调解结案占49%。畅通诉求服务通道，12333电话咨询服务热线增加机关事业单位人事制度管理、专业技术人员管理等咨询服务内容，总计受理电话144万人次。

（四）积极做好信访维稳工作

各单位按照谁主管、谁负责的原则，严格

落实维稳责任制和责任追究制。加强矛盾纠纷排查调处工作，及时妥善处理职工群众反映的问题。完善突发事件应急预案，全年无重大影响社会稳定的事件发生。

（天津市人力资源和社会保障局）

河　北　省

2010年是“十一五”规划的收官之年，也是河北省人力资源和社会保障事业创新发展的一年。全省人力资源社会保障系统认真贯彻落实党的十七大精神，按照国家和省委、省政府的部署，以就业、社会保障、人才队伍建设为重点，统筹推进各项工作，圆满完成了各项目标任务，有力促进了经济社会协调稳定发展。

一、就业目标任务全面超额完成

一是以促进高校毕业生就业为重点统筹推进三类重点群体就业。统筹高校毕业生面向基层服务项目，认真组织实施“三支一扶”计划，拓展毕业生就业渠道，2010年毕业生就业率达到86%，在全国处于领先水平。大力发展劳务经济，召开了全省劳务经济工作会议，省政府出台了《关于进一步做好农村劳动力转移就业工作的意见》（冀政［2010］79号），全年共转移农村劳动力167.8万人，完成年度目标任务的112%。强化困难群体就业援助，全年累计帮助1554名零就业家庭成员实现就业，零就业家庭连续四年保持动态为零。安排6 800名城乡困难家庭子女免费进入技校学习并推荐就业，省财政补贴2 850万元。二是强化就业公共服务。精心组织“春风行动”“就业援助月”“民营企业招聘周”等专项活动，有1万多名高校毕业生实现上岗见习。积极推动就业创业培训，全省完成就业再就业培训30万人，创业培训4.3万人，阳光工程培训农村劳动力96.2万人，均大幅度超额完成年度目标。当年发放小额担保贷款11.6亿元，同比增长67%。实施了特别培训计划，为新疆巴州免费培训农村转移劳动力117名，项目援疆首开全国先河。三是加强就业专项资金筹集和使用管理。全年用于公益岗位、社会保险、职业介绍、职业培训、劳务输出、技能鉴定、见习补贴等促进就业方面的资金超过20亿元。全年全省城镇新增就业67.8万人、下岗失业人员再就业27.4万人、就业困难人员再就业9.8万人，分别完成全年任务目标的113.1%、124.7%、122.7%。城镇登记失业率3.86%，控制在4.6%的调控目标之内。

二、社会保障制度建设加快推进

一是社会保险覆盖面进一步扩大。突出解决历史遗留问题，落实“五七工”、家属工参加养老保险办法，有8万人开始享受养老保险待遇。积极协调省财政、国资委等部门，对其他关闭破产企业退休职工参加医保问题作出了安排。出台“老工伤”纳入工伤保险社会统筹办法，明确了资格确认、工伤认定和鉴定、纳入程序、管理办法等问题。全省参加基本养老、基本医疗、失业、工伤、生育保险人数分别为988.4万人、1 518.1万人、493.4万人、594.4万人、561.5万人，较年初分别增长68.9万人、97.1万人、9万人、35.2万人、71.6万人，全部超额完成年度目标任务。二是新农保试点工作扎实推进。首批18个新农保试点县和第二批19个试点县参保率分别达到93.7%和92%，基本实现全覆盖，全省参加农村社会养老保险人数达到1 103.9万人

（含被征地农民13.7万人），有201.8万名参保农民领取了养老金。三是进一步提高社会保险统筹层次和待遇水平。出台失业保险市级统筹办法，完成了设区市统筹的各项准备，2011年1月1日启动实施。企业退休人员基本养老金月均上调217元，目前已经达到1 450元。四是积极落实援企稳岗政策。从失业保险基金中支付岗位补贴、社保补贴9.1亿元，补贴金额位居全国前列，惠及企业1 338户、职工33.2万人，为稳定全省就业局势做出了积极贡献。五是确保社保基金安全完整。配合国家审计署对全省社保基金和就业再就业资金进行了审计，组织开展了全省范围内社保基金专项治理，清理回收了一批挤占挪用基金，查处了一些违法违规问题。加强了对企业年金市场运营监管，严格审核报备企业年金基金管理合同，全年共批复报备计划64份，有效维护了基金的安全完整。

三、人事人才工作取得积极进展

一是以高层次、高技能人才队伍建设为重点，人才队伍的规模和质量得到扩大和提升。研究制定了京津冀区域人才合作推进工程、“技能大师”培养工程、人才工作信息化建设工程实施方案，为加强人才队伍建设提供了抓手。圆满完成了国务院特殊津贴、省有突出贡献专家和省“百人计划”、优秀专家出国培训人员的评选。新增设博士后流动工作站10个、工作分站2个。对新评选的150名省有突出贡献专家进行了隆重表彰。出台了《河北省关于进一步加强职业技能培训工作的实施方案》《河北省高技能人才评选表彰管理办法》等五项政策，加快高技能人才的培养。全年培养新技师1.3万人，特别职业培训105.7万人，超额完成培训目标。组织开展了有近百万人参加的“2010职业技能竞赛年”活动，在全国数控技能大赛和全国技工院校技能大赛上，本省分别取得团体第四名和第五名的好成绩。二是加快外国专家智力引进。全年引进外国专家4 200余人，组织国外专家对河北钢铁集团“烧结机烟气脱硫和焦化废水处理”项目进行了诊断咨询。推动国家外专局与省政府签署了引进国外先进装备制造业项目合作框架协议。三是人事制度改革不断深化。全省事业单位基本实现了岗位设置管理制度入轨，在省直事业单位普遍推行了公开招聘制度。进一步规范了事业单位专业技术岗位聘用办法，完善了人才评价标准，丰富了评价手段。加强和改进机关企事业单位人才队伍建设计划调控和配置，较好地满足了省直单位各类人才的需要。四是军转干部安置制度进一步完善。全年共接收军转干部1 809名，当年10月底已全部安排落实到位，在全国率先完成安置任务。企业军转干部解困和维稳工作深入扎实。

四、公务员管理进一步规范

一是公务员招录制度改革实现新突破。制定出台了公务员招录省、市、县、乡四级联考实施意见，圆满完成2010年度首届联考任务，参加笔试考生达15.2万人。二是公务员管理工作得到进一步加强。实行平时考核和年度考核相结合、目标岗位责任制与绩效评估相结合、服务对象参与评价的考核方式，选择部分市、县和省直单位建立了公务员考核联系点制度。精心组织“三年大变样”、黄骅综合大港建设等一系列重大表彰奖励活动，推动了全省中心工作的开展，产生了良好的社会效应。三是公务员素质得到新提高。为了在公务员队伍中大力弘扬“西柏坡精神”，组织编写《西柏坡精神培训读本》，启动了“西柏坡公务员林”建设。以公共管理核心课程和突发事件应对法为主要内容，组织开展公务员初任、任职、专门业务和在职培训，全年共培训各级各类公务员20余万人次，提高了全省公务员执政能力和水平。

五、工资收入分配制度改革深入实施

一是积极推动事业单位绩效工资制度改革。义务教育学校绩效工资制度平稳运行，人均增资6 618元；公共卫生与基层医疗卫生事业单位基本兑现到位，在职人员增加 10 155 元，退休人员增加 5 515 元。在全国率先出台其他事业单位实施绩效工资意见并已全面推开。二是进一步提高企业职工工资水平。在促进企业职工工资增长方面，最低工资标准平均提高 20%以上，四类地区标准分别达到 900、840、760 和 690 元。三是大力推行企业工资集体协商制度。逐步建立企业工资共决和正常增长机制，签订工资集体合同的企业达到 5.8 万家，占建立工会企业总数的 84%。

六、劳动关系保持总体和谐稳定

一是协调推动维护农民工权益行动计划，促进了工资支付、劳动合同签订、参加社会保险、职业安全卫生、公共服务等工作。大力推广简易劳动合同文本，全省企业职工和农民工劳动合同签订率分别达到 96%和 91%。二是积极推进劳动监察“两网化”管理工作，加强主动监察。全年主动检查用人单位 4.4 万户，督促补签劳动合同 39.9 万人，督促缴纳社会保险 7 747 万元，为 16.7 万劳动者追发工资等待遇 4.1 亿元。妥善处理跨省讨薪等重大案件，得到兄弟省市的高度赞扬。三是以仲裁院为主体的办案机构实体化建设取得积极进展。全年共受理劳动人事争议案件 2.03 万件，结案率达到 97%。加强矛盾纠纷排查，完善维稳应急工作机制，解决了一批群众反映集中的政策问题，维护了“两会”和重大节日期间的社会稳定。

（河北省人力资源和社会保障厅）

山 西 省

2010年，山西省人力资源社会保障系统在省委、省政府的坚强领导下，在有关部门和社会各界的大力支持下，紧紧围绕转型跨越发展大局，着力保障和改善民生，大力实施人才强省战略，锐意进取，奋力拼搏，各项工作取得了显著成效。年初，省政府向全省人民承诺的“十件实事”中，省厅负责的“新农保试点扩大到27个县（市、区），覆盖人数达到400万人；对4万名就业困难人员实施就业援助”两件实事提前超额完成，省政府工作目标责任制任务分解中由省厅牵头承担的各项任务全部圆满完成。

一、大力实施创业就业工程，新增就业创历史新高

认真落实各项就业政策，多渠道扩大就业，全省城镇就业49.6万人，完成全年任务40万人的123.5%；失业人员再就业18.3万人，完成全年任务的118%；城镇登记失业率3.58%，低于4.2%的年度控制目标。一是延长实施“五缓四降三补贴”政策。将帮扶重点向劳动密集型中小企业和服务业倾斜，减轻企业负担33.3亿元，有效稳定了就业岗位。二是坚持把促进高校毕业生就业放在城镇就业工作首位。启动“2010高校毕业生就业推进行动”，通过机关考录、事业单位招聘、就业见习、“三支一扶”、开发社区管理和公共服务岗位等措施，提供有效就业岗位近8万个，就业率达85%，同比提高4个百分点。三是建立就业援助长效机制。开展“一对一”帮扶，帮助5.28万名就业困难人员再就业，完成全年任务的122.1%。四是促进农民工转移就业。转移农村富余劳动力37.3万人，推动承接沿海地区产业转移，为富士康集团新项目专项招聘员工5万人。五是狠抓创业带动就业工作。深入开展创业型城市创建活动，组织实施创业引领“双百”计划，加大创业扶持力度，全省创业带动就业达到11.9万人，完成目标任务的119%。六是加强公共就业服务，组织实施特别职业培训计划，免费提供职业介绍、办理就业、失业登记等“一站式”服务，开展各类招聘活动2 700余场次，提供岗位信息120万个，达成就业意向60万余人次。

二、全面推进社会保障工程，覆盖城乡的社保体系建设迈出重要步伐

城乡养老保险参保人数突破1 000万，城乡医疗保险参保人数突破3 000万（包括新农合），覆盖城乡全体人民的基本养老保障、基本医疗保障政策框架体系基本建立。一是五项社会保险覆盖人数全部提前超额完成全年任务。全省城镇养老保险590.4万人，新型农村养老保险491.9万人，城镇医疗保险935.1万人，失业保险305.7万人，工伤保险325.3万人，生育保险220.8万人。二是社会保障待遇稳步提高。城镇企业职工基本养老保险实现省级统筹。连续第六年提高企业退休人员养老金，冬季取暖补贴由700元增加到1 400元，121万企业退休人员月人均待遇达到1 500元，高于全国平均水平。提高医疗保险最高支付限额，达到职工年平均工资和居民可支配收入的6倍左右，分别为17.1万元和8.4万元。提

高城镇职工和城镇居民参保人员住院费用报销比例，平均达到70%和60%以上，高于全国平均水平。提高工伤保险待遇水平，增幅高于全国平均水平，涉及3.4万人。提高失业保险金待遇标准，四类地区依次调整为600元、550元、500元和450元，平均增长了12.9%，涉及6万余人。三是历史遗留问题得到妥善解决。出台政策解决了33万因体制转轨断保人员、“五七家属工”、事业单位非正式人员参加养老保险问题。出台基本养老保险关系流转接续办法，有效解决了城乡间、区域间人员流动参保问题。出台流动就业人员医保关系转移接续和参保人员异地结算两个暂行办法，极大地方便了参保人员医保关系转移接续和异地就医。四是新型农村养老保险试点工作扎实推进。国家试点县30个，省试点县12个，太原、阳泉、晋城三市自筹资金实现新农保制度全覆盖，新农保试点县占全省农业县的43%以上，100万60岁以上老人领到每年不低于660元的基础养老金，占到2009年全省农民人均纯收入的15.6%。试点县平均参保率为85%，高于全国平均水平，新农保基金征缴9.2亿元。五是在全国率先启动了社会保障“一卡通”工程。成功开发了集成各项社会保险业务和就业、培训等公共服务为一体的“社会保障一卡通”管理与应用系统。在省直单位、太原、大同举行首发仪式，民生保障更加方便快捷，“记录一生、跟踪一生、服务一生、保障一生”将成为现实。

三、加强工资收入分配调控，各群体劳动报酬稳步提高

围绕省政府确定的2010年“城镇居民人均可支配收入和农民人均纯收入各增长10%”的预期目标，采取了一系列积极有效措施，千方百计促进各类劳动者增加收入，分享经济社会发展成果。一是提高了最低工资标准。四类地区的档次依次为850元、780元、710元、640元，最高增幅达18%，平均增幅为15.5%，使33.2万名低收入群体增加收入10%以上。二是引导企业合理增长职工工资。颁布2010年企业工资指导线和劳动力市场工资指导价位，涉及企业职工240万人，人均年工资增幅可达15%。三是保障职工工资分配话语权。组织召开了促进企业职工工资合理增长座谈会和全省区域性、行业性工资集体协商现场会，全面推行工资集体协商制度。四是加强对企业职工工资收入专项执法监督检查。检查用人单位5 747户，涉及职工50.3万人，责令不达到最低工资标准的217户企业进行了限期整改。五是推进事业单位绩效工资实施工作。全省义务教育学校绩效工资落实到位，涉及人员34.9万人，人均月增资460元，增长幅度为21.7%，收入水平与当地公务员持平。在公共卫生和基层医疗卫生事业单位推行绩效工资制度，分别增长25%和40%，涉及6.9万人。其他事业单位60万职工采取过渡性补贴办法，每人每月增资300元，工资增长10%左右。机关公务员增资4%左右。此外，机关事业单位冬季取暖补贴由平均900元增加到1 800元，也增加了职工收入。全年全省城镇居民人均可支配收入达到15 400元，同比增长10%以上。

四、加强“两高”人才队伍建设，转型跨越人才支撑不断加强

牢固树立人才优先的理念，以高层次人才和高技能人才为重点，加大人才培养选拔力度，形成了各类人才持续成长、协调发展的新局面。一是加强人才工作宏观指导。配合省委组织部研究编制了全省中长期人才发展规划纲要，科学设计符合山西省发展需要和人才队伍建设实际的系列重大人才工程和重大人才政策，在全省人才工作会议上作了安排部署。研究起草了《山西省专业技术人才中长期发展规划》《山西省高技能人才中长期发展规划》。二是加大高层次人才选拔培养力度。新增享受政府特殊津贴专家64人，新世纪学术技术带头人省级人选61人。改进人才评价工作，7 276人取得高级专业职务任职资格。新批准设立博士后工作站7个，博士后科研资助22项110万元。加大海外留学人才资助力度，科研资助41项300万元。深入推进“5862”知识更新工程，举办和参加高层次人才研讨班20余期，参加各类培训10万余人次。三是加强高技能人才培养。健全技能人才培养体制，开展职业技能竞赛，完善职业资格证书制度，职业技能鉴定16.8万人，新增技师、高级技师6 243人。召开全省高技能人才表彰大会，表彰享受省政府津贴高级技师48名，“三晋技术能手”185名。四是积极开展人才智力引进工作。建立山西省海外高层次人才服务窗口，建立了急需紧缺人才和项目需求数据库。组团赴美国、加拿大招才引智，引进高层次创新创业团队2个，海外高层次人才16名，签订人才技术合作项目6个。举办“海外学子实业家山西行”活动，签订合作协议11个，协议利用资金10.6亿元。积极开展引进国外智力工作，组织实施外国专家项目24项，聘请外国专家680人次，一批国外优秀引智成果得到广泛应用和推广。

五、全面加强公职人员管理，人事制度改革不断深化

坚持以加强社会管理，促进公共服务和社会事业发展为目标，以完善制度和深化改革为抓手，扎实推进各项人事管理工作。一是完善公务员管理制度。加强公务员日常登记管理，实现公务员队伍进口的动态管理。开展了公安机关执法勤务机构警员职务套改工作，圆满完成了全省高速交警、基层公安、司法干警的招录工作和全省行政机关公务员统一考录，招录公务员2 218名。深入实施公务员轮训培训工程，举办各类培训班50余期，培训公务员7万余人。推动做“人民满意的公务员”活动深入开展，组织了山西省第三届“模范公务员集体”“模范公务员”评选工作。二是加强事业单位人事管理。事业单位新进人员公开招聘全面推开，全省各级事业单位招聘工作人员15 621人。扎实推进全省事业单位岗位设置管理工作和全员聘用制度，岗位设置工作方案核准率达到80%，聘用合同签订率达到65%。三是扎实做好军转工作。改进军转安置办法，接收安置军转干部613名，其中计划分配558名，自主择业55名，安置在党政群机关的比例达到85%，受到部队赞誉。毫不放松地做好企业军转干部解困维稳工作，按时上调了生活困难补助标准，出台就业帮扶政策，帮扶困难家庭3 595户，落实包保责任制，坚持经常性的座谈会制度，思想工作扎实有效，全省企业军转干部总体稳定。

六、强化劳动保障执法监察，劳动者合法权益得到切实维护

坚持以劳动关系的和谐促进社会和谐，不断建章立制，严格监察执法，维护劳动者合法权益。一是企业劳动合同制度建设不断加强。认真贯彻实施《山西省劳动合同条例》，开展农民工签订劳动合同的“春暖行动”，全面推进小企业劳动合同制度实施行动计划，劳动合同签订率达到98%以上。二是劳动保障监察执法有力有效。组织开展了农民工工资支付、清理整顿人力资源市场秩序、劳动用工秩序、整治非法用工打击违法犯罪等专项行动，检查用人单位5.9万户，涉及职工210万人，责令补签劳动合同28.2万份，为5.1万名劳动者追讨工资等待遇1.6亿元。投诉举报结案率达97.8%。三是劳动争议调解仲裁和信访维稳工作深入开展。各类劳动矛盾纠纷得到妥善化解。2010年全系统共受理劳动人事仲裁立案6 504件，上年末结转714件，合计7 218件，结案6 651件，结案率达92.2%。接待来信来访27 431件次，同比下降35%，深化和谐劳动关系创建取得新进展。

（山西省人力资源和社会保障厅）

内蒙古自治区

2010年是内蒙古自治区人力资源社会保障厅组建运行的第一年。一年来，在自治区党委、政府和人力资源社会保障部的正确领导下，深入贯彻落实科学发展观，落实全国人力资源社会保障工作会议和全区就业工作会议精神，一手抓机构改革，一手抓业务工作，团结奋斗，努力拼搏，圆满完成了全年各项工作任务，特别是在自治区“十项民生工程”、办好“十件实事”以及提高“六项民生指标”中承担的相关任务全面完成。

一、就业工作

（一）完善和落实新一轮就业政策

贯彻进一步促进就业和鼓励全民创业、促进以创业带动就业的要求，围绕援企稳岗、促进大学生就业、鼓励创业、技能培训、农牧民工转移就业、就业援助和就业服务等，在梳理新一轮就业政策体系的基础上，制定出台了一系列切实可行的政策措施，形成了“2＋45”就业工作政策体系。

（二）新增就业稳定增长

截至2010年底，全区累计实现新增就业24.65万人，完成年度计划的112%，持再就业优惠证的下岗失业人员实现再就业12.56万人，完成年度计划的114%。全区城镇登记失业率预计控制在4%以内。组织实施了服务基层等12项促进高校毕业生就业计划，全区已有10.5万名高校毕业生实现就业或落实了就业去向，完成全年9万人就业目标的116.7%。通过各种就业渠道安置“就业困难对象”5.94万人，完成年度计划的119%。继续加强对“零就业家庭”等就业困难人员的认定和管理，进一步完善援助措施和手段，建立就业援助目标责任制，全区认定的1 427户“零就业家庭”全部得到援助，通过各种渠道1 608人实现了就业，继续保持“零就业”家庭动态归零的目标。开展了创建“返乡农牧民工创业园”试点工作，启动实施了农村牧区“零转移家庭”专项援助行动和农牧民转移“三级联创”等活动，全区农村牧区劳动力转移就业人数达246.77万人，其中转移6个月以上的184.89万人，均完成年度计划的103%。

（三）深入推进创业带动就业工作

通过推广“创业培训＋实训模块＋小额贷款＋后续服务”的运作模式，加大了对初始创业者的小额贷款支持力度，指导呼和浩特、包头、通辽、乌海等4个城市开展创建国家级创业型城市试点工作，在鄂尔多斯率先开展了“创建充分就业城市”试点工作。在全区组织实施了“创业名师带高徒”计划，已有企业领导人、创业成功人士与创业者结成300对帮扶对子。加强创业培训工作，参加创业培训5.42万人，完成年度计划的120%，其中，培训后创业成功3.74万人，完成年度计划的149%；创业带动就业13.65万人，完成年度计划的137%。全区累计发放小额担保贷款19.87亿元，完成年度贷款计划的132%。

（四）大力提高劳动者就业能力

以规范培训行为、加强实训基地建设为重点，开展职业技能培训工作，组织实施了特别职业培训计划，截至2010年底，城镇就业培训 17.52 万人，完成年度计划的 135%，其中培训后实现就业 15.22 万人，完成年度计划的 146%。加大农牧民工培训投入力度，开展了“订单”式农牧民技能培训试点，大力实施“农村牧区劳动力技能就业计划”和“农村牧区劳动力转移培训计划”，不断提高转移就业质量，农牧民转移技能培训 15.07 万人，完成年度计划的 116%。全区职业技能鉴定 21.6 万人，完成全年目标任务的 150%。通过建立健全面向全体劳动者的职业培训制度和就业服务体系，使更多的劳动者走上素质就业、技能就业道路。

二、社会保障工作

（一）社会保障制度进一步完善

启动实施了养老保险内蒙古级统筹工作，制定下发了基本养老保险关系区内转移接续暂行办法，制定出台了“五七工”参加养老保险办法，推进新型农村牧区养老保险试点工作。解决了关闭破产企业退休人员和困难企业职工的医疗保险问题，统一了城镇职工异地就医管理和流动就业人员基本医疗保险关系转移接续办法，推进基本医疗保险盟市级统筹工作，全区已有 6 个盟市开展了医疗保险盟市级统筹试点工作，8 个盟市和 1 个计划单列市开展了城镇居民门诊统筹试点。研究起草了全区“老工伤”纳入社会统筹政策，出台了内蒙古自治区生育保险实施办法，探索参保患者住院单病种结算模式，顺利完成了基本医疗、工伤和生育保险乙类药品目录调整工作。

（二）社会保险覆盖范围不断扩大

截至 2010 年底，全区基本养老保险参统 430.68 万人（其中企业在职职工 292.23 万人），按时足额发放了企业退休人员基本养老金，并全部实行了社会化发放。全区实行社会化管理服务的企业退休人数为 113 万人，其中：纳入社区管理 85.5 万人，企业退休人员社区管理服务率 75.1%。全区共有 55 个旗县区开展了新型农村牧区养老保险试点工作，参保人数达到 216.85 万人，享受待遇 48.02 万人。3 个盟市启动了城镇居民基本养老保险工作。全区参加失业保险 230.93 万人，完成年度计划的 100.4%。全区累计有 4.81 万人领取失业保险金。基本医疗保险、工伤保险、生育保险参保人数分别达到 886.37 万人（其中：城镇居民参保 452.83 万人）、207.52 万人和 233.86 万人，分别完成年度计划的 101%、100%和 102%。

（三）社会保险待遇水平稳步提高

2010 年初再次调整了企业退休人员养老金水平，涉及 106.9 万人，人均增加 169 元，目前全区月人均达到 1 405 元，高于全国平均水平。城镇居民医疗保险财政补助标准由每人每年 80 元提高到 120 元。12 个盟市的城镇职工和居民医疗保险最高支付限额全部提高到当地职工工资和居民可支配收入的 6 倍以上。职工和居民医疗保险住院费用政策内报销比例，分别由 2009 年的 71.8% 和 55.3% 提高到 75%和 60%以上，提前完成了年初确定的调整目标。进一步提高了工伤人员伤残津贴、生活护理费和供养亲属抚恤金标准等各项社会保险待遇水平。

三、人才队伍建设

切实落实内蒙古人力资源社会保障厅承担的“草原英才”工程的有关任务，起草了“草原英才”工程政策框架体系的相关意见，设立了引进海内外高层次人才的日常工作机构和“服务窗口”，海内外人才联络联系机制初步形成，海内外高层次人才信息库正在筹建。

组织实施了“院士引进与培养”工程，在《人民日报》发布了海外高层次人才招聘公告，在上海发布高层次人才招聘信息，组织参加了“2010 年大连·中国海外学子创业周”和“深圳国际人才交流大会”，柔性引进了 5 名中国工程院院士为内蒙古自治区政府特聘院士科技顾问，与 54 名海外高层人才签订了引进意向，与北美洲中国学人国际交流中心草签了“共建内蒙古自治区驻北美洲引进海外人才工作联络处合作意向书”，举办了区外内蒙古籍高层次人才“家乡行”活动。

继续深入推进“511人才培养工程”“百人赴港培训工程”等人才培养工作，完成出国（境）培训项目17项，培训人员416人次。从旗县级医院选拔30名医务工作者到内蒙古医学院进修。选拔了“111企业经营管理人才选拔培养工程”第一层次7人、第二层次71人，将及时跟进后续培养工作。做好专业技术人员对口培训和继续教育，通过多种渠道、多种形式加强人才培养工作。

“321人才（选拔）工程”已选拔第一层次人选56人，第二层次人选258人。其中，有27人入选国家“百千万人才工程”第一、二层次。推荐了40名内蒙古享受国务院政府特殊津贴专家人选，选拔了100名内蒙古有突出贡献中青年专家。完成了29个系列55个专业的高级专业技术资格评审工作，开展了中小学教师职称评审改革试点工作。全年完成12.3万余人参加的35项各类专业技术资格、执业资格考试，完成了3.8万人参加的8.4万余个模块的计算机应用能力考试。

中国包头留学人员创业园挂牌成立，吸纳留学人员267名，留学人员创办、领办企业121家，成为当地经济发展新的增长点。新增博士后工作站4家，博士后工作站和博士后流动站总数达到30家。执行引进国外技术、管理人才项目67项、166人次，其中国家重点项目2项、成果示范推广项目6项，取得良好效果。编制了《2010年内蒙古自治区重点产业人才开发专业目录》，并由自治区政府办公厅印发。

四、公务员管理工作

研究草拟了公务员录用、考核、任免、调任、奖惩等七项公务员法配套法规的地方实施办法。坚持“凡进必考”原则，切实抓好公务员考试录用工作，2010年面向社会先后组织3次公务员考试录用工作，共有11万余人参加考试，加大了从农村牧区、社会优秀基层干部和有基层经历人员的招录比例。推进公务员竞争上岗和公开遴选工作，做好公务员日常登记和参照管理单位工作人员登记工作，进一步加强公务员培训工作，对公务员管理数据库及时进行更新和维护，公务员统计工作被中组部、人力资源社会保障部、国家公务员局评为全优单位。开展了参照管理集中审批的扫尾工作，批复盟市、旗县779个事业单位列入参照管理范围。

五、人事制度改革

推进事业单位岗位设置管理工作，进一步完善事业单位岗位管理实施工作相关政策，区直和盟市所属事业单位岗位设置实施方案的批复工作已基本完成。旗县所属事业单位的批复工作，已完成总量的60%，超额完成全年工作目标，绝大多数方案已批复的事业单位完成了岗位聘用工作。大力推进事业单位工作人员公开招聘工作，草拟了事业单位公开招聘暂行办法，结合事业单位特点，调整了公共考试科目，2010年面向社会统一组织实施了两次区直事业单位公开招聘工作，指导14个区直事业单位自行组织实施公开招聘工作，共招聘工作人员1 855名。

六、收入分配制度改革

对内蒙古自治区机关事业单位工资收入水平状况进行了调研分析，提出了进一步完善艰苦边远地区类别和实施范围的初步意见，并向人力资源社会保障部作了专题汇报。公务员津补贴政策得到进一步规范和完善。会同教育、财政等部门，对各地义务教育学校实施绩效工资工作进行了督查，确保义务教育学校教师绩效工资足额兑现。公共卫生与基层医疗单位实施绩效工资工作正在有序推进，会同卫生、财政等部门，研究制定了指导意见，举办了骨干培训班。稳步推进工资集体协商制度的落实，促进企业建立工资正常增长机制。完善企业工资分配宏观指导和调控制度。适时调整了企业最低工资标准，四类地区标准分别由680元、620元、560元和500元，调整为900元、820

元、750 元和 680 元。发布了 2010 年度企业工资指导线。

七、劳动关系和劳动者权益保护

在全区 35 个旗县区的 322 个社区开展了“劳动关系协调进社区”试点工作。建立了劳动关系协调员制度、劳动关系台账和基础数据库，将劳动关系协调工作延伸到苏木乡镇、街道办事处和社区，从源头上进一步规范了用人单位的招用工行为。组织实施了小企业劳动合同制度和集体合同专项行动，全区城镇各类企业劳动合同签订率达到 95%。加大了劳动监察执法和劳动人事争议调解仲裁工作力度。以贯彻实施《内蒙古自治区劳动保障监察条例》为重点，组织开展了农牧民工工资支付情况专项检查和整治非法用工打击违法犯罪专项行动，切实维护职工的合法权益。全区人力资源社会保障部门主动检查用人单位 4.47 万户，涉及劳动者 214.24 万人。通过各种形式的执法检查，补签劳动合同 34.91 万人，督促缴纳社保费 1.56 亿元，追发劳动者工资 3.74 亿元。在自治区有关部门联合开展的“2006—2010 影响农民工法制进程的十大法制事件”评选活动中，自治区人力资源社会保障厅推荐的“保障劳动者权益促进公平正义”被评为十大法治事件之一，本厅劳动保障监察总队案审科科长白青峰同志入选“十大法制面孔”。

（内蒙古自治区人力资源和社会保障厅）

辽 宁 省

2010年，在人力资源社会保障部及省委、省政府的正确领导下，辽宁省各级人力资源社会保障部门深入贯彻科学发展观，紧紧围绕全面振兴大局，坚持民生为本、人才优先，以就业、社会保障、人才队伍建设为工作重点，全面推进人力资源社会保障各项工作，取得了明显的成效。

一、就业工作

全省实现实名制就业115.6万人，完成年度计划115.6%；城镇登记失业率为3.7%，就业局势保持总体稳定。

一是积极做好稳定就业工作。落实失业动态监测制度，涉及用人单位2 850户、职工190.8万人。减免困难企业社会保险费2.34亿元，涉及企业75 327户、职工215万人。使用失业保险基金向困难企业发放岗位、社保补贴2.38亿元，稳定就业岗位14.7万人，援助困难企业447户。

二是突出做好高校毕业生就业工作。实施了“企业·高校手牵手促就业”校园行系列招聘活动；组成毕业生就业指导服务团，深入高校开展个性化就业服务；重点实施了毕业生就业见习、专业转换及技能提升培训、基层就业成长计划、“三支一扶”、大学生村官、志愿服务辽西北、教师特岗计划等就业项目。全省高校毕业生总体就业率达到94.2%，好于上年。

三是加大就业困难对象就业援助力度。全省开发公益性岗位1.5万个，培训下岗失业人员27.6万人，筹集再就业扶持资金60亿元，使用60亿元，为就业困难对象支出社保补贴37.2亿元、岗位补贴16亿元，为从事个体经营的下岗失业人员减免税费1.1亿元。安置零就业家庭1 588户、2 204人，棚户区改造回迁居民2 057人，零就业家庭继续保持动态为零。

四是大力开展农村富余劳动力就业服务。确定了216个乡镇作为第二批农村劳动力转移远程培训试点单位，全年培训农村富余劳动力21.8万人，完成年度计划108.9%。各级公共就业服务机构大力开展了就业援助月、春风行动、民营企业招聘周等就业服务活动。各级人力资源市场举办农民工招聘会953场，全年促进农村劳动力实现转移就业136万人。

五是大力推进以创业带动就业工作。深入开展创业示范型城市创建活动，启动省级创建工作。新建创业孵化基地36个，总数达到156个。扶持创业带头人1.4万名，带动就业9.8万人，分别完成年度计划的246.2%和296.6%。加大创业扶持，发放小额担保贷款和劳动密集型小企业贴息贷款3.9亿元。

二、社会保障工作

覆盖城乡社会保障体系进一步完善。

一是完善政策措施。城镇企业职工基本养老保险实现省级统筹，制定了城镇企业职工基本养老保险关系省内跨省辖市转移接续办法。研究了城镇无收入老年居民的养老保障政策。启动了城镇居民基本医疗保险门诊统筹，5个市开始实施。推进了基本医疗保险市级统筹，1个市已经实现。推进了工伤保险市级统筹，3个市率先实现。

二是继续扩大覆盖面。企业基本养老保险参保人数达到1 404.4万人，其中在职职工参保961.5万人，完成年度计划的101.2%。城镇职工基本医疗、失业、工伤、生育保险参保人数分别达到2 056万人、626.9万人、730万人、593万人，分别完成年度计划的101.4%、100.3%、102.7%、107.9%。

三是强化基金征缴。企业养老保险统筹基金征缴368.7亿元，支出664.7亿元，通过多方筹资，确保了养老保险金按时足额发放；做实个人账户基金160亿元，试点以来累计做实796.8亿元；医疗保险征缴208亿元，支出178亿元；失业保险征缴38亿元，支出16.7亿元；工伤保险征缴14.5亿元，支出9.7亿元；生育保险征缴6.9亿元，支出5.4亿元。

四是提高参保人员待遇水平。按照月人均121.7元的标准，为415.7万名企业退休人员提高了基本养老金，调整后全省月平均水平达到1 269元。提高了城镇基本医疗保险保障水平，城镇职工平均报销比例达到75%左右，部分地区达到80%；城镇居民平均报销比例达到55%以上，部分地区达到60%以上。提高了企业1—6级工伤人员伤残津贴、护理费、遗属生活费待遇水平，月人均增加150元左右。

五是积极推进新型农村社会养老保险制度改革试点工作。首批8个试点地区参保人数达到146.8万人，参保率为81.1%；通过社会化发放渠道为33.6万符合待遇领取条件人员按时足额发放养老金。第二批6个试点地区于年底启动。

六是加强社会保险基金监督。深化社保基金专项治理成果，做好社保基金专项治理违纪违规问题整改工作，对重点地区、重点问题进行督查。

三、人才队伍建设工作

从满足辽宁沿海经济带、沈阳经济区、突破辽西北三大区域发展规划战略以及重大项目建设的人才需求出发，全力推进了招才引智工作和人才队伍建设。

一是深入实施海外研发团队引进工程。全年分四批启动实施了208个项目，完成年度计划的208%；结项53个，实现产业化规模生产后，预计年累计实现销售收入将超过600亿元。海外研发团队帮助企业解决了重大技术难题，研发出了一批具有国际一流水平、填补国内空白的工业新产品。

二是围绕重大项目开展国外引智工作。全年引进外省市人才5万人次，引进国外技术管理专家1 527人次，引进国外技术、管理人才项目285项。组织开展了“辽宁友谊奖”和“辽宁外国专家荣誉奖”评选表彰活动。召开了引进海外高层次专家暨项目洽谈会；深入推进“千村引智示范”项目，为全省14个农业引智示范村引进外国专家19人次，引进农业新品种60个，推广引智成果28个，培训农业技术人员和农民4 180人。

三是积极推进专业技术人才队伍建设。启动辽宁省院士人选培养工程。组织实施“十百千工程”，选拔出首批“十百千高端人才引进工程”人选136名，其中6名入选了国家“千人计划”。组织实施博士后培养工程和专业技术人才知识更新工程，全年新增博士后科研工作站11家，博士后流动站总数达到81家、企业博士后工作站88家，新招收博士后200人。实施“5520”继续教育工程，培训专业技术人员10万人次。深化职称制度改革，10万人通过考试或评审获得了专业技术职称。

四是加强企业高技能人才队伍培养。全年培养高技能人才12万人、新技师1.5万人。针对产业集群和工业园区发展急需短缺的技能人才，实施了省级产业园区特色培训计划，为全省20多个企业园区提供人力资源支持。组织开展了“辽宁省功勋技能人才”和“辽宁省技术能手”评选活动，实施了一系列职业技能大赛。

五是加快人力资源服务业发展。完成全省人力资源服务业发展情况调研，组织开展人力资源服务机构许可证换发工作。全省现有人力资源服务机构 765 家，从业人员 8 000 余人，年产值近百亿元。

四、行政机关公务员管理工作

以改革创新的精神和求真务实的态度，加快完善公务员制度，健全公务员管理机制，提高公务员管理工作科学化水平。

一是进一步完善公务员制度。制发了《辽宁省公务员录用实施办法（试行）》，公务员辞去公职、辞退的贯彻意见。下发了《关于进一步加强全省公务员廉政教育培训工作的意见》，把廉政教育同公务员的培养、选拔、管理结合起来。

二是完成公务员分类考试录用工作。全年安排大规模录用公务员考试 3 次，21.5 万人次参加笔试，1.2 万人次参加面试，录用 7 535 人。省市两级机关录用具有 2 年以上基层工作经历人员的比例达 57%以上。采取各种安全保密措施，确保全年考试录用工作零差错、零事故。全面推行了面试考官持证上岗制度，14 个市全部实行面试考官循环异地执考。

三是加强公务员职位管理。安排部署全省公安机关执法勤务机构人民警察警员职务和工资套改工作，近 5 万名民警纳入套改范围。启动面向基层机关公开遴选优秀公务员工作。完善竞争上岗制度，指导省、市机关通过竞争上岗选拔处（科）级中层领导干部 4 200 余人。

四是实施公务员基本功训练工程。下发了《关于全省行政机关公务员基本功训练工作方案》，编辑出版《公务员基本功训练指南》。为基层培训 300 余名急需的师资骨干。对全省各级机关 40 周岁以下 7.4 万名公务员骨干已轮训一遍。组织开展了以公文写作为主题的竞赛活动。

五是实施大规模培训公务员。举办了省直机关 1 500 多名新录用公务员集体宣誓仪式暨“人民满意的公务员”先进事迹报告会。组织省政府机关公务员网上在线学习。完成了国家对口培训工作任务。组织 46 名县处级公务员出省培训，为东部 11 省市培训公务员骨干 56 人。继续实施“省直处长名校行”培训计划，在清华大学培训 100 名省直机关正职处长。启动了省直机关正职处长新加坡轮训工程。开展了首届公务员“读书与学习”理论研讨征文活动。

六是做好政府评选表彰推荐工作。向国家推荐先进集体 36 个、先进工作者 48 名，表彰省内先进集体（单位）326 个、先进工作者（个人、先进分子）926 名。对在扑救历史罕见的大连“7.16”大火中作出突出贡献的集体和个人及时予以表彰。

七是开展政府绩效管理工作。构建了全新的指标考评、社会评议、领导评价三大模块有机结合的“大考评”体系，创造性地设计了绩效考评计分办法，加强了绩效过程管理，推进了政府绩效管理的科学化、规范化和制度化。

五、事业单位人事制度改革和工资收入分配制度改革工作

按照国家的统一部署，通过完善制度、规范管理，稳步推进了事业单位人事制度改革和工资收入分配制度改革工作。

一是稳步推进事业单位公开招聘和人员聘用制度改革。全省事业单位人员聘用制度全部建立，公开招聘成为事业单位补充人员的主要方式。事业单位推行人员聘用制工作基本结束，全省 3.3 万个事业单位实行了聘用制，103.9 万名工作人员与所在单位签订了聘用合同，签约率达到 100%，公开招聘补充的事业单位工作人员占新进人员总数的 86%。以公开招聘和聘用制为主要特点的事业单位新的用人制度已经建立并逐步完善。

二是加强事业单位岗位设置和管理。省直近千家事业单位核定岗位 14.4 万个，涉及工作人员 11.9 万人，岗位设置工作全部结束。各市岗位设置工作启动，全省 1.3 万家事业单位完成岗位设置工作，46.8 万人聘用上岗。

三是稳步推进事业单位实施绩效工资工作。在全省义务教育学校全面实施了绩效工资，实施率达到 100%。推进了对全省公共卫

生与基层医疗卫生事业单位实施绩效工资工作，公共卫生事业单位绩效工资基本兑现。按照机关与事业单位工资收入水平大体平衡的原则，适当提高了其他事业单位的收入水平。

四是扎实推进军转干部安置工作。全省计划接收军转干部 2 312 名，其中计划分配 1 862 名，自主择业 450 名，实现部队、军转干部、用人单位“三满意”。全面落实了企业军转干部等方面人员的解困政策，全省企业军转干部保持总体稳定。

六、劳动关系调整和权益保障工作

全面贯彻落实《劳动合同法》及《条例》《劳动争议调解仲裁法》等法律法规，切实维护了劳动者合法权益。

一是进一步扩大劳动合同覆盖面。建立了劳动用工备案制度，开展了小企业劳动合同制度实施专项行动和集体合同“彩虹计划”，全省综合劳动合同签订率达到 97%，比上年底提高了 0.5 个百分点。9.7 万户企业进行了劳动用工备案，涉及职工 462 万人。签订集体合同 9 万份，覆盖企业 8.6 万户，涉及职工 523 万人。推进农民工劳动合同签订“春暖行动”，签订率达到 89%，比上年底提高了 10 个百分点。

二是加强人事劳动争议调解。推进仲裁机构实体化建设，全省 14 个市、82 个县区（含开发区）建立了劳动争议仲裁院。全年受理劳动人事争议案件 1.7 万件，涉及劳动者 2.6 万人。

三是加大劳动保障监察执法力度。主动巡视检查用人单位 8.5 万户，书面审查用人单位 8.2 万户。共查处劳动保障各类违法案件 9 837 件，案件结案率 98.6%。全年督促用人单位与 52.1 万名劳动者补签了劳动合同，督促 4 013 户用人单位办理社会保险参保登记、6 437 户用人单位缴纳社会保险费 4.3 亿元，为 7.98 万名劳动者追偿工资等待遇 3.6 亿元，追偿拖欠农民工工资及赔偿金 3.4 亿元。完善农民工工资支付保障制度，全省累计收缴农民工工资保证金 18 亿元。

四是积极做好信访工作。全省共接待来信来访 9.3 万人次，其中，集体访 4.4 万人次。妥善处理信访突出问题 1 011 件，有效解决并实现熄诉熄访 727 件，其中化解信访积案 213 件，办理信访复查复核案件 202 件，全省信访形势持续好转。

五是加强工资管理宏观指导。调整了全省企业最低工资标准，公布了企业工资指导线，开展了企业在岗职工工资调查和企业人工成本信息调查。全省实行工资集体协商的企业达到 4.7 万户，涉及职工 338.8 万人。下发了《关于进一步规范省属企业负责人薪酬管理的意见》。

（辽宁省人力资源和社会保障厅）

沈　阳　市

一、就业创业工作成效显著

实名制就业工作：城镇登记失业率控制在3.2%，低于省计划0.8个百分点。全年安置高校毕业生9.7万人，就业率达92.1%。全市新增就业20.7万人，完成省计划的101%。其中农村劳动力转移输出完成5.5万人，零就业家庭保持动态为零。普惠制就业培训工作：共培训城镇劳动力5.47万人，完成省计划的187%；培训城镇农村富余劳动力4.04万人，完成省计划的144%；创业培训6 544人，完成省计划的327%。公共就业服务体系建设工作：建设率完成省计划100%，人员配置达到省标准。四级就业信息网络建设工作：上传空岗信息28.5万条，完成省计划的316%，信息有效率为90%。高校毕业生就业创业工作：返回生源地的离校未就业毕业生当年总体就业率不低于95%，有就业愿望的登记失业困难家庭高校毕业生年底总体就业率达到100%。提供“千企万岗”见习岗位5 037个，完成省计划的140%，岗位有效率不低于75%。创业带动就业工作：共扶持创业带头人2 748人，带动就业1.7万人，分别完成省计划的262%和272%。小额担保贷款发放5 813万元，完成省计划的132%。

（一）完善就业和再就业各项政策，促进创业带动就业

2010年，沈阳市以“科学打造民生链，着力形成大循环”为统领，从基层就业引导方向、孵化基地扶持创业、资金支持促进创业、社保补贴稳定就业、见习基地搭建就业、税费减免吸纳就业、强化培训提升就业、科研机构对接就业、就业帮扶推荐就业、典型带动鼓励就业等十个方面入手，狠抓具体落实，取得了扎实成果。

（二）多渠道增加就业岗位，实现经济社会协调发展

疏通六大渠道：一是紧密结合本市经济发展和双五千亿战略目标，通过扩大内需和产业结构调整开发就业岗位，实施项目与就业相挂钩的模式；二是发挥家庭服务业、服务外包等领域吸纳就业的重要作用，引导更多的就业群体在新领域实现就业；三是为产业园区和工业集群配置人力资源，实现人力资源与经济发展的合理配置；四是制定鼓励扶持政策，扩大灵活就业新空间；五是以劳动密集型、服务型企业为重点，挖掘农村剩余劳动力就业岗位；六是通过开发公益性岗位兜底安置就业困难群体。

（三）加强农村劳动力转移就业培训

利用“春风行动”等载体，开展以“抓培训、促转移、增收入”为主题的“三下乡”活动。全市区县（市）、开发区共举办农村劳动力转移输出专场招聘洽谈会44场，参加招聘会2.5万余人，发布用工信息2 619条，提供就业岗位16 438个，达成就业意向7 692人。强化农村劳动力培训，培训基地紧密跟踪企业就业岗位需求，围绕地区产业集群、工业园区、“招商引资”项目、现代设施农业产业，大力开展“订单式”培训。

（四）以提升劳动者素质为根本，加强普惠制就业培训工作

重新审核认定了市、区县（市）两级共

82 所普惠制就业培训机构。加大订单培训力度，全市累计开展订单培训 11 284 人。突出创业培训，实行创业能力培训与创业项目推介、专家咨询、创业孵化、政策扶持等一站式服务。做好困难家庭子女参加职高、中专、技校和高职院学习减免学费申报工作。完善家政培训工作，明确了家政培训的对象和范围，培训机构的管理权限和申报方式及培训补贴经费的拨付方式。

（五）做好高校毕业生和就业困难群体援助工作

开展高校毕业生百日攻坚活动，推出促进高校毕业生就业创业十项措施。人力资源社会保障部领导对沈阳市大学生“点对点、人对人、表对表”的实名制就业工作给予充分肯定，并作出重要批示，在全国起到示范作用。依托全国首创的“1＋6＋7”专业人力资源市场品牌模式，在落实高校毕业生就业帮扶政策的基础上，为大学生通过市场就业提供就业服务平台，取得了显著成绩。开展“2010 年就业援助月专项活动”、“零就业家庭和困难家庭高校毕业生即时援助”活动。针对零就业家庭、困难家庭大学生就业的实际情况，提供即时岗位援助制度，确保零就业家庭动态为零和困难家庭高校毕业生当年实现就业率 100%。

（六）扎实开展创业带动就业工作

开展以创建国家创业型城市为主体，以优化创业环境和落实创业促进就业扶持政策为两翼的创业带动就业模式。本市创建国家创业型城市工作，通过省里验收，并得到省督查组的认可。一是做好小额担保贷款发放工作。进一步降低反担保门槛，加强贷款发放与回收管理。二是加大创业宣传。通过新闻媒体报道创建工作成果。三是开展创业带头人及带动就业工作调研，大力扶持创业带头人。

二、社会保障体系不断完善

坚持一手抓扩大范围，一手抓待遇提高，社会保障体系实现良性运转。

（一）积极做好社会保险扩面宣传

组织开展了以“‘播种真爱、收获幸福’暨建筑领域农民工参加社会保险”为主题的社会保险宣传月活动，加强扩面宣传，进行政策咨询，有力促进了各项社会保险覆盖面的扩大和基金收入的持续增长。

（二）顺利启动新农保试点

康平县 3.3 万名符合条件的农民全部领到了养老金。4 月 24 日，中国劳动保障报在头版头条以“盐碱地上构筑惠农社保网”为题报道本市经验。

（三）进一步完善养老保险制度

出台了《沈阳市宗教教职人员参加城镇从业人员养老保险医疗保险实施办法的通知》《沈阳市建设工程社会保险费管理办法》等制度，出台新的保费征收政策，解决特殊群体参保缴费难题。再次提高企业退休人员基本老金标准，目前人均水平达到 1 182 元。

（四）失业保险工作取得积极成效

充分发挥失业保险保障失业人员基本生活和促进就业作用，调整了失业保险工作标准，开展“援企稳岗”工作，对符合条件的企业发放岗位补贴和社保补贴。实施对失业人员总量进行宏观调控政策，规范企业裁员行为，为调控稳定登记失业率发挥作用。加强与地税部门沟通，督促其提供网上申报单位的缴费数据，确保失业保险参保人员 100%，个人缴费记录做实率达到 95.97%。

（五）医疗保险工作取得进展

扩大提高了城镇职工基本医疗保险、城镇居民医疗保险使用基本药物报销比例，取消特困人员的待遇等待期。落实新医改要求，将国家基本药物的治疗性药品全部纳入医保报销范围。全面启动城镇居民基本医疗保险门诊统筹工作，出台了相关政策，确定了 362 家定点医疗机构，采集居民数据 299 728 人，占参保人员的 44.86%。

（六）工伤保险工作取得积极进展

对本市原有工伤职工辅助器具管理办法进行了修改和完善，出台了《辅助器具配置管理办法》。对 43 家定点医院进行检查走访，及时制定了继续实行缓缴一个月工伤保险费操作办法。

（七）认真做好社保稽核工作

审计稽查 2007 至 2009 年度养老保险、医疗保险、失业保险和工伤保险缴费情况，涉及职工 152 320 人，共追缴少缴、欠缴社会保险费 4 169 万元。

（八）社保经办管理服务水平不断提高

大力加强经办服务基础建设，将就业和社会保险各个经办机构进行物理整合，成立了市就业和社会保险服务中心，实行就业与五个险种经办“一个地点办公、一站式办事、一条龙办理”，最大限度地方便群众办事。实现“三县一市”医保市级统筹管理。

三、工资收入分配改革取得成果

（一）事业单位实施绩效工资稳步推进

成功举办了“沈阳市事业单位收入分配制度改革暨实施绩效工资远景论坛”。会同市财政、编办、卫生、人口计生部门研究制定《沈阳市公共卫生与基层医疗卫生事业单位实施绩效工资指导意见》和绩效工资分配实施意见，研究制定了《关于沈阳市事业单位实施绩效工资的指导意见》。

（二）积极推动公务员工资制度完善

按照“逐步缩小与同类城市差距”的指导思想，研究拟定了本市规范公务员津贴补贴第二步实施意见及统筹解决事业单位待遇的工作意见。组织开展了实施警察加班补贴、信访岗位津贴、司法助理员岗位津贴和机要交通人员执行密码人员岗位津贴等特殊岗位津贴工作。

（三）企业工资管理工作进一步加强

完成劳动力市场工资指导价位、企业人工成本状况发布前的准备工作。出台了《关于发布 2010 年劳动力市场工资指导价位的通知》和《关于发布 2009 年沈阳市企业人工成本状况的通知》。

四、人事制度改革不断深化

事业单位人事制度改革取得积极进展。圆满完成了为教育系统、国土资源系统和财政系统所属 8 家事业单位公开招聘人员工作。完成了对事业单位全面考核工作，积极推行事业单位实名制管理，与沈阳大学共同开发了《沈阳市事业单位人员信息管理系统》。稳步推进事业单位岗位设置工作，着力解决事业单位机构职能不清、岗位设置混乱、人员超编超配等问题，初步形成岗位设置管理实施方案。认真做好基层医疗卫生机构体制改革，出台了《基层卫生医疗机构综合改革富余人员安置指导意见》。全面加强机关事业单位工勤人员管理，加强临时用工清理清退工作的指导督办，建立严格规范的临时用工管理机制。

五、人才队伍建设大面丰收

（一）坚持“走出去，请进来”的战略，加大高端急需人才引进力度

11 月 8 日，赴北京开展“腾飞新沈阳、人才筑辉煌”大型人才招聘活动，累计接待国内外高层次人才 5 000 余人次，一次性引进硕士以上高层次人才 805 名，另有 5 名外籍人才，89 名国内博士、453 名国内硕士正在深入对接洽谈。市委、市政府有关领导亲临招聘现场，中组部、人力资源社会保障部、国家外专局领导也出席招聘活动。11 月 28 日，赴南京理工大学、南京大学、东南大学、南京航空航天大学、中国药科大学等名校设点招聘，沈阳市 14 家企事业单位提供 121 个岗位共 674 人的需求供各高校毕业生挑选。

（二）引进海外研发团队实现历史性突破

首次组建人才交流代表团，赴美国、加拿大开展了为期 10 天的国际人才交流活动，达成签约和意向合作 22 人，并有 85 人与用人单位进行深入洽谈。积极参与北京 2010 年外籍人才招聘会，共收集外籍人才的报名表 35 份，简历 741 份，签订意向合作协议 9 份。大力引进海外研发团队和专家人才。11 个海外研发团队项目获批立项，3 个项目成功结项，均居全省之首。确定了 80 个备选项目上报了省政府。组织实施引进国外技术、管理人才项目计

划47项。组织出国（境）培训20项，拟培训各类专业人才311人。加强海外人才信息库建设，推动海外人才引进工作，共办理外国专家来华行政许可550例，同比增长30%。继续组织开展外国专家表彰评选工作，有3名外国专家获“辽宁友谊奖”，17名外国专家获“辽宁外国专家荣誉奖”，10名外国专家获“沈阳玫瑰奖”荣誉。举办了沈阳市首届外国专家逛庙会、新春音乐节等活动，得到外国专家的好评。

（三）院士工作

坚持以重大科技项目为依托做好引进院士的促进工作，全年配合市科协、市农委引进合作院士4人，配合沈阳协和集团引进美国纽约科学院院士1人；在赴北京开展的“腾飞新沈阳、人才筑辉煌”大型人才招聘活动中成功签约院士6人。

（四）政府特殊津贴工作

9名符合享受政府特殊津贴条件的人选荣获“国务院政府特殊津贴”殊荣。

（五）职称工作

组建了土建行业等49个中级专业技术职务任职资格评审委员会，负责相应资格评审工作。全年共受理个人申报中、高级专业技术职务任职资格评定材料8 000余份，发放各类职称、职业资格证书9 000余本。

六、劳动关系和谐稳定

（一）农民工权益得到更好保障

累计收缴农民工工资保障金7.7亿。集中开展维护农民工权益专项行动，在确保工资支付、提高劳动合同签订率、参加社会保险、享受社会公共服务权利等方面发挥了重要作用。举办了首届家政服务业技能大赛，研究制定促进家庭服务业发展的有关意见。

（二）劳动关系协调机制进一步健全

稳步实施劳动合同法，积极推进集体合同制度实施“彩虹计划”和区域性行业性工资集体协商，开展小企业劳动合同制度专项行动，推动劳动用工备案制度和劳动用工信息数据库建设。调整了沈阳市最低工资标准，不断完善企业工资分配宏观调控三项制度，充分发挥三条指导线宏观调控作用。

（三）劳动人事争议调解仲裁工作取得积极进展

组建了市劳动人事争议仲裁院，并升格为副局级单位，加大仲裁办案力度，加强仲裁员业务培训，做到按期结案率和立案准确率均达到100%。

（四）劳动保障监察执法力度不断加大

强化监察服务企业的措施，将原劳动监察支队升格为劳动监察局，全面开展农民工维权、合同签订、社会保险扩面等各项监察工作，帮助企业规范用工行为。主动检查各类用人单位9 875户，涉及职工80.83万人。依法责令用人单位与4.65万名职工补签了劳动合同；清理拖欠农民工工资6 690.5万元，涉及农民工1.12万人，清欠率100%；督促社会保险登记562户，涉及劳动者人数0.68万人，督促缴费2 609.8万元；清退童工5名。立案查处举报投诉案件2 018件，结案率100%；实施行政处罚10件，罚款37.2万元。

（五）调解仲裁机构实体化建设实现“九个跨越”

调解仲裁工作以规模化建设为主线，以规范化建设为内涵，瞄准形势任务需要，全面实现劳动人事争议仲裁机构实体化建设“九个跨越”。在组织结构上实现由机构分立型向融合一体型跨越；在办案机构上实现由规格普通型向区域引领型跨越；在硬件建设上实现由场所狭小型向独立规模型跨越；在信息化保障上实现由人工重复型向智能迅捷型跨越；在人员队伍上实现由力量薄弱型向综合效能型跨越；在制度约束上实现由一般管理型向阳光公信型跨越；在争议处理上由简单裁决型向和谐化解型跨越；在执行落实上实现由宏观指导型向微观细化型跨越；在业务能力上实现由垂直管理型向上下互动型跨越。

七、公务员管理激活一池春水

（一）开展争做“沈阳市人民满意公务员先进个人（集体）”评选表彰活动

组织实施了2010年度争做“沈阳市人民满意公务员先进集体和先进个人”的评选表彰活动。12月8日召开表彰大会，曾维书记在讲话中对全市公务员队伍的建设提出了新的要求和希望。通过评选表彰，有效调动了全市广大公务员的工作热情、密切了政府与群众的关系，为进一步加强公务员队伍的思想建设，提高其推动改革、促进发展的本领起到了指导和示范作用，也为大力倡导务实高效的工作作风，营造和谐民主的服务环境起到了促进作用。

（二）积极推进公安机关警员职务套改工作

开展公安机关执法勤务机构警员职务和工资套改工作。全市共有13 267名执法勤务类警员参加此次套改。

（三）年度考核结果审核验收工作

2009年度，全市各委、办、局和各区、县（市）参加考核的处级以下公务员有32 132人，其中：被评为优秀等次的有5 873人，被评为称职等次的有25 870人，被评为基本称职和不称职等次的人员分别为4人和7人，另外还有不确定等次的378人。在参照《公务员法》管理的事业单位中，参加考核的工作人员有4 436人。其中：被评为优秀等次的711人，被评为称职等次的3 722人，不确定等次的3人。

（四）建立健全基础数据工作

截至2009年底，全市各级行政机关行政编制核定为39 523人，实有公务员35 256人。全市参照《公务员法》管理单位262家，实有人员5 473人。

八、培训教育如火如荼

着眼建设高素质的公务员队伍，开展主题培训和竞赛活动，包括双基培训、主题征文、专项培训、强化训练和举办公务员专题研修班系列培训活动，以及公文写作、英语、计算机和公务员法的知识竞赛活动。

（一）基本功培训活动

对市直机关（单位）正、副处长进行集中脱产培训。培训时间为一周，共举办8期。培训内容包括公文写作、公文处理、汉字书写与记录、电子政务、语言表达和调查研究等6项必训科目，及政策法规、机关工作规则程序、业务知识、仪表举止、倾听记忆、阅读理解、沟通协调、任务执行等9项自行选训科目。

（二）强化训练活动

针对新录用的公务员开展为期一个月的脱产强化训练活动，培训内容主要包括政治理论、依法行政、公务员法和公务员行为规范、机关工作方式方法等基本知识和技能。

（三）专项培训活动

为使公务员能够及时掌握与工作领域相关的最新专业理论、知识、信息、技能，不断提高驾驭经济发展的能力和服务本市七大新兴产业的能力，充分利用沈阳高校集中的资源优势，按照公务员队伍专业化的要求，对专业领域公务员开展了“菜单自选”培训活动，得到了一致好评。

（四）建立公务员基本功培训师资库

围绕基本功必训科目教学任务范围，经过相关部门推荐，选择了100名资深教师建立了公务员基本培训师资库，保障各单位、各部门可以根据培训需要自行选择师资开展培训。

（五）积极推进高技能人才培养

组织高技能人才培训班5期，培训高级工960人、技师415人、高级技师87人。充实完善全市高技能人才库基本数据，录入4 320人、各类信息量28 616条。确定数控加工、机械加工、机电一体化、汽车制造与维修、钳工五个技工学校品牌专业。

九、军转安置省内领先、全国前列

军转安置工作进一步加强。召开全市军转干部表彰大会，对247名模范军转干部、54

个军转安置先进单位、176名先进军转工作者进行了表彰。完成了2009年度73名新进入沈阳自主择业军转干部的接收、培训、核拨工资和发放工资卡、医疗保险卡等工作，为2 100余名自主择业军转干部办理了住房补贴登记手续。组织2010年军转干部参加了省直机关考试考核，进行双向选择，积极协调有关部门安置。新增设了心理讲座、法制教育等培训内容。加强自主择业军转干部管理服务工作，全年举办四期技能培训班，逐步拓宽自主择业军转干部到高校任辅导员工作。全力做好企业军转干部稳定工作，将企业军转干部生活补助金提高180元，共为126名企业军转干部办理了增补退休金、办理医疗保险和提前退休手续，为520名失业军转干部发放了独生子女费110万元，为2 300余名自主择业军转干部办理报销采暖费550万元。

十、政府绩效评估公平公正

绩效评估工作形成了较为完善、客观公正、充分体现工作效能的绩效评估体系。绩效评估工作取得明显成果。圆满完成市直各单位和各区、县（市）开发区2009年度重点工作的考评验收，召开了总结表彰大会。本市在2009年度省政府考评中，获得综合考评第二名，同时获得就业和再就业、双百工程、资源节约利用、环境保护、科技、文化、教育、软环境建设8个单项奖。绩效评估工作荣获“全国绩效管理创新奖”和“突出贡献奖”，并在国家介绍了经验。有序推进市政府绩效考评管理系统研制工作，制定了2010年度政府绩效考评实施细则，将市政府工作报告85项工作任务、省绩效考评35项内容和政府确定的10件实事列为考评内容。

（沈阳市人力资源和社会保障局）

大　连　市

2010年，大连市坚持以改善民生为主线，统筹推进各项工作，全面完成工作任务，推动了人力资源社会保障事业科学发展。

一、就业工作

各级党委、政府把就业工作摆在更加突出的位置，以落实政策和促进创业为重点，采取多种有力措施稳定就业局势。当年全市实现城镇就业16.1万人，其中稳定就业8.1万人，创业就业3.2万人，城镇登记失业率控制在2.7%。筹集再就业资金12亿元，使用再就业资金11.8亿元，减免税费8 000万元，安排公益性岗位3.1万个，为17.4万名就业困难人员发放社会保险补贴3.8亿元。

（一）政策促进就业作用有效发挥

继续实施援企稳岗政策，为163户履行社会责任困难企业发放社会保险补贴4 726万元。继续降低医疗保险、失业保险费率，减轻企业负担3.84亿元，帮扶企业稳定了就业岗位。

（二）国家级创业型城市创建工作加快推进

出台了关于创建国家级创业型城市的实施意见，从放宽市场准入限制、完善税费优惠政策等10个方面加大扶持力度。成功举办第八届创业项目洽谈会，完成了中国（大连）创业者公共实训（孵化）基地建设任务。

（三）高校毕业生就业服务机制不断完善

举办了20场校园专场招聘会和10场公益性就业洽谈会，选拔储备2 000名应届高校毕业生到医疗、教育等岗位锻炼，选派300名高校毕业生到涉农地区基层岗位任职，安排3 000名高校毕业生参加就业见习，缓解了高校毕业生就业难问题。

（四）就业援助工作落实到位

深入开展就业援助活动，积极推进协约式服务，大连生源困难家庭高校毕业生的就业援助率达到100%，零就业家庭保持动态为零，有就业能力和就业愿望的2 197名就业困难人员在认定后7个工作日内全部实现就业。

（五）就业服务能力进一步增强

全市人力资源市场实现有效整合，基层就业服务平台建设不断加强，就业信息网络进一步向高校和人力资源服务机构延伸。“春风行动”等就业服务活动深入开展，为城乡劳动者提供了良好的就业服务。

二、社会保障

（一）社会保险扩面征缴工作效果显著

社会保险扩面与劳动用工备案工作有效衔接，社会保险稽核和劳动保障监察“一体执法”工作进一步加强。基本养老、医疗、失业、工伤、生育保险参保人数分别达到164.3万人、410.6万人、123.7万人、214万人、115.8万人，企事业单位在职职工缴纳采暖费补贴专项资金人数达到46.5万人。征缴5项社会保险费192.1亿元，征缴采暖费补贴专项资金8.8亿元。

（二）覆盖城乡的社会保障制度逐步完善

建立了城镇无保障老年居民养老保障制度，将全市城镇无保障老年居民纳入社会保障范围，4.5万名老年居民享受了养老保障待遇。城镇居民基本医疗保险实现市级统筹，工伤认定、机关事业单位工伤保险工作进一步规范，失业保险政策惠及到在连就业的外地城镇失业人员。

（三）社会保障待遇水平稳步提高

连续第6年调整企业退休人员养老金，人均月养老金达到1 404元。提高了城镇职工和城镇居民医疗保险最高支付限额，扩大了门诊费用支付范围，进一步减轻了参保人员的就医负担。失业保险待遇水平进一步提高，平均增幅达到30.7%，保障了失业人员的基本生活。

（四）社会保险经办能力不断提升

社会保险网上办事范围不断扩大，城镇居民医疗保险市级统筹各项经办业务有效衔接，机关事业单位参保工作逐步规范，企业社会保险征缴业务实现平稳移交，劳动能力鉴定和工伤康复工作进一步加强，生育保险基金支付管理更加规范。

三、工资收入分配

（一）机关事业单位工资制度改革稳慎推进

机关工作人员规范津贴补贴第二步工作顺利完成，在全市义务教育学校、公共卫生与基层医疗卫生事业单位建立了绩效工资制度。

（二）企业工资分配工作进一步加强

发布了2010年工资指导线、人力资源市场价位和企业人工成本，涉及13个行业、445个职位。第9次调整了最低工资标准，平均增幅30.9%，促进了企业工资正常增长。工资集体协商制度稳步推进，引导企业合理提高工资水平。

四、人事制度改革

（一）公务员选拔机制进一步完善

出台了面向基层和生产一线公开遴选公务员实施办法，积极开展面向基层机关遴选公务员工作。两次组织行政机关和参照公务员法管理单位招录考试，录用667人。

（二）公务员任免奖惩管理工作稳步实施

市直单位参公管理工作全面完成，公安机关警员职务套改工作平稳实施，及时开展了“7.16”灭火清污表彰工作。

（三）公务员队伍能力建设进一步加强

行政机关公务员基本功训练全面展开，公务员在线学习网启动运行。组织开展了全市行政机关公务员公文写作竞赛。大连市在辽宁省公务员公文写作竞赛中获得团体总分第一名。

（四）政府绩效评估工作取得新成绩

全面完成了年度政府绩效评估工作任务，大连市在辽宁省政府绩效综合考评中获得“八连冠”。同时，获得社会保障、双百工程等9项重点工作优胜奖。

（五）事业单位人事制度改革步伐加快

事业单位岗位设置工作全面启动，岗位设置管理制度入轨运行。印发了市属事业单位考核聘用人员暂行办法。全面完成了2010年事业单位公开招聘工作，415人被事业单位聘用。

（六）军转干部安置工作创新发展

出台了大连市军队转业干部安置暂行办法，采取“核分排序、积分选岗”的方式，公开、公平、公正地安置军转干部。全年安置军转干部607名。退役军官管理和企业军转干部解困维稳工作稳妥开展。退役军官和部分企业军转干部待遇进一步提高，企业军转干部解困维稳政策有效落实，总体保持了稳定。

五、人才队伍建设

（一）专业技术人才队伍建设全面加强

制定了关于修改大连市人才引进若干规定的决定和领军人才培养计划实施办法。专业技术人才知识更新工程全面实施，在装备制造、现代服务业等领域培训中高级专业技术人才8 500名。新增6个博士后科研工作站。2010年度政府特殊津贴专家和特聘专家选拔工作全面完成，优秀高层次专业技术人才选拔遴选机制逐步完善。人才公共服务有效开展，职称考试和评审工作切实加强，2.6万人取得各类专业技术职称。23个农村人才周转性宿舍全部完成主体工程。

（二）高技能人才培养力度进一步加大

特别职业培训计划深入实施，全年培训7.4万人，5.6万人取得职业资格证书。完成职业技能鉴定10万人。新技师学院一期工程竣工并投入使用，市级公共实训基地建设任务顺利完成。成功举办第七届大连市职业技能大赛，营造了有利于高技能人才成长的社会氛围。

（三）外专引智效益明显提高

共向辽宁省外专局申报海外研发团队项目204项，获批53项，位居全省第一。在连外国专家中有1人荣获2010年度国家“友谊奖”、7人荣获“辽宁友谊奖”、25人荣获“星海友谊奖”，与日韩政府间的公务员交流研修项目进展顺利。

六、劳动关系和劳动者权益维护

（一）劳动合同制度全面实施

开展“春暖行动”和“双合同月”活动，全市各类企业劳动合同签订率达到98%。劳动用工备案工作加快推进，与就业、社会保险等工作实现了信息联动，全市2.5万户用人单位、103万名劳动者进行了备案登记。

（二）协调劳动关系三方机制进一步完善

深入开展模范劳动关系和谐企业评选活动，引导用人单位规范劳动用工管理。协调劳动关系三方机制作用充分发挥，妥善处理了部分企业劳资争议。

（三）劳动人事争议调解仲裁工作得到加强

办案程序逐步规范，调解力度进一步加大，审裁质量不断提高，案件受理率达到100%。

（四）劳动保障监察执法力度不断加大

劳动保障监察网格监管实现了由点到面的转变，日常重点监控检查和书面资料检查范围进一步扩大。集中开展了清理整顿人力资源市场秩序等专项行动，为1.4万名劳动者追回工资7 101万元，追缴社会保险费1.6亿元，补签劳动合同17万份，有力维护了劳动者合法权益。

（大连市人力资源和社会保障局）

吉 林 省

2010年，吉林省各级人力资源社会保障部门在人力资源社会保障部的正确指导下，在省委、省政府的坚强领导下，紧紧围绕“发展是第一要务、民生是第一目标”这一主线和“努力让城乡居民生活得更加美好”这一主题，发扬伟大的吉林抗洪精神，进一步加大破解难题力度，进一步深化管理体制机制改革，进一步加强班子和队伍建设，有力地推进了全省人力资源和社会保障工作的开展，主要工作任务超额完成，向社会承诺的民生实事如期兑现，一些指标达到历史最高水平。

一、就业再就业

全省城镇新增就业53.8万人，完成年计划的119.6%；城镇登记失业率为3.8%，低于年计划0.8个百分点；“零就业家庭”援助率100%；小额担保贷款当年新发放10.1亿元，完成年计划的253%，首次突破10亿元；全省农村劳动力转移就业365.7万人，完成年计划的104.5%。

一是创业带动就业“吉林模式”形成。深入开展“全民创业促就业”系列活动，从最初的8个部门参与、开展11项活动发展到23个部门参与、开展39项活动，形成了“党委政府领导、部门广泛参与、创业项目依托、政策资金扶持、典型带动引导”的创业带动就业工作“吉林模式”。着力打造3个国家级和11个省级创业型城市，整体创业氛围明显增强。小额担保贷款累计发放突破33亿元，共带动38万人实现创业就业。

二是有效抓好高校毕业生市场就业。积极引导大学生市场就业、扶持创业、到基层就业，有1.5万余名大学生找到了“人岗相适”的就业岗位；通过实施“一村一名大学生就业工程”“大学生充实社区服务计划”“企业见习计划”“三支一扶计划”等，有1.2万余名大学生在社区、企业和乡村实现就业；全省共创建“东北袜业”等省级大学生创业园区21个，吸纳1 400余名大学生成功创业，带动就业1.4万余人。2010年高校毕业生就业率达到86.4%。

三是扎实抓好困难群体援助就业。经过近年来不懈努力，公益性岗位和“就业援助月”活动已发展为常规性援助措施，受到群众普遍欢迎，就业困难人员“即时帮扶就业”机制逐步形成。全省大龄就业困难人员再就业7.5万人，完成年计划137%；全省认定“零就业家庭”612户，709人，同比分别下降56.8%和62.8%，援助率100%。公益性岗位在岗11.2万人，成为对困难群体托底援助的重要措施，有效维护了社会稳定。

四是积极抓好农村劳动力转移就业。“政府推动、市场运作、政策引导、流动有序、管理规范、服务完善”的劳务经济发展新机制逐步建立，全省创建农民工返乡创业基地86个，扶持1.7万名农民工成功创业。大幅度提高就业培训补贴标准，加大农民工技能培训力度，共培训12万人。农村劳动力进城务工环境日益改善，拖欠工资问题得到有效遏制，农民工工伤保险和大病医疗保险有效推进，农民工子女入学、医疗卫生、住房等问题逐步得到解决。

五是公共就业服务能力得到逐步提升。组织实施了创业培训“5210工程”，共组织创业培训5.9万人，培训后成功创业人数达到3.04万人，带动10.06万人实现就业再就业，三项指标均超额完成。全年下拨就业专项资金21.5亿元，比上年度增长14.7%。全省共举办招聘活动1 600余场，达成就业意向50余万人次。开展了“强化基层就业百日攻坚战”，全省保持省级充分就业示范社区102个。依托东博会、农博会、汽博会举办大型公益招聘活动，成功举办首届中国长春创业（就业）博览会，探索了“展会推动创业就业”新模式。

六是部门职能作用得到充分发挥。2010年，吉林省发生历史罕见的洪涝灾害后，先后向灾区下拨再就业资金8.2亿元，并迅即出台了包括就业和各项社会保险在内的支持抗灾自救“四个文件”，也是第一个被省政府办公厅转发文件的省直部门。共转移灾区农村劳动力26万人，为82户企业减免减缓失业保险费351万元、为78户企业发放有关补贴1 312万元。此外，在支援新疆经济建设、实施“富民工程”、统筹推进“三化”等省委和省政府重大决策中，都充分发挥了部门职能作用。

二、社会保障

各项社会保险累计覆盖2 873.7万人次，实现年度覆盖计划的106.4%，比上年增加273万人次。各项社会保险费征缴286.3亿元，各项社会保险基金积累490.5亿元。参保扩面、保费征缴、基金积累均为历史最好水平。

一是着力完善社保制度。出台了城镇企业职工基本养老保险关系和流动就业人员基本医疗保险关系转移接续暂行办法，并进一步简化了省内养老保险关系转移办理程序。探索解决厂办大集体职工和“五七家属工”参保续保问题，试点工作已圆满结束。“关破并改”国企退休人员纳入职工医保范围。出台了残疾人病退鉴定有关政策，将残疾人纳入了申请因病或非因公负伤劳动能力鉴定范围，扩大了国有改制企业解除劳动关系人员病退鉴定范围。失业保险实现市级统筹。新农保试点配套政策进一步完善，两批试点总规模达到全省县（市、区）总数的31.7%，超过全国平均水平11.7个百分点。此外，还将全省现职村党组织书记和村民委员会主任纳入了新农保范围。

二是不断提高社保待遇。企业退休人员基本养老金月人均增加140元，增幅为13.3%左右，高于全国10%的平均增幅，全省月人均养老金达到1 190元左右。城镇居民医保补助标准从每人每年80元提高到120元，城镇职工和居民医保报销比例分别提高到80%和60%，对参加城镇居民医保女居民分娩的生育医疗费和新生儿费用纳入居民医保支付范围，通过建立城镇居民大额补充医疗保险解决超过基本医保限额的个人医疗费用负担问题。提高了工伤保险经常性待遇标准。

三是社会保障监管进一步加强。进一步加大监管力度，强化监管措施，主要概括为“一治、两建、三监督”，即：认真开展社会保险基金专项治理，逐步建立社会保险监督工作长效机制、建立全省社会保障监督队伍，监督社会保险基金、就业资金和其他专项资金运行，确保基金安全。在全系统开展了“社会保险管理规范年”、医保基金专项检查和就业资金专项检查等活动，对社保基金专项治理的整改工作进行跟踪督查。建立了100名省级社会保障监督员队伍，收到良好的社会效果。

三、人事制度改革

一是公务员管理更加规范。围绕公务员进、管、出等重点、难点环节出台配套政策，公务员管理的配套法规体系框架初步形成。凡进必考、竞争上岗、绩效考核、个性化培训、基层锻炼等多项公务员管理机制逐步建立。以思想政治建设、能力建设和作风建设为重点，大力开展公务员培训，公务员队伍的学历结构、知识结构、能力结构得到改善，为富民强省提供了坚强的组织保证和人才支持。省、市、县三级政府绩效评估工作全面展开。

二是事业单位人事制度改革进一步深化。建立和完善全省事业单位公开招聘制度，制定出台了《关于全面建立和进一步完善全省事业单位新进人员公开招聘制度的意见》，积极营造了公开、平等、竞争、择优的事业单位选人用人环境。全面推行全省事业单位岗位设置工作，省直事业单位岗位设置审核、备案工作有力推进，市（州）、县（市、区）事业单位岗位设置工作取得积极进展。启动实施了全省机关工勤人员聘用制度改革，实现了机关工勤人员由身份管理向岗位管理的制度性转变。

三是事业单位实施绩效工资稳步推进。公共卫生和基层医疗卫生事业单位绩效工资稳步实施，在国家确定政策框架内合理确定绩效工资水平，既符合各地实际，又确保了队伍稳定。提高了省直机关事业单位职工住房补贴和住房公积金比例，分别提高 5.5 和 5 个百分点。认真做好规范津贴补贴工作和警察加班补贴及机关信访工作人员岗位津贴实施工作。

四是军转干部安置工作进展顺利。按照孙政才书记、王儒林省长、金振吉副省长的指示批示精神，坚持专业能力与功绩制分配相结合，着力在解决军转安置症结性矛盾和问题上下工夫，仅用半个月的时间就完成了军转安置的考试和分配工作，并取得了五个方面的政策和做法上的突破，得到了国务院军转办、解放军总政治部和中央军委领导的充分肯定。

四、人才队伍建设

一是突出抓好高层次人才队伍建设。认真贯彻全国人才工作会议精神，采取得力措施抓好落实。完成了 2010 年享受国务院特殊津贴人员和第十一批省有突出贡献中青年专业技术人才选拔工作及 2010 年度留学人员回国创业启动支持计划和留学人员科技活动项目择优资助的申报和评审工作，开展了 2010 年度振兴老工业基地急需高层次人才（非教育系统）出国留学深造推荐人选的申报工作。为积极引进经济建设急需的紧缺人才，组织 40 家重点企事业单位赴天津参加了环渤海地区人才智力交流洽谈会，收到了较好效果。职称制度改革不断深入，圆满完成国务院在吉林省开展的中小学教师制度改革试点工作。

二是切实加强高技能人才队伍建设。继续实施百万特别职业培训工程，共培训 56.3 万人，完成年计划的 112%。加大职业技能鉴定力度，全省高技能人才总量突破 38 万。开展万名汽车维修工培训项目，力争打造“吉林技工”品牌，共培训 1.2 万人。组织开展了 2009—2010 年度吉林省职业技能竞赛活动和第二届“吉林技能大奖”“吉林省技术能手”表彰活动。技工院校招生政策在多方面实现新突破，办学特色更加突出，毕业生就业率达到 98%。

三是不断加大引智工作力度。全年执行聘请专家项目 150 项，聘请外国专家 340 人，国家资助吉林省聘请外国专家经费 621 万，继续居全国各省（市）前列；执行出国培训项目 159 项，派出培训 593 人次；办理“外国专家来华工作许可证”528 份。7 个国家级引智示范推广基地和示范单位获得国家批复。完成了 2010 年度国家“友谊奖”获奖外国专家人选的推荐、评选工作。积极开展援疆工作，“燕麦新品种繁育与栽培技术”作为首个援疆项目推广到新疆阿勒泰地区。

五、劳动关系和权益保障

一是深入开展劳动关系促和谐系列活动。根据形势和发展需要，确定了具体工作内容和目标任务，成员单位由 2009 年的 14 个部门扩大到 17 个，活动项目由上年的 10 项扩展到 14 项。进一步规范和加强了劳动用工管理，大力开展法律法规普及行动和劳动用工备案全覆盖行动，实施了推进小企业劳动合同制度专项行动计划，全省企业劳动合同签订率完成年计划的 101%，劳动用工备案率完成年计划的 104%。

二是加强企业工资分配宏观调控。提高了全省企业最低工资标准，将原来的三个档次调整为四个档次，最高增长幅度为 26.2%。为推动建立企业职工工资收入水平正常增长机制，会同有关部门下发了《关于进一步推进企业工资集体协商工作的意见》，并出台了鼓励政策，为建立职工工资正常增长机制提供了制度保障。

三是全面构建企业劳动争议“大调解”工作体系。在企业、行业、区域、基层建立了全方位、多层次、广覆盖的调解组织体系，先后出台八个调解工作指导性文件，形成了争议调解制度基本框架，全面构建起“大调解”工作体系。劳动人事争议仲裁工作稳步推进，在全国率先成立了层次高、代表性广、专业性强的劳动人事争议仲裁委员会，较短时间内建立了“一体化”的仲裁组织体系，仲裁制度和基础设施更加完善，仲裁员队伍不断壮大，争议处理效能明显提高。省仲裁委员会正式启动办案工作，并对全省各级仲裁委员会的案件管辖进行了统一规范。

四是进一步加大劳动监察力度。充实基层劳动保障监察执法力量，将执法关口和重心前移到劳动用工第一线。先后集中开展了农民工工资支付情况专项检查、清理整顿人力资源市场秩序专项行动、整治非法用工打击违法犯罪专项行动和“服务企业促发展、维护权益保民生”专项检查，并与吉林电视台联合开展了“农民工走合法维权路”活动，取得了良好的社会效果。2010年，劳动保障监察机构查处举报投诉案件结案率完成年计划的100%，农民工工资当期支付率100%。

五是信访形势保持平稳。继续将信访工作纳入了政府目标责任制进行绩效考核，积累形成了按月开展矛盾纠纷排查化解、领导信访包案等好的经验做法，深入开展了“集体访积案化解提速年”活动，着力解决了一些历史遗留问题，全省人力资源社会保障信访维稳形势趋于平稳，主要指标呈下降趋势。到人力资源社会保障部上访量也从全国第4位退出了前10位。

六、基础服务能力建设

一是依法行政能力不断提高。创新建议提案办理工作方式，由集中面复方式改变为邀请代表委员进行实地走访，共同研究建议提案的解决和落实途径，得到了代表委员、党派团体及省人大、省政府和省政协的高度称赞和充分肯定。厅行政审批办全年共审批16.17万件相关事宜，其中即办件占99.5%，深入基层现场办公46次，办件总量近年来均居进厅部门首位，自2006年以来连续被省政务公开协调办评为政务大厅优秀窗口单位。

二是干部人事管理力度进一步加大。紧紧围绕全厅工作中心，加大干部培训工作力度，选派156名干部参加各级各类培训；拓宽选人用人视野，面向基层公开选拔处级领导干部，选派机关处级干部到基层任职；稳步推进厅属事业单位改革，组织实施事业单位参公管理和人员续聘工作，促进事业单位提升整体功能；开展绩效评估、系统表彰，多方调动干部职工积极性；健全完善机关人事管理制度，服务机关、服务基层的能力进一步增强。

三是党风廉政建设进一步强化。继续推进简政放权，深入开展“优质服务窗口”创建活动，建设服务型机关。在全系统开展了“百名委员代表大走访”“千户企业大调查”和“万名服务对象大评议”活动。严格落实党风廉政建设责任制，坚持实行“两书一考”制度，深入推进惩防体系建设，对全厅职权梳理出150多个关键节点进行廉政风险防控。驻厅纪检监察部门对社会关注、敏感性强的重要业务实行超前介入和全程介入，有效预防腐败问题的发生。

四是机关党建进一步深化。广泛开展读书活动，推动学习型党组织建设。开展党组织服务民生系列活动，公开党组织和党员承诺事项，设立“党员先锋岗”，建立先进典型库，推进创先争优活动扎实深入开展。召开新厅组建后第一次党员代表大会，选举产生新一届党委和纪委委员，厅机关党的组织建设得到加强。举办丰富多彩的文体活动，进一步丰富了机关文化生活。

五是资金争取取得新突破。国家各项补助资金实际到账104.1亿元，连续两年保持百亿元以上。

（吉林省人力资源和社会保障厅）

长　春　市

2010年，是长春市人力资源和社会保障局机构改革后正式组建运行的第一年。全市人力资源社会保障系统按照“思想上形成共识、工作上形成合力、制度上形成统一、文化上形成风格”的总体发展方向，在不断促进思想、业务、队伍“三融合”的同时，实现了运行效能、工作业绩和服务水平的“三提高”，呈现出热点工作取得新进展、难点问题实现新突破、创新领域打造新亮点的可喜局面，圆满完成了年度各项目标任务。

一、就业再就业工作

结合创业型城市创建工作，在全国率先举办了创业就业博览会，实现了会展经济与民生工程的相互衔接和互动，全市创业政策、创业环境、创业载体和创业扶持体系得到进一步完善，促进并保障了就业局势的稳定。全年新增就业10.7万人，下岗失业人员再就业8.2万人，其中大龄就业困难对象再就业12 293人，小额贷款当年新发放1.05亿元，城镇登记失业率为3.36％。

（一）成功举办了首届创业就业博览会

2010年5月20日—22日，以“创业促就业，福祉千万家”为主题的首届长春创业就业博览会成功举办。博览会开幕式与“2010全国民营企业招聘周启动仪式”同时进行，国务院副总理张德江专门发来了贺信。全国政协副主席、工商联主席黄孟复，人力资源社会保障部、教育部、全国总工会、全国工商联负责同志及吉林省、长春市主要领导出席开幕式并视察了展馆。全国共有23个省、自治区、直辖市及67个城市组团来长春参加活动，参会代表达1 100多人。本届创业就业博览会集招聘活动、项目推介、高峰论坛、成果展示、技能竞赛、政策咨询、典型演讲、英模表彰8大板块于一体，推出了5 000个创业项目，提供岗位5万多个，求职者与用人单位签订意向用工协议6.3万余人。本届博览会，是国内首个以创业就业为主题的综合性博览会，也是长春市、吉林省迄今为止规模最大的人力资源交流合作平台，在改善和提高民生工作水平方面做出了有益探索，得到人力资源社会保障部和各级领导的充分肯定。

（二）积极推进高校毕业生就业工作

2010年，长春市将高校毕业生就业工作纳入全市就业工作的重要内容，调研起草了《长春市高校毕业生就业情况调研报告》，全面掌握了全市高校毕业生的基本情况，对如何扶持和扩大高校毕业生就业能力和水平提出了有针对性的意见和建议。全年为高校毕业生提供就业岗位3.5万个，服务大学生40万人次，新建就业见习基地55家，吸纳见习生5 630人；全面开展了“一村一名大学生”、“三支一扶”和“大学生充实社区服务”工程。当年应届毕业生就业率达到85.7％，未就业高校毕业生实现就业11 698人。

（三）全面做好就业困难群体就业工作

以基层劳动保障平台为依托，全方位，多层次地促进就业援助、岗位对接、创业带动等各项工作，推动了困难群体就业工作的深入开展。2010年，长春市共援助零就业家庭293户，保持零就业家庭动态为零。全市以公共服务和社区为主要方向，重点加强了对公益性岗位的开发与管理，全年开发公益性岗位 1 750 个，安置就业困难人员 1 286 人，公益性岗位总量稳定在 2.3 万个。

（四）扎实做好劳务输出工作

通过开展“春风行动”“送岗到乡直通车”等系列活动，共实现农村劳动力转移就业 95.7 万人次，其中异地转移就业 83.3 万人次。特别是针对当年长春市遭遇的洪涝灾害，及时开通了“灾区农民工就业援助直通车专线”，帮助 5 万名受灾农民转移就业，实现了被动救灾向主动就业的转变。

（五）充分发挥职业技能培训作用

全面推进“特别职业培训计划”，充分发挥职业培训促进就业的基础作用。全市共培训失业人员 25 047 人，创业培训 11 031 人，农村劳动力技能培训 31 920 人，在职职工培训 36 028 人，新成长劳动力培训 4 175 人，累计完成各项培训 10.8 万人。

（六）全面提升就业工作基础服务能力

长春市 65 个街道、97 个乡镇、377 个社区全部组建了劳动保障机构，创建省级充分就业社区 24 个；人力资源市场和人才市场共举办各类招聘洽谈会 312 场，接待求职者近百万人次；公共就业服务体系建设不断创新，在吉林省率先开展了人力资源市场管理人员培训工作。

二、社会保障工作

（一）养老保险

结合长春市民生工作部署，及时调整工作重心，强化审计、监察、征缴工作力度，通过开展“确保发放，加强征缴”百日攻坚系列活动，实现了养老保险参保人数和基金征缴的稳定增长。全市城镇从业人员参加基本养老保险人数达到 117.6 万人，养老保险覆盖总人数 164.5 万人；征缴养老保险费（含清欠）47 亿元；完成了 2010 年度退休人员调待工作，全市月人均养老金增至 1 265 元；上级财政转移支付资金按季到位率达到 100%，全年为 42.9 万名退休人员发放养老金 62.8 亿元，养老金按时足额发放率和社会化发放率 100%。全市养老保险相关政策得到有效落实，按照“无障碍”“无缝隙”的要求，全面落实养老保险关系转移接续办法，为 2 645 名参保人员办理了异地转移接续手续；积极推进社保补贴和政府贴息助保工程，为 8.1 万人发放社会保险补贴 4 416 万元，帮助 3 280 人通过贴息贷款实现顺利参保，为 1 843 名遗失档案职工补建档案，解除了已参保职工的后顾之忧；扎实推进退休人员动态管理服务工作，全市已退休人员档案接收率达到 100%，社区管理率 100%。稳步推进农村养老保险工作。2010 年，长春市朝阳区被确定为吉林省 9 个新农保试点县（市）之一，该区农业人口 53 654 人，适龄参保农民 36 419 人，自年初开始实施新农保政策到年底，全区参保农民 26 023 人，参保率达到 72%，在全省 9 个试点地区中参保率最高。截至 2010 年底，长春市已有 8 429 人参加了被征地农民养老保险，累计征缴基金 3.1 亿元，九台市开展的农村独女户夫妇养老保险已参保 809 人，参保率为 70%。

（二）失业保险

积极开展失业调控，进一步健全完善了失业预警机制和失业调控方案，失业动态重点监测工作得到人力资源社会保障部的充分肯定。全市失业保险参保总数达到 73.8 万人，征缴失业保险费（含清欠）3.6 亿元，解决国企改制失业保险遗留问题 30%以上，为 4.2 万名失业人员发放失业保险金 1.3 亿元。

（三）医疗保险

2010 年，长春市城镇基本医疗保险参保人数达到 390.2 万人，其中职工医保 151 万人，居民医保 239.2 万人。在医疗保险政策方面，制定出台了《关于调整和完善城镇基本医疗保险有关政策的通知》，将居民参保补贴标准由 80 元提高到 120 元，同时，开展了城镇居民基本医疗保险门诊统筹试点。一年来，通过降低城镇职工基本医疗保险住院乙类药品和乙类诊疗项目个人自付比例，共惠及参保人员

18.5万人次，涉及基金支付22 76万元；通过提高居民医保住院报销比例5个百分点，惠及参保居民62 074人次，涉及基金支付1 475万元；通过提高大额医疗费用救助最高支付限额，共惠及参保人员954人次，涉及基金支付3 460万元。全年新增四项基本医疗保险门诊大病病种，医疗保险门诊大病病种达到12种。在医疗保险服务方面，启动了“长春医保票据专递”项目，突破性解决了企业跨银行缴存的自动化问题，全年免费邮递票据65万份；搭建了医保远程服务应答系统，开发了欠费、变更和消费提醒等15项医保手机服务功能，在国内率先创建了“医保掌上服务大厅”业务，免费为全市参保企业和社区协理员发放“零负担”手机2万部。

（四）工伤生育保险

全面推进农民工参加工伤保险“平安计划”，全市工伤保险新增参保5.9万人，参保总数达到97.9万人。出台了《关于调整全市工残职工伤残津贴标准和生活护理费标准的通知》，相应提高了工伤职工待遇。生育保险新增参保8万人，参保总数达到95.6万人，出台了《长春市城镇居民生育保险试点实施方案》，自2010年1月1日启动了居民生育保险国家试点，共有2 447名生育妇女享受了此项待遇，涉及基金支出228万元。

三、工资收入分配工作

事业单位实施绩效工资稳步推进，全市义务教育学校、卫生系统事业单位绩效工资实施率达到100%，有效调动了关键岗位和重点岗位工作人员的积极性。完成了53 142名机关事业单位在职和退休人员的工资审批，对14 126名公务员进行了健康体检，组织205名优秀公务员赴异地健康疗养。企业工资管理工作进一步加强，及时调整最低工资标准，全市最低工资标准由650元提高到820元。下发“企业工资信息调查软件”3 934张，问卷调查1 687份，涉及职工37.3万人，生成1 291个职位（工种）、40个外商投资企业职位（工种）、6个学历等级、10个年龄段、8个工龄段、9个专业技术等级、14个国民经济行业、4个隶属关系、10个登记注册类型、35个家政（社区）服务业岗位，共5 603个人力资源市场工资指导价位。对全市3 022户企业、27.9万名职工的人工成本情况进行了抽样调查统计，经筛选、汇总、修正后，形成了2010年度长春市行业人工成本参考水平和人工成本预警线。拟定了2010年长春市企业工资增长指导线，上线为20%、中线（基准线）为15%，下线为8%。

四、人事制度改革

（一）加强公务员队伍建设

探索开展了聘任制公务员招录工作，出台了《长春市行政机关聘任制公务员管理暂行办法》，被确定为吉林省聘用制公务员录用与管理试点地区。全年招录公务员313人，聘用制公务员7人，完成了全市物价系统和城区规划、国土部门的“推公”登记工作，争取吉林省人民政府批复长春市参照公务员管理单位81家，共涉及2 561人。研究制定了《长春市2010—2012年公务员培训实施方案》，全年培训公务员13 405人，继续教育培训9.5万人。积极推进政府奖励工作规范化、制度化建设，开展行政奖励项目12项；进一步健全完善了绩效评估指标体系，完成了2010年政府绩效评估工作。

（二）深化事业单位人事制度改革

长春市委、市政府办公厅制定下发了《关于进一步规范事业单位公开招聘工作人员的实施意见（试行）》，采取面向社会公开招聘、不定期定向招聘和人才引进“绿色通道”，全年为事业单位招聘各类人才656人。完成了吉林省人力资源社会保障厅在长春市朝阳区、市图书馆开展的事业单位岗位设置试点，全市事业单位聘用合同签订率达到100%。

（三）军转干部安置任务圆满完成

认真落实关于军转干部的各项安置政策，完成了当年计划分配军队转业干部培训任务，共培训189人，为自主择业军转干部发放退役金6 841万元，医疗保险和采暖费1 055万元。2010年，长春市共接收军队转业干部263人，其中计划安置转业干部185人，自主择业转业干部78人，随军、随调家属123人，军转安置工作继续保持了部队、地方和转业军官的“三满意”。

五、人才队伍建设

（一）专业技术人才队伍建设进一步加强

制定发布了长春市企业人才需求目录，授权一汽集团等13家重点企业开展异地人才引进工作，为企业自主配置人才创造了条件，全市有8家企业获得231万元人才开发资金资助。在全市评选享受国务院津贴人员8人、吉林省有突出贡献的专业技术人员16人、享受长春市政府津贴100人。加强企业博士后科研工作站和博士后科研创业基地建设，审办博士后科研工作站3个，新建博士后科研创业基地2个。积极吸引高层次海外留学人才，加强“长春海外学人创业园”建设，“长春海外学人创业园”的留学回国人员达到289人，留学人员直接创办企业196家，2010年产值突破13亿元。

（二）深化职称制度改革

在职称评审工作中，通过紧紧把握政策标准，严格评审条件，规范程序流程，科学组织评审等环节，实现了用人单位和参评人员的“双满意”，共评审高级专业技术人员1 147人，中级专业技术人员1 620人。

（三）引进国外智力工作取得明显成效

围绕汽车、农副产品深加工、生物制药、信息和光电子等长春市主要产业，全力加大引智工作力度，全年共组织实施引进国外人才项目37项，聘请外国专家194人次，审批各类培训团组33个，派出培训人员85人次，获得国家各类专项经费资助300多万元。审批和办理外国专家来华工作许可69个，发放（延期）外国专家证238个，全市有1位外国专家获“国家友谊奖”，2位专家获“长白山友谊奖”，10位外国专家获“长春友谊奖”。

（四）扎实推进技能人才队伍建设

全面深化技工院校改革，全市技工学校毕业生就业率达到98%。在吉林省率先建设了职业技能公共实训鉴定基地，全年组织职业技能鉴定6.8万人，培养高技能人才7 026人。

六、劳动关系和劳动者权益维护

（一）劳动关系协调机制进一步健全

在全市范围内组织开展了劳动关系促和谐系列活动，探索建立了部门联合、上下联动、全社会共同发展的和谐劳动关系新局面，健全了劳动关系协调工作组织领导体系、法律法规体系、管理服务体系和三方协调机制，全市劳动合同签订率达到97.3%，企业用工备案率91%。

（二）劳动人事争议调解仲裁工作取得积极进展

在劳动人事调解仲裁工作中，全面推行了案前调解制度，按照“鼓励和解、强化调解、完善仲裁、诉讼救济”的总体思路，认真组织，积极筹划，指导3 387户企业建立了劳动争议调解组织，初步构建形成了多层次、广覆盖的企事业劳动人事争议调解组织网络平台，全年共处理劳动人事争议案件767件，当期结案739件，结案率97%。按照“信访积案化解提速年”活动方案要求，共核查调处信访积案38件，接待职工群众来信来访1 260件，涉及职工2 382人次，分别比上年同期减少了48%和42%。

（三）劳动保障执法效能得到全面提升

劳动保障监察“两网化”管理试点进展顺利，通过巡视检查、专项监察、劳动保障年检和举报专查等方式，有效保护了劳动者的合法权益。全年共巡视检查用人单位750家，查处投诉案件280件，涉及劳动者6.8万人，案件回复率为100%。共为劳动者讨回欠薪和抵押金2 912万元，责令单位为劳动者补缴养老保险费87万元，涉及劳动者82万人。督促用人单位办理职业资格证书2 321份，与劳动者补签劳动合同 35 136 份。组织开展了清理整顿人力资源市场秩序、建筑领域农民工合法权益检查、整治非法用工大检查等系列专项行动，全市共取缔非法职业中介 8 家，检查建筑工地 74 个，建筑栋号 418 个，检查“四小”企业 619 户，查处违法案件 182 件，清退童工 5 名。

（长春市人力资源和社会保障局）

黑龙江省

2010年，在人力资源社会保障部和省委、省政府的正确领导下，黑龙江省人力资源社会保障厅认真贯彻落实十七届四中、五中全会精神，以保增长、调结构、促改革、惠民生为目标，围绕“着力保障和改善民生，促进社会和谐稳定”的大局，组织实施了一系列重大改革举措，制定出台了一系列政策措施，对于促进全省经济社会又好又快发展、保障和改善民生做出了积极贡献。

一、就业工作实现新突破

2010年，全省实现城镇新增就业75.8万人，完成年计划126.4%；下岗失业人员再就业61万人，完成年计划121.9%；其中就业困难人员18.2万人，完成年计划182%。截至2010年底，全省城镇登记失业率为4.27%，比计划目标低0.33个百分点。

（一）大力推进全民创业。制定了《黑龙江省促进以创业带动就业工作实施意见》（黑政办发［2010］6号），对促进全省创业工作实施“四放宽、两减免、两补贴、一贷款和五服务”的扶持政策。即放宽创业领域、放宽登记条件、放宽出资额限制、放宽经营场所限制；落实税收减免和收费减免政策；对部分群体提供社会保险补贴和创业培训补贴；对几类重点人群自主创业的可提供最高5万元的小额担保贷款或其他形式的小额贷款贴息；创业能力服务、创业综合服务、创业信息服务、创业孵化基地和良好创业环境。由此形成了促进创业带动就业的政策体系。同时，确定齐齐哈尔、牡丹江、伊春、鸡西、绥化、鹤岗6个地市，兰西、桦南、富裕3个县及森工系统和农垦两个管局作为省级第一批创业型城市和系统，并顺利启动试点工作。全年对6.7万人进行了创业能力培训，其中成功创办企业和自谋职业4.8万人，创业成功率为70%，培训后新创造就业岗位12.8万个。为2.7万人发放小额担保贷款8.6亿元，圆满完成全年的计划目标。

（二）推进落实积极的就业政策。继续实施“五缓四减三补两协商”政策，帮助困难企业减轻缴费负担，保持全省就业局势的基本稳定。使用失业保险基金稳定就业岗位共支付或减收资金18.3亿元，其中发放社保补贴和岗位补贴12.1亿元；降低失业保险费率减收失业保险费6.2亿元；缓缴失业保险费910.4万元。

（三）加强高校毕业生就业工作。与教育、财政、人民银行、国税、工商等部门联合制定了《2010年全省高校毕业生就业推进行动实施方案》（黑人保发［2010］47号），实施了“岗位拓展计划”“创业引领计划”和“就业服务与援助计划”；招募1 620名高校毕业生深入乡镇开展“三支一扶”活动。全省19.2万应届高校毕业生已就业17.5万人，就业率为91%。

（四）加强残疾人等重点群体的就业工作。经过认真调研，与省残联联合开展助残就业爱心工程，拟定了《关于加强残疾人就业工作的意见》。为17.7万名就业困难人员提供了就业再就业援助。安置8 634名有劳动能力和就业愿望的残疾人实现稳定就业。

（五）积极开展就业援助与服务活动。开展了就业援助月、春风行动、高校毕业生就业网络招聘周和民营企业招聘周等就业服务专项活动。制发了《黑龙江省城镇就业困难人员认定管理暂行办法》（黑人保发［2010］60 号），积极做好零就业家庭援助工作，消除零就业家庭 5 045 户，安置零就业家庭人员就业 6 271 人。安置 1 443 名随军家属就业，占需安置总数的 89.7%。

（六）继续实施特别职业培训计划。认真贯彻人力资源社会保障部进一步实施特别职业培训计划视频会议精神，与省财政厅、省发改委联合印发了《关于进一步实施特别职业培训计划的通知》（黑人保发［2010］18 号），全年共实施特别职业培训计划培训 54.5 万人，完成计划的 121%。

二、社会保障体系建设迈出新步伐

到 2010 年末，全省基本养老、基本医疗、失业、工伤和生育保险参保人数达到 953.6 万人、1 560.8 万人、472.9 万人、415.1 万人和 290.1 万人，分别比上年末增加 33.2 万人、16.5 万人、1.6 万人、13.3 万人和 20.1 万人。养老、医疗、失业、工伤和生育保险基金征缴额分别达到 335.2 亿元、109.4 亿元、12.9 亿元、11.3 亿元和 2.8 亿元，分别完成年计划的 102.8%、116.3%、143%、120.1%和 114.1%。

（一）完成了当年企业退休人员基本养老金调整工作，人均提高 147 元/月。丧葬补助费标准由 1 200 元提高到 4 000 元，一次性抚恤金标准由 1 000 元提高到 6 000 元。积极研究解决刑满释放解除劳教人员养老保险、地方所属农林四场职工养老保险以及建国前老兵社会保障等问题，拟定了解决意见。

（二）制定了《关于进一步规范城镇居民门诊统筹工作的指导意见》（黑人保发［2010］50 号），将部分常见病、多发病纳入门诊统筹支付范围。制定了《关于黑龙江省基本医疗保险异地就医结算服务工作的指导意见》（黑人保发［2010］117 号），规范了异地就医结算服务行为。积极解决 130 余万关闭破产集体企业和其他困难企业退休人员医疗保障问题。进一步降低了参保患者的个人负担，职工医保患者自负比例控制在 25%以内，居民自负比例平均为 48.3%。

（三）稳步推进第一批新农保试点工作，实际参保人数 124 万人，参保率为 87%，累计收缴保费 3 亿元。经过深入调研，将巴彦、富裕等 13 个县（市、区）列为第二批新农保试点单位，并已顺利启动。全省新农保试点工作已覆盖农业总人口的 31%。

（四）提高了哈尔滨、鸡西等 11 个城市失业保险金标准，市（地）平均提高 35 元，县（市）平均提高 20 元；实施失业动态重点监测，及时掌握全省企业的岗位变动情况。

（五）制定了《关于实行工伤保险基金市级统筹的意见》（黑政办发［2010］25 号），提高了统筹层次。将参加工伤保险企业“老工伤”人员纳入工伤保险统筹管理，有效解决全省 6.2 万名老工伤人员待遇问题。在齐齐哈尔市开展解决破产改制及长期关停企业老工伤人员旧伤复发医疗费试点。扎实推进工伤康复试点，与养老金同步提高了工伤人员的待遇水平。

（六）巩固专项治理成果，加强社保基金监管，进一步健全了社保基金监督工作体系。

三、工资分配制度改革取得新进展

（一）指导各市地做好义务教育学校绩效工资实施工作，并对全省义务教育学校绩效工资实施情况进行检查验收。

（二）研究制订工作方案，稳步推进公共卫生与基层医疗卫生单位绩效工资制度改革。

（三）对机关事业单位早期退休人员待遇偏低问题进行调研，并形成初步解决意见。

（四）经过调查测算，对全省各地最低工资标准进行调整，目前全省最低工资平均为 696 元/月，平均增长 36%。指导地市发布工资指导线和劳动力市场工资指导价位，积极推动企业开展工资集体协商。

四、人事制度改革取得阶段性成果

（一）完善了事业单位岗位设置管理方案，制定了省直事业单位公开招聘工作人员实施细则，136家省直事业单位全年公开招聘3 803人。

（二）修订职称评审标准，完善评审办法，将物流专业纳入全省职称评价体系。完成职称外语、计算机等16项15万人次专业和执业资格考试。

（三）加强公务员队伍建设，完成2010年度全省79 392名公务员考录工作，创新公务员面试办法，省电视台现场直播抽签全过程，两次抽签确定考官、纪检监督员和考场分组，社会反响较好，国办对此进行了专门报道。对省森工系统林业公安机关4 388名符合条件的过渡人员进行了公务员登记。全面启动黑龙江省公安机关执法勤务机构人民警察警员职务套改工作。研究起草《公务员诚信体系建设方案》，完善政府奖励办法，做好省直单位系统表彰工作。圆满完成第三届全省“人民满意的公务员及公务员集体”表彰工作。编制公务员培训计划，加强公务员四类培训。

（四）制定了2010年军转干部安置计划，抓好自主择业军转干部网络培训，落实自主择业军转干部各项待遇，切实做好部分企业军转干部维稳与解困工作。

五、人才队伍建设取得新成绩

（一）落实全国、全省人才工作会议精神，结合省情，研究起草了专业技术人才服务“八大经济区”和“十大工程”建设意见、进一步加强专业技术人才工作意见、加强高技能人才工作的意见、鼓励和引导人才面向农村基层和艰苦边远地区流动的意见等8个文件。修改完善了省学科（专业）带头人梯队管理办法，开展享受政府特殊津贴人员选拔及留学人员科技活动项目择优资助申报工作。

（二）省政府与国家外国专家局签订“省局合作”协议，加大引智力度，“哈洽会”期间达成合作协议29项，“等离子体技术制备火箭发动机涂层”等一批重点项目顺利对接并转入实施。申报国家级引智示范基地4个，完成国家“友谊奖”专家推荐工作。

（三）围绕本省“八大经济区”和“十大工程”建设重大项目和重点领域，积极引进海外博士。招收博士后研究人员380名，出站博士后160名，比上年同期分别增加了10%和12.5%。初步达成省、部共建龙江博士后创业园协议。

（四）筹建大小兴安岭生态功能保护区人才服务中心，继续做好东部煤电化基地建设人才服务工作，加强6市间煤电化行业人才智力合作，打造东部煤电化基地整体优势。

（五）实施知识更新工程，加强培训基地建设，开设317个培训科目，组织近5 000人参加转岗培训。开展网络远程继续教育培训，培训86 000人。

（六）加大高技能人才培养力度，实施黑龙江省“55139”高技能人才培养工程，推进公共实训鉴定基地建设，共培养高技能人才5.4万人，完成年计划的108%。加强技工院校建设，调整结构，扩大规模，增强竞争力。全省技工院校招生8.2万人，同比翻了一番；在校生达15万人，毕业生一次性就业率达到95.6%。

六、维护劳动者合法权益取得新成效

（一）深入贯彻《劳动合同法》，组织开展“春暖行动”，重点推进私营企业、个体工商户劳动合同签订，劳动合同签订率达95.5%、集体合同签订率为50%；深入开展劳动关系和谐企业和工业园区创建活动，覆盖率达55%。

（二）建立全省发展家庭服务业联席会议制度，开展家庭服务业发展促进就业的专项调研。开展农民工基本情况抽样调查活动。充分发挥农民工工作联席会议重要作用，推动农民工就业和社会保障政策落实，依法维护农民工合法权益。累计收缴农民工工资保障金 22.2 亿元，通过保障金支付农民工工资 3 亿元。

（三）认真宣传贯彻《黑龙江省劳动保障监察条例》，进一步提高“两网化”管理水平，依法维护劳动者合法权益，共督促用人单位为 36.7 万名劳动者补签了劳动合同，为 6.7 万名劳动者追发工资等待遇 1.5 亿元。

（四）做好敏感期间的信访维稳工作，加大人事劳动争议调解仲裁力度，有效化解矛盾纠纷。全年共接待处理职工群众来信来访 31 128 批次，涉及 4.8 万人；处理争议案件 9 122 件，结案率达 98%。

七、基层公共服务平台及信息化建设进一步加强

（一）面向社会公开招聘了 2 000 名高校毕业生到基层劳动就业社会保障服务平台就业，优化充实了全省乡镇、社区工作人员队伍。

（二）加快基层劳动就业社会保障服务中心建设，全省 9 个县及 36 个乡镇建设试点工作已全面启动，将在 2011 年底前交付使用。加强了农村劳动就业社会保障服务站建设，全省 9 262 个行政村已全部建立了工作站。

（三）经国家批准，确定了哈市道外区南直路街道先锋社区、齐市龙沙区江安街道电业社区以及大庆市让胡路区乘风街道东湖第四社区为国家级充分就业示范社区。

（四）利用“金保工程”数据平台，建设省级大集中模式的“人事人才信息化工程”业务系统。建立新农保信息管理系统，实现与其他各项公众信息的资源共享。开发参保系统，为全省“五七工”“家属工”参保缴费提供信息化服务。全面推行“一卡通”，已累计发行社会保障卡 330 万张。

（黑龙江省人力资源和社会保障厅）

哈尔滨市

2010年，哈尔滨市人力资源社会保障局在市委、市政府的正确领导下，全局干部职工以科学发展观为统领，全面贯彻落实市委十二届八次全会提出的“超越自我、再塑形象、奋起追赶、努力晋位，把哈尔滨建设成为现代大都市”的总体要求，迎难而上，奋力拼搏，扎实工作，圆满完成了各项工作任务，为推进地方经济社会又好又快发展做出了积极贡献。

一、积极就业政策得到有效落实，就业局势保持稳定

认真落实《哈尔滨市就业失业登记管理办法》，制定出台了鼓励妇女创业的政策，灵活就业人员社保补贴逐步发放到位。下大力气加大对就业困难人员的安置力度，全市零就业家庭始终保持动态为零。全面实施创业引领、岗位拓展、就业服务、就业见习、就业援助五项行动计划，全市吸纳 21 105 名高校毕业生就业。帮助农民工多形式就业，全市实现农村劳动力转移就业 131 万人。落实大项目用工对接，为202个大项目建设单位提供用工招聘 3 156 人。继续实施援企稳岗“缓降补”政策，为企业减负近 3.6 亿元，惠及职工 128 万人。整体推进村级劳动就业社会保障服务平台建设，全市所辖 8 区 10 县 1 902 个行政村，全部实现建站。通过扎实有效的工作，全市实现城镇新增就业 10.84 万人，安置就业困难人员再就业 2.18 万人，分别完成全年目标的 116.6%和 145.3%。城镇登记失业率控制在 3.31%以内，低于省控制指标 0.96 个百分点。

二、努力促进创业带动就业，创建国家级创业型城市工作得到了有力推进

抽调精兵强将组建创业办，组织制定了“自立创业工程”“科技创业工程”“返乡创业工程”实施方案，重点抓好城镇失业人员、高校毕业生和返乡农民工创业。开展创业培训进社区、进校园、进乡镇“三进计划”，满足城乡各类人员、不同层次创业培训的要求。各位局领导分别带领 6 个专项检查督导组，对区、县（市）创建工作完成情况进行了检查督导。举办“创业服务周”活动，为创业者提供创业政策咨询、创业项目推介和创业成果展示等创业服务。通过一年来卓有成效的工作，先后组织 8 061 名下岗失业人员开展创业能力培训，有 2 332 人经培训后成功创业，有 2 715 人自谋职业，创造就业岗位 6 477 个。

三、覆盖城乡居民的社保框架初步形成，待遇水平大幅提高

基本医疗、失业、工伤、生育四项社会保险参保人数分别达到356 万人、128.38 万人、104.16 万人和 72.8 万人，企业职工养老保险参保人数 119 万人，全面完成年度扩面目标；五项社会保险基金收入 119 亿元，同比增长 21%。在依兰县有序开展新农保试点工作，全县 16 至 59 周岁应参保人员已参保 13.59 万人，参保率达到 99.9%。启动“老工伤”人员纳入工伤保险统筹工作，预计将有 1.2 万多名“老工伤”人员从中受益。重点开展企业退休高职人员一次性发放生活补助费工作，现已

完成发放 8 783 人，发放比例达到 92%。继续开展“五七工”“家属工”参保工作，参保人数达到 50 518 人。将大额医疗保险最高支付限额由 15 万元提高至 20 万元，部分乙类药品自付比例由 30%降到 20%，将肝移植参保患者移植费用纳入统筹基金支付范围。提高了失业保险待遇水平，市区失业保险金标准由 370 元提高到 400 元，失业人员在领取失业保险金期间死亡的，其丧葬补助金标准由 1 200 元调整为 4 000 元。将呼兰、阿城两区工伤保险纳入市级统筹。强力推进社会保险基金专项治理工作，重点对医疗保险基金进行了监督检查。

四、人才队伍建设取得突出成果，人才强市战略有效推进

制定了《哈尔滨市“十二五”人才规划编制工作实施方案》，对全市在大项目建设中作出突出贡献的各类优秀人才进行表彰奖励。开展大项目建设特邀专家聘任工作，全市共聘 14 名市政府特邀专家。开展第二届市长特别奖评选活动，10 名优秀人才获此殊荣。加大优秀毕业生储备力度，吸引 3 500 名高校毕业生投身本市项目建设。先后请进外国专家 165 人次，解决本市引智项目关键技术和管理难题 30 余个。完成培训高技能人才 17 850 人，技工院校招生完成 20 183 人，继上年突破万人大关后又实现翻番，技校毕业生一次性就业率继续保持在 98%以上。完成职业技能鉴定 42 436 人。积极开展新农村建设专家服务行活动，组织 20 多名农业和医疗方面的专家奔赴巴彦县开展农业技能培训和义诊活动。

五、公务员队伍建设得到有效加强，事业单位人事制度改革稳步推进

完善逢进必考机制，组织完成了 2010 年公务员招考面试工作。开展从基层选调公务员工作，为市政府法制办等单位选调了若干名具备专业资格和实际工作经验的公务员。积极深化公务员“四类培训”，制定出台了新形势下加强公务员考核意见。完成第二批拟参照公务员法管理单位的审核报批工作，市直及所属参公管理单位已达 46 家。积极稳妥推进雇员制的实施，研究雇员制相关政策和规定。编制下达了 2010 年工资总额计划，审签临时用工 3 284 人。开展机关、事业单位级别（薪级）晋升档次工作。深化职称评审制度改革，组织评审中级职称 3 623 人，审批签转高级职称 3 213 人。加强军转安置和解困工作，完成年度 246 名军转干部（其中自主择业 62 名）安置任务，安置随军家属 17 人，随迁随调家属 5 人。培训军转干部 177 人，为 4 857 名符合条件的企业军转干部发放各种补贴 2 378 万元，发放救助金 59 万元。

六、工资收入分配制度改革取得阶段性成果，劳动关系总体保持和谐

发挥工资宏观调控作用，落实最低工资标准政策，将本市市区最低工资标准由 650 元上调至 840 元，调整幅度达 29.23%，为历年调整幅度最高一次。发布企业工资增长指导线和劳动力市场工资指导价位，完善行业人工成本信息指导制度。全面推行工资集体协商制度，全市已开展工资集体协商制度的企业达 74%，其中重点监控企业 1 100 户。有效落实厂办大集体改革各项政策，完成 596 户企业职工安置方案和职工身份的审核认定工作，涉及职工 5.3 万人，占计划的 60%和 43%。加强劳动合同管理，各类企业劳动合同签订率达 95.5%。完成日常巡视检查企业 10 317 户，立案受理各类涉劳投诉举报案件 116 件，结案率达 99%。完善劳动保障监察监控指挥中心功能，充分发挥劳动保障监察监控作用。全年共接待信访 8 663 人次，同比下降 10.2%；共受理劳动人事争议案件 2136 件，同比下降 31.6%，仲裁结案率达 100%，调解结案率达 56.6%。

七、各项基础工作得到不断加强，为事业发展提供了更坚强保证

哈尔滨劳动技师学院暨大中专毕业生就业

实训基地一期建设任务顺利完成，二期工程目前已经启动建设。哈尔滨技师学院实训大楼竣工，可满足机械加工、汽车维修、商贸服务技术等多种专业实训教学需求。工伤康复中心建成投入使用，设有 186 张床位，已有 128 名工伤职工入住并实施工伤康复。新建档案管理中心，可保存档案 40 万册。举办第二届“劳动法律保障民生”法学论坛，积极搭建人力资源和社会保障法制建设学术交流互动平台。社保卡发行工作有序进行，全年社保卡申领达 77.1 万张，累计申领超过 147.5 万张，并实现社保卡在三亚办理。推进行政审批服务，完成行政审批项目 496 项，项目审批办结率 100%。“12333”接听电话 88 万个，日均 2 400 个，群众满意率保持在 99.5%以上。

八、政风行风得到大力改进，干部队伍建设水平有效提升

在全局开展“创建共产党员先锋岗”活动，落实公示制、承诺制和问责制，以先锋岗活动为推动力，有效促进局干部队伍整体素质不断提高。规范权力运行制度，对整合后的人事、劳动两个方面的现行权力进行了全面的重新登记、清理，确定容易产生腐败问题的“风险点”，印制行政权力目录，并出台了《关于违反规范权力运行制度责任追究办法（试行）》等多项配套制度。积极开展打造优质服务品牌活动，确立了各具特色的服务品牌。圆满完成了两局合并后的干部调整工作。广泛开展评选优质服务明星活动，共评出优质服务明星 156 人，极大地推动了工作人员的积极性。通过以开展“创优质服务窗口”等活动为载体，本局的政风行风得到有效改进，为完成全年工作任务提供了有力的干部队伍素质保证。

（哈尔滨市人力资源和社会保障局）

上 海 市

2010年，上海市各级人力资源社会保障部门坚决贯彻落实中央的一系列方针政策和“五个确保”的总体要求，在人力资源社会保障部的指导下，在上海市委、市政府的领导下，通过全社会的共同努力，全面完成了年度各项工作任务，全面完成了“十一五”各项工作任务。

一、深化实施积极的就业政策，就业形势保持平稳

（一）继续加强就业和失业监测

大力开展失业动态监测工作，在全市10个区选择100家企业作为岗位流失情况的动态监测点，定期分析失业状况。对全市企业的招退工情况、人力资源市场招聘求职情况、登记失业状况、劳动仲裁和劳动监察案件受理情况等进行全面监测，继续做好对登记失业人员、未登记人员、农村富余劳动力、协保等人员的情况调查。继续做好就业形势月报编制和分析，及时掌握就业形势动态。

（二）深化创业带动就业各项工作

贯彻落实关于进一步做好上海市促进创业带动就业工作的若干意见，制定了进一步完善小额贷款利息补贴和创业场地房租补贴的政策。举行了“微型创业新秀”评选表彰暨创业口号揭晓仪式，开展了“欢聚世博年，青年创业行”的主题咨询服务活动，建成中国（上海）创业者公共实训基地并试运行，创业带动就业的工作环境和氛围进一步优化。全年扶持成功创业12 391人，全面完成“创业带动就业工作三年行动计划”第二年工作目标。

（三）深化实施就业特别计划

出台了《关于进一步做好稳定就业局势有关工作的通知》《关于2010年继续实施职业培训特别计划有关问题的通知》，明确在2010年内继续执行稳定岗位特别计划和职业培训特别计划。实施《关于进一步加强就业援助工作的若干意见》，将就业援助特别计划转化为长效性政策安排，并将企业吸纳就业困难人员的补贴期限从两年延长到三年。2010年，上海全市新增就业岗位63.15万个，其中非农就业12.18万个；年底全市城镇登记失业人数为27.73万人，在控制目标之内。

（四）统筹做好各类群体就业工作

配合上海市教委制定下发了《关于做好2010年上海高校毕业生就业工作的通知》，继续为应届高校毕业生提供综合性就业服务。全年共组织高校毕业生招聘会143场，提供岗位15.8万个。继续做好“三支一扶”工作，当年共招募446名高校毕业生到农村基层。继续推进青年（大学生）职业见习计划，全年共有5.43万青年参加职业见习，其中大学生2.6万，见习后就业率为76%。切实做好离校未就业困难毕业生的就业援助工作，在全面调查摸底的基础上，为生活困难家庭和“零就业家庭”的毕业生提供各类帮扶服务和岗位安置服务，确保在“不挑不拣”的前提下都能实现就业。组织实施“就业援助月”活动，努力帮助就业困难人员实现就业。2010年，上海市新安置就业困难人员18 818人，其中单位吸纳6 228人。组织针对农民工的“春风行动”，召开专场招聘和政策咨询活动173余场，提供

适合农民工就业的岗位超过10万个。

（五）加强职业技能培训

按照符合产业发展方向、有利于促进就业的原则，实行“自主择校、自费培训、补贴个人”的培训补贴办法。实施农民工技能提升三年行动计划，将在上海市就业并参加基本社会保险的农民工纳入补贴培训范围。建立对职业培训机构的分类管理，加强日常监管，引导培训机构依法、诚信、规范办学。全年共完成劳动者职业技能培训41.1万人，外来农民工技能培训12万人。

（六）推进统一规范的人力资源市场建设

制定人才中介服务机构和职业介绍机构审批告知承诺办法，并对人才中介、职业中介机构的审批流程、审批权限和操作规范进行统一。研究制定统一开展人才中介服务机构和职业中介机构年度规范运行检查方案并组织实施，全市1 683家人力资源服务机构换发了统一的《人力资源服务许可证》，努力促进人力资源市场健康发展。健全和完善人力资源公共服务网络体系，启动人力资源服务机构审批流程梳理，完善网上审批信息系统，实现网上审批。推进人才发展服务平台建设，筹建全国首个人力资源服务业集聚区“中国上海人力资源服务园区”。

二、完善社会保障制度，民生保障得到持续改善

（一）完善养老保险制度

贯彻落实国务院《城镇企业职工基本养老保险关系转移接续暂行办法》，做好与上海市相关制度和原有办法的衔接过渡，进一步扩大城镇职工养老保险覆盖面，启动调整完善“综保”“镇保”制度的调研，制定上海市养老保险关系转移接续的实施意见。按照分类分步的原则，在上海市企业各类人才中实施了柔性延迟申请养老金工作。与国家基本养老保险制度相衔接，进一步研究完善城镇企业职工基本养老金计发办法。制定了上海新农保试点实施意见，并在浦东新区、松江区、奉贤区组织试点。进一步完善企业年金政策，推动多层次养老保障体系建设。“十一五”期末，上海市户籍市民享有社会保障权益人数比重达到98%。

（二）完善基本医疗保险制度体系

贯彻落实国家《流动就业人员基本医疗保障关系转移接续暂行办法》，制定了上海市流动就业人员医疗保险关系转移接续的实施意见。按照“归并减少制度种类，整合完善制度体系”的总体思路，将城镇自由职业者和个体工商户纳入城镇职工基本医疗保险。颁布实施了上海市2010年版基本医保药品目录。扩大医保总额预付试点，积极探索对全市二级公立医院试行医保预付试点。应对社会老龄化严峻趋势，探索建立老年护理保障制度。

（三）完善失业、工伤、生育保险制度

总结扩大失业保险基金使用范围试点经验，进一步发挥失业保险制度在促进就业、预防失业中的积极作用。完善工伤保险制度，研究制定工伤保险康复管理试行办法，探索工伤康复早期介入机制。跟踪评估修订后上海市《生育保险办法》的实施情况，进一步落实和完善有利于基金收支平衡、确保待遇发放的各项措施。

（四）提高社会保障待遇

根据国家“三年连调”的要求，统筹做好2010年各类退休人员养老金调整工作。调整企业人员因病或非因工死亡后的丧葬抚恤待遇标准，以及失业、工伤、遗属等社会保障待遇标准。调整上海市基本医疗保险药品目录，提高按甲类支付的药品比例。继续研究制定部分临床使用广、疗效确切、价格较高且无法替代的自费项目的医保支付政策，减轻参保人员医疗费负担。

（五）加强社会保险基金征缴和监管

进一步加大社会保险费征缴工作力度，继续做好社会保险费征缴稽核和专项审计，确保应收尽收。按照社会保险基金纳入政府预算管理的要求，进一步规范预算编制，严格预算管理，启动基金预算执行情况监控试点。继续推进社保基金网上实时监管系统建设，加强日常

运行管理。建立定点医院执业医师信息库，实行执业医师医保服务管理。继续做好养老机构、医疗机构及药店纳入医保定点结算范围工作。落实泛长三角社会保险业务经办合作协议，进一步做好对异地居住人员的社会保险经办服务。

三、以完善工资收入分配制度为重点，推进收入分配改革

（一）完善事业单位工资分配制度

总结评估义务教育学校教师绩效工资实施情况，深入调研，拟订了上海市公共卫生与基层医疗卫生事业单位实施绩效工资方案。按照国家事业单位绩效工资政策，研究合理平衡事业单位各类退休人员收入水平的办法。

（二）进一步做好企业工资分配工作

适应上海市经济社会发展状况，在三方协商的基础上，将月最低工资标准从 960 元调整到 1 120 元，发布了企业工资增长指导线。加强与行业组织、市场中介机构合作，完善工资指导价位、企业人工成本信息调查发布机制。在扩大工资集体协商覆盖面的同时，着力提高协商的实效，并将工作推进的重心从区县下沉至乡镇街道和工业园区。

四、稳妥开展事业单位人事制度改革和军转安置工作，进一步加强公务员队伍建设和管理

（一）全面实施岗位设置管理

贯彻《上海市事业单位岗位设置管理实施办法》，在模拟运转的基础上，开展风险评估，及时完善政策、加强指导，启动全市岗位设置管理工作，推进工作总体平稳。配合事业单位岗位设置管理，稳妥开展专业技术人员岗位等级工资套改。配合相关部门，建立和完善住院医师培训制度，做好招聘录用、合同管理等相关工作。制定上海市事业单位公开招聘人员暂行办法，规范事业单位人员录用程序。全市事业单位普通管理岗位统一招录考试开始运行，全年参加考试人员约 6.3 万人次。

（二）妥善做好军转安置工作

加大对军转安置工作协调督查力度，完成 2010 年国家下达的安置任务。完善公平、公正、公开的军转安置工作机制，树立重德才、重实绩的安置导向。进一步改善自主择业军转干部的就业、创业环境，加大对军转干部自主就业和创业的扶持和指导力度，不断改进自主择业军转干部的服务管理。以提高适应能力和改善知识结构为重点，进一步加强和改进军转干部培训。积极稳妥做好部分企业军转干部解困工作。

（三）加强公务员队伍建设和能力建设

建立“先选调、后招录”的公务员队伍内部选拔交流机制，加强从基层单位选调公务员的力度，开展 2010 年公务员选调交流工作。调整完善公务员招录政策，当年新录用公务员中具有两年以上基层工作经历人员比例达到 71%，其中市级机关达到 85%。突出“世博筹办”和“经济发展方式转变”两个重点，配合上海市委组织部组织开展 2009 年度绩效考核和服务世博评选表彰工作。制定出台进一步加强公务员培训工作的实施意见，在继续做好各类培训的基础上，重点抓好初任培训，开展以公共管理、应急管理、安全保密、新闻发言人等为主要内容的专门业务培训，加强基层一线执法人员的在职培训。

五、加强人才高地建设，人才发展环境不断优化

（一）进一步优化上海市人才发展环境

召开了市人才工作会议，制定了人才发展中长期规划。贯彻《关于进一步优化上海人才发展环境的若干意见》，全面落实人才引进、奖励、安居、医疗服务等政策。制定实施上海市引进人才申办常住户口试行办法，初步建立人才居住证、居住证转户籍和直接落户相衔接的政策体系。发挥区县积极性，全面推进高层次人才安居工程。

（二）大力实施海外人才集聚工程

根据国家“千人计划”的要求，落实上海

市引进海外高层次人才享受特定生活待遇政策。研究制订上海市“千人计划”。继续实施雏鹰归巢计划，扩大高层次人才引进储备库规模。继续实施浦江人才计划，完善对留学人员来沪创业的服务和支持措施。紧密围绕上海市重大工程、重点产业发展需求，加大引进国外智力的力度。全年共集聚海外人才 9 165 人。

（三）全面推进高层次人才队伍建设

制订创新型高科技领军人才培养“千人计划”。优化选拔方式，搭建培养平台，举办高级研修班，加强对领军人才的选拔、培养、服务，加大对领军人才及其创新团队的资助力度。全年新选拔领军人才 126 人。深化博士后培养体制创新，加快区县博士后创新实践基地建设。加强专业技术人员继续教育，拓展工程师研修基地功能。

（四）加强高技能人才队伍建设

制订首席技师“千人计划”，加大对首席技师的选拔、培养力度，完善首席技师使用激励机制。充分发挥首席技师的示范领军作用，加快培养高技能人才队伍，首席技师千人计划实施期间，上海市将每年新增技师、高级技师 1 万名，五年新增 5 万名。提升实训项目、提高公共实训基地利用效率、密切与相关产业和园区的联系，重点加强对现有实训基地的管理。深化高师带徒、技能竞赛、校企合作等多元培养评价模式，探索建立企业内高技能人才培养评价机制。年底高技能人才占技能劳动者的比例达到 25%。

六、突出做好预警监控和应急处置，劳动关系总体和谐稳定

（一）充分发挥三方协调机制作用

加强市、区县三方联席会议制度建设，继续推进和谐劳动关系企业与工业园区创建活动。加强对集体协商的指导，召开上海市全面推进集体协商机制建设大会。继续推进工资集体协商，全市工资集体协议覆盖劳动者人数 192 万。参与市、区县重大产业结构调整规划或重点企业改制重组方案的研究，妥善处理相关劳动关系问题。依托审裁例会，及时研究和妥善处理执行《劳动合同法》过程中的新情况新问题。

（二）妥善做好劳动人事争议仲裁工作

整合规范劳动和人事争议仲裁机制，基本完成市、区县两级仲裁机构实体化建设。加强仲裁员队伍业务和行为规范建设，进一步提高依法办案的质量和水平。完善劳动争议案件处理的情况汇总和通报制度，强化劳动争议预防和协调指导机制。依托“大调解”工作格局，夯实街道（乡镇）调解工作基础，健全多种形式的劳动争议处理方式，加强专业调解组织建设，全面实现依法及时办结案件的工作目标，及时化解劳动人事争议。全年，上海市各级劳动人事争议仲裁机构共受理案件 4.76 万件，同比下降 16.8%，共处理结案 5.04 万件，处理量为受理量的 105.9%，为当事人追索劳动报酬及挽回经济损失 3.45 亿元；本市专业调解组织在仲裁前受理劳动争议共计 3.73 万件，占本市全部劳动人事争议的 44%，涉及劳动者人数 5.41 万人，调解结案 3.05 万件，调解率为 81.8%。

（三）加强劳动保障监察

进一步贯彻“坚持执法与服务相结合、以服务为主，坚持监察与预防相结合、以预防为主，坚持处罚与教育相结合、以教育为主”的工作思路，加快转变劳动保障监察执法理念、提高执法水平，继续推进网格化和网络化联动监管，形成以主动预防型为主的监管模式，加大对欠薪、欠保和非法职业介绍等行为的查处力度，促进企业提高守法意识，维护劳动者合法权益。2010 年，上海市各级劳动保障监察机构共受理举报投诉 18 275 件，同比减少 9.83%；检查用人单位 36 508 户，同比基本持平；共查处违法案件 7 897 件，同比减少 10.4%；通过监察，追缴社会保险费、责令补发工资和退还押金共计 3.75 亿元，同比减少 21.9%，涉及劳动者 25.01 万人次，同比减少 24.4%。

（四）充分发挥欠薪保障金作用

继续落实欠薪保障金“两个下沉”（资金下沉至区县，垫付审批权限下沉至区县）工作机制，将各区县的欠薪保障备用金提高到400万元，并对具体垫付办法作了适当调整，尽量予以垫付，最大限度地缓和化解矛盾。全年，上海市各区县共使用欠薪保障金垫付欠薪2 207.3万元，涉及欠薪企业98户，惠及劳动者6 585人（其中外来从业人员4 086人）。

七、全力以赴做好服务世博各项工作

2010年，在人力资源社会保障部的指导下，按照上海市委、市政府的部署，全市人力资源和社会保障部门将服务世博作为头等大事和重中之重，全力以赴做好各项工作。成立局服务世博工作领导小组，加强组织领导和统筹协调。建立信息快速收集反馈机制，加强对局系统服务世博信息的上传下达，确保信息畅通，反应灵敏。制定专门政策，设立服务专窗，为世博会参展者提供用工、参保等服务。建立应急联动机制，对世博会筹办和举办期间可能出现的信访维稳、劳动关系调节等问题进行深入分析研判、制订预案、加强演练，提高应急处置能力。妥善处置涉博劳资纠纷，牵头成立了世博园区劳动关系协调办公室，组织世博园区劳动关系处置专门工作小组进驻世博园区，会同世博局确定了“园内纠纷园外处理”原则，建立和完善内外联动机制，开辟劳动争议快速绿色渠道，充分发挥欠薪保障金作用，及时妥善处置涉博劳资纠纷。世博会试运行至闭幕期间，上海市各级劳动监察机构和仲裁机构调处了一大批劳资纠纷，共受理立案并妥善处置涉博劳资矛盾129起，涉及员工2 117人。

江　苏　省

2010年，全省人力资源社会保障系统在省委、省政府的正确领导下，认真贯彻落实科学发展观，坚持以服务发展和改善民生为己任，锐意进取，奋发作为，超额完成了年初确定的各项目标任务。

一、城乡就业保持稳中向好态势

（一）城乡就业规模不断扩大

坚持稳定就业与扩大就业两手抓，充分发挥政府投资和重大项目带动就业作用，延续执行已经出台的一系列扩大就业和稳定就业的政策措施，制定下发《关于进一步采取措施减轻企业负担稳定就业局势的实施意见》（苏人社发［2010］37号），完善操作办法，畅通政策落实渠道，保持全省就业局势总体稳定。针对年初一些地区和企业出现的“缺工现象”，举办180场次省际劳务协作招聘活动和1 670场次省内招聘活动，有效缓解了局部出现的“招工难”现象。全年实现城镇新增就业128.7万人，连续六年实现新增就业人数超百万，年末城镇登记失业率控制在3.16%。

（二）创业带动就业成效明显

不断完善促进创业的政策措施，健全政策扶持、创业培训和创业服务“三位一体”体系，推进创业培训、创业见习和创业孵化三大基地建设，全力推进国家级创业型城市创建工作，率先将促进高校毕业生创业与推进创业型城市创建工作有机结合起来，推动全省创业带动就业工作，充分发挥创业带动就业的积极效应。

（三）高校毕业生就业得到有效落实

积极拓展高校毕业生就业渠道，细化就业服务、就业见习、就业指导和就业援助等措施，集中开展各类高校毕业生就业服务活动，帮助更多高校毕业生实现就业。深入实施“三年五万”高校毕业生就业见习计划，推进高校毕业生就业见习基地建设。加强“三支一扶”项目管理，配合实施“一村一社区一名大学生”工程，做好到村任职高校毕业生的选聘和服务工作。鼓励支持高校毕业生创业，全省120多所高校开展创业教育培训工作，为7 000多名高校毕业生开展培训，高校学生2.2万人次参加了创业实训和辅导。全年组织各类高校毕业生就业服务活动1 400余场，安排1.2万名未就业高校毕业生参加见习，全省登记失业高校毕业生实现就业6.6万人，高校毕业生综合就业率保持在90%以上。

（四）统筹城乡就业范围逐步扩大

按照统筹城乡和平等就业的要求，坚持把引导农民就地就近转移和自主创业放在突出位置。加快推进城镇创业就业政策和服务体系向农村拓展延伸，率先建立农民就业失业登记、求职登记、创业服务和农村困难家庭就业援助四项制度。进一步做好就业信息的有效沟通、转移前和转移后的技能培训、“一条龙”的创业扶持等工作，巩固农村劳动力就业创业成果。2010年全省新增农村劳动力转移44.1万人，累计转移人数达1 771万人，转移率为66.4%。

（五）困难群体就业力度加大

深入推进充分就业社区创建工作，以基层就业社保服务平台为依托，以城乡“双零”家庭和登记失业高校毕业生为重点，从职业介绍、创业指导、就业培训、政策扶持等方面着手，积极开展“就业援助月”等公共就业服务活动，帮助就业困难人员及时实现就业。2010年共有60.9万下岗失业人员实现再就业，其中帮扶就业困难人员再就业18.9万人，特别是帮助城镇零就业家庭1 484户1 836人实现就业，连续40个月实现动态为零。

二、社会保障体系逐步健全

（一）社会保险覆盖面不断扩大

采取宣传引导、行政推动、法律约束、特困帮扶等举措，以私营个体经济组织从业人员、农民工以及灵活就业人员为重点，进一步扩大社会保险覆盖范围。截至2010年底，全省基本养老、基本医疗、失业、工伤、生育保险参保人数分别为1 503万人、1 843万人、1 154万人、1 205万人和1 086万人，主要险种参保率达到95%以上；城镇居民基本医疗保险参保人数达到1 401.20万人，参保率保持在98%以上。

（二）养老保险制度建设稳步推进

制定下发《关于统一全省企业缴纳基本养老保险费比例的通知》（苏政发［2010］85号）《江苏省企业职工基本养老保险基金预算管理办法》（苏人社发［2010］344号、苏财社［2010］179号）和《江苏省企业职工基本养老保险省级统筹基金调剂暂行办法》（苏人社发［2010］343号、苏财社［2010］178号），逐步提高省级统筹水平。制定出台《江苏省企业职工基本养老保险关系转移接续实施意见》（苏政办发［2010］49号），全年共办理11.5万人省内和跨省养老保险关系转移接续。全省9个省辖市实施城镇无保障老年居民养老补贴办法，约9万城镇无保障老年居民享受到60至210元不等的补贴。连续六年大幅提高企业退休人员养老金，全省月人均养老金水平达到1 466元。

（三）新农保制度得到全面实施

贯彻落实江苏省新型农村社会养老保险制度实施办法，采取行政推动、宣传发动等举措，率先全面实施新型农村社会养老保险制度，提前完成省委省政府确定的“两个全覆盖”目标。2010年底，全省新农保参保人数达1 515万人，747万人领取基础养老金，参保率和领取率均超过99%。加大被征地农民基本生活保障工作力度，落实国家和省重点工程项目的被征地农民基本生活保障制度，全省实有被征地农民409.7万人，享受社会保障人数为405.7万人，参保率达到99%。

（四）医疗和生育保险制度建设逐步推进

提高医疗保险统筹基金支付比例，城镇职工医保、城镇居民医保制度规定范围内的医药费用报销比例分别达80%和60%，所有统筹地区城镇居民医保住院支付封顶线已在6万元以上。调整完善药品目录和医疗保险医疗服务项目目录。转发国家三部门下发的《关于印发流动就业人员基本医疗保险关系转移接续暂行办法的通知》，进一步规范流动就业人员的医疗保险关系转移接续工作。全省13个省辖市区全部实现与省异地就医联网结算平台联网。扩大并规范生育保险支付范围，提高生育保险待遇水平，部分地区基本实现参保女职工制度范围内个人不负担医药费用。

（五）失业和工伤保险制度不断完善

积极落实扩大失业保险基金支出范围试点政策，建立失业保险金标准动态增长机制，全省月人均失业保险金达到674元。积极推进以农民工参加工伤保险为核心的“平安计划”二期专项行动，下发《关于将“老工伤”人员纳入工伤保险统筹管理的通知》，明确将“老工伤”人员纳入统筹管理范围，基本完成“老工伤”人员纳入工伤保险统筹管理工作。积极提高工伤保险统筹层次，基本实现工伤保险市级统筹。

三、公务员管理工作水平得到新提升

（一）管理制度建设取得新进展

加强全省公务员制度建设，制定公务员管理的配套政策规定，促进公务员管理工作制度化、规范化。研究编制《全省“十二五”公务员分类管理工作规划》和《全省“十二五”公务员管理基础建设规划》。推进公务员分类管理试点。进一步规范参照公务员法管理工作。制定下发《关于进一步做好公务员登记工作的通知》和《江苏省省级机关公开选调公务员办法（试行）》，推动公务员日常登记和公开选调工作规范有序开展。

（二）考试录用任务圆满完成

围绕建设高素质、专业化公务员队伍的目标，坚持“凡进必考”和“公开、平等、竞争、择优”的原则，做好全省公务员考试录用和省政法干警招录培养改革试点等重要工作。2010年，全省共有19.2万名考生参加公务员招录考试，共招录5 958名公务员。下发《2010年政法干警招录培养体制改革试点工作实施方案》，共有7534名考生通过审核参加考试，426人获得录用资格。

（三）考核奖励工作有序开展

加强公务员考核工作重点难点问题研究，组织完成“基于科学发展观和正确政绩观的公务员考核指标体系”和“县乡基层公务员考核指标体系”的课题研究，初步构建了具有指导性的公务员考核指标体系框架。通过召开省、市考核工作座谈会等形式，扎实推进公务员考核管理系统运用。建立公务员考核联系点制度，将江宁、吴江、丹阳、高邮、东台等5个县（市、区）确定为国家级的公务员考核工作联系点，将省发改委、省经信委、常州市等10个部门和地区确定为省级公务员考核工作联系点。成功组织了全国劳动模范和先进工作者、抗震救灾、对口援建等一系列重大评选表彰活动。

（四）培训监督工作不断加强

组织开展省级机关干部职工公共管理知识和技能竞赛，省级机关74家单位1.3万多名人员参加网上答题，21家单位参赛率达100%。开展公务员保密教育专题培训，全省近30万公务员参加保密知识教育培训。扎实开展“5+X”公务员能力培训。推进对口培训，为新疆等西部省区培训公务员239名，完成苏南苏北公务员对口培训310人。服务江苏沿海开发，培训南通、连云港、盐城三个沿海城市的发改委、沿海开发办及人力资源等部门的公务员60名。

四、人事制度改革迈出新的步伐

（一）事业单位人事制度改革逐步推进

全面推进事业单位岗位设置管理工作，建立以岗位管理为核心的事业单位人事管理制度。全省事业单位岗位设置和人员信息管理系统投入使用，事业单位人事管理规范化、信息化水平得到了提升。进一步规范事业单位公开招聘工作，建立符合事业单位特点的新进人员选拔聘用机制，从源头上把住了事业单位的进口关。2010年底，全省事业单位签订聘用合同人员比例均超过90%，初步实现事业单位由传统的固定用人向合同用人的转变。

（二）职称制度改革和人事考试工作扎实推进

加大职称制度改革力度，推进阳光评审，加强评审委员会建设，调整充实13个系列（专业）的高级专业技术资格评审委员会库主任委员库、委员库，成立江苏省中等职业学校教师高级专业技术资格评审委员会。采取举办高级研修班、加强人才继续教育基地建设、信息化素质培训等措施，设立36个继续教育基地，委托培训2 890名高层次专业技术人才，专题培训138名高层次人才，6.3万名专业技术人员参加信息化培训考核，5.7万名获得合格证。圆满完成各项人事考试任务，全年组织实施各类考试130多项，累计考生达77万人次。

（三）军转安置和解困稳定工作成效显著

坚持公开、公平、公正原则，注重调动军转干部和用人单位双方的积极性，稳妥推进安置办法改革创新，推行积分选岗，实施联动设岗，拓宽渠道供岗，着力破解师团职干部安置、省会城市安置、多渠道安置等难题，圆满完成了中央下达的各项军转安置任务。坚持一手抓政策落实到位，一手抓稳控工作机制完善，严格落实解困政策，有效化解矛盾，全省企业军转干部解困稳定工作态势平稳。

五、工资收入分配制度改革稳步推进

（一）事业单位工资收入分配制度稳步推进

义务教育学校绩效工资全部兑现到位，全省48.9万名在职教师人均收入水平达到5.01万元/年，24.8万名退休人员收入水平达到4.03万元/年。根据国家统一部署做好公共卫生和基层医疗卫生事业单位绩效工资实施工作，下发《关于印发江苏省公共卫生与基层医疗卫生事业单位绩效工资实施意见的通知》，公共卫生与基层医疗卫生事业单位绩效工资工作启动实施。

（二）企业工资分配得到有效调控

制定《关于推进工资集体协商发展和谐劳动关系的指导意见》，发布工资集体协商指导手册，推进企业建立健全工资分配决定机制、正常增长机制和支付保障机制。进一步完善工资指导线、劳动力市场工资指导价位和人工成本预测预警三项制度，指导各地发布主要行业、通用岗位工资指导线和发布劳动力市场工资指导价位。率先在全国调整企业最低工资标准，调整后一、二、三类地区分别为960元、790元和670元，比调整前增长12%以上。下发《关于切实解决企业拖欠农民工工资问题的紧急通知》（苏政传发［2010］24号），建立企业负担、社会共济的欠薪保障模式，有效预防和解决企业拖欠农民工工资问题。支持工会组织开展“工资要约行动”，提高工资集体协商制度的覆盖面，全省企业工资集体合同已覆盖5.1万户企业、418.6万职工。

六、高层次和高技能人才队伍建设取得新进展

（一）高层次人才总量持续扩大

深入实施人才强省战略，大力加强人才的培养、引进和使用，全省人才总量持续扩大。实施“六大人才高峰行动计划”，组织专家评选产生274个资助项目，选拔培养高层次人才1 900多人；实施“千人赴港培训计划”，累计培训经济管理和服务业人才7 234名。组织实施“高层次创新创业人才引进计划”和“海外高层次人才引进计划”，举办“百名海外博士江苏行”活动，先后引进海外高层次人才1.6万名。建立国家级重点实验室26个，院士工作站142个，国家级博士后科研流动站211个，博士后科研工作站241个，省级以上留学人员创业园38家。

（二）高技能人才队伍不断壮大

深入实施新技师培养倍增计划，启动“百校千企”工程，加快高技能人才培养步伐，2010年全省新增高技能人才11万人，高技能人才总量达110万，占技能人才的28%。建立职业技能竞赛选拔高技能人才机制，组织开展第四届全省数控技能大赛和第三届全省技工院校技能大赛等各类竞赛，组队参加第三届全国技工院校技能大赛和第四届全国数控技能大赛，江苏选手先后在这两次全国技能大赛中获团体总分第一。

七、劳动关系保持总体和谐稳定

（一）劳动合同集体合同制度深入实施

坚持以维护劳动者合法权益为主线，紧紧抓住劳动关系的建立、运行、监督等环节，创新管理方式，加强预测预警，不断健全劳动关系三方协调机制，劳动合同签订率和履行质量显著提升，全省劳动关系保持和谐稳定。全年新签劳动合同超过485万份，劳动合同签订率超过98%，集体合同覆盖人数超过670万。

（二）劳动保障监察执法力度不断加大

按照科学化、规范化、制度化的要求，大力加强劳动保障监察两网化建设，实现工作职责、基础建设、业务运行、数据标准全面统一，通过信息采集、指导服务、执法检查、举报投诉接待、简单矛盾纠纷调处、群体性事件应急处置等措施，做到用人单位实时监控、劳动关系监测预警、职工权益快速维护。全省劳动保障监察信息系统已联通所有一级网格，二

级网格联通率达98%，近30万户单位纳入“两网化”管理。

（三）劳动人事争议调解仲裁成效明显

推进劳动人事争议仲裁机构实体化建设，全省13个省辖市全面建立劳动人事争议仲裁院，县（市、区）劳动人事争议仲裁院建设率达96%，乡镇街道劳动人事争议调解组织组建率达100%，驻省辖市仲裁委员会人民调解工作室达100%，驻县（市、区）仲裁委员会人民调解工作室苏南、苏中、苏北分别达到80%、60%、40%。2010年，全省各类调解组织和各级劳动人事争议仲裁机构共处理劳动人事争议25.6万件，涉及劳动者27.4万人，结案率保持在90%以上。

八、基层基础建设实现新跨越

（一）金保工程一期建设圆满完成

高水平推进以“一卡、一号、一网”为核心的金保工程建设，建立了覆盖城乡就业、社会保险、劳动关系等主要业务的一体化应用系统，人力资源社会保障信息化水平全面提升。累计发放社会保障卡700万张，全省统一的“12333”咨询服务平台电话呼入总量达到550万个，全年网站浏览量达6 176万次。

（二）公共服务平台向农村延伸

重点加强农村基层劳动就业社会保障服务平台建设，省政府办公厅转发《人力资源社会保障厅关于加强农村基层劳动就业社会保障公共服务平台建设的意见的通知》（苏政办发[2010]98号），全省街道、乡镇、社区劳动就业社会保障平台实现全覆盖，配备专职人员的村级平台建成率达到30%。

（三）公共实训基地建设全面推进

按照统筹规划、合理布局、技术先进、资源共享的原则，采取省市共建办法，依托技师学院和行业、企业，在各市普遍建立技能含量高、体现科技发展前沿的高技能人才公共实训基地，全省规划建筑面积50万平方米，投入资金约20亿元，每年提供实训服务能力近50万人次。

（江苏省人力资源和社会保障厅）

南 京 市

一、保持全市就业形势平稳发展

把就业工作作为首要任务，摆在突出位置，落实积极的就业政策，千方百计稳定岗位、扩大就业。全市新增就业岗位 25.79 万个，城镇登记失业率下降到 2.58%。

（一）帮企业保岗位，稳定就业

实施“三延长、两优先、一简化”系列帮扶措施。即：延长“阶段性降低四项社会保险费率”等三项政策至 2010 年底，优先中小企业和部分困难企业享受优惠政策，简化困难企业享受帮扶政策申报程序。全年共减收企业社会保险费 8.7 亿元，减收企业补缴社会保险费滞纳金 2 963 万元，发放社保补贴和岗位补贴 5 460.6 万元。

（二）创建创业型城市，带动就业

继续落实“个十百千万亿”创业工程，出台针对高校毕业生和失业人员的创业补贴办法，积极落实鼓励扶持妇女创业的小额贷款政策，实施创业场地租金补贴暂行办法，大力推进首批国家级创业型城市建设。建立了 10 个大学生创业园、10 个大学生创业见习实训基地和 10 个大学生创业教育基地，初步构建了全市范围内的毕业生创业平台体系。加大资金扶持力度，对成功自主创业的 21 名毕业生共发放一次性创业补贴 8.4 万元，为 21 名非南京籍自主创业大学生提供了 114 万元的创业贷款。全市培育创业典型 668 人，扶持自主创业者 1.22 万人，通过创业带动就业 8.98 万人。

（三）抓好重点群体，援助就业

集中力量做好高校毕业生、农村劳动力和就业困难人员三个群体的就业工作。落实促进高校毕业生就业政策，发放 2009 年企业接收毕业生一次性岗位补贴近 80 万元，南京籍应届毕业生就业率达到 92.63%，援助困难人员再就业 1.28 万人，动态消除“城镇零就业”“农村零转移”家庭。加快扶持发展劳务经济，带动当地农村劳动力转移就业，新增农村劳动力转移就业 6.66 万人次。

（四）实施全员培训计划，素质就业

构筑“大培训体系”，重点对失业人员、农村转移劳动力、新生劳动力等城乡各类劳动者实施就业培训和创业培训，对城乡各类劳动者实施就业创业培训 25.62 万人。

二、继续完善社会保障体系

（一）加强社会保险扩面征缴

落实养老保险关系异地转接政策，重点推进农民工、餐饮服务员、厂方促销员、私营个体雇用人员、劳务中介机构代理人员等“五类人员”参保，全市社会保险五项险种累计参保人数达 1 076 万人次，比上年底净增 118 万人次，全市全年共征收社会保险基金 220.4 亿元，支出社会保险基金 187.16 亿元，五项基金累计结余 204.54 亿元（含医疗保险个人账户）。

（二）完善各项社会保障制度

制定新农保与部、省意见对接办法，全市新农保覆盖率达 98.93%，新农保“三年目标两年完成”。推进城镇居民医保，居民医保覆盖率达到 99%。启动大学生医保，出台大学生医保门诊费用包干办法。

（三）提高社会保障待遇水平

49.5万企业退休人员月人均上调养老金169元，全市月人均养老金水平达到1 709元。降低职工个人医保负担，职工医保和居民医保规定范围内住院医疗费用报销比例分别达到80.5%和61.1%。27万灵活就业人员纳入生育保险。

（四）推进社会保险市级统筹

拟定养老保险市级统筹办法，完善医疗、工伤、生育保险同城联网就诊结算，同城联网就诊结算78.89万人次。

（五）提升社会化管理服务

拓展管理服务内容，社会化管理服务省级社区示范点全部创建成功。纳入社会化管理服务企业退休人员免费健康体检14.1万人，事改企部分退休人员免费健康体检7 300多人，第一轮健康体检工作基本结束。

三、逐渐扩大人才队伍规模

（一）引进高层次创新型人才

加强海外引智载体建设，举办“第三届中国留学人员南京国际交流与合作大会”，参会总人数达4 500人，有80个海外留学人才的创业与技术合作项目达成对接意向，参会博士与本市企事业单位博士后科研工作站达成进站意向147人次、博士招聘意向109人次、项目合作意向121个，中高级人才录用意向200人。开展首届金陵“友谊奖”表彰工作，7位外国专家在第三届中国南京国际交流与合作大会上受到政府表彰，3位外国专家荣获江苏省友谊奖。对《南京海外人才居住证暂行办法实施细则》进行了修订，将居住证权益从10项增加至12项，增设4条绿色服务通道。目前，已有185位海外高层次人次及其子女领取了居住证。全年新增9个省级博士后科研工作站，申报11个国家级博士后科研工作站。南京地区共有博士后科研工作站72家，其中，国家级52家，省级20家。组织举办了泛长三角地区“海内外博士·项目对接会”，共有85个博士后设站单位，拿出452个博士后科研项目和376个高层次人才招聘岗位，吸引了全国60多所高校的820多名博士前来参会，共有121个项目、256人次达成初步意向。

（二）加强专业技术人才队伍建设

建设全市专家信息库，选拔推荐享受政府特殊津贴人员和江苏省有突出贡献中青年专家，从241名申报人员中选拔推荐了17名政府特殊津贴人员和45名江苏省有突出贡献中青年专家，其中已有23人获批江苏省有突出贡献中青年专家称号。修订完成原22个职称系列的中级评审条件，建立起全市标准化工程师以考代评机制。

（三）推进技能人才队伍建设

扩大技能鉴定总量，拓展企业职工、大中专毕业生、农村转移劳动力等群体的技能鉴定，全年完成职业技能鉴定13.41万人次，新增技能人才14.5万人次，其中新增高技能人才1.4万人。

四、继续完善工资收入分配

（一）公务员津补贴和基础工作进一步规范

组织实施了2010年公务员级别工资正常滚动升级，公务员的级别工资正常晋升档次。与市财政等部门积极配合，贯彻实施了信访、机要密码和政法干警加班津（补）贴等特岗津贴管理办法。

（二）事业单位绩效工资改革稳慎推进

完成了事业单位工作人员薪级工资晋升工作。实施了事业单位聘用制度和岗位管理制度的事业单位中专业技术人员按批准确定的岗位等级，兑现相应的岗位工资标准，实现事业单位岗位工资完整入轨。完善工资管理信息系统，积极做好在教育和卫生事业单位的推广应用工作。

（三）积极做好军队转业干部工资待遇核定工作

认真贯彻国务院、中央军委下发的新的军队转业干部工资待遇确定办法和省里的政策规定，完成了2010年度转业干部的工资待遇核定工作。完成驻宁各部队近600名非现役文职人员的工资待遇核定工作。

五、深化事业单位人事制度改革

（一）继续推进事业单位公开招聘工作

按照《南京市事业单位公开招聘人员暂行办法》（宁政办发［2008］103号）文件要求，进一步规范、完善事业单位公开招聘的办法和程序。2010年共核准3家直属事业单位和13个主管部门属下57家事业单位的584个岗位公开招聘计划。加强对区县事业单位公开招聘工作的指导、备案工作，对8个区、县所属事业单位招聘的252人进行备案、公示。

（二）全面推进事业单位岗位设置工作

制定了适应本市事业单位现状和长远发展需要的专业技术人员结构比例，基本完成事业单位岗位设置方案的审核批复工作，共涉及事业单位271家、人员近3万人。加强事业单位岗位聘用管理政策研究，草拟了设岗首次实施后配套管理办法和专业技术岗位三级人员的选拔、聘用管理办法，确保全市事业单位人事制度改革工作平稳进行。按照省里的部署和市委、市政府要求，及时做好公共卫生与基层医疗卫生事业单位绩效工资实施前的准备工作，积极开展调研测算，抓紧拟定本市公共卫生和基层医疗机构绩效工资的具体实施方案。

六、规范公务员管理与队伍建设

（一）全面推进2010年度公务员招录工作

坚持凡进必考，2010年新录用公务员及参照管理单位工作人员443人。健全公务员选调制度，省市联动，公开选调27名基层优秀公务员到市级机关工作。

（二）探索完善职务职数管理及考核备案工作

草拟《南京市公务员职务与级别管理工作的意见》和《南京市综合管理类公务员与非领导职务设置的实施意见》（讨论稿）。坚持依法考核，完成2009年度全市行政机关、事业单位考核审核备案工作。结合考核结果，认真开展公务员行政奖励工作，完成2010年度国家、省综合系统先进集体、先进工作者（劳动模范）的奖励表彰。

（三）积极做好公务员培训工作

创新培训方法，完善“中国南京公务员学习网”建设，落实学分制管理。“中国南京公务员学习网”于2010年1月1日起正式开通。该平台实行一个制度、两套管理，即学分制制度和公务员培训信息管理系统、公务员在线学习应用系统。目前网络注册人数4万余人，开设近500门课程，为学员提供100多万册电子图书资源的免费学习和资料查询服务。2010年，学习网的访问人数已达130万人次，高峰时近2 000人。全面推进“5＋X”公务员能力培训工程，培训公务员3 100多人次。扎实做好公务员初任培训、任职培训、对口培训等各类培训工作，共培训公务员和人事干部752人。

七、劳动关系保持和谐稳定

（一）加强收入分配指导监管

调整出台最低工资标准、企业工资指导线、劳动力市场工资指导价位，引导企业合理增长职工工资，不断提高企业工资集体合同的签订率、审查率、规范率和履约率。

（二）加大执法维权力度

完善劳动监察“两网化”管理，组织开展专项执法检查，重点打击拖欠工资等违法行为，全市主动巡查用人单位1.36万户，书面审查单位3.93万户，查处各类违法案件8 712件，为2.66万名劳动者追回工资1.08亿元。

（三）提高劳动争议仲裁能力

完善“调、裁、审”三位一体的工作衔接，进一步推进仲裁庭标准化，加强调解仲裁员队伍建设，提升调解仲裁办案能力。全市劳动仲裁案件结案率达到93%，调解率达到77%。

（南京市人力资源和社会保障局）

浙 江 省

2010年，是“十一五”收官之年，也是浙江省人力资源社会保障厅组建后全面有序运行的第一年。全省各级人力资源社会保障部门深入贯彻落实科学发展观，紧紧围绕省委、省政府工作大局和一系列重要决策部署，统筹兼顾、真抓实干，各项工作取得新进展、迈上新台阶。就业目标任务全面完成，具有浙江特色的积极就业政策体系更加完善，全省就业局势保持稳定；社会保障制度建设实现重大突破，覆盖城乡居民的社会保障体系框架初步形成，迈入“全民社保”的历史新阶段；深入实施人才强省战略，人才资源开发建设全面加强，高层次人才引领带动作用日益凸现，为经济社会科学发展提供了强有力的支撑；公务员制度不断完善，事业单位人事制度改革稳步推进，机关企事业单位工资收入分配制度改革取得阶段性成效；加强劳动者权益保障，健全劳动关系调处机制，积极构建和谐劳动关系，有效维护了全省改革发展稳定根本大局。

一、就业和创业工作

全省城镇新增就业90.7万人，帮助40.7万名下岗失业人员实现再就业，其中困难人员15.4万人；城镇登记失业率3.2%，为“十一五”以来最低。

一是继续减轻企业负担稳定就业。把“五缓五减三补贴两协商”政策延长一年，用人单位养老保险缴费比例高于14%的市县调整到14%，开展临时性下浮社会保险费缴纳比例减征社保费21.5亿元，两项措施共减轻企业负担约35亿元，落实2 497家困难企业社保补贴和岗位补贴1.1亿元，受益职工达24万人。

二是高校毕业生就业稳中有升。实施高校毕业生就业推进行动，推进岗位拓展、创业引领、就业服务与就业援助四项计划，应届高校毕业生初次就业率达到96%，为近年来最高。

三是促进创业带动就业力度明显加大。4个国家级和26个省级创业型城市创建工作深入推进，累计投入扶持资金46.1亿元，受理小额担保贷款申请3 004笔，发放贷款1.1亿元，扶持创业41.9万人，带动就业190.5万人。

四是更加注重统筹城乡就业。深入开展充分就业社区、充分就业村创建活动，全省60%的社区、43%的行政村达到充分就业社区（村）标准。实施“春风行动”“就业援助月”活动，发布公益性岗位指导目录，城镇零就业家庭实现“基数归零、动态归零”。

二、社会保障工作

一是社会保险扩面取得新成果。全省企业基本养老保险参保人数新增174万，达到1 606万人，基本实现企业全覆盖；城镇职工基本医疗、居民基本医疗保险参保人数新增171万、55万，达到1 344万、543万人，超额完成医改要求的85%目标；工伤、失业、生育保险参保人数分别新增144万、90万、113万人，达到1 475万、875万、864万人。城乡居民社会养老保险参保人数达到1 214万人，其中：农村1 071万，城镇143万，已有580万人领取基础养老金。422万名被征地农民参加社会保障。

二是社会保障政策制度进一步完善。制定实施城乡居民社会养老保险制度相关细则，对补缴保险费、复退军人享受待遇等政策作了进一步明确。适时出台基本养老保险关系转移接续办法，拟制了基本养老保险省级统筹规范项目意见。率先出台流动就业人员基本医疗保障关系转移接续、异地就医联网结算实施意见。所有市实现职工基本医疗保险市级统筹，提前一年完成医改确定的目标任务。

三是社会保障待遇稳步提高。按人均150元标准提高企业退休人员基本养老金，达到月人均1 595元，居全国省区前列；精减退职人员、计划外长期临时工、职工供养直系亲属生活困难补助费标准同步调整到位。职工医保、居民医保门诊统筹制度全面实施，最高支付限额提高到当地职工平均工资和居民人均可支配收入的6倍；职工医保住院和门诊大病报销比例达到79.6%，居民医保政策范围内报销比例达到60%。新一轮基本医疗、工伤和生育保险药品目录调整工作顺利到位，同时扩大离退休干部、基本医保定点医疗机构和定点零售药店范围。

四是基金监管和业务经办进一步加强。试编全省社保基金预算草案。组织实施“排查岗位廉政风险、健全经办防控机制”活动，开展职工医保基金专项检查，各级经办机构业务经办和管理服务能力明显提升。

三、人才工作

一是高层次人才培养进一步加强。新选拔省“151人才工程”重点资助人员25名，第一、二层次培养人员50名、200名，享受国务院特殊津贴专家69名。出台省重点企业技术创新团队管理办法，开展第二批企业技术创新团队遴选工作。推进专业技术人员“653工程”，举办高级研修班40期，培训中高级专业技术人才2.5万人次。会同相关部门出台现代服务业高端人才培养工作意见，选派100名知识产权、国际会计、临床医疗等专业人才赴国外中长期培训。新增博士后科研工作站42家、省级博士后工作试点单位56家，评审高级专业技术人才2万余人，组织各类人事考试63项、参考人数93.75万，均创历史新高。

二是高技能人才队伍建设进一步加强。出台加快实施劳动者就业能力培训计划的若干意见，制定培训费用直补企业办法和高技能人才队伍建设三年行动计划，组织开展40个职业（工种）的省级技能竞赛，确定54个技工院校重点建设品牌专业，建立钱江技能大奖和首席技师评选奖励制度，完成职业技能鉴定76.8万人，培养高技能人才8万人。会同相关部门出台退役士兵职业技能培训工作意见。

三是人才智力引进工作进一步加强。配合省委组织部遴选省“海外高层次人才引进计划”人选147名，入选国家“千人计划”总数达66名，居全国第四位。赴香港、美国、日本、欧洲以及北京、上海招聘高层次人才。成功举办浙江·杭州国际人才交流大会、宁波高洽会、浙洽会海外人才智力洽谈等重大引才活动，组团参加2010年中国国际人才交流大会、中国留学人员广州科技交流大会。省政府和国家外专局签订合作共建“中国海洋科技创新引智园区”框架协议，出台支持海创园和科技城建设优惠政策。新建2家省级留学人员创业园，引进海外高层次留学人才2 927名，聘请国（境）外专家2.6万人次，完成计划内引智项目500项，执行出国（境）培训项目152个；新建1家国家级和5家省级引智成果示范推广基地。

四、人事制度和收入分配制度改革工作

一是公务员队伍建设取得新成绩。加强对公务员转任、回避、聘任等政策制度的研究，基本完成市、县（市、区）事业单位参照管理集中审批。公安警员职务序列套改顺利到位，全省4.5万基层警察列入套改范围。圆满完成2010年度公务员考录任务，组织实施成品油税费改革地税系统接收人员考录工作，全省各级国家机关共录取公务员9 556人。开通公务员网络学堂，累计培训公务员37万人次。会

同省级有关主管部门评选表彰系统先进工作者549名、先进集体294个，推荐全国先进工作者119名、先进集体58个。

二是事业单位岗位设置管理进展顺利。出台部分行业专业技术岗位结构比例控制标准和有关问题处理意见，各市、县（市、区）全部完成岗位设置实施方案报批报备，半数以上省市属事业单位的方案已经核准。公开招聘工作进一步规范，聘用制度深入实施，转企改制工作稳步推进。

三是工资收入分配制度改革积极有序。会同省纪委等部门出台规范公务员考核奖励工作意见。全面实施公共卫生与基层医疗卫生单位绩效工资，公务员津补贴进一步规范。全省最低月工资标准提高到1 100元、980元、900元、800元四档，增幅最高达15.9%，居全国前列。开展劳动力市场价位和人工成本调查，制定发布了企业工资指导线。

四是军转安置任务顺利完成。深入贯彻全国军转干部安置工作电视电话会议部署要求，严格把握安置政策、纪律和工作进度，1 718名军转干部得到妥善安置。认真做好解困维稳工作，全省企业军转干部总体稳定。

五、劳动关系和劳动者权益维护工作

一是积极应对加薪停工事件局部蔓延态势。及时出台维护劳动者合法权益、构建和谐劳动关系的指导意见，探索建立和谐劳动关系指数评估指标体系，切实加大对劳资矛盾的规范协调力度。组织开展和谐劳动关系创建活动，评选全省和谐劳动关系先进企业256家、先进工业园区22个。

二是深入实施劳动合同制度。组织开展小企业劳动合同签订专项行动、农民工劳动合同签订“春暖”行动、集体合同签订“彩虹计划”，全省小企业劳动合同签订率达到75%，农民工合同签订率达到94.6%，分别比上年提高3.6和10个百分点；签订集体协议8.3万份，涵盖840多万职工，涉及11.8万多家企业。

三是劳动监察和调解仲裁工作成效明显。组织开展农民工工资支付、人力资源市场秩序和整治非法用工打击违法犯罪专项行动，帮助15.8万名劳动者追回被拖欠工资4.8亿元，为2.8万名劳动者补缴社会保险费489.1万元，全省未发生重大群体性欠薪和重大非法用工事件。深入实施“两金一卡”制度，全省共筹集工资支付保证金30.9亿元、欠薪应急周转金5.3亿元，分别比上年增长4%和10%，发放农民工记工考勤卡39.8万张。各级劳动人事争议仲裁机构共立案受理案件3.2万件，帮助挽回经济损失7亿元，结案率达到95%。基层调解组织以案外调解方式处理劳动争议5万余件，调解成功率达到93%。

六、规划编制和各项基础工作

一是精心编制“十二五”规划。配合省委组织部编制出台人才发展中长期规划纲要，基本完成“十二五”就业和社会保障规划以及省“151人才工程”、专业技术人才队伍建设、引进国外智力、博士后、公务员培训等单项规划的编制任务。

二是“两基”建设加快推进。90%的市、县实现劳动保障监察网格化管理。全省共建立劳动仲裁院96家，1 228个乡镇建立劳动关系协调委员会，覆盖面分别达到92%、75%；所有设区市都有专门机构和人员提供“12333”劳动保障电话咨询服务。

三是信息化水平稳步提高。城乡居民社会养老保险信息系统基本建成，劳动保障监察系统全面应用，完成“金保”工程一期项目建设，对二期建设立项作了前期论证，信息化覆盖业务领域步伐明显加快。同时，数据统计、信息发布、依法行政、基础研究、新闻宣传和舆情引导等工作进一步加强。

七、举全系统之力办好六件实事

一是高校毕业生就业“六个一”活动深入实施。全省共举办高校毕业生就业招聘专场960场，提供岗位69.6万个，开发公益性岗位13 381个，建立和规范见习基地2 919家，安排见习33 470人，帮扶困难家庭高校毕业生实现就业1 741人。

二是针对部分企业“招工难”问题开展的“12345”帮扶活动全面推进。组织实施“劳务合作交流月”“农民工就业服务招聘周”“千企万人面对面”等就业信息发布活动、大中专毕业生就业招聘等较大规模人力资源交流活动，全省新建外省区县级以上劳务输入基地362个，组织跨地区劳务对接234次，举办公益性专场招聘会3 263场，累计发布企业用工信息近500万条，帮助企业培训各类技能人才51.9万名，部分企业“招工难”问题得到局部缓解。

三是社会保障“一卡通”建设取得实质性进展。杭州、嘉兴、绍兴、衢州首批4个试点城市实现市域范围内医保“一卡通”，并与省级医保异地就医结算平台成功联网对接。省本级首批具有金融功能的1 200张社会保障卡制作完成，全省发放社会保障卡约370万张。

四是建设一万个村级基层平台任务超额完成。会同省财政厅、省民政厅出台相关政策意见，明确基层平台的人员经费保障和开支渠道。全省11 665个行政村建立基层工作平台，初步形成一支适应基层劳动保障工作需要的人员队伍。

五是十大高技能人才公共实训基地挂牌运行。确定浙江建筑安装技术学校等12家单位为高技能人才公共实训基地，财政资助资金核拨到位。

六是“信访积案化解年”活动扎实有效。系统梳理社会保障领域存在的历史遗留问题，研究提出解决养老保险群体性利益问题的政策建议，省委、省政府主要领导专门听取汇报，提出明确要求。全年信访积案化解率达到80%。

（浙江省人力资源和社会保障厅）

杭 州 市

人事人才工作

2010年，杭州市人事局紧紧围绕经济社会发展大局，深入贯彻落实党的十七届五中全会和全市人才工作会议精神，坚持人才优先发展战略布局，扎实推进人才强市战略，切实加强公务员队伍建设，深化人事制度改革，全面提升人才人事公共服务能力，各项工作取得了新成绩。

一、就业创业工作

（一）人才创业品牌初步形成

大学生创业工作态势良好，发展迅速。据统计，市本级全年共资助大学生创业项目 275 个，资助金额 1 199 万元，拨付 790 家大学生创业企业房租补贴 945.5 万元。推动大学生创业园从市区向县（市）延伸，建立了临安、富阳 2 个杭州市大学生创业园，全市大学生创业园总数达 11 家，吸纳入驻大学生创业企业 1 015 家。新建大学生创业企业 1 878 家，新增创业大学生 4 363 人，带动就业人员 8 460 人，分别比上年增长 47.4%、74.4% 和 59.9%。新认定大学生创业实训机构 105 家，举办创业实训班 1 170 期，实训 46 304 人。全面启动第二届“赛伯乐杯”杭州市大学生创业大赛，截至 12 月底，共有海内外的 1 169 个项目报名，和第一届创业大赛相比，实现了“报名省市、报名高校、报名数量”三突破。以实训促创业、以创业带就业的杭州特色大学生创业工作品牌初步形成，并得到上级领导的充分肯定。张德江副总理专门对杭州市大学生创业工作作出批示，给予充分肯定。杭州市在人力资源社会保障部、教育部有关会议上介绍了大学生创业工作的经验和做法，并被浙江省教育厅推荐申报“全国大学生创业示范基地”。

与此同时，留学人员创业工作取得了明显进展。杭州市留学回国人员创业三年行动计划各项任务圆满完成，三年累计资助留学人员在杭创业项目 152 个。坚持“高起点、国际化、重实效、创品牌”原则，成功举办“2010 浙江·杭州国际人才交流与合作大会”，441 名海外留学人员携带了 444 个项目参会展示交流，达成项目合作意向 227 个，正式签约项目 72 个，签约总金额达 10.2 亿元，受到省市主要领导的充分肯定和高度评价。进一步加大留学人员项目资助力度，市本级全年资助留学人员在杭创业项目 51 个，共计 1 739.5 万元，其中 9 个项目各获 100 万元的重点项目资助。

（二）毕业生就业服务不断优化

针对严峻的高校毕业就业形势，市人事局积极采取措施，认真做好毕业生就业服务工作。拟定出台了 2010 年普通高校毕业生就业工作和本市生源未就业高校毕业生就业帮扶工作文件，加强政策引导和支持。积极搭建毕业生供需交流平台，举办了高校毕业生招聘会、校园招聘会等多形式、多场次的毕业生现场招聘会，在“杭州毕业生就业创业公共网”上开通毕业生就业市场，共提供毕业生就业岗位 7 万余个。深化就业公共服务，组建了杭州市大学生就业创业专家指导团，开展就业指导进高校活动，联合高校举办就业创业指导服务月活动。开展毕业生就业帮扶工作，做好本市生源未就业毕业生求职登记和就业推荐，实施杭州市千名宏志学子就业帮扶工程，为在杭高校困难家庭和本市生源困难家庭毕业生发放了就业一卡通。抓好毕业生就业信息发布、就业协议鉴证、报到接收、就业调整、档案接转等基础服务。通过上述举措，全年共接收非师范类毕业生 64 373 名，其中 58 689 人实现就业，分别比 2009 年增长 7.2%和 2.6%，再创历史新高。

二、人才队伍建设

（一）人才引进步伐加快

为适应杭州市经济转型升级的需要，市人事局配合组织部门制定出台了《杭州市全球引才“521”计划》，配合省、市、余杭区提出浙江海外高层次人才创新园的政策意见，加快引进海外人才。海外招才力度加大，全年先后 4 次组团赴欧洲、美国、日本等留学人员集中的国家和地区开展海外引才引智活动，100 多家用人单位推出 1 000 余个职位、74 个招商项目，召开 16 场杭州创业环境推介会，共接待留学人员 1 000 多人，初步达成留学人员来杭工作创业意向近 100 人次，初步达成项目合作意向 75 项。据不完全统计，全市全年引进留学人员 350 人。在完善和创新政策的同时，进一步强化博士后科研工作站、人才市场等引才平台和载体建设。发挥杭州人才市场在人才配置中的主渠道作用，全年共举办各类人才招聘会 217 场，组织 2.4 万余家企事业单位进场招聘。做好接轨上海、推进杭州都市经济圈工作，联合有关城市举办第六届长三角地区大中城市网上人才招聘大会，共有 3 261 家招聘单位推出 3.7 万个招聘岗位，共有 3.2 万人通过杭州人才网向用人单位应聘 41 万人次。组团参加 2010 年浙江—上海高层次人才封闭式洽谈会。网上人才市场业务发展迅速，杭州人才网访问量达 4 349 万人次，网上招聘单位 1.8 万余家，网上人才库总量达到 94 万余人。全市新增国家级博士后工作站 13 家、省级试点单位 10 家。杭州市钱江特聘专家计划圆满完成各项任务，目前钱江特聘专家达 100 人，经对工作满一年的专家进行绩效年度考核，科研成效比较明显。同时，国外智力引进工作也取得明显成效，全年计划内共实施引智项目 129 项，引进国外专家 191 名，其中杭州好克光电仪器有限公司聘请的迈克·韦博被授予 2010 年度国家“友谊奖”，浙江传化集团的西村润等 6 位外国专家被授予浙江省政府“西湖友谊奖”。万向集团再度被命名为 2010 年度国家引智示范基地。这些高层次智力的柔性引进，有效提高了杭州市企事业单位的核心竞争力。

（二）人才培养成果显著

全面完成杭州市“131”优秀中青年人才培养计划（2006—2010），本轮培养计划共选拔培养人选 1 493 名，组织 94 人次赴发达国家进行短期学术交流，近 30 名培养人选出国中长期进修，154 人国内学术休假；194 人参加 BFT 培训班，提高外语水平。实施万千百长三角紧缺人才培训工程，共培训考核长三角紧缺人才 3 650 人、紧缺高级人才 362 人、紧缺国际化人才 42 人。实施名校名师名专业战略，依托国内名校录取了 441 名硕士新生，并有 91 名学员获得了硕士学位。实施“533”创新人才培养工程，举办培训班 87 期，培训学员 8 627 人。实施专业技术人员“653”知识更新工程，完成各类培训项目 37 个，培训 7 000 余人。举办专业技术人员继续教育高研班 16 期，培训 1 142 人。各类人才培训工程的实施，有效提高了杭州市人才的综合实力。

（三）人才激励力度加大

加大人才选拔力度，先后推荐国家“千人计划”创业人选 60 名、创新人选 19 名，“中国留学人员回国创业启动支持计划”候选人 5 名。选拔产生 2010 年享受国务院特殊津贴人员 9 名和享受杭州市政府特殊津贴人员 50 名。推荐浙江省“海外高层次留学人才引才计划”创业类 53 人、创新类 27 人；推荐浙江省新世纪“151 人才工程”第一层次 11 人、第二层次205人、重点资助5人；推荐15个项目申报浙江省“钱江人才计划”；推荐40家杭州市企业创新团队参评“浙江省第二批重点企业技术创新团队”。通过这些举措，进一步增强了高层次人才的荣誉感和自豪感，使其更好发挥在推进杭州经济转型升级中的积极作用。

三、公务员管理

（一）招考录用程序化

先后组织了招录人民警察、司法助理员和全市四级联考招录公务员及人民警察和司法警察学员录用为公务员等工作，累计招收公务员1 465人，其中四级联考招录公务员1 150人。为切实把好公务员进口关，严格按照规定的程序，从网上报名、资格审查、笔试、面试，到体检、考察、公示，各个环节层层把关，既体现了招录工作的公开、平等、竞争、择优原则，又保证了新录用公务员的质量，受到社会各界和用人单位的普遍好评。

（二）参公登记规范化

积极稳慎推进参照管理的申报工作，严格审核参照管理单位的资格条件。同时，指导各参公单位妥善做好不符合参公登记条件人员的分流安置工作，确保参公工作平稳顺利进行。全市完成85家参公单位共1 003人参公登记审批手续，其中通过考试合格后登记908人。组织2010年参公申报工作，初步确定180余家申报单位。

（三）考核奖惩制度化

组织实施全市公务员年度考核工作。全市行政（乡镇）机关及所属参照单位实际参加年度考核的公务员（工作人员）为35 931人，其中优秀等次5 892人，称职等次29 110人，基本称职等次66人，不称职等次35人，不定等次828人。加强考核结果运用，对考核优秀等次人员予以嘉奖，对连续三年考核优秀等次人员记三等功，对考核基本称职或不称职人员，督促各单位进行诫勉谈话，并组织举办“公务员基本素质培训班”，加强教育警示。同时，组织开展“十佳公务员”（工作者）评选表彰，进一步树立典型，激励先进。

（四）培训教育经常化

重新修订并发布《杭州市公务员培训学分制管理办法》，首次将公务员培训学分完成情况列入各单位综合目标考核内容并与公务员个人年度考核结果挂钩，从而进一步确立了公务员培训工作在公务员队伍建设中的重要地位。许多兄弟城市专程来杭州学习考察“干部学习新干线”，全省也将推广这一公务员在线学习平台。同时，组织任职培训126人、初任培训181人、基本素质培训92人；举办公务员知识大讲堂6期，共培训4 231人，提升了公务员的知识素养和能力水平。

四、工资收入分配

稳步推进事业单位分配制度改革。按照国家、省统一部署和要求，结合杭州市实际，在广泛深入调研基础上，起草了《杭州市公共卫生与基层医疗卫生事业单位实施绩效工资工作情况》和《实施方案》，经省人力资源社会保障厅批复同意后，召开全市公共卫生与基层医疗卫生事业单位实施绩效工资工作会议，全面推进绩效工资工作。加强对义务教育学校绩效工资实施情况的督查，与财政、教育部门组成督察组，对区、县（市）义务教育学校实施绩效工资情况进行抽查，全市义务教育学校绩效工资均已实施到位。加强规范公务员津贴补贴发放的管理工作，会同财政等部门对市直机关规范津贴补贴工作进行自查，并会同市委组织部出台了《公务员津贴补贴有关问题的处理意见》，进一步规范公务员津贴补贴计发工作。

五、人事制度改革

积极推进事业单位岗位设置工作。制定杭州市事业单位岗位设置工作实施方案和实施意见，并在事业单位岗位设置工作试点基础上全面展开，区、县（市）的岗位设置实施方案审核报批工作已全部完成。按照公开、公平、竞争、择优的原则，规范有序地开展事业单位公开招聘工作。为220家次市属事业单位公开招聘工作人员审核发布公告 89 个，为 1 072 名拟聘用人员发布公示 206 个。全年全市共公开招聘事业单位工作人员 5 300 名，其中应届高校毕业生 2 957 人。修改完善营职以下军转干部考试考核安置办法，全市共接收军队转业干部 372 名，圆满完成安置任务。

（杭州市人事局）

杭　州　市

劳动和社会保障工作

2010年，杭州市劳动保障工作以科学发展观为统领，按照全面建设小康社会、共建共享“生活品质之城”的要求，以解决人民群众最关心、最直接、最现实的利益问题为重点，解放思想，开拓创新，扎实工作。

一、就业再就业工作

（一）就业形势保持基本稳定

围绕创建充分就业城市和创业型城市目标，进一步实施和完善就业再就业政策，以解决城镇就业困难人员、大学毕业生、农村转移劳动力、参加杭州常住人口登记的“新杭州人”就业再就业为重点，大力实施深化创建充分就业社区、创建充分就业行政村、创建创业型城市、提升劳动者素质“四大行动计划”，深入开展就业再就业工作。积极开展“就业援助进家入户，帮您解决就业困难援助月”“高校毕业生就业服务月”等就业服务专项活动。2010年全市城镇新增就业26万人，帮助失业人员实现再就业15万人，其中就业困难人员7.9万人；城镇登记失业率控制在2.19%，就业局势保持基本稳定。

（二）扎实推进城乡统筹就业

在全市开展创建充分就业社区和充分就业行政村活动。至2010年末，全市有818个社区达到充分就业社区标准，其中主城区所有社区均达到充分就业社区标准；萧山、余杭区和五县（市）有355个社区达到充分就业社区标准，占社区总数的97.5%。全市77.2%的行政村达到充分就业村标准，其中主城区所有行政村达到充分就业标准，萧山、余杭区和五县（市）61.6%的行政村达到充分就业标准。全市共消除“零就业”家庭182户，动态消除了“零就业”家庭。深化落实农民工生产生活“八个有”目标和举措，认真做好农民工工作。余杭区被人力资源社会保障部列为“农村劳动力转移就业示范县”，江干区凯旋街道景芳社区荣获首批国家级充分就业示范社区称号。2010年全市农村劳动力转移就业11.2万人。

（三）健全完善大学生创业就业服务体系

在杭38所高校大学生就业创业指导站全面运行，将公共就业服务职能延伸到高校。扎实推进大学生见习训练，全年有10 295名大学生参加。开办大学生创业实训243期，有10 121名大学生参加创业培训和职业技能鉴定。开展第二批创业导师的选聘，创业导师达251名。形成了以大学生见习训练、创业导师制、创业实训、高校就业创业指导站等为特色的大学生创业就业服务体系，国务院副总理张德江作出“杭州市帮扶大学毕业生就业的经验值得总结推广”的批示，人力资源社会保障部专门在杭州召开华东七省市促进大学生创业观摩交流会，总结推广杭州模式。

二、职业技能培训和鉴定工作

（一）提高再就业培训的针对性、有效性

完善培训政策，明确培训以提高劳动者素质为目的，以在职职工为培训重点，以定单定向定岗培训为主要方式，搞好培企结合，大力开展有针对性的培训。补贴对象涵盖城镇失业人员、被征地农民、残疾人、进城务工农村劳动者、大学生、城镇企业在职职工、新杭州人及持《杭州市农村劳动力求职登记证》的人员，绩效奖励范围扩大到培训机构、创业导师和用人单位。2010 年全市就业再就业技能培训 3.5 万人，其中技能培训后再就业 2.5 万人，技能培训后就业率为 69.7%；创业培训 2 808 人；进城务工农村劳动力职业技能培训 44 263 人。

（二）加大高技能人才培养力度

放宽政府补助培训对象范围，增加培训补助职业（工种），实施高技能人才培养资助办法，对培训机构、企业按培养高技能人才数量进行奖励。推出 40 个职业工种的技师实行社会化考评。杭州市公共实训基地正式启用，累计参加实训鉴定达 8.2 万人次。开展高职院校、技校、职高毕业生的技能鉴定工作。开展新的专项能力考核试点，推进职业技能鉴定信息化建设，推广光电阅卷系统，提高职业技能鉴定效率和质量，2010 年全市共培养高技能人才 12 138 名。全市核发职业资格证书 117 929 本。杭州第一技师学院获人力资源社会保障部“国家技能人才培育突出贡献奖”。

三、社会保障工作

（一）扩大社会保险覆盖面

截至 2010 年年末，全市职工基本养老、基本医疗、失业、工伤、生育保险参保分别达 360.6 万人、345.3 万人、244 万人、315 万人、228.5 万人，分别比上年末净增 37.3 万人、46.9 万人、28.3 万人、40.8 万人、28.7 万人。全市城乡居民养老保险参保 106.3 万人，其中享受基础养老金待遇 52.4 万人，参保率达到 70%以上；城乡居民医疗保险参保 408.32 万人，新农合参合率 99.3%。全面实行基本医疗保险即时救助，市本级 2010 年救助医疗困难人员 46.8 万人次，支付救助金 1.1 亿元。

（二）进一步健全“城乡统筹、全民共享”的社会保障体系

出台实施《杭州市城乡居民社会养老保险实施意见》。将职工基本养老保险单位缴费比例由原 15%调整为 14%。城镇居民医疗保险与农村新型合作医疗整合为城乡居民医疗保险，筹资标准设每人每年 1 200 元和 800 元两档。允许外地户籍个体工商户以企业单位的参保形式参加杭州市职工基本医疗保险。城乡居民医疗保险住院报销比例达到 60%以上，全市所有区、县（市）实现了基本医疗保险门诊统筹。出台《杭州市基本医疗保险市级风险调剂金管理实施办法》，积极推进基本医疗保险市级统筹。将老工伤人员纳入工伤保险统筹政策范围。将市区职工生育保险缴费比例由 0.6%提高到 0.8%，增强生育保险基金抗风险能力。

（三）加强社会保险经办能力建设

推进基本医疗保险“一卡通”建设，全市所有职工和城乡居民参保人员可持社会保障卡（市民卡）在全市范围内刷卡就医。实行基本医疗保险医疗费用总额预算管理，强化医保基金监督管理。在杭州市市民之家增设社保、医保 12 个服务窗口，可办理社会保险参保登记、养老保险待遇一次性支付、医疗费报销支付等 34 个项目，并实现了市、区两级经办项目均可办理和双休日也正常开放的要求。引入自助服务模式，在社保办事大厅设置自助服务区，配备集查询、打印、申报功能为一体的自助服务机，满足办事单位和群众的不同需要。杭州市社会保险管理服务局被人力资源社会保障部评为“2008—2010 年全国人力资源和社会保障系统优质服务窗口”。

（四）优化企业退休人员社会化管理服务

全市实行社会化管理的企业退休人员 51.05 万人，社区管理率 97.8%。将民办非企业、机关事业单位编外劳动合同制退休人员纳入社会化管理服务范围，将铁路系统 9 996 名退休人员移交社区管理。继续推进企业退休人员自管组织建设，全市共建立企退人员自管组

织10 265个，自我服务骨干人员达19 831人。贯彻落实中央和省有关文件精神，做好企业退休人员基本养老金调整工作。将企业退休人员节日慰问费从原来的1 000元提高到1 600元，并一次性增发节日慰问费1 000元。开展第三轮企业退休人员健康体检工作，参检率达99.9%。在全市范围组织开展企业退休人员文体健身系列活动。

四、劳动关系调整和权益保障工作

（一）加强工资宏观调控和劳动用工管理工作

开展全市小企业劳动合同签订情况专项调查，共抽查小企业1 308家，涉及职工123 335人，其中农民工93 649人，为进一步推进小企业劳动用工规范管理打下基础。调整2010年市区最低工资标准，公布2009年度杭州市区全社会职工平均工资，定期发布全市企业工资指导线和企业劳动力市场工资指导价位。召开全市企业工资集体协商工作推进会，全市建会企业开展工资集体协商13 196家，覆盖面达92.1%，其中国有企业达100%。传化集团构建和谐劳动关系的做法和经验，得到中央领导和有关部门的充分肯定。

（二）依法处理劳动争议案件

发挥乡镇（街道）和企业劳动争议调解组织的作用，尽可能将劳动争议化解在基层。通过调解组织调解结案15 092件，调解成功率达96.5%。在经济开发区成立劳动争议仲裁委员会和仲裁院，劳动仲裁机构实体化建设实现全覆盖。探索劳动争议仲裁和民事审判工作协商机制、劳动保障监察与劳动争议仲裁协调联动机制，加强仲裁机构工作人员培训，提高劳动争议案件处理效能。全市共立案处理劳动争议案件4 923件，涉及劳动者8 673人，当期结案4 700件，结案率95.5%，为劳动者追回经济损失1.2亿元，为用人单位追回经济损失583万元。

（三）推进劳动保障监察执法工作

深化劳动保障监察两网化建设，在市区街道（乡镇）劳动保障监察中队推行首席监察员、专职监察员、监察协管员管理模式，落实街道（乡镇）劳动监察中队工作人员的待遇。建立企业诚信档案信息数据库，表彰75家劳动保障诚信示范单位。健全防范处置企业拖欠工资长效机制，筹集欠薪应急周转金1.1亿元，启用欠薪应急周转金874万元；筹集建筑企业职工工资支付保证金、租赁企业工资保证金等各类工资支付保证金9.3亿元，动用工资支付保证金垫付农民工工资1 112.2万元。加大劳动保障执法力度，组织开展农民工工资支付、清理整顿人力资源市场秩序等专项检查整治活动。研究建立劳动关系和谐指数，基本确定劳动关系（和谐）指数模型指标项的设置。拓展维权平台，积极探索网络监察。全市各级劳动保障监察机构共检查用人单位12.4万户次，涉及劳动者344.4万余人，为1.6万名职工追回拖欠工资2 246.8万元，分别比上年下降15.2%和13.1%；督促补签劳动合同2.5万份，清退风险抵押金9.6万元，立案受理劳动者举报投诉案5 651件。杭州市劳动保障监察支队被人力资源社会保障部、公安部等部门评为“清理整顿人力资源市场秩序专项行动先进集体”。

五、推进劳动保障基础建设

劳动保障数据中心系统顺利上线，实现了市局业务系统操作用户的统一管理。权力阳光运行机制建设进一步推进，83项行政审批事项实现网上办公，252项权力事项正式上线运行。对用人单位开通新增参保职工申报、参保职工减少申报等30余项网上服务项目，市本级2.04万余家用人单位申请开通了社保业务网上办理功能。开通个人基本信息查询、缴费情况查询等6项网上查询服务项目。杭州劳动保障网实现改版升级。全市2 105个行政村全部按照机构、场地、人员、经费、制度、工作“六到位”的要求完成了劳动保障服务室建设，实现了乡镇（街道）、社区（行政村）基层劳动保障平台建设全覆盖。对杭州市劳动保障咨询服务系统进行扩容升级，人工座席从原来的30席扩充至80席，自动语音服务从原来的30路增加到100路，并在萧山、余杭区和五县（市）全面建立12333劳动保障咨询服务平台。在主城区所有街道全面建立劳资干部联谊会，在劳动保障法规政策传达落实、就业岗位信息采集、困难企业帮扶、劳动争议处理等方面发挥了作用。在全市范围内广泛开展“和谐民生行——劳动保障政策法规主题宣传年”活动。主城区社区373名书记、主任参加了劳动保障政策培训。

（杭州市劳动和社会保障局）

宁 波 市

人事人才工作

2010年是经济社会发展走出金融危机影响、实现重大转折之年。宁波市人事人才工作坚持以科学发展观为指导，以打造制度引领优势、发挥人才引领作用为目标，以“抓人才、强服务、推改革、保稳定”为主线，抓重点、攻难点、创亮点，较好地完成了年度主要目标任务，为“十一五”工作划上圆满的句号。

一、创新型人才队伍建设

2010年底，全市新增各类人才10.09万人，人才总量首次突破90万人，达90.34余万人，超过“十一五”目标的13%。其中专业技术人才59.5万人，高级职称人才3.57万人，海外留学人才2 050人，博士人才1 846人，硕士19 045余人，均超额完成“十一五”目标。

一是海外人才开发迈出新步伐。率先在全国出台鼓励企业引进“海外工程师”的优惠政策，市县两级财政共为首批103家企业、160个海外工程师项目提供补贴4 770万元，在社会中形成良好反响。全市海外高层次人才国家级“千人计划”10人、省级“千人计划”27人，入选人数居全省前列。批准市级以上留学人员创新创业项目28项，其中国家级资助项目4项。完成外国专家项目137项，引进各类外国专家256人次、文教专家419人，其中有2位外国专家获浙江省“西湖友谊奖”。二是平台载体建设再创佳绩。积极推荐参加全省企业技术创新团队评选，全市有9家企业被评为省级企业技术创新团队。着手实施为期3年的博士后“135”工程，修订出台博士后工作管理办法，提高博士后出站留甬工作补助标准，增设市级博士后扶持单位、博士后创新实践基地等高端引才载体和市级博士后科研择优资助项目。全年新增国家级企业博士后工作站8家，省级工作站11家。目前，全市已有省级以上博士后工作站（流动站）46家，其中国家级博士后工作站24家、博士后流动站1家，省级博士后工作站20家，市校共建博士后工作站1家。三是创新型人才培养力度不断加大。大力实施高级专家选拔培养工程、企业创新团队工程硕士培养工程和千名紧缺人才系列培训工程。7人被评为国务院政府特殊津贴专家；省“151人才工程”中入选重点资助项目2人、第一层次培养5人、第二层次培养15人；新培养中高级紧缺人才近4 000人；开展专业技术人员继续教育培训15万余人次，劳动力技能培训1万人次；引进国际职业资格认证项目3项。四是人才政策体系逐步完善。按照基本涵盖国内外高层次人才柔性引进、创新型人才培养储备、企业创新团队建设以及人才住房保障等人才开发领域的要求，着力构建创新型人才政策体系，出台了《宁波市鼓励企业引进“海外工程师”暂行办法》和《宁波市博士后工作管理办法》。各县（市）区也先后出台了具有地方特色的人才政策25项，努力提升人才竞争的政策优势，特别是在人才公寓建设方面，不断加大投入，全市已建成的人才公寓

1 200套。

二、公务员队伍管理

按照“两创”要求，完善制度，加强规范管理，不断提升公务员队伍法制化、规范化管理水平和综合素质水平。

一是不断加强公务员法配套法规建设。会同市委组织部转发了《公务员录用考试违纪违规行为处理办法（试行）》及《公务员职务任免与职务升降规定（试行）》，进一步完善公务员相关制度。二是扎实做好公务员考试录用工作。精心组织844名公务员四级联考，圆满完成面向高校应届毕业生、退伍士兵招录人民警察学员、司法助理员学员以及公开考录乡镇（街道）团委副书记等其他公务员录用工作。三是稳妥实施参照管理工作。目前，已有15支队伍获批参照公务员法管理，经考试考察合格，有3 000余人过渡为参照公务员法管理事业单位工作人员。四是会同市委组织部首次下发《宁波市公务员培训学分制管理办法》，启动公务员网上学习制度，圆满举办“中法公务员能力建设研讨会”，全市培训公务员8万余人次。全市共有1个单位、1名个人评为全国先进；10名个人评为省级先进。五是实施公安机关执法勤务机构人民警察警员职务套改工作。共完成6 469名民警职务套改。六是坚持把党政机关作为接收安置的主渠道，圆满完成352名军转干部接收安置任务。

三、事业单位改革

按照中央、省里统一部署，针对事业单位各项改革的复杂性、艰巨性和特殊性，一方面坚持解放思想、大胆创新，另一方面坚持统筹兼顾、稳扎稳打，保障了各项改革的顺利进行。

一是全面启动事业单位岗位设置管理改革。制定出台《宁波市事业单位岗位设置管理实施意见》和《宁波市事业单位岗位设置管理实施办法》，按照“成熟一家、审批一家、推开一家”原则，全面推开事业单位岗位设置工作。目前，全市已核准15个县（市）区、35个市直主管部门事业单位岗位设置管理实施意见，以及148家市属事业单位的岗位设置方案。二是稳慎推进事业单位绩效工资改革。完成义务教育阶段绩效工资实施和退休教师生活补贴兑现工作。联合财政、卫生部门制定下发相关文件，全面启动了公共卫生与基层医疗卫生绩效工资实施工作。三是组织开展事业单位津贴补贴清理和社保等工作。制定了规范人民警察加班补贴和信访工作人员岗位津贴的实施意见，调整了信访工作人员、司法助理员岗位津贴和职工、遗属、长期临时工三类人员生活补助费标准。加大养老保险费征缴力度，规范养老保险业务档案管理，事业单位养老保险工作运行有序。四是其他事业单位改革。配合文化、医药等部门稳步推进文化、医药卫生社区服务机构等领域的管理体制改革，协助做好相关职能剥离、职责调整和人员分流工作。

四、高校毕业生就业工作

坚持把高校毕业生就业服务作为一项关系千家万户幸福的民心工程、和谐工程来抓，明确将扩大就业规模、提升就业质量作为稳定就业形势的主方向，全市各地、各部门同心协力，积极创新就业政策、加大创业扶持、拓宽就业渠道、强化就业指导，2010年全市高校毕业生就业率达到91.6%，实现毕业生就业工作的“两个突破、两个稳定”。

一是促进毕业生到基层就业的引导政策有突破。积极实施“高校毕业生就业推进行动”，下发《关于实施2010高校毕业生就业推进行动的通知》，联合财政、劳动保障等部门出台了《关于延长扩大失业保险基金支出范围试点政策的实施意见》等2个配套政策，组织实施“岗位拓展计划”“就业服务与援助计划”，引导高校毕业生到基层、到企业就业，市县两级共为毕业生提供各类补贴5 000余万元。二是鼓励毕业生创业的扶持政策有突破。组织实施“创业引领计划”，开展首届宁波市十佳大学生“创业新秀”评选活动，对十佳大学生“创业新秀”分别给予30万元重奖，投入60万元资助6所高校开展创业教育和创业培训。目前，已建各类大学生创业园、创业基地9个，入驻大学生创业企业近180家。三是毕业生就业率保持稳定。继续实施基层教育卫生和物流企业4个1 000专项招聘计划，扎实开展万名毕业生见习计划，新增见习基地156家。举办第21届毕洽会和“放飞梦想—宁波市2011届大中专毕业生就业服务月”等活动，开展“促就业·兴创业”就业服务进校园等活动，全市共组织举办各类毕业生专场招聘会85场，提供毕业生岗位2.4万余个；举办毕业生就业指导活动57场次，为1.2万余名未就业毕业生和在校毕业生提供了见习机会。四是困难家庭毕业生就业情况稳定。建立健全困难家庭毕业生就业服务长效机制，通过政府部门“托底工程”，确保有就业意愿的就业困难毕业生不挑不捡100%推荐就业，100%的困难家庭未就业毕业生享受临时生活补助。

五、军转干部安置工作

2010年，全市共接收军转干部352名（不含师职干部），其中计划安置347名，自主择业5名。

一是全面落实军转政策。各级党委、政府坚持把军转安置作为一项重要的政治任务，动员各方面积极接收安置军转干部。坚持把党政机关作为接收安置的主渠道，占安置总数的83.9%；坚持把团职干部作为重点，采取使用空缺职位、按规定增加非领导职数、先进后出、带职分配等办法妥善安排了相应职务；对荣立一、二等功的军转干部采取免考安置，并提前落实行政单位；对职务高、服役时间长和长期在艰苦地区、艰苦岗位工作的军转干部在考核评分时予以加分，对受处分军转干部予以扣分，保持了部队和地方工作的连续性。二是合理配置人才资源。根据宁波驻军多、职别高、安置任务重的特点，坚持以科学发展观为指导，牢固树立可持续安置的理念，既突出重点，又分散安置。结合各单位近三年接收军转干部数量和当前编制情况，重点向行政机关、执法单位和编制余缺单位倾斜。根据机构改革和参照公务员法管理工作的实际，从严控制合并单位的接收数量，适当增加参照单位的接收数量。鼓励军转干部到基层工作，各县（市）区营以下干部分配到乡镇（街道）工作的占50%以上，北仑区、鄞州区营以下干部到事业单位的达50%。对满编超编单位允许先超编接收，今后在自然减员中逐步调整。对省部属单位，采取提前个别协商的方法。三是创新完善安置办法。对进本市三区安置的军转干部继续采取“双考”安置的办法，保证了政策的连续性、稳定性。坚持六个公开，即安置办法公开、接收指标公开、考核计分标准公开、分数公开、志愿公开、结果公开。同时，体现五个特点：考核打分由部队干部负责，以确保准确性和公正性；面试工作统一组织，用人单位评委由原来的3人调整为1人，其余评委从考官库中抽签产生，面试前再抽签决定分组；邀请部分党代表、人大代表、政协委员担任评委；整个过程由纪委全程监督；对所有志愿未录取人员按从高分到低分自主选择指标空缺的事业单位。以上措施确保了军转安置公开、公平、公正。

六、人事人才公共服务体系建设

着眼于服务型政府建设，不断优化公共服务，营造良好的人事人才公共环境。

一是积极开展“三重”服务活动。调整优化企业工程技术人员申报工程师条件，全年申报高、中级工程师资格人员5 000余人次，申报率和通过率同比上年均增长25%以上。市县两级共组织专家赴企业技术服务170余次。依托专业技术人才培养基地等载体，为企业提供各类公益培训115场次，培训企业管理人员近7 000人次。开展“培训服务进企业”活动，为部分重点企业培训1 200余人次。二是完善人才市场配置体系。全市新增人才中介服务机构40家，总数达180余家，市场化配置能力进一步提高。新人力资源大厦建设项目进展顺利。创新举办“宁波科技人才周”“浙洽会”“欧洲·宁波周”等大型引智引才品牌活动，进一步丰富发展“才富·宁波”中高级专场、高级人才小型见面会等中高级人才服务模式，并以“会、报、网”联动形式全方位配置基础性人才，全市共为6万家（次）单位提供了各类人才服务，同比上年增长20%。三是完善人才信息服务体系。参与完成宁波市中长期人才发展规划，指导各县（市）区制定区域性人才发展规划。继续编发本市年度紧缺人才开发导向目录和人才紧缺指数体系报告，加强宏观信息指导服务。四是其他人事管理服务工作更加有力。加强考务安全管理，顺利完成近9万人次的各类人事考试组织工作。退管服务工作有了新的突破。

七、重大活动、重大政策

一是第21届高校毕业生洽谈会。1月30日，在宁波国际会展中心举办宁波市第21届大中专毕业生洽谈会。本届“毕洽会”采取全额财政补贴的办法，对所有设摊单位和应聘毕业生全免费，并提供40辆免费公交大巴，降低用人单位选才、毕业生求职的成本。本届“毕洽会”，共有1 279家单位参会，招聘单位总数比2009年增长9.4%；需求毕业生18375人，比上年增长13.9%，近3万多名毕业生参会。

二是海外工程师引进项目。制定出台《宁波市鼓励企业引进“海外工程师”实施细则》（甬人引［2010］4号），按照《宁波市优势产业与新兴产业投资导向目录》提出的机电一体化装备制造、电子电器、汽车及零部件、石化、高档纺织服装五大重点优势产业和新材料、新能源、新光源、软件及服务外包、医疗保健设备五大新兴产业，以及《今后五年宁波服务业跨越式发展行动纲要》提出的六大支柱产业和四大主导产业作为引才重点领域，大力引进外籍工程技术研发人才或经营管理人才。全年共为103家企业、160个海外工程师项目提供财政补贴4 770万元。

三是第12届高层次人才洽谈会。本届高洽会共有宁波人才紧缺指数发布、海外留学人才创新创业政策环境说明会、“四高一新”人才招聘洽谈会、人才服务业对接推介会、国内外高层次人才智力项目合作签约仪式、海外留学人才技术项目展示暨对接洽谈会、海外留学人才创新创业环境专题考察、镇海区大学生创业就业校地合作交流会等8项主题活动。来自浙江省各地的873家企事业单位报名参会，推出岗位5 084个，需求各类人才10 978人，近1.1万名来自各地的人才进场洽谈，达成意向9 000余人次。另外在海外留学人才创业行主题活动中，来自美国、英国等15个国家的180名留学生携带160多项技术合作和创业项目参会商洽合作意向。

四是博士后工作项目。实施博士后工作站“135”计划，修订出台相关办法，健全和完善博士后工作管理机制，调整优化政策措施，财政投入进一步加大。新的管理办法新设了市级博士后扶持单位、博士后创新实践基地等引才载体和市级博士后科研择优资助项目，并均给予财政资助，把博士后出站留用工作的一次性补助标准由原来的20万元调整为30万元；落实了省定标准，一次性给予新进站博士后在站生活补助3万元。新的政策还增加了对博士后科研项目的择优资助，对入选的科研项目给予2至3万元的资助，对获得中国博士后科学基金资助或浙江省博士后科研项目择优资助的项目，市级财政按1：1比例给予配套资助。

五是高校毕业生就业服务月活动。11月14日，2010年秋季全国人力资源市场高校毕业生就业服务周暨“放飞梦想”宁波市2011届大中专毕业生就业服务月活动正式启动，共举办4场大型毕业生招聘会，有4 000余家（次）用人单位参加招聘，推出岗位4万余个（次）。

（宁波市人事局）

宁 波 市

劳动和社会保障工作

2010年，宁波市劳动保障部门按照市委、市政府的决策部署，紧紧围绕“稳增长、抓转型、惠民生、促和谐”的中心任务，在经济社会发展大局中谋划发展，创先争优，扎实工作，各项工作均取得了较好的成绩。在2010年浙江省统计局首次发布的《2009年度浙江省民生指数与民生评价报告》中，宁波市就业与社会保障方面民生改善水平在全省11个市中名列第一。

一、努力稳定和扩大就业，全市就业局势总体良好

（一）创建首批国家级创业型城市初见成效

2010年4月，被列为创建首批国家级创业型城市后，宁波市加快推进创业带动就业工作的组织领导、政策扶持、创业培训、创业服务、工作考核等“五大体系”建设，市政府成立了创建工作领导小组，市劳动保障局作为创建牵头单位，积极开展各项创建迎检的协调和实施工作。在各有关部门和各地的密切配合下，制定出台创业促就业政策，形成了比较系统的创业扶持政策体系。加强并完善创业服务平台建设，积极组织“2010宁波创业项目展示会”，正式启用宁波市创业项目库。积极推进小额担保贷款发放工作，组织开展信用社区评选工作等创业服务系列专项活动，全年全市共发放自主创业小额担保贷款4 528.5万元，同比增长120%，贷款还贷率达到99.3%，累计发放额首次突破亿元，累计扶持创业2 790人，带动（吸纳）就业1.03万人。通过努力，2010年8月份顺利通过省级中期考评。

（二）充分就业社区和充分就业县（市）区创建活动深入推进

全面开展充分就业社区创建工作，2010年，通过考核评估，全市充分就业社区达到414个，占全市社区总数的93.8%，其中海曙区、江东区、江北区、镇海区、鄞州区、奉化市和余姚市充分就业社区创建达标率均为100%。在此基础上，深入推进充分就业县（市）区创建活动，8月，通过各地申报和全市评估，江东区、海曙区、镇海区率先获得“宁波市2009年度充分就业县（市）区”称号。通过创建活动，各项促进就业政策得到全面落实，就业服务更加精细有效。全市开发（保持）公益性岗位8 637个，“零就业家庭”实现“基数归零、动态归零”，就业困难人员得到有效援助。

（三）就业政策体系更加完善

出台《关于延长扩大失业保险基金支出范围试点政策的实施意见》，扩大失业保险基金支出范围，这是本市继实施失业保险费减征、失业保险基金帮助困难企业稳定就业岗位等措施后的又一重大举措，对充分发挥失业保险基金预防失业促进就业的功能作用，发展政府与企业共同稳定就业的新型关系具有重要意义。同时，继续实施社保补贴、用工补助等促进就业政策，强化政策延续性。2010年，全市共

发放社保补贴（含用工补助）2 699.8 万元，享受企业 3 069 家，享受职工 7 834 人；6.12 万人享受灵活就业社保补贴，补贴金额为 2.6 亿元；再就业援助补贴发放 1 551 人，发放金额为 512.08 万元。至 2010 年底，全市新增就业 14.2 万人，帮助 6.21 万失业人员实现再就业，其中就业困难人员再就业 1.89 万人，年末城镇登记失业率为 3.03%。

（四）努力缓解部分企业招工难问题

全市各级劳动保障部门充分发挥各级人力资源市场和基层公共就业服务机构作用，为各类劳动者开展“一站式”就业服务，高频率、广区域地搭建劳动力供需双方交流平台。2010 年，全市各级人力资源市场组织专场招聘会 148 场，参加单位 1.19 万家，提供岗位 32.25 万个。同时通过建立劳务合作和校企合作机制，为企业引进急需的劳动力。目前，全市已累计与 25 个省份的 353 个人力资源社会保障部门建立了劳务合作关系，新建劳务合作基地 45 个，有 796 所省内外职技院校与本市企业签订毕业生校企合作定向输送协议。全市共组织 469 家企业赴省内外招用务工人员，为企业提供适用劳动力 2.64 万余人，有效缓解了部分企业“招工难”。

二、围绕产业转型升级，技能人才培养力度进一步加强

（一）创业培训体系初步形成

制定出台《宁波市创业培训定点机构管理办法》，加强创业培训的规范管理。组织开展创业培训师资培训班。积极支持部分县（市）区和培训机构探索技能培训与创业培训的有机融合，先后形成“农家乐培训”、宁海“数控雕刻”、江北“竹编培训”等区域特色显著的“技能＋创业培训”办班模式，使全市创业培训在内容和形式上得到进一步提升。

（二）技能人才激励和评价机制有新突破

制定出台《宁波市优秀高技能人才评审实施办法》，作为人才奖励的一项重要奖项纳入本市人才奖励政策体系，明确今后每两年开展一次评选活动。2010 年，首批 11 名优秀高技能人才得到奖励表彰，每人给予 10 万元奖励。继续会同市总工会组织开展“宁波市首席工人”和“好师傅、好徒弟”评选表彰活动，激发劳动者提高技能水平的积极性。

（三）技能人才培养的途径和方式更加灵活多样

在积极推进高技能人才院校培养、社会化培养的基础上，充分发挥政府、院校、企业三方联手培养高技能人才的有效模式。组织实施了“2010 年宁波市企业优秀青工进修培训计划”，共 506 名学员参加了高技能培训班，490 余名企业优秀青工通过培训破格取得高级工职业资格证书。针对部分技术水平高而资历不符合规定条件的企业一线技术骨干，依托本市优质教育培训资源，组织开展了维修电工、现代服装技术等工种（职业）技师研修班，帮助部分企业优秀技术工人搭建高技能人才通道。广泛开展各级各类技能大赛，通过“以赛代培、以赛促培”方式，选拔和发掘了一大批技艺精湛的优秀高技能人才，为优秀技能人才脱颖而出创造良好平台。截至 2010 年底，全市共组织开展各类技能培训 16.6 万人，其中高技能人才培训 1.75 万名。

（四）职业培训扶助政策和技能人才评价机制进一步完善

根据本市扩大失业保险基金支出范围试点政策和农民培训经费补助办法，基本建立覆盖全体城乡劳动者的职业培训补助政策。在对各类农民培训补助标准进行规范的基础上，进一步加大培训扶助力度。积极推进技能人才多元评价模式，支持企业开展职工培训鉴定工作，规范企业技能人才评价模式与程序。结合本市城乡劳动者、企业职工技能培训实际，先后确定月嫂、婴儿游泳抚触师等 5 个项目开展专项能力证书的培训与认证试点工作，有效解决部分就业岗位从业人员培训难、认证难问题。初步构建起职业资格认证、专项能力认证与职业培训合格认证的高技能人才评价与证书认证体系。

三、推动社会保险由制度全覆盖向人群全覆盖转变，社会保险待遇水平进一步提高

（一）社保覆盖范围进一步扩大

2010 年，宁波市加快推动社会保险由制度全覆盖向人群全覆盖转变，各项社会保险参保人数大幅度增长。截至年底，全市养老、医疗、失业、工伤、生育保险的参保人数分别达到 383.5 万、281.3 万、186.2 万、238.1 万、201.5 万，全部提前一个季度超额完成省、市政府下达的考核目标任务。从 1 月份起，正式实施城乡居民社会养老保险制度，向全市近 70 万名符合条件的城乡居民发放每月 60 元至 80 元不等的基础养老金，在制度层面上实现了“人人享有社会养老保障”的目标。全年全市累计参加城乡居民养老保险达 109.5 万人，其中年满 60 周岁按月领取养老金的共 75.3 万人。全市城镇居民医疗保险参保 74.4 万人，同比净增 7.2 万人。城镇职工和城镇居民医疗保险参保率双双超过 91%，提前完成宁波市医改三年行动目标。

（二）基本医疗保险市级统筹工作积极推进

为确保 2011 年 5 月 1 日起基本医疗保险市级统筹平稳实施及年底医保“一卡通”工作的顺利运行，市政府出台了《宁波市基本医疗保险市级统筹暂行办法》，市劳动保障局相应制定了基本医疗保险市级统筹实施意见和医保药品、医疗服务项目、医用材料管理办法、就医管理办法等配套实施意见，各地劳动保障部门积极开展实施前的各项准备工作。为妥善解决基本医疗保障关系跨制度、跨统筹地区转移接续问题，根据国家、省关于流动就业人员基本医疗保障关系转移接续的有关文件，出台了关于基本医疗保障关系转移接续的实施意见。

（三）社会保险政策进一步完善落实

工伤和生育保险制度进一步完善，被征地人员养老保障制度进一步推进，出台并实施了被征地人员与低标准养老保险转换衔接办法。调整完善了宁波市外来务工人员社会保险政策，并定于 2011 年 5 月 1 日起实施。继续实施社会保险减负政策，企业基本养老保险费缴费比例保持在 12%，并在 2010 年 4 月份对困难企业和部分符合产业升级要求、就业容量大的企业临时性降低社会保险费缴费比例，仅此一项措施就为全市企业减负 3.37 亿元。

（四）相关群体的社会保险待遇进一步提高

2010 年 1 月份，按要求调整提高了企业退休人员和其他相关群体的养老金水平，调整后，全市企业退休人员人均月养老金 1 613 元。职工基本医疗保险和居民医疗保险待遇再次提高：实施了市区职工医疗保险综合减负政策，基本医疗保险报销率达到 83%以上；市区城镇居民医疗保险报销比例 9 月 1 日起上调 3 个百分点后，住院和特殊病种治疗报销率达到 62.9%。

（五）社会保险经办服务能力进一步提升

在全市范围内广泛开展“排查岗位廉政风险、健全经办防控机制”专项活动，全面掌握工作岗位廉政风险点，进一步完善业务规范和内控制度。医保异地就医管理取得新进展，2 月，市区与余姚、慈溪、奉化、宁海、象山 5 个县（市）异地就医结算工作正式启动实施。5 月 1 日起，市区统筹范围对异地就医委托结报范围外的市外长期异地居住参保人员，试行门诊医疗费个人账户包干办法。截至年底，已与上海、杭州、舟山、台州等城市以及宁波大市范围内实现了医保异地委托结报，为企业和群众提供了方便。

四、完善劳动关系调处机制，劳动关系总体保持和谐稳定

（一）重服务、抓源头，努力提高企业知法守法意识

采取办培训班、建立企业联系点、上门走访和集中对话的形式，加强与企业的沟通联系，增强企业经营管理层依法用工、善待职工意识。全年共举办企业劳动保障政策法规培训班 5 期，培训企业经营管理者近 1 200 人，建

立企业联系点 1 406 个，深入 60 多家市属企业了解生产经营和用工管理情况，为企业解疑释难。针对中小企业特别是小企业用工管理不规范的现状，在全市范围内开展了“小企业劳动合同制度覆盖行动”，共检查中小企业 5 845 户，督促 468 家企业与 8 703 名职工签订劳动合同，劳动合同签订率达到 97.5%。此外，加强正面引导，积极开展和谐企业创建活动。进一步落实最低工资制度，大力推行企业工资集体协商，指导企业完善收入分配，规范企业用工管理。

（二）建立健全多层次监察调解工作体系和工作机制

坚持“预防为主、调解为主和基层处理为主”的“三为主”原则和“早发现、早处理和早化解”的“三早”做法，积极预防和调处企业劳资纠纷。着重抓好基层监管调解两个网络体系建设，全市基本建立了基层劳动保障监察网格化监管平台，建立劳动保障监察中队 154 个，划分监察网格 540 个，配备专职监察员和协管员 1 496 名。着手建立用人单位诚信电子信息档案，目前全市已有 7.7 万余家企业信息入库，确保监管不留死角。进一步完善市、县（市）区、乡镇、街道多层次、多形式的劳资纠纷大调解体系，11 个县（市）区全部成立了劳动争议调解指导委员会，10 个县（市）区劳动争议联合调解中心正式挂牌运作，全市已建有 157 个基层劳动争议调解组织，乡镇、街道已普遍建立劳动争议调解机构，多数劳动争议和劳资纠纷案件已在基层处理解决，较好地维护了劳动者的合法权益，有效地维护了社会稳定。2010 年，共处理劳动监察案件 2 780 件，同比下降 2.3%；受理劳动争议案件 2.59 万件，同比下降 16.7%，全市劳动监察案件和劳动争议案件呈现多年来难得的“双降”局面。

（三）健全重大事件预警和应急处理机制，加大对违法企业的处置力度

针对省外出现的劳资纠纷新动向新问题，迅速开展调研，制定了网上舆论的引导和管理办法，加大劳资纠纷处理的内外协调力度，形成由政法、劳动、信访等相关部门和工会分工负责、相互联动的工作机制，确保群体性事件能够得到妥善处置。进一步健全企业工资支付保障机制和政府应急周转金制度，全市各类工资支付保证金超过 8.8 亿元，11 个县（市）区在乡镇、街道设立了应急周转金，全市各级政府欠薪应急周转金总额比 2008 年增加了近 1 倍，政府应急保障能力明显提高。进一步强化对企业用工的日常指导检查，组织开展了农民工工资支付情况、清理整顿人力资源市场秩序和整治非法用工打击违法犯罪等专项行动，严肃查处劳动保障违法行为。2010 年，全市各级劳动保障监察部门共为 2.5 万名劳动者追回被拖欠工资 8 742.1 万元。

（四）全面落实信访工作责任制，重视做好信访维稳工作

坚持和完善局领导每月一次的信访接待日制度，不断加大对群众信访的处理力度。加强不稳定因素排查，特别是对元旦、春节、“两会”和世博会期间不稳定因素的重点排查调处，增强工作的预见性、针对性和主动性。深入开展信访积案化解年活动，努力创新信访工作方法，化积案、解难案，降低重复上访率和恶性信访案件上访率，提高信访处理矛盾的有效性，切实维护社会稳定。2010 年，共受理群众信访 20 738（件）人次；处理群众集体上访 256 批次，5 069 人次，按期办结率 100%。

（宁波市劳动和社会保障局）

安 徽 省

2010年，在人力资源社会保障部的有力指导和省委、省政府的坚强领导下，安徽省人力资源社会保障系统围绕全省工作大局，以科学发展观为统揽，全面贯彻落实党中央、国务院，人力资源社会保障部和省委、省政府的决策部署；以推进效能建设、增进全系统干部职工对工作的饱满热情和对群众的深厚感情、改进工作作风和部门作风、开展创先争优活动为抓手；以民生为本、人才优先为工作主线，着力稳定和扩大就业，加快完善社会保障体系，大力加强人才队伍建设，扎实推进人事制度改革，稳步推进收入分配制度改革，努力构建和谐劳动关系，人力资源社会保障事业取得新的进展，为奋力推进安徽科学发展、全面转型、加速崛起、兴皖富民作出重要贡献。

一、就业再就业工作

认真贯彻《就业促进法》和《安徽省实施〈就业促进法〉办法》，以组织开展“就业政策落实年”为主线，坚持新增就业和稳定就业并重，坚持发展经济与促进就业良性互动，认真落实积极就业政策，全力保持就业局势稳定。全省城镇新增就业54.8万人，下岗失业人员再就业25.2万人，就业困难人员再就业6.2万人，城镇登记失业率3.66%，组织创业培训5.4万人，农业劳动力新增转移就业67万人。落实“三支一扶”招募1 000人，高校毕业生就业见习1万人，全省高校毕业生就业率达92.5%。切实抓好减负稳岗政策落实，帮助企业渡过困难时期。全省累计认定困难企业4 780户，2010年缓缴社会保险费22.85亿元，因降低费率减收四项社会保险费10.6亿元；为困难企业发放岗位补贴2.62亿元，稳定21.5万职工岗位；发放培训补贴0.48亿元，对22万职工进行在岗培训；拨付3.5亿元就业资金用于373户困难企业的社保补贴，惠及职工51.2万人。制定对按期出园企业给予社会保险定额补助和全面兑现组织起来就业补助政策，推广“你贷款、我贴息”政策，新发放小额担保贷款5.3亿元。指导合肥等11个市做好创业型城市创建工作，完成对4个国家级创建城市的绩效考核评估。开展创业培训进校园活动，对4.8万名高校毕业生开展创业意识讲座及“SYB”创业培训。大力推进创业孵化基地建设，建成300个农民工创业园，目前入园企业917个，吸纳就业5.6万人；在合肥、芜湖等9个市建设14个大学生创业园。集中力量做好高校毕业生、农民工和就业困难人员三个重点群体的就业工作。把高校毕业生就业放在就业工作首位，建立高校毕业生就业工作联动机制，建立衔接、会商、统计、信息交换、就业服务等七项制度。开展高校毕业生就业推进行动，统筹推进高校毕业生服务基层项目，强化对困难毕业生的就业援助。制定出台进一步促进农民工就地就近就业的意见，引导农民工就近就地就业。各地认真组织开展就业援助进家入户活动，积极扶持就业困难人员实现就业，帮助708户“零就业家庭”997名成员成功就业，实现动态消除零就业家庭。坚持“一体两翼”，以强化企业培训为主体，以技工院校和公共就业培训机构为两翼，认真实施特别职业培训计划，全年组织再就业培训

10.2万人，农民工技能培训32.5万人。组织开展就业援助月、春风行动、民营企业招聘周、高校毕业生就业服务月等系列专项活动；实施皖江皖北地区农民工就业岗位对接专项活动，3 500多户企业与24万农民工实现对接；开展创建充分就业社区活动，3个社区被评为国家级充分就业社区。

二、社会保障工作

进一步完善社会保障制度，加快推进统筹城乡的社会保障体系建设。扎实推进三项民生工程，加强社会保险扩面征缴。全省养老、医疗、失业、工伤和生育保险参保分别达到669.5万人、1 529.4万人（含城镇居民参保913.5万人）、384万人、359.5万人和351.5万人，全部超额完成当年任务。全年征收各项社会保险基金441.3亿元。各地千方百计筹措资金，确保各项社会保险待遇及时足额发放。城镇居民医疗保险参保基本实现全覆盖；全省2.18万名城镇未参保集体企业退休人员按月按当地低保标准领取基本生活费，做到应保尽保。切实加强农民工技能培训，重点开展订单、定向培训，做到技能培训和上岗就业无缝对接。制定出台社会保险关系转移接续、医疗保险异地结算、工伤康复管理办法等各类制度20余个。连续第六年调高企业退休人员基本养老金水平，人均月增养老金128元，全省企业退休人员月人均基本养老金达1 233元。企业退休人员社区管理服务率保持在90%以上。17个市对城镇居民基本医疗保险的最高支付限额和住院医疗费用报销比例进行了调整，城镇职工医保、城镇居民医保的最高支付限额分别超过上年度当地职工年平均工资和居民可支配收入的6倍。养老保险省级统筹走上规范运行轨道，医疗保险、工伤保险市级统筹基本实现。加大统筹城乡社会保险力度，全面实施被征地农民社会保障工作，被征地农民参加社会保险174.5万人，总体保障率97.2%。稳步推进新型农村社会养老保险试点工作，26个县（区）纳入国家试点，350万农村居民参加新型农村社会养老保险，93.03万人领取养老金。鼓励有条件的地区按照国家和省政府要求探索开展新型农村社会养老保险试点，3个市10个区自行开展新型农村社会养老保险试点。认真开展社会保险基金专项治理工作，解决了一批历史遗留和新发现的违规违纪问题。加强内控制度和信息披露制度建设，实施社会保险业务档案管理规定，积极推进社会保险经办工作的专业化、信息化、标准化建设。

三、人才队伍建设工作

认真实施《安徽省中长期人才发展规划纲要》，围绕产业结构调整要求，服务重点行业、产业、企业发展，以能力素质提升为目标，以高层次人才和高技能人才为重点，统筹推进各类人才队伍建设。深入实施“安徽杰出人才工程”，全年选拔56名享受国务院政府特殊津贴和100名享受省政府特殊津贴人选，选拔学术和技术带头人及后备人选229名；组织省杰出专业技术人才表彰活动，表彰40名全省杰出专业技术人才和25个专业技术人才先进集体；组织开展合芜蚌试验区首次创新人才奖评选活动，表彰6名创新人才。积极鼓励企业申报设立国家级博士后科研工作站，开展省级博士后科研工作站试点，建设15个高校博士后科研流动站和10个技能大师工作室。培训企业经营管理、科技人才657名。大力推进合肥、蚌埠省级留学人员创业园建设，推动芜湖留学人员创业园升格为国家级。深入实施技能人才振兴计划，积极动员组织各类教育培训机构，依托行业、企业推进高技能人才培养工程。推动校企合作，开展技能再就业计划和新技师带动计划，健全面向全体劳动者的职业技能培训制度。组织再就业培训10.9万人，高级工培训4.47万人，培养新技师5 236人。组织评选12名“安徽省技能大奖”和17名“安徽省技术能手”。全面实施局省引智合作框架协议，突出对重点区域、领域和行业的支持服务。围绕“十大新兴产业”，大力引进海外高层次专家和紧缺人才。与国家外专局合作建设海外高层次人才资源库。全年实施引智项目318项，引进外国专家233人次，实施千村引智示范试点项目36项，农业引进国外智力成果示范推广项目19项。积极参与国际徽商大会、中国国际人才交流大会等交流合作，组织“外国专家江淮行”等重要引智活动。分别会同省财政厅、省广电局对部分专业技术资格评审标准进行了修订完善。积极推进职称分类改革，规范职业资格制度。强化技能鉴定管理，加快推进培训、鉴定一体化服务，全年组织职业技能鉴定53万人次。

四、公务员队伍建设和事业单位人事制度改革工作

认真贯彻落实干部人事制度改革《规划纲要》，深化干部人事制度改革，加强公务员管理和队伍建设，加快推进事业单位人事和收入分配制度改革。一是公务员队伍建设工作。制定公务员录用实施规定，改进公务员考录办法，提高招录有基层工作经历的公务员比例。全面完成2010年度公务员考试录用工作，全省13万人参加考试，录用5 118人，省市机关录用有基层工作经历人员比例分别达79%、50%，组织36 138人参加中央机关公务员招录考试。会同省委组织部出台了省直机关公开遴选公务员暂行办法，规范省直机关公务员补充工作程序。制定事业单位参照公务员法管理审批意见，参公审批工作取得积极进展。以加强职业道德建设为重点，深入开展“学习沈浩同志，做人民满意的公务员”活动。实施全省行政机关公务员能力提升计划，组织开展公务员四类培训12万人次，组织皖北基层公务员培训、皖江公务员示范培训、外派参加国家级对口培训1 000余人次。制定出台进一步规范行政表彰工作意见，深入开展“人民满意的公务员”和“人民满意的公务员集体”评选表彰活动，表彰20个先进集体和30名先进个人。推荐人力资源社会保障部与国家部委联合表彰16项，推荐先进集体45个、先进个人64名；与省直部门联合开展全省系统性行政表彰活动13项，表彰先进集体233个、先进个人353名。二是事业单位人事制度改革工作。全面推行公开聘用制度和岗位设置管理制度，全省84.2%的事业单位实行了人员聘用制，89.6万余人签订了聘用合同，市以上岗位设置方案核准率达93.9%；全年省直事业单位公开招聘1 098人。认真指导做好基层医疗卫生机构改革和人员竞聘、分流安置工作，上岗1.6万人，分流7251人。三是军转安置工作。不断拓宽安置渠道，逐步改进安置办法，圆满完成793名军转干部安置任务，认真做好56名自主择业军转干部管理服务工作。积极推进自主择业军转干部教育培训，举办了2010年省暨合肥市军队转业干部全员适应性培训班，297名军转干部参加培训，参训率99%。着力做好部分企业军转干部解困和稳定工作，企业军转干部保持总体稳定。

五、收入分配制度改革工作

规范公务员津贴补贴调整，审核批复亳州等12个市调整公务员津贴补贴水平实施方案。全面实施人民警察法定工作日之外加班补贴、信访岗位津贴和司法助理员岗位津贴工作。全省1.34万所义务教育学校完成奖励性绩效工资兑现工作；公共卫生事业单位和32个试点县区基层医疗卫生事业单位已全部兑现绩效工资，76个县（市、区）基层医疗卫生事业单位绩效工资工作全面推开。上调了全省最低工资标准，月最低工资标准增幅达25.9%至28.6%。制定2010年企业工资指导线，平均工资增长基准线为12%。稳步推进工资集体协商，促进企业建立工资正常增长机制。

六、劳动关系调整和权益保障工作

加快完善劳动合同制度和集体合同制度，积极推进协调劳动关系三方机制建设，加强劳动人事争议处理，加大劳动保障监察执法力度，为维护劳动关系的和谐稳定提供坚实保障。继续发挥农民工工作联席会议制度的作用，积极解决涉及农民工基本权益的突出问题。加强劳动用工管理，落实农民工参加社会保险政策和转移接续办法。完善预防农民工工资拖欠长效机制，推进建立农民工工资按月按时足额支付保障制度。严格执行最低工资制度，逐步提高农民工工资水平。及时受理举报投诉案件，依法查处拖欠和克扣农民工工资等违法行为，共查处拖欠农民工工资案件 3 571 件，清理拖欠农民工工资 2.03 亿元，涉及农民工 8.02 万人。深入开展农民工劳动合同签订“春暖行动”，组织实施小企业劳动合同制度覆盖行动计划，积极推进集体合同制度实施“彩虹计划”，全省各类企业签订劳动合同 399 万人，签订率达 97%；签订企业集体合同 1.03 万份，涉及职工 150 万人。建立预防和解决企业工资拖欠工作机制，完善工资支付保障制度。深入实施《劳动争议调解仲裁法》，切实加强以基层调解组织建设和仲裁机构实体化基本建设为重点的“两基”建设，进一步加大仲裁办案指导力度，规范仲裁办案程序和裁审衔接工作。全省共立案劳动人事争议案件 5 351 起，结案率 93.5%。健全劳动保障监察工作协调机制，加快推进劳动监察“两网化”建设，进一步扩大劳动用工监管覆盖面。组织开展清理整顿人力资源市场秩序、劳动用工、整治非法用工打击违法犯罪、农民工工资支付情况等专项行动，依法查处违法案件，全力维护劳动者合法权益。全年共检查用人单位 2.65 万户，涉及劳动者 189.4 万人，查处违法案件 2 263 件。

七、基层基础建设工作

进一步加强基层基础建设，大力推进公共就业服务机构、社会保险经办机构和公共实训基地建设，加快构建布局合理、高效便捷的公共服务网络，不断提升人力资源社会保障管理服务的能力和水平。全省所有街道、乡镇和社区都建立了就业和社会保障工作机构，1.6 万个行政村聘用了信息员，做到机构、人员、经费、制度、场所、工作“六到位”，基本形成城乡一体、上下贯通、平台到镇、联系到村、服务进户的就业和社会保障工作服务体系。认真组织开展优质服务窗口评选表彰工作，推荐人力资源社会保障部表彰 13 个窗口单位，组织表彰 89 个窗口单位。研究制定统一规范的人力资源市场发展规划，稳步推进整合人才市场和劳动力市场职能与资源，鼓励发展富有特色的人力资源服务企业，加快形成多层次、多元化的市场体系。进一步加强人才市场监督管理，组织开展人力资源市场清理整顿专项行动，整顿各类职业介绍机构，规范职业介绍市场秩序，依法取缔非法职介活动 180 起。以社会保障“一卡通”为重点，加快推进金保工程建设，省市县三级网络实现互联。全面启动新型农村社会养老保险试点县信息系统建设。全省 12333 电话咨询统一服务平台运行通畅，实现了政策发布和咨询、信息查询、维权举报等业务功能。进一步完善统计体系，健全统计工作制度，开展了高校毕业生等重点群体专项调查。

2010 年是“十一五”收官之年，全省人力资源社会保障系统不仅圆满完成了省委、省政府布置的各项目标任务，而且在解决社会关注、群众关心的突出问题和长远建设上实现了新发展，取得了新成效。归纳起来，主要有以下五个方面特点：一是针对后危机时期的特点，适时调整工作思路，服务全省经济平稳较快发展和社会和谐稳定成效显著。紧紧围绕巩固经济回升基础，加快经济发展方式转变，延续和充实政策内容，完善操作方法，畅通政策落实渠道。针对经济形势的发展变化趋势，及时研究制定新的政策措施，切实解决好人力资源社会保障领域涉及的重大民生问题。二是围绕省委、省政府总体部署，从全省重大发展战略着手，服务全省发展大局措施得力。聚焦全省重大发展战略，围绕皖江示范区、国家技术创新工程试点、合芜蚌试验区建设和加快皖北地区发展，制定完善规划计划，加大体制机制创新，全力提供就业、社会保障和人才智力支持。三是把握全年工作重点，充分履行部门职责，发挥部门作用方面工作突出。坚持民生为本、人才优先的工作主线，以就业和社会保障工作为重点，全力推进就业、社会保障、人才队伍建设工作取得重要突破；统筹兼顾，协调推进，确保工资收入分配制度改革、公务员管理、招才引智、人事制度改革和维护劳动者权益等工作取得积极成效。四是把保障和改善民生作为工作的出发点与落脚点，切实维护群众利益，推进民生工程建设取得实效。积极推进民生工程，帮扶困难人员就业再就业，动态消除“零就业家庭”，努力扩大社会保险覆盖面，提高企业退休人员养老保险待遇，着力解决“老工伤”、关闭破产国有企业退休人员医疗保障等历史遗留问题，大力推进农民工签约参保，加强劳动保障监察执法，努力为群众多办实事好事。五是以提高系统凝聚力和战斗力为抓手，不断加强自身建设，服务能力和水平显著提升。坚持一手抓工作推进，一手抓机构融合，加强干部队伍建设和制度建设，引导干部职工把心思用到干事业上，把工夫下到抓落实上。同时，加强对市县机构改革的指导，确保机构改革期间各地队伍不散、思想不乱、工作不断。

（安徽省人力资源和社会保障厅）

福　建　省

2010年，在福建省委、省政府的高度重视和正确领导下，全省各级人力资源社会保障部门深入贯彻落实科学发展观，解放思想，转变观念，先行先试，圆满完成了全年工作目标任务，为全省经济发展、社会稳定做出了积极贡献。全年城镇新增就业65.69万人，完成全年任务101.06%；下岗失业人员再就业12.59万人，完成任务167.87%，其中城镇就业困难人员再就业6.22万人，完成任务259.17%；新增农村劳动力转移就业45.61万人，完成任务114.02%；期末城镇登记失业率3.77%，控制在4.3%以内。至2010年底，城镇基本养老、城镇基本医疗、失业、工伤、生育保险参保分别达634.78万人、1 226.25万人、374.18万人、417.76万人和373.05万人，分别完成全年任务的103.75%、102.19%、111.03%、105.76%和106.59%，比“十五”期末增加74.7%、268.27%、40.36%、74.69%、130.63%。

一、促进和稳定就业成效显著

面对海西建设进程加快、产业发展方式转变和后金融危机时期带来的挑战，福建省各级人力资源社会保障部门积极应对，以全面落实各项就业扶持政策、促进创业带动就业、加强公共就业服务为重点，建立健全长效机制，广泛动员社会力量，统筹做好城乡各类群体就业工作。

一是落实好各项就业政策。广泛开展就业政策宣传和督导，发挥就业专项资金和失业保险基金促进就业、稳定就业的效力，切实做好企业用工服务。全面落实“四缓四降三补贴”政策。

二是创业带动就业工作全面推进。组织SIYB创业培训2.5万人，比增74%；会同有关部门发放小额担保贷款5.08亿元，比增69.9%；三明、厦门市创建首批国家级创业型城市基本达到人力资源社会保障部五大指标体系要求。大力开展创业指导服务，建立创业项目库，创建孵化基地。

三是发挥社会力量共同促进就业。社会力量促进就业机制初步建立，培育了麦斯特、四海等一批民办就业服务机构典型，省人力资源社会保障厅支持推动，中国移动福建分公司、民办就业服务机构联手搭建12580海西求职平台，实现非现场招聘，为各类群体提供快速便捷的就业服务。平台自启动以来，声讯呼入量累计超过7.6万，提供职位数量近13.9万个，短彩信定制下发数量累计超过200万条，在促进就业方面发挥了重要作用，得到了国务院和省委、省政府领导的充分肯定。

四是公共就业服务有效加强。以高校毕业生、农村转移劳动力、就业困难人员为重点，广泛开展贯穿全年、覆盖全省、延伸省外的“海西招聘行动”，共举办省内外各类招聘会1 080场，实现就业10.8万人，不断提升全省公共就业服务水平。

二、职业培训扎实有效

福建省各级人力资源社会保障部门适应海西先进制造业基地建设的需要，以培养高技能人才和开展在岗农民工技能提升培训、劳动预备制培训、创业培训为重点，全面做好职业培训工作。

一是大力加强高技能人才队伍建设。深化高技能人才评价办法改革，发挥培养示范基地作用，组织优秀高技能人才表彰、宣传活动，举办全省高技能人才大赛。全年组织职业技能鉴定 44 万名，新增高级工 6.5 万名，技师 5 560 名，高级技师 1 387 名，1 名获得“中华技能大奖”。

二是扎实做好各类职业培训。大力开展返乡农民工创业培训，积极做好城镇下岗失业人员、残疾人等特殊群体的职业培训。退役士兵培训制度全面推开，2010 年底以后退役士兵都可在技工院校和退伍军人培训中心参加五个月的免费技能培训。

三是深化技工院校改革。实施“产业技工培养计划”，依托技工院校，建立起 15 个集技工培养和公共实训功能为一体的产业技工培养基地。实施“技工教育教师素质提升五年计划”，对全省技校教师进行系统培训。全省技工院校 94 所，在校生 9 万多人，毕业生就业率达 96%。

四是深入推进闽台职业培训交流合作。闽台职业培训交流合作深入推进，成功举办海峡两岸高技能人才交流合作项目成果展，新签订 8 个闽台职业培训合作项目，累计有 3 000 多名台胞来闽参加职业技能鉴定。依托“6.18”成果交易会平台，以项目为载体，促进闽台职业培训交流合作。

五是努力完善职业培训补贴制度。适应产业发展对“素质就业”的要求，建立职业培训资金直补用人单位机制，自 2010 年下半年该项政策正式实施以来，已有 320 家企业，5.7 万名职工通过直补政策获得财政资金补贴，一些企业通过直补政策建立了薪酬挂钩的分配制度。

三、社会保障制度进一步完善

全省各级人力资源社会保障部门按照“广覆盖、保基本、多层次、可持续”的原则，以加快完善覆盖城乡居民的社会保障体系为重点，不断扩大社会保险覆盖面，努力提高统筹层次和保障水平。

一是养老保险制度进一步完善。企业职工基本养老保险关系实现跨省、跨市转移接续。无力参保县及县以上集体所有制企业退休人员生活得到保障。企业退休人员月人均养老金达 1 280 元，基本养老金按时足额社会化发放。企业退休人员社会化管理服务率达 96.8%，社区管理服务率达 84.9%。新型农村社会养老保险试点稳步推进，试点县（市、区）达 33 个，制度覆盖面达 40%，龙岩、厦门市率先实现新农保制度全覆盖。首批 9 个试点县参保 197.65 万人，参保率 92.74%，累计发放养老金 2.97 亿元。第二批试点参保缴费工作全面铺开，发放 60 周岁以上农民养老金 0.37 亿元。试点工作取得的显著成效，得到国务院、人力资源社会保障部和省委、省政府领导的充分肯定。事业单位养老保险积极跟踪全国机关事业单位养老保险制度改革试点工作，做好各项改革配套服务，加强保费征缴和基础性工作，推动解决基金收支平衡问题。

二是医疗保险关系进一步健全。基本医疗保险保障水平进一步提升，城镇职工基本医疗保险全面实现设区市统筹，城镇居民基本医疗保险得以巩固和发展。城镇职工、城镇居民医保报销比例分别达 75% 和 50% 以上，最高支付限额分别达到当地职工年平均工资和居民可支配收入的 6 倍。城镇居民医保补助标准提高到每人每年不低于 120 元。全面解决关闭破产国有、集体企业退休人员参加医保问题，并建立了财政补助长效机制。异地就医联网结算工作继续推进，新一轮基本医疗保险药品编码目录的调整、修订工作圆满完成。

三是失业保险制度进一步完善。失业保险基金扩大支出范围试点工作稳步推进，全年共使用失业保险基金支付困难企业社保补贴 2.65 亿元、创业培训经费补贴 1 546.9 万元，惠及 2.69 万人。

四是工伤保险稳步推进。全面实现设区市统筹，启动有雇工的个体工商户工伤保险工作，老工伤人员“三项定期待遇”基本纳入工伤保险，全省农民工参保179.39万人，完成工伤认定2.5万件，劳动能力鉴定8 011人。

五是生育保险积极推动。生育保险继续落实扩面目标责任制，全面完成“两纲”任务指标，进一步扩大生育保险覆盖面，保障参保职工权益。

六是社保基金监管得到加强。积极开展社保基金联网应用实施工作和医保基金管理使用检查、就业资金专项调研检查，进一步巩固社保基金专项治理成果。此外，顺利完成城镇职工基本医疗保险费、工伤保险费、生育保险费移交地税征缴各项工作。

四、劳动关系保持和谐稳定

全省各级人力资源社会保障部门以落实劳动合同制度为重点，加强用工指导，规范用工行为，切实维护劳动者合法权益。

一是劳动合同制度稳步推进。开展劳动合同制度示范活动三年行动和小企业劳动合同制度实施专项行动，全面推进企业劳动用工备案，2010年，全省企业职工劳动合同签订率达94.42%，实行企业用工备案3.7万户，职工备案数达107万人。

二是协调劳动关系三方机制大力推进。加强乡镇（街道）协调劳动关系三方机制建设，深入开展和谐劳动关系工业园区与企业创建活动，47%的工业园区达到国家级和省级劳动关系和谐工业园区标准。

三是工资收入分配宏观调控得到加强。较早调整了最低工资标准，平均提高138元，最高上调45.8%。省和9个设区市全部发布企业工资增长指导线，9个设区市发布了本地区劳动力市场工资指导价位和行业人工成本信息，推进企业开展工资集体协商，实施“彩虹计划”，扩大集体合同覆盖面，努力提高集体合同质量。全省所有市、县、区政府全部建立了欠薪应急保障金制度，筹措应急保障金1.08亿元，建筑等领域普遍建立了农民工工资保证金制度。

四是劳动保障监察执法有力推进。劳动保障监察“网格化”管理工作体制全面建立，部门联动集中开展整顿人力资源市场秩序、解决企业工资拖欠问题及整治非法用工打击违法犯罪专项行动，部门联动开展专项行动，检查用人单位3.06万户，涉及劳动者223.74万人，为14.85万名劳动者追回工资2.53亿元。

五是劳动争议调解仲裁力度进一步加强。各级劳动争议仲裁机构加大调解仲裁力度，积极推进劳动争议调解仲裁机制建设，强化依法规范办案，调解仲裁效能全面提升，共受理劳动争议案件2.61万件，结案率达93.83%，50%以上小额、简单案件通过调解化解在基层。

五、基础工作有效夯实

劳动保障“三基”工作进一步加强，至2010年底，全省100%的街道、97.09%的乡镇，97.48%的社区、90.82%的村建立了劳动保障事务所和工作站，配备了专兼职劳动保障工作人员。启动实施公共就业服务信息系统建设三年规划，与8个设区市级实现了公共就业服务信息联网。所有县（市、区）、19个综合改革建设试点小城镇建成人力资源数据库，安装配备民生自助就业服务终端。80%的县（市、区）建立了城乡人力资源数据库，基本信息量动态更新1 300多万条。开展养老金领取资格认证，切实加强社会保险业务档案管理。社会保障卡全面启动发放，至年底，共制发1 613多万张。企业职工工伤、生育保险实现业务的信息化经办和管理，新农保应急信息系统加快建设。

同时，党风廉政建设和反腐败工作得到加强。福建省各级人力资源社会保障部门认真贯彻落实党风廉政建设责任制，全面推进惩防体系建设，积极开展创先争优活动，切实加强纠风专项治理，认真抓好政风行风建设和优质服务窗口建设，稳步开展全省系统能力建设活动，为人力资源社会保障事业科学发展提供坚实保证。法制工作、农民工工作、信访维稳、网上行政审批、信息、宣传、统计和重点课题研究等也取得新进展。

（福建省人力资源和社会保障厅）

福 建 省

人事人才工作

2010年，全省人事系统在各级党委、政府的领导下，认真学习胡锦涛总书记视察福建时的重要讲话精神，认真贯彻落实全国、全省人才工作会议精神，大力实施人才强省战略，着力构建海西人才支撑体系，各项工作取得显著成绩，为推动福建科学发展、跨越发展作出了新的贡献。

一、人才培养引进工作

省委、省政府召开了全省人才工作会议，确立人才优先发展战略布局，对加快建设人才强省进行了全面部署，制定出台《福建省2010—2020年中长期人才发展规划纲要》和引进高层次创业创新人才、产业人才高地建设、创业英才培养等人才工作重要文件。各级人事部门认真贯彻省委、省政府的部署，着力抓好创业创新人才的引进培养。制定紧缺急需人才引进指导目录，加强紧缺急需人才引进。开展赴海外招聘引进高层次创业创新人才活动，征集发布680个高层次岗位、993名海外人才需求，组织17家高新技术园区、科技企业、高校和科研机构负责人赴美国招聘人才，达成意向来闽创业或工作148人、签订合作项目11项，与旧金山美中交流协会等海外社团组织签署人才合作协议，全省已建立14个引进海外人才联络站。组织赴省外招聘引进高层次人才，征集发布900多个中高层次岗位、1 800多名人才需求。组织80多家用人单位赴武汉、长沙、成都、西安招聘高层次人才，现场招聘和网上对接共洽谈登记3 300多人，达成来闽工作或为闽服务意向700多人，其中具有博士学位或高级职称80多人、硕士学位或中级职称300多人，达成合作项目10项；网上对接洽谈1 000多人，其中具有博士学位或高级职称210多人、硕士学位或中级职称720多人。开展“海外留学博士海西行”系列活动，达成项目合作意向146项、人才智力引进意向71人次。全年全省共引进高层次人才905人（省属189人）、留学回国人员653人（省属142人），办理留学回国人员学历认定1 000余人。会同组织部门遴选国家“千人计划”人选5人，评审确认首批引进高层次创业创新人才58人、创新团队5个，安排8 400万元给予资助。出台《关于做好引进台湾地区高层次人才有关工作的通知》，在大陆率先出台吸引台湾高层次人才来闽企业创新政策。推进福建人才限价商品住房建设，制定人才限价商品住房项目销售管理办法，组织开展户型调整、需求调查、销售申报、资格审核等工作。成立福建省引进人才服务中心，加强人才引进服务。组织开展2010年度留学人员科技活动择优资助项目申报工作，遴选上报20个项目，7个项目获得资助。制定出台支持平潭综合实验区人事人才工作的政策意见，在人才培养引进等方面推出14条措施。成功举办第八届中国·海峡项目成果交易会海峡两岸人才交流合作大会，组织开展海峡两岸人力资源机构展示与合作洽谈，70家两岸知名人力资源机构和

200多家台资企业、中小企业参加洽谈，促成20项台湾人力资源机构服务项目成功对接。组织开展海西项目人才对接与中高级人才专场招聘洽谈，参会单位107家，2 000多名中高级人才参加洽谈，30名台湾专家和海外高层次人才参加现场洽谈和项目对接。高层次人才培养进一步加强，完成首批41个产业人才高地、90名海西创业英才的初步评选工作。新增享受国务院政府特殊津贴专家46人，高技能人才9人。选送74名优秀青年人才到国（境）外高校、科研机构、重点实验室及企业开展学术交流访问、联合攻关或访学进修。资助了院士和一批新世纪百千万人才工程人选开展科研、出版专著和参加学术交流。18家企事业单位获准设立博士后科研工作站，7人获得博士后科学基金特别资助，遴选资助13位博士后人员参加国际学术交流与合作研究。实施高级研修班计划示范班48期、普通班99期。

二、公务员管理工作

完成全省公务员考试录用工作，全省各级机关计划招考公务员8 467名，有194 370名考生报考、150 795人参加考试。坚持面向基层招考，省、市两级机关招考具有两年以上基层工作经验的人员超过83%。落实毕业生服务基层的优惠政策，全年安排110个专门职位，面向参加"三支一扶"、大学生志愿服务西部和欠发达地区计划等服务基层项目服务期满考核合格的毕业生招考。完成中央机关和直属机构报考公务员福建考区有关工作，对中央机关驻闽单位招考公务员面试工作进行了指导和监督。推进公务员考试录用测评基地建设，国家公务员局为部省共建的公务员测评基地正式授牌，成为全国第一个国家级区域性公务员录用考试测评基地。完成国家公务员局考试录用司委托的重点课题《台港澳公务员考试录用制度比较研究》，组团赴台考察台湾地区公务员考录制度。组织实施公务员管理赴港考察培训班，借鉴香港在公务员管理方面的先进理念和机制。规范和加强了行政机关处科级非领导职务设置和管理工作。完成公安机关执法勤务机构人民警察警员职务套改工作。加强公务员考核管理，2010年3月，福建被确定为国家公务员考核工作联系点之一。在平潭综合实验区、思明区、东山县、晋江市、仙游县、沙县、邵武市、漳平市、柘荣县等10个县（市、区）开展公务员绩效考核试点。制定下发《福建省公务员绩效考核试点工作指导意见》，明确了试点工作的范围、目标和原则，以及试点工作的主要任务、工作步骤和组织领导等。会同有关部门开展了全省防抗特大暴雨洪水抢险救灾先进集体、先进个人评选表彰活动，表彰功臣10名、先进集体53个、先进个人235人。评选表彰各系统省级先进集体319个、先进工作者（劳动模范）1 237人。审核公布省直机关及其所属单位2010年培训办班计划60个单位1 941个班次。

三、事业单位人事制度管理和职称制度改革工作

推进事业单位岗位设置管理，全省已完成岗位设置的事业单位数1.6万个、岗位51.6万个，占事业单位总数的66.6%、岗位总数的74.5%，岗位设置工作进度居华东地区前列。完善岗位设置管理配套政策，出台《关于省属事业单位岗位设置管理工作若干问题的处理意见》，重点就特设岗位的设置及核准、工勤人员受聘管理岗位或专业技术岗位的等级及退休待遇、聘期内受聘岗位调整、岗位设置完成后工作人员的动态管理等方面提出规范性意见。进一步规范事业单位公开招聘，全省事业单位公开招聘工作人员1.32万人。推进职称制度改革，完成教师、会计、农业、图书资料等20多个系列（专业）高级职务任职资格评审工作，批准确认各类高级职务任职资格1万多人。完成职称外语、会计、卫生、二级建造师、计算机软件考试等各项考试任务，19万人报名参加考试。探索研究引进高层次创业创新人才职称评审"绿色通道"，对引进的海外

回国专业技术人员、海西产业人才高地中成绩优异、有重大贡献以及被选派服务企业期间取得突出成果的高层次创业创新人才在职称评审的任职年限、成果业绩、聘期管理等方面给予政策支持。加强评委库建设，优化评审委员库结构，新组建了图书资料、“小中高”教师、播音等专业评委库，遴选入库专家230多人。

四、毕业生就业工作

2010年全省高校毕业生总量21.3万人，省内院校非师范类高校毕业生148 632人，实现就业128 135人，年度就业率为86.2%，其中毕业研究生为84.8%，本科毕业生为86.1%，高职高专毕业生为86.5%，就业率继续保持平稳，实现了省委、省政府提出的年度工作目标。大力实施高校毕业生服务基层项目，引导和鼓励毕业生面向基层就业，继续组织实施高校毕业生“三支一扶”计划、“选调生”计划、“选聘生”计划、“志愿服务计划”、“服务社区计划”等高校毕业生服务基层项目，并在岗位安排上进一步向欠发达地区和人才紧缺的乡镇基层岗位倾斜，其中，选招省级“三支一扶”计划560名、“选调生”计划375名、“选聘生”计划1 061名、志愿服务计划678名、“服务社区计划”300名。继续落实服务基层的优惠政策，开展了国家助学贷款代偿资助调查摸底工作，全面落实期满优惠政策，在公务员招考、事业单位公开招聘和全省政法干警招录中，分别安排110、59和80个专门职位面向服务基层期满合格的毕业生招考。开展“就业政策大宣讲”活动，省级宣讲活动共举办宣讲会9场，6 000多名高校师生参会。牵头举办全省春季、夏季大型毕业生供需见面招聘会等一系列公益性招聘会，组织3 000多家用人单位参会，提供9万多岗位信息。连续第6年组团赴省外招聘紧缺急需专业高校毕业生，组织20多家企事业单位，赴西安、大连、沈阳、哈尔滨等城市开展招聘活动。下发《福建省大学生创业引领计划实施方案》，明确创业引领计划的工作目标，实施大学生创业扶持政策。成功举办第二届海峡两岸大学生（青年）创业项目对接洽谈会暨特许经营连锁加盟项目推介会，共有200个创业项目、连锁加盟项目和创业成果展示项目参展，吸引7 000多名大学生参加，32家连锁加盟企业到校园开展创业项目推介。依托13个省级创业培训基地开展创业教育，为16 300名大学生提供创业指导和培训。依托海峡人才市场台湾人才创业园，规划近1 100平方米筹划建立省级大学生创业孵化基地，帮助大学生实现创业。继续推进“三年三万”高校毕业生就业见习计划，组织实施2010年省级千名高校毕业生就业见习计划，在省属企事业单位中征集1 000个见习岗位，组织1 000名离校待就业毕业生参加为期3个月的就业见习。新建省、市两级见习基地185家，福建星网锐捷通讯股份有限公司等3家单位，获准成为首批高校毕业生就业见习国家级示范单位。开展了以“送岗位，促就业，解困难”为主题的高校毕业生就业援助专项活动，共征集岗位16 554个，其中就业岗位15 144个，见习岗位1 410个。积极为未就业高校毕业生推荐就业，为经济困难并就业困难“双困”毕业生发放求职补助。首次实行市属高校纳入统一派遣，完成17.3万人就业派遣任务。省毕业生就业工作中心被评为全国人力资源社会保障系统优质服务窗口和全省学习型先进组织。

五、工资福利与退（离）工作

做好中小学绩效工资的改革后续工作。召开省属事业单位绩效工资工作会议，部署其他事业单位实施绩效工资，全面推行事业单位绩效工资制度。继续规范公务员津贴补贴制度，实行省属机关公务员同城待遇，完成“同城补差”工作。根据参照公务员法管理事业单位人员登记和事业单位岗位设置工作的进程，及时完成参公管理人员工资套改和规范津贴补贴及事业单位岗位设置后的职务工资套改。继续推动机关事业单位带薪休假工作，组织开展优秀公务员休假。进一步完善机关事业单位工作人员工资信息管理系统，推动全省工资工作信息化建设，规范工资管理网上审批工作。加强退（离）休干部管理，组织开展一系列丰富多彩的文娱活动。

六、国外智力引进工作

成功举办第8届“6·18”国（境）外专家项目成果展，征集推介国（境）外专家项目成果1 500多项，61项成果成功对接。在往届“6·18”对接的国（境）外专家项目成果中，有2个项目被“6·18”组委会列为示范项目、4个项目被列为典型转化成果。突出引进国（境）外智力重点，加大引智力度，全省引进急需国（境）外高层次人才智力1 400多人次，获批国家引智项目208项、资助经费1 400万元。获立项出国（境）培训项目38个。贯彻落实中央和省里制止公款出国（境）旅游的部署，对出国（境）培训项目计划立项、项目计划执行、经费预算、境外行程安排、培训渠道选择、培训成果总结等事项进行规范。创新党政人才培养方式与途经，首次在全省组织开展“优秀中青年优秀公务员赴美国中长期培训”工作，有19位处级以上中青年优秀公务员经过组织推荐、BFT考试、体检、考察和为期两个月的英语强化培训，将参加赴美国为期180天的培训。下发《福建省中等以下教育机构聘请外国文教专家单位资格认可办理规定》，启动实施了国家外专局下放福建省的中等以下教育机构聘请外国文教专家资格认可实施工作，批准12家中等以下教育机构聘请资格申请，完成全省174家聘请外国文教专家单位资格年审工作，152家聘请单位通过年审，对16家聘请单位予以暂缓注册，对6家单位予以注销聘请资格，规范了外国专家聘请管理秩序。开展外国专家来华工作许可网上审批工作，为1 090名外国专家办理了来华工作许可和外国专家证。

七、闽台及区域人才交流合作工作

举办“6·18”海峡两岸人才交流合作大会，20项台湾人力资源机构服务项目成功对接。举办海峡两岸绿色农业交流合作研讨会，29项闽台农业项目达成合作协议或意向，研讨会被国台办列为2010年度对台交流重点项目。受国家外专局委托，为中国国际人才交流大会筹办“台湾馆”，邀请65家台湾机构参会，促成台湾机构与北京、广东、江西、福建等省市达成15个合作项目。会同有关部门，组织15家事业单位面向台湾专才招聘管理职务，4人已受聘上岗，8人通过了面试考察。组织实施46个对台引智项目，开展“台湾人才海西行”活动，闽台生物技术防治合作示范项目取得新进展。与国家公务员局、中国人事科学研究院联合举办大陆与台港澳地区公务员考试录用制度比较研究研讨会、海峡两岸与区域人才合作发展论坛，合作共建“海西人事人才研究基地”。继续落实在闽台湾地区居民职称评审试点和台生就业政策，又有22名在闽台湾专业人员获得卫生、农业专业高级职称，全省已有5名取得大陆高校硕、博士学位的台湾学生在事业单位工作。组织老年艺术团赴台参加老年人才文化交流活动。区域人才交流合作深化发展，中国海峡人才市场与9家央属人才服务机构签订了人才服务合作协议，开展了海西项目人才对接与中高级人才专场招聘洽谈。继续推进闽港澳、海西20城市与长三角、珠三角地区的人才交流合作。会同有关部门完成援疆专业技术人员选派和培训工作，完成新疆、贵州、四川对口培训任务。

八、军转安置工作

完善功绩量化计分办法，推进“阳光安置”，基本完成1 097名军转安置任务，“阳光安置”的做法得到国务院军转部门的充分肯定，并在全国军转安置工作会议上作了经验介绍。加强军转培训，完成在福州市区安置的281名军转干部适应性培训，举办在省（中）直单位安置的军转干部公共内容培训班，参训军转干部150名。加强政策宣传，引导有自主择业愿望和创业能力的军转干部选择自主择业安置方式。做好2010年度自主择业军转干部退役金预算及2009年度自主择业军转干部退役决算工作，完成2009年度退役金数据建立、审核及自主择业军转干部退役金增资数据的更新和核定工作，对从事个体经营的自主择业军转干部给予经费扶持，抓好自主择业军转干部医疗保险、住房补贴等相关保障措施的落实。做好企业军转干部维稳工作，落实帮教小组，实行“五包”责任制，充分发挥职能部门、企业主管部门和街道、社区等作用，及时化解矛盾，保持了企业军转干部的总体稳定，较好地维护了社会的稳定与和谐。

（福建省公务员局）

厦 门 市

人事人才工作

一、人才服务保障工作

(一) 人才引进与高级人才管理

全年引进(调入)各类专业技术人才和管理人才 2 640 名。其中,高级职称 257 人,中级职称 450 人;博士 263 人,硕士 526 人,本科 1 525 人;留学人员 517 人;柔性引进 50 人;审核确认为重点人才 35 人。

一是创新人才政策。会同有关部门编制首个《厦门市中长期人才发展规划纲要(2010—2020 年)》,明确人才工作的指导思想、战略目标和主要任务,提出了五大人才政策和实施九项人才工程,这是当前和今后一个时期厦门市人才工作的纲领性文件,将对人才工作起到重要指导作用。配合市委组织部研究制定《厦门市引进海外高层次人才暂行办法》和《关于加快建设海西人才创业港,大力引进领军型创业人才的实施意见》,计划每年投入 1.5 亿元用 5～10 年引进 100 名海外高层次人才、300 名领军型创业人才。对引进符合条件的海外高层次人才,给予每人 100 万元补助,并可重复享受上级引才补助,如入选国家“千人计划”的,各级补助累计最高可达 400 万元;对领军型创业人才,提供最高 2 300 万元的各类扶持资金,其中创业启动资金 100～500 万元及政府创业投资资金、贷款贴息、科研经费等其他资金,特别优秀的项目可突破上限。市委、市政府印发《厦门市创新创业人才住房优惠暂行办法》,从 2010 年 12 月 1 日起,企业可申请人才住房指标或申请建设人才公寓,人才购房补贴最高可达 80 万元,柔性引进人才和现有人才均可申请,在厦工作居住满 10 年产权可自由转让。根据厦门市人大立法计划,年内还修订了《厦门经济特区鼓励留学人员来厦创业工作规定》。

二是拓展对接平台。编制发布《2010 年度厦门市急需紧缺人才引进目录》。开展“面向海内外,免费服务招聘海内外高层次人才”活动,203 家单位推出 1 273 个职位拟招聘 2 310 名高层次人才,网上点击量达 27 万多人次。组团参加第十三届中国留学人员广州科技交流会,123 家用人单位提供 600 多个高层次人才需求信息、124 项技术难题参会,现场对接留学人员 400 多人。举办“2010 年福建(厦门)海外留学人才与项目对接洽谈会”,近 200 名来自美国、英国、德国等 10 多个国家和地区的海外人才携带 300 多个高新技术项目参会,与 100 多家用人单位开展“一对一”、面对面对接洽谈,75 名留学人才达成来厦工作或项目合作意向。组织 4 个海外招聘团到美国、加拿大、澳大利亚、新西兰招聘,与 500 多位海外留学生现场交流对接,近百个海外留学生社团组织 200 多位负责人座谈交流,建立了海外人才工作站,聘请了海外人才工作顾问。邀请中国留学人员创业协会(美国硅谷)来厦开展创业项目推介洽谈,14 名考察团成员推介了 18 个创业项目,各开发区、各区招商中心及有关用人单位负责人等 58 人参会,省委常委、市委书记于伟国接见了林建人会长一行。举办“2010 年海外留学博士海峡西岸行·厦门市‘欧洲微电子人才与项目推介洽谈会’”“第十四届中国国际投资贸易洽谈会·留学人员创新创业项目专场对接会”。组织留学人员企业及项目参加“第八届 6.18 项目对接会”，明翰电气获 70 万元、澳法生物科技与天聪软件各获 20 万元的“6.18 专项资金”无偿资助。申报获准设立博士后科研工作站 4 个，核准博士后进站 13 人、落户 14 人。推荐上报 2010 年享受政府特殊津贴人员 6 人、海西产业人才高地 2 个、海西创业人才 15 名。

三是落实优惠政策。首次开展表彰优秀留学回国人员、留学人员工作先进单位与先进个人活动，表彰 20 名优秀留学回国人员和 10 家先进单位、11 名先进个人。组织申报 2010 年度人力资源社会保障部留学人员科技活动项目择优资助经费 2 项，其中一个项目还获得优秀项目创业启动支持资金。完成第二批购买人才住房和首批人才租赁房评分、公示。确定 2006—2008 年度引进人才经济补贴人选，受理 2009 年引进人才经济补贴申请。审核发放各类人才津贴，包括国务院政府特殊津贴、在站博士后补助经费、博士后工作站建站补助经费、引进到市财政拨款的事业单位具有博士学位或高级职称的留学人员生活津贴、省引进津贴等。

四是扩大对台交流。厦门市人才服务中心成立大陆首个台湾人才服务部，为台湾人才“登陆”求职提供“一条龙”服务。邀请台湾专业猎头人员驻点，为企业提供针对性更强的专业咨询、甄选及推荐服务。接受 80 多家企业委托，推荐台湾人才 250 余名。启动台湾人才驾照集中转换工作，先后分 3 批为 113 名台湾人才提供免费集体代办服务。接待台湾中小企业专业经理人协会来访，探讨两地职业经理人“抱团”交流模式。办理台湾学历学位认证 52 份，入驻留学人员创业园并参照留学人员享受创业优惠的台湾学者创办 16 家台资高科技企业。

（二）引智工作

实施引智项目 37 项，233 人获国家外专局专项资助经费 248 万元（其中出国培训项目 11 项 108 人；聘请专家项目 26 项 125 人），市财政配套 210 万元，带动企业投入引智经费 1 700 多万元，推动了企业技术进步、自主创新和产业升级，以及新农村建设。选派 172 人赴国（境）外培训。申报 2010 年国家级引智基地 2 家［厦门如意集团有限公司的“海西名优果蔬种子种苗繁育基地”和三达膜科技（厦门）有限公司的“膜技术引进与产业化”］。支持国家软件与集成电路人才国际培训（厦门）基地建设，与荷兰 6 所高校达成合作协议，派出 72 名学生进行为期 5 个月的交流学习。举办“海峡两岸集成电路前沿技术暨人才培养研讨会”，获国际人才交流基金会、福建省、厦门市资助经费 314 万元，培训适用型软件人才、集成电路设计人才及实训大学生 4 500 多人次。7 名外国专家获年度厦门市“白鹭友谊奖”。与厦门图书馆、白金汉英语培训学校联合举办首场大型商务英语公益讲座。办理外国专家证、来华工作许可证 672 件；受理 8 家教育机构申请聘请外国专家单位资格；组织 30 家单位使用外国文教专家测评系统，对拟聘请专家的能力和工作绩效进行评估；完成 2011 年度引智项目申报工作。

（三）毕业生就业工作

2010 年，共办理毕业生就业审批 18 999 人，其中：博士 276 人、硕士 1 853 人、本科 14 558 人；本市生源 3 831 人、非本市生源 15 168 人。受理来厦多年已成长为企业骨干人才的大专、中专学历毕业生人事户口调入 335 人。

一是举办毕业生交流会，搭建供需对接平台。举办厦门市 2010 年毕业生网络招聘大会，242 家单位在线发布 911 个招聘职位，需求毕业生 3 618 人，3.7 万多人次毕业生参加应聘。开展 6 场“相约高校·携手未来”校园招聘活动，1 082 家单位提供 1.8 万个岗位，3 万多名毕业生对接。配合组织全省大中专毕业生人才（闽南）专场交流会暨厦门大学校园招聘会，296 家单位参会，提供职位 5 000 个。联合团市委、青年创业 YBC 厦门工作站开展毕业生青年创业扶持讲座，并深入高校开展就业创业政策宣讲活动，共有 14 所院校 3 000 多名毕业生参加。市人才中心举办人才交流会 199 场，3.63 万家次单位参会，同比增长 24.1%，提供职位 49 余万个。

二是完善扶持措施，推荐毕业生就业。继续开展毕业生职业见习、毕业生职业技能培训活动，726 家单位提供 9 486 个见习职位，3 440 名毕业生上岗见习，其中联合市教育局开展本市生源非师范类毕业生教师技能培训，组织 127 人到学校实习。拓展职业技能培训渠道，与中软海晟合作，首度以 IT 项目实训形式，举办为期 40 天的软件开发专题培训；与闽捷职业培训学校合作推出 CAD 项目培训；与城市学院、华夏学院、海洋学院等院校举办技能培训。审核发放职业见习补贴 1 080 万元、职业技能培训资金 98.7 万元。建立职业见习工作诚信评价平台，杜绝并查处职业见习工作中的不规范行为，保证职业见习的质量。开展就业指导人员专项培训，建立就业指导老师 QQ 群，及时传递就业资讯，了解就业动态，交流经验做法。制定《关于申请厦门生源毕业生社会保险补贴有关事项的通知》，规范申请标准、年限、受理机构和申请程序。此外，厦门市人才服务中心还完善了“厦门人才网·厦门毕业生求职指南”频道，增加举办本市生源毕业生专场交流会和校园招聘活动，向 861 家单位推荐本市生源毕业生 2.4 万人次，953 人上岗见习、519 人成功就业。

（四）人才中介机构管理和服务工作

制定《厦门市人才中介服务机构资质复核办法》，加强人才中介服务机构资质的动态管理和日常监管，经复核未达标的，限期整改后重新复核，连续两次复核未达标的，取消其从事人才中介服务资格。印发《关于进一步做好厦门市人才市场供求信息定期发布工作的通知》，对信息发布内容、人才市场职位（岗位）类型及专业类型的分类标准等作进一步规范，明确人才市场供求信息定期发布要求。制定《厦门市人才市场交流会现场管理规定》，维护人才市场正常秩序，保障求职者和参会单位的合法权益。编印“厦门市人才中介服务注意事项”提醒函，重申 11 种禁止行为。召开全市人才市场建设与管理工作座谈会，出台人才中介服务机构资质复核办法，定期对经营执照、服务场所、工作人员、配套设施、公开情况、规章制度等资质条件进行复核。开展人才中介机构 2009 年度验证，89 家单位中有 84 家合格，有 5 家被注销或收回《厦门市人才中介服务许可证》。实地核查人才中介办公服务场所 57 家，核准颁发许可证 13 家，约谈 23 家，办理《许可证》登记事项变更 33 家。核准举办人才交流会 202 场，巡查 36 场。实施《厦门市互联网人才中介服务活动管理办法》，新批准人才网站 8 家。开展人才中介机构从业人员培训，93 人通过考试获得从业资格证书。办理人才中介机构从业人员资格证书登记 67 人、注册 23 人，采集人才中介机构信用信息 125 条，新签订诚信承诺机构 17 家 96 人。

市人才中心继续开展“公益性人才服务月”活动，并为岛内外园区专场招聘会开通人才直通车。开展中高级人才招聘匹配工作，为 93 家单位 205 个急需人才岗位推荐配置 368 名中高级人才。厦门人才网全年主页访问量达 6 750 万次，发布职位 70 万个，每天在线存量职位约 15 万个，比增 87.5%，有效企业会员突破 8 000 家，比增 32.7%，发布人才招聘广告 10 350 家次，位居全国政府人才网站前三甲。举办各类培训 172 期，培训 2 万余人。打造非公党建示范基地，构建高知群体党员教育新体系，设立 9 个远程教育学习终端站点，被定为福建省党员教育培训示范基地。市人才评荐中心促进 600 多名高层次人才与用人单位达成意向或实现了双向选择。搜寻各类人才 785 名，推荐 165 人次。完成 22 家单位竞聘考核选拔、300 多名人才测评。

（五）培训教育工作

依托“培训超市”开展菜单式培训，36个专题11 685人次参训。开办32个中高层次人才高级研修班，培训6 612人次。开展专业技术人员公共科目继续教育，培训13 596人次。开展人事管理专业培训，19期1 774人参加。联合软件、旅游、会计等行业协会培训急需紧缺人才5 800多人。

印发《关于加强和规范学历学位管理工作的补充通知》，将参公事业单位干部的学历学位更改确认纳入日常管理。办理专业技术人员继续教育学时验证9686人次，更改、认证机关工作人员学历（学位）229人次。

（六）网络信息化建设

开发毕业生电子印章系统，进一步方便用人单位。开发人才住房管理系统软件，实现人才住房网上申报，并在厦门人事网实时公布选房结果，提高人才选房工作透明度。启用事业单位招聘考试网上管理系统，提高工作效率和服务水平。完成毕业生就业审批系统与市电子监察系统的数据传输，主动接受电子监察。完善“厦门人才库”管理系统（一期）软件开发并启动企业单位人才信息采集工作，采集、整合人才信息21.8万条。规范人才供求信息定期发布工作，对人才供求信息发布的内容、人才市场职位（岗位）类型及专业类型的分类标准等进一步规范，并规定由政府人事行政部门统一对外发布。厦门人才网进一步提升运行功能，率先推出3G技术手机版，完全实现与PC版的对接及互联互通，平均每天访问量达3 000多人次。同时新增接入联通10M光纤，架设链路负载均衡设备，设计开发简历智能提取项目，开发职位存储索引系统，采用第三方触发邮件系统，开发岗位职责和职位描述模版，利用“114百事通”设置“厦门人才网”关键字查询，增设2D和3D地图系统及标注服务，更新设置机房部分设备及WEB防火墙等。

二、军转干部安置工作

完成2009年营职以下军转干部岗前培训。与驻厦部队共同研究《厦门市2010年营职以下军队转业干部安置工作实施意见》，完成187名营职以下军转干部计划安置和46名自主择业军转干部接收任务。节日慰问企业军转干部2 352人次，发放解困资金近200万元，为企业退休军转干部适当提高专项生活补贴。

接待军转干部来访249人次，电话或网络咨询1 800多人次，办理自主择业军转干部档案查询和开具证明680多人次，及时办理公积金账户，享受公积金优惠政策。

三、专业技术人员管理工作

（一）职称评聘和人事考试工作

审核确认或评审取得中、高级专业技术资格3 307人，其中为服务援川一线人员职称评审，专门会同经发局、建设局前往彭州灾区组织申报，14人获得工程师资格。组织33类职称和职业资格考试，46 320人次报名，完成21场88 678人的人事考试。承接26家单位委托，70套社会化考卷的命题、组卷和改卷。

（二）深化职称改革

一是规范省外调入人员专业技术职务资格确认。出台《关于省外调入人员专业技术职务资格确认若干问题的意见》，采取考试、考核和评审等办法，解决一部分省外调入专业技术人才因原评审条件与福建省规定不一致或评审材料、审批手续不全等问题，重新确认其专业技术职务资格。同时，印发《关于增加重点人才直接确认对象的通知》，将国家“千人计划”入选者、“福建省高层次创业创新人才”入选者和厦门市引进高层次人才“双百计划”入选者列为直接确认对象。

二是实施重点人才量化评鉴办法。根据医疗卫生、高等教育、科学技术等领域重点人才应具备的基本素质、工作业绩和发展潜力等，出台《厦门市卫生重点人才量化评鉴办法》《厦门市高校（科研院所）重点人才量化评鉴办法》和《厦门市科技重点人才量化评鉴办法》，以评鉴结果作为专家推荐的依据，避免人为因素影响，提高人才评价的科学性。已分别在高校、卫生和科技系统重点人才评鉴中运用，其中卫生重点人才量化评鉴办法由原来只覆盖西医学临床38个专业，扩大到含中医学临床12个专业在内共50个专业中运用。

四、事业单位人事管理工作

推进事业单位岗位设置管理，1 127家单位通过，完成99%。开展市属事业单位岗位聘用认定，135家通过，其中专技岗位7 316人、附设岗位630人、工勤岗位1 231人、管理岗位1 486人。组织市、区属事业单位春季、秋季招考，启动网上报名和审核，政府口180个岗位，5 030人报考，招聘204人，其中25家单位52个岗位进行专业测试。审核事业单位招聘方案30批1 284个岗位、招聘花名册209批763人、聘用制干部续聘129人。配合实施公共卫生与基层医疗卫生事业单位绩效工资改革及其他事业单位实施绩效工资工作，已完成审批市属有关单位。

开展已改制事业单位改制前退休人员退休待遇调整有关问题调研，向市委常委会、政府常务会提交了专题报告，并获得审议通过。召集有关部门研究原厦门市港口卫生防疫站和原厦门市八一服务社退休人员待遇问题。接待鹭江宾馆、原市政工程设计院、原广电培训中心等单位退休人员上访，做好政策解释工作。

五、工资福利与退休管理工作

审核机关事业单位年度考核称职（合格）以上人员正常晋升工资23 817人次，审核新录用人员工资待遇确定、调出人员工资减退、调动人员工资确定、职级变动、毕业生转正、增加警衔津贴、军转干部工资套改、参公单位人员规范津贴补贴及工资套改、事业单位岗位设置后岗位工资变动等6 160人次，审核新增退休人员456人、增发高龄补贴2 532人、遗属补助38人。

六、公务员管理工作

完成参照公务员法管理事业单位96人考核登记、348名公务员试用期满及45名军转干部公务员登记。政府系统2010年春季计划招考公务员93人，网上报名7 745人，通过资格审核6 357人，录用81人。会同厦门市公安局前往沈阳刑警学院、北京公安大学招收公安民警50名，基层政法干警定向培养招考40人，高校公安机关机构体制改革录用人民警察21人。组织参加中央机关及其直属机构2011年考试录用笔试16 927人。

完成市政府系统1 252家机关事业单位47 943人年度考核结果审核并兑现年终奖。会同市委组织部对136位2007年以来连续三年年度考核优秀的公务员记三等功。会同推荐国家部委、省系统和市专项表彰的先进集体80家、先进个人366人，给予100人获福建省直系统表彰的先进个人确认享受部分地市级劳模待遇等。办理机关事业单位人员开除处分、撤职、受处分期间工资处理、处分期满解除处分、处分期满工资恢复、公务员辞职辞退等相关手续。

审核机关、事业单位干部任免350批次1 100人，市政府干部任免45批次。办理本市公务员调动95人、省部属单位新录用公务员和调动人员落户38人。会同套改执法勤务机构警员职务4 078名，2 892名通过。

七、行政执法和人事舆情工作

加强人事依法行政工作，认真清理规范性文件，进一步提高对规范性文件审核和报审工作的认识。制定行政自由裁量权制度，做好人事行政执法工作。开展人事法制宣传教育，做好“五五”普法检查验收工作。加强对各区人事行政复议和行政应诉工作的指导。研究提出厦门市人事舆情工作意见，做好人事舆情跟踪监测、舆情引导。做好人事争议接待、受理、调查、处理工作，并对典型案例处理进行总结分析。协调建立14个医疗卫生单位人事争议调解组织。

全年共办理群众来信428件，网络答复咨询4 600多条次，办理市人大代表建议4件、政协委员提案21件。

八、机关效能建设

一是加强“学习型党组织”建设。定期举办讲座，开展“读书月”活动，机关青工委号召“看一本好书、读一篇经典”，并举办读书沙龙；开展“着力四个提升、推动科学发展”主题教育实践活动。

二是加强廉政教育。组织学习《廉政准则》并制作专题宣传栏，重新签订廉洁自律承诺书，坚持党员干部廉政谈话、诫勉谈话，对重点业务处室集体谈话，开展廉政风险评估管理工作，编写廉政风险管理目录，制定防控措施。

三是加强机关效能建设。制定《厦门市人事编制干部行为准则》和《厦门市人事系统2010年度民主评议政风行风工作方案》，搞好政风行风民主评议；开展创先争优活动，争创第十二届（2008—2009年）市级文明单位，并深入开展“创优质服务窗口”活动。厦门市人事局及所属事业单位全部进入市级或市直机关文明单位行列，市人才中心被评为全国人力资源社会保障系统“优质服务窗口”，市留学人员管理中心和厦门人事网被评为全省人事系统“优质服务窗口”。

（厦门市人事局）

厦　门　市

劳动和社会保障工作

一、促进就业工作

2010 年，全市新增就业 19.12 万人，完成全年任务 19 万人的 100.63％；城镇登记失业人员就业 11.01 万人，其中就业困难对象再就业 3.73 万人。本市农村富余劳动力实现转移就业 2.12 万人，完成全年任务 1.5 万人的 141.33％。12 月末，本市城镇户籍从业人员总数 76.92 万人，实有登记失业人数 2.65 万人，城镇登记失业率为 3.33％，比 2009 年末下降 0.68 个百分点。

（一）服务企业用工扩就业

市、区两级研究出台进一步做好企业用工服务的系列政策，建立劳务协作激励机制，设立专项经费奖励引进农民工来厦务工。组织缺工企业分批次前往四川、贵州、河南、江西、山西、云南、青海等劳动力输出省开展现场招聘、校企对接及劳务协作交流洽谈活动，建立与劳动力资源相对充足地区劳动保障部门和职业院校的合作机制和相对固定的劳动力输送渠道，为厦门有序引进劳动力发挥了良好的后续效应。2010 年，进入人力资源市场的劳动力约为 202.48 万人次，比上年增加 48.10 万人次，同比上升 31.36％。全市企业新登记就业人数 80.21 万人，比上年增加 7.89 万人，同比上升 10.91％，部分企业“招工难”问题趋于缓解。

（二）健全就业援助帮就业

继续开展公共就业服务专项活动，研究出台进一步加强本市农村富余劳动力就业与创业的政策，对企业培训、录用本市农村富余劳动力，分别给予培训补助、就业补贴和社会保险补贴，鼓励企业招收本市农村富余劳动力。2010 年，全市共认定就业困难人员 2.92 万人，帮助就业困难人员实现就业 2.19 万人，审核发放灵活就业人员社保补贴 14.60 万人次，共 14 254.26 万元。新认定城镇零就业家庭 6 户 12 人，目前已全部动态消除。

（三）创建创业型城市促就业

紧紧围绕组织领导、政策支持、创业培训、创业服务和工作考核等五大体系建设，通过“用指挥作战方式组织领导创城战役、用社会力量解决社会问题促进创业带动就业、用对台优势推动创业交流合作、用软件管理系统动态跟踪考核创建全过程”的“四创新”，加强创业园区和创业孵化基地建设，在创业融资、创业培训、创业服务等方面相继出台一揽子鼓励创业“黄金政策”，对定点培训机构和实训基地开展创业提高培训及模拟实训、创业孵化基地和本市人员自主创业给予创业资金扶持，将小额担保贷款额度最高限额由 5 万元提高到 8 万元，建立了小额担保贷款奖励机制，健全创业风险投资体系，完善跟踪服务保障，建立起“鼓励创业—推动发展—促进就业”的良性互动机制，实现“创业项目突破百个、创业孵化基地入驻企业突破千家、创业培训人数突破万人、创业带动就业人数突破万人、小额担保贴息贷款突破亿元、城镇登记失业率降至三年来最低点”的“五突破一降低”目标”。2010年，全市累计发放小额担保贷款1.25亿元，贷款额度比上年增加1.12亿元。举办了两届创业项目推介会和“台湾、新加坡、北京三地创业论坛”，征集近千个创业项目。共建立创业孵化基地32个、创业实训基地21个、创业基地15个单位、优秀创业项目176个、创业服务示范街道（镇）10个、创业服务示范社区（村）37个，树立创业之星21个、创业典型31个、服务创业先进工作者22个，组建成立了70人的创业指导专家志愿团。市长刘赐贵专门在《厦门日报》和《厦门通讯》发表题为《全力推进国家级创业型城市建设》的署名文章，阐述我市创建国家级创业型城市的意义及思路举措。

二、职业技能培训和鉴定工作

2010年，全市开展再就业培训4 282人，完成全年任务3 000人的142.73%。培训本市农村富余劳动力5 478人，完成全年任务5 000人的109.56%。农民工免费岗前培训8.95万人，完成全年任务12万人的74.58%。农村劳动力技能提升培训2.40万人，完成全年任务2万人的120%。开展职业技能鉴定3.74万人，其中高级工1.05万人、技师983人、高级技师350人，完成全年任务3万人的124.67%。

（一）加强技能人才队伍建设

继续举办校企合作对接会，促成了98个专业工种的2.5万名技术类学生与厦门企业用工对接，涉及机械、电子、数控、电工、电焊、模具、钳工等131个紧缺工种，校企合作对接会品牌效益愈发显现。通过社会招标确定了32家农民工技能培训定点机构、3家创业培训定点机构、17家高技能培训定点机构和20家紧缺技术工种培训定点机构，增强培训的针对性、实用性和有效性。根据人力资源市场和企业需求，利用已建成的精密机械加工与模具制造、电子信息制造和工业电气自动控制等三个高技能人才公共实训平台，实施重点工业企业优秀青年技术工人技能培训。积极拓展紧缺工种和高技能人才培训项目，充分发挥政府培训补贴资金的效益，大力开展服务外包等新兴产业从业人员的培训。

（二）技师学院改革技能训练成果再获肯定

厦门技师学院质量管理体系通过再认证审核，首期7个预备技师专业模块化课程体系获得专家组评审通过，2010届毕业生就业率达98.4%，被授予“全国机械行业校企合作与人才培养优秀院校”称号。2010年，组织学生参加厦门市中等职业学校技能竞赛，获得4项一等奖、12项二等奖、20项三等奖，获奖率为83.7%；参加福建省职业院校技能大赛获得3项一等奖、1项二等奖、2项三等奖，获奖率达100%。其中，车辆工程系的同学首次代表福建参加全国职业院校技能大赛就取得全国第三名的好成绩。加强校企合作，与厦门路达、厦门银鹭、厦门ABB、厦门天正、厦门三安、厦门松下、厦门松霖等确立合作关系或合作意向，使企业的生产车间和培训中心成为实践教学的课堂，构建“需求导向型”战略合作模式。在福建省同类院校面临招生困难的形势下，2010年新开辟机械设备维修、民航安检、园林工程技术3个专业，录取人数、报到率均达到福建省同类院校之首，办学能力进一步为社会认可。

（三）强化职业技能鉴定质量管理体系建设

企业高技能人才考核认定全面铺开，全市已有13家企业高技能人才考核认定单位。开发咖啡师、办公设备维修工、计算机网络管理员、景观设计师等新职业工种的鉴定，组织钳工、维修电工、汽车维修工、无线电装接工、计算机网络管理员、眼镜验光员、餐厅服务员等技师、高级技师社会化考核鉴定。配发2009版国家新题库，审订规范眼镜验光员、中式烹调师、汽车维修工、数控车工、数控铣工、美容美发师等多个职业工种题库。充实考评员队伍，发展考评员199人，新增船舶制造工、有害生物防治员、养老护理员等工种考评员，扩大了考评员的行业覆盖面。完成技能鉴定考务软件管理系统的总体规划。

三、社会保障工作

2010 年末，基本养老、基本医疗、失业、工伤和生育保险参保人数分别达到 158.61 万人、234.69 万人、121.80 万人，125.60 万人和 115.40 万人，分别比 2009 年末增长 28.88%、9.07%、17.61%、19.54% 和 17.76%。其中，农民工参加基本养老、基本医疗、失业、工伤和生育保险的人数分别达到 77.19 万人、73.75 万人、77.33 万人、81.19 万人和 75.29 万人，分别比上年末增长 17.73%、12.6%、19.54%、17.61% 和 17.76%。各类社会保险基金征收 94.09 亿元、支出 55.91 亿元，分别比上年末增长 23.72%、16.88%。

（一）实现全民养老保险

2010 年 7 月，出台《厦门市城乡居民养老保险暂行办法》，将具有本市户籍但未参加现有各项基本养老保险和已年满 60 周岁但未享受任何养老待遇的人员纳入养老保险。基础养老金标准为每月 200 元，启动时已满 60 周岁的参保人员无需缴费，直接享受基础养老金；启动时未满 60 周岁的参保人员，除享受基础养老金外，根据缴费多少享受个人账户养老金。同时引入缴费激励机制，每缴费一年，每月增发 1 元养老金。并规定了与城镇职工基本养老保险、被征地人员基本养老保险、农民工基本养老保险的衔接办法，缴费年限和个人账户可以合并计算，最大限度维护了参保人员的切身利益。截至 2010 年 12 月末，城乡居民养老保险已登记参保 10.61 万人，其中 6.52 万名年满 60 周岁以上的居民直接享受每月 200 元基础养老金。此外，制定跨统筹范围基本养老保险转移接续的具体实施办法，为人力资源合理流动促进充分就业提供了强有力的保障。截止到 2010 年 12 月末，共办理养老保险关系转入 330 人，转入金额 720 万元；转出 6 461 人，转出 3 647 万元。修改完善农民工基本养老保险办法，统一农民工与本市职工单位缴费比例，并明确了农民工在厦办理退休的条件和养老金的计发办法，使农民工在厦参保 15 年后能享受到养老金，对农民工基本养老保险接续转移也作出了规定。

（二）建立城乡一体化基本医疗保险制度

继 2007 年构建全民医保制度、2008 年统筹城乡医保制度之后，2010 年 7 月，出台《关于完善城乡居民一体化基本医疗保险制度建设的意见》，统一了城镇居民和农村居民的门诊和住院基本医疗保险待遇，统一了城镇职工、城乡居民参保人员的自付医疗费困难补助制度，完全实现了城乡居民基本医疗保险在医疗待遇上的均等化。降低城镇职工、城乡居民基本医疗保险门诊、住院的起付标准，减轻了参保人员的医疗费负担。提高参保人员在基层医疗卫生机构门诊就医医疗费的报销比例，通过不同等级医疗机构就医差别化的报销政策，合理引导城乡居民就近到基层医疗机构就医。2010 年末，城镇职工基本医疗保险统筹基金支付最高限额 10 万元及商业保险公司赔付的最高限额 16 万元，两项合计共 26 万元；城乡居民基本医疗保险统筹基金支付最高限额 10 万元及商业保险公司赔付的最高限额 11 万元，两项合计共 21 万元。城镇职工和城乡居民基本医疗保障水平均远远超过了国家规定，即本市上年度全市职工平均工资 6 倍（21.8 万元）和城乡居民年人均可支配收入 6 倍（15.7 万元）。截至 2010 年 12 月末，城乡居民基本医疗保险参保人数达 90 万人。

（三）启动城乡居民补充医疗保险

2010 年 7 月，厦门作为全国保险改革发展试验区，先行先试的重要举措之一城乡居民补充医疗保险试点开始启动，将城乡居民、未成年人、大学生纳入补充医疗保险的保障范围。参保居民个人无需多缴费，每年由统筹基金为每位参保居民缴费 10 元，一旦发生超过社会统筹基金支付限额 10 万元以上的医疗费，就可以获得最高 11 万元的城乡居民补充医疗保险赔付。与此同时，降低农民工补充医疗保险的准入标准，由原来连续参保满5年调低为连续参保满两年，进一步缩小了农民工和本市户籍职工医保待遇之间的差距，让外来从业人员能够更加认同厦门，更加融入厦门。

（四）提高保障水平推进社会化服务

企业退休人员基本养老金继续调整，人均月增基本养老金180元。2010年末全市企业退休人员月人均基本养老金达到1 814.28元，居全国前列，福建省第一。截至2010年12月末，全市已有6.61万名被征地人员办理了养老保险手续，其中4.3万人退养，被征地人员月人均退养金725元，在全国也是比较高的。继续推进企业退休人员移交管理工作，首次对62名80岁以上居住上海、江苏、浙江及省内的泉州等地的高龄退休人员进行养老金领取资格认证，并送上慰问金、慰问信，取得较好的稽核效果。截至年末，全市已累计接收9.8万名退休人员进入社会化管理，社会化管理率达到99.03%，社区管理率100%。加强医疗保险定点服务机构管理，修订出台基本医疗保险定点医疗机构和定点零售药店审定办法，适当提高基本医疗保险定点机构的准入门槛。修改完善医保定点服务协议，首次将医保定点服务人员的约束条款列入协议管理范围，进一步规范了医保定点服务机构的服务行为。当年，共对21家定点零售药店、10家定点医疗机构的违规行为进行了查处；取消了1家定点医疗机构的医保定点服务资格；对违反医保规定的64名参保人员和定点机构工作人员进行了处罚，处罚金额36.62万元，挽回经济损失10.53万元。将条件成熟的厦门大学漳州校区、集美大学、华侨大学厦门校区、厦门理工学院等4所高校医务室纳入定点医疗服务范围，方便参保大学生刷卡就医。截至2010年12月末，全市共有医疗保险定点医疗机构168家，医疗保险定点零售药店379家，工伤保险协议机构26家，工伤保险辅助医疗器具配置协议医疗机构4家、工伤保险协议康复机构1家，管理规范、覆盖城乡、布局合理、网络安全的定点医疗、购药、工伤救治服务体系进一步完善。

（五）工伤保险管理进一步规范

继续实施“平安计划”二期，将建筑施工企业参加工伤保险作为办理建设工程施工许可的前置督促程序，截至2010年12月末，全市参加建筑矿山企业农民工工伤保险的建设工程项目达1 148个，缴纳资金达2 490万元，覆盖建筑行业农民工18万人。积极推进工伤预防、康复和劳动能力鉴定工作，规范和简化鉴定经办程序，聘请新一期劳动能力鉴定卫生专家。2010年，全市共作出工伤认定结论7 650例，完成工伤伤残鉴定2264例，因病、非因工负伤伤残鉴定305例。

（六）失业、生育保险工作平稳有序推进

按时足额发放失业保险金，2010年全市共发放本市失业人员失业保险金10.1万人次7 861万元、医疗补助金203万元、丧葬抚恤金14万元。发放农民工一次性生活补助金3.24万人860万元。完善生育保险业务流程，2010年发放生育保险待遇2.33万人次14 145万元，其中农民工1.12万人次6 478.54万元。

四、劳动关系调整和权益保障工作

劳动关系和谐保稳定作用凸显，全市整体劳动保障信访态势明显缓和，拖欠工资现象总体减少，纯粹生产性企业恶意拖欠工资及建筑领域拖欠工资问题已基本得到遏制，劳动关系总体形势稳定。受理各类劳动突发事件比上年同期下降23%，涉及的工资纠纷金额下降了44.25%。

（一）企业工资分配宏观调控持续加强

适应城乡一体化建设要求，首次将全市最低工资标准统一为900元，发布劳动力市场工资指导价位、工资增长指导线、行业人工成本信息，发布的工资指导价位的工种（职位）共有203个，并对其中68个技术工种发布分技术等级工资指导价位。加快《工资总额使用手册》办理速度，2010年全市共办理《企业工资总额使用手册》9 367户，计划使用工资407.13亿元。

（二）继续推动劳动关系协调机制建设

全面深入开展创建和谐劳动关系工业园区与劳动关系和谐企业工作，全市获得省级表彰的园区、企业数量均居全省各设区市首位。厦门机械工业集中区、厦门海沧科技创业中心、厦门同安工业集中区思明园三家工业园区被省三方评为省级劳动关系和谐工业园区，厦门市粮食购销有限责任公司等284家企业被评为省级劳动关系和谐企业。广泛深入开展创建和谐劳动关系工作，推动“和谐企业”创建工作。加强完善劳动合同管理，全面开展劳动合同制度示范活动和中小企业劳动合同制度专项行动，大力推进劳动合同制度建设，2010年全市共免费为企业提供劳动合同报备、鉴证服务超80万人次。继续实施“彩虹计划”，全面推进集体协商和集体合同工作，在餐饮酒店行业和环卫行业开展区域性、行业性工资集体协商示范点工作，签订行业性工资集体协商专项协议两份，涵盖企业20家。加快企业实行不定时工作制或者综合计算工时工作制网上审核速度，积极支持服务外包企业申报特殊工时制。2010年，共批准831户企业实行不定时或者综合计算工时工作制。积极做好女工、未成年工特殊劳动保护工作，全年全市各级劳动保障部门共办理《未成年工登记证》7 557本。

（三）加大劳动保障监察执法力度

劳动监察网格化建设有序推进，建立起以6个行政区为基础、街镇为主体的31个一级监察网格，460个二级监察网点，采集6万多户企业和用人单位的信息，登记近3万户企业的用工情况。建立预警信息员制度，及时掌控企业劳资关系动态，2010年发展了100多名企业人力资源干部作为预警信息员。在加强日常检查的同时，集中组织开展农民工工资、整顿人力资源市场秩序等专项检查，及时查处违反劳动保障法律法规的行为。建立欠薪应急保障金制度，市级欠薪保障资金200万元，用于解决税收集中缴交市级的企业因欠薪引发的突发事件。区级欠薪保障金规模不低于100万元，其中集美区到账500万，湖里区350万，海沧、翔安、思明、同安区各100万元。2010年，全市劳动保障监察机构共主动检查用人单位7 579户次，书面审查5 363户，受理群众举报投诉案件7 709件，处理劳动突发事件及集体上访案件752件，督促用人单位补签、续签劳动合同7万多人次、处理工资纠纷案件补发金额（含工程款纠纷金额）10 548万元、清退押金21万元，清退童工15人，取缔非法职业中介机构48户。处罚用人单位及个人122户（人），处罚金额52.6万元。

（四）推进广渠道、多覆盖的劳动争议调解体系建设

出台《关于加强劳动争议调解工作的意见》，提出建设基层调解、行业调解、人民调解、行政调解等多渠道的争议调解体系。基层劳动争议调解体系建设取得新进展，市劳动争议仲裁院案前调解和台商协会行业纠纷协调机制正式运行，各区相继成立街镇劳动争议调解委员会。科学划分市、区劳动争议委员会管辖范围，均衡市区仲裁业务发展。不断提高劳动争议处理水平，与市中级人民法院联合出台《关于贯彻〈中华人民共和国劳动合同法〉、〈中华人民共和国劳动争议调解仲裁法〉的指导意见》，保证全市劳动争议案件处理的统一性。2010年，全市劳动仲裁机构共立案处理各类劳动争议案件4 829件，结案率97%，及时妥善处理了新科模具、豪悦酒店、斯特莱电子、赛维纳礼品和勤业兴印刷等99起4 380人的集体劳动争议案件。

（厦门市劳动和社会保障局）

江　西　省

2010年，在江西省委、省政府的正确领导和人力资源社会保障部的精心指导下，全省各级人力资源社会保障部门以科学发展观为统领，坚决贯彻落实中央的决策和省委、省政府的部署，克服金融危机和特大洪涝灾害的不利影响，坚持“民生为本、人才优先”，突出重点，统筹兼顾，齐心协力，狠抓落实，全面完成年度目标任务，各项工作取得了新的进展。

一、大力实施积极的就业政策，保持就业局势总体稳定

（一）持续扩大就业规模

全省城镇新增就业50.6万人，完成年计划的112.4%，创历史新高；城镇就业人数由2005年的638万人增加到802万人，增幅25.7%；“4050”就业困难人员再就业6.9万人，完成年计划的171.5%；新增转移农村劳动力51万人，完成年计划的106.3%；其中省内新增转移就业32.5万人，完成年计划的108.4%；城镇登记失业率为3.31%，低于全国平均水平0.79个百分点；零就业家庭继续保持动态清零，大学生就业保持稳定。

（二）大力促进创业带动就业

以省委、省政府部署开展“创业服务年”活动为契机，通过建设创业基地、拓宽融资渠道、完善创业服务、支持非公经济发展等一系列举措，建立健全投资创业服务体系，促进创业带动就业。以小额担保贷款为载体，鼓励和扶持各类人群创业，在防范风险的前提下，对符合条件的各类人员不分居住地域，实现应贷尽贷，全年全省新增发放小额贷款48.5亿元，还款率保持在98%以上。在抓好3个国家级创业型城市工作、建立健全工作体系和考核体系的基础上，选择3个设区市、9个县（区）开展省级创业型城市和县（区）的创建工作。同时，设立市、县级创业指导中心93个，认定60个社区为省级充分就业星级社区，培训创业人员6.6万人。

（三）探索创新就业对接服务新模式

组织开展为期两个月的“服务园区，促进就业，成就人才”对接活动，采取条块结合、以块为主、部门参与、上下联动的办法，有针对性地解决各类人群“就业难”和工业园区企业“招工难”问题，帮助11万人实现就业，探索出了一条部门密切配合、通力合作、系统抓就业的工作思路和工作机制，有效实现用工需求对接，缓解了工业园区企业招工难问题。

（四）加大高校毕业生就业帮促力度

把高校毕业生就业工作摆在突出位置，完善就业服务体系，组织开展就业援助月、春风行动、民营企业招聘周等一系列援助行动，大力落实“促进高校毕业生就业行动计划”，组织宣讲团进校园活动。强化对困难高校毕业生的就业扶助，完善失业登记制度，对家庭困难和进行失业登记的高校毕业生开展“一对一”就业援助。实施“三支一扶”等项目，引导和鼓励高校毕业生到基层就业创业。2010年，全省招募3163名高校毕业生到农村基层支教支农支医和扶贫。江西的做法被人力资源社会保障部以文件形式转发各地。

（五）减轻企业负担稳定就业

全面落实援企稳岗“五缓四降三补贴”政

策，充分发挥政策的综合效力稳定就业。同时，按照“招工、就业、培训”三位一体培训模式，大力开展工业园区定向培训，落实培训补贴政策，降低企业培训成本，为全省重大产业和企业发展提供有力的人力资源保障。全省共安排29.6亿元资金，免费培训省内工业园区新招员工38.1万人。

二、加快推进社会保障体系建设，提高社会保障水平

（一）进一步扩大社会保险覆盖面

坚持“广覆盖、多层次、保基本、可持续”的方针，以增强公平性、适应流动性、保证可持续性为目标，把扩面征缴工作放在突出位置，进一步完善社会保险扩面征缴政策措施。2010年，全省基本养老、基本医疗、失业、工伤、生育五项社会保险参保总人数达到2 741万人次，基金征缴总量达到239亿元，分别比“十五”期末增长135%和197%。

（二）扎实推进新农保试点工作

根据国家的统一部署，全省第一批11个县区开展试点工作，参保人数达231.2万人，参保率88.7%，高于全国平均水平；为45.8万人发放养老金3.4亿元。经国家批准，江西省13个县区列入了第二批新农保试点范围，第二批试点县区启动了养老金发放和养老保险费收缴工作，全省试点县区覆盖面达24%。

（三）加快完善养老保险政策

按照国家部署，及时出台了城镇企业职工基本养老保险关系转移接续办法，确保养老保险关系跨省转移工作顺畅进行。针对部分困难群体养老保障制度缺失问题，在完善城镇大集体企业未参保退休职工补助政策的基础上，将20多万手工业联社大集体企业未参保退休人员和返城未安置就业知青纳入养老保险和养老生活补助范围，出台被征地农民养老保险指导意见并开展试点。

（四）继续深化医疗保险制度改革

统筹解决170万关“破改企业”和困难企业职工医疗保险问题，近百万困难农林水企事业单位、困难农垦企业、困难城镇大集体企业职工纳入城镇职工基本医疗保险。在巩固城镇居民参加基本医疗保险的同时，全额资助在校大学生参加城镇居民基本医疗保险，其个人缴费全部由财政负担。从江西实际出发，将1.25万名1—6级“老工伤”人员纳入工伤保险范围，并按工伤保险政策享受相关待遇。

（五）稳步提高社会保障水平

在财力十分有限的情况下，积极筹措资金，加强调度，确保各项社会保险待遇按时足额发放。按月人均147元的标准及时调整基本养老金水平，增幅达14.4%，调整后月人均基本养老金达到1 170元，比“十五”末增长了121%，与全国平均基本养老金的差距由“十五”末的30.1%缩小到14.6%。通过提高封顶线、扩大住院治疗和慢性病种报销范围、建立“二次补偿”机制、提高住院治疗报销水平等措施，进一步提高参加医疗保险人员待遇水平，城镇职工起付线平均降至350～450元，政策范围内住院报销比例职工医保为74.79%、居民医保为62.41%，最高支付限额城镇职工医保达到15万元、城镇居民医保达到8万元，进一步缓解了参保人员“看病贵”问题。

三、加强人才队伍建设，大力引进国外智力

（一）认真贯彻全国人才工作会议精神

会同组织部门筹备召开了全省人才工作会议，省委、省政府对加快建设人才强省进行全面部署。在省委组织部的牵头抓总下，认真履责、抓好落实，人才工作呈现出良好发展态势，全省各类人才总量达到420万人，比“十五”末增长75%，人才跨省流入与流出比由2003年的1：1.2转变为2010年的1.4：1，呈现进大于出的良好局面。

（二）制定并实施江西省中长期人才发展规划纲要

由组织、人力资源社会保障部门牵头，历时一年多的时间，八易其稿，于2010年9月

出台中长期人才发展规划纲要，确定了八项重大人才工程。启动实施“赣鄱英才555工程”，从2010年开始，在10年之内，面向海内外引进500名左右急需紧缺的高层次人才来赣创新创业；柔性引进500名左右具有国际先进水平、国内顶尖水平的高端人才为江西科学发展服务；立足本省选拔500名左右高层次创新创业人才进行重点扶持培养，资助金额每人达100～300万元。会同省委组织部完成首批人选专家评审工作，157名人才入围创新创业人才引进、高端人才柔性特聘和领军人才培养计划。同时，确定南昌、新余、共青、江西铜业、南昌大学作为首批人才发展和管理改革试验区，积极推进人才工作机制体制创新。

（三）加大海内外高层次人才引进力度

连续第3年会同有关部门组织开展面向海内外招聘博士以上高层次人才工作，全省根据需求拿出了一批引才岗位，3年共刚性引进博士以上高层次人才1 191人。同时，实施人才个性化培养，组织百千万人才人选到国外、院士身边和国家名牌大学及重点实验室学习。博士后工作站总数达到55家，接近“十五”末的5倍。以省政府名义出台了鼓励技术要素参与收益分配的办法和兼职兼薪政策，为激发科技人员技术创新、成果转化发挥了积极作用。

（四）加强高技能人才队伍建设

认真学习贯彻胡锦涛总书记视察珠海市高级技工学校重要讲话精神，大力实施紧缺技能人才培养、青年高技能人才培养、首席技师、技能大师工作室和技工院校实训基地建设五项计划，全年培养紧缺型高技能人才3 000人、青年高技能人才5 000人，资助1万名城乡困难家庭子女免费入读技工院校。首次将高技能人才纳入省贴范围，举办了首届农民工技能大赛和第三届“江西省优秀高技能人才”表彰活动，进一步营造技能人才脱颖而出的良好氛围。

（五）加强引进国外智力工作

围绕江西省重大部署、重点项目、重大工程，积极创新引智工作体制机制，80%的项目是鄱阳湖生态经济区项目。围绕新农村建设和农业产业化，积极打造“一村一品”品牌，培育发展一批特色产业。2010年新增“一村一品”特色村400个，总数达到3 400个，从事“一村一品”主导产业的农户人均纯收入高出全省平均水平20%，示范村年销售收入达71亿元，同比增长24%。组团参加2010年中国国际人才交流大会和第13届中国留学人员广州科技交流会。

四、稳妥推进人事制度改革，着力增强体制机制活力

（一）进一步完善公务员制度

坚持依法考录、科学考录，顺利完成公务员“四级联考”，全省各级机关共录用公务员8 026名。出台了《江西省公务员考试录用工作操作手册》，统一规范公务员考录工作。推行诚信报名、诚信考试，进一步净化考风考纪。积极开展公务员考核试点，南昌市工商系统基层公务员考核工作做法在全国会议上作了典型发言。

（二）深化事业单位人事制度改革

着力完善人员聘用、岗位设置和公开招聘制度，建立健全充满生机与活力的用人机制。全省近80%的事业单位完成了岗位设置方案核准，省、市、县三级事业单位完成岗位聘用的比例分别达到80%、60%和40%。全面开展公开招聘工作，公开招聘人数占事业单位进人的比例达到90%以上。规范统一了全省中小学教师招聘工作。针对江西省个别县在事业单位招聘过程中存在的一些违规现象，及时进行核查、纠正、处理，并专门召开会议和下发通知进一步强调和规范事业单位招聘工作。

（三）积极做好军转干部安置

把军转干部安置工作作为一项政治任务，讲政治、讲大局、讲感情，坚持考试与考核相结合，实行指令性分配，积极探索与军转干部服役期间德才表现、贡献相结合以及考试考核、双向选择的安置办法，全面完成了中央下达的安置任务。在连续多年高位接收军转干部的情况下，军转安置工作做到了部队、军转干部、接收单位三方基本满意。

五、深化工资收入分配制度改革，加强企业工资分配工作

（一）积极稳妥推进事业单位实施绩效工资工作

按照三步走的要求，积极探索新思路，研究新办法，结合实际，统筹安排，确保事业单位绩效工资实施工作平稳顺利推进。义务教育学校实施绩效工资工作全面完成，公共卫生与基层医疗卫生事业单位实施绩效工资工作基本到位。针对其他事业单位工作性质千差万别、人数众多、情况复杂，行业之间经费来源、收入水平差异较大，矛盾较多的实际情况，采取省直先行、市县跟进的办法，出台其他事业单位实施绩效工资实施办法并部署实施，工作进展平稳，在全国有关会议上作了典型介绍。

（二）适时适度调整最低工资标准

经省政府同意，从2010年7月1日起调整了全省最低工资标准，月最低工资标准平均增幅达23.6%，为最低工资标准制度建立以来增幅最大的一次。发布了2010年度企业工资指导线，确定年度货币平均工资增长基准线为12%，首次高于GDP增长。

（三）扎实做好企业军转干部解困稳定工作

在总结多年做法和经验的基础上，探索出“坚持一个关怀、建立三个机制”的工作思路，即坚持对军转干部尤其是企业军转干部的亲切关怀，建立解困补助机制、个人收入同“两个全社会平均数”相衔接的调增机制、信访维稳机制。按两个全社会平均数提高了企业军转干部解困标准，并在普调基本养老金的基础上给每位退休的企业军转干部倾斜25元。同时，加强思想教育和政策宣传，落实“五包”责任制，企业军转干部总体稳定。

六、加大劳动者维权力度，保持劳动关系总体和谐稳定

（一）不断加强农民工权益保障

积极落实省政府关于解决农民工就业培训、权益保障、公共服务等问题的一系列要求，充分发挥驻外劳务管理机构作用，协调推动维护农民工权益行动计划，促进了工资支付、劳动合同签订、参加社会保险等工作。

（二）全力支持配合国有企业改革

按照省委省政府推进农垦、粮食、农业、水利、交通、林业、商贸流通7个系统国有企业改革的部署要求，始终把维护职工的合法权益放在第一位，切实把好“三关”、做好“两个接续”，即把好职工安置方案的民主程序关、审核关、操作关，切实做好就业岗位和社会保险关系接续，妥善解决解除劳动关系职工的经济补偿、养老、医疗保险和人员分流安置等问题，确保各项政策落实到位，职工对安置总体上比较满意，没有引发一起恶性群体性事件。

（三）加大劳动关系协调力度

进一步健全劳动关系协调机制，继续推进集体合同制度五年覆盖“彩虹计划”和农民工劳动合同签订“春暖行动”，通过开展专项行动，以点带面，使《劳动合同法》在全省得到顺利贯彻实施，劳动合同签订率达到95.3%，劳资关系比较和缓。特别是2010年6月，根据国务院的部署要求和省领导批示，省人力资源社会保障厅第一时间在富士康科技集团开展了为期13天的“乡情关爱行动”，走访慰问江西籍员工2.2万余人，有效化解劳资矛盾，稳定了员工情绪。

（四）加大劳动保障监察执法力度

进一步强化劳动保障年度审查、日常巡视检查和举报投诉专查，积极推行劳动保障监察“网格化”和“网络化”管理工作。全年群众举报投诉案件结案率达到98%，为3.64万名劳动者追回工资1.32亿元，有力维护了劳动者合法权益。

（五）推进劳动人事争议调解仲裁工作

大力推进劳动人事仲裁院实体化建设，加大集体劳动人事争议案件调解仲裁力度，处理劳动人事争议案件 10 120 件，到期结案率达 100%（其中，调解率为 68%）。劳动人事争议案件比上年度下降了 3 080 件，下降 23.3 个百分点。

七、加强基础建设，进一步夯实事业发展根基

（一）建立人力资源社会保障事业发展省部合作机制

积极争取国家部委支持，尹蔚民部长亲临江西视察指导，并代表人力资源社会保障部与江西省政府吴新雄省长签署了《支持鄱阳湖生态经济区建设加快推进江西省人力资源和社会保障事业科学发展合作备忘录》。

（二）加强基础公共服务平台建设

从省级就业资金中安排 4 亿元资金购买 5 万个公共服务公益性岗位，其中基层公共服务公益性岗位 2.67 万个，缓解了基层经办人员不足的问题，促进了高校毕业生和就业困难人员的就业再就业。计划用两年时间对全省基层公共服务平台 1 715 名主要负责人轮训一遍，2010 年已培训半数人员。组织省厅正处级以上领导干部和设区市人力资源社会保障局负责人到国家行政学院培训，开阔视野，提升能力。

（三）加快推进信息化建设

“金保工程”一期养老保险系统建设基本完成，9 个设区市建立了数据中心，11 个设区市以及 67 个县区养老保险系统上线。按照省政府确定的“部门职能不变、上下左右兼容、政府补助进卡、全省乡镇通用”的总体原则，抓紧启动“金保工程”二期建设，确定了人力资源社会保障信息化建设“1249”工程，即实现一卡通，融合两大业务，打造四个平台，建设九大项目。

（四）深入开展“三新两提高”活动

结合开展“创先争优”和“创业服务年”活动，在全省人力资源社会保障系统深入开展了“三新两提高”主题教育活动，即：建新部门、作新贡献、塑新形象，努力提高服务大局的贡献率，提高人民群众的满意度。省人力资源社会保障厅先后被评为省文明单位、省综治工作先进单位、全省创业服务年活动先进单位；在省直机关工委组织的“万名群众评机关”活动中，省人力资源社会保障厅被评为“让群众感到满意”的十个省直单位之一。

（五）进一步做好干部融合工作

组织开展全厅处级干部竞争性选拔和干部交流轮岗，3 个月内完成竞争上岗和缺额选任的阶段性任务，竞争性选拔以及缺额性选配非领导职务涉及 60 多人；加大干部交流轮岗的力度，处级干部平职交流 20 多人，其中交叉任职的达到 42%。通过竞岗和干部交流，加强了干部的融合，激发了机关和单位的活力。同时，按照“资源上形成整合”的思路，将原有三个厅直属单位重组合并成职业技能鉴定中心和人力资源培训中心，从而达到理顺职能、优化结构、整合队伍、建立职能有机统一的运行机制的目的。

（江西省人力资源和社会保障厅）

山　东　省

一、就业工作

2010年，山东省实现城镇新增就业115.3万人，完成全年目标任务的115.3%；转移农村劳动力129.4万人，完成全年目标任务的107.8%；城镇登记失业率为3.36%，呈稳中有降态势。

高度重视高校毕业生就业。统筹实施各项基层就业项目，引导高校毕业生到基层就业和创业。配合省委组织部选聘2 633名大学生“到村任职”，招募“三支一扶”计划毕业生2 215名。积极探索毕业生面向基层就业的新路子，率先在全国实施“全科医师培训计划”，共遴选500名临床医学专业本科毕业生参加为期3年的培训，为乡镇卫生院培养临床业务技术骨干。开展“高校毕业生就业服务月”等活动，共发放宣传手册50万份，提供培训13.5万人次，累计推荐就业11.4万人次，帮助1.1万名就业困难人员实现就业。截至年底，全省高校47.2万应届毕业生中有40.12万落实了去向，比2009年增加1.18万人，总体就业率为85%。联合省教育厅在全省范围内开展高校毕业生就业工作大调研，基本摸清了近年全省高校毕业生就业总体状况，对面临的突出矛盾和问题进行深入分析研究，提出有针对性的对策建议，形成总调研报告和三个专题调研报告。

加强困难群体就业援助。集中开展“就业援助月”“春风行动”“民营企业招聘周”等专项活动，大力开发公益性就业岗位，落实各项政府补贴政策，帮助失业人员再就业52.7万人，其中特困群体再就业12万人。实行实名动态管理，建立“未就业高校毕业生信息库”，实行“一对一”帮扶。加大对特困家庭毕业生的帮扶力度，安排1 100万元专项资金，向2.2万名特困家庭毕业生发放求职补贴。全省特困生初次就业率高出全省总体就业率10个百分点。

有针对性地开展就业培训。继续实施就业培训五年规划，大力开展订单式、定向式培训。对17个市进行了培训五年规划专项检查，找准工作难点，与省财政厅联合下发文件，将省级财政培训补贴标准提高到每人200至500元，建立培训补贴资金预先拨付制度和跨区域培训就业地负担制度，将灵活就业纳入资金拨付考核指标，全年共拨付职业培训补贴2.3亿，比上年同期增长53%。全年开展职业技能培训118.27万人，培训后就业率达80%以上。

鼓励劳动者自主创业。联合财政、工商等9部门印发《山东省创建省级创业型城市工作绩效考评办法》，形成了独具特色的创城考评体系。推进市、县、镇（乡）三级联动的创业服务体系建设，加强公共创业服务网和创业项目库、创业专家指导资源库“一网两库”建设和大学生创业载体建设，网上实现资源共享创业项目4 165个，创业指导专家928人，积极推动5个国家级和30个省级创业型城市创建活动。立足各市科技园、高新产业园，建立创业孵化园区252个，创业见习基地181个。积极实施创业引领计划，总结推广青岛市高校毕业生创业孵化基地建设经验。与大众日报社联合开展“山东大学生十大创业之星”大型评选活动。在全省开展“山东省创业教育示范院校”评选活动，共评选出15所创业教育示范院校，协调省财政安排225万元用于表彰奖励。

创新就业服务手段。改进“山东高校毕业生就业信息网”为主网站的信息化平台功能，截至年底，已将技工院校毕业生就业信息纳入信息网，建设山东毕业生就业公共服务平台，为各类毕业生服务，同时建设3G移动就业信息平台。注重典型带动，打造示范亮点，在全国和全省先后推出一批具有影响力的就业工作示范典型。其中，国家级充分就业示范社区4个、省级充分就业星级社区100个；国家级农村劳动力转移就业示范县9个、省级农村劳动力转移就业示范县21个；省级示范人力资源市场27个；指导各市打造“就业直通车”“满意服务360”等公共就业服务品牌，切实起到了典型带动作用。

二、社会保障工作

社会保险扩面征缴和基金监管工作成效明显。全省城镇养老、医疗、失业、工伤、生育保险参保人数比2009年分别净增109.9万人、283.4万人、31.7万人、146.7万人、71万人；五项社会保险基金征缴收入1 157.2亿元，比2009年增收159.6亿元。为加强社会保险基金专项治理和社会保险稽核工作，认真落实审计整改措施，整改金额达14.4亿元，清理欠缴、漏缓缴社会保险费7.2亿元，清理挤占挪用基金0.75亿元。全年全省各险种累计参保人员2 365万人次，查出少报漏报社会保险缴费基数59.7亿元，查出少缴社会保险费5.4亿元，补缴社会保险费5.1亿元，核查领取待遇人数198.1万人次，查出908人冒领社会保险待遇415.6万元，已全部追回。

城镇养老保险建设稳步推进。出台养老保险关系省内转移接续办法，减轻了个体灵活就业人员的缴费负担，降低了企业职工基本养老保险单位缴费比例，提高了企业退休人员养老金水平和取暖补贴标准，企业退休人员月人均增加养老金164.1元，取暖补贴标准由每年24元提高到1 100元，40万名企业精减老职工和遗属人员补助费标准有了新提高。

新农保试点实现新突破。全年全省有19个县（市、区）纳入国家第二批新农保试点，有13个县（市、区）纳入省级新农保试点，有35个县（市、区）自主开展新农保试点。全省参加国家和省新农保试点的农民共计1 065万人，领取养老金的农村老年人达400万人。

城镇基本医疗保险取得重大进展。医疗保险异地就医结算、流动就业人员医疗保险关系转移接续、城镇居民医疗保险门诊统筹试点等政策顺利出台，医疗保险制度体系和管理操作体系进一步完善，医疗保障水平有较大幅度提高。全省城镇职工、居民基本医疗保险报销比例分别达75%和55%，2 770.6万人纳入城镇基本医疗保险，9个市实现了医疗保险市级统筹，3.28万名非国有关闭破产企业退休人员医保问题得到解决。

失业保险作用得到强化。扩大失业保险基金支出范围试点稳步推进，全年累计支出试点资金7.3亿元。失业保险基金市级统筹目标顺利实现。失业保险金标准有了新提高，全省平均达到445元，比调整前提高21.7%。失业动态监测和失业保险监测全面启动，监测企业840家、涉及就业岗位109万个。

工伤保险制度日趋完善。省政府确定的3年扩面计划如期完成。17市基本实现了工伤保险市级统筹，工伤保险基金抗风险能力进一步增强。“老工伤”人员全部纳入工伤保险统筹管理。一至四级工伤人员伤残津贴、生活护理费和供养亲属抚恤金标准得到调整，月人均分别增加152元、91元和65元。

三、人才队伍建设

人力资源流动配置。4月，与重庆市开展人力资源和社会保障对口交流活动，签署《关于加强两省市人力资源和社会保障合作的框架协议》，启动两省市在高层次人才、高技能人才、公务员培养交流、人力资源市场建设和社会保障等方面的合作。山东淄博、东营、烟台、潍坊、威海、日照、德州7市与重庆有关部门、单位达成13项合作协议。贯彻中央新疆工作会议精神，加强对新疆的对口援建工作。加快推进人才市场与劳动力市场整合，印发《关于进一步加强人力资源市场监管有关工作的通知》。部署人力资源服务机构年检工作，全省人力资源服务机构通过年检共1 451家，其中省人力资源社会保障厅批准52家，各市人力资源社会保障局批准1 399家，完成机构改革的市已完成换发《人力资源服务许可证》工作。

高技能人才队伍建设。技工教育加快发展，全省技工院校招生14.7万人，位居全国第二。积极拓展就业渠道，毕业生就业率达95%。继续开展首席技师评审工作，评选山东省首席技师97人。全面完成8 000人的“金蓝领”培训计划，高级技师的培养数量扩大到800人，占全部培养计划的10%。稳步推进职业资格证书制度建设，加快培养高技能人才。全省参加职业技能鉴定83万人，颁发职业资格证书71万张。全省获得高级工以上职业资格的达到14.2万人，其中技师、高级技师3.2万人。继续开展百万职工技能比武系列活动，全省举办各类职业技能大赛60余项，参赛职工和学生110万人，其中省级大赛项目25个。

专业技术人才队伍建设。加强驻鲁院士、聘任院士的服务和跟踪管理，充分发挥院士在促进产学研结合、推动自主创新和培养、吸引、聚集高端人才方面的引领作用。全省驻鲁院士增加到37名，每年还有80多名省外院士受聘与山东省高校、科研院所和企事业单位开展人才培养、重大课题研究和项目合作。25人入选“新世纪百千万人才工程”国家级人选，100人被省政府授予省有突出贡献的中青年专家，101人被推荐为享受国务院颁发政府特殊津贴专家，16 305人获得高级专业技术职务资格。组织实施专业技术人才知识更新工程，全省参加2010年知识更新工程培训活动的中、高级专业技术人员5.08万人次，参加公需科目培训的6.88万人次。潍坊市深化中小学教师职称制度改革试点工作已结束，经评审，报人力资源社会保障部、教育部批准，常如玉等17名教师首批获得中小学正高级职称。组织实施第九批博士后科研工作站申报工作，全省共有49个单位获准设立博士后科研工作站，数量占全国十分之一。全年新增设博士后科研工作站49个，全省博士后科研工作站数量达到165个。全省共招收博士后524人，首次突破500人大关。

人才智力引进。围绕山东半岛蓝色经济区、黄河三角洲高效生态经济区的关键领域和重点产业发展，实施重点引智项目17项，引进国外技术、管理人才项目需求491项；引智示范推广项目114项，出国（境）培训项目92项，选派各类人才近1 576人赴发达国家培训学习；新命名全国引智示范单位4家、省引智成果示范推广基地31个。实施鲁南地区和黄河三角洲地区人才引进项目206项，引进院士等高层次专家60人、高级专业技术人才180人、急需紧缺专业人才55人。积极参与“万人计划”的组织实施工作，引进海外高层次人才110名，又有12人入选国家“千人计划”，总数达30名。成功举办第六届“海洽会”，来自25个国家和地区的202名留学人员、海内外55所高校和科研院所的93名博士后受邀参会，实现项目对接1 698项，签订正式合作协议123项，各项成果均创历届之最。加强外国专家管理和服务工作，在山东省工作的外国专家，有3人获国家“友谊奖”，18人获“齐鲁友谊奖”。

四、人事制度改革

军转安置任务全面完成。全省共安置转业军官2 995名，其中计划分配2 579名（团职干部606名），自主择业416名，随调随迁家属子女886名。全省普遍实行考试考核的“阳光安置”办法，严把考试关、考核关、分配关和监督关，安置工作公开透明。扎实做好自主择业军转干部管理服务工作，会同省委组织部、省财政厅印发《山东省自主择业军队转业干部档案管理办法（试行）》等四项制度，提高管理服务工作的规范化水平。积极推进军转干部教育培训工作，依据国家新的军转培训大纲，规范教育培训的内容和形式，提高时政讲座、案例教学、互动教学的比重，增强了培训效果。全力做好企业军转干部解困和稳定工作，全国“两会”、上海世博会、广州亚运会期间，全省企业军转干部保持总体稳定。

机关事业单位工资制度改革统筹推进。组织开展全省义务教育学校绩效工资实施工作的督导检查，义务教育学校教师绩效工资兑现到位。印发《关于公共卫生与基层医疗卫生事业单位绩效工资的实施意见》（鲁人社发［2010］42号），全省公共卫生与基层医疗卫生事业单位实施绩效工资工作有序开展。制定《从村支部书记中考录公务员和大学毕业生在基层服务期满考录公务员后的工资待遇办法》，组织实施人民警察加班补贴、信访人员岗位津贴等特殊岗位津贴补贴工作。审核、备案全省6个市72个县（市、区）公务员规范后津贴补贴调整方案，缩小了省、市、县公务员津贴补贴水平差距。

事业单位人事制度改革积极进展。加快实施事业单位岗位管理制度，印发《山东省党校、行政学院（校）专业技术岗位设置结构比例指导标准》（鲁人社发［2010］40号）；加快核准岗位设置方案，截至年底，全省有4.4万个事业单位实施岗位设置管理制度，占应实施总数的82%，已纳入岗位设置管理的人员175万人，占应纳入总数的91%。科学设置专业技术二级岗位，审理核准54个事业单位设置103个专业技术二级岗位，对省属高等院校、省政府直属科研机构所报二级岗位材料进行了汇总、审核。认真组织事业单位公开招聘工作，全省事业单位共公开招聘2.8万人，其中省属51个部门和168个事业单位公开招聘2 886人。做好事业单位工作人员奖励工作，评选出399名特级教师、696名优秀乡镇专业技术人员、100名模范（优秀）少先队辅导员。协调做好省属事改企单位人员及相关待遇审核工作，共对14个改企单位888名人员进行了认真审核。参与卫生、文化、驻京办事机构清理等工作，与省发改委、省财政厅、省卫生厅联合印发《关于先行实施国家基本药物制度基层医疗卫生机构人事制度改革的指导意见》（鲁人社发［2010］43号）。

公务员管理工作全面加强。制定了公务员录用考试管理等配套法规实施意见，部署开展了公安机关执法勤务机构警员职务套改工作，规范了省政府部门非领导职务设置，建立了省级先进模范人物休假疗养制度。坚持依法、公平、科学考录，全省共面向社会考录公务员8 409名，省市机关录用有基层工作经历人员比例达到80%。积极开展公务员“四类培训”，有力地促进了公务员素质的提高。

五、劳动关系协调

劳动关系协调力度加大。以开展“春暖行动”和“小企业劳动合同制度实施专项行动”为抓手，推进中小企业、私营企业和农民工劳动合同制度实施。在城镇就业的农民工劳动合同签订率达到80%，比2009年提高3.6个百分点，中小企业和私营企业劳动合同签订率提高5.2个百分点。深入推进集体合同制度实施“彩虹计划”，集体合同覆盖率逐步提高。审核中央、省属改制、关闭破产企业职工安置方案57户，劳动保障费用4.95亿元，使改制、关闭破产企业涉及的0.95万职工得到妥善安置。建立20个省级劳动关系工作联系点，开展送法律、送政策、送服务到企业活动。企业工资宏观调控进一步加强。调整企业最低工资标准和非全日制劳动者小时最低工资标准，调整后的最低工资标准最高档为920元，比原标准平均提高21.2%。发布企业工资指导线，确定企业工资增长基准线为15%，上线为23%，下线为6.5%，对引导企业工资正常增长发挥了积极作用。根据人力资源社会保障部统一部署，分两次进行了完善企业在岗职工工资和人工成本调查，探索企业薪酬调查方法的试点，全省共对 1 512 户企业进行了调查。

劳动人事争议处理进一步加强。大力开展“两基”建设年活动，基层调解组织建设和仲裁机构实体化基本建设取得明显成效。印发《关于做好市、县（市、区）劳动人事争议仲裁委员会调整及其办事机构实体化建设工作的指导意见》（鲁人社发［2010］64 号）。截至年底，济南、淄博等 15 个市和 89 个县完成劳动人事争议仲裁委员会调整组建。济南、青岛等 9 个市和 65 个县，经编制部门审批，将仲裁办案机构进行整合，组建成立劳动人事争议仲裁院。全省建立基层劳动人事争议调解组织 3.24 万个。全年共受理劳动人事争议案件 7.53 万件，按期结案率达 98%以上，劳动争议案件高发多发态势得到进一步遏制。

劳动监察力度不断加大。继济南市之后，青岛市成立副局级劳动保障监察局，除 6 市三定方案还未审批外，其他 11 市都成立了副局级的劳动保障监察机构。全省劳动保障监察人员大幅度增加，2009 年为 1 502 人，2010 年为 1 991 人，劳动保障监察协管员达到 4 000 多人。联合建设、公安等部门组织开展农民工工资支付专项检查，全年共检查用人单位 2.1 万户，涉及劳动者 219.3 万人，其中农民工 152.7 万人；责令用人单位为 10.6 万名劳动者补发工资 1.06 亿元，其中为 9.2 万名农民工补发工资 8 796 万元。开展清理整顿人力资源市场秩序专项行动，检查职介机构、场所 6 604 户，查处各类违法职介案件 1 172 起，取缔非法职业中介活动 638 件，责令改正 417 件，责令退赔求职费用 44.95 万元，给予罚款处罚 28 件，罚款 28.15 万元，吊销许可证 9 件，吊销营业执照 18 件。人力资源社会保障部、公安部、国家工商总局组成的联合调研检查组，对山东省及聊城、泰安、济宁、济南 4 市开展专项行动情况进行调研检查和指导，对山东省的做法和成效给予充分肯定。8 至 9 月，联合公安、监察等 8 部门开展整治非法用工打击违法犯罪专项行动，查处违法案件 3 865 件，取缔违法“五小”企业 575 家，责令用人单位为 7.3 万人补签劳动合同，补发工资和经济补偿金 626.7 万元，补缴社会保险费 3 272.9 万元。

（山东省人力资源和社会保障厅）

济 南 市

2010年，是济南市人力资源社会保障部门的开局之年。面对机构改革和保障民生的双重任务，全系统上下认真贯彻落实济南市委、市政府的决策部署，紧紧围绕中心，主动服务大局，一手抓机构融合，一手抓业务工作，较好完成了各项目标任务。

一、就业与再就业工作

2010年，全市城镇新增就业再就业14.99万人，其中，安置下岗失业人员就业7.1万人。转移农业富余劳动力17.29万人次，城镇登记失业率3.84%，低于控制目标0.16个百分点。大力实施“援企稳岗”的优惠政策，为企业减负5.84亿元，稳定就业岗位12.5万余个。扎实开展高校毕业生就业促进行动，指导帮助2.6万名本市生源应届非师范类高校毕业生实现就业。建立健全困难群体就业帮扶机制，共援助就业困难人员2.11万人，确保了零就业家庭的动态消零。主要做法：

一是认真落实扶持政策，努力促进和稳定就业。全年制定促进就业的规范性文件15个，培训补贴、社保补贴、岗位补贴、小额担保贷款、创业促就业等政策措施更加完善。就业扶持体系进一步健全，扶持范围覆盖了城乡就业困难人员、新成长劳动力、失业人员、农业富余劳动力、高校毕业生、复退军人、残疾人、被征地农民等各类群体。继续实施减轻企业负担稳定就业局势的有关措施，适当提高岗位补贴和社保补贴的标准。全年通过降低“两项费率”为企业和职工减负2.49亿元，落实“两项补贴”资金2.98亿元，缓缴社会保险费3 750万元，稳定就业岗位12.5万个，共为企业和职工减负5.84亿元。

二是扎实推进创业型城市建设，促进创业带动就业。健全措施，进一步完善全市创业扶持政策体系。深化创业助推“1+3”活动开展，落实创业两项补贴163.35万元，认定各级创业孵化基地75个，加强“一网两库”建设，入库创业项目247个，聘请创业指导专家135名。认真做好小额担保贷款工作。妇女创业的贷款额度提高到8万元，贴息范围进一步扩大，担保基金持续增加。全年发放小额担保贷款385人（次）2 040.5万元。

三是科学规范实施培训，大力推进素质就业。按照城乡培训政策“普惠制”原则，将所有农民工纳入就业培训体系和质量评估体系，实行培训专业、培训等级、补贴标准城乡一致。严格审核认定定点培训机构，定期进行检查考核，确保培训质量。全市定点培训机构已达85家，增设了专项能力培训，培训专业由35个增加到103个。

四是积极整合就业资源，切实搞好高校毕业生就业。推广槐荫区“金桥筑基”工程的经验做法，依托全市街道（乡镇）劳动保障服务中心成立了130个高校毕业生就业服务中心，实现了服务平台的统一。制订了《高校毕业生就业见习基地管理办法》，为26个单位412名毕业生支出就业见习补贴95万多元。首家大学生创业孵化基地在济阳县挂牌成立，为大学生创业创造了良好环境。

五是促进农业富余劳动力转移就业。组织开展“春风行动”，共举办专场招聘会56场，组织2 099家企业参会招聘，提供就业岗位11.8万个。活动期间，有16万余名农民工入场求职，5.12万人与用人单位达成就业意向。建立了重点建设项目就业影响评估跟踪制度。截至2010年底，省市县三级重点建设项目共计234个，累计拉动就业11.05万人，其中农村劳动力7.1万人，占总拉动就业人数的64.2%。进一步完善农民工技能培训工作措施，深化和延伸农民工培训，实现“培训一人、就业一人，就业一人、培训一人”的工作要求。

六是强化信息网络建设。探索依托和应用现代化信息服务技术开展就业服务，基本实现了就业服务全程信息化管理。通过开展“就业直通车”服务品牌创建活动，积极构建就业服务新体制。依托公共就业服务机构，全面推行免费就业失业登记、职业介绍、职业指导等就业服务。坚持开展就业服务系列活动，组织实施了“就业援助月”“春风行动”“民营企业招聘周”“高校毕业生就业服务月”“高校毕业生就业服务周”等专项系列活动，动员社会各方面力量，突出做好就业困难人员、农村富余劳动力和高校毕业生等重点人群的就业服务工作，促进各类群体实现就业。

二、社会保障工作

2010年，全市城镇基本养老（含机关事业单位）、城镇职工基本医疗、失业、工伤、生育保险参保人数分别达到148.9万、149.5万、91.6万、129.2万、72.3万人，基金征缴总额达到114亿元，同比增长11.5%。

在养老保险方面，再次提高了企业退休人员养老金，月人均增加157元，达到1 520元，取暖补贴标准由24元提高到1 100元。新农保试点工作扎实推进，新启动章丘市和济阳县的试点工作，全市参保人数达到93万人，领取基础养老金的农村老年人22.5万人。实施了特殊工种提前退休集中会审和“双公示”制度。大力推行网上申报缴费，进一步完善综合柜员制服务。当年共有30 105家单位成功进行了网上申报，占全部参保单位的96%。

在医疗保险方面，开展了医疗保险违规问题专项清理整顿活动，对13家三级甲等医保定点医院实行住院医疗费用总额预付结算办法，遏制了分解住院、过度医疗等违规现象，提高了基金使用效益。关闭破产集体企业64 362名退休人员及困难集体企业6 868名退休人员全部纳入城镇职工医保覆盖范围。2010年，城镇职工医疗保险基金征缴收入25.3亿元，支出22.8亿元。

工伤保险基金全年征缴收入1.88亿元，支出1.52亿元，当期结余3 600万元，累计结余2.53亿元。农民工参保达到54万人。生育保险基金征缴1.45亿元，支出1.75亿元，当期倒挂3 000万元，累计结余1.24亿元。全年有21 838人次享受到各类生育保险待遇，其中生育17 110人次，计划生育手术4 728人次。

2010年，出台了基金监督管理办法，组织开展了专项稽核行动，加大社保基金监管力度，有力维护了基金安全。全年共稽核用人单位10 680家，涉及参保职工26万人，查出应参保未参保职工1 779人，已参保未足额缴费职工51 994人；共稽核出少报、漏报缴费工资基数2.03亿元，应补缴5 479万元，已收回社会保险费4 999万元，回收率达到91%。

三、机关事业单位人事管理

2010年，按照严格管理、科学管理的原则，从紧从严控制进人计划，建立人员调配审核制度，坚持并完善公务员凡进必考和事业单位公开招聘制度，机关事业单位人员的学历、年龄和专业结构不断优化。依法加强公务员队伍建设，规范日常登记管理，基本完成事业单位参照管理集中审批，强化初任和任职培训，公务员管理工作明显加强。扎实推进事业单位岗位管理，全市3 000多个事业单位的岗位核准工作基本完成，专业技术岗位聘用工作进展顺利，初步建立起了因事设岗、按岗聘用、合同管理的新机制。深化职称制度改革，全面推行事业单位按岗申报和差额预申报制度。稳妥推进义务教育学校绩效工资制度改革，各县（市）区均已兑现了义务教育学校教师的绩效工资，公共卫生和基层医疗卫生事业单位的绩效工资实施工作顺利启动。坚持并完善“四公开一监督”的考试考核安置办法，圆满完成468名军转干部的安置任务。自主择业军转干部管理服务水平不断提升。健全企业军转干部解困工作长效机制，有力维护了社会和谐稳定。严肃考风考纪，规范考试管理，全年组织各类考试60项、11万多人次参考，做到了“零失误”，实现了“零投诉”。加快推进机关事业单位综合信息管理系统建设，工资福利、岗位管理、人事计划、公开招聘、人员增减等五项业务实现了信息化管理。

四、人才队伍建设

完善高层次人才申报、评审、认定等配套办法，开辟人才引进绿色通道，出台人才居住证制度，大力推进“5150”引才计划和“百千万”人才引进工程，全年签约引进99名高层次人才，其中院士1名、国家“千人计划”4名、省“万人计划”11名。坚持以高端急需为取向，积极引进国外智力，实施引智项目29项，引进外国专家115人次，争取国家引智经费170万元，有2名外国专家荣获国家“友谊奖”和“齐鲁友谊奖”。全年执行出国（境）培训项目18项，派出人员215人。积极推进留学人员创业园区建设，留学创业人员企业总量达到190家，聚集留学人员1 700多人，在孵高科技项目400余项，其中近100个项目达到国内外领先水平。精心组织承办第六届“海洽会”，引进人才和签约项目数量居全省第一。建立健全高技能人才培养培训和多元化评价体系，新增9个首席技师工作站，深入推进技工院校改革，实施新技师培养计划、社会紧缺职业工种培训计划，全力打造“泉城金蓝领”培训品牌。全年完成市属技工院校招生1.06万人，新增高技能人才2.63万人，新选拔50名首席技师和100名突出贡献技师。全力提升职业能力鉴定质量，在山东省首家通过人力资源社会保障部“质量管理体系”认定、第一家获得国家题库运行管理机构授牌。

在公共人力资源服务平台建设方面，对“中国济南人才网”进行了改版升级，形成了网络市场与场地市场并重的人才招聘服务新格局。依托“中国济南人才网”，建设开通了高层次人才网上申报服务系统，方便了海内外高层次人才来济创新创业。建立人才供求信息分析发布机制，不断完善高校毕业生就业指导平台。进一步细分招聘市场，不断完善公益招聘平台。全年累计举办各类场地及网络人才招聘会49场，进场招聘单位3 567家，提供就业岗位4.2万余个。

五、劳动关系

2010年，济南市进一步加强对企业工资分配的宏观调控，及时发布企业工资指导线、人工成本状况和劳动力市场工资指导价位，促进企业职工工资合理较快增长。以开展“春暖行动”和“小企业劳动合同制度实施专项行动”为抓手，重点推进中小企业、私营企业和农民工劳动合同制度实施，各类用人单位劳动合同签订率普遍提高。加强基层调解组织和仲裁实体化机构基本建设，全市建立街道（乡镇）劳动人事争议调解组织135个，调整设立了市劳动人事争议仲裁委员会，成立了市劳动人事争议仲裁院。全年共受理劳动人事争议案件3 788件，结案率99%。推进劳动保障监察“两网化”建设，为全市第四级网格配备760名劳动保障监察协管员，在网格内开展用人单位基本信息采集。组织开展举报投诉专查和专项行动，共清欠农民工工资3 966万元，取缔非法职业介绍机构182家。开辟信访“绿色维权通道”，深入基层一线认真查找矛盾和问题，共受理群众来信来访3 729件起，同比下降17.5%。按照执法服务促发展、维护权益保稳定的要求，初步建立了劳动监察、劳动人事争议调解仲裁和信访互为补充、相互促进的劳动维权体系，实现了职工得实惠，企业得发展，社会得稳定。

2010年，市政府下发了《关于明确劳动保障监察管辖范围的通知》（济政发［2010］20号），进一步明确了市、县区人力资源社会保障部门关于劳动保障监察工作的管辖范围、管辖标准和法律责任，理顺了本市劳动保障监察执法关系，实现了执法重心下移。同时，实行劳动监察联席会议制度，建立起了各负其责、配套联动的劳动监察执法新机制。

（济南市人力资源和社会保障局）

青岛市

2010年，青岛市人力资源和社会保障局紧紧围绕“转方式、调结构”的战略部署，坚持“民生为本，人才优先”的工作主线，就业、社会保障、人才等重点工作稳步推进，较好地完成了各项目标任务。

一、积极实施就业优先战略，努力实现稳定和扩大就业

坚持实施就业优先战略，不断完善促进就业政策和工作体系，就业形势保持平稳态势。全年新增就业71.5万人，同比增长20.4%。其中，本市城乡新增就业42.7万人，同比增长10%；外省市28.8万人在青实现就业，同比增长40.1%。年末全市实有失业人员6.2万人，城镇登记失业率2.92%。

（一）把“开发岗位”作为就业工作的根本点，在拓宽就业渠道上下工夫，实现扩大就业

一是服务促进就业。建立三级就业服务市场信息联动制度，举办各类招聘会1 589场，提供就业岗位信息47.6万个。二是政策扶持就业。对用人单位招用就业困难人员、从事灵活性就业、职业中介机构介绍就业的，分别给予社会保险补贴和职业介绍补贴。全市有1.5万人享受或正在享受以上扶持政策，比上年增加20%。三是项目拉动就业。与131个重点建设项目实现用工对接、政策对接、培训对接，收集岗位1.1万个。

（二）把“援企稳岗”作为就业工作的基础点，在关注企业上下工夫，实现稳定就业

一是帮助企业减负稳岗。按照国家和山东省要求，连续两年降低失业、工伤和生育社会保险费率1.9个百分点，为企业减负7.6亿元；使用失业保险基金对1 078家困难企业给予稳岗补贴，发放补贴1.1亿元，稳定就业岗位5.2万个。二是加强企业用工监测。在青岛市建立了270个劳动用工监测点，对规模以上企业和关闭、停产、半停产、限产、逃逸企业实施重点监测，共监测到“四类”企业394户，对1.6万减员进行了分流安置。三是建立突发问题预警机制。对突发状况实行红、黄、绿三级预警，及时介入部分企业受富士康事件影响出现的柔性停工现象，促进企业和职工平等协商，共妥善处理9起，涉及职工3 965人。

（三）把“促进创业”作为就业工作的增长点，在“点面联动”上求实效，实现以创业带动就业

以争创首批国家级创业型城市为抓手，坚持“培育载体—点面联动—倍增效应”的思路，形成了“一中心、多基地、广辐射”的创业工作格局。一是突出载体建设。市政府、高校与社会力量投资建设了98个创业基地和创业园区，营业面积达到128万平方米，容纳企业7 084家，可吸纳就业3万人。二是健全创业服务机构。建立了市、区市、街道、社区及院校五级服务体系，组建160个创业指导中心和500多名会员的创业促进协会。三是提供资金扶持。出台了自谋职业扶持金和摊位费补贴政策，共为1.3万人发放补贴4 400万元，补贴资金同比增加67%。四是提供贷款融资扶持。政府设立了5 350万元的小额贷款担保资

金，将担保贷款额度提高到20万元；与民间投资公司合作，设立了4 000万元的“大学生创业投资基金”。全年发放小额担保贷款4.4亿元，同比增加2.7亿元，贷款回收率保持在98%以上。

（四）把“职业培训”作为就业工作的切入点，在“强技能”上出实招，推动素质就业

一是实施特别援助培训计划。对参加职业培训的企业在职职工、失业人员和农民工，分别给予200～800元的培训费补贴，共组织培训各类人员7.4万人。二是加强培训基地建设。认定了33个促进就业培训基地和77个农村劳动力转移培训基地，形成了城乡一体的三级培训网络。全市年培训能力由上年的13万人提高到16.5万人。三是加强高技能人才队伍建设。大力推进“金蓝领”培训工程，培训工种由29个扩大到56个，将43个紧缺工种纳入政府补贴培训范围。成功举办了第十一届青岛市职业技能大赛，设置竞赛工种107个，参与赛事组织企业100多家。组织开展了高技能人才评选工作，年内新增省市首席技师23人、突出贡献技师40人，新增高级工、技师和高级技师7 331人，高技能人才占技术工人的比重达到22.2%，比上年末提高4个百分点。青岛市技能人才总量达到56万人。

（五）把“政府帮扶”作为就业工作的着力点，在“解民忧”上有所为，促进充分就业

把高校毕业生、就业困难人员和农民工作为三大帮扶重点。通过强化就业指导、见习培训、困难家庭帮扶，最大限度地促进毕业生就业。根据实名统计，2010年全市有5.4万名高校毕业生实现就业，占毕业生总数的92.6%。为6 802名就业困难人员实行分类管理服务，实现零就业家庭动态消零。将在青就业6个月以上的农民工纳入失业登记范围，失业后可享受城镇失业人员同等待遇，有3.6万名农民工办理失业登记。同时，在外省市建立了300个劳务合作基地，组织开展跨区域劳务对接，着力解决企业招工难问题。

二、坚持试点先行、稳妥推进，社会保障工作取得历史性突破

2010年，在认真落实国家关于减轻企业负担政策，为企业累计减负4.5亿元的前提下，青岛市社会保障工作立足本市经济社会发展实际，坚持以人为本、稳步有序推进，基金征缴和扩面工作均创历史新高，社会保障制度建设卓有成效，初步建立起覆盖城乡的社会保障体系。截至2010年底，全市参加社会保险的企业57 637户，参保缴费在职职工177.1万人，离退休人员47.8万人，分别比上年底净增了6 929户、17.7万人、21万人；共征缴五项社会保险基金1 549 450万元，同比增长17.6%，超额完成全年计划的29.1%。各项社会保险待遇按时足额发放。

（一）率先在山东省实现各项社会保险市级统筹

为提高社会保险统筹层次、降低基金支付风险、方便城乡居民看病就医、进一步提高参保待遇，按照山东省相关部署，青岛市政府于2010年底出台了《关于印发青岛市社会保险市级统筹实施方案的通知》，在养老保险已经实现省级统筹的基础上，将医疗、失业、工伤、生育四项保险实现市级统筹。按照市政府的部署，全市正在按照统一参保范围和项目、统一待遇标准、统一基金管理、统一经办流程、统一信息管理、逐步统一缴费标准的原则，积极抓好落实。

（二）健全社保政策体系，进一步扩大社会保险覆盖范围

按照统筹城乡的思路，将城镇无保障居民和农村居民“合二为一”，研究制定了青岛市关于实施城乡居民社会基本养老保险制度的意见，将国家新农保政策扩大到了城镇未参保居民。该制度的实施，标志着本市城镇无保老人和农村居民都有了社会养老保险的制度保障，社会养老保险政策基本实现了城乡无缝全覆盖。2010年，6个试点区市共参保83.5万人，收缴养老保险基金8.8亿元，为26.9万人发

放养老待遇3.9亿元。

（三）建立社保增长机制，进一步提高社会保障水平

围绕保民生、促和谐，研究提高中低收入群体收入水平的相关政策，对养老、医疗、工伤、失业保险待遇进行了调整。连续第6年为企业退休人员调整养老金，人均月增加养老金175元，达到1 561元，比6年前翻了一番。进一步提高医疗保障水平，对市内7区城镇居民医疗保险费的补助统一提高到每人每年120元，老年居民、重度残疾人和城镇非从业三类人员的住院和门诊大病各支付段的报销比例提高10个百分点，每个医疗年度的最高支付限额由10万元提高到12万元，将青岛7区城镇职工医疗费最高支付限额由9万元提高到15.3万元，连同大额医疗补助制度的保障标准，参保职工每个医疗年度最高报销额度可达到32万元。为工伤人员调整伤残津贴、护理费等定期待遇，工伤伤残津贴人均月增164元，供养亲属待遇月增62元。市内7区失业保险金由每人每月420元提高到510元，增长21.4%，所属5市由每人每月370元提高到450元，增长21.6%。

（四）建立工作创新机制，切实解决社保焦点问题

把创新作为推进工作的重要推动力，针对从未参加社保的原固定工按现行政策不能办理退休的历史遗留问题，出台了上述人员参保缴费办理退休的政策，在不突破国家政策的前提下妥善解决了这一信访难题，促进了社会和谐和民生稳定；针对到达退休年龄但缴费不足15年的情况，出台了允许延长缴费年限后办理退休的政策，将这部分按原政策不能办理退休的群众纳入了养老保障体制之内，扩大了保障范围；针对参保职工因实际缴费不满4年，导致养老待遇处于较低水平的问题，研究制定新的养老金计发办法，提高了他们的待遇水平。针对国有和集体企业中存在的部分“老工伤”遗留问题，研究妥善解决办法，将“老工伤”人员纳入工伤保险统筹管理，切实保障了他们的合法权益，减轻了企业负担。以上措施累计为20多万群众解决了实际问题，成效明显。

（五）完善监管稽核系统，确保社保基金安全平稳运行

完善社保基金网络监管系统，增加了社保基金前置预警功能。社保基金结算与“财税库行系统”直接联网，用人单位缴纳社保基金，直接从单位银行账户划转到经办机构银行账户，提高了资金流转的透明度和安全性。“青岛社保基金网络监管系统”通过了本市科技成果鉴定。将养老、医疗、工伤、失业、生育5大保险统一稽核，建立了5险并核新模式。2010年度，开展社会保险专项稽核、重点稽核和联合稽核行动12次，共稽核参保单位5 756户、参保职工28万人。其中查处未按规定申报缴费基数及参保人数的参保单位975户3万人，增收社保基金9 000万元。

三、坚持人才优先、“引”“调”结合，人才智力服务工作取得新进展

2010年以来，青岛市紧密围绕“人才强市”战略，将引进人才资源与调整人才结构有机结合，积极引进海外智力，科学规范人才配置，合理调整人才结构，人才智力服务工作取得新的进展。

（一）明确引才目标，积极推进人才引进工作

积极推进“急需高层次人才引进计划”，面向海内外重点引进产业发展、公共事业急需的创新创业团队和136名急需高层次人才。年内有国内高层次急需人才487人、海外创新创业团队领军人才120余人在线报名，其中有20多人经对接洽谈达成初步意向，有11人基本落实。继续实施“300海外高层次人才引进计划”，共引进留学回国人员983人，其中博士65人，硕士543人。组织举办“2010中国青岛海外高层次人才洽谈会”，70名来自欧美发达国家的海外高层次人才携带80余个项目参会，签署合作协议55个，其中29个人才项

目确认落户青岛。

（二）强化引智服务，着力提升引智工作管理水平

积极争取引智项目立项，2010年获批国家级引智项目30项，经费151万元。19项361人出国（境）培训项目计划获得国家立项，其中6项91人获国家、山东省外专局经费资助，共计192万元。不断提升外国专家管理服务水平，组织举办了首届青岛市外籍教师教学成果展示比赛，开展了“外籍教师看青岛”主题演讲活动。按照重点项目重点推进的原则，先后办理8个培训团组140余人的审核手续，办理随团36人次。完成2009年度聘请外国文教专家资质单位年检，95家具备资质的单位，经山东省外专局和国家外专局审核，通过年检注册87家。

（三）规范人才配置，进一步提高人才使用效率

紧扣市场发展需求，建立起集有形市场、网上市场、报纸市场、数字电视市场、人才猎头、代招代聘、外出招聘和校园招聘等于一体的人才整体配置服务体系，新兴的有竞争力业务达到52%。发挥市场配置人才的主渠道作用，积极促进人才合理流动。2010年，通过有形市场、媒体市场和网络市场三大主流渠道，共举办人才交流会378场，提供招聘企业4万家，提供岗位27.28万个。博士后工作实现新突破，共有8个单位被人力资源社会保障部批准设立博士后科研工作站。新批准设立专家工作站17个，新增入站专家80余人，达成项目合作意向30余个。审核通过青岛市企业博士后科研资助经费申请人员10名，发放科研资助经费35万元。向上级主管部门推荐享受国务院政府特殊津贴人员10名，推荐山东省有突出贡献的中青年专家4名。

四、坚持公平公正、稳慎推进，公务员和事业单位管理工作更加规范

以科学化、民主化、法制化建设为目标，公平公正开展公务员考录，稳慎推进事业单位改革，公务员和事业单位管理工作进一步迈向法制化、规范化轨道。

（一）严格遵守程序，确保公务员考录和事业单位招聘工作公平公正

坚持公开、公平、竞争、择优的原则，规范面试程序，强化社会监督，圆满完成公务员考录工作，共组织参加笔试41 000人，面试1 728人，实际录用617人，均创历年之最。开展事业单位公开招聘工作，为市属105个事业单位公开招聘796人，为12区市所属事业单位面向社会公开招聘工作人员1 518人。

（二）完善体系建设，科学规范事业单位人事管理工作

出台了《青岛市事业单位职员管理试行办法的补充规定》《青岛市事业单位人员竞争上岗暂行办法》等文件。适应事业单位人员聘用工作需要，对2003年实施的《青岛市事业单位人员聘用暂行办法》进行了修订，由市委、市政府办公厅出台了《青岛市事业单位人员聘用办法》，增强了聘用管理的合法性、合理性和可操作性。适应由身份管理向岗位管理转变的目标要求，起草了《青岛市事业单位人员转岗聘任工作实施意见》。

（三）坚持规范运作，稳步推进事业单位改革工作

规范事业单位转企改革工作，下发了《青岛市事业单位转企改革工作有关问题的意见》。认真落实部分事转企人员待遇工作，从根本上解决了长期困扰的历史遗留信访问题。推进事业单位改革，制定出台了《青岛市推进基层医疗机构人事制度改革指导意见》。

（四）强调“阳光服务”，稳妥做好军转安置工作

积极探索军转安置新路子，在坚持“双考排序、公开选岗”办法的基础上，研究提出了在中央、山东省驻青单位中实行“双向选择”与指令性分配相结合的安置分配办法。稳妥推进企业军转干部解困稳控工作，完善解困补助水平增长、特殊生活困难救助、矛盾排查等工作机制，在全市推行企业军转干部“分类

管理”。

五、坚持宏观调控、完善机制，劳动关系保持和谐稳定、工资收入分配更趋合理

2010年，青岛市把建立劳动关系工作体系作为基本目标，进一步完善企业工资分配宏观调控机制，创新劳资纠纷解决途径，强化劳动监察执法力度，劳动关系保持和谐稳定。

（一）完善劳动关系工作体系，建立一体化的劳资矛盾预防化解平台

从抓机制建设入手，制订了《青岛市街道（镇）和社区劳动关系协调工作规程》，基本实现了劳动合同管理、劳动监察、劳动仲裁、劳动信访等劳动关系调整工作在基层工作平台的一体化运作，初步形成了集普法、预防、调解、监控等功能于一体的劳资矛盾预防化解平台。

（二）加强企业工资分配宏观调控，提高劳动者工资收入水平

自5月1日起，调整了青岛市最低工资标准，7个区月最低工资标准由760元调整为920元，小时最低工资标准由7.5元调整为9.6元；所属5市最低工资标准由620元调整为760元，小时最低工资标准由6.5元调整为7.8元。发布了2010年劳动力市场工资指导价位，包括6大职业分类中的236个职位。

（三）完善机关事业单位工资收入分配机制，深化收入分配制度改革

出台了为差额拨款、自收自支事业单位退休人员连续增加生活补贴政策，将财政对差额拨款、自收自支事业单位发放生活补贴给予经费补助确定为一项制度，在制度上解决了差额拨款、自收自支事业单位退休待遇难以落实的问题。组织开展了机关事业单位改革性补贴计提基数规范工作。完成义务教育学校实施绩效工资工作，在全市范围内实现了同一县级行政区域内义务教育教师平均工资水平不低于当地公务员平均工资水平的目标。建立了绩效工资总量核定制度和绩效考核分配制度。研究制定了事业单位工资总额分类核定办法。完成了卫生系统事业单位收入分配情况调研，研究起草了《青岛市公共卫生和基层医疗卫生事业单位绩效工资实施意见（初稿）》，印发了《关于实行基本药物制度的基层医疗卫生事业单位工作人员工资发放有关问题的通知》，规范了基层卫生事业单位工资管理。

（四）创新劳资纠纷解决途径，和谐化解劳资矛盾

把和谐、低成本地解决劳资矛盾作为工作目标，出台了《街道（镇）劳动争议调解委员会组织及工作规则》，首次对青岛市街道（镇）一级的基层调解工作进行系统的制度规范。本着边试点、边完善、边规范的原则，强化案前调解，市本级案前调解庭共对325件案件实施调解，调解成功215件，成功率达到66.2%。在仲裁程序上坚持调解优先、能调则调、调裁结合，共审理结案11 628件，按期结案率达到99%，调解和撤诉6 582件，调撤率达56.6%。

（五）加大劳动监察执法力度，维护劳动者合法权益

重点强化预防，完善了劳动监察“两网化”建设。继续以网络为手段，落实网格“分片包干、定格到人”的督导制度，全面摸清了用人单位底数。共采集用人单位用工信息6万余条，建立起了较完善的用人单位信息数据库，并制订了网格协管员管理、企业用工信息采集、信息报告、基层劳资矛盾调解预防等配套工作机制。在全市范围内组织开展了工资支付、清理整顿人力资源市场秩序、整治非法用工打击违法犯罪、社会保险费清欠扩面、“在线问政”劳动监察案件专查等5项专项执法行动，共责令用人单位补办就业用工手续51 075人，补签劳动合同52 702人，实现社会保险扩面60 114人，为劳动者追回劳动报酬1 993万元，清欠社会保险费3.5亿元。

（青岛市人力资源和社会保障局）

河　南　省

2010年以来，河南省各级人力资源社会保障部门按照“重在持续、重在提升、重在统筹、重在为民”的总体要求，把“人往哪里去、民生怎么办”作为重点思考和破解的重大课题，以省委省政府关心的重点、工作推进中的难点、社会关注的热点问题为突破口，迎难而上，开拓创新，狠抓具体，狠抓落实，各项工作取得显著成绩。

一、就业工作

坚持把稳定和扩大就业作为民生之首、收入之源，以高校毕业生、农民工、就业困难人员为重点，狠抓就业政策落实，千方百计稳定和扩大就业，保持了就业局势总体稳定。2010年全省城镇新增就业132.1万人，失业人员再就业38.2万人，分别完成年度目标任务的132%、109%。城镇登记失业率3.38%，低于4.5%的年度控制目标。农村劳动力转移就业总量达到2 361万人；全年实现劳务收入1 980亿元，占农民人均纯收入的50%以上。

一是以落实更加积极的就业政策为主线，多策并举稳定和扩大就业。先后组织开展了就业政策落实情况专项督查、调研督查和评估督查，配合省人大开展《河南省就业促进条例》执法大检查活动，推动就业援助、就失业登记、高校毕业生就业和创业促进就业扶持政策落到实处。延续执行以“五缓四减三补两协商”为主要内容的援企稳岗措施，全年发生各类减负稳岗资金17.17亿元，涉及困难企业4.03万户、职工465.87万人次。强化公共就业服务，全省公共就业服务机构开展免费职业介绍130万人次；开展免费职业培训52万人，培训后实现就业39万人。

二是全力以赴做好高校毕业生就业工作。继续把高校毕业生就业放在就业工作首位，围绕增加毕业生实践经验、提高求职技能、促进就业创业，开展就业见习促进、职业指导进校园、高校毕业生就业服务周等专项活动，为毕业生提供全方位人事代理服务，举办各类人才招聘会和人才网络招聘会，提供岗位13.5万个，登记求职2.44万人，成功就业1.35万人。实施大学生创业引领计划，促进高校毕业生自主创业，全省共为高校毕业生发放小额担保贷款1.58亿元。实施基层就业计划，以项目为载体，鼓励和引导1.5万名高校毕业生到基层就业。截至2010年底，全省34.57万名高校毕业生实现就业，就业率86.2%。

三是着力解决困难群体就业问题。千方百计做好农村劳动力转移就业工作，利用春节期间开展了农村劳动力技能就业计划“百日培训行动”，全年培训农村劳动力62万人。成功举办全国“春风行动”启动仪式，以“春风行动”为载体，加大农村公共就业服务力度，帮助农村劳动力实现异地就业、就地就近就业和返乡创业，全年新增农村劳动力转移就业105万人。河南省农民工平均外出务工时间由“十五”期末的7.5个月提高到10个月，其中外出务工时间12个月的达到933万人以上。

四是千方百计解决好困难群体就业问题。组织开展春季就业援助行动，通过进家入户走访、送岗上门、实施职业技能培训援助等多种措施，集中为就业困难人员提供多样化的援助服务。大力开发公益性岗位，优先安置“4050”等就业困难人员，全省共开发公益性岗位12.5万个，安置就业困难人员10.3万人。建立零就业家庭帮扶动态消零机制，依托社区公共就业服务平台，建立网格化零就业家庭动态管理地图，实施“一对一”结对帮扶，确保了零就业家庭动态为零。

五是下大力气促进以创业带动就业。创新工作思路和工作模式，完善激励机制，扩大小额担保贷款发放范围，全省全年新增发放小额担保贷款64.4亿元，累计发放152亿元。加快全民技能振兴工程创业示范基地建设，积极培育创业主体，全省开展创业培训4.15万人，2.61万人成功创业。完善服务功能，明确创业服务的八项内容和服务标准，搭建专家咨询、项目对接、创业孵化、创业交流、网络服务五大平台，为创业提供全程跟踪服务。全省普遍建立创业项目库和创业咨询团队，收录创业项目1.3万个，提供咨询服务100万人次，建成创业孵化园区361个，进驻企业2.52万户。加快推进创业型城市建设，新乡、许昌、鹤壁等6个试点城市圆满完成第一阶段的创建工作。全省累计扶持32.5万人成功创业，带动就业100万人。

六是进一步规范人力资源市场建设。完善相关政策，加强市场监管，全省为969家职业中介机构和人才服务机构统一换发了人力资源服务许可证，实现了统一许可、统一监督、统一管理。大力开展人力资源服务，全省各类人力资源服务机构举办现场、网络招聘会4 000余场，为10万余家用人单位提供了人力资源服务，帮助100多万人找到或转换了工作岗位。加强市场动态监测和服务，不断规范人才配置和人员调配工作，收集发布产业集聚区人才需求信息4.29万条。

二、社会保障

坚持把社会保障作为民生之安，逐步将各类人员纳入社会保险覆盖范围，积极推进各项社会保险制度改革，加快建立覆盖城乡的社会保障体系。

一是社会保险覆盖面进一步扩大。全省城镇基本养老保险、城镇基本医疗保险、失业保险、工伤保险、生育保险参保人数分别达到1 079.1万人（企业950.9万人）、2 055.5万人、696.7万人、551.7万人、412.8万人，分别新增65.2万人、85.5万人、1.5万人、30.7万人、34.1万人。基金征缴分别达到388.8亿元、127.8亿元、18.6亿元、9.7亿元、4.4亿元，合计549.3亿元，增幅在20%以上。各项社会保险待遇按时足额发放率100%。43个县（市、区）列入国家第一、二批新农保试点，试点数占全省县（市、区）总数的27%，超过全国平均水平3个百分点，每年可争取中央转移资金补助18.4亿元。年底全省新农保参保人数达到1 402万人，为297.6万老人发放养老金12.6亿元，月人均财政补助标准60元左右。

二是特殊群体参保问题得到有效解决。出台了原“五七工”“家属工”等人员参加养老保险的政策性文件，将未参保的五七工”“家属工”（包括已经超过退休年龄的人员）纳入养老保险范围。制定了本省企业职工基本养老保险关系转移接续暂行办法和业务经办规程，出台了本省流动就业人员基本医疗保险关系转移接续办法，有146个统筹地区城镇职工医保和126个统筹地区城镇居民医保实现即时结算。18个省辖市全部出台了解决老工伤人员问题的具体办法，6.2万名老工伤人员纳入统筹管理。积极提供政策支持及相关服务，省直机关所属企业脱钩改制职工安置方案审核工作按省政府要求如期完成。

三是社会保障待遇水平进一步提高。2010年1月1日起，为全省238万名企业退休人员月人均增加养老金148元，全省养老金水平由1 128.96元增加到1 277.91元，在全国的排名由第21位提高到第19位，居中部6省第2位。18个省辖市城镇职工医保、14个省辖市城镇居民医保最高支付限额达到当地在岗职工平均工资的6倍以上。为1—6级工伤职工每人每月增加伤残津贴115～180元，全省工伤人员伤残津贴平均达到1 200元左右。将失业保险金标准调整到640元、560元、480元，平均增幅27.3%。

四是社保经办管理服务能力明显提升。加强社保经办内控管理，强化对退休审批、劳动能力鉴定以及社保费用审核、拨付、账户核对等环节的监督，社会保险稽核、防冒领工作进一步加强。各级社保经办机构普遍开展“规范管理年”“数据质量年”活动，省养老局、医保中心、工伤保险中心被评为全国人力资源社会保障系统数据质量年活动先进单位，有53个县级企业养老保险经办机构通过省级检查验收。

五是社保基金监管更加规范。深入开展社保基金专项治理和城镇职工基本医疗保险基金检查工作，解决了一批历史遗留和新发现的违规违纪问题，规范了基金监管，确保了基金安全。

三、人才队伍建设

围绕变人口压力为人力资源优势、发展优势，认真落实省政府与人力资源社会保障部签署的“共同推进河南全民技能振兴工程备忘录”，大力实施人力资源素质提升行动计划，全面加强高层次人才和技能人才队伍建设，各类人才队伍建设取得新进展。

一是全面实施全民技能振兴工程。实施项目带动，启动了农村劳动力转移技能培训示范基地、高技能人才培养示范基地和技能大师工作室三类29个建设项目，落实项目投资1.42亿元。开展示范引领，分别与郑州、鹤壁、新乡、许昌等市政府签署全民技能振兴工程示范共建协议。继续实施特别职业培训计划，以企业在岗农民工、农村“两后生”、劳动预备制培训为重点，实施分类培训，全年完成各类培训141.6万人。继续实施“新技师培养带动计划”，新培养技师、高级技师2.06万人。积极推进技工院校改革发展，全省新招技工院校学制教育学生达到11.06万人，跻身全国少数招生超10万省份；举办河南省技工院校服务产业集聚区“百校千企”合作大会，推动技工院校加强校企合作培养技能人才。完善职业技能鉴定制度，开展职业资格考核鉴定的职业、工种400多个，参加技能鉴定者达到62万人。

二是全面加强高层次人才队伍建设。认真做好2010年国务院特殊津贴专家推荐工作，推荐正式人选88名，后备人选7名。认真做好“555人才工程”评选工作，评出省级人选123名，国家级推荐人选20名。全省高层次专业技术人才队伍不断壮大，现有全国杰出人才4名，有突出贡献专家88名，享受国务院特殊津贴专家2 195名，百千万人才工程国家级人选59名，省级学术技术带头人1 230名。全省博士后科研流动站、工作站总数达到147个，招收培养博士后研究人员总计达1 200人，承担科研项目2 500多项。认真开展“中原崛起百千万海外人才引进工程”，全年引进硕士以上海外高层次人才833名。

三是职称改革不断深化。适应形势发展需要，调整了职称工作相关政策，制定了《河南省事业单位专业技术职务（岗位）结构比例控制标准（试行）》，修订了部分系列专业的申报评审条件，开展了正高级讲师、正高级会计师评审试点工作，圆满完成了年度高级职称评审工作，19 643人取得高级专业技术职务任职资格（正高1 805人），5.5万人取得中级任职资格。承担的《加强和改进职称评审工作》研究课题得到了部专业技术人员管理司的充分肯定。加强对各类专业技术资格考试和职（执）业资格考试的监督和指导，圆满完成各类人事考试任务66项，报考人数达到55.5万人。

四是引进国外智力工作取得明显成效。围绕国家粮食战略工程河南核心区建设、产业聚集区建设和产业结构调整技术创新等领域，执行引进国外技术、管理人才项目220项，帮助项目单位解决关键性技术难题400多项，聘请外国专家2 000余人次。围绕促进新农村建设，新建“一村一品”“一乡一业”引智示范推广基地37个，总数达到158个，在6个省辖市成功举办一村一品巡回报告会暨引智成果展，邀请“一村一品”运动创始人平松守彦等日本专家在豫举办了6场报告会，河南省成为获得“一村一品平松奖”的唯一省份。选派行政管理人员、企业经营管理人员、专业技术人员、农村实用技能人才和南水北调移民新村主要负责人出国（境）培训共计1 290人次。加强专家管理，全年办理来华工作许可243件，外国专家证302件。

五是进一步加强机关事业单位工勤技能岗位人才队伍建设。进一步加大全省机关事业单位工勤技能岗位培训考核基地建设力度，完善培训制度和措施，创新培训模式，认真组织开展工勤技能岗位等级考核评审工作，全年共培训考核工勤技能岗位人才10.04万人，其中高层次人才6.36万人。

四、公务员队伍建设

坚持把公务员队伍建设作为推进行政体制改革的重要方面，进一步完善公务员管理法规体系，开展大规模公务员培训，优化公务员队伍结构，有力推进了“两转两提”工作。

一是创新管理。以建设高素质公务员队伍为目标，创新管理理念，由“以事为中心”到“以人为本”转变；创新管理内容，由“业务管理”到“队伍建设”转变；创新管理方式，由“传统模式”向“创新型模式”转变。

二是创新制度。完善公务员管理有关制度，结合公务员“进、转、出”等动态管理要求，实行“一人一号一证一台账”规范化管理。出台争创实施意见，建立了省、市、县三级联动、动态竞争为主的争创人民满意的公务员长效机制。积极探索和完善公务员考核机制，在业绩纪实、多方位评价、考评与年度考核挂钩、考核与效能监察结合等方面进行了创新。开展了公务员绩效考核试点工作。

三是创新工作。在全国率先开展了省级机关公开遴选公务员试点工作。坚持“凡进必考”，完成5 412名公务员考录任务。以提升贫困地区基层公务员能力为重点，对基层乡镇长培训的对象、内容、形式进行了拓展和延伸，在清华大学对499个扶贫开发工作重点乡镇的乡镇长进行了集中培训，全年举办各类培训班56期，参训29万人次，在中组部组织的全国干部培训满意度测评中，本省位列第五。公务员日常登记、职位审核、行政任免、考核奖励、监督等工作均取得全面发展。

五、事业单位人事制度改革

按照国家关于深化事业单位管理体制改革的统一部署，推进岗位设置管理制度，组织建立权责明晰、分类科学、机制灵活、监管有力的事业单位人事管理制度。积极推进事业单位岗位设置管理工作，由省委、省政府办公厅出台了《河南省事业单位岗位设置管理实施意见（试行）》，省政府召开会议对这项工作进行了安排部署，省、市两级共有6 877个事业单位完成岗位设置方案的核准工作，占96.3%，有87.3%的单位进入岗位聘用；县以下32 245个事业单位完成岗位设置方案的核准工作，占49.1%，有43.3%的单位进入岗位聘用，完成了年度工作目标。加大事业单位公开招聘工作力度，全省有1 311个单位公开招聘工作人员1.86万名。事业单位年度考核和管理人员任职备案等事业单位综合人事管理工作全面启动，运转走向正常。积极做好相关行业事业单位人事制度改革工作，会同有关部门出台了《河南省乡镇卫生院分流人员安置办法》等相关政策。

六、工资制度改革

坚持把工资制度改革作为完善收入分配制度的重要方面，把按劳分配与按生产要素分配结合起来，探索建立公平合理的分配制度，加快推进事业单位收入分配制度改革，加大企业工资收入分配的指导监督力度，逐步实现共同富裕，促进完善社会主义市场经济体制和经济持续发展。

一是改革完善机关事业单位工资收入分配制度。对全省机关事业单位职工进行了工资套改，组织实施了全省机关事业单位工作人员正常晋升工资工作。配合有关部门开展规范清理津贴补贴工作，逐步提高了津贴补贴水平。

二是扎实推进事业单位实施绩效工资工作。全省义务教育学校82.9万教职工和25.4万离退休人员绩效工资兑现到位，义务教育学校教师平均收入水平达到或略超过当地公务员平均收入水平。稳步推进公共卫生与基层医疗卫生事业单位实施绩效工资工作，全省140个县（市、区）公共卫生事业单位、103个县（市、区）基层医疗卫生事业单位兑现到位，其他地方也在有序推进。统筹考虑其他事业单位工作人员待遇问题，初步解决了部分省辖市市直与城市区的收入差距过大问题。

三是加强企业工资指导监督。落实最低工资保障制度，将月最低工资标准分别调整到800元、700元、600元。大力推行企业工资集体协商制度，及时发布企业工资指导线，督促指导各地及时发布劳动力市场工资指导价位和行业人工成本信息，建立工资正常增长机制。

七、构建和谐劳动关系

坚持把劳动关系作为民生的稳定器，不断完善劳动关系调整体系，完善劳动争议协调和处理机制，推进企业工资收入分配制度改革，有力促进了社会稳定。

一是全面落实劳动合同制度。认真贯彻落实劳动合同法及其实施条例，扎实开展农民工劳动合同签订“春暖行动”，启动小企业劳动合同制度实施专项行动，指导企业规范劳动合同签订行为，全省签订劳动合同人数662.09万人，劳动合同签订率为96.98%，农民工劳动合同签订率为91.9%。积极实施集体合同制度“彩虹计划”，全省已建会企业集体合同覆盖率63%，圆满完成了省政府确定的50%的目标任务。

二是加大劳动保障监察执法力度。争取省政府出台了《关于加强劳动保障监察工作的意见》，组织开展了农民工工资支付专项检查、清理整顿人力资源市场秩序专项行动、整治非法用工打击违法犯罪专项行动等专项执法活动，全省劳动保障监察机构主动监察用人单位4万户，涉及劳动者186万人；为13.9万名劳动者追发工资等待遇2.3亿元。对卢展工书记批示的登封县告成镇苗庄煤矿拖欠职工工资400万元，新闻媒体报道的26名信阳籍民工在郑讨薪被打、农民工拜河神助讨薪等重大案件及时查处，有力打击了侵害职工合法权益的违法行为。

三是加强劳动人事争议调解仲裁工作。进一步贯彻实施《劳动争议调解仲裁法》，积极探索建立劳动人事争议预防调解仲裁新机制，在全省建立了第一批458家调解组织示范单位，省、市、县三级整合成立了劳动人事争议仲裁委员会，13个省辖市建立了劳动人事争议仲裁院。完善仲裁办案制度，全省统一了5大类50种仲裁文书格式。为农民工和弱势群体申诉建立绿色通道，实行案件审理程序、办案人员、办理结果、监督电话“四公开”，推行“阳光仲裁”便民制度。全省劳动人事争议仲裁机构共受理案件2.64万件，涉案金额1.81亿元，调解结案率45%以上，法定时效内结案率95%以上。

四是积极做好和谐劳动关系和信访维稳工作。充分发挥协调劳动关系三方机制作用，大力推进和谐劳动关系创建活动。认真做好信访维稳工作，全省共接待群众来访17.5万人次，受理群众来信3 030件，处理突发事件120起。

八、军转工作

认真落实卢展工书记“把转业干部作为一笔财富”和“视转业为转岗，视安置为交流”的指示，以及省委省政府办公厅《关于加强和改进我省军队转业干部安置工作的意见》精神，创新军转工作制度，完善军转工作办理程序、公开事项、监督制约等有关规定，改进和完善档案审查方式、分配办法、教育培训方式、团职干部安置方式、编制使用办法等，完成了1 811名军转干部和216名随调配偶的安置任务，达到了部队、接收单位和军转干部“三满意”。自主择业军转干部管理服务水平不断提高，相关待遇落实到位，网络化培训工作成效明显，参训率、总学时、人均学时等考核指标分列全国第一和第二位。努力做好企业军转干部解困稳定工作，明确部门工作职责，完善了目标责任制，提高了解困标准和医疗补助标准，建立了定期调标和解困标准随社平工资增长的长效机制，全年发放解困资金2.8亿元，实现了“两坚决、两确保”的目标。漯河市建立关爱制度的经验，周永康同志给予充分肯定，并向全国推广。

九、依法行政工作

深入贯彻落实全国依法行政工作会议精神和国务院《全面推进依法行政实施纲要》，切实做好法规政策清理工作，拟废止规范性文件155个，修改6个，继续有效1118个；梳理出行政许可和非行政许可审批53项、行政征收4项，其他行政执法和行政管理行为19项。配合省人大开展《河南省实施〈劳动争议调解仲裁法〉办法》《河南省劳动保障监察条例（修订）》调研工作。全面加强行政执法监督，针对行政执法责任制目标考评中发现的行政执法案卷、行政复议案卷和规范性文件备案法核方面问题，认真进行整改。对18个省辖市和部分县（市、区）人力资源社会保障部门行政处罚裁量权贯彻落实情况进行检查。做好行政复议、应诉工作，组织办理行政复议案件47件，组织办理行政应诉案件4件，纠正了一批违法和不当的具体行政行为。加大法制宣传教育工作力度，举办两期人力资源社会保障依法行政骨干培训班，300多人参加培训。做好“五五”普法规划检查验收工作，《河南日报》整版介绍坚持依法行政推进人力资源社会保障中心工作的做法。

十、信息化建设工作

注重发挥信息化建设在人力资源社会保障工作中的重要作用，为各项业务工作提供支撑。

一是新农保试点信息系统建设进展顺利。作为全国新农保信息系统建设唯一示范单位，新农保系统于2010年1月1日在全国率先上线。及时下发操作手册，通过开会培训、电话指导、现场督导、检查评估等方式，推动了试点单位加快数据采集、核对、复核、公示、缴费、待遇发放等工作。新农保业务经办实现了全程信息化办理，达到了“缴纳保费不出村，领取待遇不隔月”的工作要求。截至2010年底，参保信息登记入库1 036.5万人，通过信息系统办理复核820.4万人、发放待遇79.7万人。

二是全省统一软件完善和推广成效明显。截至2010年底，全省统一软件实现了统计分析、网上申报、触摸屏查询等三项重要功能，覆盖了厅本级、14个省辖市、106个县（市、区），已对全省748.01万名在职人员，313.94万名退休人员、67 184家参保单位、243.46万名城镇居民和2 000多家定点医疗机构和定点药店实现全程信息化管理和服务。

三是社会保障“一卡通”建设进展较快。数据中心建设进一步加强，厅本级和16个省辖市建成统一的人力资源社会保障数据中心，实现了数据、设备等资源整合和统一管理。网络和信息安全建设富有成效，完成了省市业务专网省端和市端线路带宽扩容，省端扩充到1 000Mbps，市端扩充到100Mbps。截至2010年底，全省城域网覆盖率达到91%，全省共发放社会保障卡225万张。

四是12333公共服务平台建设进展较快。全省统一的12333电话咨询服务系统覆盖13个省辖市，话务量达62.1万人次，人工受理各种人力资源社会保障咨询、投诉业务19.2万人次，自动语音查询34.3万人次，成为沟通服务百姓最直接最有效的桥梁。

五是人事、劳动保障信息资源整合。完成了原人事、劳动保障网站整合工作，新的门户网站于6月8日正式启用。在省政府办公厅组织的2010年省直机关网站测评中，获得第一名。统筹考虑人才、劳动力市场系统合并问题，提出了全省就业服务系统升级解决方案和《河南省就业服务系统顶层设计报告》。开发军转干部安置系统与全省统一软件社会保险系统之间的接口，实现了系统间数据共享。

（河南省人力资源和社会保障厅）

湖 北 省

一、就业工作成效显著

始终把就业工作摆在人力资源和社会保障工作的首要位置，提请省人大审议通过《湖北省就业促进条例》，将就业优先战略、就业扶持政策上升为法律规范，形成了具有湖北特色的积极就业政策法规体系。继续实施援企稳岗政策，延长“五缓四减三补贴”执行期限，帮助中小企业、民营企业稳定就业岗位。落实就业扶持政策，帮助灵活就业人员稳定就业。加大公共就业服务力度，组织开展了就业援助月、“四送”春风行动、民营企业招聘周、高校毕业生就业服务月等系列活动，重点帮助高校毕业生、困难就业人员实现就业和农村劳动力转移就业。大力推进创业带就业，积极创建国家级、省级创业型城市，以发展“农家乐”项目为抓手，扶持农村劳动力和返乡农民工就地就近创业就业。截至2010年12月底，全省城镇新增就业69.05万人，完成年度目标65万人的106%；帮助失业人员再就业28.2万人，完成年度目标20万人的141%；其中困难人员再就业13.6万人，完成年度目标10万人的136%；人力资源社会保障部门组织农村劳动力转移就业47.4万人，完成年度目标30万人的158%。城镇登记失业率为4.18%，控制在4.5%的范围以内。全年共发放小额担保贷款19.44亿元，帮助9.26万人成功创业，完成年度目标5万人的185%，带动33.52万人实现就业，完成年度目标20万人的168%。

二、社会保障体系建设不断完善

（一）坚持社会保险扩面征缴

截止到2010年12月底，五项社会保险参保人数达到4 185万人次，比2009年底（3 997.9万）增加187.1万人次，超额完成全年目标任务（4 131万）；征收社会保险费519.3亿元，完成年度目标（447.3亿元）的116%，比上年同期（429.3亿元）增加90亿元，增幅21%；支付五项社会保险待遇528.4亿元，其中，为292万参保离退休人员发放养老金416.5亿元。完成2010年企业退休人员基本养老金调整和补充调整工作，全省259万企业退休人员月人平增加149元。按照国家统一部署，做好企业职工养老保险关系和流动就业人员医疗保险关系转移接续工作。启动城镇企业职工基本养老保险省级统筹，出台《养老保险省级统筹基金预算管理办法》，实现基金收支预算全省统一编制。探索解决未参保城镇集体企业退休人员、部分国有企业“家属工”和“五七工”养老保险、老工伤等历史遗留问题。开展社会保险数据质量年活动，顺利通过了人力资源社会保障部组织的“数据质量年”检查验收。大力推进新农保试点，截至2010年12月底，首批13个试点县（市、区）已参保297.15万人，参保率达91%，为71.6万符合领取待遇条件的农村老年人发放养老金5.84亿元。2010年10月1日，第二批13个县（市、区）按期启动新农保试点。继续落实被征地农民技能培训、就业扶持及养老保险统筹等工作。

（二）医改相关任务全面落实

重点抓好城镇居民、关闭破产国有企业退休人员、中小企业职工、灵活就业人员参保工作，截至2010年11月底，城镇医疗保险参保人数达到1 859.9万人，超额完成国家下达的1 830万人的任务，参保率93%。所有统筹区城镇职工医保最高支付限额为当地职工年平均工资的6倍，所有统筹区城镇居民医保最高支付限额为上年度居民可支配收入的6倍。截至2010年12月底，68个统筹区的城镇职工医疗保险政策范围内住院费用报销比例达到75%以上，占全部统筹区的72%；64个统筹区的城镇居民医疗保险政策范围内住院费用报销比例达到60%以上，占全部统筹区的70%。65个统筹区开展了城镇居民医疗保险门诊统筹试点，占全部统筹区的71%。87个统筹区实现了城镇居民医保费用即时结算。54个统筹区探索开展了按病种付费。

三、收入分配制度改革平稳推进

大力推进工资集体协商，引导企业根据市场和经济效益，合理确定职工工资。报请省政府从2010年5月1日起上调全省最低工资标准，发布了2010年企业工资指导线，重点提高企业一线职工工资水平。配合财政部门启动第二步规范公务员津补贴工作，月人均增加300元，机关退休人员生活补贴按在职同职级人员津贴补贴的比例75%执行，及时对其他事业单位工作人员发放过渡性补贴。全部兑现义务教育学校教师绩效工资，在公共卫生与基层医疗卫生事业单位实施绩效工资。会同有关部门加紧研究落实中央关于职务与职级并行、实行工资福利待遇与职级挂钩，向县乡党政主要领导和艰苦边远地区公务员实行工资福利倾斜政策。

四、各项人事制度改革稳步推进

（一）公务员队伍管理进一步加强

在全省政府系统开展“以责任为核心的法治政府建设”活动，认真组织公务员初任培训、任职培训、更新知识培训和专门业务知识培训，着力提高公务员依法办事的操作能力和依法行政的服务水平。争取省委、省政府出台了《省直机关公务员通用能力席位标准》，在省直机关全面施行。先后印发公务员考核、录用面试规程、面试考官管理办法，起草公务员录用、培训、奖励等配套政策，基本形成具有湖北特色的公务员考试录用制度框架。精心组织公务员招录四级联考、省直机关公开遴选、政法干警招考等多项考试录用工作，共招录公务员6 576名，面向基层工作人员招考的职位比例得到进一步提高，在全国率先取消了对“西部志愿者”等特定群体加分政策，为考生提供公开平等的竞争平台。认真做好全省公安机关执法勤务机构警察警员职务套改工作。在部分省直单位和东湖国家自主创新示范区探索推行公务员分类改革。积极指导各地建立健全公务员管理机构，市州一级已经全部建立了公务员管理机构。

（二）事业单位人事制度改革深入实施

制定了《关于进一步做好全省事业单位岗位设置管理工作的若干意见》（鄂人社发[2010]49号），提出了10个方面的政策措施，明确了岗位总量、首次设岗、管理岗位设置、“双肩挑”、专业技术岗位结构比例控制、退休人员、工勤人员聘用、专技岗位聘用资格、聘用合同、兑现时间等问题的处理意见，有效解决了实际工作中的绝大部分难题。截至2010年12月底，省直和市州以上党政机关、50%以上的县级党政机关所属事业单位全部完成岗位设置管理实施工作。报请省政府印发了《关于深化国家基本药物制度试点县（市、区）乡镇卫生院人事制度改革的指导意见》，37个试点地区乡镇卫生院人事制度改革稳步展开。继续深入推进事业单位公开招聘工作，公开招聘事业单位比例达到近40%，事业单位人员签订聘用合同比例达到91%。

（三）职称制度改革不断深化

加强了高级职务评审委员会及办公室的考核评估工作，开通“大企业直通车”职称评审服务，重点向企业、基层一线专业技术人员倾斜，对部分民营企业、国有大型企业的优秀专业技术人才开展了特殊评审。

（四）军转安置工作圆满完成

落实中央和湖北省委、省政府关于做好军队转业干部安置工作的要求，圆满完成 1 293 名军转干部安置任务，安置率达 100%。自主择业军转干部政策待遇落实和管理服务各项工作稳步推进。继续做好企业军转干部解困维稳工作，多部门密切配合、齐抓共管的工作格局进一步强化，企业军转干部保持总体稳定。

五、人才队伍建设取得新成绩

成功举办 2010 年“华创会”海外高层次人才创业发展论坛。赴美英招揽 115 名海外高校、科研院所高层次人才。引进入选国家“千人计划”的海外高层次人才 65 人，居全国前列；省“百人计划”首批人选评审基本完成。实施自主创新“双百计划”，已设立自主创新岗位 10 个、自主创新团队 35 个，开展 50 个博士后创新岗位申报工作。推荐 2010 年享受国家特殊津贴人员 74 人，新增 18 家企业博士后科研工作站，完成首批“湖北省海外留学回国人员十大有突出贡献中青年专家”评选。依托部省合作平台，在东湖国家自主创新示范区建设“人才特区”，开展“十大中青年科技型企业家”选拔推荐工作。启动实施贫困地区专业技术人员奉献岗位计划，将农村实用人才纳入各类专家选拔范围，进一步加强农村实用人才队伍建设。强化专业技术人才继续教育，加强技能人才队伍建设，继续实施特别职业培训计划，全年组织城乡各类劳动者技能培训 107.88 万人。

六、劳动关系保持和谐稳定

加强劳动争议调处和劳动保障监察工作，实施了中小企业劳动合同“春暖行动”和集体合同“彩虹计划”，开展劳动用工备案试点和薪酬调查，进一步完善劳动关系三方机制建设。妥善应对深圳富士康事件，稳定了深圳园区近 8 万湖北籍员工。成立了省劳动者权益保障促进会，开展清理整顿劳动力市场、酒店餐饮娱乐行业参加社会保险、打击非法用工、落实最低工资标准等专项检查，加强劳动保障监察执法，全年共受理投诉举报案件 14 011 起，其中立案 13 331 起，结案 12 797 起，结案率达到 96%。组建湖北省劳动人事争议仲裁委员会，加强基层调解组织建设和仲裁实体化建设，加大劳动争议案件调处力度，全年全省共立案 23 506 件，结案率达到 95%。进一步做好农民工工作，开展优秀农民工表彰活动，评选出 200 名优秀农民工和 20 名“十佳农民工”，启动关爱农民工返乡公益活动，营造全社会关爱农民工、关心农民工工作的良好氛围。

（湖北省人力资源和社会保障厅）

武 汉 市

2010年是武汉市人力资源社会保障事业取得突破进展、呈现诸多亮点、发挥突出作用的一年。全市人力资源社会保障部门紧紧抓住“民生为本、人才优先”的工作主线，围绕保障和改善民生连续出台惠民政策，围绕人才服务发展不断推出重大举措，各项工作取得了显著成绩。

一、以落实政策为主线，就业再就业工作迈上新台阶

全年全市城镇新增就业14.8万人，下岗失业人员再就业5.02万人，其中帮扶困难群体再就业2.1万人；实行就业援助制度，对新产生的“零就业”家庭动态消零；城镇登记失业率为4.1%，低于上年的4.2%，控制在目标值4.6%以内。

（一）就业政策落实力度加大

积极应对金融危机的冲击，发挥就业扶持政策作用，城镇新增就业创历史新高。为符合条件的下岗失业人员和企业减免税费近2亿元，落实社保等四项补贴4.3亿元。主动上门服务企业，落实援企稳岗政策，继续降低失业保险单位缴费费率，全年为企业减负4亿元，发放两项补贴2.4亿元。

（二）创业带动就业成效显著

围绕创建创业型城市五大体系建设，大力开展创业意识培养、创业能力提升、创业政策落实、小额贷款助推和创业跟踪服务五项活动，推动全民创业深入发展。组织实施“大学生创业引领计划”，支持和引导各区各部门开展大学生创业设计能力竞赛、大学生科技创业挑战赛等系列创业扶持活动，建立中国武汉大学生创新创业服务中心等服务平台103个，吸纳近2万名大学生参与创业实践活动。全年充实担保基金2亿元，发放小额担保贷款4.34亿元，扶持劳动者自主创业2.54万人，直接带动就业8.46万人。

（三）加强困难群体就业帮扶

进一步落实高校毕业生就业政策，推荐和帮助高校毕业生就业，高校毕业生就业率达86.6%。组织开展“2010春风行动”，共举办各类招聘会174场次，提供就业岗位24万个。全年组织培训29万人次，推动6.6万名农村劳动力转移就业。协助安置南水北调丹江口水库移民8 872余人，培训和帮助就业3 100余人。召开了武汉市第二届优秀农民工评选表彰活动，评选表彰了625名优秀农民工。继续为武汉户籍外出务工人员购买意外伤害保险。及时帮扶城镇就业困难人员就业，全年共规范开发公益性岗位2.1万个，超额完成省政府下达的目标。

（四）就业工作服务体系初步形成

加强人力资源市场建设，规范人才中介和职业中介资质管理，实行人力资源服务业从业人员资格证制度，市场监管进一步加强。完善就业服务信息系统，实现了就业服务、岗位信息、就业培训网络化管理。加大市、区公共就业服务机构的职能转变，就业培训实行管、培分离。就业服务平台进一步向基层延伸，全市涉农街道（乡镇）和行政村配备了联络员。积极为富士康、中百、汉口北市场等企业举办专场招聘会，招聘员工1.4万人，缓解了企业招

工难局面。

二、以惠民利民为出发点，社会保障体系建设实现新突破

全市五项社会保险扩面净增参保 147.6 万人次。其中，养老保险 18.8 万人，基本医疗保险 24.5 万人，失业保险 14.3 万人，工伤保险 15.9 万人，生育保险 14.5 万人，新型农村社会养老保险 59.6 万人。全年征收社会保险费 200 多亿元。

（一）社会保障制度建设取得新突破

制定出台了新型农村社会养老保险试点办法，黄陂区作为国家新农保试点单位，超额完成了省、市政府下达的工作目标任务，全市参加新农保的人数达到 71 万人，领取养老金的 20 万人，累计发放养老金 1.9 亿元。积极推进被征地农民社会保障制度建设，实现了新征地农民的即征即保。研究城镇老年居民社会养老保险制度，将全市未参保集体企业职工及退休人员、原五七工和家属工、支农返汉人员等三类群体约 8 万人纳入到企业职工基本养老保险制度的实施范围。积极研究城市环卫工人养老保险问题，将全市城管系统约 1.3 万名环卫合同工纳入到社会保险实施范围。配合医药卫生体制改革，推进城镇基本医疗保险工作，取消居民医保参保户籍限制，基本实现医保全覆盖。

（二）扩面征缴工作全面加强

在汉 82 万大学生在第一个保险年度内全部参加居民医保并按规定享受待遇。强化扩面征缴目标绩效管理，重点做好非公有制经济从业人员、灵活就业人员、农民工扩面工作。推进社会保险统一申报核定，加强扩面与登记、申报、核定和征收各个环节的衔接，实行全过程的稽核与监察，确保覆盖人数和基金收入同步增长。建立监理制度，完善监管机制，实行社保基金阳光运行，确保了社保基金安全完整。

（三）社会保险待遇水平持续增长

完成了 83 万 2010 年企业退休人员基本养老金调整，企业退休人员基本养老金增至 1 268 元/月，比上年人均增加 148 元。提高了城镇基本医疗保险待遇水平，流动窗口参保人员门诊购药补助提高到与单位参保人员一致。积极推进医药卫生体制改革，增加居民生育保险补助，降低享受低保待遇残疾人士住院起付标准和个人支付比例，职工医保和居民医保年度最高支付限额分别达到上年度社平工资和居民可支配收入的 6 倍，政策范围内综合报销比例分别达到 75%和 60%。全年基本医疗保险用于提高待遇的支出 7.46 亿元。提高了失业保险、工伤保险和生育保险待遇水平。全年各项社保基金支出总额达 170 亿元，比上年增长 68%，这些待遇的调整，直接使广大参保人员从中受益。

（四）历史遗留问题得到逐步解决

争取中央财政资金 8 亿元，将全市 16 万余名关闭破产企业退休人员和困难企业人员纳入职工医疗保险，一举解决了困扰多年的历史遗留问题。积极推进新老工伤并轨，“老工伤”人员正在有序纳入工伤保险统筹支付范围。合理调整职工医保补缴费用计算办法，减轻企业和职工个人负担达 3 亿元，同时积极调整政策、解决矛盾，将全市 3 万多村改居农民参保费用减少了 40～45%。

三、以服务发展为动力，各类人才队伍发挥新作用

（一）人才培养突出高端引领

积极支持东湖国家自主创新示范区建设，“海外赤子东湖行动计划”被列为人力资源社会保障部“赤子计划”，一批留学人员入选中国留学人员回国创业计划和国家“千人计划”。配合市委组织部在推进东湖高新开发区“3551人才计划”的同时又推出“黄鹤英才计划”，进一步加大本市引才的力度。用好创新人才开发资金，对 12 个创新团队，30 名研究人员创新项目进行了资助；择优对 48 名“十百千人才工程”人选给予重点资助。博士后科研工作站申报工作取得突破性进展，武汉重工集团等

7家博士后工作站获得人力资源社会保障部的批准。

（二）人才激励助力创新创业

继续将高技能人才和农村实用人才纳入专家选拔范围，26名高层次人才分别获得省有突出贡献中青年专家、享受省政府专项津贴人员和武汉东湖开发区十大优秀中青年科技型企业家荣誉称号。62人享受市政府专项津贴，24名年轻才俊入选武汉市“十百千人才工程”，27名农村人才被评为武汉市农村实用拔尖人才。评选表彰了10名首届首席技师和95名市技术能手。支持企事业单位留住关键人才，对70名承担科研项目的博士给予财政资助。

（三）人才引进服务企业需求

继续组织武汉知名企业高校行活动，组团赴清华大学等高校揽才，为企业和高校毕业生搭建了交流平台。全年举办各类人才招聘会1 000余场，组织用人单位1.1万家，提供就业岗位28万个，进场人员超过60万人次，达成意向7.3万人。组织了东风汽车等16家知名企事业单位参加第13届广州留交会，提供500余名高端岗位需求，接洽了300余名海外留学人才。全年引进大学本科或中级职称以上人才1.8万人。

（四）人才评价契合行业发展

积极探索新形势下行业发展对职称评价的要求，调整充实全市76个高、中级评委会专家库成员达1 800余人，修订了会计等3个专业的高级职务量化评审办法，为高新技术企业开展了10场特殊评审和专场评审，市高校教师、实验技术高评会经省授权完成首次评审，稳妥调整事业单位人员晋升总量，开展小中高职称评审工作。全年共受理专业技术人员中、高级职称评审8 900余人，专业技术类职业资格考试5.7万人次。认真推行国家职业资格证书制度、就业准入制度及“双证书”制度，核发职业资格证书74 639人。

四、以完善机制为重点，公共人事管理取得新成绩

2011年完成武汉市机关和参照管理工作人员49 895人考核备案工作，考核比例99.8%。全年受理中、高级职称评审8 927人，专业技术职称评价完成率达98.3%，超过合格值。全市事业单位公开招聘录用1 783人，公开招聘制度实施率90%，共接收安置自主择业和计划分配军转干部以及随调家属650名，安置率100%。

（一）事业单位岗位设置工作基本完成

稳步推进事业单位岗位设置工作，全市4 300多家事业单位普遍建立了岗位设置管理制度，完成了国家和省、市确定的工作目标。全市事业单位公开招聘1 783人，为126名获得博士学位和高级职称的高级人才办理免笔试手续，为164名贫困考生减免考务及体检费用。严格遵循考核程序，合理确定考核等次，正确使用考核结果，圆满完成2009年度事业单位工作人员考核工作。

（二）公务员队伍能力素质建设加强

坚持凡进必考的原则，全年共招录公务员795名，除特殊职位和专业外，市区两级机关全部招录有基层工作经历人员。将公务员考核与绩效管理相结合，完成了全市机关和参公单位工作人员年度考核的审核备案工作。广泛开展以公务员职业道德为核心的知识更新培训与在线考试，参考人数2.3万人，举办6期公务员任职培训班，培训处科级公务员760人。举办全市人民满意的公务员和公务员集体先进事迹报告会16场，广泛宣传人民满意的公务员先进事迹。

（三）机关事业单位收入分配制度不断规范

规范机关事业单位工资管理，全市约4万名公务员和16万名事业单位工作人员正常晋升级别工资和薪级工资。调整完善事业单位收入分配制度，全市义务教育学校教师绩效工资全部兑现，公共卫生与基层医疗卫生事业单位

实施绩效工资工作全面铺开，对尚未实施绩效工资的其他事业单位发放过渡性补贴。

（四）军转安置工作圆满完成

推进安置工作改革，完善了“考试考核、积分选岗”分配办法。组织了军转干部适应性培训，完成了自主择业军转干部退役金调整、住房补贴发放等工作，进一步落实了自主择业军转干部管理的有关政策。

五、以和谐稳定为目的，劳动关系维护开创新局面

全市企业职工人均工资增长率超过 8%，全市劳动人事仲裁机构法定期限结案率 96%，劳动保障监察举报投诉案件法定期限内结案率 100%。

（一）和谐企业创建活动不断深入

积极帮助企业做好改制后职工分流安置工作，推动集体协商解决劳资矛盾，把服务企业与维护职工权益有机结合，促进了劳动关系的和谐稳定。组织专班赴深圳富士康看望湖北籍员工，协调处理有关问题，受到了省市党委政府的充分肯定。深入贯彻实施《劳动合同法》，组织农民工劳动合同签订“春暖行动”和集体合同覆盖“彩虹计划”，全市规模以上企业劳动合同签订率达到 98%。加大企业工资调控力度，适时调整了最低工资标准，发布了本市 2010 年人力资源市场工资指导价位和灵活就业人员劳动报酬指导价位，公布了全市制造业等 14 个行业人工成本构成情况。继续开展工资集体协商要约行动，推进企业工资集体协商制度建设。

（二）争议仲裁和劳动保障监察工作继续加强

组建全市劳动人事争议仲裁委员会，组织开展了大型国有企业劳动争议预防调解示范试点工作，推动街道乡镇、事业单位建立各类调解组织 2 600 个，加大了调解组织建设力度。提高调解仲裁办案效能和办案质量，加强案内调解力度，全年调解案件 2 400 件，对确实无法调解的案件快审、快结，共处理劳动人事争议案件 7 414 件，法定期限内结案率 96%。强化劳动保障监察执法，坚持日常巡查、各类专项检查、及时处置大要案和群体性事件相结合，全年检查用人单位 5.3 万户，立案 2 177 件，法定期限内结案达到 100%。进一步畅通举报投诉渠道，规范监察执法行为，及时查处各类违法案件，共追发劳动者工资 1.78 亿元。

（三）信访维稳形势明显好转

坚持“群众利益无小事”的理念，坚持局长接待日、局领导包案制度，认真处理各类群众来信来电来访，着力解决信访突出问题和信访积案，全局共接待群众来信、来访、网上信访和电话咨询共计 25.8 万件次，办结率达 99.7%，信访量由 2009 年占全市的 45%下降为 30%。市区相关部门对企业军转干部的矛盾纠纷情况进行了 5 次全面排查，省调整企业退休军转干部困难生活补助已经全部兑现到人。

六、以群众满意为宗旨，自身建设呈现新气象

（一）服务平台建设方便老百姓

大力推进人才服务、就业服务和社保经办服务等公共服务平台信息化建设。“社会保险网上办事大厅”正式开通，社会保险 86%的业务量可在网上办理，为社会公众提供了更加便捷、安全、人性化的服务。12333 电话咨询服务的前期准备工作已经完成，将为公众提供政策咨询、办事指南、个人账户查询等电话咨询和服务。积极推进医疗保险“一卡通”建设，东西湖区与市区已实现医疗保险“一卡通”。

（二）系统基础建设立足谋长远

全市人力资源社会保障系统三定工作基本完成，理顺了职能、整合了队伍，确保了全市人力资源和社会保障工作的正常开展。编制了“十二五”规划，确立了发展思路和各项工作目标。强化统计基础工作，为领导决策和各部门开展工作提供了第一手资料。积极做好行政应诉和行政复议工作，共办理各类行政复议和

行政应诉案 77 件。主动接受人大代表和政协委员的监督，共接办人大议案、政协提案 96 件，办结率 100%，代表满意率 100%。

（三）政风行风建设重点解难题

注重制度和机制建设，落实反腐倡廉责任制，着力抓好机关事业单位人员招录、职称评审、医疗保障、军转安置等社会关注度高的业务工作的事前事中监督，树立风清气正的部门形象。大力开展民主评议政风行风、“优质服务窗口”和“群众满意基层站所”的创建活动，市劳动保障监察支队被人力资源社会保障部评为 2008—2010 年度优质服务窗口，市人才服务中心等 8 个单位被省人力资源社会保障厅评为优质服务窗口，市医保中心被评为本市十佳优质服务窗口。改进社保卡办理办法，新办卡由原来的 3 个月缩短为 20 天，方便了人民群众。

（武汉市人力资源和社会保障局）

湖 南 省

2010年，湖南省各级人力资源社会保障部门坚持以科学发展为主题，以服务“四化两型”战略为中心，深入落实党中央、国务院关于人力资源社会保障工作的一系列重大决策部署，全面落实更加积极的就业政策，健全完善覆盖城乡的社会保障体系，加快实施人才强省战略，继续深化人事制度改革，人力资源和社会保障工作取得显著成效，为促进全省经济又好又快发展、建设和谐湖南发挥了积极作用。

一、劳动就业

就业规模稳步扩大。年末，全省从业人员3 982.73万人，同比增加47.52万人，增长12.1%。其中，农村从业人员2 753.25万人，比上年略有下降；城镇从业人员1 229.48万人。全省城镇新增就业70.8万人，完成当年目标任务的118%；失业人员再就业34.7万人，完成目标任务的115.7%；就业困难对象再就业11.9万人，完成目标任务的119%；全省城镇“零就业”家庭动态清零6344户。城镇登记失业率为4.16%，低于年度4.5%的控制目标。

就业结构不断改善。全省第一产业从业人员1 690.03万人，减少3.02万人，占从业人员总量的比重为42.4%，下降0.6个百分点；第二产业从业人员915.43万人，增加18.86万人，占23.0%，上升0.2个百分点；第三产业从业人员1 377.27万人，增加31.68万人，占34.6%，上升0.4个百分点。

城镇就业稳步增长。一是城镇从业人员总量增加，已达到1 229.48万人，比上年净增54.21万人，增长4.6%。二是企业和机关事业单位职工总数有所下降，城镇个体工商户和其他灵活就业人员显著增加。全省企业和机关事业单位职工729.44万人，比上年上升3.9%，占城镇从业人员的比重为59.3%；城镇个体工商户和其他从业人员500.04万人，比上年增长5.7%，占城镇从业人员的比重为40.7%。三是在企业职工中，国有企业和城镇集体企业职工人数减少，城镇私营企业和其他企业职工明显增加。全省国有企业职工78.84万人，比上年减少2.26万人；城镇集体企业职工27.26万人，增加0.84万人；国有企业和集体企业职工占企业职工的比重为20%，比上年下降1.2个百分点；城镇私营和其他企业职工达到423.35万人，比上年增加24.51万人，占企业职工的比重由上年的78.8%上升到80%。

农村劳动力转移就业稳步增长。全年农村外出务工人员达到1 320.81万人。其中：省外就业946.66万人，占71.67%。实现劳务收入1 203.7亿元，增长25.2%；人均年务工收入9 113元。

人力资源市场健康有序发展。年末全省拥有各类职业介绍机构887家，其中，公共职业介绍机构607家。全年全省各级人力资源市场共举办专场招聘活动2 257场，有67 887家用人单位进场招聘，188万人进场登记求职（其中失业人员74.6万人），职业介绍成功66万人（其中，失业人员27万人），介绍成功率为35.1%。年末，全省各级公共职业介绍机构档案托管人数为93.19万人，为7.88万人代缴养老保险，为3.65万人代缴医疗保险，为10.34万人代理社保补贴，发放社保补贴金18 333万元。

二、社会保险

企业基本养老保险工作取得重大进展。一是覆盖范围不断扩大。全年新增参保人数83.34万人，年末，参保企业51 661户，参保人员517.53万人，净增42.07万人。征收基本养老保险费245.37亿元，增收44.14亿元，基金征缴率为97.99%。二是企业退休人员社会化管理服务工作稳步推进。全省实行社会化管理人数211.32万人，增加18.92万人，其中直接纳入社区管理人数150.04万人，占企业退休人员的71%。三是待遇水平大幅增加。到年底，全省企业离退休人员达到212.53万人，全年累计发放基本养老金275.89亿元。全省企业离退休人员月人均养老金水平达到1 153元，比“十五”末的570元翻了一番。

农村社会养老保险工作稳步推进。年末，新型农村社会养老保险试点已经扩大到46个县（含自费试点的浏阳市、宁乡县）。新型农村社会养老保险登记参保人数为1 000万人，比上年末增加413万人。全年共有272万农民领取了养老金，比上年增加164.5万人。全年共支付养老金11亿元。

机关事业单位养老保险平稳运行。年末，全省机关事业单位养老保险参保人数208.84万人，其中参保在职人数156.01万人；征收养老保险费74.7亿元，比上年增加4.74亿元；为全省48.98万名机关事业单位参保离退休人员发放基本养老金76.06亿元。

基本医疗保险实现了城乡居民政策制度的全覆盖。年末，全省城镇职工基本医疗保险参保人员777.39万人，（其中在职职工540.49万人，退休人员236.9万人），比上年增加30.99万人；城镇职工基本医疗保险总收入97.33亿元，总支出94.94亿元。年末参加城镇居民医疗保险人数达到1 117.5万人，城镇居民医疗保险基金总收入15.76亿元（其中各级财政补助11.4亿元），总支出10.96亿元。工伤、生育保险覆盖面不断扩大。年末，工伤保险参保人数达到515.97万人，当年工伤保险基金总收入10.66亿元，总支出8.4亿元。生育保险参保人数达到527.13万人，生育保险基金总收入4.15亿元，总支出2.65亿元。

失业保险征缴扩面工作成效显著。全年全省失业保险新增参保人数56.6万人，年末，参保人数达到399.51万人；征收失业保险费13.7亿元，增长5%；失业保险基金支出7.5亿元，全年领取失业保险金人数为15.3万人。

基金监督工作得到进一步加强。开展了城镇职工基本医疗保险基金管理使用情况专项检查，全省14个市州对所辖县（市、区）的111个经办机构、352家定点医疗机构、443家协议零售药店进行了抽查。加大了对社会保险基金监督检查力度。进一步强化各项规章制度的落实，堵塞社保基金安全管理上存在的漏洞，确保了基金的安全与完整。

三、法制与劳动监察

人力资源社会保障法制建设不断加强。一是地方立法工作稳步推进。对《湖南省劳动保障监察条例》《湖南省劳动力市场条例》《湖南省实施〈中华人民共和国就业促进法〉办法》和《湖南省人才市场管理条例》等4件地方性法规进行了清理。二是积极开展法律法规宣传。组织开展了“五五”普法验收工作。以《社会保险法》为主题，组织举办湖南人力资源和社会保障法律法规高级讲坛，参加讲坛的企业人力资源管理人员达300多人次。三是行政执法监督工作进一步加强。完善本厅贯彻落实《湖南省行政程序规定》配套制度建设，制定了《湖南省劳动保障厅重大事项行政决策规则》等制度性文件。四是依法处理行政复议和行政应诉。全省共收到行政复议申请161件，受理115件，全年共审结行政复议案件99件，审结率达到76.77%。

劳动保障监察执法力度进一步加大。一是加强劳动保障监察，促进劳动关系和谐稳定。

全年全省各级劳动保障监察机构共对 2.5 万家各类用人单位进行了书面审查；对 2.5 万家用人单位开展了主动监察；共接受劳动者举报投诉案件 16 209 件，其中依法立案 15 593 件，依法结案 15 174 件，结案率 97%；督促用人单位为 21.19 万名劳动者签订了书面劳动合同；督促用人单位依法参加社会保险登记 5 964 户；督促用人单位依法缴纳社会保险费 3 952.95 万元，依法为劳动者追讨欠发的工资 5 650.45 万元。二是全力开展劳动保障监察专项整治活动。在农民工工资支付专项行动中，检查各类用人单位 12 886 家，涉及农民工 74.82 万人，共查出 2 954 家用人单位存在拖欠农民工工资的行为，通过依法调查处理，责令支付工资及赔偿金总额 7 751.06 万元；在清理整顿人力资源市场秩序专项执法行动中，共清理整顿 1 638 家职业介绍、从事职业中介活动的组织、个人和用人单位，发现并处理 440 起违法案件；在整治非法用工打击违法犯罪专项行动中，共排查乡村“四小”企业 6 012 户，涉及劳动者 11.82 万人，查处违法案件 2 148 件。

四、劳动人事争议仲裁

劳动人事争议仲裁案件得到及时处理。全年全省立案受理劳动人事争议案件 14 660 件，涉及劳动者 23 000 人；集体争议案件 806 起，涉及劳动者 9 982 人。其中，省本级共处理劳动人事争议案件 1 200 件，立案受理 390 件，涉及劳动者 460 人。

仲裁机构实体化建设稳步推进。省厅成立了实体化的仲裁院，全省共有 83 个县（市、区）成立了实体化的仲裁机构。

五、劳动关系

劳动关系总体和谐稳定。年末，全省动态劳动合同签订率为 99%。其中国有及国有控股企业劳动合同签订率为 100%，外商投资企业为 99%，较大规模的民营企业为 98.4%。工资集体协商“彩虹”计划稳步推进。年末，全省建立集体合同制度的企业 22 959 户，涉及职工 261.3 万人。其中，签订了专项工资集体协议的企业 10 974 户，涉及职工 152.1 万人。省本级共审查省属、中央在湘企业的工资集体协议 128 户，涉及职工 18.5 万人。

六、公共人事管理

公务员考试录用制度得到进一步健全。坚持凡进必考，全年全省有 14.7 万人报名参加公务员考试，录取公务员 4 492 名。全省从优秀村干部中招录了 156 名乡镇机关公务员。全省共选拔了 294 名优秀高校毕业生到乡镇基层锻炼。

政府表彰奖励工作有序开展。评选表彰全省先进集体 129 个，先进个人 753 名，其中记一等功 147 名，二等功 311 名。

事业单位人事制度改革继续深化。继续推进事业单位人员聘用工作。年末，全省有 75%的事业单位和 85%的事业单位工作人员实行了聘用制。大力推行事业单位新进人员公开招聘制度。全年共有 173 家省属事业单位申报 2 280 个公开招聘岗位，完成公开招聘 1 612 人。

积极做好军官转业安置工作。全年安置军队转业干部 1 526 名。

稳慎推进了事业单位实施绩效工资工作。组织开展了公共卫生与基层医疗卫生事业单位绩效工资实施工作，全省共有 13.77 万人列入两类卫生事业单位绩效工资实施范围，基层医疗卫生机构人员待遇明显提高。开展了全省义务教育学校绩效工资兑现督查。公务员津贴补贴得到了进一步规范。

七、人才队伍建设

人才队伍建设取得新成效。着力抓好引进海外高层次人才工作，第一批“百人计划”引进人才 24 名。启动了新世纪 121 人才工程第三批人选的选拔工作。向人力资源社会保障部推荐享受政府特殊津贴专家 67 名。新增博士后科研流动站 12 家，年末全省博士后站达到

167 家。会同省委组织部成功举办第四届中国·中部崛起人才论坛，推进了中部 6 省人才合作。大力实施专业技术人才知识更新工程，培养了一批中高级人才。认真实施为贫困地区搭建科技平台工作，建立了为贫困地区优势产业、龙头企业和科研成果转化基地长效服务的首席专家制度，全省建立首席专家服务基地 83 个。

引智服务工作积极开展。共执行国家级和省级引智项目 450 个，新建省级引智基地和示范单位 10 个、“一村一品”引智示范村（镇）15 个，聘请外国专家 4250 余人次，申报执行出国（境）培训项目 30 个，选送 512 人出国（境）培训。加强了留学人员管理服务工作，新成立长沙经济开发区留学人员创业园，拓展了海外人才创业平台。

全省技工院校建设稳步发展。年末，全省共有各类技工学校 128 所，其中，技师学院 5 所，批复筹建 4 所，高级技校 26 所，国家级和省部级重点技校 32 所。在职教职工 10 074 人，同比增加 680 人，其中，高级讲师 1 654 人（含高级实习指导教师 284 人），增长 5.8%；讲师 2 708 人（含一级实习指导教师 823 人），具有技师、高级技师职业资格的教师 711 人。在校生 17.26 万人（其中农业户口 16.12 万人）。招生 5.95 万人（其中农业户口 5.5 万人）。毕业生就业率为 97.7%。全年累计为 90 016 名技工院校学生发放助学金 1.35 亿元。

民办职业培训事业健康发展。年末，全省共有民办职业培训机构 753 家，其中，省直民办职业培训机构 120 家。民办培训机构中在职教职工 7 912 人，其中，教师 5 971 人。培训人数 48.96 万人，增长 4.2%。

职业技能鉴定规模进一步扩大。全省共有职业技能鉴定所（站）428 家，取得考评员资格共 7 216 人。全年全省共组织职业技能鉴定 50.7 万人次，同比增长 2.7%；取得国家职业资格证书 43.6 万人，同比增长 3.4%。其中，取得国家职业资格三级（高级技能）以上职业资格证书的 10.9 万人（含技师、高级技师 8 635 人）。省厅直接接受职业技能鉴定 20.9 万人，取得国家职业资格证书的 17.6 万人。

百千万高技能人才培养工程进展顺利。组织开展了第三届湖南省技能大师的评选，评选出 10 名第三届湖南省技能大师。积极组织开展各类职业技能竞赛活动。全年组织参加国家级竞赛 3 场，省级一类技能大赛 3 场，指导省交通厅等单位、行业开展省级二类职业技能竞赛 23 场。通过竞赛授予“湖南省技术能手”62 人。

八、信息化建设

金保工程建设进展顺利。年末，企业职工基本养老保险新信息系统在全省已实现全面上线运行。新型农村社会养老保险信息系统完成了项目验收，并在全省试点县（市、区）完成了实施和部署。全省 15 个数据中心进行了升级扩容，实现了设备资源的集中管理和整合利用。建成了省—市—县三级网络，确保了联网数据的上传和视频会议的正常召开。公共服务体系建设得到了进一步完善。到年底，公共服务网访问量达到 230 万次，政务网访问量达到 50 万次。12333 咨询电话全年运行正常。

（湖南省人力资源和社会保障厅）

广 东 省

2010 年，全省人力资源社会保障系统紧紧围绕加快转变经济发展方式大局，牢牢抓住“民生为本、人才优先”主线，积极应对劳资关系不和谐事件，一手抓业务工作落实，一手抓部门融合，为保障和改善民生、促进转型升级、维护社会和谐作出了积极贡献。

一、就业

（一）就业局势保持稳定

全省实现城镇新增就业 186.3 万人，完成年度任务的 149%；年末城镇登记失业率为 2.52%；年末城乡就业人数达 5 800 万人，比“十五”期末增加近 780 万人。继续落实“五缓四减三补贴”援企稳岗政策，为企业减负 86.8 亿元，发放三项补贴 4.9 亿元。

（二）有效破解“就业难”和“招工难”

在春节后全省人力资源市场求人倍率一度达到 1.30，技能人才求人倍率高达 1.73 的情况下，在全省范围内组织“南粤春暖”就业服务系列活动。全年共举办各类专场招聘会 10 097 场，直接帮助 102 多万名劳动力实现就业，247 万多人达成就业意向，有效化解企业招工难和农村富余劳动力转移难。组织开展第六届“山洽会”，签订劳务合作协议 55 个，总价值达 44.6 亿元；赴赣闽两省和汶川县开展劳务对接活动，有力推动区域劳务合作。

（三）统筹推进重点群体就业工作

实施南粤高校毕业生就业推进行动，广泛开展“一企一岗・互济共赢”“就业服务月”“联合招聘周”“网络招聘大会”和“三支一扶”等活动，高校毕业生初次就业率 96.93%，同比提高 0.65 个百分点。积极帮扶就业困难人员就业，下岗失业人员再就业 65.2 万人，其中就业困难人员再就业 15.9 万人。推荐并经部评定首批国家级充分就业示范社区 3 个，评定省级充分就业星级社区 47 个。

（四）大力推进创业带动就业

广州、深圳、中山、肇庆等 4 个国家级创业型城市通过第一阶段考评验收，18 个省级创业型县（区）创建工作正式启动，131 个创业带动就业孵化基地挂牌运营，培养和认定了 334 名创业培训师资，评选表彰 20 名大学生创业先进个人。全省成功创业 10.2 万人，带动就业 51 万人。

二、社会保障

（一）扎实推进新农保三年全覆盖

省委、省政府作出了新农保三年全覆盖决策部署，省政府出台了新农保试点办法。率先将被征地农民养老保障费用列入征地成本单列计提，将被征地农民养老保障制度并入新农保。首批试点地区参保农民达 218 万人，完成年度任务的 107.4%；全面启动第二批试点，136 万人参保；全省参加农村社会养老保险共 880 万人，比上年底增长 141%。

（二）巩固完善养老保险制度改革

全省 21 个地级以上市实现养老保险市级统筹。实施省级统筹基金预算管理制度，全省缴费基数和缴费比例逐步统一，地税全责征收机制进一步完善，养老保险关系转移接续有序推进。完成企业退休人员基本养老金年度调整工作，企业退休人员月平均养老金达到 1 577

元，较调整前增长11%。截至2010年底，全省城镇基本养老保险参保人数为3 215万人，其中城镇企业职工参保2 685万人，分别同比增长18.3%和17.7%。

（三）加快推进全民医保

全面落实新医改方案，全省医保总体参保率达93%。基本解决105.5万名困难企业人员参保问题，将中等职业技术学校和技工学校学生纳入居民医保制度范围。19个市出台并实施门诊统筹，13个市开展城乡统筹试点，21个市全部建立市级统筹制度。珠海、东莞成为全国城镇居民医保门诊统筹重点联系城市。截至2010年底，全省城镇基本医疗保险参保人数为5 043万人，其中职工医保参保人数3 000万人，居民医保参保人数2 043万人，分别同比增长10.3%、17.3%和1.5%。生育保险工作稳步推进，惠州被列为国家城镇居民生育保障试点城市。截至2010年底，全省生育保险参保人数为2 038万人，同比增长28.4%。

（四）进一步完善失业和工伤保险制度

全面实现失业保险市级统筹，15个市开展失业保险基金扩大使用范围试点，共支出失业保险基金8.2亿元。深入开展工伤预防试点，实施工伤康复“关爱行动”二期，基本建成国家级工伤康复综合基地一期工程。截至2010年底，全省失业和工伤保险参保人数分别为1 650万人、2 656万人，分别同比增长10.7%和9%。

（五）进一步加强基金监管

开展社保基金专项治理回查和医保基金管理使用情况专项检查，清理回收违规使用社保基金。启动社保基金监管软件联网应用，建立“三方对账”监督机制。加强企业年金监管，全省企业年金基金规模达到117.6亿元。

（六）进一步提升经办服务和社会化管理服务水平

进一步规范数据质量管理，完善养老金领取资格认证办法，引入银行等社会力量提升经办能力。企业退休人员社区管理服务率达70.1%，中山市基本实现社区管理服务全覆盖，广州、珠海等地广泛建立退休人员免费体检制度。率先开通社会保障卡“一卡通”平台，实现社保卡省内跨市使用，全年新增社保卡594万张，持卡人数达1 714万人。

三、人才队伍建设

（一）创新系列举措培养引进高层次人才

首次开展领军人才评审工作，评选出第一批领军人才15人，其中全国“两院”和国外院士4人（其中，诺贝尔奖获得者和诺贝尔奖评委各1人）。基本完成第二批领军人才评审工作。成功举办海外人才招聘活动，在德国法兰克福和柏林举办现场招聘洽谈会，并首次采取现场招聘与视频洽谈相结合模式，在美国、法国、西班牙等地同步设立网络视频洽谈对接分会场，目前已有11人来粤上岗工作，其中诺贝尔化学奖获得者1人，上报国家“千人计划”引进2人、中科院“百人计划”引进2人。大力实施海外引智计划，成功举办第二届“百名海外专家南粤行”活动，来自美国、德国等12个国家著名高校、科研机构、跨国公司的103名外国专家与广东省32个单位达成人才科技合作协议49项；为10所重点高校、9个重点项目引进海外名家名师86人。组织专业技术资格考试53项，考试人数超过80万人次。举办专业技术人员高级研修班368期，培训专业技术人员4.7万人。出台省外来粤人员高级专业技术资格确认政策。成功举办2010年春季、夏季、秋季高层次人才洽谈会和中国博士后体育学学术论坛。率先推行工业设计资格评价试点，考核认定全国首批高级工业设计师31人，成功组织工业设计师职业资格首次考试。整合落户、人事调动、相关证书办理等23个服务项目，搭建高层次人才“一站式”服务平台。省部共建东莞松山湖留学人员创业园。全年全省新增“新世纪百千万人才工程”国家级人选13人，新增博士后科研工作站55家，均居全国第二。

（二）大力培养高技能人才

开展全省职业技能和工业设计两项大赛，全省630万人次参加技能大赛，选拔出广东技术能手2 788人；联合省经信委成功举办第五届“省长杯”工业设计大赛，组织3 720个设计团队参赛，评出第二批工业设计师技能称号74人。现代技工教育体系建设迈出新步伐，出台加快现代技工教育体系建设规划（2010—2014年），成功举办“百校千企”合作活动，近百家优质技校与1 205家企业签约项目3 223个。选派190名技工院校骨干教师赴境外交流培训。基本完成惠州技师学院与新加坡南洋理工学院合作办学一期工程，粤北省市共建现代技工教育基地扎实推进。技工教育和职业培训教学研究成果连续5年居全国第一。全省技工学校共招生28.2万人，比上年增长5.5%。新建高技能人才培养示范基地9家，评选南粤技术能手61人；全年培养高技能人才29万人；组织各类技能培训620多万人次，完成省政府下达计划103%。新开发并投入使用工业设计类和现代服务业远程培训课件26个，累计登录网站参加各类培训学习25万人次。创新人力资源职业能力开发评价机制，省市联动开发第二批105个新职业（工种），率先开发人力资源职业开发评价公共服务信息平台，首次组建鉴定质量督导队伍，率先出台职业技能鉴定业务规程，全省参加职业技能鉴定和获得职业资格证书人数分别为168.1万人次和130.4万人次，均居全国首位。广东工业设计培训学院完成首期3.7万平方米和配套工程建设并正式挂牌开学，首批招生200人。

（三）创新完善农村劳动力转移就业制度体系

扩大培训补贴对象范围，实行分类补助办法，组织专项考评。率先出台农民工积分制入户城镇办法，共为10.8万名农民工办理入户城镇手续。开展农民工电影月活动和“南粤梦想卡”等系列活动，建成一批农民工综合服务中心。全年共培训农村劳动力84.7万人，实现转移就业147.1万人，同比分别增长2.8%和14.5%。

四、劳动关系和劳动者权益维护

（一）加强人文关怀改善用工环境

推动省政府办公厅出台了加强人文关怀改善用工环境的指导意见，并出台企业工资集体协商指引等政策文件，组织开展企业最低工资标准、企业规章制度、“三法一例”等8项专项检查。举办加强人文关怀大型户外咨询、电话咨询、网上答疑和优秀企业巡回宣讲活动。及时调整发布企业职工最低工资标准和工资指导线。全省最低工资标准水平平均提高21.1%，部分欠发达地区县（市）增幅高达24.5%；及时公布了工资指导线。率先出台创建和谐劳动关系示范区工程意见，全省共有3万多家企业参加和谐劳动关系示范区建设。完成100家和谐劳动关系先进企业评比，并推荐20家企业、3个工业园区参加国家级评选。富士康、南海本田等系列劳动关系不和谐事件得到稳妥处置。全省规模以上企业劳动合同签订率达99%，农民工合同签订率达97.7%，分别比“十五”期末提高10.3和17.7个百分点，劳动关系总体和谐稳定。

（二）加强劳动保障监察体系建设和执法力度

扎实推进劳动保障监察“两网化”试点和标准化建设。深圳市、珠海市和广州市天河区“两网化”国家试点顺利通过验收。全省共检查用人单位27.4万户，涉及劳动者1 928.1万人；办结投诉举报案件4.4万件，参与处理突发事件3 425件。建立完善粤港劳动监察协调合作机制，成功召开粤港劳动监察协调合作机制首次会议。

（三）加强争议调处和信访维稳工作

制订争议仲裁档案管理办法和仲裁文书样式，全省共处理劳动人事争议案件31.2万宗，累计结案率达92%，其中涉及农民工报酬争议案件3.3万宗，涉案金额6.9亿元。受理群众电话咨询999万人次，接待群众信访事项46.3万宗72.9万人次；为广州亚运会等重要活动营造和谐安定的环境。

五、人事制度改革

（一）创新完善公务员考录、管理与培训机制

首次采取“变换式”笔试卷和条形码识别技术，对不同类别考生分别设置试题，邀请户籍民警进驻考点，增设监督面试考官等创新举措，圆满完成全省公务员四级联考，共招录10 097人。建立人事考试考务联席会议制度，进一步统筹、协调全省人事考务工作。首次探索从优秀外来务工人员中公开考录基层公务员、从乡镇企事业单位工作人员中考录乡镇机关公务员、从基层遴选公务员到省直和市直机关工作。积极开展公务员分类管理和聘任制试点工作，深圳市继续深化公务员分类管理和聘任制改革，佛山市顺德区、南海区开展聘任制试点。出台开展大规模轮训公务员意见，完成全省乡镇长轮训工作，组织26.8万名公务员参加职业道德培训，全年共培训公务员101.5万人次，完成全年任务156%。举办7个公务员境外培训班。表彰第三届广东省“人民满意的公务员集体”26个、“人民满意的公务员”49人。完成中央下达的玉树地震、上海世博会先进集体和个人等表彰任务42项。

（二）稳妥推进事业单位人事管理制度改革

加快推进事业单位岗位设置和人员聘用工作，15个市和81个县（市、区）基本完成事业单位岗位设置，事业单位岗位设置完成率、聘用制度实行率和聘用合同签订率均超过80%。稳步推进事业单位公开招聘制度，全省共发布招聘岗位3万多个，报名人数超过30万人次。全面完成义务教育学校实施绩效工资工作。积极推进公共卫生与基层医疗卫生事业单位绩效工资工作，14个市出台实施办法。积极研究建立公职人员收入分配正常增长机制，在广州、深圳、珠海、佛山、潮州五市探索建立工资调查制度，开展规范公务员津贴补贴检查督促，着重研究工资待遇向艰苦地区和基层倾斜政策。深化职称制度改革，规范计算机应用能力、证书管理和野外界定等职称政策，出台《省外来粤人员高级专业技术资格暂行办法》。

（三）积极推进军转安置工作

接收安置军转干部2 653名，包括计划分配军转干部2 490名，自主择业军转干部163名，其中师团职军转干部705人，安置任务列全国第4位。较好落实部分企业军转干部解困维稳工作。

（广东省人力资源和社会保障厅）

广　州　市

2010 年，广州市人力资源社会保障局着眼全市经济社会发展方式转变和产业转型升级需要，围绕市委、市政府“富民优先、民生为重”总政策，坚持保障和改善民生，坚持人才优先发展，圆满完成了既定的工作目标，为成功举办第 16 届亚运会，全面建设国家中心城市，提升科学发展实力做出了积极贡献。突出表现为“四大突破，三个提升”：

一、统筹城乡就业体系取得重大突破，创建创业型城市跨入新阶段

一是率先开展统筹城乡就业，为稳定全国就业形势作出突出贡献。着力构建大就业格局，深入推进统筹城乡就业，建立了市、区（县级市）、街（镇）、居（村）“三级管理、四级服务”的城乡一体化公共就业服务体系，完善统筹城乡一体化的就业失业管理制度，实现城乡劳动者统一管理、统一登记、统一服务。2010 年，全市新增就业 97 万人，比上年增加 24.5 万人，增长 25.25%；失业人员再就业 22.1 万人，失业人员就业率 72%，城镇登记失业率 2.2%；转移就业本市农村劳动力人数 6.9 万人，吸纳粤东西北地区农村劳动力就业人数 12.2 万人。

二是深入开展劳动者职业技能培训，出色完成“双转移”任务。构建了具有广州特色的办学投入多渠道、主体多元化、模式多样化、等级多层次的职业技能培训网络和市场化的素质就业培训体系，实现全市城镇登记失业人员和农村劳动力参加职业技能培训全免费。大力开展“三贴近”（即贴近劳动力市场需求、贴近失业人员素质能力、贴近促进劳动者就业再就业需要）职业技能培训，不断提高失业人员再就业能力。2010 年，共有 6.2 万农村劳动力参加职业技能培训。

三是大力实施就业援助，创业促就业发挥突出作用。重点帮扶城镇就业困难群体、农村劳动力和高校毕业生等重点人群，完善了具有广州特色的就业再就业援助激励机制。加强创业促就业工作，广州市被确定为创建国家级创业型城市试点，2010 年顺利通过创建活动第一阶段考评。2010 年我市建立各类创业园区（创业基地）141 个，创业（孵化）基地建筑面积约 1 889 万平方米，入驻企业共 10 423 家，创业带动就业 76 379 人。

二、共享普惠型社保体系建设取得重大突破，广州市跨入“全民社保”新时代

一是攻坚克难，覆盖面实现历史性跨越。加快建立覆盖全体城乡居民的社会保险体系，实现了养老、医疗保障政策城乡全覆盖（含新农合），在突破城乡“二元结构”、实现“老有所养、病有所医”、建设共享普惠型社会保险体系上，取得了标志性成果和历史性跨越。2010 年底，广州市社会保险五险参保人数达 2 081.9 万人次，同比增加 225.2 万人次，比“十五”期末的 958.7 万人次增加了 1 123.2 万人次，翻了一番。其中养老保险 484.5 万人，增加 228 万人；失业保险 336 万人，增加 101.9 万人；医疗保险 678.4 万人，增加 469.8 万人；工伤保险 375 万人，增加 206.7 万人；生育保险 208 万人，增加 116.8 万人。

截至2010年末，全市已有93万名农村居民参加了社会养老保险，35周岁以上农村居民社会养老保险覆盖率达87%。5年间社会保险的新增参保人数超过了前20年的总和。

二是共享成果，保障水平大幅提升。2010年，全市企业离退休人员月人均养老金达2 229元，在5个国家中心城市中水平最高，比“十五”期末增长124.25%。失业保险金为每月880元，比“十五”期末增长60.58%。“十一五”期间基本医疗保险统筹基金年度最高支付限额，城镇职工由每年26万元逐步提高到42万元，城镇居民由每年8万元逐步提高到13万元，统筹基金总体平均支付率由67%提高到83%，仅2010年就减轻参保人医疗费用负担8%以上。工伤残疾退休金月人均2 525元，比“十五”期末增长33.2%；工伤伤残补偿金、伤残生活护理费、工亡待遇和供养亲属抚恤金等待遇大幅度提高，其中一次性工亡补助金达22.68万元，比“十五”期末增长62.46%。人均生育保险待遇已近1.6万元，为全国最高。

三是勇于超越，体系建设成效显著。在急剧扩面的同时，全速提升社会保险统筹层次，养老、失业、工伤、医疗、生育保险实现市级统筹，解决了搁置多年的提高统筹层次问题。医疗保险实现异地安置的参保人员异地就医直接结算医疗费用，市医保局先后与海南省、成都市、佛山市医保部门签订了参保人异地就医协议、费用结算协议，惠及参保人群6.8万人，实现了参保人广佛同城、跨省跨市直接享受医疗保险待遇的目标。为应对国际金融危机，通过健全社会保险促进就业机制，实施阶段性降低失业、医疗、工伤保险缴费比例等措施，2009年以来累计为28万家参保企业和375.6万名参保人减轻负担95.5亿元，审核发放297家企业援企稳岗补贴4.6亿元，对支持企业度过金融危机、稳定和扩大就业岗位发挥了重要作用。社保经办机构通过开展优质服务、精细服务、快捷服务、便利服务、网办服务，得到群众广泛认同，市民满意度大幅提升。到2010年，退休人员社区管理服务率达80.9%，比“十五”期末提高20个百分点。

三、人才建设取得重大突破，高端引领战略迈出新步伐

一是服务发展，人才规模迅速扩大。加快引进人才，大规模培养人才，人才建设实现质和量的新突破。截至2010年，全市具有大专以上学历人才为231万人，技能人才165万人，居全国各大城市第三位。“十一五”期间，人才年均增长率为15%，已超过同一时期GDP11.5%的平均增幅，居5个国家中心城市第一，人才总量增幅适应和引领了广州经济社会发展方式的转变。

二是高端引领，人才层次显著提升。出台《关于加快吸引培养高层次人才的意见》及10个配套政策文件，加大对高层次领军人才的选拔培养力度。以钟南山院士为首的广州医学院呼吸病防治研究创新团队获得广东省首届南粤功勋奖，广州大学周福霖院士获得首届南粤创新奖，广州地区获得奖项占全省一半。2010年，广州市批准设立13个企业博士后工作站，创历史之最，全市博士后工作站分站及流动站达55家，加大海外高层次人才引进力度，目前在穗留学回国人员超过2.9万人，留学人员创办科技企业1 720多家，广州地区已有36人入选国家“千人计划”。2010年大力实施“创新创业领军人才百人计划”，评定出首批6名创新领军人才。

三是改革创新，技能人才建设率先发展。全面推进实施“273”工程（即实施“调结构、抓质量、促发展”和“走出去、引进来”两大战略，重构“教学、管理、保障、信息、实训、安全和招生就业”七大平台，打造“高技能人才、中小企业研发和创业培训孵化”三大基地），促进了技工教育大发展。2010年，广州市高技能人才公共实训鉴定基地建设正式启动。全力开展2010年广东省职业技能大赛广州市选拔赛等技能竞赛活动，在全省职业技能大赛上获得19枚金牌，占全省金牌总数三分之一强，位列首位，在全国数控大赛上获三枚金牌。

四是双轮驱动，人才服务持续拓展。实施“双轮驱动、协调发展”的人才服务发展策略，坚持市场配置原则，开拓公共服务新领域，建立了具有广州特色的市场配置与公共服务相结合的人才服务模式。目前，广州地区人力资源服务机构共 937 家，比“十五”期末增长了 30.1%，从业人员超过 1 万人，南方人才市场已发展成为国内最大的人才服务机构，一批世界一流国际猎头公司进驻广州开展人才服务业务。推进职称服务均等化，将非公经济组织人才和外来务工人员纳入职称工作的服务范围，强化非公经济组织人才队伍和外来务工人员职称工作。

四、人事制度改革取得重大突破，管理机制激发新活力

一是公务员制度逐步健全。加大从基层选拔公务员力度，新录用公务员中有两年以上基层工作经验的超过 1/3。在全国率先推行公务员培训积分制管理制度，推出网络大学堂，建立现代培训新模式，得到国家公务员局的充分肯定。2010 年，全市通过在线管理的培训班有 666 个，共 95 555 人次参训，在线申报学分达 91 583 人次；共有 39 725 名公务员参加了网络大学堂的培训，累计获取学分近 200 万分。全市完成培训积分要求的共 39 805 人，完成率为 96.6%，其中市直机关完成培训积分要求的共 16 179 人，完成率为 96.7%。

二是事业单位人事制度改革艰难破冰。率先推进事业单位岗位设置管理工作，已完成岗位设置方案审核单位 3 579 家，约占全市总数的 95%，完成岗位设置数 14.5 万个，约占全市总数 90%。继续完善事业单位公开招聘制度，全年全市事业单位共招聘 5 700 人。继续推进专业技术人才知识更新工程“551 工程”，全市相关行业和基地有针对性地开展高研班和知识更新讲座，全年共培训专业技术人才 98 945 人次。这项工程实施以来，全市相关行业共开展培训项目 4 682 个，培训专业技术人才 47.67 万人次，远远超过预定的培训任务目标。

三是军转安置制度不断创新。面对新情况新形势，出台了一系列政策规定，解决了接收军转干部所需的编制职数等问题，得到中央军委首长和省委书记汪洋的高度赞扬。2010 年，出台关于接收军转干部首次任职规定和重新明确团级干部职务安排的规定，安置质量明显提高，共接收安置 763 名军转干部。

五、监督调处力度持续加大，劳动关系和谐稳定程度稳步提升

一是强化监督，协调劳动关系体制机制建设有长足发展。针对劳资纠纷矛盾多发和劳动关系领域出现的新情况，下大力气破解困局和难题，进一步加强预防处置劳资纠纷矛盾的组织领导和预防处置队伍建设，全市专职劳动保障监察员增加到 219 人，比“十五”期末增长 31.9%；劳动保障监察协管员队伍从无到有，全市 800 多名劳动监察协管员配备、充实到 173 个街、镇，为确保全市劳动关系的和谐稳定发挥了重要作用。全市 163 个街（镇），2 529 个村（居）组建了基层劳动关系协调组织，确保了劳动关系和谐稳定。

二是注重维权，农民工权益有较充分保障。建立农民工综合服务中心，推动出台农民工（外来工）积分制入户办法，为农民工进城和户籍制度改革启动了新的探索。出台并实施建筑施工企业工资支付保证金制度，解决工资拖欠问题取得重大突破，至 2010 年，广州市建筑施工企业共缴交工资支付保证金 6.4 亿元。全面推进劳动合同制度，规模以上企业劳动合同签订率达到 100%。

三是力保稳定，维权维稳工作有积极进展。各级劳动人事仲裁机构在人少案多、任务繁重情况下，通过加班加点和改进方法、提高效率，按照“快立、快调、快审、快结”原则，处理 41 018 宗劳动人事争议案件，结案率达 98%。

六、理顺收入分配关系做出不懈努力，劳动者工资收入稳步提升

一是调整规范，完善机关事业单位工资收入分配制度。初步建立了职务与级别相结合的公务员工资制度，规范了公务员津贴补贴；确定了符合事业单位特点、体现岗位绩效和分级分类管理要求的事业单位收入分配制度，试行了事业单位津贴总量管理制度；全面完成了义务教育实施绩效工资工作，实现了义务教育学校教师收入水平与公务员工资水平基本相当；配合深化医疗卫生体制改革，在市直公共卫生事业单位全面实施绩效工资，积极推进各区、县级市公共卫生和基层医疗卫生事业单位实施绩效工资工作。

二是协调指导，加强企业工资分配工作。大力强化企业工资收入分配制度调研，采取鲜明的立场和明确的态度引导企业收入分配改革，逐步构建职工工资水平与企业经济效益协调增长机制。大力推进工资集体协商工作，到目前全市已组建工会的大中型企业工资集体协商建制率达到 60.6%。公布了 450 个工种的市场工资指导价位以及不同行业、学历、技能水平和就业劳动者的劳动力市场工资指导价位，引导企业建立工资指导线实施方案制度。

三是适度增长，工资收入水平稳步提高。2009 年城镇企业在岗职工年平均工资达到 49 519 元（2010 年数据统计局尚未公布），比“十五”期末增长 44.3%。2010 年，广州市首次在省公布标准的基础上适当上调本市企业职工最低工资标准为 1 100 元/月，比“十五”期末增加了 60.82%，年均增长 12.16%，超过了同时期 GDP11.5%的年均增幅。

七、承担急难险重任务能力全面提升，服务保障亚运发挥重要作用

一是全面落实专项人才保障任务。加快引进培养亚运紧缺急需人才，开展系列“亚运人才直通车”专场招聘活动。从 2010 年度新录用公务员中抽调 300 多名公务员派往各亚运场馆挂职锻炼。在全市党政机关、事业单位开展“广州亚运知识”全员培训，组织学习达 5.1 万人次。制定实施“亚运人才战略合作伙伴计划”，共有 65 家单位成为亚运人才战略合作伙伴。

二是全面营造和谐稳定的赛时环境。开展亚运“和风行动”，确保劳动关系整体稳定。全面部署开展劳资关系不稳定因素排查，排查企业近 10 万家。推进加强人文关怀改善用工环境工作，开设劳动争议仲裁快速处理欠薪逃匿绿色通道。制发因政府临时性行政管制措施造成用人单位停工、停产的工资支付标准。2010 年，各级劳动保障监察部门处理 30 人以上群体性事件 388 宗，同比下降 6.5%；共受理劳动人事争议案件 41 018 宗，同比下降 26.9%。重点抓好信访大排查、大接访、大调解工作，处理信访举报投诉事项共 11.1 万人次。

三是全面完成场馆运行和文明观众的组织保障工作。顺利完成亚残运会市政府系统文明观众观赛工作，共组织全市 53 个单位近 3 万人次参加了 27 个比赛场次的观赛工作，并选派 25 位处级领导干部参与观赛的组织、监督工作。同时，充分调动全局干部职工观赛积极性，组织本局系统 31 个单位 4 800 名志愿者参加了志愿服务，约 1.4 万人次参加了 30 个比赛场次的观赛活动，形成了服务保障亚运、文明观赛的良好氛围，在市政府系统中带了好头，起到了表率作用。

（广州市人力资源和社会保障局）

深 圳 市

2010年，深圳市人力资源社会保障部门认真贯彻落实国家和省的工作部署，牢牢抓住就业和社会保障两个重点，深入推进人事制度改革，大力加强人才队伍建设，努力构建和谐劳动关系，各项工作成效显著。

一、促进就业和创业

（一）全面完成就业工作目标任务

全市促进失业人员实现就业4.9万人，其中帮助就业困难人员实现就业3.5万人，年末城镇登记失业率为2.45%，全市603个社区达到“充分就业社区”标准。办理就业登记1 100万人。

（二）完善促进就业体制机制

成立了市就业和创业带动就业工作领导小组，强化了目标责任制，制定了全市公共就业服务属地化改革意见，促进就业创业联动工作机制不断巩固和完善。

（三）创建国家级创业型城市

落实国家创建创业型城市各项指标，加强创业服务、创业培训和创业载体建设，举办了自主创业项目推介会、国际品牌特许加盟洽谈会等系列活动，建成创业带动就业孵化基地和示范基地11家。深圳市获全省试点城市创建工作考评第一名。

（四）全面加强公共就业服务

面向农民工、大学生、困难就业人员等重点群体，先后组织开展了“就业援助月”“春风行动”“民营企业招聘周”高校毕业生就业服务月“双选会”和校园招聘周、创业指导校园行等系列活动，实施了困难群体就业援助计划。先后组团赴省内外各地举办了一系列区域劳务合作活动。落实国家“五缓四减三补两协商”政策，扩大失业保险促进就业经费使用支出范围。

各区在就业创业工作中推出了一系列新举措。其中，福田区在全国首创公共就业服务ISO9001质量管理体系和全省第一家技能培训创业园区，罗湖区建立起一体化的公益性人力资源网站，龙岗区推出“百名创业优才”项目和大学生“一帮一”活动，光明新区推出“越南风情一条街”促进侨民创业。

二、社会保险

（一）社会保险制度进一步完善

完善养老保险制度，落实国家养老保险关系转移接续政策，办理养老保险关系跨省转出手续2.6万人。完善医疗保险制度，调整少儿医保政策，实施了新的《公务员医疗补助暂行办法》。

（二）做好社会保险扩面征收工作

截至2010年末，社会保险参保人数达3 309万人次，养老、医疗、工伤、失业、生育各险种参保人数分别为687万人、1 046万人、929万人、255万人和392万人。各项社保基金收入402.87亿元，同比增长39.8%；支出143.77亿元，同比增长8.2%。开展社会保险稽核专项检查，共检查用人单位5 898家次，涉及员工103万人次，追缴社会保险费5 261万元。

（三）社会保险待遇全面落实

发放养老保险待遇59.3亿元，为全市

14.59万名企业退休人员调整了养老待遇。支付社会医疗保险待遇51.45亿元，实现了医疗保险关系跨省转移接续工作的平稳过渡。核发失业保险金9.82万人次、8 742万元。办理工伤事故补偿4.08万人次、4.56亿元，全市工伤事故率为0.59‰。完成劳动能力鉴定2.38万人次，工伤康复和劳动能力鉴定工作有序推进。

（四）社保基金管理得到加强

完成社保基金财务管理体制改革，建立了“一级核算、三级管理”的财务管理模式和“统一账户、统一系统、统一结算”的财务结算模式。重点加强医疗保险监督管理，查处严重违规的定点医疗机构和定点零售药店332家，扣回违规金额387万元。

（五）管理服务水平明显提升

全面推进优质服务，通过建立社保服务个人网页和单位网页、短信、银行卡与社保卡关联服务、社保卡与健康卡联名业务等方式，为群众提供方便、快捷的社保服务。“深圳市社会保险信息化公共服务平台”获2010中国城市信息化服务创新奖，“深圳市社会保险信息系统”获2010年深港最佳应用成果奖。

三、人才队伍建设

（一）加强高层次人才队伍建设

全面落实高层次人才政策，共认定高层次专业人才1 796人，推荐7名享受国务院特殊津贴人员，选拔50名享受市政府特殊津贴人员，启动首届鹏城杰出人才奖评选工作。新设立13家博士后科研工作站及12家博士后创新实践基地。

（二）加强专业技术人才队伍建设

出台《深圳市事业单位专业技术岗位结构比例管理办法》，完成相关单位专业技术岗位结构比例核定。创新专业人才评价机制，在建筑、经济等6个专业制定实施了量化评分细则，圆满完成了知识产权专业技术资格评审试点工作。

（三）加强职业技能人才队伍建设

出台《深圳市来深建设者职业技能培训和鉴定补贴办法》《深圳市高技能人才公共实训基地管理办法》，发放职业技能培训补贴金额6 978万元，市高训基地公益性培训1.25万人次。在全国率先对部分工种推行“公共实训与技能鉴定一体化”试点，开展职业技能鉴定17.7万人次。组织开展技能竞赛，承办了全省技能大赛3个工种的总决赛。

（四）完善人力资源配置机制

统筹调干、毕业生接收和招调工政策，修订招调工工种目录，对全市支柱及新兴产业给予政策倾斜，推动全市人才结构不断优化，全市接收高校应届毕业生57 519人，办理调干22 470人，招调工24 269人。首次推行积分入户制度，2 230名外来务工人员通过这一新的途径入户深圳。

各区在人才工作中分别推出了新的措施。其中，罗湖区对创新型、成长型中小企业引进中、高端人才实行“一岗一策”，采取政策倾斜；龙岗区引进人才总数比上年大幅增长480%，创历史新高。

四、引进国外智力

（一）完善引智政策

制订全市引进海外人才“孔雀计划”及深圳市海外高层次专业人才认定办法、认定标准等配套文件。

（二）拓宽引智渠道

启动全市驻北美和日本的海外高层次人才联络处工作，在美国硅谷设立首个引进海外创新创业人才中心。组织深圳市第七次海外人才招聘活动，市委书记王荣亲自率团赴美国、日本招才引智，取得良好成效。

（三）成功举办2010年中国国际人才交流大会

展会规模创历届之最，中共中央政治局委员、国务院副总理张德江和中共中央政治局委员、广东省委书记汪洋同志亲自出席并给予充分肯定。2010年，全市引进留学生1 646人，累计引进近 4 万人；新增留学人员企业 120 家，累计达 1 600 多家，其中产值超过亿元的 26 家；累计向“海归”企业发放创业前期费用补贴 11 批、6 700 万元。

各区引智工作各具特色，其中，坪山新区建立了留学生创新产业园，并为入园企业提供“保姆式”服务，举办了“凤来雁归·百里挑一”高端人才交流活动。

五、人事制度改革

（一）创新公务员管理制度

全面启动公务员分类管理改革，出台了《深圳市行政机关公务员分类管理改革实施方案》，配套制定了行政执法类公务员管理办法、专业技术类公务员管理办法、聘任制公务员管理办法，及聘任制公务员养老保障办法。完成了行政执法类和专业技术类公务员的职位设置和职级薪级套转，套转后占全市行政机关公务员总数的 55%。启动了监狱劳教人民警察分类管理改革。圆满完成聘任制公务员公开招聘，招考热度创历史新高。

（二）推进事业单位人事制度改革

发布实施深圳市事业单位岗位设置管理实施方案及配套文件，全市大部分事业单位完成岗位设置方案的拟订。面向临聘教师组织定向招考两次，录用 3701 人。

（三）加强公职人员教育培训工作

组织赴港对口考察交流班 30 多期，市、区行政机关公职人员 2 000 多人参加。组织公职人员参加新加坡交流项目。承接东西部对口干部培训。

（四）稳妥推进工资福利制度改革

完善机关工资制度，结合不同类别公务员分别设计薪酬体系，在行政执法类公务员队伍实行薪级工资制度。推进事业单位绩效工资制度改革，分类制订和优化与绩效合理挂钩的工资总额调控办法。稳慎推进公职人员养老保障制度改革，在聘任制公务员中探索职业年金制度，研究建立事业单位职业年金制度。妥善解决了事业单位改制中原退休人员待遇等历史遗留问题。

（五）认真做好军转干部和随军家属安置工作

“阳光安置”了计划分配军转干部 465 名，审批和安置家属随军 138 户。落实企业军转干部解困政策，发放生活困难补助 848 万元，发放企业退休军转干部补贴 3 300 多万元。

六、劳动关系

（一）深入贯彻落实劳动关系法规

开展“春暖行动”“创建和谐劳动关系示范区”等活动，劳动合同签订率持续提高。推行以工资集体协商为主要内容的集体合同制度，推动企业建立劳动关系自我约束机制。

（二）切实保障劳动者工资收入

提高最低工资标准，全市最低工资标准统一调高为 1 100 元/月，平均增幅 15.8%。使用欠薪保障基金垫付企业欠薪 39 宗、3 285 人次、1 154 万元，向 48 家企业追回垫付欠薪 651 万元。发布工资指导价位，覆盖 18 个行业、571 个工种。

（三）畅通劳动保障信访渠道

提升信访信息化管理水平，落实对重要信访事项的领导包案制度。全市受理来信来访 78 281 宗（件）、14.7 万人次。妥善处理重大集体访 260 宗，涉及 1.65 万人次。受理群众咨询投诉来电 1 077 万人次，其中人工接听 125 万人次。

（四）加强劳动保障监察执法

开展了清理整顿人力资源市场秩序、清理非法入境非法就业外国人，以及工资发放情况大检查等 9 次专项执法活动。妥善处理了富士康、盐田港物流、爱普生技术等企业的加薪停工事件。推进劳动监察网格化、网络化建设，实现了监察执法的全程信息化和实时监控。全市共检查各类用人单位 6.75 万家次，涉及员工 648 万人次，妥善处理群体性突发事件 720 件；将 27.21 万家企业的用工信息纳入监察信息系统并实行分类监控，覆盖了全市近 90% 的企业。

（五）不断提高劳动人事争议调处效能

建立与司法、工会、企业联合会等部门联动调解工作机制，引入律师、企业家、优秀农民工、学者参加调解，推动企事业单位建设内部调解组织。开展“开标准庭、办标准案”活动，法院对仲裁案件的撤裁率从10%大幅下降到3.5%。妥善处理重大集体劳动争议，包括张家界籍劳务工疑似尘肺病案件、民润公司集体争议等社会影响极大的重大案件。全市共受理劳动争议案件30 431宗，其中立案27 453宗，涉及劳动者50 415人；办结27 833宗，案外调解2 978宗，当期结案率101.38%。受理人事争议案件3宗，结案2宗。

各区在完善和谐劳动关系调处机制中推出多项创新。其中，南山区充分发挥“区—办事处—社区”三级调解网络机制作用，盐田区积极探索社工参与、行政调解与司法调解相结合的劳动争议调解中心工作模式，宝安区创新新安“1＋3”劳资恳谈机制。

（深圳市人力资源和社会保障局）

广西壮族自治区

2010年对于广西人力资源社会保障系统来说，是压力巨大、任务繁重、困难重重、挑战严峻的一年。一年来，全区人力资源社会保障系统在自治区党委、政府的正确领导下，改革创新、攻坚克难，突出抓好“四项工作”，实现了“四个稳定”。一是突出抓好公务员泄题事件的处置工作，较好地完成了重新组织考试的各项工作任务，维护了社会的稳定。二是突出抓好自治区和各市人力资源社会保障系统的机构改革，搞好组织机构建设，明确职责任务，理顺工作关系，保持了机构的稳定。三是突出抓好各项目标任务的落实，确保全年各项指标的完成，确保了工作的稳定。四是突出抓好干部队伍自身建设，选好人，用好人，实现了队伍的稳定。

一、全面实施积极的就业政策，就业局势继续保持稳定

继续深入落实已出台的一系列稳定和扩大就业政策措施，特别是“五缓四减三补贴”政策，使政策效应得到进一步发挥。调整、完善返乡农民工创业就业政策，并延续执行到2010年底。以高校毕业生、农民工、城镇失业人员、水库移民、被征地农民和边境一线农民为重点，采取措施大力推进就业工作。多形式、多层次开展“就业援助月”“春风行动”“民营企业招聘周”“高校毕业生就业服务月”等就业服务系列活动。大力实施特别职业培训计划，全面推动以创业促进就业工作，努力实现就业局势的总体稳定。据统计，2010年全自治区城镇新增就业45.61万人，下岗失业人员实现再就业10.56万人，其中就业困难人员再就业3.41万人，分别完成当年目标任务的152.03%、132%、170.5%；全年城镇登记失业人员总数为43.8万人，其中登记失业人员实现就业24.2万人，年末城镇登记失业率为3.66%，低于全年控制目标（4.5%）0.84个百分点；农村劳动力转移就业新增92.69万人，完成全年目标任务的132.41%，其中区内跨县转移38.49万人，向区外转移54.20万人；农村劳动力转移就业职业技能培训71.43万人，完成全年目标任务的155.28%；失业人员再就业培训6.99万人，完成全年目标任务的116.5%。

二、坚持以民生为本，社会保障体系进一步完善

坚持以民生为本，把农村社会保障制度建设摆在突出的位置，加快完善覆盖城乡居民的社会保障体系，进一步完善各项制度，统筹做好城乡社会保障工作。

（一）社会保险覆盖范围进一步扩大

积极推进灵活就业人员、进城务工人员、被征地农民和城镇居民参保。2010年末，全区参加城镇职工基本养老保险、医疗保险、失业保险、工伤保险、生育保险的人数为449.3万人、935.5万人、238.4万人、235.7万人、218.5万人，均比上年底有所增加，分别完成当年目标任务的107.5%、110%、101.5%、102.9%、104%。此外，全区农民工参加基本养老保险、医疗保险和工伤保险的人数同比也有不同程度增加，2010年末分别达到13.8万

人、27.5万人和61.5万人。

（二）各项社会保险待遇继续提高

2010年，重点调整提高了企业退休人员基本养老金水平，调整后人均基本养老金1 182元，月人均增加121元，增幅达11.4%。同时，提高了基本医疗、失业、工伤保险待遇水平。各统筹地区还普遍降低住院起付标准，增加门诊慢性病病种，人民群众得到了更多的实惠。

（三）社会保险领域继续拓展

稳步推进新型农村社会养老保险试点工作。截至2010年末，27个试点县（市、区）参保人数为220.36万人，其中首批试点县参保率已达82%；养老金领取人数59.56万人，其中首批试点县发放率已达96%，累计发放养老金38 505.55万元，基金累计结余46 485.87万元。继续做好大学生等群体参加城镇居民医疗保险工作。2010年末，中小学生儿童参加城镇居民医疗保险人数为334.9万人，大学生参加城镇居民医疗保险人数为42.6万人。实施“平安计划”二期。把农民工缴纳工伤保险费作为颁发工程施工许可证的前提条件，将所有建筑施工企业农民工纳入工伤保险统筹管理。同时，积极推进政法系统干警纳入工伤保险工作。

（四）社会保险历史遗留问题进一步妥善解决

积极研究解决辞退代课教师参加养老保险和“老工伤”等突出遗留问题。完善非财政拨款企事业单位计划生育人员退休增发待遇政策并落实到位。落实关闭破产和困难企业退休人员参加基本医疗保险政策，已将19.75万退休人员纳入职工基本医疗保险。

（五）社会保险政策进一步完善

城镇企业职工基本养老保险关系跨省区转移接续平稳实施。城镇职工基本医疗保险市级统筹工作稳步推进。国家基本药物零差率销售取得实质性进展。柳州、钦州、贵港、崇左等市城镇居民基本医疗保险门诊统筹试点工作顺利推进。流动就业人员医保转移接续和异地就医结算服务工作成效明显，南宁、钦州、北海、防城港四市已实现系统联网，妥善解决了4市参保居民异地就医结算问题。

三、工资收入分配制度改革稳步推进，工资收入分配机制进一步形成

（一）事业单位实施绩效工资工作有序推进

全区义务教育学校绩效工资基本兑现，义务教育教师收入水平总体提高。出台《关于全区义务教育学校实施绩效工资有关政策和操作问题的通知》《广西壮族自治区义务教育学校奖励性绩效工资分配的指导意见（试行）》和《关于广西义务教育学校实施绩效工资工作有关问题的通知》三个政策性文件，进一步完善义务教育学校实施绩效工资配套政策，加快推进各项工作。至2010年8月，义务教育学校教师绩效工资全面兑现，实现了义务教育教师平均工资水平不低于当地公务员平均工资水平的目标要求。积极开展公共卫生与基层医疗卫生事业单位实施绩效工资工作，前期工作进展顺利。6月13日，自治区人民政府办公厅印发《广西壮族自治区公共卫生与基层医疗卫生事业单位绩效工资实施意见》，并召开全区电视电话会议进行部署，组织实施。此外，还按照国家明确的“分类指导、分步实施、因地制宜、稳慎推进”的要求和自治区部署，推进其他事业单位实施绩效工资工作。

（二）进一步完善公务员工资制度

积极研究人民警察加班补贴政策和信访工作人员岗位津贴政策。积极会同相关部门反复研究，7月印发了《关于调整信访岗位津贴实施范围和标准有关问题的通知》，11月出台了人民警察法定工作日之外加班发放补贴的有关政策。

（三）企业工资收入分配宏观指导调节制度进一步健全

企业欠薪报告制度普遍建立，工资保障金制度、工资指导线制度和最低工资制度进一步完善，工资收入水平稳步提高。2010年广西全区城镇单位在岗职工平均工资为 31 842 元，月最低工资标准最高档为 820 元。

四、积极稳妥推进岗位设置管理工作，事业单位改革进一步深化

在全区事业单位逐步推行全员聘用制度，稳步推进事业单位岗位设置管理工作，陆续出台了 21 个配套文件，初步形成了事业单位人事制度改革政策体系。截至 12 月 31 日，共有 12 460 个事业单位完成首次岗位设置工作。其中，86.98%设区的市市级以上党政机关所属事业单位、34.62%县级党政机关所属事业单位完成岗位设置实施工作。705 个区直单位完成岗位设置方案核准，占应纳入岗位设置管理事业单位的 90.73%；2 222 个设区市所属事业单位完成岗位设置方案核准，占应纳入岗位设置管理事业单位的 85.9%；9 533 个县以下事业单位完成岗位设置方案核准，占应纳入岗位设置管理事业单位的 34.62%。全区已实行聘用制度的事业单位共有 29 731 个，占应实行聘用制度单位总数的 90.92%，比上年提高 46.92 个百分点；签订聘用合同的人员达 73.5 万人，占人员总数的 90.29%，比上年提高 58.09 个百分点。104 个区直事业单位完成了人员聘用认定工作，并按规定执行了新的岗位工资标准。

五、人才队伍建设取得突出成果，人才强桂战略全面实施

（一）以公平公正为核心，加强公务员队伍建设工作

一是加大公务员培训力度，深化公务员“四类培训”，开展以保密知识教育为专题的全员培训。创新公务员培训管理制度和手段，利用广西教育培训网探索建立公务员培训学时学分制，加大公务员网络培训、远程教育力度，组织公务员自主选学培训。二是在自治区党委、政府的坚强领导下，举全厅之力、全系统之力，妥善处置公务员考试泄题事件，认真做好另行组织笔试的各项工作，安全、顺利完成 4 月另行组织的公共科目笔试考试和 7 月举行的面试，截至 11 月 20 日全区共审批录用公务员 5 212 人。三是进一步完善表彰奖励制度，规范表彰奖励活动。加强对评选表彰工作的指导和监督，配合自治区党委组织部做好第二届全区“人民满意的公务员”和“人民满意的公务员集体”评选表彰工作。

（二）着眼高层次人才培养，大力做好专业技术人才工作

2010 年以来，积极培育区域性人才小高地和产业小高地集群，完成首批自治区级人才小高地建设评估和总结工作，不断提高项目化管理水平，充分发挥人才小高地示范、辐射和带动作用。做好国务院特殊津贴专家、“百千万”、“十百千”人才工程人选的选拔和服务工作。开展服务地方民生和经济的“专家行”活动。推进博士后管理体制改革，按期完成广西博士后科研工作站申报工作，共组织重点企事业单位申报设站，经国家评审、批准，2010 年广西新增博士后站 3 个。

六、大力推进劳动者维权工作，劳动关系总体和谐稳定

加强对劳动关系新情况新问题的研究，做好稳定劳动关系和保护劳动者权益工作。积极开展“春暖行动”“送法入企”活动，大力实施“彩虹计划”，促进了劳动合同制度和集体合同制度深入实施，农民工劳动合同签订率有所提高，全区“和谐工业园区”“劳动关系和谐单位”建设效果明显。劳动保障监察执法力度加大，劳动人事争议仲裁调解工作得到加强。2010 年，共立案查处劳动保障监察案件 5 264 件，结案 5 143 件，全年共为 9.65 万名劳动者追发工资待遇金额 2.59 亿元。全年各级劳动人事争议仲裁机构立案受理劳动人事争议案件 11 765 件，涉及劳动者 16 399 人，涉案金额达到 13 636.87 万元。

（广西壮族自治区人力资源和社会保障厅）

海 南 省

2010年，海南省人力资源社会保障工作在省委、省政府的正确领导下，认真落实人力资源社会保障部的决策部署，深入贯彻科学发展观，紧紧围绕海南国际旅游岛建设，坚持民生为本、人才优先，砥砺奋进，真抓实干，全省就业局势保持总体稳定，社会保障体系建设深入推进，人才工作创新发展，工资收入分配和人事制度改革不断深化，维权维稳工作扎实有效，圆满完成了各项工作任务。

一、就业工作

2010年，全省城镇新增就业9.4万人，完成全年8万目标任务的117%；城镇登记失业率3%；农村劳动力转移就业9万人，完成全年8万目标任务的112.5%；全省高校毕业生3.8万人，初次就业率85%。开发公益性岗位5 025个，完成全年5 000个目标任务的100.5%；累计消除零就业家庭5 527户，帮助超过99%的零就业家庭实现至少有一人就业；帮助下岗失业人员实现再就业3.7万人，完成全年3.4万目标任务的107.6%；帮助就业困难人员实现再就业1.2万名，完成全年0.97万目标任务的123.7%；培训下岗失业人员和农村劳动力7.7万人，完成全年7万目标任务的110%。

（一）突出抓好高校毕业生就业工作

强化就业服务，全省通过举办大中专毕业生供需洽谈会、“民营企业招聘周”等活动，共提供岗位3.8万个。组织开展公务员招考，共招录职位2 251个。实施高校毕业生“三支一扶”计划，从1045名考生中招募了73名高校毕业生到全省8个少数民族和贫困市县服务。推进高校毕业生就业见习基地建设，起草了《高校毕业生见习基地管理暂行办法》，在海航集团、中国电信海南分公司等53家单位建立就业见习基地，提供了超过5 000个就业见习岗位；省农信社和海南威特电气被确定为首批国家级就业见习示范基地。

（二）多渠道开展就业再就业援助活动

延长灵活就业困难人员的社保补贴享受期限，出台了《关于进一步做好减轻企业负担稳定就业局势有关问题的通知》；开展以就业困难人员和残疾登记失业人员为重点服务对象的就业援助月活动，共帮助1561名就业困难人员实现再就业。大力开发公益性岗位，重点解决登记失业的高校毕业生和残疾人就业，零就业家庭连续4年实现动态清零。

（三）切实加强职业技能培训

启动退役士兵职业培训工作，报请省政府办公厅下发了《关于加强退役士兵职业技能培训工作的意见》。规范培训管理，出台了《关于做好省本级2010年度农村劳动力转移就业技能培训工作的通知》，对制订培训计划、加强培训监管、提高培训质量等方面提出了明确要求，全省共培训农民工约5.6万人。积极开展家政培训，上千名接受家政培训的城镇下岗失业人员、农民工通过了验收。

（四）多措并举做好农民工工作

制定了《2010年海南省农民工工作要点》，统一部署全省农民工工作，鼓励农民工向城镇转移就业、扶持就近就地就业和返乡创业。开展以“服务进城务工，帮助就近就业，扶持返乡创业”为活动主题的“春风行动”，帮助2.4万名农民工实现就业创业。完善农民工工资保证金制度，出台了《关于建立交通运输行业农民工工资保证金制度的通知》，全省建筑、水利水电和交通运输3大行业全面实施农民工工资保证金制度。强化劳务输出服务，组织2 000多名农村劳动力前往珠三角地区就业。

（五）强化基层公共服务平台建设

扎实推进创建充分就业社区活动，海口琼山区府城镇大园社区和三亚市河西区红旗街社区被人力资源社会保障部授予首批“国家级充分就业示范社区”。积极协调省发改委和市县政府，文昌、儋州和琼中被确定为国家基层就业和社会保障服务设施建设试点市县。

二、社会保障工作

全省参加城镇基本养老、基本医疗、失业、工伤、生育保险人数分别为180万人、323.3万人、112.5万人、95.4万人、92.6万人，分别完成年目标任务的107.1%、114%、116.7%、103.3%和103%。

（一）养老保险制度进一步完善

基本养老保险省级统筹通过人力资源社会保障部和财政部评估验收，养老保险基金统筹共济能力进一步提高，对确保全省企事业单位离退休人员养老金按时足额发放起到了积极作用；组织开展了养老保险省级统筹实施情况检查，评出一等奖3个市县，二等奖4个市县，三等奖7个市县，积极推进省级统筹各项指标任务的顺利完成。完成2010年调整企业退休人员基本养老金工作，自1月1日起提高全省359 545名企业退休人员基本养老金标准，调整后月人均基本养老金1 117元，月人均增加基本养老金175元，为历年来最大的调整幅度；建国前参加工作的老工人和企业中具有高级专业技术任职资格的退休人员月人均养老金突破2 000元，分别为2 167、2 068元。省政府出台了《海南省城镇职工基本养老保险关系转移接续实施办法》，解决了长期以来因社会保险关系转移接续不畅而影响劳动者流动就业的难题。积极探索城镇居民养老保险制度，起草了《海南省城镇居民社会养老保险暂行办法》。组织召开农垦社保移交地方协调会，逐步解决农垦社保移交地方遗留问题，定向招录了70名农垦社会保险经办人员充实到市县社会保险经办和征收机构，加强了农垦社保经办队伍建设。

（二）新农保制度实现全覆盖

省政府常务会议审议通过了《海南省新型农村社会养老保险暂行办法》，自10月1日起，海南省新型农村社会养老保险正式在全省范围实施，520多万农民纳入新农保制度，54.6万60岁以上农民直接受益，提前4年实现国家预定目标。国家试点市县新农保参保缴费取得阶段性成果，截至12月31日，全省18个市县累计参加新农保186.8万人，参保率81%，为54.5万符合领取养老金条件的60周岁以上农民发放了养老金，发放率99.7%。其中，7个试点市县累计参保63.2万人，参保率86%，发放养老金17.7万人，发放率99.8%。新农保信息系统成功上线运行，实现了省、试点市（县）、乡镇三级联网，极大地方便了全省新农保各项经办工作的开展，提高了经办能力。经办机构队伍建设初见成效，试点市县按照新农保工作要求，在现有市县一级农保经办机构的基础上，完善了乡镇一级的劳动保障平台，配备了专职工作人员，村一级配备了协管员，三级工作网络的健全为新农保工作的开展提供了良好的组织保障。2010年全省共投入新农保补贴资金1.6亿元，工作经费近3 000万元。各级财政补贴资金已及时拨付到位，确保了新农保工作的开展。

（三）医疗保险改革稳步推进

会同省卫生厅、财政厅下发了《海南省流动就业人员基本医疗保障关系转移接续实施意见》，实现流动就业中城镇职工基本医疗保险、城镇居民基本医疗保险和新型农村合作医疗等医疗保障关系的顺畅接续。积极推进医疗保险异地就医结算管理工作。在与广东、广西、山西、黑龙江、贵州等五省区开展双方省本级医疗保险参保人员异地就医结算基础上，与天津市、福建省人力资源社会保障局（厅）分别签订了《异地就医结算合作框架协议》。按时调整全省基本医疗保险药品目录，建立了药品调整基础数据库，增补乙类药品243个品种（其中：西药134个品种、中成药109个品种）和民族药2个品种。妥善解决从未参加基本医疗保险的退休人员医疗保障问题，截至12月31日，全省26 016名国有困难单位退休人员全部纳入了海南省基本医疗保险范围；17 852名非国有困难单位退休人员及以灵活就业身份参加基本养老保险并办理退休手续的人员，全部参加了城镇从业人员基本医疗保险或城镇居民基本医疗保险。进一步扩大基本医疗保险覆盖面，年末全省城镇基本医疗保险参保人数达323.3万人（其中城镇从业人员基本医疗保险166.9万人，城镇居民基本医疗保险156.4万人），提前完成人力资源社会保障部下达的2010年度285万人的扩面征缴任务。提高医疗保障水平，城镇居民基本医疗保险自1月1日起省级补助提高50%，市县财政补助标准提高到年人均120元，统筹区统筹基金最高支付限额由6万元调整为8万元，住院报销比例比上年提高5个百分点；城镇从业人员基本医疗保险住院报销比例超过80%，提前3年达到并超过国家75%报销比例的要求。完成城镇居民基本医疗保险制度建设考核评估工作，省政府对有关市县进行了表彰奖励。探索建立城镇居民基本医疗保险门诊统筹机制，组织海口、三亚开展门诊统筹试点工作并取得了初步成效。根据省政府的部署，在总结三亚建立城乡居民基本医疗保险制度经验的基础上，组织开展了统一城乡居民基本医疗保险制度的专项课题研究。

（四）失业保险调控作用明显，工伤、生育保险制度日趋完善

突出抓好减负稳岗政策的落实，调整政策重点扶持中小企业，出台了《关于进一步做好减轻企业负担稳定就业局势有关问题的通知》和《关于进一步做好困难企业稳定就业岗位的通知》，全省累计减轻企业负担1.3亿元，惠及21 857家企业、涉及73.5万职工。建立失业预警制度，开展失业动态监测，确定海口市（含省本级）、三亚市、昌江县为开展失业动态监测的城市，完成预警监控报告12次，监测企业90家（正常经营89家，破产2家），监测企业职工人数42 421人，占监测城市职工总数的21.4%，重点监测的90户企业职工人数和全省人力资源市场供求等情况，全省就业形势基本平稳。解决了“老工伤”历史遗留问题，出台了《关于将老工伤人员工伤保险待遇纳入工伤保险基金统筹管理有关问题的通知》，将老工伤人员全部纳入工伤保险统筹管理。“平安计划”二期和工伤预防试点工作进展顺利，24万名农民工参保；2010年计提取630万元工伤保险基金开展工伤预防，为39 766名职工进行了职业病健康体检，一批职业病危险人群得到早发现、早治疗、早调换工种。启动工伤保险省级统筹工作，已起草征求意见稿征求意见。受理工伤认定申请1 946件，进行劳动能力鉴定758人次。生育保险条例通过省人大立法，提高了立法层次和待遇水平；开展《海南省城镇从业人员生育保险条例实施细则》起草工作，已提交省政府待审议。

（五）社保基金、信息化管理进一步加强

按时完成了全省社保基金预、决算，加大清收力度，儋州、万宁和陵水全面完成了清收工作，开展了基本医疗保险基金检查。省本级通过金保工程示范城市验收，完成了12333电话咨询服务系统软件开发，新农保信息管理系统和城乡一体化医疗待遇支付系统成功上线运行，全省18个市县社保经办机构与地税征收部门实现实时联网。

三、工资收入分配

（一）事业单位全面实施绩效工资

继2009年在义务教育学校实施绩效工资后，在高中、中职学校及公共卫生与基层医疗卫生事业单位、其他事业单位进一步实施绩效

工资，惠及 245 002 名在职及离退休人员。至此，海南省在全国率先实现所有事业单位全面实施绩效工资。

（二）企业工资管理工作进一步加强

根据全省经济发展状况和职工工资增长状况，上调了最低工资标准，调整幅度为历年最高，其中一类地区增幅为 31.7%。发布了海南省 2010 年企业工资增长指导线，引导企业合理确定在岗职工工资水平，推进工资集体协商工作。

四、事业单位人事制度改革

（一）事业单位岗位设置顺利推进

已核准 4 批 24 家省直事业单位岗位设置方案，审核省直 11 家事业单位及海口市 2 家市直事业单位专业技术二级岗位方案。

（二）事业单位公开招聘工作进一步规范

下发了《关于切实做好事业单位公开招聘工作有关问题的通知》，要求事业单位公开招聘工作要做到“四公开”，即信息公开、过程公开、范围和条件公开、结果公开。

五、人才队伍建设

（一）加强公务员队伍建设

制订了海南省公务员录用笔试、面试考务规程，组织实施 2010 年公务员招录，2 251 个职位 44 295 人报考。审批参照公务员法管理事业单位 18 家。会同有关部门组织招录党政紧缺专业人才，开展了政法干警招录培养体制改革试点招录工作，录用了 107 名政法干警进入院校定向培养。制定了《海南省社保费征管体制和农税地税体制调整改革人员划转安置工作方案》，组织实施三项体制改革人员划转安置工作，经调查摸底、动员培训、人员清理、公示、考试等程序，已全面完成 2 365 人的划转安置工作。进行基层公务员队伍建设现状调研，加强公务员四类培训、少数民族和贫困地区公务员培训及对口培训，省直共培训 794 人。组织向“人民满意的公务员”和“人民满意的公务员集体”学习活动，开展海南省第二届人民满意的公务员和公务员集体评选表彰工作。会同 18 个省级有关主管部门评选推荐系统先进工作者和先进集体，完成 45 名全国劳动模范的评选表彰工作。实施公安机关执法警务机构人民警察、警员职务套改。

（二）加大人才引进和高层次人才培养选拔力度

及时发布了全省人力资源市场供求信息，引导全省各类人才合理流动，省人力资源社会保障厅直接引进各类人才 940 人，完成全省 40 家人力资源服务机构年审换证工作。开展“特贴”“省优”专家推荐、选拔，15 人当选为“特贴”专家，41 人当选“省优”专家；选拔“515 人才工程”第一层次 17 人、第二层次 35 人；完成省委、省政府重点联系专家推荐选拔工作，144 人当选。完成了 2010 年各系列职称评审，组织实施职称外语、卫生、会计职称及各类执业资格等全国统考，报考人次 59 988 人，考风考纪良好。完成海南大学等 4 家设站单位的博士后工作的考核评估，组织申报中国留学回国创业启动支持计划和留学人员科技活动项目择优资助经费，共有 7 人、7 个项目获得资助，资助经费共计 50 万元。

（三）重视技能人才培养

职业技能鉴定考核 5.1 万人，颁发各类职业技能鉴定证书 4 万份，完成了 2009 年全省职业技能鉴定机构年审工作。积极开展各类职业技能竞赛，组织开展了 2010 年全国第十届中华技能大奖和全国技术能手候选人、国家技能人才培训突出贡献奖候选人与候选单位的推荐和申报，组织有关部门开展了海南省首届“农垦杯”农村实用人才技能竞赛活动，分别与教育厅、文体厅等单位联合举办职业学校、印刷行业技能竞赛。会同省教育厅、省财政厅完成对技工院校农村家庭经济困难学生和涉农专业学生的清查、统计工作，国家对农村家庭经济困难学生和涉农专业学生免学费的政策得到了落实。

（四）提高技工学校办学层次

人力资源社会保障部及省政府专题会议均

原则同意依托海南省高级技工学校筹建技师学院，三亚技校被确定为国家级重点技工学校，全省技工院校的办学层次进一步提高。

（五）基本完成全省军转安置任务

截至12月31日，计划分配军转干部已安置372人，安置率达96%，首次开展自主择业军转干部个性化培训。

六、劳动关系协调工作

（一）加强劳动保障监察执法

加强日常巡视监察，推进海口市和儋州市劳动保障监察“网络化、网格化”试点工作。组织开展农民工工资支付情况、以提高农民工劳动合同签订率为重点的“春暖行动”和清理整顿劳动力市场秩序等专项执法检查，共检查2 685家企业，涉及1.6万人，审查用人单位规章2 500多件，补签劳动合同8 000份。

（二）会同省总工会稳步推进集体合同“彩虹计划”和工资集体协商制度建设

全面开展企业劳动用工备案，推动协调劳动关系三方机制和劳动争议预防调解工作，海南港航控股有限公司被列为全国首批劳动争议预防调解工作示范企业。

（三）稳妥开展国企改革职工安置

共审查22家企业职工安置方案，涉及安置职工720人，解除劳动关系职工484人，计发经济补偿金1 063.1万元。

（四）完善劳动争议调解仲裁机制

坚持调解优先，提高办案效率，受理案件3 636件，审理结案3 704件（含上年未结转案件），其中调解结案745件，裁决结案1 979件，经调解撤诉和其他方式结案980件，结案涉及金额5 280.4万元，涉及劳动者5 530人。

（五）按时发放企业军转干部生活困难补助、清理三拖欠等4 000万元

开发公益性岗位350个，全省有就业愿望和就业能力的下岗失业企业军转干部基本实现了再就业，确保了企业军转干部的稳定。

（六）加强信访维稳工作，规范了信访工作程序

积极开展网上接访，共接待群众来访205批1 639人次，群众反映强烈的一些难点问题得到妥善解决。牢牢把握重点地区、重点人员，实现了“零进京”目标，有效维护了重大活动期间的社会和谐稳定。

（海南省人力资源和社会保障厅）

重　庆　市

“十一五”期间，重庆人力资源社会保障系统深入学习贯彻科学发展观，认真落实胡锦涛总书记“314”总体部署、国务院3号文件精神和市委、市政府一系列重大决策部署，紧紧围绕“民生为本、人才优先”的工作主线，抓改革、促发展，战危机、保民生，突出抓好就业、社会保障、人才发展等工作，全面完成了“十一五”规划目标任务，为全市经济社会快速健康发展作出了积极贡献。特别是刚刚过去的2010年，全系统积极应对各种挑战，团结协作，努力进取，顺利完成了年度目标任务，实现了“十一五”圆满收官。

一、城乡就业工作取得新进展

一是就业政策积极有力。深入开展“就业政策落实年”活动，认真贯彻实施《重庆市就业促进条例》，继续实施“一缓三降两补贴”政策。全年落实社会保险补贴、岗位补贴、培训补贴、职业介绍补贴5.6亿元。全市城镇新增就业31.5万人，2010年12月，城镇登记失业率3.9%。

二是创业带动就业取得新成效。开展创业型城市创建工作，全年新增市级农民工返乡创业园区16个，总数达到36个。农民工返乡创业总户数26.9万户，吸纳城乡劳动力就业127.7万人。共发展区县级返乡创业特色园、创业街、商贸城37个。启动3个返乡创业示范区县建设。新发放小额贷款22.3亿元，累计发放52.8亿元，发放总量位居全国百个重点联系城市首位，共扶持9.8万人自主创业，带动21.5万人就业。

三是职业技能培训得到加强。全市技工院校在校生规模达到12.3万人，毕业生“双证率”和就业率均达98%以上。在全国率先开展高校毕业生定向就业培训，帮助1.7万名大学生实现就业。进一步完善培训开班备案、档案管理、年度自查和检查“三项制度”，培训监管进一步加强。全年组织就业再就业培训10万人、创业培训2.3万人。

四是重点群体就业取得新成效。大力开展高校毕业生就业推进活动和就业服务月活动，全年共选派4 550名高校毕业生到镇街、社区平台从事就业服务工作，帮助7 089名登记失业高校毕业生就业。加大农村富余劳动力转移工作力度，全年促进农村劳动力非农就业35.3万人，累计就业850万人，转移比重位居全国前列。深入推进“充分就业社区”和“充分就业村”创建工作，73%的社区和30%的行政村达到充分就业标准。扎实开展“一对一”就业帮扶，消除城镇“零就业家庭”404户，实现动态为零的目标。新发放就业补贴1.1亿元，帮助3.2万名低保人员放弃低保实现就业。

五是“两大区域”就业有新突破。全年共协助广达、英业达、富士康等信息产业企业招工2.7万人，基本满足了企业用工需求。加大库区就业工作力度，2010年底，库区城镇调查失业率为7.71%。

六是就业服务体系建设取得新进展。着力推进就业社保工作机构向村社延伸，全年新建村社就业社保服务工作平台2 195个，全市100%的镇街、94.7%的社区、40%的行政村建立了就业和社保工作机构。大力推进人力资源市场信息向镇街、村社延伸，基本实现了市、区县、镇街、村社四级人力资源市场信息互联互通。

二、社会保障体系建设取得新突破

一是统筹城乡的养老保险制度基本建立。城乡居民社会养老保险扩大到75%的区县，参保人数807万，已有277万老年人享受基本养老保险待遇。调整企业退休人员养老金、超龄人员和征地农转非人员的养老待遇水平，企业退休人员月人均养老金超过全国平均水平。城镇企业职工基本养老保险关系跨省市转移接续工作顺利实施。截至2010年底，全市参加城镇职工基本养老保险的人数达到570万人。

二是医疗保险覆盖面和待遇水平稳步提高。进一步扩大医保市级统筹范围，将双桥、长寿、石柱、城口等4个区县纳入市级统筹区。通过提高报销比例、封顶线和增加特病病种等措施，职工医保和居民医保住院报销比例分别达到69%和45%。截至2010年底，医保参保人数达到3 028.5万人，其中职工医保406.2万人、城乡居民合作医保2 622.3万人。

三是其他社会保险积极推进。出台《老工伤人员纳入工伤保险统筹管理办法》，解决老工伤历史遗留问题。扩大工伤职工医疗、康复服务项目52项，增加辅助器具配置项目40项，工伤待遇进一步提高。截至2010年底，全市工伤保险参保职工266万人，失业和生育保险参保分别达到237.3万人和174.2万人。

四是社保基金监管进一步加强。出台了《重庆市社会保险稽核办法》《〈重庆市骗取社会保险基金处理办法〉实施细则》等制度；开展人力社保系统强农惠农资金和全市城镇职工基本医疗保险基金专项检查工作。认真做好社会保险基金监管软件应用试点工作，完成市本级和主城10区（含北部新区）的安装部署工作。对全市168名基金监管行政人员进行了社保基金监督检查证申领培训。

三、人才队伍建设取得新成效

一是专业技术人才队伍建设得到加强。研究编制专业技术人才队伍中长期发展规划，制定出台《重庆市"特聘专家"管理与服务办法》。完成了2010年享受政府特殊津贴人员和第三届重庆市杰出专业技术人才推荐选拔工作。大力发展博士后事业，全年新增12个国家级博士后科研工作站。制定《重庆市博士后科研工作站设置和管理办法》，建立市级博士后科研工作站15个。截至2010年底，全市专业技术人才达到108万人，同比增长28.1%。

二是技能人才队伍建设扎实推进。编制重庆市高技能人才队伍建设规划。开展高技能专家百场巡讲活动101场，受众8万余人。成功举办第二届中国·重庆职业技能大赛，共有18个职业工种3.5万余人参赛，得到了社会各界好评。组织参加第三届全国技工院校技能大赛。组织参与2010年度中华技能大奖和全国技术能手评选。截至2010年底，全市技能劳动者达到230万人，其中高级工及以上61万人。

三是农村乡镇人才队伍建设计划深入推进。全年共选派6 630名大学生到乡镇基层工作。为18个区县280个乡镇定向培养紧缺专业大学生312名。组织选派10 102名专技人员到农村乡镇"三支"，涉及援助项目88个、资金85.2亿元。定向招聘266名"三支一扶"大学生到乡镇事业单位工作，解决了2006、2007年"三支一扶"大学生就业问题。

四是引才引智工作取得新成绩。深入实施"千名优秀人才引进计划"和"百名海外高层次人才集聚计划"，引进高层次人才1 171人，其中博士391人。实质性引进院士3人，领军人才队伍建设取得新突破。抓好高层次人才优惠政策落地兑现，为148名新增高层次人才兑现一次性安家资助、岗位津贴共计1 825.2万元。大力引进国外智力，新开辟希腊、奥地利引智渠道，全年引进国境外专家5 830人次。

四、工资收入分配改革取得阶段性进展

一是在全国率先兑现公共卫生与基层医疗卫生事业单位绩效工资，惠及5.9万职工，顺利实现市委、市政府“8月底前兑现到位”的目标要求，人力资源社会保障部、财政部、卫生部印发专刊在全国推广重庆市的主要做法。加强对义务教育学校实施绩效工资情况的检查指导，开展“回头看”检查调研。启动其他事业单位实施绩效工资工作，召开系列座谈会，形成了实施方案。

二是加强企业工资宏观调控管理。开展最低工资标准调整工作，最高档由680元/月调整为870元/月，净增190元/月。定期发布人力资源市场工资指导价位，为用人单位和求职者提供重要参考。严格特殊工时制度审批，对581户企业实行特殊工时制度进行审批。做好国有企业工资总额宏观调控管理工作。

五、公务员队伍建设得到加强

一是公务员制度体系逐步完善。制定了《公务员平时考核暂行办法》，将‘一讲二评三公示’引入平时考核，填补了公务员平时考核制度空白。出台《公务员录用考察办法》《公务员考试录用专业指导目录》《从2008年选派大学生中录用公务员量化考察实施办法》，公务员招录的公正性、科学性进一步提高。

二是公务员管理机制不断完善。积极稳妥开展参照管理审批工作，审批市级参照管理单位2个、人员编制31名，审批区县参照管理单位98个、人员编制1 155名。出台7个公务员遴选规范性文件，4次面向基层公开遴选402名优秀公务员。推行异地调配考官和阳光面试制度，全年录用公务员11 437人，其中面向社会公开考试5 419人。积极开展市级机关“千名干部轮岗交流”工作，交流干部1 093名，在全国率先与人民网联合举办“干部轮岗交流征文大赛”。首次以市委、市政府名义开展重庆市“人民满意的公务员集体”“人民满意的公务员”评选活动，首次开展省部级以上先进模范休假疗养。

三是公务员能力建设得到加强。对全市14万公务员开展了以“责”“忠”“诚”“廉”为学习内容的公务员《从政之德》培训。完成19大类、39期专项公务员调训，有针对性的培训公务员5 552人（次），初任培训工作基本实现全覆盖。举办4期“重庆·领导干部行政能力大讲坛”，培训市级机关主要领导干部470多人次。积极推进基层干部系统专业教育工作，2010年在校学习学员4 056名。

六、人事制度改革深入推进

一是事业单位岗位管理制度逐步完善。着力推行公开招聘，全年公开招聘11 237人，同比增长29.2%。加强事业单位岗位设置后的常态管理，全年重新核准589个事业单位近5万个岗位，完成人员聘用核准备案5.7万名。

二是职称制度改革进一步深化。制定出台《重庆市高中级专业技术资格申报评审工作规范》等职称改革“1+9”配套文件。组织开展海外留学回国人员、博士后研究人员和特殊人才专业技术资格认定工作。指导全市65个高评委开展申报评审工作，新增高级职称人员5 351人。

三是军转安置工作扎实推进。全年接收安置军转干部579人。加大引导军转干部到企业安置，完成企业安置10人。采取“转业到就业无缝对接”办法推进就业培训。接收安置自主择业军转干部203名和随调家属15名。认真做好企业军转干部信访稳定工作，切实维护社会稳定。

七、劳动关系总体和谐稳定

一是劳动关系协调机制逐步完善。积极实施劳动合同法及实施条例，深入开展以提高农民工劳动合同签订率为重点的“春暖行动”，推进集体合同制度和劳动关系三方机制建设，全市各类企业劳动合同签订率达到96.4%。

二是劳动保障监察执法得到加强。组织开

展社会保险扩面、农民工工资支付、清理整顿人力资源市场秩序、劳务派遣用工情况等专项执法大检查，共检查用人单位 21 608 户，涉及劳动者 111.5 万人。完善建筑领域农民工工资保障金制度，全市累计缴存工资保障金 49.5 亿元，动用工资保障金垫付农民工工资 8 263 万元。

三是大力抓好劳动人事争议仲裁工作。全年处理劳动人事争议案件 36 279 件，结案率 98.8%。处理农民工劳动争议案件 24 691 件，结案率 99.3%。全市 42 个劳动、人事争议仲裁委员会中，已有 37 个完成了机构实体化建设，实体化率达到 88%。

四是积极做好信访稳定工作。深入开展大下访、大走访活动，深入 16 个区县化解和稳控信访疑难问题 23 件，全年共受理群众来信来访 3 047 件次，比上年下降 29%，有力维护了社会和谐稳定。

八、综合性基础工作取得新成绩

一是人才人事服务快速发展。人才服务产业发展平台、人才社会化服务平台、大学生就业服务平台、中高级人才服务平台、国际人才交流服务平台“五大平台”建设顺利推进，人才服务体系更加完善。全年新建高校毕业生就业见习基地 215 个。出台试卷管理、考点考场管理、命题工作管理、评卷管理等办法，着力构建制度完善、体制健全、部门联动、运作高效的人事考试安全防护体系，全年组织完成人事考试任务 120 项（次）。完善专家联系服务制度，深入开展专家交流、休假、疗养三位一体活动。

二是规划财务保障能力明显增强。完成 2009 年度区县党政领导班子就业和社保实绩考核工作，开展全市人力资源和社会保障“十二五”规划编制工作。

三是法制建设进一步加强。积极促进《重庆市就业促进条例》和《重庆市劳动争议仲裁调解办法》出台，全市人力资源社会保障地方法规增至 5 个，政府规章增至 6 个。全年办理行政复议案件 383 件，行政诉讼案件 15 件，协调处理行政争议 70 余起。清理政府规章和规范性文件以及原市人事局、原市劳动保障局规范性文件共 1 064 件，向社会公布废止政府规章 2 件，建议废止市政府规范性文件 25 件；向社会公布废止（失效）原市人事局、原市劳动保障局规范性文件 181 件。

四是人力资源和社会保障信息化建设进一步加快。“金保工程”二期工程前期工作进展顺利，全年发放社保卡 128 万张。完善重庆市人力资源和社会保障公众信息网站功能，全年发布信息 3 384 条，访问量达 771 万人次，访问量居市级部门首位。

五是信息宣传工作成绩突出。围绕人力资源社会保障热点问题、重点任务和重大活动，组织市内主要媒体宣传报道，全年举办新闻通气会 20 次，牵头完成电台《阳光重庆》上线节目 4 期。切实做好舆情监测、处置工作，编发《舆情动态》22 期。不断加大信息工作力度，全年编发《每周动态》40 期。

九、自身建设不断加强

一是基础建设不断加强。大力实施干部职工能力素质提升工程，全年选派 486 名干部职工参加各类培训，举办处级领导干部业务知识讲座 4 期。开展处级领导干部公开竞争岗位工作，18 名群众公认、德才兼备的干部提拔到处级领导岗位。4 名处级领导干部进行了轮岗交流。

二是认真实施惩治和预防腐败体系建设实施纲要，深入落实党风廉政建设责任制，加强对重点环节和重点岗位权力运行的监督，党风廉政建设总体形势良好。

三是党建和群团工作不断加强。积极深入开展创先争优、“文明处室”创建、“唱读讲传”等活动，机关作风不断改进，被评为“市级文明单位”。充分发挥工会、妇委会、团委等群团组织的桥梁纽带作用，组织开展了各具特色、丰富多彩的文体活动，机关活力明显增强。

（重庆市人力资源和社会保障局）

四　川　省

2010年，在四川省委、省政府的坚强领导下，在人力资源社会保障部、国家公务员局、国家外专局的精心指导下，四川省人力资源社会保障厅坚持以服务全省“加快建设灾后美好新家园，加快建设西部经济发展高地”为主线，认真落实民生为本、人才优先两项根本要求，切实增强大局意识、责任意识、纪律意识，不断强化班子建设、效能建设、制度建设、基础建设四个保障，突出抓好就业促进、社会保障、人才队伍建设、收入分配制度改革、干部人事制度改革、构建和谐劳动关系六大工作，圆满完成了全年各项目标任务，为推进全省中心工作和“巩固回升、加快发展”做出了应有贡献。

一、就业促进工作取得明显成效

坚持把促进就业摆在首要位置来抓，大力实施“就业促进”民生工程，全力稳定和扩大就业。全年城镇新增就业75.4万人，完成计划的120.7%，同比增长4.8%；下岗失业人员再就业35.2万人，完成计划的135.3%，同比增长14.5%；就业困难人员再就业11.5万人，完成计划的143.4%，同比增长14.8%；促进高校毕业生实现创业4 023人，完成计划的134.1%；城镇登记失业率下降至4.14%，同比下降0.2%；全省转移输出农村劳动力2 245.9万人，同比增长3.3%；实现劳务收入1 757.9亿元，同比增长19.7%。

一是更加积极的就业政策进一步落实。紧紧抓住国家“就业政策落实年”延长应对危机和扩大就业政策的大好机遇，出台了减轻企业负担稳定就业岗位、促进重点群体就业、促进地震重灾区群众就业等一系列政策措施，并以政策宣传和督查评估为抓手，加大实施力度，确保了各项就业政策落实到位。

二是重点群体和重点区域就业工作全面推进。通过拓展就业渠道、鼓励企业吸纳、公益性岗位安置、鼓励自主创业与自谋职业和灵活就业等措施，着力抓好高校毕业生、被征地农民、城市低收入家庭失业人员、农村劳动力等重点群体就业促进工作。积极实施灾区、藏区就业援助行动，加强创业扶持、技能培训和公共服务，通过增强就业吸纳能力、创造公益性岗位、加大培训力度、组织劳务输出等多种方式，努力帮助灾区、藏区群众就业，提前实现了“重灾区98%以上的家庭至少1人实现就业”的目标。

三是创业促就业工作取得新进展。积极扩大小额担保贷款规模，全年新增小额担保贷款15.9亿元，完成全年计划的265.5%。加大创业型城市创建力度，成都、绵阳、攀枝花市创建国家级创业型城市工作已通过中期评估。

四是特别职业培训计划深入实施。针对不同劳动者，分别开展中短期实用技能培训、岗位技能提升培训、就业技能储备培训，参训人数达到102.3万人，充分发挥了职业培训对就业的促进作用。

五是公共就业服务进一步加强。深入推进公共就业服务体系建设，积极组织开展“春风行动”“就业援助月”“高校毕业生就业服务周”等专项就业服务活动，为全省城乡劳动者提供了及时有效的就业服务。

六是重大招商引资项目人力资源保障工作扎实有效。坚持把确保富士康和仁宝成都项目最终落地、顺利投产作为“一号工程”来抓，举全系统之力，紧急动员，迎难而上，创造性地开展人力资源保障工作，及时分解目标任务，建立完善对接机制，积极创新组织手段，科学安排招募进程，不断拓宽招募渠道，克服重重困难，圆满完成了 8 至 12 月共 6.9 万人的招募任务，并协助企业切实加强对新进员工的后续管理，探索了市场经济条件下保障改善民生与产业培育发展相融合、两促进的有效途径。

二、社会保险工作取得新进展

一是社保扩面征缴工作深入推进。以新农保扩大试点、被征地农转非人员和农民工参加养老保险、“平安计划”二期、城镇医保扩面为重点，大力推进社保扩面征缴工作。全省参加基本养老、基本医疗、失业、工伤、生育保险人数分别达 1 300.9 万、2 063.1 万、469.8 万、583.8 万和 484.2 万，均超额完成全年计划。五项社保基金征缴总量达 910 亿元，累计结余 1 202.8 亿元。新农保试点工作扎实推进，全省纳入新农保试点的县（市、区）有 67 个，占全省县（市、区）总数的 37%，参保人数达 678.8 万人，已有 201.6 万人享受了新农保待遇。其中，藏区 32 个县率先实现制度全覆盖。

二是社会保险待遇水平不断提高。精心组织实施调待工作，为全省 366 万名企业退休人员和 6 万名工伤人员提高了基本养老金和工伤待遇，月人均增加养老金超过 150 元。认真落实“两提高一统筹”的医疗保险待遇，城镇职工医疗保险封顶线平均为 14.6 万元，是上年职工平均工资的 6.3 倍；城镇居民医疗保险封顶线平均为 8.9 万元，是上年居民可支配收入的 6.4 倍；城镇职工和城镇居民基本医疗保险报销比例分别达到 77%、61.6%，比上年增长 3.3%、8.4%。失业保险金平均上调幅度达 37.6%。解决社保历史遗留问题进入收尾阶段，全省已将 43.1 万名超龄人员纳入养老保险，将 11.9 万名“老工伤”人员纳入统筹管理，将 61 万名关闭破产国有企业退休人员纳入医疗保险。

三是提高统筹层次工作取得新进展。制定了养老保险省级统筹方案，开始实施省级统筹。全省 21 个市（州）全部实现城镇居民基本医疗保险市（州）级统筹或建立风险调剂金制度，8 个市（州）城镇职工医疗保险实现市（州）级统筹，已有 18 个市（州）实现工伤保险市（州）级统筹，13 个市（州）实现生育保险市（州）级统筹，21 个市（州）实现失业保险市（州）级统筹。

四是社保经办服务和基金监管工作进一步加强。积极探索专家评审机制，扎实推进全省基本药品目录调整工作，《四川省基本医疗保险、工伤保险和生育保险药品目录》（2010 年版）于 2010 年 10 月 1 日正式实施。流动就业人员基本养老保险和医疗保险关系转移接续工作逐步规范，经办服务水平明显提高。扎实开展社保基金专项治理行动，强化内部监控管理，确保了社保基金的完整、安全。

三、人才队伍建设取得新成果

一是公务员队伍建设扎实推进。全省 25 万名公务员参加了“保密管理和信息安全知识”培训，举办东西部对口培训、藏区干部成长计划等专题培训班 19 期，培训 4 000 多人。加大从基层和生产一线考录公务员力度，完成了 2010 年度政法院校试点班 1 852 名学员招录、省市县乡四级机关招录 9154 名公务员工作。启动了全省第四届“人民满意的公务员”和“人民满意的公务员集体”评选表彰工作。

二是专业技术人才队伍建设进一步加强。启动《四川省专业技术人才中长期发展规划（2010—2020 年）》编制工作，完善了专业技术人才发展规划体系。大力实施海外高层次人才引进“百人计划”“海外赤子为国服务行动计划”，成功引进 34 名海外高层次人才来川工作。在 6 家单位新设立了国家级博士后科研工作站，全省博士后科研、流动工作站达 168 个。组织开展了第 9 批省学术和技术带头人及后备人选、第 10 批省优专家和享受政府津贴人员的推荐选拔工作。推进高级职称评审委员会改革和专家库建设。组织专家服务团赴凉山州开展“智力助州”活动。成功承办了泛珠三角区域 9 省区人才服务合作第 11 次联席会议。深入实施专业技术人才知识更新工程，培训专业技术人员 60.8 万人。举办专业技术人员高研班 16 期，培训高、中级专业技术人员 2 000 余人。

三是技能人才队伍不断壮大。组织开展了优秀技能人才评选推荐工作和全国技工院校技能大赛、国有企业职工技能大赛等系列竞赛活动。完善高技能人才评价体系和考评办法，组织实施“新技师培养带动计划”。全年新增各类技能人才 85 万人，同比增长 29.8%；新增技师和高级技师 1.5 万人，同比增长 29.1%。

四是引进国外智力工作成效明显。引智成果示范推广体系进一步完善，经济效益进一步提高。建立国家级、省级引智示范成果推广基地 27 个，实施农业引智成果示范推广项目 36 项。实施引进国（境）外技术管理人才项目 98 个，聘请国（境）外高层次和紧缺人才 230 人（次）。

四、收入分配制度改革稳步推进

一是机关事业单位津贴补贴工作进展顺利。会同有关部门开展了全省 4.6 万个事业单位 139.5 万名在职人员和 56.3 万名离退休人员的津贴补贴清理核查工作。会同有关部门完成了在蓉省直机关公务员津贴补贴第二步规范工作。完成了省级部门调整艰苦边远地区津贴审批兑现工作。

二是事业单位实施绩效工资工作稳慎推进。全面启动了公共卫生与基层医疗卫生事业单位实施绩效工资工作。按照“分类指导、分步实施、因地制宜、稳慎推进”的方针，研究提出了分步推进其他事业单位实施绩效工资的工作方案，省属其他事业单位第一步定额补助工作已部署实施。

三是企业工资宏观调控进一步加强。报请省政府和人力资源社会保障部批准，调整了全省最低工资标准，发布了全省企业工资指导线。其中，全省最低工资标准调整是本省历次调整幅度最大的一次，调整后的最低工资标准在全国居中、西部靠前；企业工资增长基准线、上线、下线分别为 14%、21%、5%。

五、人事制度改革迈出新步伐

一是实施公务员法工作取得重要进展。按照“统一标准、宽严平衡、有利发展、体现方向”和“尊重历史、逐步规范、确保稳定”的原则，积极稳妥地推进事业单位参照公务员法管理审批、入轨工作，截至 2010 年底，全省已有 6 000 多个事业单位、5.1 万余人完成参公入轨登记。在全省公安机关开展了执法勤务机构人民警察警员职务套改工作，在双流、宣汉县开展了党政机关部分职位聘任制试点，公务员分类管理和聘任制改革稳步推进。

二是事业单位人事制度改革深入推进。基本完成了事业单位岗位设置管理工作，截至 2010 年底，全省已核准岗位 127.4 万个，占应设置岗位的 91.6%；已完成岗位聘用 109.5 万个，占已核准岗位的 86.2%。进一步规范、完善了事业单位公开招聘制度，全年公开招聘事业单位工作人员 3.1 万人，通过公开招聘的新进人员比例达 91%。

三是军转安置工作进一步加强。全面完成了 1 728 名军转干部安置任务，加大了军转干部教育培训工作力度，完善了自主择业军转干部管理服务体系，狠抓了部分企业军转干部解困维稳工作，企业军转干部总体保持稳定。

四是人事考试安全规范。加强人事考试管理标准化、规范化建设，规范人事考试考务操作流程，进一步加强了人事考试安全工作。全年共组织涉及全国、全省的各类人事考试 108 项，参考人数 145.5 万人（次）。考试组织工作平稳有序，没有发生失、泄密和安全责任事故。

六、劳动关系总体保持和谐稳定

一是农民工权益保障不断加强。积极落实农民工就业培训、权益维护和公共服务的有关政策，组织了161.8万名农民工参加各类技能培训，农民工与用工企业新签订劳动合同1 233.3万份，全年处理劳务纠纷1.2万件（次），实施法律援助6 600余件（次），涉及农民工1.8万余人，为农民工挽回经济损失3.9亿多元。

二是劳动关系协调机制进一步完善。深入实施“小企业劳动合同制度实施专项行动计划”，全省小企业劳动合同签订率达65%以上。积极推进集体合同制度“彩虹计划”，签订集体合同13.7万户，覆盖425.2万人。全省21个市（州）和181个县（市、区）全部建立协调劳动关系三方机制，全省135个工业园区和523个街道（乡镇、社区）开展了和谐劳动关系创建活动。

三是劳动人事争议仲裁工作深入推进。进一步加强了劳动人事争议调解仲裁制度和机构实体化建设，受理仲裁案件2.6万件，涉及劳动者3.1万人，当期结案2.5万件，结案率达97%。

四是劳动保障监察执法力度不断加大。组织开展了人力资源市场秩序整顿、非法劳动用工整治、工资支付检查等一系列专项行动，责成用人单位补签劳动合同37.4万份，为劳动者追发工资等待遇7.9亿元，督促用人单位补缴社会保险费1.2亿元。

（四川省人力资源和社会保障厅）

成 都 市

一、概况

2010年，成都市人力资源社会保障系统在市委、市政府的坚强领导下，按照城乡统筹、“四位一体”科学发展总体战略部署，以建设世界现代田园城市为目标，以《部市备忘录》确定的目标任务为牵引，牢牢抓住就业和社会保障两个重点，扎实推进人事制度改革，大力加强人才队伍建设，认真做好工资收入分配，着力构建和谐劳动关系，深入开展调研宣传，切实抓好人力资源社会保障公共服务体系建设，全市统筹城乡人力资源社会保障配套改革不断深化，各项工作取得了较好的成绩，促进了“十一五”目标任务的圆满完成。年度各项工作得到了人力资源社会保障部、四川省人力资源社会保障厅和成都市委、市政府的充分肯定。

二、就业工作

各级党委、政府和全市人力资源社会保障系统紧紧围绕“城乡充分就业”和创建“国家级创业型城市”两大目标，深入实施就业优先战略，保持了城乡比较充分就业态势。

（一）超额完成就业各项目标任务

全市城镇新增就业15.61万人，农业富余劳动力向非农产业新增转移就业13.02万人，下岗失业人员和失地无业农民再就业8.81万人，动态消除零就业家庭，城镇登记失业率2.53%。

（二）稳步推进创建国家级创业型城市工作

深入实施“五大创业工程”，全年共帮助5.66万人成功创业；77个创业孵化基地成功孵化项目2 598个；一批海外高层次人才来蓉落户创业，带来了先进的经营管理理念和科学技术知识；全市已基本达到国家级创业型城市标准。

（三）全面落实新一轮积极就业政策

深入实施“十大培训就业行动计划”和就业培训券普惠制，全年共培训城乡劳动者19.72万人，其中17.46万人实现稳定就业；共向20万城乡失业人员发放就业培训券，“新增劳动力初学免费，待业转岗提升补助”得以实现。

（四）着力促进高校毕业生创业就业

全市共有5.13万名高校毕业生实现就业，1 479名高校毕业生实现创业，2.46万人次大学生接受“就业能力提升计划”培训，高校毕业生服务城乡基层项目在岗志愿者达9 570人。

（五）认真做好劳务开发工作

出台了《关于进一步加强农民工就业工作的若干意见》，农民工就业服务体系进一步完善；出台了《关于贯彻〈打造成都劳务品牌的意见〉的实施方案》，发展了“龙泉果农”“郫县绣娘”等一批特色劳务品牌，城乡劳动者就业层次逐步提升。

（六）深入开展就业援助

出台了《关于做好特殊情况下紧急就业援助工作的意见》，并建立了长效机制；962110网络受援点已覆盖全市所有社区，以及已建成的农民集中居住区和新型农居区；就业社保巡回服务向长效化、精细化发展。

(七)扎实推进职业技能教育

超额完成了2010年技工院校招生任务;共发放2 895万元国家助学金和1 428万元中职教育券;技工院校毕业生就业率达95%;市技师学院实训工厂正式启用,都江堰分院重建全面展开;全年共为6万名城乡劳动者提供中、高级职业技能培训,完成了27.73万人次职业技能鉴定。

(八)统一规范人力资源市场

印发了《关于进一步规范公共人力资源市场业务经办工作的通知》《关于建立人力资源市场职业供求状况分析制度的通知》,建立了劳动者投诉核查制度,以及职业供求状况信息调查收集、统计汇总、分析报告和定期发布制度,统一规范灵活的人力资源市场正在形成。

(九)积极承办和参加各类技能竞赛

圆满完成了第三届全国技工院校技能大赛决赛承办工作,首次组团赴澳门参加了第六届穗港澳蓉青年技能竞赛,全市职业技能竞赛系列活动顺利举行,成都市在全国乃至海内外职业能力建设领域的知名度进一步提升。

(十)全力做好"富士康""仁宝""纬创"等省市重大招商项目人力资源招募工作

按照市委、市政府部署和工作要求,举全系统之力,开展"富士康""仁宝""纬创"等项目人力资源招募工作,"富士康"项目累计输送1.4万人,"仁宝""纬创"项目累计输送1万人,招募工作取得了阶段性成效。

(十一)认真开展充分就业督察

制定了《成都市2010—2012年实现充分就业城市目标考核指标体系》和《成都市2010年城乡充分就业督察考核方案》,认真开展督察工作,确保了全年各项目标任务的完成。

三、社会保障工作

2010年,成都市紧紧围绕"全民社保工程",以统筹城乡为主线,着力建立健全城乡统一的社会保障制度,强化社保参保扩面,统筹城乡社会保险工作取得新进展,"基本养老医疗保险体系城乡全覆盖"被公众评为第三届建设成都杰出贡献奖。

(一)超额完成社会保险各项目标任务

城镇职工基本养老保险参保348.01万人,城镇职工基本医疗保险参保371.73万人,城乡居民基本医疗保险参保率97.38%,失业保险参保186.67万人,工伤保险参保179.78万人,生育保险参保272.31万人,城乡居民养老保险参保168.5万人,农民工综合社会保险参保133.3万人,所有指标均超额完成。

(二)全面实施城乡居民养老保险试行办法

完善了《成都市城乡居民养老保险试行办法》实施细则及配套措施,超额完成了全年参保扩面任务,农村居民参加社会养老保险已达220余万人,为2012年全市城乡居民社会养老保险基本实现全覆盖目标奠定了坚实基础。

(三)积极推进城乡养老医疗保险制度转接

按照国务院和人力资源社会保障部相关文件要求,平稳推进基本养老医疗保险关系跨地区转移接续工作;结合全域成都统一户籍制度改革,进一步完善城乡统一的社会保险制度,形成了农民工综合社会保险并轨接续城镇职工五项社会保险配套文件,已通过市政府常务会议审议。

(四)切实做好被征地农民社会保障工作

按照市政府《关于进一步做好被征地农民社会保障工作的通知》要求,完善政策措施,加强部门配合,规范经办流程,及时办理符合条件的被征地农民参保缴费手续和待遇计发,确保了应保尽保。

(五)认真落实社会保险特殊政策

继续实施因灾和应对金融危机"五缓四降"社保特殊政策,全市共核准264家用人单位缓缴社保费1.63亿元;减征失业、工伤、生育保险费6.19亿元,为帮助企业走出困境、维护社会和谐稳定作出了贡献。

（六）健全完善城乡基本医疗保险体系

全面实施《成都市城乡基本医疗保险门诊统筹暂行办法》《成都市大病医疗互助补充保险办法》，参保群众“看病难”“看病贵”问题得到了缓解；出台了《成都市城乡居民生育保险暂行办法》，城乡居民生育保障国家级试点稳步推进；在温江区启动了基本医疗保险“可选择”门诊统筹试点，效果初步显现；探索建立了基本医疗保险药品和医疗服务费用谈判机制，《基本医疗保险定点医疗机构分级管理暂行办法》基本成型。

（七）有效发挥失业保险基金作用

深入贯彻市政府《关于做好扩大失业保险基金使用范围工作的通知》，全年共核发失业保险待遇24万人次、累计1.28亿元，支出各项补贴8600余万元，失业保险基金“保生活、促就业、预防失业”的功能得以有效发挥。

（八）认真做好工伤保险工作

全年共办理工伤待遇支付1.8万人，拨付金额1.2亿元；按照人力资源社会保障部和省人力资源社会保障厅的要求，积极开展将“老工伤”人员工伤待遇纳入统筹管理相关工作。

（九）狠抓内控体系建设和社保基金监管

按照省人力资源社会保障厅下达的目标任务，完成了对温江区、新都区、大邑县社保经办机构的内控评价，社保基金现场监督工作覆盖面达67.24%；认真落实《成都市查处套取社会保险基金规定》，研究制定了《成都市套取社会保险基金举报奖励暂行办法》，加大了对套取社保基金行为打击力度，社保基金的安全和效能得以保障；有序开展社保稽核工作，加大基金审核和稽核力度，确保了社保基金的安全完整，从资金上保证了离退休人员养老金的按时足额安全发放。

（十）加快推进社保业务网上经办

按照“数字化经办，零距离服务”的经办服务理念，积极开展“对法人单位网上经办，对自然人重心下延”的社保经办体系建设，在温江区举行了“全市社保业务网上经办启动仪式”，将28项社保经办业务通过网上申报办理，全市已有2 500余家企业开通网上经办业务。

四、工资收入分配工作

（一）稳步实施事业单位绩效工资制度

全面完成了义务教育学校实施绩效工资工作，受到人力资源社会保障部、财政部、教育部联合检查组高度评价；完成了全市公共卫生与基层医疗卫生事业单位人员情况的摸底调查，并形成了绩效工资实施方案。

（二）科学指导企业工资分配调控

健全完善了全市企业工资分配宏观调控指导体系，结合社会经济回升向好趋势及时调整了全市最低工资标准；测算发布了成都市2010年企业工资指导线（基准线12%、下线5%、上线17%），提出企业工资增长调控目标和分类指导标准，指导各类企业在社会经济发展和本企业劳动生产率提高的基础上，依法自主决定工资分配或通过工资集体协商合理确定职工工资增长；组织全市307户市属国有及国有控股企业开展工资内外收入的自查和重点抽查，对发现的问题及时书面通报有关企业及主管部门，促进国家和省市有关工资分配宏观调控政策的贯彻执行，促使企业职工工资增长与经济效益保持合理关系。

五、劳动关系和劳动者权益维护工作

以建设“法治成都”和创建全国法治城市为契机，全面推进人力资源社会保障法制建设、依法行政、和谐劳动关系创建工作，为促进劳动关系保持和谐稳定提供了良好的法制保障和法治环境。

（一）着力推进劳动保障立法工作

配合市政府研究制定了《成都市建筑领域防范拖欠农民工工资管理办法》，代市人大起草的《成都市就业促进条例草案》已通过市政府常务会议审议；研究出台了一系列统筹城乡就业、社会保险和劳动用工管理的规范性文件，对2000年以来的规范性文件进行了认真清理和论证。

（二）切实加强劳动保障法制宣传培训

全年共组织“三法一条例”等劳动保障法律法规现场咨询活动 18 次，发放宣传资料 3.2 万份，协调举办劳动保障法律法规培训班 16 期、“法律六进”活动 23 次，“五五”普法任务全面完成。

（三）全面推进依法行政

认真落实行政执法责任制，劳动保障行政决策机制不断健全，法制监督持续强化，行政执法行为进一步规范；认真开展劳动保障行政执法案卷评查，建立了行政权力动态管理机制，对 219 项行政权力审批事项进行了清理，缩减行政权力项目 14 项；办理行政复议案 148 件、应诉案件 87 件。

（四）不断强化劳动监察执法

全市劳动保障监察机构主动监察用人单位 1.9 万户，书面审查用人单位 2.1 万户，依法受理举报投诉案件 4 964 件，结案率达 98%；处置以讨薪为主的群体性突发性事件 586 起，处理违法违规案件 7 620 件，为 12.84 万名劳动者追回工资 2.94 亿元；联合有关部门开展了人力资源市场秩序整顿、整治非法用工打击违法犯罪、农民工工资支付、女职工和未成年工维权等专项检查，切实维护了劳动者合法权益。

（五）全面深化劳动保障监察“两网化”管理

全市合理设置监察网格 746 个，覆盖用人单位 4.66 万户，涉及劳动者 146.6 万人，“两网”基础得到巩固，覆盖面进一步扩大；开通了用工和就业空岗信息查询、投诉举报受理、劳动用工年检等网上服务项目，“两网”服务功能不断拓展，劳动保障监察动态监管、及时维权作用得以较好发挥，试点工作获得人力资源社会保障部和省人力资源社会保障厅充分肯定。

（六）深入推进“四项创建”工作

全市创建达标市级以上和谐劳动关系工业园区（商务园区）32 个、街道（社区）乡镇 54 个、省级劳动合同制度实施示范城区 8 个，参与创建和谐劳动关系企业 3 500 户；全市城镇各类企业职工劳动合同签订率达 97.8%，其中农民工劳动合同签订率达 96%。

（七）实施集体合同“彩虹计划”

企业签订集体合同（含工资集体协议）9 515 份，覆盖企业 5.27 万户、职工 142 万人；健全完善了全市预防和解决企业工资拖欠问题联席会议制度、企业工资拖欠信息统计和曝光制度、企业特殊工时制度，建立了因加薪停工引发群体性事件快速处置机制；指导 20 余户企业按规定妥善做好关闭破产重组、职工分流安置工作。

（八）继续加强劳动人事争议调解仲裁工作

深入贯彻《劳动争议调解仲裁法》及配套法规，加强劳动争议仲裁机构、基层调解组织、调解仲裁队伍建设，初步形成了以各级劳动争议仲裁委员会为龙头，以街道（乡镇）和企业调解委员会为基础的劳动争议调解工作体系，19 个区（市）县全部成立仲裁院，全市共受理劳动争议案件 8 983 件，结案率达 91%。

（九）认真做好信访维稳工作

坚持领导包案、领导定期接访、领导带案下访制度，全年共受理群众来信来访 5 442 人（件）次，初信初访办结率达 100%，息诉息访率达 91%。

六、人才开发工作

（一）积极支援产业发展

完成了《成都市重点产业和新兴产业人才资源现状及分析报告》，制发了《2009 年成都市人才资源状况报告》《2010 年成都市重点产业和新兴产业人才开发目录》；组织本市 43 家知名企业赴西安、深圳等地招聘高端人才并收到初步成效。

（二）全面落实引进人才政策

全年共办理人才入户 2917 人，其中硕士以上学历 749 人；直接参与重点产业和重大项目人才工作，积极为本市新能源、新材料、电动汽车等产业项目提供人才政策支持，其中软件人才产销衔接工作获第三届建设成都杰出贡献奖评选提名。

（三）认真做好各类专家荣誉推荐选拔工作

完成了2010年度国务院特殊津贴专家9名、省优秀专家66名、省学术技术带头人34名及后备人选27名人选的推荐工作，以及2010年度市政府特殊津贴专家的选拔工作。

（四）切实加强领军人物和专家团队引进

与市科协等共同印发了《成都市院士（专家）创新工作站管理办法》，在重点企业和产业集中发展区组建了15家“院士（专家）创新工作站”和2家人才工作站；指导开展各类专家智力咨询、技术指导和讲座2 000余人次，反响良好。

（五）深入构建社会化人才评价服务体系

在成都人才市场等10个单位设立了职称社会化评审委员会，在成都大学继续教育学院等15个单位建立了职称社会化评审申报点，人才评价范围和渠道进一步拓展；继续探索统筹城乡人才评价方式，完成了1 200余名农村实用人才专业技术职称评审工作。

七、人事制度改革工作

（一）切实加强公务员管理

完成了78个市属事业单位、520个区（市）县属事业单位和“5支行政执法队伍”共计9 733人的参公管理登记工作；组织招录了1 834名人民警察、236名乡镇公务员、80名政法干警；组织实施了2010年乡镇公务员、参公管理人员的报名、资格初审和考试工作。

（二）持续深化事业单位人事制度改革

完善了全员聘用、竞聘上岗、公开招聘、收入分配制度，93%以上的事业单位与工作人员签订了聘用合同，聘用制改革成果得到巩固；事业单位公开招聘实现全覆盖，共招聘2 113人，占事业单位进人总数的92%；继续推进事业单位岗位设置管理，完成方案核准岗位数12.07万个，占应核准岗位总数的61%。

（三）稳妥做好军转安置和企业军转干部稳定工作

全年共接收军转干部及随调家属724人，其中，计划安置552人、自主择业152人、随调家属20人；加大解困和维稳工作力度，按时完成了8 000余名退休企业军转干部调标工作，全市1.8万名企业军转干部总体保持稳定。

八、公共服务体系建设工作

一是与中国劳科院合作开展的《成都统筹城乡劳动保障四维公共服务体系建设》研究课题通过了人力资源社会保障部结题评审，正在温江区全域示范。二是切实加强地震灾区就业和社保公共服务设施灾后恢复重建的指导和督查，基本实现了“三年目标任务，两年基本完成”的目标。三是启动了穗蓉异地就医结算，实现了市域内城乡基本医疗保险和大病医疗互助补充保险“一站式”结算，人力资源社会保障公共服务城乡差别日趋缩小。四是组织签订了《成都经济区劳动保障区域合作框架协议》，各项合作有序推进。五是完成了养老、医疗、劳动争议仲裁等相关信息系统的开发和应用，启动了12333知识库改建。

九、基础基层工作

（一）健全完善改革发展规划

研究制定了《成都市建设世界现代田园城市劳动保障工作规划》和《成都市就业和社会保障事业“十二五”规划（草案）》，配合制定了《成都市中长期人才发展规划纲要（2010—2020）》，统筹城乡人力资源社会保障综合配套改革长远规划体系不断完善。

（二）科学推进机构改革相关工作

成都市人力资源社会保障局组建后，全局系统干部职工认识到位，思想稳定，克服了时间紧、任务重的困难，在出色完成办公场所调整等事务性工作的同时，确保了各项业务工作的顺利开展。

（三）继续坚持党组中心组学习和对口联

系基层制度

全年共组织9次局党组中心组学习，局班子成员带队到基层调研20余次，收集并解决困难和问题160余个，形成调研报告17篇。

（四）圆满完成领导批示交办事项

全年完成市委、市政府督办事项44件；办理市委、市政府领导批示104件，收到肯定性批示25件。

（五）高效办理建议提案

全年共办理市人大代表建议30件、政协委员提案72件，办复率和满意率均达100%；省长信箱、市长公开电话、市长信箱等均做到了件件有落实、事事有回音。

（六）有效开展调研宣传

《世界现代田园城市劳动保障事业发展的研究与思考》等一批研究成果被部省市刊物刊载或全国全省会议交流，新华社刊物、《人民日报》、央视新闻联播等中央级媒体报道成都市统筹城乡人力资源社会保障发展成果居近年之最，各项舆情均得到及时处置。

（七）切实做好政府信息公开工作

认真贯彻《成都市政府信息公开条例》，市本级主动公开政府信息2 210条（次）；就业、社保、医保三个政府信息查询点标准化建设达标，13个事业单位办事公开积极推进。

（八）不断深化“规服”和行政效能建设

市人力资源社会保障窗口被评为2010年度市政务服务中心优秀窗口；高新区石羊街道办事处劳动保障所、新津县五津镇就业和社会保障服务中心被人力资源社会保障部评为全国人力资源社会保障系统2008—2010年优质服务窗口单位。

（成都市人力资源和社会保障局）

贵 州 省

2010 年，在人力资源社会保障部指导和中共贵州省委、省人民政府的领导下，贵州省人力资源社会保障系统广大干部职工以邓小平理论和“三个代表”重要思想为指导，全面贯彻党的十七大和十七届三中、四中、五中全会，及中共贵州省委十届十次全会、省经济工作会议精神，深入贯彻落实科学发展观，坚持把民生为本、人才优先作为工作主线，继续将就业和社会保障作为工作重点，深入推进人事制度改革，大力加强人才队伍建设，稳慎做好工资收入分配工作，积极构建和谐劳动关系，人力资源和社会保障事业取得新发展。

一、就业和再就业工作

2010 年全省城镇新增就业 21.89 万人，完成年计划的 118.32%，同比增长 10.56%；城镇登记失业率控制在 3.64%以内；转移农业劳动力 60.44 万人，完成年计划的 150%；就业转失业人员同比增幅控制在 15%以内。全省城乡就业人数达到 2 348 万人，三次产业就业人数的比重从 2005 年的 75.2∶6.5∶18.3 改善为 2010 年的 68.8∶10.9∶20.6。

（一）积极的就业扶持政策得到完善和落实

在继续贯彻落实《就业促进法》的基础上，2010 年 1 月 1 日开始实施《贵州省就业促进条例》。全省各地以此为契机，大力开展“一法一条例”宣传贯彻工作，把就业工作摆在更加突出的位置，下半年省人大领导分别到各市（州、地）开展了执法督查，促进了全省就业工作的开展。

（二）拓展就业渠道，强化目标责任，用好就业资金，更多地拉动就业

结合落实工业强省战略和城镇化带动战略，启动实施工业带动就业倍增行动计划，从实施大项目中拉动就业，大力发展非公有制经济和中小企业吸纳就业。完善就业工作目标责任制，年初省政府与各市、州、地政府（行署）签订了 2010 年就业和再就业工作目标责任书，强化了政府促进就业的责任。制定就业专项资金分配办法，加强资金使用管理，提高资金使用效益。全年共使用促进就业专项资金 13.19 亿元，比上一年翻一番，充分达到了促进就业的目的。

（三）积极开展就业专项活动，统筹三类重点人群就业工作

通过举办服务月、招聘周等服务活动向企业组织推介，实施基层就业和见习项目，开展创业辅导、扶持和培训，全方位促进高校毕业生就业。积极开发公益性岗位，实施重点帮扶，促进就业困难人员就业。研究制定了贵州省《关于加强就业援助工作的实施意见》和《贵州省就业援助卡管理办法（试行）》，组织开展了春风送岗位、民营企业招聘周和再就业援助月活动，全年帮助零就业家庭成员实现就业 1 037 人，实现了零就业家庭动态监管。加强劳务输出，促进农村富余劳动力转移就业。积极与东部沿海和周边地区发展劳务合作，先后与重庆、江苏、深圳等地签订合作协议，为农民工外出务工牵线搭桥。

（四）以创建创业型城市为重点，积极开展创业促进就业工作

完成对贵阳市、遵义市国家级创建创业型城市工作绩效省级评估。在六盘水、黔西南探索启动省级创业型城市创建工作，拟定省级创建创业型城市考评标准。出台贵州省小额担保贷款激励和补偿办法，积极推进妇女创业小额担保贷款，出台小贷奖补政策，放宽贷款条件，促进小额担保贷款的增长。下大力加强基层平台建设，创建充分就业社区243个，占社区总数的21.36%。贵阳、遵义、铜仁的3个社区（单位）成为贵州省首批“国家级充分就业示范社区”。

（五）加强协调，抓好农民工工作

推进农民工联席会议制度，启动农民工综合服务中心建设。成功举办了中国正安第二届农民工节，组织了庆祝“五一”国际劳动节慰问农民工巡回演出。组织本省“乡情关爱行动”工作组赴深圳慰问和安抚富士康集团黔籍员工，10天访谈4491人，稳定了员工思想工作情绪。

（六）加强人力资源市场监管，积极推进人力资源市场建设

2010年对全省114家经营性人力资源服务机构进行年检、登记、换证。建立贵州省人力资源服务行业协会，统一了全省人力资源市场的法规、政策和管理机构，规范了人力资源服务机构的准入条件、年检及招聘活动。贵州省人才市场全年共举办现场招聘会56场，提供招聘岗位41 690个。

二、社会保障工作

2010年12月末，贵州省城镇基本养老、基本医疗、失业、工伤、生育保险参保人数分别为257.71万人、602.95万人、152.48万人、162.21万人、164.5万人，分别完成年度目标任务数的106.41%、103.96%、107%、106.02%、102.17%。退休人员社区管理服务率为57%。全省五项社会保险基金征缴收入达到162.49亿元，完成全年计划的115.08%。在加强扩面征缴的同时，社会保险制度建设也取得明显成效。

（一）各项社会保险待遇按时足额支付，保障水平进一步提高

一是社会保险基金累计支出153.88亿元，其中养老、医疗、失业、工伤、生育保险支出分别为109.82亿元、33.95亿元、4.68亿元、4.96亿元、4 845万元。二是在确保按时足额支付的基础上，着力提高各项社会保险待遇水平。出台养老保险金调整政策，为全省62万企业退休人员人均增加基本养老金159元，调整后企业退休人员人均基本养老金达到1 298元，比2005年翻了一番。全省医保基金封顶线和支付比例达到医改实施方案提出的目标。居民医保的政府补助由年人均不低于80元提高到年人均不低于120元。

（二）社会保障制度改革不断深化，体系建设进一步完善

一是继续抓好统筹城乡、扩面征缴工作。重点促进农民工、非公经济从业人员、灵活就业人员、城镇居民、农村居民、大学生等群体参加城镇职工或城乡居民社会保险。二是新农保试点工作稳步推进。2010年，全省共有21个县纳入国家试点，加上6个自费试点的县，共有27个县建立了新农保制度，占全省市县总数的31.8%。新型农村社会养老保险参保人数达到223.72万人，63.47万名农村老年人领到了养老金。三是养老保险制度改革进一步深化。妥善解决了供销合作社参加企业职工基本养老保险的问题。启动养老保险关系转移接续工作，研究制定完善基本养老金新计发办法。贵阳市还开展了老年居民养老保障试点，填补了城镇养老保险制度上的缺失。四是医疗、生育保险制度有了新的突破。城镇职工基本医疗保险和生育保险市级统筹制度开始在全省推行。探索建立居民医保门诊统筹制度和异地就医结算办法，贵阳市与上海市签订了异地就医结算协议，开展两省两地退休人员医疗费用异地实时报销，省直医保与重庆第三军医大、重庆医科大等医院签订了异地就医的结算

协议。积极筹措资金解决困难企业退休人员参加医疗保险的问题。完成了医疗保险乙类药品目录调整，制定下发了大学生医疗救助资金管理办法。五是失业保险制度更加完善。2010年，全省使用失业保险基金、降低失业保险费率减轻企业负担共计7.8亿元，惠及职工162.8万人。根据全省最低工资标准调整情况，提高了全省失业保险金标准，一类区由455元/月调整为581元/月、二类区由420元/月调整为511元/月、三类区由385元/月调整为455元/月，调整幅度最高达到了27.6%。出台政策将农民合同制工人纳入失业保险，全省农民工参加失业保险人数5.96万人，比上年末增加2.19万人。六是工伤保险制度更加健全。2010年，农民工参加工伤保险人数达到56.83万人，同比增长15.58%，超额完成全年目标任务。在全省开展企业“老工伤”人员摸底调查工作，努力争取中央补助资金的支持。安顺市等7个地区制定出台了将“老工伤”人员纳入工伤保险统筹管理的具体办法，并进入实质性操作。组织开展职业危害检查，及时参与处置黔东南州施秉县恒盛公司职业病危害事件。规范劳动能力鉴定流程，全年省本级开展劳动能力鉴定1.5万例，同比增长20%。七是健全社保基金内控制度，启动医疗保险基金专项检查工作，开展非现场监督试点，加强对基金的实时监控，基金管理得到进一步加强。

三、人事制度改革工作

（一）公务员管理和队伍建设得到进一步加强

一是严把公务员队伍“进口关”，组织实施全省省、市、县三级机关统一面向社会公开招考1 510名公务员、2 095名人民警察和人民警察学员；组织实施贵州省试点定向招录754名政法干警和继续从优秀村干部中考录380名乡镇机关公务员的工作；配合省委组织部选调550名优秀高校毕业生到基层党政机关、100名优秀高校毕业生到基层检察院的考录工作。配合完成了2010年度中直机关公务员招考的面试、体检等相关工作。组织选派2 000名机关事业单位年轻干部到基层挂职锻炼或从事教育、卫生等工作。二是启动全省公安机关执法勤务机构警员职务套改工作，当年完成套改2.1万人，占总数的87%。三是审核通过8家省级事业单位参公管理，批准16家市（地）、县所辖事业单位参公管理，复审核准2009年省政府机构改革前经批准列入参公管理的省级事业单位25家。四是规范考核及评选表彰工作。指导全省机关事业单位年度考核，确定优秀等次11.28万人。对省直机关优秀等次嘉奖4 155人、对连续三年优秀记三等功1 071人。严格执行表彰奖励申报审批制度，完成省直评选表彰活动24项，共评选表彰282个先进集体、613名先进个人；完成国家组织的10项评选表彰推荐工作，共推荐表彰本省先进集体24个、先进个人20名。五是审批完成51家省级单位非领导职务设置意见，核准备案18家行政机关（事业单位）61个非领导职数的使用，会同省委组织部对各地、县的公务员非领导职务设置与管理工作依法进行指导和督促检查。六是实施公务员教育培训规划，省本级完成各类公务员培训18期，共计1 742人。

（二）事业单位人事制度改革稳妥推进

全省共完成事业单位岗位设置方案核准备案岗位总数62万个，占应设岗位总数的90%；签订聘用合同的人员约58万人，占全省应签订聘用合同人员的84%，全面实现全年目标任务。推进事业单位新增人员公开招聘工作，加强指导监督，促进招聘工作的公开、公平和公正，全省215家事业单位面向社会公开招聘各类工作人员5 400多人。

（三）抓好军转安置和解困工作

认真做好了2010年299名军转干部安置工作，对170余名军转干部进行安置前培训，加强对自主择业军转干部的管理服务。落实有关政策，切实解决企业军转干部的生活困难，做好企业军转干部解困工作。

四、人才队伍建设工作

（一）专业技术人才队伍建设得到加强

一是组织开展了享受国务院、省政府特殊津贴人员的推荐选拔工作，推荐28人享受国务院特殊津贴报部里审批，确定30人享受省政府特殊津贴。二是组织6家企事业单位做好博士后科研流动工作站的申报工作并获批了3家，开展了4家博士后科研工作站的评估工作。三是完成2010年教育、卫生、工程、农业、社科等27个系列高级职称评审结果审批行文，颁发6 000余份高级任职资格人员证书。完成对有突出贡献专家和科研工作站博士的慰问工作。四是举行了全省专业技术人员公需科目创新能力的学习测试及高级研修班、省直事业单位新进人员初聘培训班。做好机关事业单位1 833名技工的培训、考试考评工作，完成“653工程”的终期检查工作。全年完成各类人事考试47项，共计25万余人次。

（二）职业技能培训得到有效推进

一是继续实施特别职业培训计划，全年培训农村劳动力12.6万人。择优确定特别职业培训定点机构，加强督促检查，保证培训质量，增强培训效果，确保培训资金安全。二是大力整合职业教育培训资源，着重建设一批省级重点技校、高级技校和技师学院，创建综合性职业技能训练基地。深化技工院校改革，突出技能人才培养特色，全年出台11个政策性文件，进一步支持和规范了技工学校的发展。在全省开展省技能人才队伍建设暨技工院校招生宣传活动。开展第三届全国技工院校技能大赛贵州赛区技能大赛。评选2010年有突出贡献高技能人才49名，新增技师和高级技师535人。三是进一步加强乡土人才开发重点联系县建设及推进全省拔尖乡土人才示范基地建设。

（三）引智工作取得成效

组织实施引进国外技术、管理人才项目30项，引进外国专家87人次；组织实施出国（境）培训项目33项、派出628人赴国（境）外培训；审批办理外国专家来华工作许可72件、核发外国专家证134件，为5所中等以下教育机构颁发了聘请外国专家单位资格行政许可证书。

五、收入分配工作

（一）机关事业单位收入分配制度改革进一步深化

加快推进公共卫生与基层卫生医疗事业单位实施绩效工资。配合省财政厅研究制定省直机关第二步规范公务员津贴补贴的实施方案。按照国家统一部署，完善和落实了人民警察加班、信访岗位人员、司法助理员岗位津贴以及机要交通人员执行密码人员岗位津贴等政策。组织实施公务员考核晋升级别和机关工作人员晋升工资档次工作。做好机关事业单位技工考评、省直机关事业单位工资统发、退休福利工作。

（二）加强企业工资宏观调控

一是测算并发布贵州省最低工资标准，将全省月最低工资标准由一类区650元调整为830元；二类区600元调整为730元；三类区550元调整为650元。小时最低工资标准由一类区6.9元调整为8元；二类区6.4元调整为7元；三类区5.9元调整为6元。二是测算并发布了全省2010年度企业工资增长指导线，确定基准线为14%、上线为19%、下线为零增长或负增长。

六、劳动关系和权益保障工作

（一）劳动合同管理进一步加强

一是开展农民工劳动合同签订“春暖行动”，进一步提高了建筑、饮食、施工、服务业等使用农民工较多的行业的劳动合同签订率。截止到2010年底，全省企业职工劳动合同签订率达到91.5%。二是推行劳动用工备案。实施集体合同制度，推动工资集体协商工作。对省属37户国有企业实行了企业工资总额管理。三是贯彻落实特殊工时审批制度，审批5家省属用人单位实行特殊工时制，涉及

3万人。

（二）劳动人事争议调解仲裁机制更加健全

继续加强基层调解组织建设和仲裁委员会办事机构实体化建设，最大限度地将劳动争议矛盾化解在基层。到年底，全省74.9%的乡镇街道建立了争议调解组织。调整组建了新的省劳动人事仲裁委员会。2010年，全省建立各级仲裁院23个，占应建数的24%，超过全国平均水平4个百分点，在西部省份中位于前列。全年共受理劳动人事争议调解仲裁案件1.4万件，结案率达到91.2%。

（三）劳动保障维权行动深入开展

一是全省劳动保障监察机构共接受群众举报投诉案件10 811件，立案5 200件，结案4 690件，结案率为90.2%，共为6.88万名劳动者追回工资等待遇24 880万元，督促用人单位补签劳动合同14.35万份，督促1 435户用人单位为3.52万名劳动者补缴社会保险费5 093万元。二是重点整治，大力开展各项专项执法检查活动，严厉打击黑中介、欠薪逃匿、使用童工等严重违法行为。农民工工资支付情况专项检查活动为2万多人追讨工资3 930万元；清理整顿人力资源市场秩序专项行动查处105件违法案件，责令退赔求职费9.58万元；整治非法用工、打击违法犯罪专项行动督促用人单位与劳动者补签劳动合同1.84万人，补发劳动者工资待遇和经济补偿金523万元，涉及劳动者1 640人，清退非法使用童工17人。三是启动了劳动保障监察重大案件挂牌督办和案例分析会制度，落实对重大违法案件和群体性事件的快查快处工作机制。对全省农民工工资保障金实施情况进行督查。起草下发了《关于建立劳动用工管理台账的意见》，指导各地逐步建立劳动用工管理台账。

（四）做好信访维稳工作，妥善安置改制企业职工

一是完善维护稳定的长效机制和处置突发事件、群体性事件的应急措施，妥善处理群众来信来访，妥善处理人事及劳动保障争议、复议和应诉案件。二是严格审核国有企业改革改制职工安置方案，指导和规范企业职工安置行为，扎实稳妥地推进企业改革改制破产工作，省本级审核改制企业职工安置方案15户。

（贵州省人力资源和社会保障厅）

云 南 省

2010年，是完成“十一五”目标任务的关键之年。面对国际金融危机的后续影响和云南省遭受百年不遇的严重旱灾，全省人力资源社会保障系统的干部职工在省委、省政府的正确领导下，以科学发展观为指导，紧紧抓住桥头堡战略实施和新一轮西部大开发的战略机遇，团结拼搏，锐意进取，克服了种种困难，圆满完成了各项目标任务，为“十一五”规划的全面完成，交上了一份让组织和人民都满意的答卷。

一、实施积极就业政策，就业工作目标任务圆满完成

全年城镇新增就业27万人，完成目标任务23万人的117%。城镇登记失业率4.21%，控制在本厅目标4.4%和省政府目标4.6%以内。新增转移农村劳动力165.5万人，完成年度目标任务55万人的300%。帮助就业困难人员实现就业6.5万人，完成目标任务6万人的108%。开发公益性岗位3.6万个，完成目标任务3.5万个的103%。援助2 292户新增“零就业家庭”至少1人实现就业，保持全省的动态清零。

在就业工作中，更加突出创业带动就业，进一步完善了小额担保贷款政策体系，形成以“贷免扶补”小额贷款为重点，失业人员小额担保贷款和劳动密集型小企业贷款为基础，3种方式共同推进、相互补充的创业带动就业工作新格局。全省发放小额贷款33.7亿元，扶持了6.7万余人实现自主创业，带动21万人就业。创业带动就业的倍增效应日益显现。与有关部门配合，农村劳动力的培训和转移都取得了可喜的成绩。实施农村劳动力转移就业特别行动计划取得了显著成效。全系统培训农村劳动力31.8万人，完成目标任务的159%，组织招聘会747场，完成目标任务的374%。

二、加快制度覆盖，社会保障体系建设再创新局面

到2010年底，全省参加城镇职工养老保险317万人、城镇职工基本医疗保险415万人、城镇居民基本医疗保险405万人、失业保险201万人、工伤保险227万人、生育保险210万人，5项保险合计参保人数达到1 775万人次，是年初目标任务的102.6%。农村基本养老保险参保人数达681万人，其中，全省37个县实施了新型农村社会养老保险，参保人数达到533万人。各类基金收入合计264亿元，增长1.5%。各项社保任务目标全部实现。

5项社会保险待遇都得到了提高。全省城镇职工医保政策范围内住院费用平均报销比例超过77%，最高支付限额达到当地职工平均工资的6倍，提前完成医改目标任务。城镇居民医保政策范围内住院费用平均报销比例超过60%。9个州市实现城镇职工医保州市级统筹。建立了养老保险、医疗保险跨统筹地转移接续机制以及职工医保、居民医保和新农合之间的转移接续制度。职工医保、居民医保在省内13个州市实现异地持卡就医购药。企业退休人员社区管理率达到66%，全省社会保障卡持卡人数达到643万人，持卡率83.1%。

通过开展社会保险基金专项治理监督、专项检查、重点抽查等方式，对各项社会保险费的征缴、管理、运营和支付使用环节都做到了有效的监管。

三、实施人才强省战略，人才队伍建设成果显著

与组织部门一起完成了《云南省中长期人才发展规划（2010—2020年）》的编制，为本省未来人才工作的快速发展打下坚实基础。全省人才队伍规模进一步扩大，新批准组建2个高评委，1万多名专业技术人员获得高级专业技术职称，其中破格晋升158人。新增100名享受省政府特殊津贴专家，省贴总数达到1 278名。新增博士后工作站8家，全省博士后工作站达55家。新增4所技师学院，新增高技能人才5.4万人，2010年又有5 258人新获得技师和高级技师资格。全省技工学校在校生人数9.4万人，毕业生就业率达96.5%。对100名拔尖农村乡土人才进行了表彰。人事考试测评工作得到了新发展。开展了形式多样的职业技能竞赛和岗位练兵活动。到2010年底，全省各类人才总量达275万人，其中，专业技术人才118万人，高技能人才40万人，农村实用人才48万人。

大力加强海内外智力引进。制定了《云南省留学回国人员安置办法》，开展了海外赤子为国服务行动计划，积极鼓励留学人员创新创业。面向海内外积极开展高层次人才招聘和引进工作，与有关部门一起开辟了引进高层次人才的绿色通道。完成国家外国专家局批准资助云南省的引智项目39项，下达省内引智项目计划40项。引进了176名经济类外国专家到云南工作。圆满完成国家外国专家局批准的云南省出国（境）培训项目，培训成果的推广应用取得积极成果。

四、提升队伍素质，公务员制度不断完善

公务员考录工作的科学化水平得到进一步提升。在全国率先建立了公务员考试测评基地。全省各级机关考试录用公务员5 742人，全省基层政法机关定向招录公务员788人。省级机关从具有两年以上基层工作经历的人员中招录公务员比例提高到72%。组织了18家省级机关和参照管理单位，拿出133个岗位面向基层公开选调公务员，使公务员队伍从基层开始的培养链得到进一步巩固和完善。组织实施了全省公安机关执法勤务机构人民警察警员职务套改工作。在全省20余万行政机关公务员中广泛开展了以职业道德和能力提升为核心的“忠诚教育”活动，取得较好效果，得到社会好评。配合有关部门不断推进政府自身建设，建立了落实服务承诺情况定期通报制度，对全省县级以上行政机关9 628项重点工作实施目标倒逼管理，有力地推进了各项工作落实。

五、完善机制，工资收入分配工作稳妥有序推进

根据国家统一政策规定，建立或调整了部分公务员特殊岗位津贴制度，调整了云南省艰苦边远地区津贴四至六类区标准。在实施了义务教育学校绩效工资的基础上，完成了公共卫生与基层医疗卫生事业单位绩效工资工作，启动了所有事业单位绩效工资的实施工作。

对全省企业最低工资标准进行了调整。目前，全省一类地区最低工资标准为830元，二类地区为740元，三类地区为630元。14个州市发布了企业工资指导线，6个州市发布了劳动力市场工资指导价位，3个州市发布了行业人工成本信息。

六、促进机制转换，人事制度改革取得新进展

事业单位岗位设置管理工作不断推进。全省已核准近2万个事业单位的岗位设置方案，占任务的73%。核准岗位总数近67万个，占应纳入岗位总数的80%。其中，省属事业单位已核准93%的岗位，州市属事业单位已核准94%的岗位，县区属事业单位已核准77%的岗位，事业单位岗位设置管理制度基本建立。事业单位人事管理工作取得新突破，全省各级事业单位通过公开招聘2.4万人，拿出1 005个岗位，定向招聘到农村基层服务期满的高校毕业生。98%的事业单位实行聘用制，事业单位聘用合同签定率达96%。

继续在全国率先完成年度军转安置任务。完成了637名计划分配军官和331名自主择业军官的接收安置任务。不断完善多部门协调配合的工作机制，促进各项解困政策落实，努力化解不稳定因素，保持了企业军转干部的总体稳定。

七、维护和谐稳定，劳动关系协调和权益保护力度加大

全面开展农民工劳动合同签订“春暖行动”、小企业劳动合同制度实施专项行动计划和推进集体合同制度实施“彩虹计划”。深入开展劳动关系和谐企业、和谐工业园区创建活动，表彰了306户劳动关系和谐企业和5个劳动关系和谐工业园区。加强调解仲裁，加大执法监察，开展专项治理。全年共主动监察用人单位6.9万户，为30万人补签劳动合同，为12万劳动者追回工资等待遇3.59亿元，其中为10万农民工追回工资等待遇3.4亿元。督促缴纳各类社会保险费9 925.8万元。在劳动关系领域矛盾增加的情况下，云南省劳动关系保持了总体和谐稳定。

八、提高服务保障水平，自身建设得到加强

大部门体制建设取得新的进展，全省大部分州市级机构改革工作基本完成。在改革任务重、工作压力大的情况下，全省人力资源社会保障系统广大干部职工做到了队伍不散、思想不乱、工作不断，为全省人力资源和社会保障工作的整体推进打下了坚实基础。

基层基础得到夯实。完成了基层人力资源社会保障公共服务体系建设规划，并列入云南省经济社会发展规划。8个县和所属的32个乡镇试点项目已陆续开工建设。在信息网络上，基本建成全省统一的数据交换平台。全省16个州市全部完成养老保险系统统一软件部署。完成了工伤、生育保险系统合并在养老保险系统的三险合一工作。全省县级以上社会保障经办机构联网率达到96%，城域网覆盖率达98%。

党的建设和队伍建设取得新成效。深入开展了“创先争优”活动和“三读”活动，加大了对干部职工的教育管理，加强班子建设和队伍建设。在抓好廉政建设一岗双责的基础上，建立和完善了党风廉政建设责任制。加强对敏感岗位、重点环节的监督。通过“抓思想、带队伍”，达到了思想上形成共识、制度上形成统一、工作上形成合力，文化上形成风格的机关建设目标。

（云南省人力资源和社会保障厅）

西藏自治区

2010 年，西藏自治区各级人力资源社会保障部门以科学发展观和中央第五次西藏工作座谈会精神为统领，积极落实就业再就业政策，努力探索建立统筹城乡的社会保障体系，稳步推进人事制度改革，大力实施人才强区战略，切实做好收入分配和劳动关系调整工作，不断加强自身建设，努力夯实人力资源社会保障工作基础，全区人力资源社会保障工作实现新发展。

一、贯彻落实中央第五次西藏工作座谈会精神取得实质性进展

西藏自治区各级人力资源社会保障部门把狠抓学习贯彻落实中央第五次西藏工作座谈会精神作为首要任务，重点在落实上下工夫、求实效。

一是通过学习，明确了当前和今后一个时期西藏自治区人力资源社会保障工作的指导思想和目标任务，切实增强了广大干部职工的责任感和使命感。通过对一系列热点难点问题的深入调查研究，形成调研报告 26 个，为做好下一步工作提出了一系列符合西藏实际、具有创新性、可操作性的建设性意见和建议。

二是在中央的特殊关怀和各地市、各有关部门的大力配合下，新农保试点工作在西藏全面推行，提前 2 年实现了中央第五次西藏工作座谈会确定的“在 2012 年前基本实现新农保制度全覆盖”的目标。

三是在国家有关部门的关心和西藏自治区党委、政府的大力协调支持下，西藏特殊津贴得到落实，并于 7 月份完成了增资兑现工作。四是少数民族专业技术人才特殊培养工作有序开展，人才援藏积极推进。五是认真开展西藏生源大学生到内地就业的前期调研协调工作。

二、就业再就业工作取得显著成效

2010 年，全区新增就业 2.1 万人，城镇登记失业率为 3.81%，低于年初 4%的目标。农牧区富余劳动力转移就业约 81 万人次、34 万人，实现劳务收入 16.5 亿元。

一是积极的就业政策得到有效落实。西藏自治区继续实施援企稳岗的“五缓三补贴”扶持政策，减轻企业负担，稳定就业岗位。全年向 432 家困难企业兑现社保补贴、岗位补贴和培训补贴 7 751.63 万元，稳定就业岗位 12 292 个。

二是高校毕业生就业率继续保持在较高水平。建立“三支一扶”人员管理制度，继续落实促进高校毕业生就业奖励和社保补贴等优惠政策，积极组织开展民营企业招聘周、高校毕业生就业服务月等多项活动，促进高校毕业生就业。开发部分技术含量较高的公益性岗位，用于对就业困难的高校毕业生进行兜底安置。通过公开考录、“三支一扶”和市场就业等途径，全年共有 10 205 名高校毕业生实现了就业，高校毕业生就业率达到 82.56%。

三是农牧民转移就业成绩明显。加大农牧民转移就业培训力度，继续实施免费培训，全年共培训农牧民 1.32 万人。积极完善和落实促进农牧民转移就业的各项扶持政策，大力倡导技能增收、创业致富理念，引导农牧区富余劳动力就近就地转移就业。加强转移就业统计

分析以及岗位信息采集发布等工作。在5个县开展了劳务品牌输出试点工作，提高农牧民转移就业的组织化程度，农牧民转移就业取得显著成效。

四是就业困难人员的就业问题得到缓解。扎实做好公益性岗位的开发管理工作，共帮助1.4万名就业困难人员通过公益性岗位实现了就业。动态解决了全区新出现的120户“零就业家庭”人员的就业问题。精心组织开展了就业援助月活动，帮助各类就业困难人员和残疾登记失业人员就业。

五是职业技能培训进一步加强。整合培训资源，加强对民办培训机构的监督指导，试行职业技能培训项目公开招标制度。积极推广订单式、定向式及校企合作的培训模式，促进培训就业一体化。全年共举办培训班500余期，培训各类人员2.5万人，培训后有1.3万人实现了技能就业。

六是公共就业服务进一步强化。加强对民营职介机构管理，规范职业中介行为。积极开展“春风行动”，认真组织举办了20场专场招聘会和人力资源招聘洽谈会，585家用人单位参加招聘，提供就业岗位7 000余个。全年职业指导4.1万人次，1.65万人通过职业介绍成功实现了就业。

三、覆盖城乡居民的社会保障体系建设取得重大突破

一是以五大保险为核心的社会保障体系全面建立，覆盖城乡居民的社会保障体系建设取得突破性进展。新农保在2009年试点的基础上，2010年跨越式地实现了全覆盖。全区73个县（市、区）全部纳入试点范围，覆盖农业总人口221万人，全区23.52万60周岁以上的农牧民领取了基础养老金，85.73万农牧民参保登记，参保率已达60%。

二是社会保障政策进一步完善。制定出台了有关办法，解决了企业职工参加基本养老保险历史遗留问题，以及城镇企业职工基本养老保险关系转移、各类解除劳动关系人员参加企业职工基本养老保险等问题，开展了城镇居民参加基本养老保险调研工作。完善劳动能力鉴定管理办法。将全区1 262名“老工伤”人员全部纳入工伤保险统筹范围，解决了“老工伤”人员一次性伤残补助和退休后的基本养老问题。失业保险实现自治区级统筹。

三是社会保险覆盖面进一步扩大。全区参加社会保险总人数达到166.23万人次，其中：城镇职工基本养老保险9.6万人、城镇职工基本医疗保险23.5万人、城镇居民基本医疗保险15.1万人、失业保险9万人、工伤保险8.6万人、生育保险14.7万人、新农保85.73万人。

四是待遇水平稳步提高。继续调整企业退休人员基本养老金水平，2010年底，全区企业退休人员月人均养老金2 209元。对原十八军老战士、抗美援朝人员基本养老金实行托底政策，使他们的养老待遇达到每人每月3 000元以上。会同有关部门积极调整城镇职工基本医疗保险相关政策，进一步提高最高支付限额和报销比例、降低起付线。城镇居民基本医疗保险财政补助标准由每人每年180元提高到220元。失业保险金上调到月人均550元左右。全年共支付各项社会保险待遇17.32亿元。

五是基金征缴和监管进一步加强。全年共征缴各项社会保险基金17.59亿元。清理回收各项社会保险费7 265万元。在全区积极组织开展社保基金专项检查，检查中未发现挪用社保基金等违规行为。认真开展社保基金决算、统计等工作，加强对社保基金、就业专项资金的监管，确保了社保基金和就业专项资金的安全。

四、人事制度改革迈出新步伐

一是积极组织开展考试录用工作。按照公开、平等、竞争、择优的原则，组织3万多人次参加各类招录考试，录用5 188人为公务员和事业单位工作人员。

二是切实加强公务员培训。积极组织开展

本年度公务员四类培训和对口培训，认真组织举办“第四期全区中高级专业技术人员公需科目培训班”等培训活动，不断地提高领导干部的能力素质。

三是广泛开展《公务员法》的宣传活动。充分利用新闻媒体，对《公务员法》及其配套政策法规进行全方位、多角度的集中宣传，为深入贯彻好《公务员法》创造了良好的社会舆论氛围。

四是稳步推进事业单位人事制度改革。按照“积极稳妥、先行试点、逐步推开”的工作思路，结合实际，制定了西藏自治区教育等13个行业事业单位岗位设置管理指导意见，推动事业单位岗位设置管理等人事制度改革有序开展。

五是切实做好军转安置各项工作。认真做好自主择业军转干部管理服务工作，按时足额发放退役金，及时兑现医疗保险待遇。开展大规模网络教育培训，启动自主择业军转干部适应性培训。计划分配军转干部培训安置工作顺利完成，全年共接收军转干部606人，其中，计划安置21人，自主择业585人。认真开展企业军转干部思想教育、解困维稳等工作。

五、人才队伍建设进一步加强

一是贯彻落实人才工作会议精神取得新进展。全国和全区人才工作会议召开后，自治区人力资源社会保障厅积极开展学习讨论、调查研究等活动，通过这些活动，进一步理清了人才工作思路，明确了人才工作目标和任务，加大了人才强区战略实施力度，进一步完善了人才优先的政策措施。

二是人才队伍建设不断加强。积极开展享受国务院政府特殊津贴人员选拔推荐工作和特培学员的选送、管理、服务工作。在自治区农科院设立首个博士后科研站。采取技术指导等方式，对1万人次的专业技术人员进行培训，提高专业技术人员的创新能力。同时认真做好专业技术人员资格考试和高级职称资格认定工作。全年向7 500名大学生等各类群体提供免费职业技能鉴定，提高了他们的市场就业能力。

三是人才引进和引智工作取得明显成效。积极引进西藏各类急需紧缺专业人才。实施3个农业示范推广项目和5个引进外国专家项目，其中，“日喀则燕麦人工栽培示范与推广项目”有效增加了当地农牧民的收入。审批6个出国培训项目，培训人员65人，获国家资助78万元。

六、工资收入分配和劳动关系调整工作扎实推进

一是工资收入分配制度改革稳步推进。在调查研究、测算分析的基础上，将月最低工资标准提高到900元和950元。及时制定发布劳动力市场工资指导价位，引导劳动力合理有序流动。按照“两低于”原则，认真审核企业增资方案。探索建立企业员工工资正常增长机制和集体协商制度，提高劳动报酬在初次分配中的比重。

二是劳动关系继续保持和谐稳定。认真组织开展“春暖行动”，全区共检查各类用人单位1 999户，涉及农牧民工8.82万人，农牧民工劳动合同签订率达到75%。认真组织开展日常检查、农牧民工工资支付情况专项检查、清理整顿人力资源市场专项行动和整治非法用工打击违法犯罪专项行动，切实维护劳资双方合法权益。劳动者维权公告牌制度逐步从建设领域向交通、采矿等领域拓展，有效遏制了拖欠农牧民工工资情况的发生。监督指导104家企业建立了劳动争议调解委员会。全年受理劳动争议案件1 212件，涉及劳动者9 899人，结案1 202件，结案率达到99%。通过劳动监察和劳动人事争议调解仲裁，共为劳动者追讨经济补偿金和工资1.01亿元。三是进一步规范外国人在藏就业行为。积极开展专项检查，规范用人单位和外国人在藏就业行为，依法维护用人单位和外国人的合法权益。

七、夯实人力资源和社会保障工作基础

一是积极推进依法行政工作。认真做好“五五”普法自查和检查验收工作，得到了上级部门的高度肯定。积极做好行政应诉和行政复议工作，继续保持了高胜诉率。仔细清理和梳理了现行的规范性文件，不断加强依法行政工作。

二是有序开展“十二五”规划编制工作。在广泛征求意见、反复论证的基础上，制定了西藏自治区人力资源和社会保障事业“十二五”规划纲要。

三是大力加强宣传工作。积极组织开展人力资源社会保障政策法规主题宣传年、就业法律法规政策宣传月等活动。在西藏商报上详细解读《西藏自治区实施〈中华人民共和国就业促进法〉办法》。中央新闻联播、中国劳动保障报均对西藏新农保试点工作做了深入报道，自治区各新闻媒体通过访谈、政策解读等形式多次对人力资源社会保障工作进行广泛深入的报道，社会反响良好，为各项工作的顺利开展创造了良好的舆论氛围。

四是切实抓好信访维稳工作。把信访维稳工作作为一项重要的日常工作来抓，积极加强组织领导，大力健全工作机构，完善工作机制，搞好信访队伍建设。全年共接待来信来访8 322批（件）18 865次，尽最大努力给来信来访者满意答复，为西藏的经济发展和社会稳定作出了积极贡献。

五是高质量办结了人大代表建议和政协委员提案。对上级部门交办的15件人大代表建议、33件政协委员提案，积极与代表、委员沟通联系，按时办复所有建议提案。自治区政府办公厅对人力资源社会保障厅办复工作进行通报表扬，自治区政协授予人力资源社会保障厅“提案办理先进单位”荣誉称号。

六是政务信息工作再创佳绩，多条信息被上级部门采用，及时为领导提供决策依据。

七是扎实开展定点扶贫工作。自治区人力资源社会保障厅高度重视对那曲地区索县江达乡的定点扶贫工作，2010年，先后落实乡村道路建设、人畜安全饮水、户用太阳能、乡敬老院等扶贫项目5项，积极帮助江达乡加强民生工程建设，有效改善了当地人民的生产生活条件。

八是进一步加强干部队伍建设。以组织开展效能建设年活动和创先争优活动为载体，大力加强干部队伍的政治建设、思想建设、作风建设和能力建设，不断提高干部队伍的整体素质，为推动西藏人力资源社会保障事业实现更好、更快、更大发展提供了强有力的人才支撑。

（西藏自治区人力资源和社会保障厅）

陕 西 省

一、就业局势保持总体稳定

2010年，全省城镇新增就业38.9万人，下岗失业人员实现再就业16.5万人，就业困难人员实现再就业4.9万人，分别完成年度目标任务的122%、141%和155%。城镇登记失业率为3.85%左右，大体与上年持平。全年全省农村劳动力转移就业628.7万人，完成年目标任务600万人的104.8%，比上年同期增加8.7万人，增长1.4%，创经济收入321亿元，完成年目标任务310亿元的103.5%。全省共计完成就业培训12.89万人，创业培训4.12万人，分别完成全年工作任务的107.4%和137%，培训后就业率和创业成功率稳步提升。全省共新增担保基金2.5亿元，完成小额担保贷款3.1万笔，银行发放小额贷款18.5亿元，完成当年目标任务的185%，累计扶持自主创业14万人，带动32万人就业；当年应收回到期贷款6.09亿元，实际收回贷款6.05亿元，回收率达到99.3%。全年短期技能培训4万人的任务，已全部完成。全省共消除“零就业”家庭2 292户，帮助2 801名“零就业”家庭成员实现就业，继续保持“零就业”家庭动态为零的良好状态。全省纳入建设规划的市、县两级117个不同类型和标准的人力资源市场，已建成投入使用的有70个，正在建设的47个。

（一）完善各项就业政策

2010年，结合本省就业形势，先后出台了就业实名制管理、就业失业登记证发放管理、就业（创业）培训券制度、就业培训项目定点机构招投标办法、公益性岗位开发管理、高校毕业生就业推进行动、大学生创业引领等一系列政策文件，形成了稳定和扩大就业的一整套政策体系。组织开展了高校毕业生就业情况、乙肝病毒携带者权益政策落实情况、就业和农民工工作等检查，为促进就业发挥了积极的政策效应。积极争取人力资源社会保障部、财政部支持，国家专项转移支付逐年增加，上两年分别为12.3亿元、18.7亿元，2010年达到23.3亿元。为了发挥资金使用效益，全省人力资源社会保障系统坚持公平、公正，有效的原则，按规定及时下拨了就业资金，完善奖惩机制、监督方式，实行严格的统计通报制度，有力地保障了就业工作顺利开展。

（二）扶持三类重点群体就业

把高校毕业生就业摆在当前就业工作的首位。扎实开展高校毕业生就业推进行动，实施农村基层人才队伍振兴计划、就业见习计划、村官计划、特设教师岗位计划、西部志愿者计划等项目，引导高校毕业生到基层服务和工作。多渠道促进高校毕业生就业，组织高校毕业生专场招聘活动205场，组织招聘单位8 659家，与上年相比，活动场次增加了51%，招聘单位增加了25%，招聘职位增加了102%。全省安排就业见习的毕业生已达3.3万人，完成年度目标任务的110%。联合省教育厅等部门举办了“陕西省推动大学生创业引领计划系列活动”启动仪式，开展了大学生创业明星的评选，选出50名创业明星深入各市和省内高校进行巡回演讲，通过一系列活动，为有志于创业的大学生搭建了平台，大大激发他们的创业激情，促进了大学生充分就业，应届高校毕业生就业率达到90%以上，高于全国平均水平。积极开展有组织劳务输出，引导就近就地转移就业，鼓励回乡创业。同时，从实现援助工作精细化、长效化入手，继续深入开展“零就业家庭援助”和创建充分就业社区活动，就业困难人员再就业工作稳步推进。

（三）推进全民创业促就业工作

认真贯彻落实陕西省委十一次党代会提出的推进全民创业、自主创业、家庭创业的要求，以承办人力资源社会保障部在西安召开的“全国创建创业型城市工作绩效考评会议”为契机，在西安、宝鸡、渭南三个国家级创建创业型城市的基础上，积极指导咸阳、汉中、榆林三个省级创业型城市建设和全省48个创业示范县建设，形成了全省一纵一横、点面结合的创建工作格局。实施《创业优惠证》和创业培训券制度，加强就业培训和创业培训，推进小额贷款工作，全方位扩展就业容量，创建各类创业孵化基地（园区）418个；新增个体工商户6.6万户，新增创业企业16 359户；带动就业人数为13.2万人。宝鸡市、渭南市分别在全国创建创业型城市工作座谈会上做了经验介绍，受到人力资源社会保障部领导和与会代表的好评。

（四）加强公共就业服务体系建设

认真实施人力资源市场建设三年规划，加大信息化建设力度，省市县（区）已全部实现联网，有条件的市已将网络延伸到部分街道（乡镇）、社区。制定了《关于进一步加强人力资源市场监管有关工作的通知》，积极做好中介机构年检、新设中介机构的许可和人才交流会的审批工作。加强公共就业服务基础建设，在全省推进了就业实名制试点工作，召开了全省就业失业登记工作座谈会。开发了登记软件，组织了软件培训和推广。安排680万元就业失业登记专项经费，确保就业失业登记各项工作顺利开展，全省市、县两级普遍建立了劳动者就业失业登记信息数据库，已发放《陕西省就业失业登记证》10万多本。组织开展了以“就业援助月”“春风行动”“民营企业招聘周”“高校毕业生就业服务月”和“高校毕业生就业服务周”等全省公共就业服务专项活动，对不同就业群体提供了有效的就业扶持与帮助，提高了各级公共就业服务机构的服务质量和水平。进一步提高人事公共服务水平，拓宽服务领域，完成年度服务人数70万人次，全年新接收流动人员人事档案2万份，实现档案管理总量达到19万份。截至12月底，共为省内外77家企事业单位1 100个职位提供了考试评价服务，服务达到8 000人次，比上年同期分别增长305.3%、478.9%、82.2%。代办社保金、集体户管理、职称考评等人事代理综合服务达28.9万人次，完成目标任务的103%。

二、社会保障享受范围和待遇水平稳步提高

2010年，全省养老保险新增参保人员31.1万名，完成了全年扩面20万人任务的155.6%，目前，陕西企业退休人员人均月基本养老金水平达到1 382元，在全国列第16位。全省参加新型农村养老保险465万人，完成全年任务的155%。铜川、汉中、咸阳、宝鸡、西安、渭南、延安等市先后出台了医疗保险市级统筹方案并启动实施，超额完成了2～3个市实行市级统筹的目标任务。截止到12月底，城镇居民基本医疗保险参保474万人（大学生92.2万人），参保率为86%。实现城镇职工、居民住院医疗费用报销比例达到70%和50%以上。全面解决了5 000个“老工伤”问题。全省已将1.8万名“老工伤”人员纳入统筹管理，其中国有企业1.5万人，其他企业2 719人。上报人员中，需要领取长期待遇的国有企业1至4级伤残职工和工亡职工供养亲属共有5 162人。“老工伤”人员纳入统筹管理后，全省工伤保险基金年净增加支出5 217万元。

（一）完善养老保险体系，努力扩大覆盖面

制定了《关于开展城镇居民社会养老保险试点的指导意见》，印发了《关于解决未参保超龄原“五七工”、“家属工”基本生活保障问题的通知》和《关于曾在国有企业工作过的相关人员参加城镇企业职工基本养老保险有关问题的通知》，解决了原“五七工”“家属工”和曾在国有企业工作超过法定退休年龄人员参加养老保险等热点难点问题，在制度层面上实现了城乡居民的社会养老全覆盖。通过及时分解扩面任务、加强扩面稽核、定期通报扩面完成情况等措施，全面超额完成了扩面任务。

（二）继续推进新型农村社会养老保险试点

积极争取国家支持扩大试点范围，共 50 个县、区开展试点工作，占全省 107 个县的 46.7%。通过召开会议，落实资金、加强经办服务、完善制度、扩大宣传，稳步推进试点工作。

（三）推进医疗保险和工伤保险体系建设

稳步推进城镇居民、大中小学生参加医疗保险工作，积极协助省财政厅完成了 2010 年中央、省两级财政补助资金的预算、申请和拨付工作，当年分别下达 2.3 亿元和 1.9 亿元补助资金，为广大城镇居民参保和享受基本医疗待遇提供了资金保障。出台了《关于开展城镇居民基本医疗保险门诊统筹有关问题的通知》，在成人 15 种门诊特殊疾病统一纳入门诊统筹的基础上，又将 32 个成人门诊特殊疾病病种也纳入支付范围，在 10 种学生儿童门诊特殊疾病统一纳入门诊统筹的基础上，逐步将普通疾病也纳入支付范围。通过降低起付线、提高支付比例和调整最高支付限额等措施，逐步降低参保人员的个人负担比例。从本省的实际情况出发，制定出台了解决“老工伤”问题工作方案，开展了调查摸底工作，建立了筹资渠道和工作机制。

三、积极稳妥推进工资收入分配制度改革

（一）建立了符合机关事业单位特点的工资收入分配制度

安排部署了改革工资制度、规范津贴补贴、实施绩效工资、统筹解决相关人员待遇等工作，建立了统一的职务与职级相结合的公务员工资制度和符合事业单位特点的收入分配制度。事业单位实施绩效工资工作走在了全国前列。

（二）完善了企业工资收入分配宏观调控体系

按照《陕西省最低工资规定》（陕西省人民政府令第 109 号），结合本省实际，对全省最低工资标准进行调整提高。调整提高后的最低工资标准为：一类工资区全日制最低工资标准为 860 元/月，非全日制小时最低工资标准为 8.6 元/小时；二类工资区分别为 780 元/月、7.8 元/小时；三类工资区分别为 730 元/月、7.3 元/小时；四类工资区分别为 680 元/月、6.8 元/小时。调整后的最低工资标准从 2011 年 1 月 1 日起执行。同时，对应调整了失业保险金领取标准。

按照国务院关于建立社会救助和保障标准与物价上涨挂钩的联动机制的有关精神，对企业退休人员按每人 100 元的标准发放了一次性价格补贴。同时，考虑到企业职工生活实际情况，全省凡年人均工资水平 2.5 万元以下的各类企业可参照对企业退休人员发放一次性价格补贴的办法，给在册职工按每人 100 元标准发放一次性价格补贴。所需资金在企业成本中列支。

对煤矿等井下艰苦岗位津贴进行调整。具体发放范围为：井下采掘工人、辅助工人、安检人员及下井工作且编制在井下采掘、辅助队的基层干部、技术人员和管理人员。具体津贴标准为：井下采掘工，30～50 元/工；井下辅助工，20～30 元/工；安检人员、基层干部、技术人员及管理人员的井下津贴标准按井下辅助工标准执行。调整井下艰苦岗位津贴所需资

金在企业成本费用中列支。同时，要求各类企业根据本企业井下劳动强度、工作时间、矿层的赋存条件以及水、火、瓦斯等自然灾害和粉尘、温度、湿度、噪音等作业环境，提出调整井下艰苦岗位津贴的实施方案。方案应包括：执行津贴的标准、人员范围、支付办法等。方案必须经企业职代会同意，报同级人力资源社会保障行政部门、发展改革委、财政部门备案。新的井下艰苦岗位津贴标准从 2011 年 1 月 1 日起执行。

对企业职工夜班津贴标准进行了调整。凡因生产工作需要，在二十时至次日八时，连续工作四小时以上的职工，可领取夜班津贴。具体标准为：在二十四时以前上班的每人每班 8～12 元，零时以后上班的每人每班 12～16 元。其中：纺织、煤炭行业在二十四时以前上班的每人每班 10～12 元，零时以后上班的每人每班 14～16 元。提高夜班津贴标准所需资金计入企业成本。企业可根据本企业的经济效益、劳动生产条件等情况，在本确定的夜班津贴标准区间内，选择本企业的具体执行标准。新的夜班津贴标准从 2011 年 1 月 1 日起执行。

四、人事制度改革稳步推进

2010 年，共办理行政机关公务员登记 134 批共 1 200 余人次；开展了公安机关执法勤务机构人民警察警员职务套改工作；办理省级行政机关和垂直管理系统职务升降审核备案 260 批 1 000 人次，办理公务员和参照机关工作人员调动 150 批 168 人次；办理省人大常委会和省政府任免事项 20 批 136 人次。批准了西安市节能监察监测中心参照公务员法管理的申请。对省环境保护厅所属两个事业单位参照管理的申请进行了实地调研和审核。加强面试考官培训，推行考官持证上岗和交流制度，全年为各级政府行政机关计划录用 3 670 人，实际录用 3 346 人，顺利完成了 2010 年本省公务员考试录用工作。完成了 2009 年度省政府部门 60 家单位的公务员考核审核备案和奖章证书发放工作。确定省地税系统等单位为国家公务员局考核工作联系点。先后与省级有关部门联合评选推荐部级先进工作者 30 人、先进集体 17 个，表彰全省系统先进工作者 186 人，先进集体 76 个。举办了《关中—天水经济区发展规划》实施工作专题班、处级以上从事人事管理工作的公务员专题培训班和 3 期新录用公务员培训班，举办了 2 期处级公务员任职培训和机关优秀科级公务员培训班。核准了 2 000 多人的岗位聘用和 50 多个省直事业单位的岗位设置方案，认定了 30 个单位的岗位聘用结果。会同省委组织部安排部署了专业技术二级岗位首次实施工作，确定了 201 名人选。组织开展了 2010 年省直事业单位公开招聘工作，共招聘 568 人。继续做好义务教育学校实施绩效工资的检查指导工作，认真做好规范公共卫生与基层医疗卫生事业单位绩效工资实施工作。

（一）建立健全公务员管理制度

出台了《关于进一步加强事业单位参照公务员法管理工作的意见》《关于建立公务员法实施情况监督检查机制的意见》，印发了《公务员被辞退后辞退费发放等有关问题的通知》，成立了全省公务员法监督检查领导小组，初步建立了公务员法实施情况监督检查长效机制。协调成立了省级和省级公务员主管部门两个层次的公务员申诉公正委员会。

（二）建立了全省统一的公务员考试录用机制

设立了省人力资源社会保障厅等为成员单位的陕西省考试录用公务员工作领导小组。开展了公务员考试录用立法工作，起草了《陕西省公务员录用办法》。加强面试考官培训，对全省各部门推荐的 523 名面试考官进行了集中培训，推行考官持证上岗和交流制度。调整了考录政策，在全国率先取消了对“农村基层服务项目”人员的加分，实行了特设职位．定向招录的新办法。在当年的各类考试录用公务员中，共特设了 505 个定向招录计划，进一步增强了公务员考试的公平性。

（三）抓好培训工作

完善了基层公务员学历教育工作实施办法，完成了全省公务员推动科学发展、促进社会和谐能力提升工程实施方案初稿。完成了在陕西开展网络教育工作的前期准备工作。完成了北京大学光华管理学院2010年春季EMBA招生工作。围绕全省中心工作，举办了“民生八大工程项目管理专题班”，有力地提高了干部履行岗位职责的能力。

（四）加快推进事业单位人事管理制度改革

规范事业单位人事管理工作，建立健全了事业单位人事管理核准备案制度，起草了《规范事业单位人事管理工作有关问题的通知》，从制度上控制了全省机关事业单位人员过快增长的态势。积极做好中央和省属事企业单位各类急需人才的调配审批工作，全年共调配各类人才1209人。继续稳步推进岗位设置管理实施工作，加大了对尚未开展首次岗位设置和岗位聘用部门和单位的督促力度，加强对各市岗位设置管理实施工作的指导，10个市基本完成了首次岗位设置和岗位聘用。会同省委组织部制定并下发了《事业单位公开招聘人员面试规则（试行）》，对公开招聘面试工作的程序等进行了规范，公开招聘工作面试已全面按新规定执行。会同省财政厅、省教育厅继续做好义务教育学校实施绩效工资的检查指导，为促进教育事业科学发展发挥了积极作用。配合推进医疗卫生体制改革，做好规范公共卫生与基层医疗卫生事业单位绩效工资实施工作，促进了此项工作的落实。

五、突出抓好高层次人才和高技能人才队伍建设

选拔推荐了43名人选报国务院审批。完成了2010年度48家博士后科研流动站和18家博士后科研工作站评估工作。组织和上报了16家、国家批准了7家新增博士后科研工作站的申报批工作。进行了2010年度“新世纪百千万人才”国家级人选专项统计和总结工作。组织开展了“新世纪三五人才工程”第一、二层次人选选拔推荐工作。较好地组织和实施了国家中小学教师职称制度改革宝鸡试点工作，报国家批准了12名正高级教师职称。审批高级职称9 698人，清理不合格申报材料650份。出台了《陕西省乡镇卫生院专业技术人员职称评审办法》，已报人力资源社会保障部审批开展试点。全省共引进和调配各类人才822人，资助留学回国人员科研项目29项。引进外国专家745人。

（一）认真学习贯彻中央人才工作会议精神

及时召开了全省人才工作会和《陕西省中长期人才发展规划纲要》座谈会。对《人才规划》中明确由省人力资源社会保障厅牵头及配合实施的5项重点工程进行了分解细化，制定了抓落实的具体措施。

（二）加强专业技术人才队伍建设

组织完成了2010年度陕西省“三五人才工程”第一、二层次人选赴国外培训，积极开展专业技术人员继续教育和特别职业技能培训计划，评选陕西省首席技师40名。安排了全省行业专业技术人才高级研修班，召开了继续教育工作会议，草拟了全省专业技术人员继续教育实施办法、基地管理办法和证书管理办法等有关文件，加大了对高层次专业人员的培养。

（三）认真做好军转干部安置和维稳工作

创新工作，首次推行对进入全省各级党政机关公务员队伍的营职及其以下军转干部实行统一命题、统一考试、统一阅卷的办法，圆满完成安置任务，截至12月20日，已向部队发出军转干部报到通知1 715人，占安置总数的98%，创陕西历年最高水平。推进个性化培训，提高自主择业干部就业创业能力，全省有80%的自主择业军转干部实现了就业和创业。健全了企业军转干部解困和维稳工作责任机制，在全省人力资源社会保障系统开展下访企业军转干部活动50多天。18名厅级领导及各市人力资源社会保障、企业主管部门主要领导

深入基层和企业，召开座谈会220多次，走访7 140余名企业军转干部，慰问特困企业军转干部200多户，把各项解困政策和稳控措施落实到每名企业军转干部。落实了全省4 560名自主择业军转干部退役金发放和医疗保险等社会保障待遇，落实了企业军转干部生活困难补贴发放和社会保险待遇。下访活动的主要做法受到了人力资源社会保障部尹蔚民部长和赵正永代省长等主要领导的充分肯定。

（四）做好智力引进工作

组织了“2010年海外赤子西北行”陕西站活动，评选“三秦友谊奖”并举办颁奖活动。积极落实省“百人计划”，配合关中一天水经济区发展规划，组织实施120个引进国外智力重点项目，并以杨凌国际农业合作周为平台，建立了国际农业交流合作长效机制。

六、加大劳动保障监督查处力度，维护劳动者合法权益

2010年，对全省575户省管用人单位遵守劳动保障法律法规情况进行了审查和备案。全年共受理群众举报投诉6 821件，其中立案查处5 027件，结案率达99.93%，共为13.35万劳动者追回工资等待遇1.65亿元，追讨非法收取的抵押金91.42万元；全省各级劳动监察机构主动监察用人单位3万户，书面审查用人单位1.9万户，共覆盖劳动者229.52万人次。督促4 771户用人单位办理社保登记和缴费，共为40.82万劳动者补缴社会保险费8 306.1万元。

（一）加强劳动监察体系建设

落实“陕西省劳动保障监察工作试行标准”和“陕西省劳动监察工作发展三年规划”，召开了劳动监察标准化建设现场会，组织开展了劳动监察体系建设专题调研。印发了《关于进一步推广西安高新技术产业开发区建设领域农民工工资专项支付监控保障制度的通知》，积极推广长效机制，做好农民工工资支付保障工作。扎实推进“两网化”试点工作，为转变监管模式打好基础，积极开展监察业务和法律法规培训活动，开展了针对劳动监察统计报表的业务培训和省管用人单位人力资源管理干部的法规培训活动。

（二）积极开展专项整治活动

组织开展了“清理整顿人力资源市场秩序专项行动”“整治非法用工打击违法犯罪专项行动”和“2009—2010年度农民工工资支付情况专项检查行动”等3次全省性的专项检查行动。共检查职业中介机构566家和1 930户用人单位，取缔42起非法职业介绍活动，责令116家职业中介机构改正问题，退赔求职费用11.66万元。共检查用人单位8 823户，涉及农民工29万余人，共为农民工追讨工资4 169万元，并督促用人单位与18万农民工签订了劳动合同。部署农民工工资支付专项检查行动，确保农民工在元旦、春节期间按时足额拿到工资。

（陕西省人力资源和社会保障厅）

西　安　市

2010年，是实施“十一五”规划的最后一年，也是西安市建设国际化大都市的起步之年。这一年，全市人力资源和社会保障系统干部职工全面贯彻党的十七大和十七届三中、四中、五中全会精神，坚持以邓小平理论和“三个代表”重要思想为指导，深入贯彻落实科学发展观，紧紧围绕“改革创新、民生为本、人才优先”工作主线，以就业和社会保障为重点，深入推进人事制度改革，大力加强人才队伍建设，稳慎做好工资收入分配工作，积极构建和谐劳动关系，取得了显著成绩，全面超额完成各项目标任务，为区域经济社会发展稳定大局作出了重要贡献。

一、迎难而上，多措并举，进一步稳定和扩大就业

截至12月底，西安市城镇新增就业13.2万人，下岗失业人员再就业5.2万人，帮扶就业困难人员实现再就业1.5万人，农村劳动力转移就业73.3万人，城镇登记失业率为4.19%，控制在年目标4.5%以内。

（一）坚持将解决高校毕业生就业问题放在就业工作首位

积极通过“企业进校园”“毕业生就业见习网络招聘会”等专项就业服务活动，举办高校毕业生专场就业洽谈会66场，提供就业岗位8.5万个。同时，赴烟台、济南、深圳等地开展“2010届西安地区高校毕业生推介活动”。积极开展大学生就业见习工作，全市大学生就业见习基地已达475家，提供见习岗位上万个，3 297名高校毕业生参加见习。积极拓宽高校毕业生就业渠道，通过公益性岗位安置、实施“振兴计划”、选聘村官以及机关事业单位招录等途径，解决了8 351名高校毕业生就业问题。

（二）积极促进农村富余劳动力转移就业

针对国内部分省市出现用工紧缺的情况和区域经济社会发展的总体部署，结合对“招工难”与“求职难”并存的深层次原因的调研分析，西安采取加强富余劳动力输出就业和就地就近就业创业两手抓、同步抓的办法，全方位促进农村劳动力转移就业工作。3月初，印发了《关于进一步做好西安市劳务输出工作有关问题的通知》，进一步强化组织领导、统计调查、信息收集交流、就业服务、技能培训、维权保障、宣传教育等方面工作。着力培育蓝田厨师、周至拾棉工、长安电子工等劳务输出品牌，扩大规模和影响。在沿海用工集中地区设立劳务代办处收集用工信息，召集陕西省内外知名企业召开现场招聘会，为农村劳动者提供与企业交流的平台，实现供需双方的有效对接。

（三）积极做好“零就业”家庭等城市困难群体就业援助工作

联合残联等相关部门组织，在全市范围内开展了以“就业援助进家入户，帮您解决就业困难”为主题的就业服务月活动，重点帮扶就业困难群体和有就业能力残疾人。采取“零就业”家庭援助、“一对一交友帮扶”、开发公益性岗位、创建充分就业社区等援助措施，重点帮扶有就业能力的城市就业困难群体实现就业。2010年新出现的342户“零就业”家庭，

均在20个工作日内帮助433名家庭成员实现就业，实现了“零就业”家庭的动态消除。

（四）全面提升职业能力建设水平

积极贯彻落实《西安市人民政府关于进一步加强就业培训工作的意见》，进一步完善覆盖城乡的职业技能培训体系，认定就业（创业）培训定点机构123家，组织职业技能培训27.8万人，就业培训7.6万人，其中创业培训1.2万人，提升培训4.5万人，下岗职工培训1.4万人，失业培训0.5万人。指导推动技工院校改革发展，认定合格办学职业技能培训机构218所，其中技工院校46所、培训机构172所，技工院校招生1.4万人，在校生达4.2万人。推进职业技能鉴定工作，开展职业技能鉴定6.3万人次。积极筹建西安市就业创业实训基地，已经西安市发展改革部门批复同意立项。

（五）积极开展国家级创业型城市创建工作

2009年，西安市被人力资源社会保障部列为全国首批创建创业型城市。2010年，进一步完善了创业型城市创建工作的组织领导、政策支持、创业培训、创业服务以及工作考核五大体系，重点扶持高校毕业生、下岗失业人员、“零就业”家庭等就业困难群体创业。截至12月底，全市已开发创业项目800个，建成孵化基地25个，提供见习补贴近1 000万元。建立起由100名志愿者组成的创业巡回宣讲团，先后进行了200多场创业培训宣传推广活动。全年发放创业促就业小额贷款3.7亿元，带动3.9万人实现就业。2010年9月，顺利通过了陕西省人力资源社会保障厅创建国家级创业型城市的考核预验收。12月初，全国创建创业型城市工作绩效考评会议在西安召开，西安市作为全国创业型城市代表在大会上发言，得到人力资源社会保障部和88个与会城市的充分肯定。

二、统筹城乡，推进试点，加快社会保障体系建设

截至12月底，西安市参加城镇职工基本养老保险人数达到190.1万人，新增扩面人数17.8万人，扩面居全省第一。参加城镇基本医疗保险人数达365.5万人，其中城镇职工基本医疗保险174.7万人，城镇居民医疗保险（含大学生参保）190.8万人。参加失业保险130.5万人，工伤保险109.5万人，生育保险87.9万人。

（一）不断健全养老保险政策体系

坚持将扩面作为养老保险重点工作，通过劳动监察执法督促、清查等途径，超额完成年初确定的扩面任务，连续多年位居陕西省第一。积极推进新型农村社会养老保险，西安市长安区、阎良区、高陵县以及户县试点工作进展良好，72.36万农民参加了新农保，13.2万符合条件的农村老人享受养老待遇。不断完善被征地农民养老保障政策，2010年审核征地农民养老保障方案303宗，涉及社保费用25.2亿元，7.4万人被纳入保障范围。积极探索开展城镇居民养老保险工作，西安市政府出台了《西安市城镇居民社会养老保险试点实施办法》。

（二）不断提高医疗保险统筹层次和待遇水平

积极推进城镇职工医保市级统筹工作，出台了《城镇职工基本医疗保险市级统筹实施方案》，按照“划分区域、分级管理”的原则，于10月1日在西安市新城、莲湖、碑林等城三区率先试行。同时，继续提高待遇水平，下调了乙类药品个人自付比例，提高了住院费用报销比例和定点医疗机构定额结算标准，切实保障参保人员的基本医疗需求。同时，扩大了离休人员就医报销范围，提高离休人员医疗保障待遇。此外，进一步加强定点医疗机构和零售药店监管，提升医疗保险服务水平。

（三）充分发挥失业保险保生活、促就业作用

在确保失业人员正常享受失业保险待遇的同时，积极发挥失业保险基金援企稳岗的作用，将失业保险援企稳岗政策措施期限延长至2010年底。截至12月底，已审核困难企业71户，涉及职工2.1万人，核定社保补贴10 871.8万元，拨付社保补贴9 200.7万元。同时，在全市范围内选择了30户具有代表性的企业进行失业动态监测，并按月对监测数据进行分析研究，形成分析报告。报告显示，2010年西安市企业用工稳中有升，没有出现大规模裁员现象。此外，还出台了《关于调整西安市失业保险待遇标准的通知》，从2010年7月1日起全面提高失业保险金、医疗费、生育补助费以及失业人员培训费的标准。失业保险金最高为每月604.2元，最低为461.1元，平均每人每月增加92元，3.4万失业人员受益。

（四）积极建立工伤预防、工伤康复工作新机制

认真执行《西安市工伤预防费、工伤认定调查费、职业康复费使用管理实施细则（暂行）》，先后出台了《西安市工伤职工康复管理暂行办法》《西安市工伤保险就医和结算管理暂行办法》。开展工伤预防先进单位评选工作，对53家工伤预防先进单位进行了表彰。确定2家工伤职工定点康复机构，新增29家工伤定点医疗机构，使工伤保险定点医疗机构达到45家。深入解决“老工伤”问题，全市10 003名“老工伤”人员待遇全部纳入工伤保险统筹范围，同时还一次性解决了全市87家破产改制企业4 000余名7—10级“老工伤”人员工伤待遇问题，基本实现了工伤保险对“老工伤”人员的全覆盖。

（五）提高职工生育保险待遇

西安市人力资源社会保障局与西安市财政局联合印发了《关于西安市职工生育保险实行市级统筹及待遇调整有关问题的通知》，将各项生育医疗费用补贴标准在原来的基础上提高近一倍，同时把因生育引发的26种并发症直接纳入生育保险报销范围，大大减轻了参保职工的生育费用负担。

三、深化改革，不断创新，加强人才队伍建设

（一）进一步加大高层次人才引进力度

出台了《西安市引进海外高层次人才实施办法》和重点行业单位中高级人才信息发布制度，进一步完善了高层次人才引进的政策体系和服务机制。全市引进的6名海外高层次人才入选国家“千人计划”，16名海外高层次人才入选陕西省“百人计划”。11月20至21日，西安市组团赴北京大学和清华大学进行高端人才引进，通过赴外招聘方式引进中高级人才640余人，80%为硕士以上学历。

（二）进一步加强专业技术人才队伍建设

选拔了9名享受政府特殊津贴人选、60名新世纪学术学科和技术带头人、20名青年科技人才和132名高级工程师。加强专家管理与服务，认真开展专家年度考核，并做好专家津贴发放、慰问、体检等各项工作。深入实施专业技术人才知识更新工程，出台了西安市专业技术人才继续教育工作实施、证书登记管理、教育基地管理等办法，进一步完善了继续教育的工作体系和运行机制，举办7期继续教育培训班，培训专业技术人才1 000余名。

（三）积极推进技能人才培养工作

积极探索高技能人才多元化评价机制，进一步规范技师考评工作，新增技师、高级技师550人，涉及16个工种。建立能力加业绩为导向的高技能人才考核评价、竞赛选拔机制，通过行业评审和一系列竞赛活动选拔产生技师43名、高级技师7名。加强技工院校管理，结合人力资源市场需求积极引导技工院校调整专业设置，新增了14个涉农专业和12个市场急需专业。

（四）进一步深化职称制度改革

出台了一系列非公经济组织专业技术人员职称评审的制度办法，积极开展首批非公经济

组织工程系列专业技术人才职称评审工作。出台了西安市农民技术人员职称评定办法，启动了10个涉农区县农民专业技术人员职称评审工作，受到了农民专业技术人才的赞誉和社会各方面的广泛关注。在艺术系列专业技术人员任职资格评审中创新性地引入了“现场测评”评审机制，进一步完善了其他专业领域职称评审工作的量化评审机制和“面试答辩”机制，推动了职称评审工作的规范化和制度化。

（五）稳步推进引进国外智力工作

引进高端、急需的国外管理、技术人才项目22项145人次。在装备制造业开展了引智绩效评价试点工作，全面启动了外国专家来西安工作行政许可的各项前期准备工作。与成都市签订了引智和海外高层次人才工作合作与交流协议，建立了一方聘请、两地受益的“二次引进”工作机制。进一步加强出国（境）培训的管理，组织出国（境）培训项目12项103人。加强留学回国人员管理服务工作，积极开展就业创业咨询，及时发布需求信息，西安市6项留学人员科技活动项目、1项留学人员回国创业项目获人力资源社会保障部支持。

（六）积极推进农村基层人才振兴计划

为8个涉农区县农村基层单位公开招聘工作人员417人，选派“三支一扶”队员793名，资助农村家庭困难、学业优秀高中生250名，培训农村实用人才1.23万人次，组织73名基层在职人员参加了学历教育。成立了西安市第一个新农村建设专家综合服务示范基地，组织专家有针对性地为基层提供种植、养殖、医疗、教育等各项服务，制作了36期“新农村大百科”节目。

四、积极探索，稳步推进，深化人事制度和工资收入分配制度改革

（一）不断规范公务员队伍管理

进一步健全公务员管理制度体系，出台了公务员辞去公职、辞退等规定，印发了做好公务员日常登记、调任转任等工作及进一步规范表彰奖励活动的通知。积极推进公务员分类管理，开展了公安机关执法勤务机构人民警察警员职务套改工作。圆满完成了982名人民警察、公务员及参照公务员法管理单位工作人员的公开招录工作。进一步加强公务员队伍能力建设和作风建设，公务员四类培训工作有序进行，举办了三期“公务员大讲堂”主题培训活动，开办了人事业务培训班，共培训各类公务员4 345人。举办了西安市首届公务员公务礼仪知识竞赛，32支代表队195名选手参加了比赛。启动了“人民满意的公务员”评选活动。

（二）继续深化事业单位人事制度改革

事业单位岗位设置管理实施工作进展顺利，截至12月底，已经全部完成了市本级328家事业单位和7个区县事业单位的首次岗位设置和聘用工作，其他区县正在加快推进。按照“公开、平等、竞争、择优”的原则，为事业单位公开招聘工作人员1 693名，有效缓解了事业单位的用人需求。

（三）圆满完成军转安置工作

不断改进计划分配军转干部安置办法，2010年全市共接收安置计划分配军转干部560名。进一步完善自主择业军转干部管理服务体系，确保了3 285名自主择业军转干部退役金足额、准确、及时发放。圆满完成了军转干部适应性培训，与10个培训基地联合开展了多个专业培训项目，提高了培训的针对性和有效性。在继续做好部分企业军转干部解困政策落实的同时，积极搭建交流平台，开展军转干部下访活动，加大政策宣传和思想教育工作力度，确保了7 476名企业军转干部的总体稳定。

（四）进一步深化工资制度改革

事业单位绩效工资制度进一步完善，对义务教育学校工作人员绩效工资标准进行了调整，达到市本级公务员津贴补贴水平。加强企业工资分配的宏观指导，积极推行工资集体协商，已有4 242家企业签订了工资集体协商协议。在对300余户企业2万多名在岗职工工资和100余户制造业企业人工成本调查的基础

上，公布了西安市2010年人力资源市场249个工种工资指导价位以及制造业人工成本构成情况。选取了50户生产经营正常的制造业、批发零售业、住宿餐饮业、建筑施工业等行业企业，进行工资收入状况调研。2010年7月1日起，将西安市现行最低工资标准从每人每月760元调整提高到860元。

五、健全机制，加大力度，维护劳动者合法权益

（一）不断加大劳动保障监察执法力度

全力推进劳动保障监察“两网化”（网络化、网格化）建设试点，全国“两网化”试点区—新城区已经建成了以街道为一级网格，以社区为二级网格的劳动监察网格化格局，85%以上用人单位被纳入“两网化”动态监控和管理范围中。莲湖区、临潼区等条件较为成熟的区县也积极启动了“两网化”试点。同时，注重日常巡查与专项检查相结合的检查方式，相继开展了人力资源市场秩序专项整治行动、整治非法用工打击违法犯罪专项行动以及“五小”行业劳动用工专项检查等活动，查处违法案件1 169件，为2.8万名劳动者追讨工资3 424万元。

（二）稳步实施《劳动合同法》

积极开展“春暖行动”，检查2 357家使用农民工较多的用人单位劳动用工情况，涉及农民工5.1万人，劳动合同签订率为87.5%，确保了城镇企业中农民工的相对稳定就业，促进了劳动关系的和谐，维护了社会稳定。对1.5万户小企业劳动关系状况进行调查摸底，涉及劳动合同签订、期限、工资支付水平、工时制度、社保参保等方面，为进一步改善小企业劳动关系状况提供了有效参考。

（三）加强劳动争议处理能力

依法、公正、及时处理劳动争议案件，时效内结案率达到92%，案件合格率达100%。西安市人力资源社会保障局、市总工会、市司法局、市企业及企业家联合会联合印发了《关于加强劳动人事争议基层调解组织建设的实施意见》，为建立和完善企事业单位调解、乡镇街道调解、行业调解、人民调解、行政调解等多渠道、多层次的调节体系奠定了良好的基础。6月份，市劳动人事争议调解委员会正式成立，为基层调解提供有力的组织保障。

（四）切实保护农民工合法权益

完善了市级农民工工作联席会议制度，建立了农民工工作联系机制。积极督促用人单位为农民工办理社会保险手续，农民工参加社会保险人数稳步提高。继续巩固工资清欠工作成果，严格执行农民工工资支付保证金制度，截至12月底，已有804个建筑施工项目预存了工资保证金2.1亿元。针对玉树地震、舟曲泥石流等重大灾害，及时督促企业按时足额发放灾区农民工工资，保证其安心回家参加救灾重建。将农民工纳入城市公共租赁住房建设规划，在疾病防控、计划生育、子女接受义务教育、适龄儿童免疫等方面，在西安市的农民工享受与城市居民同等的待遇。

（五）全力推进有条件的农村居民进城落户工作

9月份，西安市成立了以分管市领导为组长，发改委、公安局、财政局、国土资源局、房屋管理局、人力资源社会保障局、农委、统筹办等市级部门负责同志为成员的农村居民进城落户工作协调领导机构，出台了《西安市政府关于加大力度推进有条件的农村居民进城落户的意见》，并对农村居民进城落户涉及的社会保险转移接续、征地补偿、公共设施建设、进城购房等方面政策进行了调整完善。截至12月底，已有4.19万名农村居民转户。

六、夯实基础，健全体系，提高人力资源和社会保障公共服务能力

（一）进一步加强人力资源市场体系建设

市本级及10个区县人力资源市场已经建成并投入使用，灞桥、临潼、周至等其余的3个区县人力资源市场主体工程已经基本完工。进一步加强人力资源市场管理职能整合，强化对全市274家人力资源中介服务机构的监管，

形成了统一管理、统一行政许可和统一年检的工作格局。培训人力资源中介服务机构从业人员219人，审批各类人才招聘会145场次。

（二）顺利完成了“十二五”规划编制工作

在广泛调研和科学论证的基础上，编制了《西安市“十二五”人力资源和社会保障事业发展规划（2011年—2015年）》，同时完成了11个专项规划的编制，科学的规划体系已基本形成。

（三）人力资源和社会保障信息一体化建设取得成效

截至12月底，已实现了居民医保子系统、大学生居民医保子系统及职业介绍、就业服务管理、退休人员管理、职业技能鉴定、档案管理、劳务输出、企业工资管理、涉外劳动管理、劳动争议仲裁、劳动监察（两网化）等10个子系统的上线试运行。城镇居民基本医疗保险和职业介绍服务业务已延伸至城6区区本级及53个街道、451个社区。

（西安市人力资源和社会保障局）

甘 肃 省

2010年，是实施完成“十一五”规划的最后一年。在甘肃省委、省政府的正确领导下，在人力资源社会保障部的指导下，甘肃省各级人力资源社会保障部门以科学发展观为统领，把促进城乡就业、健全社会保障体系、全面加强人才队伍建设作为工作主轴，以保障民生、实施人才强省战略为重点，以促进社会和谐为目标，解放思想，求真务实、开拓创新，各项工作加快推进，全省人力资源社会保障事业迈出了新步伐。

一、“十一五”期间人力资源社会保障事业成绩卓著

“十一五”时期，是甘肃省发展史上不平凡的五年，也是全省人力资源社会保障事业发展最快、成效最显著的五年。全省人力资源社会保障系统坚决贯彻落实中央和省委的决策部署，积极应对国际金融危机冲击和地震、洪涝等自然灾害的挑战，顺利完成大部门体制改革任务，为保障改善民生、维护改革发展稳定大局做出了积极贡献。

——城乡就业创历史最好成绩。

城镇新增就业人数由“十五”末的17万人增加到了2010年的29.3万人，五年累计新增就业123.8万人。高校毕业生就业率保持在80%以上，城镇登记失业率控制在4%以内。累计帮助下岗失业人员再就业49.2万人、就业困难人员就业19.8万人。全省劳务输转人数和劳务收入由2005年的273.22万人、100.82亿元，增加到2010年的516.89万人、468.33亿元，超额完成了省政府规定的三年翻番目标。小额担保贷款当年发放额从2008年的3亿元增长到2010年的75.5亿元，累计发放小额担保贷款84.3亿元，直接扶持21.6万人创业，带动吸纳43.4万人实现就业再就业。甘肃省小额担保贷款总量居全国第四，新发放额度全国第一。加快推进省市县三级人力资源市场和社会保障服务体系建设，启动了兰州劳动力转移就业基地建设。加强人力资源和社会保障执法检查，妥善应对突发事件，促进了劳动关系的和谐稳定。

——覆盖城乡居民的社会保障体系建设取得历史性突破。

更多的城乡居民被纳入社会保障覆盖范围，历史遗留问题得到妥善解决，保障水平不断提高，基金支撑能力显著增强。截至2010年底，基本养老、医疗、失业、工伤、生育保险参保人数分别达到242.5万人、589万人、164.2万人、130万人、82万人，比“十五”末分别增长了22.91%、233.56%、2.64%、85.53%和104.9%。全省已有34个县市、557万农业人口纳入新农保试点范围，占全省农村户籍人口的27.63%，甘南、嘉峪关、金昌三市州实现了全覆盖。企业退休人员月平均养老金达到1468元，高于全国平均水平。城镇职工和居民基本医疗保险住院报销比例分别提高到77%和54%。工伤保险伤残津贴每月增加到1105元。社会保险基金累计结余234亿元，比2005年增加了180.91亿元。监管制度进一步健全。

——人事人才工作全面加强。

围绕全省重点发展领域和重大项目建设，

实施了专业技术人才和高技能人才支撑体系建设、领军人才培养、海外高层次人才引进百人计划等专项人才工程。截至2010年底，全省专业技术人才达到50.3万人，比“十五”末增长20%。选拔领军人才943名，各类高层次专家达到4 117人；技能人才总量突破100万人，高技能人才达到21.1万人。累计引进外国专家1 900多人次，出国（境）培训1 600余人次，已吸引54名海外高层次人才来甘肃工作创业。启动了省部共建兰州留学人员创业园工作，博士后科研工作（流动）站达到58个。全面实施公务员法，公务员管理法制化水平不断提高；事业单位人事制度改革和绩效工资实施工作取得重要进展，全省岗位核定率达到95%，85%以上单位实行聘用合同制，全省义务教育学校30万教师绩效工资得到兑现。深化职称制度改革，率先开展农村实用人才和正高级工程师评审工作，共评审出405名正高级工程师、8 000多名农村实用人才。积极推进军转安置制度改革，累计接收安置军转干部4 719人。充分发挥市场配置人才的基础性作用，“十一五”期间，省级人才市场累计举办各类招聘会828场，提供各类就业岗位171.6万个，有50多万人通过市场实现就业。

二、站在新的历史起点上，不断创新工作思路

2010年，是探索实践职能有机统一的人力资源社会保障工作运行机制重要一年。省人力资源社会保障厅新一届领导班子，站在新的历史起点，按照高效统一的思维理念，集中全系统干部职工的智慧，全面整合原有的两大系统职能，科学及时地提出了“一体两翼、统筹发展、抓主抓重、整体推进”的总体思路。坚持就业、社保和人事工作“三位一体”，民生建设和人才建设“两翼并举”，按照组建机构、整合并轨和稳步推进“三步走”整改思路，为新厅的高效有序运行提供了强有力的指导。

三、建立上下对接的工作机制，确保新机构的顺畅运转

人力资源和社会保障工作是两块体系庞大、联系密切但又相对独立的工作系统。建立上下对接的工作机制是新机构面临的重大选择，也是新的机构顺畅运转的前提条件。2010年围绕着建立上下对接的工作机制，主要做了以下工作：一是围绕国务院办公厅《关于进一步支持甘肃经济社会发展的若干意见》（国办发［2010］29号），及时研究制定了全省人力资源社会保障系统贯彻落实的8个方面28条措施。二是加强与人力资源社会保障部的沟通联系，积极争取政策支持，顺利完成甘肃省人民政府与人力资源社会保障部“共同推进甘肃人力资源和社会保障事业发展与改革备忘录”的签署，为甘肃省确立6个方面23条扶持措施。三是在中央新疆、藏区工作座谈会和深入实施西部大开发会议之后，结合实际制定了贯彻落实的具体措施。按照省委“支援新疆、发展甘肃”的要求，在乌鲁木齐召开了甘肃在新疆人才发展联谊大会，进一步加强了甘新两省区的人才交流合作。四是积极报请省政府出台劳务经济、人力资源市场、技工教育事业和小额担保贷款等四个项目的三年规划。五是实施了专业技术人才支撑体系建设纲要，建立健全了政府主导促进高校毕业生就业、加强农民技能培训民生实事的长效机制，确立了社会保障体系建设发展规划，为全省人力资源和社会保障事业科学发展奠定了坚实基础。六是立足当前，着眼长远，认真研究编制“十二五”人力资源社会保障事业发展总体规划和专业技术人才、高技能人才发展专项规划，努力为未来五年发展谋划科学路径。

四、积极应对困难挑战，保企稳岗、社会保障成绩显著

坚持非常时期、非常决心、非常举措的理念，保稳定、促和谐。面对工作中新困难，主要采取了以下措施：一是实施了以“五缓四降三补贴”为主要内容的保企稳岗政策、高校毕业生就业9大行动计划和农民工回乡创业行动，成功应对了国际金融危机对就业的冲击和影响。两年共为企业减负8.7亿元，受惠企业1 014户，惠及职工39.5万人。二是积极解决社保领域历史遗留问题，先后解决了26.37万关闭破产国有企业退休人员的医疗保险问题，解决了6.52万老工伤的工伤保险问题，解决了4.45万集体企业退休人员的养老保险问题，建立了失地农民和村干部养老保险制度，出台了解决城镇国有企业原“五七工”“家属工”养老保险问题的意见。三是适时调整全省最低工资标准，一类地区最低工资标准从2008年的620元/月调整到760元/月，平均提高23.8%。争取中央转移支付就业社会保障资金，从2006年到2010年，增长了1倍。四是连续6年调整企业退休人员养老金标准，人均基本养老金比“十五”末增长一倍。五是积极开展新农保试点，为70多万60周岁以上符合条件的老年居民兑现了基础养老金。六是积极应对突发事件，行动快，措施实，效果好。“富士康事件”发生后，及时与有关部门联系，积极开展乡情关爱行动，稳定了甘肃籍员工的思想情绪。平凉、天水、陇南等地洪涝灾害发生后，第一时间制定了发挥就业援助和社会保障作用，支持受灾企业和困难群众开展生产自救的措施。舟曲特大泥石流自然灾害发生后，紧急开展了以“送政策、送专家、送知识、送捐款、送物资”为主要内容的援助行动，并组织抢险救灾专家团现场调研，为灾区重建提出了许多建设性意见建议，得到省市县三级抢险救灾指挥部的重视和肯定。

五、坚定不移的实施惠民工程，把高校毕业生就业摆到突出位置

就业始终是全社会的大事，高校毕业生就业更是大事中的大事。一是2009至2010年，报请省委、省政府投入2亿元，实施高校毕业生就业民生工程，共招录2万名高校毕业生到农村中小学、乡镇卫生院、畜牧站工作，妥善安置了3 838名纯农（牧）户零就业家庭毕业生就业，及时帮助舟曲灾区442户零就业家庭实现就业再就业。二是认真实施“三支一扶”和“进村（社区）”计划，“十一五”时期，共选拔1.7万名高校毕业生充实基层干部队伍。三是以农村“两后生”为重点，以促进就业为目的，实施了14万农民技能培训民生工程。

六、立足甘肃省情，不断发展壮大劳务经济

一是认真贯彻省委、省政府发展壮大劳务经济的要求，坚持“培训、就业、维权”三位一体的工作机制，不断提高输转工作的组织化和稳定性，境外输出首次突破2万人，扩大了甘肃省劳务品牌的影响力和竞争力。二是先后在新疆、天津、杭州、深圳召开优秀务工人员表彰大会，积极发展家庭服务业，启动了兰州劳动力转移就业基地建设。三是加强组织领导和对接服务，积极增加劳务经济，人均劳务输转收入由“十五”末的3 690元提高到目前的8 000元。在做好劳务输转的同时，认真查处非法用工等违法案件，全力维护劳动者权益。建立了建筑领域农民工工资保证金制度，集中开展农民工工资支付专项检查行动。仅在2010年两节期间就为4.67万农民工解决拖欠工资8 900多万元。

七、注重创新，全面提高，不断为人事人才工作注入活力

一是按照“两个轮子”一起转的要求，坚持凡进必考，实现了网上报名和无纸化阅卷，推行了阳光面试，五年累计召录12 000多名公务员，进一步提高了考录工作的透明度。二是及时启动了事业单位岗位设置管理改革，加大聘用制推行力度，拟定了事业单位公开招聘办法，事业单位的用人机制进一步规范。三是配合有关部门，积极开展全省机关事业单位津补贴规范工作，妥善解决了兰州四区的地区性补贴问题。四是恢复开展了机关事业单位工勤技能岗位技师考核工作，为合格人员兑现了工资待遇。五是积极探索军转安置改革新路子，不断创新军转安置工作新方式，开展了"量化考核，积分定岗"试点工作。六是建立了全省优秀公务员健康休养制度，组织了333名优秀公务员开展健康休养。七是努力建立面向各类人员和用人单位的职称评审服务体系，开展了农民工、甘肃籍在外人才、参公管理事业单位职称评审试点。

八、加强机构与队伍建设，努力提高服务保障能力

打基础、带队伍、抓业务、树形象，努力营造健康向上的学习环境、健康有为的工作环境、健康有序的制度环境、健康和谐的人际环境，是加强新时期全省人力资源和社会保障系统自身建设的行动准则，不断增强凝聚力、战斗力。一是认真落实全省人力资源市场和社会保障服务中心建设规划，已建成1个省级、4个市级市场中心。已建成社会化管理服务机构近2 500个，社会化管理服务率达到97%，其中纳入社区管理的达到75%，社会保险管理服务水平不断提高。二是实施"金保工程"一期项目建设，研究制定了人力资源社会保障信息化和全省新农保信息系统建设方案。三是认真开展深入学习实践科学发展观、创先争优、机关作风建设年和创建优质服务窗口等活动，为干部职工进一步改善工作生活条件，机关作风和行业风气进一步转变。四是加大系统干部培训力度，按照开阔视野、增长见识、提升素质的要求，组织人员赴省外境外培训80人次。五是促进干部融合，实行多岗锻炼，厅机关在机构改革中处级领导干部和处以下干部轮岗交流面分别达到50%和38.6%，实现了干部资源的优化配置。六是进一步完善了省政府部门绩效评议和市州人力资源社会保障目标责任考核工作，充分调动了全系统干部职工的积极性。

2010年，甘肃省全系统有12个单位被评为全国人力资源和社会保障系统优质服务窗口，省厅获得各类表彰奖励74项。其中，集体36项，个人38项。受到省部级表彰15项。这些成绩集中展示了全系统干部职工奋发有为的精神风貌，树立了勤政为民的良好形象，受到了人力资源社会保障部、省委省政府和有关部门的充分肯定。

（甘肃省人力资源和社会保障厅）

青 海 省

2010年，青海省人力资源社会保障工作面对国际金融危机、玉树特大地震灾害等不利因素，坚持以科学发展观为指导，认真贯彻落实人力资源社会保障部和省委、省政府各项工作部署，一手抓玉树抗震救灾和灾后秩序恢复，一手抓人力资源社会保障各项工作推进，统筹安排，分类指导，突出重点，狠抓落实，全面完成了各项年度目标任务，为促进全省经济发展、社会和谐发挥了重要作用。

一、就业形势保持持续稳定

坚持把就业作为民生之本摆在更加突出的位置，充分发挥就业联席会议制度作用，实施就业监督检查和定期通报制度，狠抓就业政策完善、就业资金落实、创业环境优化和公共就业服务，实现就业和经济社会发展的良性互动。2010年，全省城镇新增就业3.6万人，完成全年目标任务3.2万人的112.5%；城镇登记失业率为3.8%，控制在4.3%的目标以内。全省农牧区劳动力转移就业达104万人(次)，完成目标任务100万人的104%。一是高校毕业生就业取得积极进展。上半年，报请省政府出台了《关于进一步推进高校毕业生就业工作的意见》（青政［2010］13号)，并将各项任务目标明确到各级政府和相关部门。同时，会同省财政厅、省教育厅等部门制定出台了实行高校毕业生就业登记实名制、高校毕业生就业推进行动等10个配套文件，通过鼓励各类企业吸纳、党政机关考录、安排基层服务项目、开发见习和公益服务岗位等措施，累计有1.7万名高校毕业生实现就业或阶段性就业。全省省属普通高校2010年应届毕业生初次就业率达到83.1%，同比增长9.9%。历年未就业高校毕业生就业率达85.5%。二是促进以创业带动就业取得显著成效。为西宁市和格尔木市两个国家级创建创业型城市安排省财政贴息资金1 300万元，支持创业园和创业孵化基地建设。各地依托公共就业服务机构成立创业指导中心20余家，建立创业孵化基地或孵化市场近20个，入驻企业380家。向2 125名下岗失业人员和创业农牧民发放小额担保贷款1.2亿元。完成创业培训3 140人，成功创业1 441人，带动就业3 455人。三是农牧区劳动力转移就业工作取得新突破。结合全省重大项目建设和农村产业结构调整，在引导农牧民就地就近就业、鼓励农民工自主创业的同时，集中组织农村劳动力赴新疆拾棉7.4万人，到海西采摘枸杞2.1万人，劳务收入近3亿元。同时，在果洛藏族自治州玛沁、达日两县先期开展三江源地区草原生态管护公益性岗位试点工作，开发草原管护公益岗位1 111个，整体搬迁生态移民每户有1人纳入生态管护公益性岗位范围，为青南地区生态移民开辟了新的就业渠道。四是就业援助工作不断加强。组织开展了充分就业社区和农牧区转移就业示范乡镇创建活动，加大对城镇失业人员、零就业家庭、残疾人和农牧区困难家庭高校毕业生的就业援助力度。全年消除零就业家庭659户，累计消除零就业家庭8 016户，实现动态清零目标。安置城镇困难家庭和纯农牧户困难家庭高校毕业生就业2 600人。

二、就业培训工作进一步加强

积极整合各类培训资源，充分运用培训补贴政策，围绕全省经济发展重点、产业结构调整对人才的需求确定培训项目，开展技能培训，培训的针对性和实效性进一步增强。全年完成城乡劳动力技能培训7.4万人，其中4万人取得职业资格证书。一是组织实施了2010年特别培训计划。为应对金融危机影响，实施困难企业待岗培训和岗位补贴政策，稳定了企业就业岗位，培训在岗职工8 388人。二是组织开展了省属国有企业定向就业培训。协调省经委开展了省属国有企业定向就业培训工作，加强企业后备人才建设。8家省属企业提供3 596个岗位，招聘高校毕业生及技校生2 400人。三是组织开展了以“3＋1”项目（农村“两后生”、生态移民技能培训、省内重点建设项目急需技能人才培训和大学生技能成才培训项目）为主的劳动预备制培训，组织省内外30所技工学校、职业学校招收学员1.2万人。四是全力推进玉树灾后重建技能培训。会同省委组织部制定了《玉树地震灾后重建人员职业培训工作实施方案》，采取短期与长期结合、培训机构培训和企业培训结合的方式，因地制宜开展了对灾区转移就业人员的培训，累计培训并就业4 033人。

三、新农保试点实现制度全覆盖

根据国务院西藏及四省藏区扩大新农保试点工作会议精神，7月份，启动了青海藏区6州30县新农保试点工作。10月份，在全国普遍扩面工作中，又将5个民族自治县纳入2010年国家新农保试点范围，加之上年底启动实施的5个县，全省共有40个县（市）纳入国家试点范围，占全省总县（市、区）数的87%。同时，省委、省政府决定由省财政筹资，将剩余2县4区同步实施新农保制度，使全省在一年内实现新农保制度全覆盖。截至年底，全省40个已开展新农保试点县参保人数为65.1万人，参保率36%，其中，8个首批试点县参保27.2万人，参保率69%；藏区27县参保人数达31.9万人，参保率57%。全省60周岁以上领取基础养老金人数16.8万人，累计发放基础养老金7128.7万元。

四、各项社会保险制度不断完善

坚持把健全社会保障体系作为改善民生的重要责任，着力在提升保障水平、扩大覆盖面、规范管理上下工夫，各项社会保障制度不断完善。一是再次提高了企业离退休人员养老金。2010年初，在按照国家规定普调基本养老金的基础上，考虑青海自然条件艰苦等因素，给企业退休人员月人均再增加50元，使企业退休人员养老金月人均增加198元，调整后月人均养老金达到1 789元。企业离退休人员基本养老金及时发放率和社会化发放率保持100%。二是再次提高了基本医疗保险待遇。城镇职工基本医疗保险统筹基金最高支付限额由在职职工年平均工资的5倍（15万元左右）提高到6倍（20万元左右），平均住院政策范围内报销比例达到75%以上。城镇居民基本医疗保险统筹基金最高支付限额由5万元提高到8万元。将城镇居民基本医疗保险住院补助比例提高5～10个百分点，政策范围内平均报销水平达50%。三是提高了失业保险金标准，调整失业人员医疗补助办法。提高后的失业保险金标准达560元（西宁市），将失业人员医疗补助与现行医疗保险政策实现并轨。继续实施减轻企业负担稳定就业岗位“一降三缓两补贴”政策，全省减征失业保险费4 200万元，支付困难企业社保补贴、岗位补贴5 400万元，有30户企业1.7万名职工受益。四是全面完成各项社会保险扩面任务。将社会保险扩面工作纳入州地市级目标考核内容，强化了各地政府的社会保险责任。截至2010年底，全省城镇职工基本养老保险、基本医疗保险、城镇居民基本医疗保险、失业保险、工伤保险参保人数分别达到74万人、78.64万人、61.19万人、36.62万人、43万人，分别完成目标任务的101.37%、103.47%、109.27%、100%、

102.38%。五是基金支撑能力不断增强。2010年，全省完成各项社会保险基金收入83.8亿元，基金支出65.37亿元。

五、社会保障历史遗留问题得到妥善解决

积极推进工伤保险扩面工作，将事业单位扩大到参保范围，同时在全国率先解决老工伤的保障问题。累计落实中央财政补助资金3.3亿元，基本解决了全省关闭破产国有企业职工参加医疗保险历史遗留问题。在充分调研的基础上，出台了《关于解决城镇企业职工基本养老保险历史遗留问题的意见》，将集体企业用工、各类家属工、五七工及因各种原因离开国家机关、企事业单位而未参加社会保险的人员纳入养老保险统筹范围，使多年积累下来的历史遗留问题得到妥善解决。

六、公务员管理工作进一步规范

认真贯彻落实《公务员法》，进一步完善了公务员管理的各项配套制度，公务员管理逐步走上规范化、科学化轨道。一是改革了公务员考录制度。加大了从基层一线考录公务员的力度，首次实行省、州行政机关公务员从基层公开遴选和县乡公务员考录制度，从制度上解决了省州机关公务员缺乏基层工作经验的问题。在公务员面试中实行“一封闭、两隔离、三抽签、四监督”制度，保证了公务员考录的公开、公正、公平。2010年，全省组织了8次公务员考录工作，报考人数达2万余人，录用1 265人。新录用公务员中来自一线的比例达到95%。二是首次从优秀村干部中考录乡镇公务员，优化乡镇基层公务员队伍，拓宽了选人用人渠道开。三是积极协助中央办公厅、国务院办公厅、中央军委办公厅圆满完成了玉树抗震救灾全国英雄集体和模范表彰大会筹备召开工作，成功组织召开了全省抗震救灾表彰大会。同时，积极争取国家公务员局全额资金支持，开展了玉树灾后重建干部培训，为灾后重建提供了人力支持。

七、事业单位人事制度建设稳步推进

一是事业单位岗位设置管理工作进一步规范，初步建立了以人员聘用制度和岗位管理制度为基础的事业单位人事管理新机制。年内完成了省直230多个事业单位5 000多人的岗位变更管理工作，全省事业单位岗位管理和聘用合同签订率达95%。二是组织实施了省直事业单位工作人员公开招聘工作，51个省直事业单位提供455个岗位，有5 282人参加考试，458人通过公开招聘进入事业单位。三是进一步加强了留学回国人员和专家人才队伍建设。开展了2009年度青海省优秀专家选拔工作，25人被省政府授予青海省优秀专家称号。开展了2010年享受政府特殊津贴人员选拔工作，有18人被推荐为候选人。继续加强博士后科研工作站的服务和申报工作，省地质勘察院被批准设立博士后科研工作站。申请国家留学回国人员科研资助项目5个。组织开展了海外赤子来青服务活动，有12名国内外专家到青海开展科技服务活动。全面完成“111”工程、高层次专业技术人才培训工程、“三江源”人才培训计划2010年度培训任务，培训各类专业技术人员2 300人。四是积极推进职称改革。修订完善了农牧和科研系列的职称评审条件。建立完善了非公有制经济专业技术人员和农牧区实用人才参加职称评审工作机制。初步建立起以能力业绩为导向，重在社会和业内认可的专业技术人才评价机制。完成了年度职称评审工作，有1.88万人参加职（执）业资格考试。

八、工资收入分配制度改革稳步推进

在进一步规范义务教育学校实施绩效工资工作的同时，会同省财政厅、省卫生厅研究制定了《青海省关于公共卫生与基层医疗卫生事业单位绩效工资的实施意见》并组织实施。根据人力资源社会保障部、财政部《关于调整艰苦边远地区津贴标准的通知》（人社部发[2010] 36号），实施了四至六类地区艰苦边

远地区津贴标准调整工作，统筹调整了二至三类地区艰苦边远地区津贴。为进一步调动玉树地震灾区广大干部投身抗震救灾和灾后重建工作的积极性，会同省财政厅下发了《关于实行玉树灾区特殊阶段工作补贴办法的意见》。进一步加强了企业工资分配指导，相继发布了2010年企业工资指导线、劳动力市场工资指导价位、企业人工成本信息，为企业内部分配、加强人工成本控制和管理提供了科学依据。严格实行最低工资制度，调整了全省最低工资标准，提高170元，西宁、海东地区月最低工资标准达到750元，企业工资水平不断提高。

九、军转安置工作任务圆满完成

进一步改革完善了军转安置办法。对要求在省级机关安置的团职军队转业干部采取考核积分、双向选择的办法安置；对进入省级机关和参照公务员管理的事业单位安置的营职以下军队转业干部，通过考试考核取得资格后，采取双向选择的办法安置。全面完成317名军转干部的安置任务，其中计划安置113人，自主择业204人。进一步提高了企业退休军转干部生活困难补贴标准，为1 630名退休企业军转干部发放补助金215万元，确保了企业军转干部的稳定。

十、引进国外智力工作成效显著

争取落实引智项目64项，共选派468名管理和专业技术人员到国（境）外进行短期培训，有180名外国专家来青服务。青海藏羊集团“机织藏毯生产基地项目”连续4年被国家外专局确定为引进国外技术、管理人才国家重点项目。与香港中华教育基金会、中国富强基金会签署了《青海公务员及专业人士赴港培训备忘录》《玉树地震灾区公务员赴上海培训合作备忘录》。

十一、劳动关系保持和谐稳定

把维护劳动者合法权益作为和谐社会建设重要内容，完善劳动关系三方协调机制，加大劳动执法监察力度，劳动关系总体保持和谐稳定。一是劳动合同管理工作进一步加强。继续在全省开展以农民工签订劳动合同为重点的“春暖行动”和小企业劳动合同制度专项行动。全省规模以上企业劳动合同签订率达到92%，中小企业的劳动合同签订率也不断上升。大力推行劳动用工备案制度，基本实现对用人单位劳动用工情况的动态监测。以非公有制企业、中小企业为重点，实施工资集体协商和集体合同制度“彩虹计划”，推动建立了企业工资分配共决机制和职工工资正常增长机制。截止到2010年底，全省有1 000余家企业签订了工资集体协商和集体合同，涉及职工18.5万人。二是协调劳动关系三方机制作用得到有效发挥。加强了对州地市协调劳动关系机制建设的指导，组织开展创建“劳动关系和谐企业和工业园区”活动，有30家企业被授予“青海省模范劳动关系和谐企业”，2个工业园区被命名“青海省模范劳动和谐工业园区”。三是劳动人事争议预防和处理工作不断加强。进一步完善了人事劳动争议处理工作机制，提高办案质量，全年处理劳动人事争议案件400件，涉及劳动者500余人，结案率达95%。四是劳动保障监察执法力度不断加大。依法督促用人单位严格执行各项劳动保障法律法规和规章，依法查处和纠正劳动保障违法行为。积极开展清理整顿劳动力市场秩序、劳动用工情况监督检查、整治非法用工打击违法犯罪专项行动等专项执法检查工作，实施建设领域农民工工资保证金制度，加大农民工工资清欠力度，劳动者合法权利得到基本保障。全年共检查用人单位5 649户，涉及劳动者50.04万人，签订劳动合同39.95万份，督促用人单位补签劳动合同1.63万份；缴纳社会保险费1464.37万元。全省清欠农民工工资8 460.06万元，清欠率达97.6%。

十二、玉树灾后工作秩序恢复进展顺利

玉树地震发生后，根据省抗震救灾指挥部

的部署和要求，及时成立了省厅抗震救灾领导小组，研究部署抗震救灾相关工作。及时了解并上报灾区人力资源社会保障部门人员伤亡和财产损失情况。在厅系统组织开展了为灾区献爱心活动，共接受人力资源社会保障部及兄弟省市人力资源社会保障系统捐款 248.39 万元，厅机关、下属单位及职工捐款 35.41 万元。先后组织人员和救灾物资分五批运往灾区，保障了灾区人力资源社会保障系统干部职工基本生活。及时研究出台了《关于支持玉树灾后恢复重建就业和社会保险政策实施意见》，加大了就业培训援助力度，拓展了社会保险政策扶持范围，促进了人力资源社会保障工作秩序恢复。及时足额发放了灾区企业退休人员养老金。组织针对灾区就业服务活动 4 次，提供省内外就业培训岗位 3 000 多个，开发环卫、治安协管、交通协管、卫生防疫等公益岗位 1 900 个。编制了《玉树灾区人力资源社会保障基础设施建设规划》，规划资金 4.56 亿元，计划用两年左右的时间，基本完成玉树藏族自治州、玉树县及周边县人力资源社会保障公共服务设施恢复重建任务。

（青海省人力资源和社会保障厅）

宁夏回族自治区

2010年是“十一五”规划的最后一年。一年来，宁夏人力资源社会保障系统深入贯彻科学发展观，坚决落实自治区党委、政府决策部署，以民生为本、人才优先为工作主线，以就业创业和社会保障为工作重点，统筹履行各项职能，服务发展，保障民生，全面完成年度目标任务，人力资源社会保障事业迈出新的步伐，取得新的成效，为“十一五”交上了一份合格答卷。

一、就业创业

城镇新增就业6.89万人，城镇登记失业率控制在4.35%以内，低于年度调控目标0.25个百分点。

一是全民创业扎实推进。自治区召开全民创业总结表彰大会，系统总结2007年以来全民创业工作，大力提升全民创业活动，推进重点创业示范园区（孵化基地）和创业型城市建设，全民创业“五大体系”进一步完善，自治区创业园区（孵化基地）发展到185个，小额贷款担保基金扩充到1.95亿元，全年发放小额担保贷款7.23亿元，分别比上年增长52.89%、39.29%和112.65%，带动就业4.55万人；创办小企业3 658个、培养小老板8 830人、创造新岗位4.76万个，分别比上年增长15.36%、45.73%、25.26%；组织创业能力培训1.25万人，比上年增长14.68%，培训结束当期实现自主创业4 819人，自主创业带动就业2.09万人。

二是积极就业政策有效落实。继续实施“五缓、四降、三补贴、一销、一免”援企稳岗政策，累计为企业和参保个人减负3.91亿元。

三是重点群体就业统筹推进。坚持“政策、岗位”双兜底，力促1.97万名高校毕业生到企业、乡镇（社区）等基层一线就业。推进落实区内重点工程和季节性用工优先使用本区农民工责任制，拓展区内区外就业岗位，2010年转移农村劳动力75.53万人，实现工资收入42.2亿元。平罗县、彭阳县、盐池县、原州区被评为全国转移就业示范县。深入开展充分就业社区创建和就业援助活动，继续购买3 000个公益性岗位，促进7 624名城镇长期失业人员和就业困难人员就业，实现了零就业家庭动态清零。

四是职业培训有序开展。不断加大资金投入，完善项目管理制度，组织实施农村劳动力转移就业技能培训、城乡贫困和零就业家庭培训就业援助工程及特别职业培训计划等项目，培训城乡劳动力10.93万人，比上年增长30.7%。

五是公共就业服务得到加强。组织开展系列公共就业专项服务活动，为高校毕业生、农民工和困难群体免费送信息、送岗位、送政策、送服务，促进社会就业。银川、石嘴山、吴忠失业动态监测试点工作进展顺利。在灵武、大武口、青铜峡、中宁4个县（市、区）及其所辖16个乡镇（街道）实施了国家基层就业和社会保障服务中心建设项目。

二、社会保障

城镇基本养老、医疗、失业、工伤、生育

保险和新农合参保人数分别达到107.7万人、177.95万人、55.8万人、48.87万人、39.82万人和372万人，比上年分别增长16%、4.2%、16.3%、15.1%、29.7%和2%。“五险”基金累计结余138.75亿元，比上年增长38.2%。

一是新农保实现制度全覆盖。在巩固提高上年新农保国家试点基础上，积极争取将南部山区八县纳入2010年国家试点，覆盖50%的县（区）。自治区、市县自筹资金在其余11个县（区）开展区、市两级试点，实现了新农保制度全覆盖。

二是社会保险历史遗留问题逐步解决。出台解决企业职工基本养老保险历史遗留问题政策，统筹解决了12万多名“五七工”、家属工、农场工、“1995年以前离岗人员”等的老有所养问题。解决了1.82万名国有、集体关破企业和国有困难企业退休人员医疗保障问题。

三是城乡居民基本医疗保险实现制度统一。按照自治区党委、政府要求，与卫生、财政等部门密切配合，平稳完成了新农合移交接管工作。整合城镇居民基本医疗保险和新农合制度，建立了“一制多档”筹资缴费机制，实现了城乡居民基本医疗保险体制机制、政策标准、支付结算、信息系统和经办服务等的统一，并在固原、石嘴山开展了统筹城乡居民基本医疗保险试点工作。启动实施了社会保障“一卡通”工程。

四是社会保障水平进一步提高。在连续五年提高企业退休人员养老金基础上，再次为全区企业退休人员月均增加养老金185元。

五是社保基金监管和经办服务明显加强。突出抓好社保基金监管制度和信息化建设，大力开展专项治理工作，确保了基金安全完整。企业职工基本养老保险关系和流动人员基本医疗保险关系实现可转移接续。会同财政部门，在5县60个乡镇建立了统一规范的民生服务中心。

三、工资收入分配

一是引导企业适当增加职工工资。根据自治区经济发展水平，将一、二、三类区最低工资标准分别提高到710元、660元和605元，平均增幅达24.9%；将非全日制劳动者最低小时工资标准分别提高到7.6元、7.2元和6.8元，平均增幅达18%。及时发布了企业工资指导线。

二是事业单位绩效工资全面实施。会同有关部门，完成全区公共卫生与基层医疗卫生事业单位绩效工资工作，启动了其他事业单位实施绩效工资工作。

三是公务员津贴补贴进一步规范。会同财政部门，启动了市、县（区）第三步规范公务员津贴补贴工作，兑现了司法助理员、信访工作人员和机要交通人员岗位津贴及人民警察法定工作日之外的加班补贴。提高了机关、事业单位在职职工取暖费标准和政府效能考核奖标准，增发了机关、企业和事业单位离退休人员取暖费补贴。

四、人事制度改革

一是公务员管理制度建设进一步加强。出台了公务员遴选、培训及录用考试违纪违规行为处理等办法，进一步规范了参照公务员法管理机关（单位）人员登记、职务级别确定、人员交流等工作。深入实施阳光招考，组织各级党政机关招录、遴选公务员1 773名。公务员培训、考核、奖惩、任免等工作有序开展。

二是事业单位人事制度改革进一步深化。大力推行阳光设岗，聘用合同推聘率、签聘率达到100%；岗位设置完成率达96.7%。深入推进阳光招聘，指导各级各类事业单位公开招聘1 740人，其中研究生以上学历386人。

三是军转安置任务全面完成。进一步完善功绩制考核和双向选择安置办法，强化军转干部安置工作“五项措施”，推行“十公开”和廉洁自律承诺制度，着力构建阳光安置机制，圆满完成2010年198名军转干部安置任务。

军转干部培训教育受训率达100%。企业军转干部保持总体稳定。

五、人才队伍建设

一是人才引进工作取得新成效。成功举办中阿人才合作交流研讨会和中国（宁夏）引进海内外高层次人才合作洽谈会，引进海内外高层次人才118名，其中柔性引进院士16名、国内外知名专家40名，全职引进博士62名。

二是人才评价机制进一步完善。出台了优秀高层次专业技术人才和高技能人才选拔办法，重新修订了31个系列专业的职称评审条件。首次选拔21名留学归国人才入选自治区“百人计划”，其中推荐2人入选国家“千人计划”。推荐20名高层次、高技能人才享受国务院特殊津贴。

三是人才载体建设得到长足发展。围绕重点产业、重点学科，新设博士后科研工作站3个，新建院士工作站7个、专家服务基地8个、人才高地9个。

四是继续教育工作得到加强。举办专业技术人员高研班13期，培训1 171人。依托行业部门开展专业技术人员继续教育，培训13.58万人。

五是引智工作取得良好成效。争取引智项目71个，聘请外国专家292人次，为全区培训英语教师525人，培训马铃薯栽培与种薯繁育、中小型企业国际化、饲养青贮与肉牛养殖等管理和技术人员890人次。组织出国（境）培训297人次，其中选派100名乡（镇）长到香港参加了培训。

六是高技能人才、农村实用人才培养力度加大。全年新培养高技能人才3 651人，其中高级工3 078人，技师、高级技师573人。1名技能人才获得中华技能大奖称号，3名技能人才被评为全国技术能手。继续坚持每年选拔640名骨干农村实用人才到山东寿光、陕西杨凌等地培训，选送22名优秀农村实用人才到宁夏大学研修。

六、劳动关系和劳动者权益维护

一是农民工权益保护工作扎实开展。将农民工工资清欠工作纳入效能目标考核体系，进一步完善工资保证金、企业诚信制度等长效机制，组织开展中央驻宁企业劳动保障监察书面审查、全区重点建设项目使用农民工情况监控、劳动用工备案、农民工工资清欠等专项行动，农民工工资清欠率达到98%以上。

二是劳动合同管理积极推进。充分发挥劳动保障监察、调解仲裁和协调劳动关系三方机制作用，推进实施集体合同制度和小企业劳动合同制度。深入开展银川、吴忠“两网化”试点工作。全区规模以上企业劳动合同签订率达92%，集体合同签订率达82%，涉及农民工32.9万人。

三是信访维稳工作进一步加强。健全完善领导信访接待日等制度，制定群体性上访事件应急预案，大力开展信访积案排查化解活动，自治区人力资源社会保障系统共接待群众信访1.3万多人次，群众反映强烈的一些难点问题得到妥善解决。

（宁夏回族自治区人力资源和社会保障厅）

新疆维吾尔自治区

2010年，新疆维吾尔自治区人力资源社会保障部门以科学发展观为统领，以民生为本、人才优先为主线，以稳定和扩大就业为中心，大力实施人才强新战略，各项工作取得显著成绩。

一、大力推进就业再就业工作

（一）完善就业扶持政策

制定出台了《关于贯彻落实自治区推进新疆跨越式发展和长治久安的意见有关就业工作方面任务分解实施方案》《关于贯彻落实新党发［2009］11号文件规定有关工作的通知》（新人社发［2010］1号）和一系列配套文件，实现各项就业扶持政策与《就业促进法》的衔接。

（二）援助就业困难群体就业

提请自治区党委常委（扩大）会议审议通过了促进零就业家庭解决就业问题的意见，主要通过公益性岗位安置等办法限期解决零就业家庭就业困难问题，并建立了24小时动态为零的工作机制。提请自治区党委常委（扩大）会议审议通过了促进大中专毕业生就业的意见，提出10项突破性政策和10项行动计划，明确了到2014年底基本解决历史沉淀未就业大中专毕业生和新增毕业生就业问题的目标。

（三）加快推进创业带动就业工作

制定了创业型城市评价指标体系，组织21个创建创业型县市赴内地部分省市学习考察创建工作经验，安排创业引导性资金，推动创业园区和创业孵化基地建设。全年新发放贷款27 240人，新增贷款9.07亿元，为历年之最。

（四）扎实开展就业服务专项活动

组织开展了“就业援助月”“民营企业招聘周”“大中专毕业生就业服务月”“高校毕业生就业服务月”等一系列就业服务专项活动，推进公共就业服务工作体系特别是基层工作平台建设。

（五）积极促进农业富余劳动力转移就业

一是认真组织实施2010年“春风行动”。全区共发放“春风卡”“春风行动宣传手册”等宣传资料59.67万份，举办农民工招聘会476场（次），提供空岗信息12万个，提供免费服务18.32万人（次），跨区有组织劳务输出5.8万人，就地就近转移就业6.86万人，取得预期效果。二是接受全国第四次农民工工作督察，人力资源社会保障部杨志明副部长对自治区农民工工作给予充分肯定和高度评价。三是加强内地少数民族务工人员服务管理工作。9月，召开做好少数民族群众到内地务工经商服务管理工作会议，全面总结“7·5”以后自治区在维护务工人员稳定方面采取的措施和开展的工作。四是积极推动发展家庭服务业促进就业工作，建立了由人力资源社会保障部门牵头的发展家庭服务业促进就业工作协调会议制度。五是开展了国家级转移就业示范县申报工作，全区国家级示范县名额由原来的3个增加到6个。

（六）大力开展素质就业工程

实施特别职业培训计划，整合职业培训资源，开展农民工技能提升培训、城镇失业人员就业培训和劳动预备制培训，重点实施“一户一技工”转移就业培训、“一年一户一人一技”致富技能培训和创业培训工程。开展技工院校对口支援、送培训下乡等活动。落实企业新招用大中专毕业生岗前职业培训补贴政策，有效促进就业。

2010 年，自治区通过各种途径实现新增就业 51.68 万人，完成年度目标任务的 147.7%；城镇登记失业率 3.23%；应届高校毕业生就业率达到 80%以上。全区有 130 万人（次）城乡就业人员享受了就业补贴扶持政策。农业富余劳动力转移就业 210 万人（次），其中转移城镇就业 90 万人次，劳务创收 80 亿元。培训各类人员 126.4 万人（次），完成年度目标任务的 126.4%。

二、不断完善社会保障制度

（一）养老保险

一是继续确保 66.6 万名离退休人员基本养老金按时足额发放，连续第 6 年调整企业退休人员基本养老金待遇，调整后达月人均 1 553 元。二是积极推动解决企业离退休人员冬季采暖费补贴，统一了企业职工与机关事业单位职工抚恤待遇标准。三是制定出台了《自治区解决城镇未参保集体企业退休人员基本养老保障等遗留问题的试点办法》（新人社发［2010］51 号），审核批准 11.7 万名“五·七”工参加养老保险，已有 10.1 万人领到基本养老金。四是农民工参保人数为 10.8 万人，比上年增加 3 万人，增长 40.3%。

（二）失业保险

一是建立失业保险与促进就业的联动机制，在保证正常支付失业保险待遇的前提下，安排结余基金用于社会保险补贴和岗位补贴，支持困难企业渡过难关。二是保障功能增强，累计对 5.57 万名失业人员实施了救助，支付失业保险金 13 409.62 万元，支付医疗补助金等资金 3 832.45 万元。

（三）医疗保险

一是按照深化医药卫生体制改革 2009—2011 年重点工作实施方案要求，指导各统筹地区调整筹资和待遇支付政策。二是为妥善解决自治区关闭破产国有企业退休人员医疗保险问题，申报地方关闭破产国有企业 1 000 多户，涉及退休职工 142 784 人。三是为自治区回沪定居人员 398 人办理了医疗保险待遇接续，累计已纳入 1 000 多人。四是制定下发《关于进一步完善基本医疗保险结算办法等有关问题的通知》（新人社函［2010］113 号）、《关于加强城镇职工基本医疗保险门诊特殊慢性病费用支付管理的通知》（新人社发［2010］82 号）、《关于印发自治区基本医疗保险异地就医结算服务工作实施办法》（新人社发［2010］83 号）等。

（四）工伤保险

进一步落实和完善自治区工伤职工辅助器具配置管理暂行办法。制定《关于执行新劳社函［2008］66 号文件的补充通知》，对国有大集体身份老工伤、“新老工伤”及待遇就高不就低等原则问题进一步完善了政策。调整工伤（亡）职工的伤残津贴、生活护理费、供养亲属抚恤金。做好工伤认定和劳动能力鉴定工作，全区受理工伤认定申请 8 233 件，申请劳动能力鉴定 7 225 人，达到等级的 6 401 人。

（五）生育保险

做好城镇职工生育保险待遇调整和居民生育保障工作，出台《进一步加强生育保险管理工作的通知》（新人社发［2010］157 号）。

（六）农村社会养老保险

全区共有 56 个县（市）开展新农保试点，覆盖 62%的涉农县市和 66%的农业人口。全区参保人数 357.93 万人（含符合条件领取待遇人数），占应参保人数的 85%，已领取待遇人数 58.03 万人，发放率 100%。累计征缴养老保险基金 36 116.35 万元，累计发放基础养老金 27 212.42 万元。

截至 2010 年底，全区城镇基本养老保险、基本医疗保险、失业保险、工伤保险、生育保险参保总人数达到 1 370 万人（次），社会保险征缴总收入 205.6 亿元。

三、稳步推进工资制度改革

进一步深化机关事业单位工资收入分配制度改革，组织实施自治区公共卫生和基层医疗卫生事业单位实施绩效工资工作，完成本年度义务教育学校绩效工资总量核定。提高38个县市艰苦边远地区类别，调整四、五、六类艰苦边远地区津贴标准，提高全疆各地津贴补贴。制定出台《关于建立人民警察特勤工作津贴的通知》（新人社发［2010］118号）、《关于人民警察法定工作日之外加班发放补贴的通知》（新人社发［2010］119号）等。调整全区企业最低工资标准，发布2010年企业工资指导线、劳动力市场工资指导价位，建立人工成本预警预测制度，有效指导企业建立正常工资增长机制并加强落实力度。

四、不断深化人事制度改革

（一）完善符合新疆实际的公务员法配套制度

会同有关部门启动全区纪念《公务员法》颁布实施五周年学习宣传活动。制定下发《自治区公务员录用实施办法（试行）》（新人社发［2010］130号）、《自治区区级机关公务员遴选办法（试行）》（新人社发［2010］133号），会同有关部门印发《关于加强新录用公职人员“双语”培训及考核工作的通知》（新党组通字［2010］20号），修订了《行政奖励工作管理办法》。

（二）认真做好公务员审核登记工作

对2009年上报的129个申请参照公务员法管理的事业单位重新进行了筛选，按条件要求逐个进行审核上报。对各单位上报的非领导职数进行严格审核，共审批了8个单位165名非领导职数。全年共办理公务员登记手续5 431人。完成了自治区公安机关执法勤务机构人民警察警员职务套改工作。

（三）推进事业单位岗位设置管理和聘用制实施工作

完成岗位设置方案核准工作的单位19 135万个，占总数的96%；核准岗位数546 660个，占全区岗位总数的91%；兑现岗位工资的单位17 114个，占全区单位总量83%，岗位等级变动调整面达50%。公开招聘工作有序实施，全年全疆事业单位公开招聘新进人员28 038人，完成了5%人才储备编制招聘工作任务。

（四）以团职干部为重点加强军转安置工作

认真落实中央下达的安置计划，加强政策宣传和组织协调，接收安置军转干部1 004人。加强自主择业军转干部管理服务工作，有效落实自主择业干部各项待遇。突出重点地区和重点对象，抓好企业军转干部维稳解困政策落实。

五、加大人才队伍建设力度

（一）做好公务员录用工作

会同自治区党委组织部完成6批次公务员公开招考工作，共招录9 289人，录取率达84.3%，是历年来最高的一年。

（二）做好人才发展规划纲要编制工作

围绕新疆实现跨越式发展的目标任务和重点工作部署，基本完成了自治区中长期人才发展规划纲要编制工作。抓紧编制专业技术人才、高技能人才发展规划，参与党政人才队伍发展规划编制。

（三）加强高层次专业技术人才选拔培养

积极评选推荐国家级高层次人才人选。完成自治区紧缺人才需求调查工作，研究培养引进高层次紧缺人才的特殊政策。继续实施高层次专业技术人才海外培养计划，选送50名非教育系统科技骨干出国留学和中长期培养。推动留学人员创业园建设，实施海外赤子为疆服务行动计划。继续做好第三批少数民族科技骨干特殊培养工作，特培工作已纳入国家中长期人才培养实施范围。实施专业技术人才知识更新工程，培训中高级专业技术人才1.7万名。

（四）加强高技能人才队伍建设

实施技能人才振兴计划，加快培养紧缺型

高技能人才。加大技工院校改革力度，整合教育资源，实行高端引领。加强产业行业职教园区和公共实训基地建设，提高培训能力。组织开展各类职业技能竞赛，鼓励高技能人才脱颖而出。全年新增高技能人才1.7万人。

六、发展和谐稳定的劳动关系

（一）巩固和扩大劳动合同签订率

密切关注劳动关系领域出现的新变化，全面排查劳动关系矛盾纠纷，大力实施集体合同制度“彩虹计划”，以工资集体协商为重点，扩大集体合同制度覆盖面。全区规模企业劳动合同签订率继续巩固在97.8%，集体合同签订率61.2%。

（二）完善劳动保障监察工作机制

扎实做好劳动保障监察“网络化、网格化”试点工作。健全劳动保障监察各方信息沟通和联动机制，组织开展系列专项检查，查处了一批侵害劳动者权益的违法行为，协调解决了一批重大问题，有效维护了劳动者合法权益。全区共巡查各类单位4 368个，清理解决拖欠农民工工资3.47亿元，涉及农民工9.1万人。

（三）加强劳动人事争议处理工作

推动劳动人事争议调解仲裁工作规范化建设和仲裁机构实体化建设，加大争议案件调解力度，慎重处理集体争议案件，办案效率和质量稳步提高。全区各级劳动争议仲裁委员会共受理劳动人事争议案件7 434起，比上年同期减少959起，下降11.4%；结案6 297起，结案率为84.7%，其中调解解决2 950起，调解率为40%。

七、统筹推进人力资源社会保障事业规划、对口援疆、法制建设等工作

（一）科学编制人力资源社会保障事业“十二五”规划

加强规划编制工作的组织领导，根据经济社会发展的新形势新要求，确定规划编制的方案和思路，细化分解编制规划涉及的重点研究课题，认真编制“十二五”规划，同时抓紧编制就业和社会保障专项规划。

（二）积极做好全面开展对口援疆的前期准备工作

及时建立组织机构和协调机制。把握开展援疆工作重点，配合人力资源社会保障部印发了促进新疆人力资源和社会保障事业发展的意见。组织编写受援县市简介，汇总500余项项目需求。筹备好全国人力资源社会保障系统对口援疆工作会议，与各支援省市签订了对口支援协议。主动协调国家外专局在疆召开引智对口援疆工作座谈会并签订引进对口援疆合作框架协议，与19个援疆省市引智部门进行项目对接，与9个省市签订引智对口援疆协议。

（三）加强法制建设

对自治区实施就业促进法办法进行调研论证。加强行政法规、规章和规范性文件清理，健全规范性文件制定程序。推行行政执法责任制，加强依法行政考核。依法做好行政复议和行政应诉工作，化解行政纠纷。严格审核区属国有企业改制及破产企业职工安置方案，协调处理遗留问题，维护了社会稳定。

（新疆维吾尔自治区人力资源和社会保障厅）

新疆生产建设兵团

人事人才工作

一、工资收入分配

（一）兵团机关事业单位工资管理

认真落实适当提高干部职工工资待遇的有关政策措施。10月11日，牵头召开了兵团事业单位规范津贴补贴工作布置会。11月9日、10日分别牵头召开了各师、兵直机关事业单位会议，对调整新疆部分县市区艰苦边远地区津贴类别和标准等工作进行了安排。会同有关部门，于年底前基本组织完成了上述政策的方案审批和增资兑现工作。

稳慎做好兵团义务教育学校正式实施绩效工资工作。经过兵团各级人事、财务、教育部门的共同努力，截至2月11日，提前完成了兵团义务教育学校正式实施绩效工资的审批、兑现和检查工作。于年底基本组织完成了各师义务教育学校绩效工资实施办法的审批和兵团义务教育学校绩效工资水平调整、增资兑现等工作。

积极做好兵团公共卫生与基层医疗卫生事业单位实施绩效工资工作。11月2日，新兵办发［2010］73号文件印发了《兵团公共卫生与基层医疗卫生事业单位绩效工资实施意见》。11月9日，牵头召开了兵团公共卫生与基层医疗卫生事业单位实施绩效工资工作会议。于年底前基本组织完成了兵团公共卫生与基层医疗卫生事业单位绩效工资水平核定、增资兑现等工作。

做好工资审批工作。至4月底，组织完成了兵团机关、事业单位2010年1月1日正常晋升级别（岗位）工资档次、滚动晋升级别及正常晋升薪级工资方案的审批工作。至9月底，组织完成了兵团事业单位首次岗位聘用管理兑现工资方案的审批工作。年底前，基本组织完成了参照公务员法管理的事业单位重新确定工资等方案的审批工作。

此外，加强了政策研究，妥善处理了信访难题，努力做好了服务工作。

（二）工人考核工作

年初，组织完成2009年6个工考班次35个工种337人初、中、高级工技术等级资格的评审、批复和发证工作。编制下达2010年度兵团机关事业单位工人技术等级岗位培训考核计划。8月至年底，组织考核站举办了兵团机关事业单位8个班次36个工种初、中、高级工技术等级岗位培训考核。组织专家命制了部分工种技术等级岗位培训考核试题。在参加汽车驾驶员工种高级工技术等级岗位培训考核的学员中首次开展技能竞赛活动，对获得竞赛前六名的学员颁发了获奖证书和奖金，免试直接授予高级工技术岗位等级证书。

（三）福利管理工作

对2010年兵团机关、事业单位工作人员执行带薪年休假情况进行督查，对近三年来的执行情况进行总结。代拟新兵党办发［2010］43号文件转发了《自治区机关事业单位工作人员带薪年休假实施办法》，从2010年第三季度起，实行兵团机关、事业单位工作人员年休假执行情况季报制度。及时做好福利政策问题解答及兵团机关事业单位人员退休审批、退休费核定和计划生育奖励金计发等工作。

（四）人事计划工作

年初，编制下达了《二〇一〇年兵团机关事业单位职工人数和工资总额计划》。为了进一步加强人员结构管理和临时人员管理，从2010年起，对各师及兵团监狱系统工勤人员和临时人员计划实行单列下达，启用了《兵团机关事业单位增加临时人员计划单》。经对各师人事计划管理工作进行督查，使用增人计划单管理手段的师由上年的8个增加到11个。

二、事业单位人事制度改革

（一）事业单位岗位设置管理工作

按照兵团《关于事业单位人事制度改革的实施意见》的总体要求，指导、督促各师、院校、兵直各单位做好岗位设置管理工作，以推行岗位设置管理和人员聘用制度为重点，搞活内部分配为关键，进一步扩大事业单位人事管理自主权，完成首次岗位聘任和工资兑现工作，全兵团签订聘用合同的人数达到98%。制定下发《兵团事业单位专业技术二级岗位管理办法（试行）的通知》（兵人发［2010］38号），按照公开、平等、竞争、择优原则，聘任66人担任专业技术二级岗位。赴上海、山东、陕西考察调研事业单位岗位设置管理及职称工作，并成立事业单位人事制度改革政策研究小组，研讨有关政策问题。召开兵师、院校和兵直事业单位岗位设置管理及职称工作业务培训会议，就岗位聘任及工资兑现的资料、程序、步骤等进行了讲解。

（二）职称工作

完善职称政策，制定下发了《关于进一步做好兵团职称工作有关问题的通知》（兵人发［2010］37号），对考核认定、非公企业的职称等工作进一步作了规范；提出评审通过率的要求，并在各高评委会进行合理控制；结合事业单位岗位设置管理工作的实施，停止了管理类职称评聘工作；协调兵团宣传部停止了事业单位政工职称的聘任工作。制定下发《关于兵团职称评定中论文要求及刊物级别认定有关问题的通知》（兵职改办发［2010］14号），指导专业技术人员有选择、有目标地在正规刊物上发表论文，避免盲目性。对专业技术人员计算机应用能力考试科目有效期进行调整。修订下发《兵团水利工程系列专业技术职务任职资格评审条件》（兵职改发［2010］1号）和《卫生系列专业技术资格评审条件》（兵职改发［2010］2号）。各系列更新了1/3以上的评审委员，完成各系列高级评审委员会的评审工作，共评审出高级职称914人。

（三）事业单位公开招聘工作

贯彻落实全国事业单位公开招聘工作座谈会精神，对兵团事业单位公开招聘工作进行检查，检查采取单位自査和兵团人事局抽查相结合的方式，确保了2010年底前兵团事业单位公开招聘人员占新进人员总数的比例达到90%以上。

三、人才队伍建设

（一）人才规划编制工作

编制《兵团中长期人才发展规划纲要（2010—2020年）》，根据兵团经济社会发展的总体目标，提出今后十一年兵团人才队伍建设发展的目标要求、战略重点和实现途径。编制《省市对口支援兵团干部、人才工作专项规划（2011—2020年）》，明确了对口支援12个师干部、人才工作总体要求和基本原则。参与研究制定“双五千”人才储备工程的实施意见，对组织实施“双五千”人才储备工程的重要意义、安置去向、实施步骤、招录选留方法、政策待遇、管理与服务、经费保障、组织领导等提出意见，鼓励和引导优秀高校毕业生、复转军人到兵团基层工作特别是到边境和南疆团场、社区和连队工作。

（二）专家工作

完成享受国务院特殊津贴专家的选拔评审推荐工作，上报专业技术人员14名、高技能人才1名。对以往76名学术技术带头人进行考核，确定61人继续担任兵团学术技术带头人，新评审选拔28名兵团学术技术带头人。对6个博士后科研工作站进行评估，已将评估意见上报。协调财务局增加了专家经费，专家体检费由每人补贴200元提高到1 000元，专家慰问费由每人补贴100元提高到200元。争取国家留学人员科技活动项目9项，择优资助经费39万元。组织专家赴内地疗养，开展春节慰问专家活动。

（三）高层次人才培养工作

围绕兵团城镇化、新型工业化和农业现代化“三化”建设，在企业技术中心建设、网络信息安全、现代农业信息技术、企业信息化、肺癌诊治新技术、生态环境保护、煤化工、农副产品精深加工技术等领域，分别在上海、河北、兵团干部培训学院等地，举办了8个示范性高级研修班，培训400名高层次急需紧缺和骨干专业技术人员。

（四）继续教育工作

以能力建设为核心，会同各行业部门共举办各类继续教育培训班68期，培训人员8 600余人；各师、院校举办各类继续教育培训班106期，培训人员5 835人，进一步加大了专业技术人员的培训力度。

（五）高校毕业生就业工作

组织开展高校毕业生就业服务工作情况调研。4至5月，会同兵团劳动保障局、教育局、团委组成调研组，赴9个师的24个团（场）和53个农业连队开展调研，召开86次座谈会，访谈105名师党委组织部、劳动保障局、教育局、团委和团场领导，与246名在团场、连队就业服务的高校毕业生进行座谈，了解掌握兵团高校毕业生在基层就业服务工作情况，在形成调研报告的基础上，研究起草了《关于进一步引导和鼓励高校毕业生到兵团基层创业就业的意见》。

完成兵团2010年第一批选派生推荐选拔和审核确认工作。按照兵团各师对选派生354人的需求计划，兵团人事局从石河子大学、塔里木大学、新疆农业大学选拔了100名应届优秀毕业生，作为第一批选派生到兵团各团场基层连队担任副连职领导干部。

组织招募2010年“三支一扶”大学生。会同团委起草下发实施方案，明确了“三支一扶”大学生的组织招募、培训派遣、管理服务、待遇和政策保障、经费保障等政策，按照公开、平等、竞争、择优的原则，共招募80名应往届大学生到基层服务。

引导高校毕业生就业工作。11月，兵团人事局、劳动保障局会同有关单位组织开展了“全国人力资源市场2010届高校毕业生就业服务周”系列活动。在服务周期间，在石河子大学、塔里木大学、新疆大学、新疆农业大学举办了兵团人才招聘现场会。兵团14个师、兵团直属企事业单位和乌鲁木齐市、昌吉地区等地的663家用人单位参会，提供了15 600个岗位，12 500名应届大中专毕业生进场洽谈交流，签订就业协议500份，达成就业意向7 200多人。开展了“人事局长、劳动保障局长校园行”活动，分别组织了6个师的人事局局长、劳动保障局局长到石河子大学、塔里木大学作专题报告，引导广大毕业生到基层一线工作锻炼。举办了兵团基层就业创业毕业生先进事迹报告会，从在兵团基层团场和企事业单位就业创业的优秀毕业生中，选拔推荐了从石河子大学和塔里木大学毕业的6名大学生重返母校，介绍自己扎根基层的工作和生活经历，引导应届毕业生树立正确择业观，到基层创业就业。举办了网络招聘大会，兵团人事人才网（www. xbrs. gov. cn）作为服务周活动全国网络招聘大会协办单位，提供了最新有关毕业生就业形势分析、优惠政策、用人单位需求、兵团各高校应届毕业生资源情况等信息，组织98家单位上网登记，个人上网求职登记达260多人，发布招聘信息120余条，提供招聘岗位920多个，网站点击次数39 000人次。此外，还参与举办了全疆春季人才交流大会，组织兵团系统的80家用人单位参会，为大会提供岗位2 920个，达成意向2 000人；参与举办了27场校园毕业生供需招聘会；会同兵团劳动保障局、兵团工会、兵团工商联共同举办了民营企业招聘服务周活动。按照人力资源社会保障部要求，开展了“兵团清理整顿人力资源市场秩序”专项行动，兵团人才服务中心和农八师人才交流中心获得“2010 年全国清理整顿人力资源市场秩序专项活动成绩突出单位”荣誉称号。

（六）农工“绿色证书”培训及技术职称评定工作

各师各单位培训农工 28 719 名，其中，20 476 人取得了绿色证书，8 209 人取得技术职称，进一步推进了兵团农牧团场连队实用人才培训工作。

四、公务员管理

（一）公务员招录工作

2010 年，兵团人事局招录公务员 1 271 名。注重从有基层工作经历的人员中招录公务员，首次增加了 120 个职位面向兵团团场在编人员招录；限两年以上基层工作经历的职位比例达到 60.9%。注重从少数民族考生中招录公务员，进一步增加了“民族不限”和“少数民族”的职位数，招录比例从上年的 12.4% 提高到 22.6%。进一步加强维护社会稳定力量建设，专门为基层政法机关组织了面向高校招录和基层政法机关定向招录公务员。创新招录工作方法，兵团公务员招录工作从报名、缴费、打印准考证、阅卷、成绩查询和公布等环节均实现网络化，纪检监察机关全程参与监督。

（二）新录用公务员赴基层锻炼工作

选派兵师机关 291 名年轻干部赴基层锻炼。其中，兵团机关选派了第二批 28 个部门共 54 名年轻干部分赴基层团场锻炼。9 月，兵团人事局组成调研组对新录用公务员赴基层锻炼情况进行调研，形成专题调研报告，针对存在的问题提出了具体的建议和工作思路。

（三）表彰奖励工作

规范兵团公务员年度考核嘉奖、记功标准及程序，统一印制公务员奖励证书及三等功奖章，督促各师开展年度考核结果兑现工作。研究制定兵团“人民满意的公务员”和“人民满意的公务员集体”评选表彰实施方案，已经兵团党委常委会审议通过。审核推荐 16 个集体、23 名个人，作为国家各部门行业表彰的先进集体和个人候选对象上报人力资源社会保障部。安排部署 2010 年兵团公务员年度考核工作。

（四）参照公务员法管理审批和公务员登记工作

对兵团事业单位申请参照公务员法管理单位和工作人员进行审核，组织第二次过渡考试，批准 28 个事业单位 176 人参照公务员法管理，批准登记公务员 799 人。

（五）公安机关执法勤务机构人民警察职务套改工作

按照国家职务套改文件要求，成立领导小组，制订实施方案，及时安排部署，兵团公安机关执法勤务机构警员职务套改工作全部结束。参加套改人员 2 221 人，占兵团公安机关民警总数的 48.2%。

五、军转安置

（一）军转干部安置工作

筹备召开兵团军转干部安置动员大会。组织 28 个兵团驻乌单位参加自治区 2010 年军队转业干部安置“供需见面，双向选择”大会，安置军转干部 28 人。其中，驻乌单位 22 人，驻乌外单位 6 人；团职 8 人，营连排职及技术干部 20 人。

（二）企业军转干部解困工作

贯彻落实有关文件精神，通过摸底调查，对各师补报的军转干部材料及时审核确认，确定需要解困的企业军转干部 854 人，经与自治区各地州军转办协调沟通，确定了年度的补助标准，确保了兵团与地方补助标准一致。截至年底，兵团共发放企业军转干部解困补助金 315.1 万元。积极完善企业军转干部数据库，查漏补缺、更新数据，按要求上报国务院军转办。做好企业军转干部信访工作，开展排查化解矛盾纠纷，兵团企业军转干部整体情况比较稳定。

六、人事考试工作

安全、顺利完成全国职称外语等级考试等60余项共64 632人国家级资格考试工作。

（新疆生产建设兵团人事局）

新疆生产建设兵团

劳动和社会保障工作

2010 年，新疆生产建设兵团劳动和社会保障工作在兵团党委的坚强领导下，以科学发展观为指导，认真学习贯彻党的十七届四中、五中全会，中央新疆工作座谈会议和兵团党委六届四次、五次全委（扩大）会议精神，认真落实兵团党委的一系列决策部署，紧紧围绕推进新疆跨越式发展和长治久安的战略目标，以高度的政治责任感、紧迫感和饱满的工作热情，加大工作力度，强化体系建设，劳动保障工作取得了新的进展。

一、就业和培训目标全面完成，就业局势保持稳定，实施了“95225”工程，技能人才培养成效明显

全面实施就业促进法，继续落实一系列扩大和稳定就业的政策措施，超额完成了年度就业培训目标任务。当年新增就业 6.67 万人，完成计划的 133%，城镇登记失业率 2.41%，转移团场富余劳动力 3.1 万人。开展各类培训 19.1 万人次，完成计划的 174%。开展“两个万人”培训 24 304 人，完成计划的 122%。

一是把 2010 年作为“政策落实年”，切实发挥政策促进就业的效应，进一步完善就业困难人员帮扶政策，建立健全就业援助工作机制，积极推进基层公共就业服务平台建设。

二是围绕“三化”建设大力开发就业岗位。特别是将加快推进新型工业化作为扩大就业新的增长点，有效拓展了就业岗位的开发空间，全年共计开发 10.1 万个就业岗位。

三是积极开展公共就业服务专项活动，着力帮扶重点群体就业。把高校毕业生和就业困难人员作为重点，采取有力措施，开展了民营企业招聘周等专项活动。初步建立起家庭服务业协调机制。开展了针对就业困难人员和零就业家庭的就业援助活动，建立健全了零就业家庭 24 小时托底安置制度，共帮助 2 334 户零就业家庭至少一人实现就业。截至年底，共有 1.44 万就业困难人员通过援助实现了就业。开展了针对团场富余劳动力和进城农民工的“春风行动”和“金秋行动”，共引进拾花工 47.58 万人（其中疆内 22.57 万人），为植棉团场丰产丰收和疆内外农村劳动者增收致富作出了贡献。

四是创业促就业工作成效明显。全年开展创业培训 1.34 万人次。以搞好小额担保贷款、残疾人创业培训、少数民族创业培训、举办青年就业创业论坛等形式，进一步加大了创业促就业工作力度。

五是坚持服务经济发展、紧贴市场需要抓培训，全面完成了“95225”的各项任务，“新技术、新工艺、新技能、新设备、新品种”培训取得较好成绩。职业技能鉴定稳步推进，质量管理和技术服务不断加强。高技能人才和特色培训力度加大，组织实施了特别职业培训计划。

六是职业技能竞赛再创佳绩。兵团代表队参加了全国技能大赛和自治区技能大赛，共获得 62 个奖项，扩大了兵团的影响。

二、社会保障体系建设取得重大进展，社会保障制度改革取得新突破，社会保险待遇水平大幅度提高

以完善体系、健全制度和提高社会保险待遇水平为重点，社会保障工作取得突出成效。

一是在国家财力的大力支持下，兵团党委及时出台政策，重点解决了一些难点和历史遗留问题，使广大职工群众得到了实惠。与自治区同步、同标准调整企业退休人员基本养老金待遇，月人均增加207元。解决城镇未参保集体企业退休人员基本养老保障遗留问题，截至12月底，登记6.8万人，5.9万人享受待遇。落实兵团范围内企业离退休人员冬季采暖费补贴，对1995年底以前退休人员生活补贴以及调整企业参保人员死亡抚恤待遇标准三项政策。

二是进一步完善了养老保险制度。实现了养老保险兵团级统筹，总体运行平稳并通过了国家审核评估。积极开展养老保险扩面。开展了养老保险跨省转移接续工作。积极筹备新型农村社会养老保险工作。开展了离退休人员生存状况认证调查工作。

三是失业保险工作取得积极成效。认真落实团场岗位补贴和社会保险补贴政策，充分发挥团场失业保险保障生活、促进就业和预防失业的积极作用。继续执行阶段性降低失业保险费率政策。开展了失业动态监测工作。

四是医疗保障制度进一步完善。按照“新医改”要求，进一步巩固职工医疗保障覆盖率，综合参保率稳定在90%以上。基本解决国有关闭破产企业退休人员参保问题，积极落实各项政策，稳步提高医疗保障待遇水平。部分统筹区积极推进了医疗费用即时结算。与自治区同步完成了新版《药品目录》调整实施工作。协同推进了生育保险工作。

五是进一步推进工伤保险工作。开展了平安计划（二期）工作，已将1.8万农民工纳入工伤保险范围。全面启动“老工伤”人员纳入工伤保险统筹，已将2.1万“老工伤”纳入统筹。劳动能力鉴定工作进一步规范。

六是基金监督工作进一步加强。开展了兵团基本医疗保险基金专项检查、基金监管软件联网和基金运行分析，对“两定机构”自查面达100%。

七是经办管理服务体系进一步完善。内控制度体系建设有所加强，基本实现了业务档案管理的制度化、规范化和标准化。社会保险“数据质量年”活动取得显著成效。加大了稽核力度，各级社保经办机构数据管理和应用水平显著提升。社会保险精算和统计工作取得新突破，完成了兵团社会保险10年的精算报告，兵团社会保险业务台账管理工作走在了全国前列。

三、劳动关系调整机制逐步健全，劳动保障法制建设取得新进展，执法监督体系进一步完善，劳动关系总体保持稳定

兵师两级劳动保障部门坚持从维护社会公平正义和建设和谐兵团出发，以贯彻落实《劳动合同法》和《劳动争议仲裁法》为重点，不断加大劳动保障监察力度，依法构建和谐稳定劳动关系。

一是继续抓好各项劳动保障法律法规的宣传和贯彻落实。开展了农民工劳动合同签订“春暖行动”，深入推进集体合同制度，兵团小企业和非国有企业劳动合同签订率进一步提高。集体合同制度覆盖面进一步扩大。推进了劳动用工备案制度建设，实现劳动合同规范化、信息化动态管理。

二是贯彻落实兵团党委《关于加强团场劳动用工管理工作的意见》，巩固规范团场劳动用工管理工作成果。就进一步加强团场职工队伍建设进行了专题研究，开展了劳动用工管理专项检查。

三是加强了企业工资收入分配指导和监督工作。建立工资正常增长机制，完善企业工资分配宏观调控制度，最低工资标准得到落实。建立了解决拖欠农民工工资调解仲裁“绿色通道”。

四是加大了劳动争议调解仲裁力度。加强劳动争议调解组织体系建设，积极推进团场（企业）开展调解工作。推进了兵团仲裁庭标准化建设。建立了兵团劳动争议仲裁办案机构和仲裁员信息数据库，加强仲裁基础工作，提高了办案能力。全年共受理劳动争议仲裁案件1247件，结案率98.6%。

五是加大劳动保障监察执法力度。认真做好执法维权和服务企业的工作，及时高效地处理劳动者举报投诉案件。认真组织实施劳动保障监察“两网化”管理试点及评估总结工作。主动监察用人单位1.7万户次，受理举报投诉1 816起，处理群体性突发事件60宗，涉及劳动者4 400余人，为农民工追回欠款7 868.7万元。

六是认真做好世博会期间等敏感期的信访维稳工作，及时处置兵团领导批示的信访个案问题和部分群体性上访问题并提出了意见。协助法院做好部分涉法涉诉案件的处理。全年共接待来访群众9 482人次。兵团本级接待来访群众2 417人次。

四、劳动保障信息化建设取得突出成果

金保工程各项建设得到了突破性进展。社会保险核心系统在14个统筹区上线运行，劳动就业业务系统在15个统筹区上线应用。已完成7个统筹区近23万张社会保障卡信息采集和制卡工作。居民医疗保险系统已全面开始定点医疗机构即时联网结算。核心系统财务接口软件已在14个统筹区上线应用。指纹识别认证系统在7个统筹区扩展应用。兵团12333劳动保障电话咨询服务平台已开通试运行。完成了“五·七工”“家属工”参加养老保险系统软件开发应用和全国养老保险异地试点转移系统的应用工作。

五、认真贯彻落实中央新疆工作座谈会精神，对口援疆工作开局良好，进展顺利

一是加强领导，健全组织，形成了一级抓一级、层层抓落实的良好工作格局。

二是加强沟通，主动衔接，大部分师都利用各种机会就对口支援框架协议进行了沟通对接。

三是深入调研，科学规划，认真编制兵团劳动保障系统对口支援专项规划，兵团对口支援专项规划已纳入人力资源社会保障部和兵团的总体规划。

四是强化宣传，畅通渠道，为对口支援工作营良好的舆论氛围。

六、兵团劳动保障系统自身建设不断加强

一是加强了干部培训和教育，开展了解放思想大学习大讨论活动、争先创优活动和“热爱伟大祖国、建设美好家园”主题教育活动，进一步增强了干部职工的责任意识、发展意识和创新意识。加大了业务培训力度，提高了劳动保障系统干部的业务能力和政策水平。

二是广泛开展了普法宣传，职工群众依法维护自身合法权益的意识进一步增强。

三是对兵团劳动保障工作一些深层次问题积极开展战略性、前瞻性研究，提高了工作的主动性和预见性，起草了《兵团劳动保障事业发展“十二五”规划（讨论稿）》《天山北坡经济区兵团劳动保障事业发展规划》和《兵团职工队伍建设与就业问题研究》，为推进兵团劳动保障事业全面、科学、持续、协调、健康发展奠定了基础。

四是继续落实“五心服务”和“八个严禁”的要求，认真落实党风廉政建设责任制，广泛开展“优质文明服务窗口”活动，及时、妥善解决社会关注、群众关心的热点、难点问题，树立了兵团劳动保障部门的良好形象。

（新疆生产建设兵团劳动和社会保障局）

统 计 资 料

(一) 综　　合

表 1—1　　历年国内生产总值增长及构成

年份	国内生产总值	第一产业	第二产业	第三产业
一、绝对数(亿元)				
1997	78 973	14 442	37 543	26 988
1998	84 402	14 818	39 004	30 580
1999	89 677	14 770	41 034	33 873
2000	99 215	14 945	45 556	38 714
2001	109 655	15 781	49 512	44 362
2002	120 333	16 537	53 897	49 899
2003	135 823	17 382	62 436	56 005
2004	159 878	21 413	73 904	64 561
2005	184 937	22 420	87 598	74 919
2006	216 314	24 040	103 720	88 555
2007	265 810	28 627	125 831	111 352
2008	314 045	33 702	149 003	131 340
2009	340 903	35 226	157 639	148 038
2010	401 202	40 534	187 581	173 087
二、比上年增长(%)				
1998	7.8	3.5	8.9	8.3
1999	7.6	2.8	8.1	9.3
2000	8.4	2.4	9.4	9.7
2001	8.3	2.8	8.4	10.2
2002	9.1	2.9	9.8	10.4
2003	10.0	2.5	12.7	9.5
2004	10.1	6.3	11.1	10.0
2005	15.7	4.7	18.5	16.0
2006	17.0	7.2	18.4	18.2
2007	22.9	19.1	21.3	25.7
2008	18.1	17.7	18.4	18.0
2009	8.6	4.5	5.8	12.7
2010	17.7	15.1	19.0	16.9
三、构成(%)				
1997	100.0	18.3	47.5	34.2
1998	100.0	17.6	46.2	36.2
1999	100.0	16.5	45.8	37.7
2000	100.0	15.1	45.9	39.0
2001	100.0	14.4	45.1	40.5
2002	100.0	13.7	44.8	41.5
2003	100.0	12.8	46.0	41.2
2004	100.0	13.4	46.2	40.4
2005	100.0	12.1	47.4	40.5
2006	100.0	11.1	48.0	40.9
2007	100.0	10.8	47.3	41.9
2008	100.0	10.7	47.5	41.8
2009	100.0	10.3	46.3	43.4
2010	100.0	10.1	46.8	43.1

表 1—2　　历年分城乡就业人员年末人数及构成　　单位：万人

年份	就业人数			构成（%）		
	合计	城镇	乡村	合计	城镇	乡村
1997	69 820	20 781	49 039	100	29.8	70.2
1998	70 637	21 616	49 021	100	30.6	69.4
1999	71 394	22 412	48 982	100	31.4	68.6
2000	72 085	23 151	48 934	100	32.1	67.9
2001	72 797	24 123	48 674	100	33.1	66.9
2002	73 280	25 159	48 121	100	34.3	65.7
2003	73 736	26 230	47 506	100	35.6	64.4
2004	74 264	27 293	46 971	100	36.8	63.2
2005	74 647	28 389	46 258	100	38.0	62.0
2006	74 978	29 630	45 348	100	39.5	60.5
2007	75 321	30 953	44 368	100	41.1	58.9
2008	75 564	32 103	43 461	100	42.5	57.5
2009	75 828	33 322	42 506	100	43.9	56.1
2010	76 105	34 687	41 418	100	45.6	54.4

注：1990 年以后从业人员数字根据 2000 年、2010 年人口普查数进行了调整。

表 1—3　　历年分产业就业人员年末人数及构成　　单位：万人

年份	就业人数				构成（%）			
	合计	第一产业	第二产业	第三产业	构成	第一产业	第二产业	第三产业
1997	69 820	34 840	16 547	18 432	100	49.9	23.7	26.4
1998	70 637	35 177	16 600	18 860	100	49.8	23.5	26.7
1999	71 394	35 768	16 421	19 205	100	50.1	23.0	26.9
2000	72 085	36 043	16 219	19 823	100	50.0	22.5	27.5
2001	72 797	36 399	16 234	20 165	100	50.0	22.3	27.7
2002	73 280	36 640	15 682	20 958	100	50.0	21.4	28.6
2003	73 736	36 204	15 927	21 605	100	49.1	21.6	29.3
2004	74 264	34 830	16 709	22 725	100	46.9	22.5	30.6
2005	74 647	33 442	17 766	23 439	100	44.8	23.8	31.4
2006	74 978	31 941	18 894	24 143	100	42.6	25.2	32.2
2007	75 321	30 731	20 186	24 404	100	40.8	26.8	32.4
2008	75 564	29 923	20 553	25 087	100	39.6	27.2	33.2
2009	75 828	28 890	21 080	25 857	100	38.1	27.8	34.1
2010	76 105	27 931	21 842	26 332	100	36.7	28.7	34.6

表 1—4　　历年城镇分经济类型就业人员构成　　单位：万人

年份	合计	国有单位	集体单位	股份合作单位
1997	20 781	11 044	2 883	
1998	21 616	9 058	1 963	136
1999	22 412	8 572	1 712	144
2000	23 151	8 102	1 499	155
2001	24 123	7 640	1 291	153
2002	25 159	7 163	1 122	161
2003	26 230	6 876	1 000	173
2004	27 293	6 710	897	192
2005	28 389	6 488	810	188
2006	29 630	6 430	764	178
2007	30 953	6 424	718	170
2008	32 103	6 447	662	164
2009	33 322	6 420	618	160
2010	34 687	6 516	597	156

年份	联营单位	有限责任公司	股份有限公司	私营企业
1997	43		468	750
1998	48	484	410	973
1999	46	603	420	1 053
2000	42	687	457	1 268
2001	45	841	483	1 527
2002	45	1 083	538	1 999
2003	44	1 261	592	2 545
2004	44	1 436	625	2 994
2005	45	1 750	699	3 458
2006	45	1 920	741	3 954
2007	43	2 075	788	4 581
2008	43	2 194	840	5 124
2009	37	2 433	956	5 544
2010	36	2 613	1 024	6 071

年份	港澳台商投资单位	外商投资单位	个体	其他
1997	281	300	1 919	3 093
1998	294	293	2 259	5 698
1999	306	306	2 414	6 837
2000	310	332	2 136	8 162
2001	326	345	2 131	9 342
2002	367	391	2 269	10 022
2003	409	454	2 377	10 499
2004	470	563	2 521	10 841
2005	557	688	2 778	10 928
2006	611	796	3 012	11 178
2007	680	903	3 310	11 261
2008	679	943	3 609	11 398
2009	721	978	4 245	11 209
2010	770	1 053	4 467	11 382

表 1—5　历年分经济类型单位职工人数　　单位：万人

年份	合计	在岗职工	国有单位	在岗职工
1997	14 669		10 766	
1998	14 314	12 337	10 044	8 809
1999	13 928	11 773	9 675	8 336
2000	13 468	11 259	9 260	7 878
2001	12 892	10 792	8 710	7 409
2002	12 517	10 558	8 103	6 924
2003	10 969	10 492	6 875	6 621
2004	12 182	10 576	7 383	6 438
2005	12 193	10 850	6 895	6 232
2006	12 337	11 161	6 829	6 170
2007	12 459	11 427	6 718	6 148
2008	12 369	11 515	6 592	6 126
2009	12 551	11 824	6 471	6 078
2010	12 889	12 251	6 488	6 145

年份	城镇集体单位	在岗职工	其他单位	在岗职工
1997	2 817		1 085	
1998	2 458	1 900	1 812	1 628
1999	2 233	1 652	2 020	1 785
2000	2 008	1 447	2 200	1 935
2001	1 753	1 241	2 429	2 142
2002	1 527	1 071	2 887	2 563
2003	1 356	950	3 244	2 920
2004	1 210	851	3 588	3 287
2005	1 066	769	4 131	3 849
2006	988	726	4 520	4 264
2007	914	684	4 827	4 595
2008	812	623	4 965	4 766
2009	735	578	5 345	5 168
2010	693	558	5 707	5 548

注：本表中 1998 年以后职工人数包括在岗职工和离岗职工的人数。

表 1—6　　历年分企业、事业、机关职工人数　　单位：万人

年份	企业				事业				机关	
	合计	国有	集体	其他	合计	国有	集体	其他	合计	国有
1997	10 888	7 131	2 673	1 084	2 732	2 592	138	2	1 049	1 043
1998	10 524	6 394	2 320	1 810	2 729	2 595	132	2	1 061	1 055
1999	10 112	5 998	2 095	2 019	2 745	2 611	133	2	1 071	1 066
2000	9 628	5 564	1 867	2 197	2 761	2 622	136	3	1 079	1 075
2001	9 054	5 017	1 612	2 425	2 758	2 617	137	4	1 080	1 075
2002	8 713	4 446	1 388	2 879	2 731	2 588	136	7	1 073	1 069
2003	7 172	3 067	820	2 910	2 724	2 582	132	10	1 072	1 068
2004	8 321	3 660	1 088	3 573	2 753	2 621	117	15	1 107	1 103
2005	8 275	3 209	953	4 113	2 806	2 678	110	19	1 111	1 108
2006	8 377	2 996	881	4 500	2 836	2 711	104	21	1 123	1 121
2007	8 456	2 846	810	4 800	2 864	2 736	102	26	1 138	1 136
2008	8 350	2 693	719	4 938	2 871	2 752	92	27	1 149	1 147
2009	8 482	2 545	649	5 287	2 867	2 759	80	27	1 161	1 159
2010	8 734	2 482	608	5 644	2 921	2 812	80	29	1 192	1 187

年份	机关		民间非营利				其他			
	集体	其他	合计	国有	集体	其他	合计	国有	集体	其他
1997	7									
1998	6									
1999	5									
2000	5									
2001	4									
2002	4									
2003	4									
2004	4									
2005	3									
2006	2									
2007	2									
2008	2									
2009	1	1	14	2	1	11	27	5	3	18
2010	2	3	17	2	1	13	25	4	3	18

注：1. 本表中 1998 年以后职工人数包括在岗职工和离岗职工。

2. 以前年度民间非营利组织和其他单位按照登记注册情况并入了机关、事业和企业单位，从 2009 年起新增列民间非营利组织和其他两个分类。

表 1—7　　历年分行业在岗职工年末人数　　单位：万人

年份	合计	农、林、牧、渔业	采掘业	制造业	电力、燃气及水的生产和供应业	建筑业	地质勘察业、水利管理业	交通运输、仓储和邮电通信业
1978	9 499	830	652	3 595	107	623	178	669
1980	10 444	788	697	3 947	118	710	188	714
1985	12 358	777	795	4 620	142	900	197	823
1989	13 742	782	842	5 206	180	900	199	874
1990	14 059	780	882	5 304	192	896	197	895
1991	14 508	769	905	5 443	203	940	199	916
1992	14 792	758	898	5 508	215	995	202	921
1993	14 849	708	925	5 469	232	1 153	144	826
1994	14 849	680	904	5 434	244	1 072	137	835
1995	14 908	660	914	5 439	257	1 053	134	824
1996	14 845	617	886	5 293	272	1 035	128	830
1997	14 668	612	851	5 083	282	1 004	128	824
1998	12 337	546	702	3 769	281	846	115	701
1999	11 773	519	650	3 496	283	778	110	682
2000	11 259	494	581	3 240	282	744	109	659
2001	10 792	458	544	3 010	284	733	104	629
2002	10 558	430	537	2 907	285	756	96	613

年份	批发和零售贸易、餐饮业	金融、保险业	房地产业	社会服务业	卫生、体育和社会福利业	教育、文化艺术和广播电影电视业	科学研究和综合技术服务业	国家机关、政党机关和社会团体	其他
1978	1 079	65	31	166	247	736	92	430	
1980	1 239	89	37	218	287	817	105	490	
1985	1 518	126	36	271	342	962	131	718	
1989	1 675	184	43	327	382	1 117	147	885	
1990	1 715	195	44	344	392	1 143	152	929	
1991	1 786	208	48	369	410	1 181	156	974	
1992	1 844	223	54	386	421	1 212	159	996	
1993	1 796	239	66	422	416	1 205	166	1 030	55
1994	1 833	261	72	447	428	1 249	174	1 017	63
1995	1 828	273	77	449	438	1 291	178	1 027	66
1996	1 807	288	82	458	451	1 345	176	1 075	103
1997	1 774	298	84	480	464	1 403	179	1 080	125
1998	1 256	301	89	451	469	1 451	168	1 084	108
1999	1 110	300	90	453	473	1 480	165	1 088	96
2000	977	294	93	457	476	1 500	164	1 091	99
2001	840	292	97	463	481	1 512	154	1 088	104
2002	733	287	107	483	480	1 517	151	1 056	120

续表

年份	合计	农、林、牧、渔业	采矿业	制造业	电力、燃气及水的生产和供应业	建筑业	交通运输、仓储和邮政业	信息传输、计算机服务和软件业	批发和零售业	住宿和餐饮业
2003	10 492	460	481	2 899	292	774	610	104	592	159
2004	10 576	438	491	2 960	294	778	598	111	551	163
2005	10 850	414	498	3 096	294	854	579	117	508	167
2006	11 161	402	518	3 250	296	910	579	125	486	170
2007	11 427	386	524	3 358	298	962	584	137	479	172
2008	11 515	362	526	3 329	297	971	583	144	487	178
2009	11 824	328	539	3 380	297	1 050	589	158	493	185
2010	12 251	328	546	3 519	299	1 133	582	168	506	191

年份	金融业	房地产业	租赁和商务服务业	科学研究、技术服务和地质勘察业	水利、环境和公共设施管理业	居民服务和其他服务业	教育	卫生、社会保障和社会福利业	文化、体育和娱乐业	公共管理和社会组织
2003	286	108	168	206	164	47	1 402	472	122	1 146
2004	287	120	176	208	165	47	1 425	477	118	1 170
2005	295	133	199	213	170	47	1 445	491	117	1 213
2006	300	140	215	220	176	50	1 466	506	117	1 235
2007	311	151	223	228	181	51	1 484	522	119	1 260
2008	326	157	247	240	179	50	1 491	536	119	1 292
2009	347	175	263	255	184	55	1 502	564	122	1 337
2010	370	195	281	273	193	56	1 527	595	124	1 365

表 1—8　　历年分经济类型单位在岗职工平均工资及增长情况　　单位：元/年

年份	在岗职工平均工资				比上年增长（%）
		国有单位	城镇集体单位	其他单位	
1997	6 470	6 747	4 512	8 789	4.2
1998	7 479	7 668	5 331	8 972	15.6
1999	8 346	8 543	5 774	9 829	11.6
2000	9 371	9 552	6 262	10 984	12.3
2001	10 870	11 178	6 867	12 140	16.0
2002	12 422	12 869	7 667	13 212	14.3
2003	14 040	14 577	8 678	14 574	13.0
2004	16 024	16 445	9 723	16 519	14.1
2005	18 364	19 313	11 283	18 244	14.6
2006	21 001	22 112	13 014	20 755	14.4
2007	24 932	26 620	15 595	24 058	18.7
2008	29 229	31 005	18 338	28 387	17.2
2009	32 736	35 053	20 958	31 319	12.0
2010	37 147	39 471	24 430	35 843	13.5

表 1—9　　历年全国企业、事业、机关单位在岗职工平均工资　　单位：元/年

年份	在岗职工平均工资	企业				事业				机关
		小计	国有	集体	其他	小计	国有	集体	其他	小计
1997	6 470	6 322	6 647	4 443	8 788	6 867	6 925	5 743	9 530	6 990
1998	7 479	7 405	7 644	5 264	8 970	7 620	7 689	6 206	10 858	7 740
1999	8 346	8 168	8 350	5 670	9 828	8 665	8 748	6 970	10 913	8 925
2000	9 371	9 189	9 324	6 144	10 985	9 634	9 749	7 388	10 560	10 020
2001	10 870	10 453	10 619	6 667	12 136	11 491	11 640	8 518	14 628	12 125
2002	12 422	11 873	12 109	7 426	13 206	13 246	13 438	9 399	15 568	14 005
2003	14 040	13 578	14 028	8 401	14 575	14 564	14 770	10 448	15 147	15 736
2004	16 024	15 559	16 336	9 513	16 255	16 489	16 690	11 773	17 335	17 869
2005	18 364	17 853	19 069	10 909	18 242	18 720	18 926	13 602	18 621	20 828
2006	21 001	20 555	22 246	12 547	20 756	21 259	21 466	15 887	20 668	23 360
2007	24 932	24 046	26 284	14 882	24 053	25 805	26 029	19 828	25 048	28 763
2008	29 229	28 359	30 780	17 616	28 388	29 758	30 004	22 682	28 205	33 869
2009	32 736	31 622	34 778	20 041	31 362	34 053	34 276	26 900	31 924	37 397
2010	37 147	36 256	39 938	23 338	35 891	38 411	38 626	31 260	36 661	40 512

年份	机关			民间非营利组织				其他			
	国有	集体	其他	小计	国有	集体	其他	小计	国有	集体	其他
1997	6 994	6 338									
1998	7 746	6 675									
1999	8 930	7 827									
2000	10 025	8 718									
2001	12 136	8 960									
2002	14 020	9 302									
2003	15 757	9 742									
2004	17 887	12 101									
2005	20 840	15 365									
2006	23 370	17 897									
2007	28 773	21 803									
2008	33 878	25 298									
2009	37 410	30 394	26 434	29 529	49 985	24 868	26 439	24 249	38 003	16 991	21 532
2010	40 561	31 338	26 214	33 750	54 207	27 953	30 867	26 264	37 897	18 222	24 708

注：以前年度民间非营利组织和其他单位按照登记注册情况并入了机关、事业和企业单位，从 2009 年起新增列民间非营利组织和其他两个分类。

表 1—10　　历年分行业职工平均工资　　单位：元/年

年份	合计	农、林、牧、渔业	采掘业	制造业	电力、煤气及水的生产和供应业	建筑业	地质勘察业、水利管理业	交通运输、仓储和邮电通信业
1978	615	470	676	597	850	714	708	694
1980	762	616	854	752	1 035	855	895	832
1985	1 148	878	1 324	1 112	1 239	1 362	1 406	1 275
1989	1 935	1 389	2 378	1 900	2 241	2 166	2 199	2 197
1990	2 140	1 541	2 718	2 073	2 656	2 384	2 465	2 426
1991	2 340	1 652	2 942	2 289	2 922	2 649	2 707	2 686
1992	2 711	1 828	3 209	2 635	3 392	3 066	3 222	3 114
1993	3 371	2 042	3 711	3 348	4 319	3 779	3 717	4 273
1994	4 538	2 819	4 679	4 283	6 155	4 894	5 450	5 690
1995	5 500	3 522	5 757	5 169	7 843	5 785	5 962	6 948
1996	6 210	4 050	6 482	5 642	8 816	6 249	6 581	7 870
1997	6 470	4 311	6 833	5 933	9 649	6 655	7 160	8 600
1998	7 479	4 528	7 242	7 064	10 478	7 456	7 951	9 808
1999	8 346	4 832	7 521	7 794	11 513	7 982	8 821	10 991
2000	9 371	5 184	8 340	8 750	12 830	8 735	9 622	12 319
2001	10 870	5 741	9 586	9 774	14 590	9 484	10 957	14 167
2002	12 422	6 398	11 017	11 001	16 440	10 279	12 303	16 044

年份	批发和零售贸易、餐饮业	金融、保险业	房地产业	社会服务业	卫生、体育和社会福利业	教育、文化艺术和广播电影电视业	科学研究和综合技术服务业	国家机关、政党机关和社会团体	其他
1978	551	610	548	392	573	545	669	655	
1980	692	720	694	475	718	700	851	800	
1985	1 007	1 154	1 028	777	1 124	1 166	1 272	1 127	
1989	1 660	1 867	1 925	1 926	1 959	1 883	2 118	1 874	
1990	1 818	2 097	2 243	2 170	2 209	2 117	2 403	2 113	
1991	1 981	2 255	2 507	2 431	2 370	2 243	2 573	2 275	
1992	2 204	2 829	3 106	2 844	2 812	2 715	3 115	2 768	
1993	2 679	3 740	4 320	3 588	3 413	3 278	3 904	3 505	3 371
1994	3 537	6 712	6 288	5 026	5 126	4 923	6 162	4 962	5 213
1995	4 248	7 376	7 330	5 982	5 860	5 435	6 846	5 526	6 295
1996	4 661	8 406	8 337	6 778	6 790	6 144	8 048	6 340	7 184
1997	4 845	9 734	9 190	7 553	7 599	6 759	9 049	6 981	6 838
1998	5 865	10 633	10 302	8 333	8 493	7 474	10 241	7 773	8 481
1999	6 417	12 046	11 505	9 263	9 664	8 510	11 601	8 978	10 068
2000	7 190	13 478	12 616	10 339	10 930	9 482	13 620	10 043	11 098
2001	8 192	16 277	14 096	11 869	12 933	11 452	16 437	12 142	12 590
2002	9 398	19 135	15 501	13 499	14 795	13 290	19 113	13 975	14 215

注：1998 年以后为在岗职工口径。

续表

年份	合计	农、林、牧、渔业	采矿业	制造业	电力、燃气及水的生产和供应业	建筑业	交通运输、仓储和邮政业	信息传输、计算机服务和软件业	批发和零售业	住宿和餐饮业
2003	14 040	6 969	13 682	12 496	18 752	11 478	15 973	32 244	10 939	11 083
2004	16 024	7 611	16 874	14 033	21 805	12 770	18 381	34 988	12 923	12 535
2005	18 364	8 309	20 626	15 757	25 073	14 338	21 352	40 558	15 241	13 857
2006	21 001	9 430	24 335	17 966	28 765	16 406	24 623	44 763	17 736	15 206
2007	24 932	11 086	28 377	20 884	33 809	18 758	28 434	49 225	20 888	17 041
2008	29 229	12 958	34 405	24 192	39 204	21 527	32 796	56 642	25 538	19 481
2009	32 736	14 911	38 224	26 599	42 668	24 625	36 224	59 919	29 031	21 193
2010	37 147	17 345	44 496	30 700	48 323	28 127	41 536	66 598	33 520	23 812

年份	金融业	房地产业	租赁和商务服务业	科学研究、技术服务和地质勘察业	水利、环境和公共设施管理业	居民服务和其他服务业	教育	卫生、社会保障和社会福利业	文化、体育和娱乐业	公共管理和社会组织
2003	22 457	17 182	16 501	20 636	12 095	12 900	14 399	16 352	17 268	15 533
2004	26 982	18 712	18 131	23 593	13 336	14 152	16 277	18 617	20 730	17 609
2005	32 228	20 581	20 992	27 434	14 753	16 642	18 470	21 048	22 885	20 505
2006	39 280	22 578	23 648	31 909	16 140	18 935	21 134	23 898	26 126	22 883
2007	49 435	26 425	26 965	38 879	19 064	21 550	26 162	28 258	30 662	28 171
2008	61 841	30 327	31 735	46 003	22 182	23 801	30 185	32 714	34 494	32 955
2009	70 265	32 591	34 318	50 866	24 551	25 704	35 042	36 380	38 319	36 268
2010	80 772	36 392	38 502	57 316	27 229	28 665	39 624	41 132	42 245	39 329

表 1—11　分地区企业、事业、机关单位在岗职工平均工资和离岗职工平均生活费

（2010 年）　　　　单位：元/年

地区	合计		企业		事业	
	在岗职工平均工资	离岗职工平均生活费	在岗职工平均工资	离岗职工平均生活费	在岗职工平均工资	离岗职工平均生活费
全国	**37 147**	**8 629**	**36 256**	**7 876**	**38 411**	**12 155**
北京	65 683	19 252	65 038	18 695	74 170	23 430
天津	52 963	7 398	48 354	7 018	64 996	17 226
河北	32 306	9 193	32 968	7 117	31 704	18 007
山西	33 544	7 818	36 794	7 748	27 527	12 460
内蒙古	35 507	12 636	32 680	10 160	38 340	22 836
辽宁	35 057	5 020	33 979	4 680	37 333	9 156
吉林	29 399	8 205	29 854	6 997	28 200	10 474
黑龙江	29 603	5 522	28 803	4 063	31 019	13 701
上海	71 874	9 856	70 390	9 202	76 773	25 852
江苏	40 505	10 948	35 769	10 141	48 520	17 636
浙江	41 505	10 302	35 696	13 664	63 762	4 762
安徽	34 341	7 647	35 149	7 482	32 002	9 297
福建	32 647	6 818	30 488	6 717	39 905	6 755
江西	29 092	4 569	28 436	4 303	29 673	6 175
山东	33 729	11 882	32 074	9 729	37 960	21 078
河南	30 303	6 645	30 095	6 661	31 004	5 061
湖北	32 588	10 675	32 152	10 783	32 492	8 886
湖南	30 483	7 923	29 545	7 563	32 058	8 582
广东	40 358	9 208	37 485	8 554	46 097	12 163
广西	31 842	6 578	30 587	7 110	32 475	3 302
海南	31 025	2 980	26 940	2 643	37 548	8 844
重庆	35 326	10 846	34 331	10 683	37 014	12 392
四川	33 112	13 482	31 312	12 902	35 584	16 536
贵州	31 458	7 821	32 211	7 554	29 922	11 407
云南	30 177	14 615	29 255	14 208	30 537	14 653
西藏	54 397	44 906	46 258	45 648	54 708	55 207
陕西	34 299	8 549	33 186	7 411	36 878	17 692
甘肃	29 588	12 760	29 237	12 201	29 204	16 159
青海	37 182	13 526	34 123	12 820	40 370	17 082
宁夏	39 144	16 735	42 320	16 808	33 794	12 908
新疆	32 361	16 457	30 896	15 522	33 898	14 026

续表

地区	机关		民间非营利组织		其他	
	在岗职工平均工资	离岗职工平均生活费	在岗职工平均工资	离岗职工平均生活费	在岗职工平均工资	离岗职工平均生活费
全国	**40 512**	**18 614**	**33 750**	**12 860**	**26 264**	**4 966**
北京	66 499	24 389	41 526	16 004	15 480	16 810
天津	74 716	48 243	39 007	5 143	67 272	2 232
河北	30 940	28 732				
山西	29 408	5 909	18 746	13 333	14 860	283
内蒙古	41 483	28 312	21 821		20 415	
辽宁	38 090	25 237				
吉林	30 439	24 857	27 833		25 100	
黑龙江	32 322	22 315				
上海	81 815	11 364	61 002	15 180	65 067	12 312
江苏	64 054	29 596	42 859	10 000	28 346	20 000
浙江	70 893	7 292	32 366	7 933	28 713	14 183
安徽	36 348	10 446	31 143	5 707	39 614	4 456
福建	43 063	12 832	34 017		29 895	
江西	30 494	6 938	20 365		17 871	39
山东	36 832	21 519	26 484	13 286	21 510	33 000
河南	29 778	8 071	29 330		29 071	15 698
湖北	36 031	14 781	25 419	6 000	22 592	28 966
湖南	31 581	9 982	28 161	12 578	24 790	4 155
广东	54 087	24 523	34 356	26 333	31 606	23 964
广西	36 105	15 284	21 727		19 219	8 016
海南	41 447	26 675	21 840		19 207	2 629
重庆	38 857	20 246	14 957		23 626	
四川	36 179	17 862	40 276		18 410	
贵州	32 547	20 661	17 663	8 000	22 702	10 532
云南	33 279	25 591	27 833		34 520	16 071
西藏	59 247	21 649			46 529	
陕西	34 294	18 692	31 361		26 295	
甘肃	31 748	24 466	18 835		19 687	
青海	42 287	23 996	15 572	9 625	24 838	600
宁夏	37 157	24 370	24 181		26 841	
新疆	36 875	38 709	21 363		14 832	

表 1—12　历年居民消费价格指数和商品零售价格指数

（以上年为 100）

年份	全国居民消费价格指数	城镇	商品零售价格指数	城镇
1997	102.8	103.1	100.8	100.8
1998	99.2	99.4	97.4	97.4
1999	98.6	98.7	97.0	97.0
2000	100.4	100.8	98.5	98.5
2001	100.7	100.7	99.2	98.9
2002	99.2	99.0	98.7	98.5
2003	101.2	100.9	99.9	99.6
2004	103.9	103.3	102.8	102.1
2005	101.8	101.6	100.8	100.5
2006	101.5	101.5	101.0	101.0
2007	104.8	104.5	103.8	103.3
2008	105.9	105.6	105.9	105.5
2009	99.3	99.1	98.8	98.7
2010	103.3	103.2	103.1	102.8

表 1—13　历年城乡居民收入及增长情况　单位：元/年

年份	城镇居民人均可支配收入	农村居民人均纯收入	扣除物价因素比上年实际增长（%）	
			城镇居民人均可支配收入	农村居民人均纯收入
1997	5 160	2 090	3.4	4.6
1998	5 425	2 162	5.8	4.3
1999	5 854	2 210	9.3	3.8
2000	6 280	2 253	6.4	2.1
2001	6 860	2 366	8.5	4.2
2002	7 703	2 476	13.4	4.8
2003	8 472	2 622	9.0	4.3
2004	9 422	2 936	7.7	6.8
2005	10 493	3 255	9.6	6.2
2006	11 760	3 587	10.4	7.4
2007	13 786	4 140	12.2	9.5
2008	15 781	4 761	8.4	8.0
2009	17 175	5 153	9.8	8.5
2010	19 109	5 919	7.8	10.9

（二）就业与失业

表 2—1　　分地区城镇单位就业人员年末人数

（2010 年）

单位：万人

地区	合计	企业	事业	机关	民间非营利	其他
总计	**13 052**	**8 777**	**3 006**	**1 223**	**20**	**26**
北京	646.6	514.0	89.4	29.8	6.0	7.4
天津	205.7	157.0	34.8	12.8	0.1	0.9
河北	519.6	299.4	152.8	67.3	0.0	0.0
山西	394.4	249.7	99.8	44.2	0.2	0.6
内蒙古	249.2	140.6	75.7	32.7	0.1	0.1
辽宁	518.1	361.2	113.9	43.0	0.0	0.0
吉林	267.6	158.2	82.7	26.4	0.3	0.1
黑龙江	460.0	328.8	94.3	36.9	0.0	0.0
上海	392.9	317.6	56.1	16.9	1.5	0.7
江苏	763.8	550.7	158.0	54.4	0.3	0.3
浙江	883.6	710.8	119.0	48.6	2.3	2.8
安徽	372.9	224.5	107.3	39.3	0.9	0.9
福建	507.1	402.4	74.1	30.4	0.2	0.0
江西	297.4	165.0	91.3	40.7	0.0	0.4
山东	956.2	672.4	201.7	81.2	0.6	0.3
河南	751.7	458.1	205.4	79.5	2.1	6.6
湖北	510.3	331.6	130.8	46.4	0.7	0.7
湖南	505.7	301.7	142.4	57.5	2.2	1.9
广东	1 118.5	828.7	200.9	88.2	0.4	0.4
广西	316.7	173.3	108.6	34.3	0.2	0.3
海南	81.3	51.2	20.8	8.6	0.5	0.2
重庆	266.4	184.4	60.3	21.7	0.0	0.0
四川	570.6	342.3	154.9	73.2	0.0	0.1
贵州	224.3	120.1	71.0	31.9	0.3	1.0
云南	322.8	189.1	90.4	43.3	0.0	0.0
西藏	22.2	5.4	7.9	8.6	0.0	0.3
陕西	364.8	221.7	95.5	47.3	0.3	0.1
甘肃	194.3	98.7	65.8	29.5	0.0	0.3
青海	52.6	27.8	15.8	8.7	0.3	0.0
宁夏	59.3	33.9	18.3	7.0	0.1	0.0
新疆	255.0	156.5	66.0	32.4	0.1	0.0

表 2—2　　分地区企业、事业、机关单位在岗职工年末人数

（2010 年）　　单位：万人

地区	合计	企业	事业	机关	民间非营利	其他
全国	**12 251**	**8 173**	**2 866**	**1 171**	**16**	**24**
北京	587.7	467.3	82.3	27.4	4.1	6.5
天津	185.0	140.7	32.0	11.4	0.1	0.9
河北	480.2	267.7	147.2	65.3	0.0	0.0
山西	384.5	243.3	97.1	43.4	0.1	0.6
内蒙古	244.9	138.1	74.5	32.2	0.1	0.1
辽宁	493.4	343.3	108.7	41.5	0.0	0.0
吉林	259.5	153.9	80.1	25.2	0.2	0.1
黑龙江	407.5	281.8	90.4	35.2	0.0	0.0
上海	317.8	253.6	47.1	15.6	0.9	0.6
江苏	710.6	510.2	148.6	51.3	0.3	0.2
浙江	812.1	651.6	110.1	45.7	2.1	2.6
安徽	344.1	204.7	101.5	36.2	0.9	0.8
福建	485.9	385.9	70.5	29.3	0.2	0.0
江西	279.6	153.8	86.7	38.8	0.0	0.3
山东	919.9	643.9	195.7	79.4	0.6	0.3
河南	723.3	435.5	201.3	78.0	2.0	6.5
湖北	476.7	306.7	124.2	44.5	0.7	0.7
湖南	470.1	277.2	133.4	55.6	2.1	1.8
广东	1 090.4	807.0	195.9	86.8	0.4	0.4
广西	292.0	158.6	100.7	32.2	0.2	0.3
海南	79.2	50.4	20.0	8.2	0.5	0.2
重庆	250.2	171.8	57.7	20.6	0.0	0.0
四川	540.9	322.6	148.7	69.4	0.0	0.1
贵州	210.7	112.9	67.1	29.4	0.3	1.0
云南	303.7	175.6	86.6	41.5	0.0	0.0
西藏	19.8	4.9	7.2	7.7	0.0	0.0
陕西	342.8	207.1	90.6	44.8	0.3	0.1
甘肃	188.0	95.1	63.9	28.6	0.0	0.3
青海	50.3	26.7	15.0	8.3	0.3	0.0
宁夏	54.7	31.4	16.9	6.3	0.1	0.0
新疆	245.5	149.8	64.4	31.2	0.1	0.0

表 2—3　分地区城镇私营个体就业人员年末人数

（2010 年）

单位：万人

地区	合计	城镇私营企业			城镇个体就业人员
		小计	投资者	雇工	
总计	**10 538**	**6 071**	**1 260**	**4 811**	**4 467**
北京	323.2	258.0	64.5	193.5	65.3
天津	123.3	93.0	27.4	65.6	30.3
河北	294.1	133.4	43.0	90.4	160.6
山西	170.7	67.0	24.4	42.7	103.6
内蒙古	216.0	103.1	23.2	79.8	113.0
辽宁	511.4	271.6	45.0	226.5	239.9
吉林	247.3	118.9	23.0	95.9	128.4
黑龙江	293.9	147.7	28.7	119.0	146.2
上海	343.1	314.1	74.7	239.4	29.0
江苏	1 297.3	958.9	140.6	818.3	338.4
浙江	758.8	472.3	86.5	385.8	286.5
安徽	397.4	133.3	27.1	106.2	264.1
福建	278.4	188.4	32.6	155.9	89.9
江西	247.5	87.5	13.7	73.8	160.0
山东	636.6	374.1	82.1	292.0	262.5
河南	375.2	177.4	43.4	134.0	197.8
湖北	451.8	200.8	50.7	150.2	251.0
湖南	372.7	191.6	32.7	159.0	181.0
广东	1 233.1	727.5	158.8	568.7	505.6
广西	241.5	100.5	21.9	78.6	141.0
海南	79.8	47.6	16.9	30.7	32.2
重庆	266.4	164.6	27.6	137.0	101.8
四川	458.9	232.0	57.4	174.6	226.9
贵州	99.2	47.6	11.9	35.7	51.6
云南	324.6	186.3	28.6	157.7	138.2
西藏	30.9	13.3	1.6	11.7	17.5
陕西	117.5	92.7	30.3	62.4	24.8
甘肃	123.6	59.4	12.2	47.2	64.2
青海	43.2	22.8	3.0	19.8	20.3
宁夏	48.6	20.0	7.6	12.5	28.6
新疆	132.4	65.4	18.9	46.4	67.0

表 2—4　　历年全国城镇登记失业人数及登记失业率

年份	城镇登记失业人数（万人）	登记失业率（%）
1997	577	3.1
1998	571	3.1
1999	575	3.1
2000	595	3.1
2001	681	3.6
2002	770	4.0
2003	800	4.3
2004	827	4.2
2005	839	4.2
2006	847	4.1
2007	830	4.0
2008	886	4.2
2009	921	4.3
2010	908	4.1

表 2—5　　分地区城镇登记失业情况

（2010 年）

地区	城镇登记失业人数（万人）	城镇登记失业率（%）
北京	8	1.4
天津	16	3.6
河北	35	3.9
山西	20	3.6
内蒙古	21	3.9
辽宁	39	3.6
吉林	23	3.8
黑龙江	36	4.3
上海	28	4.4
江苏	41	3.2
浙江	31	3.2
安徽	27	3.7
福建	14	3.8
江西	26	3.3
山东	45	3.4
河南	38	3.4
湖北	56	4.2
湖南	43	4.2
广东	39	2.5
广西	19	3.7
海南	5	3.0
重庆	13	3.9
四川	35	4.1
贵州	12	3.6
云南	16	4.2
西藏	2	4.0

续表

地区	城镇登记失业人数（万人）	城镇登记失业率（%）
陕西	21	3.9
甘肃	11	3.2
青海	4	3.8
宁夏	5	4.4
新疆	11	3.2
兵团	3	2.4

表 2—6　　分地区城镇登记失业基本情况

（2010 年）

单位：万人

地区	上年末结转登记失业人数	本年新登记失业人数			本年失业人员就业人数
			女性	由就业转失业人数	
北京	8.2	22.9	9.3	13.4	21.2
天津	15.0	12.0	6.0	9.1	10.9
河北	34.5	42.3	18.2	17.9	41.4
山西	21.6	32.5	11.9	7.4	33.8
内蒙古	20.1	31.2	12.4	5.1	30.3
辽宁	41.6	122.3	57.3	88.4	115.6
吉林	23.4	44.0	19.8	14.2	42.7
黑龙江	31.4	70.1	28.2	36.0	64.5
上海	27.9	37.5	15.1	23.4	39.9
江苏	40.7	96.0	46.4	60.3	94.7
浙江	30.7	47.3	21.8	20.3	46.6
安徽	30.1	28.5	14.6	10.8	31.7
福建	15.2	30.3	13.4	8.3	30.8
江西	27.3	38.1	16.5	8.2	38.3
山东	45.1	85.2	40.8	35.4	83.8
河南	38.5	40.1	1.4	10.1	40.4
湖北	55.3	51.9	22.9	11.1	49.6
湖南	47.8	48.5	20.1	12.8	50.8
广东	39.5	66.1	31.1	22.7	59.6
广西	19.1	24.7	9.8	6.2	21.2
海南	5.3	4.1	1.8	1.6	4.6
重庆	13.4	21.0	9.0	12.5	19.6
四川	36.3	67.5	30.0	26.0	65.9
贵州	12.3	16.9	8.0	3.2	16.9
云南	15.4	27.7	12.0	7.2	27.4
西藏	2.0	1.9	0.5	0.1	1.1
陕西	21.5	25.5	12.5	4.1	25.6
甘肃	10.3	20.3	9.3	6.3	19.7
青海	4.1	6.3	2.1	2.1	6.1
宁夏	4.8	6.9	3.1	2.2	6.9
新疆	11.9	39.5	18.8	9.1	40.4
兵团	2.3	3.2	1.4	1.1	3.0

续表

单位：万人、%

地区	本年末实有登记失业人数	女性	长期失业者	城镇登记失业率
北京	7.7	2.8	4.7	1.4
天津	16.1	8.5	6.4	3.6
河北	35.1	18.9	7.9	3.9
山西	20.4	8.2	2.9	3.6
内蒙古	20.8	8.6	2.4	3.9
辽宁	38.9	20.5	14.1	3.6
吉林	22.7	10.8	3.7	3.8
黑龙江	36.2	13.7	3.9	4.3
上海	27.6	9.8	9.1	4.4
江苏	40.6	18.9	10.3	3.2
浙江	31.1	14.2	10.2	3.2
安徽	26.9	13.0	5.8	3.7
福建	14.5	6.1	4.9	3.8
江西	26.3	9.8	1.0	3.3
山东	44.5	18.2	10.8	3.4
河南	38.2	14.1	7.9	3.4
湖北	55.7	20.3	3.5	4.2
湖南	43.2	15.1	4.9	4.2
广东	39.3	16.4	10.0	2.5
广西	19.1	8.9	3.2	3.7
海南	4.8	1.7	0.02	3.0
重庆	13.0	6.8	3.9	3.9
四川	34.6	14.1	4.1	4.1
贵州	12.2	5.5	1.8	3.6
云南	15.7	6.4	3.4	4.2
西藏	2.1	0.3	0.1	4.0
陕西	21.4	6.2	1.8	3.9
甘肃	10.7	4.7	1.4	3.2
青海	4.2	1.6	1.1	3.8
宁夏	4.8	2.6	0.3	4.4
新疆	11.0	4.6	1.6	3.2
兵团	2.5	1.3	0.3	2.4

（三）职业培训与技能鉴定

表 3—1 **历年技工学校综合情况** 单位：万人

年份	技工学校个数（个）	招生人数	在校学生人数	毕业生人数	在职教职工人数
一、绝对数					
1997	4 395	73.4	193.2	69.9	31.0
1998	4 362	59.5	181.3	69.5	29.0
1999	4 098	51.5	156.1	66.2	26.9
2000	3 792	50.4	140.1	64.6	24.0
2001	3 470	55.1	134.7	47.7	22.0
2002	3 075	73.3	153.0	45.4	20.3
2003	2 970	91.6	193.1	45.3	20.2
2004	2 884	109.7	234.4	53.5	20.4
2005	2 855	118.4	275.3	69.0	20.4
2006	2 880	134.8	320.8	86.4	21.5
2007	2 995	158.5	367.1	99.7	24.0
2008	3 075	161.4	397.5	109.0	24.7
2009	3 064	156.4	414.3	115.2	25.8
2010	2 998	158.6	421.0	121.3	26.5
二、比上年增长（%）					
1998	−0.8	−19.0	−6.1	−0.7	−6.5
1999	−6.1	−13.3	−13.9	−4.6	−7.1
2000	−7.5	−2.3	−10.2	−2.5	−11.0
2001	−8.5	9.4	−3.8	−26.1	−8.3
2002	−11.4	33.0	13.6	−4.9	−7.4
2003	−3.4	24.9	26.2	−0.2	−0.7
2004	−2.9	19.8	21.4	18.1	1.0
2005	−1.0	7.9	17.4	29.0	0.0
2006	0.9	13.9	16.5	25.2	5.4
2007	4.0	17.6	14.4	15.4	11.6
2008	2.7	1.8	8.3	9.3	2.9
2009	−0.4	−3.1	4.2	5.7	4.6
2010	−2.2	1.4	1.6	5.4	2.6

续表

年份	文化技术理论课教师	生产实习指导教师	兼职教师人数	培训社会人员人次数（万人次）	培训社会人员结业人数
一、绝对数					
1997	11.6	3.9	2.6	137.5	
1998	11.0	3.8	2.7	165.1	
1999	11.2	3.8	2.9	149.1	144.6
2000	10.5	3.5	2.7	158.5	156.7
2001	10.0	3.4	2.6	151.7	163.9
2002	9.5	3.2	2.6	208.6	196.9
2003	9.6	3.4	3.0	226.9	223.7
2004	9.6	3.8	2.9	265.6	257.5
2005	9.7	3.8	3.2	273.3	270.1
2006	10.4	4.2	3.6	337.7	330.2
2007	11.2	5.0	3.8	380.7	369.8
2008	12.2	5.4	4.1	400.0	389.8
2009	12.5	6.0	4.3	484.1	382.9
2010	12.7	6.3	4.4	468.4	371.3
二、比上年增长（%）					
1998	—4.6	—4.0	0.8	20.0	
1999	1.9	—0.1	9.5	—9.7	16.5
2000	—6.9	—6.7	—6.3	6.3	8.4
2001	—4.9	—3.7	—4.1	—4.3	4.6
2002	—5.0	—6.8	—2.4	37.6	20.2
2003	1.5	7.3	17.4	37.6	20.2
2004	0.0	11.8	—3.3	17.1	15.1
2005	1.0	0.0	10.3	2.9	4.9
2006	7.2	10.5	12.5	23.6	22.3
2007	7.7	19.0	5.6	12.7	12.0
2008	8.9	8.0	7.9	5.1	5.4
2009	2.8	11.6	5.2	21.0	—1.8
2010	1.2	4.3	1.0	—3.2	—3.0

表 3—2　　分地区技工学校综合情况

（2010 年）

地区	技工学校个数（个）	劳动预备制定点培训机构数	在职教职工人数（人）	女性	文化技术理论课教师	高级讲师	讲师	助理讲师
全国	**2 998**	**1 204**	**264 944**	**110 800**	**127 032**	**32 093**	**44 933**	**38 434**
北京	37	24	3 671	1 781	1 322	426	498	310
天津	39	7	3 409	1 496	1 356	463	401	432
河北	166	29	12 743	5 885	6 046	1 758	2 091	1 742
山西	110	60	7 637	3 571	3 542	943	1 172	1 109
内蒙古	32	20	3 313	1 656	2 028	652	678	297
辽宁	145	31	10 799	4 935	5 359	1 576	1 973	1 198
吉林	135	38	6 397	3 246	3 482	1 118	1 251	872
黑龙江	133	54	12 316	5 859	5 645	1 949	2 071	1 373
上海								
江苏	132	28	18 317	7 780	8 149	1 808	2 637	2 828
浙江	68	22	6 875	3 021	3 926	755	1 383	1 081
安徽	91	26	6 295	2 134	2 991	755	1 046	897
福建	95	27	4 752	2 010	2 361	638	711	546
江西	100	29	10 263	4 064	5 727	1 684	2 248	1 552
山东	209	152	27 482	10 146	14 962	4 088	4 830	6 044
河南	183	81	13 956	5 803	6 102	1 571	2 252	2 066
湖北	130	63	11 559	4 300	6 014	1 570	2 333	1 628
湖南	129	62	10 074	4 521	5 005	1 370	1 885	1 381
广东	246	57	27 747	10 770	11 978	1 760	4 273	4 295
广西	52	22	5 090	1 861	2 331	475	1 007	723
海南	14	5	1 511	601	687	135	213	280
重庆	80	80	5 123	2 026	2 128	602	990	501
四川	116	37	10 136	4 132	4 935	952	1 637	1 667
贵州	60	16	3 251	1 404	1 623	354	717	445
云南	36	19	4 283	1 643	2 157	735	769	653
陕西	281	91	20 103	8 326	8 705	1 607	2 636	2 379
甘肃	78	40	4 525	1 603	2 223	422	854	699
青海	18	18	2 331	1 144	1 213	361	389	316
宁夏	20	4	2 457	1 145	984	351	320	230
新疆	63	62	8 529	3 937	4 051	1 215	1 668	890

续表

地区	生产实习指导教师	高级实习指导教师	一级实习指导教师	二级实习指导教师	三级实习指导教师	技师、高级技师	一体化教师人数（人）	兼职教师人数（人）
全国	**62 845**	**7 261**	**13 513**	**12 299**	**6 552**	**18 390**	**52 377**	**43 535**
北京	766	129	162	197	53	186	874	1 311
天津	736	157	180	216	59	90	731	286
河北	2 826	369	631	488	179	625	2 237	1 688
山西	1 522	171	379	307	175	438	767	936
内蒙古	518	73	100	79	36	179	731	434
辽宁	1 727	235	361	349	187	439	1 658	999
吉林	1 267	231	180	285	243	270	1 197	883
黑龙江	2 337	308	499	368	191	625	2 405	2 213
上海								
江苏	4 657	433	816	911	418	1 998	3 844	3 783
浙江	1 539	127	312	279	69	752	1 728	738
安徽	1 446	138	256	275	208	328	758	1 700
福建	1 078	142	223	246	141	193	1 231	944
江西	2 686	402	635	499	378	681	2 273	2 102
山东	6 179	872	1 815	1 341	561	1 590	3 956	3 221
河南	3 683	409	908	765	386	1 045	3 030	2 541
湖北	2 703	326	696	515	240	745	2 200	2 238
湖南	2 945	284	823	641	231	711	2 235	1 900
广东	7 785	526	1 732	1 418	808	3 181	7 179	2 460
广西	1 291	88	301	324	99	354	1 349	452
海南	134	21	34	62	17	0	371	129
重庆	2 126	350	401	451	421	503	1 001	1 019
四川	2 167	200	380	439	206	637	1 800	1 973
贵州	539	45	114	151	79	117	389	540
云南	1 635	147	270	249	76	337	1 403	1 867
陕西	5 147	516	658	765	612	1 708	3 295	4 164
甘肃	935	101	143	210	168	172	653	969
青海	401	70	93	93	18	89	260	215
宁夏	415	60	65	99	46	71	520	484
新疆	1 655	331	346	277	247	326	2 302	1 346

表 3—3　　分地区技工学校培训情况

（2010 年）　　　　单位：人

地区	招生学校数（个）	招生人数	高级班学生	农业户口学生	在校学生人数	女生
全国	**2 409**	**1 586 055**	**427 811**	**1 226 322**	**4 209 752**	**1 219 865**
北京	37	19 433	7 047	11 920	50 483	13 711
天津	35	9 823	3 800	5 332	30 054	7 217
河北	137	63 689	9 204	50 229	158 592	43 638
山西	76	3 8637	7 844	29 922	111 336	29 400
内蒙古	27	9 725	1 173	3 596	24 139	5 565
辽宁	96	36 430	8 838	19 787	103 693	18 443
吉林	72	23 574	2 206	12 559	47 308	11 243
黑龙江	112	82 949	9 448	55 261	142 109	47 511
上海						
江苏	121	115 761	44 937	78 248	315 082	88 707
浙江	68	39 120	9 295	31 617	108 791	27 323
安徽	76	29 441	7 097	20 745	83 154	27 602
福建	76	32 965	6 392	26 255	84 040	26 757
江西	83	60 388	16 798	50 240	169 564	57 321
山东	184	136 995	66 169	123 000	397 719	115 342
河南	143	110 641	17 939	80 679	279 428	68 807
湖北	125	59 872	7 392	50 351	182 944	67 568
湖南	99	59 516	21 776	54 933	172 649	40 948
广东	187	281 998	90 520	216 948	755 586	209 819
广西	52	51 443	6 598	43 567	108 235	33 678
海南	10	12 125	2 325	9 780	34 270	10 694
重庆	60	33 235	6 283	26 047	123 694	35 861
四川	92	52 019	8 988	43 377	141 407	48 836
贵州	29	16 327	1 738	13 038	33 903	11 922
云南	35	38 215	10 571	33 280	93 835	28 241
陕西	256	100 138	33 076	81 482	271 070	83 731
甘肃	51	39 944	14 996	31 295	91 249	30 126
青海	15	9 883	944	7 844	33 530	11 329
宁夏	13	2 689	966	2 023	12 100	5 297
新疆	42	19 080	3 451	12 967	49 788	13 228

续表

地区		毕业生人数			培训社会人员人次数（人次）
	高级班学生		获得中级职业资格	获得高级职业资格	
全国	**1 128 714**	**1 213 353**	**849 432**	**243 094**	**4 684 099**
北京	14 392	19 611	14 879	3 765	101 844
天津	12 515	14 095	6 732	3 997	38 263
河北	30 530	62 268	42 907	10 041	181 744
山西	22 965	48 592	42 401	4 557	162 464
内蒙古	4 575	7 133	4 124	769	76 587
辽宁	27 998	34 476	22 645	5 921	136 963
吉林	4 492	15 450	12 120	1 277	81 740
黑龙江	27 482	39 697	24 287	4 289	365 430
上海					
江苏	113 664	88 815	62 584	24 344	355 244
浙江	27 469	26 328	19 623	3 983	206 048
安徽	20 186	34 982	25 801	7 497	158 647
福建	15 655	26 263	16 443	5 217	109 890
江西	52 871	51 359	32 810	6 693	97 226
山东	158 290	133 615	67 302	55 481	383 220
河南	53 503	74 996	57 570	11 534	336 845
湖北	23 823	76 193	61 780	5 930	166 133
湖南	58 769	44 142	28 350	15 487	151 864
广东	232 646	127 985	98 607	28 648	435 833
广西	13 177	34 077	27 591	2 040	92 468
海南	5 358	6 978	5 704	530	22 623
重庆	22 050	33 058	26 376	6 004	147 102
四川	24 756	46 910	36 341	3 466	181 246
贵州	5 893	9 341	6 219	1 639	59 535
云南	24 919	28 908	22 401	5 149	107 867
陕西	89 655	82 234	46 536	20 568	176 495
甘肃	25 686	19 944	16 214	1 287	67 275
青海	4 127	6 881	6 050	663	27 205
宁夏	2 939	3 870	1 994	896	26 148
新疆	8 329	15 152	13 041	1 422	230 150

续表

地区	培训社会人员结业人数	按培训对象分组			
		下岗失业人员	劳动预备制学员	在职职工	农村劳动者
全国	**3 712 771**	**469 435**	**398 943**	**2 125 779**	**1 279 196**
北京	77 842	6 198	6 600	68 730	10 247
天津	30 778	205	3 157	24 599	5 129
河北	133 496	23 004	13 900	73 265	43 046
山西	101 188	32 779	57 486	55 718	12 547
内蒙古	52 127	11 116	5 509	38 837	19 073
辽宁	94 377	38 568	4 536	54 816	27 763
吉林	62 636	23 534	7 591	32 062	14 873
黑龙江	328 887	88 463	26 277	128 338	90 667
上海					
江苏	249 969	37 847	23 877	171 729	59 943
浙江	149 093	16 618	7 814	123 650	43 765
安徽	135 531	18 590	14 459	54 482	57 123
福建	55 902	12 106	6 517	60 692	20 974
江西	62 403	6 969	11 919	59 213	13 126
山东	337 812	32 050	43 201	161 109	92 931
河南	285 124	30 442	10 826	177 064	85 372
湖北	131 344	9 993	9 911	89 352	49 850
湖南	140 761	13 331	31 535	55 921	43 294
广东	375 889	14 537	14 338	191 758	208 498
广西	59 897	3 080	8 198	43 446	25 859
海南	18 715	812	968	5 583	13 478
重庆	128 641	4 428	2 325	80 409	48 562
四川	138 087	12 921	11 710	75 460	57 617
贵州	24 454	994	5 818	36 209	13 264
云南	84 155	4 499	11 199	41 966	39 690
陕西	144 753	7 750	16 231	66 502	75 077
甘肃	45 027	3 813	1 797	25 438	31 912
青海	26 764	782	2 592	18 570	4 068
宁夏	23 454	2 207	987	7 237	10 295
新疆	213 665	11 799	37 665	103 624	61 153

续表

地区	按获取证书分组				就业人数	
	初级职业资格	中级职业资格	高级职业资格	技师和高级技师资格		高级班学生
全国	**1 406 140**	**831 931**	**249 108**	**83 424**	**1 166 988**	**279 366**
北京	19 722	17 915	10 080	3 194	19 160	3 878
天津	8 941	9 841	2 587	2 317	13 002	4 212
河北	44 135	24 141	8 632	4 247	60 385	10 599
山西	25 592	28 534	23 102	1 739	46 531	6 189
内蒙古	10 276	11 955	1 727	1 516	6 640	1 854
辽宁	32 410	19 570	5 697	2 097	33 424	8 266
吉林	19 766	15 034	10 192	3 086	15 172	1 452
黑龙江	64 504	38 300	8 326	5 506	39 022	5 635
上海						
江苏	89 820	71 590	22 743	6 799	86 190	24 090
浙江	40 435	20 931	11 258	3 830	25 646	4 093
安徽	76 254	21 704	4 477	779	34 411	7 444
福建	16 737	11 350	4 534	1 776	25 078	5 512
江西	15 178	23 482	7 479	1 091	48 561	16 039
山东	203 164	95 558	29 550	9 540	127 134	62 912
河南	45 177	36 080	11 199	12 973	72 943	11 496
湖北	65 104	14 011	3 644	2 234	69 748	9 008
湖南	41 526	42 769	14 875	2 807	43 142	15 487
广东	209 483	145 304	17 292	3 810	125 935	28 603
广西	26 111	8 886	3 254	683	33 122	2 975
海南	4 102	2 827	644	89	6 720	445
重庆	48 910	49 820	7 680	2 328	32 490	6 004
四川	48 397	23 101	5 531	2 386	45 148	8 270
贵州	7 831	3 487	3 373	285	8 532	1 394
云南	52 818	13 884	11 154	2 481	27 820	5 674
陕西	75 988	27 343	4 254	1 359	76 840	20 518
甘肃	12 590	12 272	2 389	574	18 948	3 566
青海	4 484	2 259	1 134	160	6 806	669
宁夏	7 015	5 499	1 675	1 272	3 791	875
新疆	89 670	34 484	10 626	2 466	14 647	2 207

表 3—4　分地区就业训练中心综合情况

（2010 年）　　单位：人

地区	就业训练中心个数（个）	在职教职工总人数		兼职教师人数	就业训练人数	结业人数	就业人数
			教师				
全国	**3 192**	**48 023**	**30 674**	**31 191**	**8 179 266**	**7 257 643**	**5 995 558**
北京	18	633	245	479	90 354	86 315	51 930
天津	19	423	139	625	170 243	125 893	78 054
河北	305	4 207	2 749	1 412	341 278	328 919	281 147
山西	79	1 070	513	435	150 995	141 743	84 452
内蒙古	114	1 069	691	818	215 603	192 515	169 752
辽宁	105	3 682	1 988	3 162	51 230	46 107	29 970
吉林	68	867	592	628	191 702	169 234	144 781
黑龙江	82	767	449	705	155 963	147 760	117 033
上海							
江苏	104	2 660	1 697	2 390	957 734	903 604	713 310
浙江	89	801	442	1 205	264 005	207 123	172 264
安徽	117	1 519	1 019	790	249 678	245 696	194 623
福建	45	378	207	491	155 142	150 173	121 929
江西	301	3 839	2 116	1 645	639 613	568 066	538 330
山东	205	3 944	2 598	1 446	543 115	449 465	387 086
河南	159	1 525	855	1 848	483 633	477 011	387 684
湖北	124	2 655	1 712	1 609	567 417	494 018	395 786
湖南	311	5 983	5 265	3 928	913 548	807 953	753 650
广东	145	2 631	1 328	2 170	610 001	442 229	397 914
广西	65	1 589	885	734	212 913	197 444	168 783
海南	10	268	204	76	21 888	17 091	12 143
重庆	38	375	296	247	59 359	58 747	46 273
四川	170	1 343	801	1 570	215 114	205 422	162 748
贵州	67	437	212	336	32 250	26 687	20 401
云南	3	0	0	3	722	701	701
西藏	8	0	0	0	38 576	24 200	17 475
陕西	150	2 686	1 908	1 032	214 732	196 814	163 308
甘肃	101	848	553	462	265 841	223 762	148 821
青海	26	441	290	191	25 196	23 731	19 107
宁夏	23	190	125	102	80 738	69 819	70 107
新疆	141	1 193	795	652	260 683	229 401	145 996

表 3—5　分地区民办职业培训机构综合情况

（2010 年）　　单位：人

地区	职业培训机构个数（个）	在职教职工人数	教师	兼职教师人数	培训人数	结业人数	就业人数
全国	**20 144**	**260 062**	**174 785**	**89 396**	**11 556 951**	**10 052 775**	**7 291 335**
北京	396	6 539	3 749	2 897	285 400	265 812	148 011
天津	339	2 393	1 675	3 358	178 023	163 256	131 319
河北	897	12 700	8 954	3 339	300 696	264 664	229 829
山西	449	5 211	3 218	1 375	231 298	196 980	142 365
内蒙古	282	3 365	2 177	1 737	141 804	113 103	78 845
辽宁	1 183	14 090	9 853	5 086	441 872	382 849	251 282
吉林	869	4 552	3 195	1 334	179 230	168 875	143 368
黑龙江	897	6 664	3 887	2 306	165 668	148 650	120 066
上海	496	15 543	6 448	3 254	411 279	329 982	313 815
江苏	1 220	14 916	10 162	6 443	1 192 756	1 000 784	542 087
浙江	778	6 756	4 521	3 011	347 010	233 411	184 949
安徽	945	13 855	9 997	3 108	354 317	322 013	276 108
福建	371	3 965	2 433	1 718	204 025	174 357	134 770
江西	698	9 770	6 839	2 998	188 628	188 628	154 674
山东	1 285	12 269	8 822	4 058	522 542	499 053	374 593
河南	1 357	18 336	12 881	5 049	1 099 600	983 755	921 338
湖北	764	9 058	6 100	3 125	514 200	449 925	308 520
湖南	753	7 912	5 971	3 080	489 648	373 836	374 550
广东	1 435	16 479	11 229	5 540	1 118 000	975 563	712 616
广西	316	6 107	4 062	1 599	260 479	224 523	144 055
海南	127	911	295	392	35 612	27 108	27 654
重庆	703	9 181	6 656	3 853	728 359	657 998	472 180
四川	1 444	17 639	11 718	5 735	769 691	671 079	511 910
贵州	157	3 691	2 312	761	86 045	68 412	34 115
云南	754	14 633	11 285	6 599	486 624	447 237	216 221
西藏	45	566	378	352	26 267	18 916	13 658
陕西	176	9 280	6 591	1 950	116 430	109 100	10 822
甘肃	487	5 221	3 768	1 659	185 210	155 533	10 856
青海	94	1 064	730	273	63 100	63 100	52 744
宁夏	146	4 163	2 583	1 867	149 733	136 257	108 556
新疆	281	3 233	2 296	1 540	283 405	238 016	145 459

表 3—6　　分地区职业技能鉴定综合情况

（2010 年）

单位：个

地区	年末职业技能鉴定机构数	鉴定所数	鉴定站数	其他
全国	**9 803**	**4 612**	**5 058**	**133**
行业合计	**2 137**	**12**	**2 125**	
地方合计	**7 647**	**4 600**	**2 933**	**114**
企业试点单位	**19**			**19**
北京	109	78	3	28
天津	114	80	23	11
河北	178	178		
山西	155	116	39	
内蒙古	205	4	201	
辽宁	126	117	9	
吉林	39	33	6	
黑龙江	48	36	12	
上海	303		303	
江苏	201	160	13	28
浙江	262	108	154	
安徽	414	1	413	
福建	523	512	11	
江西	319	247	72	
山东	146	10	136	
河南	562	343	175	44
湖北	716	716		
湖南	225	217	6	2
广东	497	63	434	
广西	342		342	
海南	81	75	6	
重庆	146	146		
四川	466	257	209	
贵州	88	88		
云南	560	482	78	
西藏	6		6	
陕西	313	181	132	
甘肃	74	74		
青海	60	30	29	1
宁夏	52	51	1	
新疆	267	167	100	
兵团	50	30	20	

续表

地区	年末考评人员人数（人）	本年鉴定考核人数（人）	初级	中级
全国	**210 497**	**16 575 457**	**6 768 836**	**6 531 792**
行业合计	**70 109**	**2 831 683**	**949 906**	**951 227**
地方合计	**130 977**	**13 495 340**	**5 704 143**	**5 495 732**
企业试点单位	**9 411**	**248 434**	**114 787**	**84 833**
北京	3 073	251 276	58 381	88 629
天津	2 523	380 540	253 323	77 397
河北	6 674	366 226	80 215	181 317
山西	3 396	302 510	61 268	169 094
内蒙古	3 756	143 583	50 283	79 756
辽宁	3 615	402 737	230 006	130 342
吉林	194	216 565	104 957	77 483
黑龙江	851	254 558	90 391	73 970
上海	3 820	440 044	191 774	164 184
江苏	532	1 227 969	442 948	570 191
浙江	1 406	746 711	491 820	185 221
安徽	8 483	561 470	243 829	240 417
福建	1 915	444 594	149 026	195 256
江西	5 303	356 364	96 941	201 106
山东	341	838 584	363 323	308 004
河南	3 860	505 222	173 679	226 967
湖北	2 285	443 920	165 952	176 436
湖南	6 684	503 662	212 243	182 322
广东	36 733	1 597 721	644 713	678 421
广西	3 290	362 968	150 505	163 177
海南	184	38 965	12 717	18 929
重庆	7 343	396 288	176 125	174 648
四川	9 010	892 108	347 858	464 201
贵州	1 327	88 671	37 759	44 078
云南	6 314	457 782	197 693	171 429
西藏	102	9 801	5 728	2 522
陕西	4 404	435 335	157 444	222 503
甘肃	283	208 077	102 038	95 812
青海	772	49 381	35 505	6 771
宁夏	1 367	66 966	49 298	13 915
新疆	406	345 846	280 805	54 680
兵团	731	158 896	45 596	56 554

续表

地区	高级	技师	高级技师	本年获取证书人数（人）	初级
全国	**2 722 092**	**453 762**	**98 975**	**13 929 377**	**5 899 097**
行业合计	**766 652**	**129 482**	**34 416**	**2 285 392**	**801 645**
地方合计	**1 918 827**	**314 609**	**62 029**	**11 489 343**	**5 028 937**
企业试点单位	**36 613**	**9 671**	**2 530**	**154 642**	**68 515**
北京	75 438	25 376	3 452	194 622	51 532
天津	37 960	7 696	4 164	356 132	234 019
河北	87 680	10 063	6 951	327 008	75 155
山西	62 191	8 979	978	261 400	53 345
内蒙古	12 174	1121	249	133 099	47 528
辽宁	33 938	6 972	1 479	311 200	173 140
吉林	33 103	798	224	169 773	81 791
黑龙江	67 773	21 326	1 098	239 176	86 640
上海	57 587	23 423	3 076	309 779	145 845
江苏	187 191	25 585	2 054	988 524	372 853
浙江	59 903	9 468	299	669 932	442 633
安徽	67 132	9 965	127	467 078	207 776
福建	88 115	10 335	1 862	382 035	139 102
江西	50 821	5 912	1 584	291 310	96 251
山东	136 190	28 733	2 334	703 334	311 048
河南	83 114	19 119	2 343	459 416	163 432
湖北	79 915	6 417	15 200	411 324	155 507
湖南	96 269	8 992	3 836	429 932	188 806
广东	248 344	21 672	4 571	1 254 029	549 446
广西	44 185	4 446	655	291 963	127 083
海南	5 790	1 127	402	30 190	10 374
重庆	36 783	7 653	1 079	359 176	165 710
四川	53 709	25 155	1 185	857 126	334 624
贵州	6 389	344	101	76 783	31 995
云南	80 557	7 357	746	383 674	176 341
西藏	1 537	14	0	6 467	4 335
陕西	50 480	4 608	300	377 127	138 806
甘肃	9 120	970	137	189 871	92 996
青海	5 082	1 869	154	40 948	28 985
宁夏	3 069	643	41	46 611	33 556
新疆	7 698	1 616	1 047	326 812	267 865
兵团	49 590	6 855	301	143 492	40 418

续表

地区	中级	高级	技师	高级技师
全国	**5 544 598**	**2 097 432**	**316 663**	**71 587**
行业合计	**770 516**	**626 959**	**72 822**	**13 450**
地方合计	**4 718 723**	**1 446 776**	**238 171**	**56 736**
企业试点单位	**55 359**	**23 697**	**5 670**	**1 401**
北京	77 392	54 390	7 940	3 368
天津	73 404	36 968	7 695	4 046
河北	163 604	73 385	9 060	5 804
山西	147 136	51 408	8 591	920
内蒙古	73 455	10 766	1 105	245
辽宁	105 450	24 758	6 562	1 290
吉林	61 777	25 246	742	217
黑龙江	71 334	60 391	19 758	1 053
上海	113 049	33 627	14 404	2 854
江苏	469 711	126 225	18 586	1 149
浙江	166 133	51 997	8 934	235
安徽	199 927	50 871	8 377	127
福建	165 859	65 536	9 754	1 784
江西	158 325	31 250	3 901	1 583
山东	253 435	120 529	16 172	2 150
河南	210 172	67 399	16 456	1 957
湖北	161 979	72 598	6 233	15 007
湖南	156 831	77 084	3 992	3 219
广东	547 020	136 690	16 905	3 968
广西	133 310	27 521	3 446	603
海南	14 727	3 648	1 089	352
重庆	155 685	30 091	6 667	1 023
四川	452 699	47 654	21 068	1 081
贵州	38 342	6 027	324	95
云南	151 071	49 173	6 357	732
西藏	1 249	869	14	0
陕西	189 835	43 683	4 528	275
甘肃	87 884	7 884	970	137
青海	5 888	4 060	1 865	150
宁夏	9 978	2 399	643	35
新疆	49 421	6 868	1 616	1 042
兵团	52 641	45 781	4 417	235

（四）劳动关系与监察

表 4—1　　历年劳动争议处理情况　　单位：件

项目	1997 年	1998 年	1999 年	2000 年	2001 年	2002 年
上期未结案件数	2 864	3 475	3 840	6 374	8 739	12 472
案件受理情况						
当期案件受理数	71 524	93 649	120 191	135 206	154 621	184 116
集体劳动争议案件数	4 109	6 767	9 043	8 247	9 847	11 024
劳动者申诉案件数	68 773	84 829	114 152	120 043	146 781	172 253
劳动者当事人数（人）	221 115	358 531	473 957	422 617	467 150	608 396
集体劳动争议劳动者当事人数（人）	132 647	251 268	319 445	259 445	286 680	374 956
争议原因						
劳动报酬					45 172	59 144
社会保险					31 158	56 558
变更劳动合同	2 992	2 840	3 469	3 829	4 254	3 765
解除劳动合同	10 337	13 069	18 108	21 149	29 038	30 940
终止劳动合同	5 344	4 752	8 031	10 816	10 298	12 908
其他	8 917	9 515	8 626	12 549		
案件处理情况						
结案数	70 792	92 288	121 289	130 688	150 279	178 744
处理方式						
仲裁调解	32 793	31 483	39 550	41 877	42 933	50 925
仲裁裁决	15 060	25 389	34 712	54 142	77 250	77 340
其他方式	22 939	35 155	47 027	34 669	35 096	50 479
处理结果						
用人单位胜诉	11 488	11 937	15 674	13 699	31 544	27 017
劳动者胜诉	40 063	48 650	63 030	70 544	71 739	84 432
双方部分胜诉	19 241	27 365	37 459	37 247	46 996	67 295
案外调解案件数					63 939	77 342

续表

项目	2003 年	2004 年	2005 年	2006 年	2007 年	2008 年	2009 年	2010 年
上期未结案件数	16 276	17 117	17 829	22 165	25 424	33 084	83 709	77 926
案件受理情况								
当期案件受理数	226 391	260 471	313 773	317 162	350 182	693 465	684 379	600 865
集体劳动争议案件数	10 823	19 241	16 217	13 977	12 784	21 880	13 779	9 314
劳动者申诉案件数	215 512	249 335	293 710	301 233	325 590	650 077	627 530	558 853
劳动者当事人数（人）	801 042	764 981	744 195	679 312	653 472	1 214 328	1 016 922	815 121
集体劳动争议劳动者当事人数(人)	514 573	477 992	409 819	348 714	271 777	502 713	299 601	211 755
争议原因								
劳动报酬	76 774	85 132	103 183	103 887	108 953	225 061	247 330	209 968
社会保险	76 181	88 119	97 519	100 342	97 731			
变更劳动合同	5 494	4 465	7 567	3 456	4 695			
解除劳动合同	40 017	42 881	54 858	55 502	67 565	139 702	43 876	31 915
终止劳动合同	12 043	14 140	14 015	12 366	12 696			
案件处理情况								
结案数	223 503	258 678	306 027	310 780	340 030	622 719	689 714	634 041
处理方式								
仲裁调解	67 765	83 400	104 308	104 435	119 436	221 284	251 463	250 131
仲裁裁决	95 774	110 708	131 745	141 465	149 013	274 543	290 971	266 506
其他方式	59 954	64 550	69 974	64 880	71 581	126 892	147 280	117 404
处理结果								
用人单位胜诉	34 272	35 679	39 401	39 251	49 211	80 462	95 470	85 028
劳动者胜诉	109 556	123 268	145 352	146 028	156 955	276 793	255 119	229 448
双方部分胜诉	79 475	94 041	121 274	125 501	133 864	265 464	339 125	319 565
案外调解案件数	58 451	70 840	93 561	130 321	151 902	237 283	185 598	163 997

表 4—2

分地区劳动争议处理情况

（2010 年）

单位：件

地区	上期未结案件数	案件受理情况				
		当期案件受理数	集体劳动争议案件数	劳动者申诉案件数	劳动者当事人数（人）	集体劳动争议劳动者当事人数（人）
全国	**77 926**	**600 865**	**9 314**	**558 853**	**815 121**	**211 755**
北京	14 301	61 050	518	60 077	61 050	13 199
天津	3 071	15 139	99	14 349	17 003	1 963
河北	1 667	14 261	232	13 941	20 953	5 467
山西	709	6 481	138	5 867	9 274	1 917
内蒙古	212	4 069	90	3 233	8 278	2 797
辽宁	2 391	22 741	550	21 298	34 237	10 195
吉林	746	7 528	107	2 353	10 388	2 950
黑龙江	172	9 082	80	8 958	13 127	2 020
上海	6 891	48 746	91	46 724	51 246	2 548
江苏	2 709	56 677	273	54 743	67 634	8 521
浙江	2 687	36 080	602	34 561	57 009	21 591
安徽	323	7 282	115	6 783	10 845	2 816
福建	731	13 217	238	12 594	19 184	5 924
江西	3 107	10 432	323	5 067	13 870	3 945
山东	4 480	38 739	831	34 733	54 273	14 455
河南	1 351	18 194	308	17 877	23 317	3 242
湖北	1 823	19 850	309	19 573	24 343	4 665
湖南	686	14 660	806	13 658	28 698	11 896
广东	22 646	93 307	1 013	89 465	144 778	54 163
广西	706	11 753	58	11 561	16 387	2 372
海南	1 061	3 629	49	3 609	5 701	1 441
重庆	944	27 821	702	25 208	35 626	8 372
四川	944	26 023	834	20 124	35 472	9 106
贵州	569	9 590	79	9 149	12 351	2 494
云南	260	4 635	183	4 212	7 727	2 833
西藏	2	979	303	968	6 964	5 122
陕西	560	6 787	122	6 264	8 280	1 615
甘肃	1 005	2 786	62	2 771	4 678	1 557
青海	25	547	46	533	1 236	572
宁夏	209	2 143	43	1 987	2 731	574
新疆	876	6 064	100	6 064	7 712	1 306
兵团	62	573	10	549	749	117

续表

地区	案件受理情况						
	按争议类型分						
	劳动报酬	社会保险待遇及福利					解除劳动合同
			其中：养老保险	其中：医疗保险	其中：工伤保险	其中：福利	
全国	**209 968**	**145 399**	**46 668**	**12 191**	**68 073**	**8 833**	**31 915**
北京	37 746	5 024	4 173	65	414	125	29
天津	4 744	4 454	2 768	232	700	617	768
河北	3 540	4 921	2 111	683	1 652	163	684
山西	2 662	1 836	290	79	1 419	48	317
内蒙古	1 362	1 475	391	71	968	31	211
辽宁	9 109	5 416	2 003	807	2 224	329	1 326
吉林	1 407	3 461	1 216	304	1 876	43	157
黑龙江	2 098	5 052	1 008	220	3 640	296	179
上海	19 832	7 284				2 317	1 351
江苏	22 107	12 820	2 928	314	8 496	363	2 327
浙江	12 436	13 589	3 733	1 261	7 825	770	197
安徽	1 936	2 343	1 065	176	1 067	35	233
福建	5 099	3 484	582	178	2 586	52	662
江西	2 159	4 426	2 681	481	1 102	183	498
山东	12 185	8 645	1 657	709	4 446	1 014	2 761
河南	3 541	5 951	3 051	889	1 119	241	1 383
湖北	4 453	6 653	3 483	1 287	1 474	409	1 197
湖南	4 410	1 945	275	323	1 228	47	2 765
广东	37 033	9 744	1 392	495	6 572	789	9 000
广西	2 799	4 229	1 495	2 001	397	196	1 084
海南	642	1 085	983		89	13	122
重庆	7 650	6 859	406	102	5 916	118	960
四川	4 534	10 760	2 934	733	6 171	329	1 388
贵州	1 037	5 463	1 830	184	3 408	36	219
云南	648	2 082	783	296	959	44	95
西藏	822	68	28	1	38	1	7
陕西	950	1 697	832	119	662	51	1154
甘肃	539	1 107	571	24	434	38	204
青海	124	279	48	16	207	6	36
宁夏	309	979	628	13	252	85	115
新疆	1 854	2 119	1 287	128	622	41	439
兵团	201	149	36		110	3	47

续表

地区	案件处理情况								案外调解案件数
	结案数	处理方式				处理结果			
		仲裁调解	仲裁裁决	仲裁撤诉	其他方式	用人单位胜诉	劳动者胜诉	双方部分胜诉	
全国	**634 041**	**250 131**	**266 506**	**87 644**	**29 760**	**85 028**	**229 448**	**319 565**	**163 997**
北京	71 276	18 967	31 630	17 359	3 320	11 388	5 123	54 765	4 947
天津	15 096	7 405	4 639	2 681	371	2 218	5 722	7156	7 414
河北	15 508	5 420	7 585	1 385	1 118	1 236	9 129	5143	5 425
山西	6 624	2 175	3 353	345	751	342	4 503	1 779	1 700
内蒙古	4 175	1 520	1 903	399	353	666	2 152	1 357	748
辽宁	22 810	8 836	10 280	2 605	1 089	4 273	12 857	5 680	1 990
吉林	7 477	3 996	2 281	311	889	596	5 875	1 006	3 076
黑龙江	8 995	3 786	4 178	711	320	1 168	5 974	1 853	1 810
上海	51 473	14 797	24 743	10 834	1 099	9 601	6 700	35 172	2 806
江苏	57 822	30 732	14 468	11 459	1 163	6 384	23 305	28 133	25 306
浙江	37 417	22 930	8 715	4 814	958	4 456	12 389	20 572	4 164
安徽	7 219	2 933	3 498	476	312	731	3 543	2 945	2 418
福建	13 083	4 917	5 287	1 579	1 300	1 487	6 533	5 063	6 330
江西	11 920	6 716	4 039	709	456	993	7 661	3 266	1 824
山东	39 210	17 078	14 136	5 558	2 438	5 552	19 372	14 286	10 502
河南	17 960	7 603	8 116	1 668	573	2 371	7 340	8 249	4 856
湖北	20 867	8 215	8 044	2 261	2 347	2 454	7 924	10 489	
湖南	14 487	4 256	8 572	1 508	151	1 086	7 822	5 579	5 432
广东	105 242	35 566	55 225	11 349	3 102	15 582	26 036	63 624	51 640
广西	12 158	3 092	7 863	1 042	161	1 679	6 038	4 441	2 657
海南	3 698	745	1 973	709	271	228	2 210	1 260	228
重庆	28 323	12 910	9 601	2 736	3 076	4 084	10 625	13 614	7 478
四川	26 252	11 222	10 233	2 879	1 918	2 826	13 356	10 070	1 824
贵州	9 208	4 315	3 599	652	642	1130	4 514	3 564	2 136
云南	4 683	1 585	2 521	345	232	456	3 209	1 018	2 071
西藏	972	850	109	8	5	21	827	124	131
陕西	7 062	2 592	3 733	41	696	1 059	1 836	4 167	597
甘肃	3 378	939	1 867	216	356	178	2 177	1 023	1 482
青海	539	208	221	41	69	39	396	104	4
宁夏	2 214	1 135	739	202	138	248	1 153	813	1 207
新疆	6 273	2 543	2 950	698	82	435	2 976	2 862	1 422
兵团	620	147	405	64	4	61	171	388	372

表 4—3 **劳动保障监察情况**

案件（件）	2010 年	监察工作情况	2010 年
结案数	383 746	**主动监察**	
案件分类		检查单位数（万户）	173.1
内部劳动保障规章制度	19 347	涉及劳动者人数（万人）	9 993.6
订立劳动合同	78 465	投诉结案数（万件）	28.1
女职工和未成年工特殊劳动保护	1 450	举报结案数（万件）	5.6
工作时间和休息休假	40 734	审查用人单位报送的书面材料涉及用人单位数（万户）	177.2
支付工资和最低工资标准	174 019	补签劳动合同（万人）	937.8
参加社会保险和缴纳社会保险费	76 599	**追发劳动者工资等待遇**	
职业介绍、职业技能培训和职业技能考核	9 024	涉及劳动者人数（万人）	502.1
其他	32 847	金额（亿元）	99.5
案件处理情况		**督促缴费**	
责令限期改正	234 482	单位数（万户）	13.9
行政处理决定	15 269	金额（亿元）	48.2
行政处罚决定	23 784	督促登记单位数（万户）	8.8
警告	8 642	取缔非法职业中介机构（户）	4 988
罚款	15 975	清退风险抵押金金额（万元）	4 677.3
其他行政处罚	550	审查用人单位规章数（万件）	104.5
		纠正用人单位违法规章数（万件）	17.3
		向社会公布重大违法行为数（件）	387

（五）社会保障

表 5—1　　历年全国社会保险基金收支及累计结余　　单位：亿元

年份	合计	基本养老保险	失业保险	城镇基本医疗保险	工伤保险	生育保险
基金收入						
1990	186.8	178.8	7.2			
1995	1 006.0	950.1	35.3	9.7	8.1	2.9
2000	2 644.9	2 278.5	160.4	170.0	24.8	11.2
2001	3 101.9	2 489.0	187.3	383.6	28.3	13.7
2002	4 048.7	3 171.5	215.6	607.8	32.0	21.8
2003	4 882.9	3 680.0	249.5	890.0	37.6	25.8
2004	5 780.3	4 258.4	290.8	1 140.5	58.3	32.1
2005	6 975.2	5 093.3	340.3	1 405.3	92.5	43.8
2006	8 643.2	6 309.8	402.4	1 747.1	121.8	62.1
2007	10 812.3	7 834.2	471.7	2 257.2	165.6	83.6
2008	13 696.1	9 740.2	585.1	3 040.4	216.7	113.7
2009	16 115.6	11 490.8	580.4	3 671.9	240.1	132.4
2010	18 822.8	13 419.5	649.8	4 308.9	284.9	159.6
基金支出						
1990	151.9	149.3	2.5			
1995	877.1	847.6	18.9	7.3	1.8	1.6
2000	2 385.6	2 115.5	123.4	124.5	13.8	8.3
2001	2 748.0	2 321.3	156.6	244.1	16.5	9.6
2002	3 471.5	2 842.9	186.6	409.4	19.9	12.8
2003	4 016.4	3 122.1	199.8	653.9	27.1	13.5
2004	4 627.4	3 502.1	211.3	862.2	33.3	18.8
2005	5 400.8	4 040.3	206.9	1 078.7	47.5	27.4
2006	6 477.4	4 896.7	198.0	1 276.7	68.5	37.5
2007	7 887.9	5 964.9	217.7	1 561.8	87.9	55.6
2008	9 925.1	7 389.6	253.5	2 083.6	126.9	71.5
2009	12 302.6	8 894.4	366.8	2 797.4	155.7	88.3
2010	14 818.5	10 554.9	423.3	3 538.1	192.4	109.9
累计结余						
1990	117.3	97.9	19.5			
1995	516.8	429.8	68.4	3.1	12.7	2.7
2000	1 327.5	947.1	195.9	109.8	57.9	16.8
2001	1 622.8	1 054.1	226.2	253.0	68.9	20.6
2002	2 423.4	1 608.0	253.8	450.7	81.1	29.7
2003	3 313.8	2 206.5	303.5	670.6	91.2	42.0
2004	4 493.4	2 975.0	385.8	957.9	118.6	55.9
2005	6 073.7	4 041.0	519.0	1278.1	163.5	72.1
2006	8 255.9	5 488.9	724.8	1 752.4	192.9	96.9
2007	11 236.6	7 391.4	979.1	2 476.9	262.6	126.6
2008	15 176.0	9 931.0	1 310.1	3 431.7	335.0	168.2
2009	18 941.5	12 526.1	1 523.6	4 275.9	403.8	212.1
2010	22 902.7	15 365.3	1 749.8	5 047.1	479.1	261.4

注：工伤保险累计结余中不含储备金。

表 5—2　　历年全国基本养老保险基金收支及累计结余　　单位：亿元

指标	1990 年	1995 年	2000 年	2001 年	2002 年	2003 年	2004 年	2005 年	2006 年	2007 年	2008 年	2009 年	2010 年
一、基金收入	178.8	950.1	2 278.1	2 489.0	3 171.5	3 680.0	4 258.4	5 093.3	6 309.7	7 834.2	9 740.2	11 490.8	13 419.5
(一) 企业	178.8	950.1	2 088.3	2 235.1	2 783.6	3 209.4	3 728.5	4 491.7	5 632.5	7 010.6	8 800.1	10 420.6	12 218.4
(二) 事业、机关			189.8	253.0	387.8	470.6	529.9	601.6	677.2	823.6	940.1	1 070.3	1 201.1
二、基金支出	149.3	847.6	2 115.5	2 321.3	2 842.9	3 122.1	3 502.1	4 040.3	4 896.7	5 964.9	7 389.6	8 894.4	10 554.9
(一) 企业	149.3	847.6	1 970.0	2 116.5	2 502.8	2 716.2	3 031.2	3 495.3	4 287.3	5 153.6	6 507.6	7 886.6	9 409.9
(二) 事业、机关			145.4	204.4	340.1	405.9	470.9	545.0	609.4	811.3	882.0	1 007.8	1 145.0
三、累计结余	97.9	429.8	947.1	1 054.1	1 608.0	2 206.5	2 975.0	4 041.0	5 488.9	7 391.4	9 931.0	12 526.1	15 365.3
(一) 企业	97.9	429.8	761.0	818.6	1 243.5	1 764.8	2 499.3	3 506.7	4 869.1	6 758.2	9 241.0	11 774.3	14 547.2
(二) 事业、机关			186.1	233.2	364.5	441.7	475.7	534.3	619.8	633.2	690.0	751.8	818.1

表 5—3　　历年全国参加城镇企业职工基本养老保险职工及离退休人数　单位：万人

年份	职工		离退休人员	
	合计	企业（含其他）	合计	企业（含其他）
1989	4 816.9	4 816.9	893.4	893.4
1990	5 200.7	5 200.7	965.3	965.3
1991	5 653.7	5 653.7	1 086.6	1 086.6
1992	7 774.7	7 774.7	1 681.5	1 681.5
1993	8 008.2	8 008.2	1 839.4	1 839.4
1994	8 494.1	8 494.1	2 079.4	2 079.4
1995	8 737.8	8 737.8	2 241.2	2 241.2
1996	8 758.4	8 758.4	2 358.3	2 358.3
1997	8 670.9	8 670.9	2 533.0	2 533.0
1998	8 475.8	8 475.8	2 727.3	2 727.3
1999	9 501.8	8 859.2	2 983.6	2 863.8
2000	10 447.5	9 469.9	3 169.9	3 016.5
2001	10 801.9	9 733.0	3 380.6	3 171.3
2002	11 128.8	9 929.4	3 607.8	3 349.2
2003	11 646.5	10 324.5	3 860.2	3 556.9
2004	12 250.3	10 903.9	4 102.6	3 775.0
2005	13 120.4	11 710.6	4 367.5	4 005.2
2006	14 130.9	12 618.0	4 635.4	4 238.6
2007	15 183.2	13 690.6	4 953.7	4 544.0
2008	16 587.5	15 083.4	5 303.6	4 868.0
2009	17 743.0	16 219.0	5 806.9	5 348.0
2010	19 402.3	17 822.7	6 305.0	5 811.6

表 5—4　　历年全国基本养老保险待遇水平　　单位：元/月

年份	平均离退休费							
	全部离退休人员				统筹范围内离退休人员			
	合计	企业	机关	事业	合计	企业	机关	事业
1998	495	455	656	624	413	413	—	—
1999	548	495	746	723	503	494	721	725
2000	595	526	835	827	559	544	947	871
2001	643	548	1 018	944	576	556	940	894
2002	734	636	1 147	1 068	648	618	1 077	1 031
2003	784	663	1 277	1 173	674	640	1 124	1 091
2004	810	673	1 378	1 243	705	667	1 223	1 154
2005	889	734	1 534	1 369	758	716	1 257	1 208
2006	—	—	—	—	873	832	1 364	1 290
2007	—	—	—	—	1 002	947	1 711	1 576
2008	—	—	—	—	1 168	1 121	1 822	1 663
2009	—	—	—	—	1 294	1 246	1 959	1 816
2010	—	—	—	—	1 426	1 380	2 055	1 929

年份	平均退休费							
	全部退休人员				统筹范围内退休人员			
	合计	企业	机关	事业	合计	企业	机关	事业
1998	528	442	606	603	—	—	—	—
1999	606	481	707	702	—	—	—	—
2000	655	512	788	805	—	—	—	—
2001	689	531	964	921	—	—	—	—
2002	706	615	1 095	1 014	627	599	1 022	1 009
2003	757	644	1 221	1 151	654	621	1 069	1 069
2004	782	653	1 328	1 220	683	647	1 162	1 129
2005	861	714	1 469	1 346	737	700	1 196	1 180
2006	—	—	—	—	853	818	1 294	1 262
2007	—	—	—	—	977	925	1 639	1 543
2008	—	—	—	—	1 145	1 100	1 740	1 628
2009	—	—	—	—	1 270	1 225	1 876	1 778
2010	—	—	—	—	1405	1362	1982	1895

表 5—5　　历年分地区基本养老保险参保人数　　单位：万人

地区	2001年		2002年		2003年		2004年		2005年	
	合计	离退休人员	合计	离退休人员	合计	离退休人员	合计	离退休人员	合计	离退休人员
全国	**14 182.5**	**3 380.6**	**14 736.6**	**3 607.8**	**15 506.7**	**3 860.2**	**16 352.9**	**4 102.6**	**17 487.9**	**4 367.5**
北京	425.9	124.3	436.2	133.2	448.5	141.5	459.7	148.6	520.0	155.2
天津	281.4	85.2	296.0	91.4	283.3	97.6	298.1	102.9	308.3	107.7
河北	641.4	145.3	643.5	154.0	665.5	163.6	683.4	172.0	707.9	184.2
山西	365.6	81.8	361.8	85.4	364.4	88.1	376.7	93.3	383.4	98.2
内蒙古	290.6	65.3	292.9	70.8	300.9	72.6	318.8	82.0	338.9	86.1
辽宁	1 022.7	288.9	1 039.2	302.2	1 070.4	315.5	1 101.0	333.8	1 193.6	360.8
吉林	389.1	99.6	397.7	104.9	427.0	115.5	439.0	123.1	455.9	131.0
黑龙江	692.5	178.5	689.8	187.4	714.3	196.0	738.1	207.3	768.9	223.2
上海	683.5	239.9	699.8	246.9	715.6	254.6	770.9	265.3	830.0	290.7
江苏	888.1	212.7	1 063.5	252.9	1 135.2	271.4	1 214.1	288.8	1 345.6	307.9
浙江	610.4	125.1	701.1	132.6	801.2	144.2	888.0	152.4	962.3	160.9
安徽	432.7	98.5	432.3	102.8	456.6	113.6	463.9	118.8	471.7	124.8
福建	242.0	58.4	285.1	61.6	364.2	79.4	377.5	83.7	409.6	88.9
江西	328.8	78.2	339.8	82.6	355.9	93.4	371.8	99.9	387.4	105.5
山东	1 022.6	191.3	1 043.0	205.3	1 135.9	219.3	1 218.7	232.2	1 302.4	248.6
河南	736.6	141.9	757.8	161.5	751.1	171.0	781.1	181.1	814.0	194.2
湖北	612.1	137.7	628.8	147.2	732.4	177.9	780.5	195.4	804.0	206.4
湖南	603.4	148.0	616.5	157.7	636.2	167.5	691.7	185.4	718.6	195.2
广东	1 370.3	187.0	1 405.4	193.5	1 482.2	203.8	1 588.8	220.4	1 796.1	231.2
广西	248.9	58.7	257.2	63.5	264.8	66.3	279.3	70.2	288.6	73.3
海南	108.2	30.5	111.2	31.9	116.7	33.6	120.0	35.2	120.9	36.5
重庆	270.3	82.3	280.3	87.8	280.0	92.4	283.9	96.8	290.2	100.5
四川	578.9	169.4	589.2	178.1	605.5	187.5	668.0	202.7	793.4	230.7
贵州	159.0	42.4	168.9	44.9	168.0	48.0	174.9	50.0	183.7	51.7
云南	243.1	69.6	252.1	74.1	257.3	77.8	255.3	79.4	258.7	81.9
西藏	7.1	2.6	7.0	2.6	7.3	2.8	7.6	3.0	7.7	3.1
陕西	345.4	83.4	352.0	90.8	362.4	97.4	369.3	102.5	376.1	107.8
甘肃	188.4	45.3	188.0	48.1	192.0	51.2	194.5	53.5	197.3	55.1
青海	51.9	14.9	54.2	15.0	56.4	15.9	58.5	16.5	60.0	16.9
宁夏	57.9	13.2	59.0	13.7	60.7	14.3	62.5	15.2	67.5	16.1
新疆	258.4	77.6	262.1	79.6	269.3	83.0	294.8	87.3	302.1	89.0
中国人民银行	19.8	3.1	19.8	3.3	19.8	3.4	17.1	3.5	17.1	3.7
中国农业发展银行	5.4	0.2	5.5	0.3	5.6	0.4	5.8	0.4	5.7	0.5

续表

地区	2006年		2007年		2008年		2009年		2010年	
	合计	离退休人员	合计	离退休人员	合计	离退休人员	合计	离退休人员	合计	离退休人员
全国	**18 766.3**	**4 635.4**	**20 136.9**	**4 953.7**	**21 891.1**	**5 303.6**	**23 549.9**	**5 806.9**	**25 707.3**	**6 305.0**
北京	603.6	160.9	671.0	171.2	757.2	180.1	826.7	188.2	981.3	195.5
天津	328.2	112.7	344.8	119.2	376.5	129.3	401.5	136.5	431.5	143.6
河北	747.5	196.0	795.6	210.2	862.5	222.7	919.5	238.0	988.4	259.5
山西	486.9	112.7	506.7	120.2	539.4	128.0	563.8	136.6	591.0	147.3
内蒙古	356.6	91.1	370.9	96.6	389.5	102.9	410.8	112.8	430.7	119.2
辽宁	1 248.8	383.0	1 299.7	408.1	1 406.2	429.9	1 457.4	449.4	1 496.9	472.7
吉林	480.2	138.9	501.7	147.8	525.3	155.4	554.3	171.1	599.5	206.6
黑龙江	801.0	236.5	826.8	253.0	857.8	276.0	920.3	333.7	952.2	363.0
上海	891.7	314.4	932.4	340.5	967.7	357.8	1 001.1	376.0	1 049.5	392.2
江苏	1 469.8	328.1	1 602.3	353.3	1 751.6	378.6	1 883.1	415.4	2 033.0	449.1
浙江	1 052.6	170.9	1 167.1	182.3	1 386.9	194.8	1 527.4	209.6	1 702.2	223.6
安徽	495.2	133.8	530.3	144.8	578.4	158.1	628.2	169.5	669.5	177.5
福建	456.1	93.6	512.8	98.1	557.2	102.6	585.9	108.1	635.5	113.5
江西	415.0	111.6	475.0	118.5	550.3	128.5	581.9	135.9	607.6	145.5
山东	1 368.0	261.7	1 457.1	282.2	1 565.9	305.0	1 661.0	326.0	1 773.0	345.1
河南	863.8	208.2	912.9	224.7	972.0	239.1	1 019.1	254.5	1 079.3	270.3
湖北	850.8	220.5	886.8	235.3	932.3	252.0	982.0	273.6	1 039.8	301.6
湖南	751.6	209.9	784.0	227.3	829.1	235.3	879.1	246.1	938.9	265.4
广东	1 972.3	243.5	2 226.8	257.2	2 444.3	273.0	2 716.4	294.2	3 215.2	339.6
广西	302.7	77.1	325.5	82.2	368.1	95.0	411.3	118.0	449.3	138.1
海南	132.0	38.0	141.7	39.7	156.2	42.0	168.1	43.2	180.8	45.4
重庆	317.3	107.9	344.8	112.7	406.1	130.7	492.8	176.5	584.4	192.5
四川	842.7	244.9	917.4	269.4	1 017.9	306.7	1 176.2	393.5	1 300.9	439.0
贵州	193.2	54.1	205.9	56.5	215.9	59.3	235.6	63.5	257.3	67.0
云南	267.4	83.8	279.4	87.6	293.7	89.3	306.5	90.2	317.4	92.3
西藏	7.6	3.1	8.1	3.0	8.5	3.1	9.2	3.1	9.9	3.2
陕西	391.5	111.4	408.1	117.4	433.4	124.4	458.8	131.0	550.4	150.3
甘肃	201.2	57.7	208.4	60.6	221.0	64.0	230.9	67.5	242.5	71.3
青海	62.5	17.4	65.2	18.0	68.3	18.6	71.3	19.3	74.4	20.0
宁夏	72.3	16.7	77.0	17.7	82.6	18.8	89.4	20.0	107.8	30.5
新疆	313.3	90.9	327.7	93.7	346.3	97.6	356.9	100.6	393.8	119.2
中国人民银行	17.2	3.9	17.3	4.1	17.5	4.2	17.5	4.4	17.7	4.6
中国农业发展银行	5.6	0.5	5.6	0.6	5.6	0.7	5.6	0.7	5.7	0.8

表 5—6 **分地区基本养老保险情况**

(2010 年)

地区	参保职工年末人数(万人)	企业(含其他)	参保离退休人员年末人数(万人)	基金收支情况(亿元)		
				基金收入	基金支出	累计结余
全国	**19 402.3**	**17 822.7**	**6 305.0**	**13 419.5**	**10 554.9**	**15 365.3**
北京	785.9	785.9	195.5	658.9	482.4	617.9
天津	287.9	281.1	143.6	278.9	271.8	203.0
河北	728.9	602.7	259.5	584.6	451.8	562.9
山西	443.7	364.2	147.3	404.4	269.4	637.4
内蒙古	311.5	292.2	119.2	266.9	212.6	257.9
辽宁	1 024.2	961.5	472.7	834.1	755.8	739.3
吉林	392.9	392.9	206.6	289.8	252.8	351.8
黑龙江	589.2	529.2	363.0	524.1	500.1	479.0
上海	657.3	596.6	392.2	889.9	847.5	462.0
江苏	1 583.9	1 503.4	449.1	1 018.7	753.3	1 271.8
浙江	1 478.6	1 407.3	223.6	605.1	429.1	1 162.1
安徽	492.0	482.5	177.5	341.6	269.2	353.0
福建	522.0	464.8	113.5	204.1	187.7	141.2
江西	462.1	443.2	145.5	231.6	193.0	203.6
山东	1 427.9	1 190.2	345.1	942.4	748.2	1 077.6
河南	809.0	706.7	270.3	519.8	420.3	499.0
湖北	738.2	691.4	301.6	501.9	419.8	427.6
湖南	673.5	517.5	265.4	452.3	355.1	455.9
广东	2 875.6	2 731.3	339.6	1 139.1	627.7	2 471.5
广西	311.2	311.2	138.1	287.9	193.5	379.0
海南	135.4	111.2	45.4	80.2	74.1	64.9
重庆	391.9	380.5	192.5	310.8	273.6	255.6
四川	861.9	749.9	439.0	804.0	608.7	928.4
贵州	190.3	180.7	67.0	144.6	107.4	177.9
云南	225.1	216.3	92.3	194.0	144.2	229.3
西藏	6.8	5.5	3.2	14.1	7.6	9.7
陕西	400.1	357.4	150.3	302.8	265.0	215.8
甘肃	171.1	171.1	71.3	166.1	127.2	178.2
青海	54.4	54.4	20.0	51.8	43.4	50.6
宁夏	77.3	77.3	30.5	84.7	48.8	108.7
新疆	274.5	262.5	119.2	287.5	211.8	385.7
中国人民银行	13.1		4.6			
中国农业发展银行	4.9		0.8	2.9	2.1	7.3

表 5—7　　分地区养老金社会化发放人数

（2010 年）　　单位：万人

地区	社会化发放人数	纳入社区管理的企业退休人数	纳入社区管理的企业退休人数占企业退休人员总数的比例（%）
全国	**5 805.8**	**4 344**	**76.2**
北京	195.5	174	90.4
天津	139.6	120	90.1
河北	219.6	163	82.0
山西	130.6	102	83.9
内蒙古	115.4	80	73.4
辽宁	442.8	367	89.4
吉林	206.0	163	95.5
黑龙江	343.1	231	74.5
上海	347.4	285	96.9
江苏	418.6	352	94.5
浙江	198.9	148	82.5
安徽	173.4	141	85.1
福建	93.2	73	84.9
江西	141.4	124	93.5
山东	269.3	230	95.0
河南	244.4	173	76.0
湖北	286.7	208	81.0
湖南	212.3	138	71.8
广东	324.1	178	64.8
广西	138.1	94	78.8
海南	38.3	25	64.5
重庆	189.2	93	75.1
四川	406.6	344	96.2
贵州	66.3	33	51.0
云南	87.8	56	64.8
西藏	3.1		
陕西	135.2	84	63.9
甘肃	71.2	51	75.5
青海	20.0	14	60.9
宁夏	30.2	17	81.5
新疆	64.8	45	85.9
兵团	52.7	38	78.5

注：社会化发放人数指企业、企业化管理的事业单位及其他参保人员中的离退休人员。

表 5—8　　历年分地区城镇基本医疗保险参保人数　　单位：万人

地区	2001年		2002年		2003年		2004年		2005年	
	合计	退休人员	合计	退休人员	合计	退休人员	合计	退休人员	合计	退休人员
全国	**7 285.9**	**1 815.2**	**9 401.2**	**2 475.4**	**10 901.7**	**2 926.8**	**12 403.6**	**3 359.2**	**13 782.9**	**3 761.2**
北京	240.7	89.4	321.1	113.2	436.1	134.7	483.9	141.7	574.8	155.1
天津	139.6	46.8	250.2	103.8	254.7	108.5	263.0	104.8	299.1	118.3
河北	282.5	61.5	330.4	73.0	383.2	84.7	472.5	108.9	562.1	139.6
山西	157.3	34.4	216.7	49.5	245.5	51.3	295.5	63.9	324.9	73.0
内蒙古	196.9	45.5	221.7	54.2	252.3	66.1	274.2	78.1	292.0	86.0
辽宁	313.6	90.4	619.0	188.7	697.7	217.2	783.7	247.3	864.2	280.0
吉林	124.2	27.8	176.9	39.8	230.8	55.3	270.0	67.5	283.0	73.9
黑龙江	308.3	89.2	392.8	108.2	435.2	122.1	544.1	151.7	602.9	170.4
上海	680.5	238.9	694.8	245.9	709.6	250.6	714.1	260.9	728.6	275.9
江苏	456.0	113.5	690.9	183.2	815.0	227.6	976.7	261.6	1124.1	303.0
浙江	352.7	100.0	423.4	117.0	510.3	139.5	569.2	150.3	639.6	163.1
安徽	232.8	53.6	273.4	65.6	318.2	79.8	362.2	97.7	387.1	112.7
福建	171.0	38.3	230.0	54.7	247.8	61.8	285.9	69.5	333.0	77.2
江西	71.6	12.2	106.6	22.7	188.2	45.7	250.4	65.8	276.7	75.0
山东	490.2	86.0	625.6	119.5	691.1	138.0	771.9	153.5	861.5	176.7
河南	460.3	94.8	537.4	115.2	567.9	126.9	590.0	136.8	641.5	154.1
湖北	255.4	54.5	338.1	80.6	416.6	110.1	466.8	132.5	502.0	147.2
湖南	351.6	83.7	398.1	108.3	423.5	116.1	477.0	133.9	503.4	146.6
广东	544.8	84.4	717.7	118.8	877.0	146.4	1 034.2	168.9	1 235.3	180.3
广西	150.1	33.4	201.8	54.1	235.0	66.1	272.2	77.8	285.9	82.3
海南	40.9	8.5	52.6	11.5	63.1	15.4	78.6	22.3	87.2	24.5
重庆	36.8	9.7	58.7	18.0	121.8	41.7	206.3	76.2	237.7	91.9
四川	437.6	128.3	480.6	150.1	531.2	173.8	587.6	196.5	647.0	220.2
贵州	31.1	6.9	94.6	26.6	134.1	38.2	152.6	44.0	180.5	51.5
云南	185.7	45.6	238.4	65.0	281.5	81.4	302.3	89.6	320.7	95.5
西藏					6.0	1.8	7.1	2.8	15.2	4.8
陕西	231.4	49.4	261.8	65.1	301.0	77.4	325.6	86.8	348.8	101.3
甘肃	109.9	23.6	124.1	26.0	146.0	32.8	165.8	40.6	176.6	46.2
青海	38.3	12.6	51.1	16.3	56.4	17.8	60.2	19.5	62.0	20.4
宁夏	17.2	4.0	36.8	10.1	48.1	12.7	55.6	14.6	64.5	17.2
新疆	177.0	48.1	235.7	70.6	276.7	85.3	304.4	93.2	321.1	97.5

续表

地区	2006年		2007年		2008年		2009年		2010年	
	合计	退休人员	合计	退休人员	合计	退休人员	合计	退休人员	合计	退休人员
全国	**15 731.9**	**4 151.5**	**22 311.4**	**4 600.0**	**31 821.7**	**5 007.9**	**40 147.0**	**5 526.9**	**43 262.9**	**5 943.5**
北京	679.5	163.9	929.4	172.9	1 017.1	182.4	1 083.9	191.8	1 207.3	215.1
天津	344.2	126.0	403.8	133.2	484.5	141.8	605.3	150.6	960.9	157.5
河北	615.9	158.6	746.3	183.9	1 083.1	199.5	1 421.1	219.7	1 518.1	238.0
山西	353.8	82.2	460.6	98.3	593.9	108.8	879.0	128.5	923.5	140.0
内蒙古	316.2	93.1	451.6	103.8	612.5	108.6	805.3	117.8	886.4	124.7
辽宁	959.3	307.4	1 200.2	346.5	1 507.5	386.5	1 895.6	444.5	2 056.2	464.1
吉林	376.3	101.2	767.2	118.2	937.4	131.8	1 242.8	147.4	1 333.8	179.9
黑龙江	708.2	192.9	826.7	202.3	1 056.3	216.0	1 544.3	256.5	1 560.8	278.4
上海	1 023.3	291.0	1 096.8	306.4	1 355.2	320.9	1 583.8	372.5	1 665.2	388.8
江苏	1 274.3	338.5	2 136.6	365.4	2 837.6	390.3	3 031.0	418.6	3 249.4	443.2
浙江	730.6	172.9	946.2	185.5	1 322.6	198.3	1 784.4	211.8	1 963.8	226.8
安徽	441.2	124.7	953.3	137.1	1 323.8	148.1	1 435.8	160.4	1 529.3	169.3
福建	370.1	85.2	477.4	91.0	796.5	101.4	1 137.2	114.7	1 200.6	120.7
江西	313.3	86.5	784.7	121.6	1 207.1	149.4	1 300.4	151.6	1 326.4	166.5
山东	996.1	199.9	1 292.3	227.8	1 847.0	256.2	2 540.2	287.8	2 770.6	316.7
河南	704.1	173.3	897.7	197.4	1 549.4	220.8	1 970.1	243.7	2 043.7	258.7
湖北	565.3	166.6	870.5	196.3	1 435.7	210.9	1 811.7	236.2	1 860.0	239.8
湖南	560.5	162.4	724.5	181.9	1 321.6	206.5	1 831.9	225.6	1 894.5	236.9
广东	1 421.1	197.9	2 281.6	218.0	3 551.8	240.3	4 568.5	259.4	5 043.2	314.5
广西	302.0	88.7	361.4	99.2	568.2	103.8	850.0	110.6	935.2	123.0
海南	91.0	25.6	155.3	29.9	249.7	34.0	283.8	41.5	323.3	43.2
重庆	257.5	97.4	327.5	104.7	550.6	115.1	769.5	120.8	830.8	125.6
四川	734.5	247.8	1 020.0	270.6	1 413.8	296.7	1 912.7	317.3	2 063.1	348.3
贵州	199.2	57.8	293.8	66.1	404.3	73.0	567.0	85.1	602.5	88.2
云南	331.5	98.8	400.3	101.8	618.2	103.6	762.5	118.3	820.5	121.4
西藏	16.5	5.0	19.2	5.8	32.4	5.3	36.0	6.4	38.6	6.6
陕西	377.1	111.4	459.3	123.2	717.3	132.8	890.0	145.2	947.2	151.2
甘肃	195.8	51.7	449.5	61.6	522.2	68.8	557.4	77.7	588.8	85.9
青海	64.5	22.0	95.8	23.0	93.6	24.5	104.8	24.6	140.3	25.2
宁夏	73.1	19.9	114.0	21.4	158.7	22.7	186.0	23.8	188.3	26.4
新疆	335.8	101.2	367.9	105.1	652.1	109.0	755.0	114.7	790.5	119.0

表 5—9　　分地区城镇基本医疗保险基本情况

（2010 年）

地区	年末参保人数（万人）	基金收支情况（亿元）		
		基金收入	基金支出	累计结余
全国	**43 263**	**4 308.9**	**3 538.1**	**5 047.1**
北京	1 207	298.4	290.4	195.9
天津	960.9	115.2	103.5	50.5
河北	1 518.1	159.1	117.4	189.9
山西	923.5	87.1	69.6	115.1
内蒙古	886.4	78.5	64.2	87.6
辽宁	2 056.2	215.7	181.7	251.8
吉林	1 333.8	63.7	52.7	100.9
黑龙江	1 560.8	127.3	103.7	189.5
上海	1 665.2	329.7	300.2	204.6
江苏	3 249.4	362.8	287.7	459.8
浙江	1 963.8	301.2	242.7	372.9
安徽	1 529.3	99.2	82.3	126.4
福建	1 200.6	108.9	91.1	174.9
江西	1 326.4	64.5	49.6	84.6
山东	2 770.6	264.2	222.2	262.5
河南	2 043.7	132.0	108.0	166.4
湖北	1 860.0	128.0	104.4	159.0
湖南	1 894.5	113.0	105.8	148.7
广东	5 043.2	419.2	310.8	699.7
广西	935.2	77.9	56.6	117.7
海南	323.3	26.9	20.6	29.8
重庆	830.8	76.0	61.2	92.4
四川	2 063.1	226.9	165.0	284.7
贵州	602.5	47.8	38.0	55.4
云南	820.5	97.9	85.9	107.6
西藏	38.6	9.9	6.4	12.7
陕西	947.2	89.1	63.6	105.1
甘肃	588.8	49.2	37.9	52.8
青海	140.3	25.9	18.3	33.6
宁夏	188.3	19.2	15.5	22.9
新疆	790.5	94.4	80.9	91.5

表 5—10　　分地区城镇职工基本医疗保险基本情况

（2010 年）

地区	年末参保人数（万人）			基金收支情况（亿元）			
	合计	职工	退休人员	基金收入	基金支出	累计结余	
							统筹基金
全国	**23 735**	**17 791**	**5 944**	**3 955.4**	**3 271.6**	**4 741.2**	**3 007.0**
北京	1 064	849	215	296.8	285.7	191.6	188.4
天津	470	313	157	105.5	94.4	48.8	30.7
河北	848	610	238	145.8	109.9	177.4	105.8
山西	562	422	140	80.8	66.4	106.4	49.5
内蒙古	434	309	125	71.4	58.7	80.2	54.6
辽宁	1 409	945	464	205.7	175.6	242.1	171.5
吉林	550	370	180	52.9	45.4	90.3	65.3
黑龙江	874	595	278	113.3	95.4	174.9	117.7
上海	1 406	1 017	389	316.7	287.0	203.4	−22.1
江苏	1 848	1 405	443	339.8	270.1	439.6	264.2
浙江	1 344	1 118	227	280.3	223.9	361.6	269.4
安徽	598	429	169	81.4	69.6	105.7	67.5
福建	547	426	121	101.4	84.1	170.0	89.5
江西	532	366	167	52.5	42.6	70.4	46.5
山东	1 541	1 225	317	248.0	209.9	248.8	177.8
河南	957	699	259	119.0	97.7	153.0	87.1
湖北	848	608	240	111.5	95.1	137.8	90.9
湖南	777	540	237	97.2	94.8	133.2	72.5
广东	3 000	2 686	314	377.9	275.9	677.8	499.1
广西	414	291	123	70.0	53.0	108.8	60.7
海南	167	124	43	24.0	18.8	26.2	22.7
重庆	406	281	126	69.1	55.2	89.6	58.0
四川	1 052	704	348	195.2	142.6	257.7	185.6
贵州	294	205	88	44.2	35.2	51.5	28.4
云南	415	293	121	89.7	79.4	100.1	52.3
西藏	24	17	7	9.1	5.9	12.0	9.2
陕西	474	323	151	81.6	58.7	96.7	58.7
甘肃	290	204	86	44.8	34.2	46.8	33.5
青海	79	54	25	24.4	17.3	32.1	15.1
宁夏	94	68	26	17.3	13.7	21.3	13.1
新疆	418	299	119	88.2	75.6	85.5	43.7

表 5—11　　分地区城镇居民基本医疗保险基本情况

（2010 年）

地区	年末参保居民人数（万人）	基金收支情况（亿元）		
		基金收入	基金支出	累计结余
全国	**19 528**	**353.5**	**266.5**	**306.0**
北京	144	1.6	4.7	4.4
天津	491	9.8	9.1	1.7
河北	670	13.2	7.4	12.6
山西	361	6.2	3.3	8.7
内蒙古	453	7.1	5.5	7.4
辽宁	648	10.0	6.2	9.8
吉林	784	10.8	7.4	10.6
黑龙江	687	14.0	8.3	14.6
上海	259	13.0	13.2	1.1
江苏	1 401	23.0	17.6	20.2
浙江	619	21.0	18.8	11.2
安徽	931	17.8	12.7	20.7
福建	654	7.5	7.0	4.9
江西	794	12.0	7.0	14.1
山东	1 229	16.2	12.4	13.8
河南	1 086	13.1	10.3	13.4
湖北	1 012	16.5	9.3	21.2
湖南	1 117	15.8	11.0	15.5
广东	2 043	41.3	35.0	22.0
广西	522	7.9	3.6	8.9
海南	156	2.9	1.9	3.6
重庆	425	6.9	6.0	2.8
四川	1 011	31.7	22.4	27.0
贵州	309	3.6	2.8	3.9
云南	406	8.2	6.5	7.6
西藏	15	0.9	0.5	0.7
陕西	473	7.5	4.9	8.4
甘肃	299	4.4	3.7	6.1
青海	62	1.5	1.0	1.5
宁夏	94	1.9	1.9	1.6
新疆	373	6.2	5.4	6.0

表 5—12　　历年分地区失业保险参保人数　　单位：万人

地区	2001年		2002年		2003年		2004年		2005年	
	年末参保人数	年末领取失业保险金人数	年末参保人数	年末领取失业保险金人数	年末参保人数	年末领取失业保险金人数	年末参保人数	年末领取失业保险金人数	年末参保人数	年末领取失业保险金人数
全国	**10 355**	**312**	**10 182**	**440**	**10 373**	**415**	**10 584**	**419**	**10 648**	**362**
北京	287.2	5.5	299.6	4.8	306.6	5.2	308.2	3.8	357.5	3.5
天津	214.3	10.8	196.3	12.4	193.5	9.4	195.1	5.1	197.5	3.8
河北	513.2	7.3	488.6	7.2	484.2	8.3	479.0	11.0	461.2	13.3
山西	286.0	5.9	278.9	4.5	284.1	5.7	286.5	5.4	288.5	4.8
内蒙古	217.7	5.4	219.7	7.1	221.6	5.7	222.3	5.8	222.2	4.9
辽宁	656.7	20.3	591.2	82.2	622.2	67.0	616.2	81.7	607.7	46.5
吉林	283.8	13.2	284.0	15.6	292.9	16.2	282.2	12.2	199.4	7.5
黑龙江	532.6	12.5	466.0	19.6	479.0	12.6	475.8	9.7	459.6	10.3
上海	430.7	13.1	436.0	14.4	441.1	14.0	487.8	15.9	466.1	17.8
江苏	766.5	39.5	735.6	49.7	761.6	48.9	797.1	43.6	838.3	30.2
浙江	391.1	33.0	390.0	27.5	396.8	17.4	428.4	11.3	444.7	7.2
安徽	375.2	11.5	378.8	17.5	380.8	23.4	371.1	26.4	360.3	24.3
福建	239.6	9.6	249.5	11.1	266.4	10.0	266.4	9.5	266.6	8.6
江西	235.9	2.1	226.7	3.9	215.5	5.9	226.6	7.2	230.7	6.0
山东	700.2	20.5	701.2	30.1	719.1	30.1	747.5	30.6	771.1	32.2
河南	676.1	10.0	670.4	16.8	680.0	18.7	681.6	22.3	681.9	29.2
湖北	420.8	26.1	416.1	25.1	390.1	18.7	391.3	17.0	391.5	14.8
湖南	352.0	4.4	326.6	7.9	347.5	10.5	380.5	9.8	382.7	11.3
广东	819.5	21.2	890.2	26.2	954.1	25.9	1 005.8	23.4	1 099.1	20.4
广西	217.7	5.0	215.5	7.6	219.1	8.9	226.4	9.8	219.9	9.4
海南	56.1	0.7	60.2	1.7	57.7	1.8	57.9	2.1	56.7	2.0
重庆	210.0	7.7	205.3	9.1	199.5	8.1	193.4	9.2	188.2	6.4
四川	412.2	11.9	402.9	14.0	400.0	12.6	398.6	12.6	380.5	15.6
贵州	136.4	1.2	132.2	1.6	128.0	1.3	129.9	1.2	129.3	1.3
云南	190.7	3.6	183.2	4.6	183.0	6.6	173.2	10.5	180.3	9.1
西藏	6.3		7.1		7.1		6.7		6.7	
陕西	304.9	3.5	315.7	7.3	323.3	8.2	325.5	7.2	326.7	8.6
甘肃	162.7	1.1	161.0	2.7	162.1	3.8	161.0	4.3	160.0	5.4
青海	35.7	1.4	32.2	1.0	33.2	1.3	33.1	1.2	33.2	1.1
宁夏	34.7	0.7	35.7	0.8	36.3	1.0	36.4	1.2	37.2	1.2
新疆	188.2	3.9	185.2	5.7	186.5	7.4	192.4	7.7	202.4	5.6

续表

地区	2006年		2007年		2008年		2009年		2010年	
	年末参保人数	年末领取失业保险金人数	年末参保人数	年末领取失业保险金人数	年末参保人数	年末领取失业保险金人数	年末参保人数	年末领取失业保险金人数	年末参保人数	年末领取失业保险金人数
全国	**11 187**	**327**	**11 645**	**286**	**12 400**	**261**	**12 715**	**235**	**13 376**	**209**
北京	482.2	3.1	535.3	3.0	614.3	2.6	675.7	1.8	774.2	1.6
天津	216.7	3.6	221.5	3.3	232.5	3.2	239.2	3.1	246.1	3.5
河北	470.8	13.4	473.3	11.6	481.7	9.8	484.4	10.4	493.4	9.0
山西	296.0	5.2	299.0	6.0	312.2	7.3	293.3	6.1	305.7	4.6
内蒙古	223.5	5.0	223.7	4.7	225.5	3.1	229.7	2.5	230.9	2.1
辽宁	614.1	25.9	622.1	19.6	622.7	15.7	625.3	13.4	626.9	11.4
吉林	224.4	10.2	228.7	13.9	233.7	16.5	241.4	14.3	245.1	7.8
黑龙江	457.5	17.8	464.1	15.3	467.6	10.3	471.3	9.3	472.9	8.8
上海	476.4	18.5	491.5	14.9	511.8	14.0	523.5	14.6	556.2	11.6
江苏	901.1	22.7	968.5	21.2	1 052.2	21.5	1 079.1	19.7	1 153.8	19.7
浙江	504.4	6.5	584.7	6.3	731.1	6.3	784.5	5.5	875.0	5.8
安徽	362.6	17.9	364.5	14.1	373.1	12.8	377.8	10.5	384.0	7.8
福建	293.1	6.8	318.2	5.7	338.7	4.6	348.1	3.6	374.2	3.2
江西	241.0	4.9	251.5	5.3	266.3	3.4	275.5	3.4	265.3	8.2
山东	789.7	30.3	814.9	27.8	864.1	24.9	899.5	23.0	931.2	20.7
河南	682.8	28.0	682.9	21.6	683.4	18.4	690.2	16.7	696.7	14.7
湖北	395.5	12.0	405.7	8.9	422.9	7.4	440.3	7.0	469.7	6.4
湖南	386.3	10.2	389.0	8.6	390.1	8.3	392.0	8.3	399.5	6.9
广东	1 208.2	16.7	1 295.5	14.3	1 471.9	13.7	1 470.7	12.8	1 627.3	10.6
广西	222.3	8.1	223.8	7.2	234.6	8.0	237.0	7.6	238.4	6.2
海南	59.1	2.3	66.2	2.5	84.7	3.3	97.5	2.8	112.5	1.6
重庆	193.0	4.8	196.7	4.1	210.1	4.4	215.9	4.7	237.4	3.7
四川	400.0	16.3	418.2	11.3	436.9	12.2	463.5	10.0	464.7	9.1
贵州	131.1	1.5	134.5	1.4	141.4	1.3	144.6	1.1	152.5	1.2
云南	183.0	6.4	185.8	4.3	191.9	3.7	198.7	3.5	209.6	3.2
西藏	7.5		7.2	0.0	7.8	0.0	8.8	0.0	9.3	0.0
陕西	326.5	14.1	327.2	13.6	329.3	9.1	331.0	9.3	331.6	7.5
甘肃	160.5	7.5	161.8	7.1	162.6	5.6	164.1	3.7	164.2	2.4
青海	34.0	1.0	34.7	2.1	35.4	2.3	36.0	1.0	36.6	0.4
宁夏	38.3	1.2	40.1	1.5	44.4	1.4	44.9	1.1	47.6	1.0
新疆	205.4	4.8	213.6	4.7	224.8	6.1	231.8	4.9	242.9	8.3

表 5—13　　分地区失业保险基金情况

（2010 年）

单位：亿元

地区	基金收入	基金支出	累计结余
全国	**649.8**	**423.3**	**1 749.8**
北京	30.0	25.1	86.6
天津	21.1	13.5	48.7
河北	27.6	23.5	54.8
山西	13.8	6.7	45.2
内蒙古	11.6	4.7	28.7
辽宁	39.3	16.3	62.0
吉林	12.0	5.8	33.2
黑龙江	13.8	16.4	54.5
上海	71.7	60.7	87.4
江苏	68.5	37.4	172.3
浙江	51.8	23.4	156.2
安徽	16.4	9.6	28.3
福建	11.6	5.6	52.3
江西	8.1	4.7	25.8
山东	43.0	31.3	143.2
河南	18.8	14.8	42.9
湖北	15.9	8.4	47.0
湖南	14.5	7.5	37.3
广东	32.3	31.0	187.5
广西	11.1	6.3	43.7
海南	3.7	1.8	14.3
重庆	9.2	4.9	27.7
四川	40.8	17.0	71.3
贵州	7.6	5.3	32.8
云南	8.2	6.5	36.4
西藏	1.4	0.8	4.7
陕西	16.6	11.8	42.6
甘肃	8.7	7.5	16.6
青海	2.7	1.0	9.4
宁夏	2.9	1.1	8.9
新疆	15.4	13.0	47.8

表 5—14 **历年分地区工伤保险参保人数** 单位：万人

地区	2001 年		2002 年		2003 年		2004 年		2005 年	
	参保人数	享受待遇人数	参保人数	享受待遇人数	参保人数	享受待遇人数	参保人数	享受待遇人数	参保人数	享受待遇人数
全国	**4 345**	**19**	**4 406**	**27**	**4 575**	**33**	**6 845**	**52**	**8 478**	**65**
北京	204.7	0.1	221.1	0.7	242.9	1.2	258.9	2.5	303.9	3.0
天津							147.2	0.1	162.9	0.9
河北	163.1	0.8	146.7	0.4	145.7	0.4	273.9	0.9	361.4	1.3
山西	71.8	0.0	46.3	0.1	48.4	0.0	104.0	0.1	151.4	0.5
内蒙古	26.7	0.5	23.8	0.2	31.8	0.3	85.0	0.5	110.2	0.7
辽宁	390.6	5.0	390.5	6.0	345.8	7.3	404.2	8.2	474.6	9.1
吉林	30.7	1.1	36.6	1.5	37.1	1.2	114.3	3.1	136.7	2.2
黑龙江	104.4	0.1	119.0	0.9	130.9	1.1	202.7	4.3	257.5	3.8
上海							188.3	0.1	523.7	0.5
江苏	473.9	0.7	480.0	1.3	503.0	1.7	577.2	2.7	680.2	3.7
浙江	219.7	0.6	226.0	1.0	287.7	1.4	360.4	2.7	453.1	4.8
安徽	73.4	0.2	69.8	0.3	68.0	0.4	102.0	0.5	148.2	1.7
福建	159.0	0.2	170.7	0.3	172.3	0.6	205.4	0.8	239.1	1.3
江西	137.8	0.2	129.3	0.2	129.7	0.3	134.7	0.4	153.6	0.8
山东	285.5	0.6	277.7	1.1	281.8	1.5	476.7	4.7	578.7	5.7
河南	196.0	0.5	218.8	0.7	210.6	0.5	324.7	1.1	404.0	1.5
湖北	182.3	1.3	183.2	1.7	189.2	1.4	187.2	1.8	230.3	1.1
湖南					8.6	0.0	203.3	0.3	228.2	0.7
广东	990.1	5.2	1 049.9	8.0	1 120.0	9.7	1 215.1	11.3	1 605.1	12.9
广西	124.1	0.1	117.3	0.2	120.3	0.3	133.5	0.7	144.4	0.8
海南	69.5	0.0	68.9	0.1	68.2	0.1	64.5	0.1	68.9	0.1
重庆	25.0	0.1	29.7	0.1	26.5	0.2	122.6	0.4	154.1	1.2
四川	179.3	0.5	167.4	0.6	161.4	1.2	195.6	1.6	270.5	2.0
贵州	1.7	0.0	1.3	0.0	1.3	0.0	1.2	0.0	65.8	0.1
云南	97.3	0.6	89.0	0.9	84.1	1.2	150.9	1.1	166.9	1.2
西藏									1.9	
陕西	24.5	0.1	25.6	0.0	35.1	0.1	115.1	0.7	149.2	1.8
甘肃	9.5	0.0	8.7	0.0	8.0	0.0	42.0	0.1	70.1	0.4
青海	7.1	0.0	6.6	0.0	6.6	0.0	15.7	0.1	20.5	0.3
宁夏	11.4	0.0	16.0	0.0	15.2	0.1	19.1	0.3	23.5	0.3
新疆	86.3	0.1	86.0	0.1	94.6	0.5	119.5	0.7	139.1	0.9

续表

地区	2006 年		2007 年		2008 年		2009 年		2010 年	
	参保人数	享受待遇人数	参保人数	享受待遇人数	参保人数	享受待遇人数	参保人数	享受待遇人数	参保人数	享受待遇人数
全国	**10 268**	**78**	**12 173**	**96**	**13 787**	**118**	**14 896**	**130**	**16 161**	**147**
北京	465.3	1.5	609.2	1.6	666.5	1.8	747.1	4.1	823.8	4.4
天津	209.7	1.7	257.2	2.3	274.9	2.7	292.2	3.1	304.5	4.1
河北	402.4	2.4	481.3	6.0	520.8	5.3	559.3	6.0	594.4	7.5
山西	201.4	3.3	229.1	3.9	261.0	4.6	280.7	4.3	292.4	4.9
内蒙古	131.6	0.8	163.6	1.3	185.4	1.4	199.1	1.6	207.5	1.8
辽宁	510.0	8.5	572.3	9.1	659.6	8.5	695.8	9.0	730.0	10.0
吉林	174.7	3.0	206.8	2.6	234.9	4.1	272.2	3.0	300.5	3.7
黑龙江	303.0	3.9	351.7	4.9	390.9	4.5	401.8	5.6	415.1	6.2
上海	817.7	0.7	884.4	0.9	950.4	1.2	934.0	1.3	961.0	1.7
江苏	812.7	5.6	921.0	6.6	1 056.6	8.4	1 118.1	9.3	1 205.5	9.8
浙江	603.9	7.4	1 002.9	11.2	1 261.8	16.9	1 331.1	18.0	1 475.1	20.2
安徽	200.2	2.0	248.7	2.2	292.9	2.9	320.6	3.9	351.1	4.4
福建	261.0	1.5	294.8	1.9	346.1	2.2	379.3	2.3	417.7	2.4
江西	207.9	1.5	251.3	1.7	313.6	2.0	340.2	1.9	371.7	2.7
山东	647.3	5.8	745.0	7.0	865.0	8.8	1 064.6	9.2	1 211.2	10.2
河南	421.0	1.7	448.3	2.6	500.2	3.1	521.0	3.2	551.7	3.0
湖北	275.5	1.5	327.5	2.0	360.9	2.4	410.7	2.7	444.0	3.1
湖南	280.1	2.0	342.4	2.6	403.5	3.9	472.1	5.3	516.0	7.4
广东	1 868.2	13.5	2 113.9	13.8	2 302.3	15.2	2 435.5	15.0	2 657.8	14.7
广西	161.1	0.8	182.4	0.9	204.9	1.1	221.7	1.2	235.7	1.4
海南	71.5	0.2	78.4	0.2	86.1	0.2	90.1	0.3	95.8	0.3
重庆	165.4	1.8	181.1	1.6	208.2	4.2	226.5	4.7	266.0	5.6
四川	304.9	2.3	397.3	3.2	464.6	4.6	515.8	6.1	583.8	6.0
贵州	90.5	0.6	110.5	0.9	129.0	1.1	143.3	1.4	162.2	1.9
云南	173.8	1.1	188.5	1.6	202.5	2.3	215.1	2.4	227.4	4.6
西藏	2.3	0.0	3.7	0.0	5.9	0.0	8.3		8.8	0.0
陕西	210.3	0.7	232.0	1.0	247.6	1.4	264.9	1.4	278.6	1.6
甘肃	86.3	0.3	98.2	0.4	108.9	0.8	119.7	0.8	130.1	1.1
青海	23.1	0.4	25.3	0.4	29.9	0.5	40.1	0.5	43.2	0.5
宁夏	24.2	0.3	30.5	0.1	37.5	0.2	42.4	0.2	48.9	0.3
新疆	161.3	1.2	194.1	1.4	214.5	1.6	232.3	1.9	249.3	2.0

表 5—15 **分地区工伤保险基金情况**

（2010 年）

单位：亿元

地区	基金收入	基金支出	累计结余	储备金结存
全国	**284.9**	**192.4**	**479.1**	**82.4**
北京	13.0	10.7		17.3
天津	5.9	4.7	10.5	0.7
河北	16.1	13.3	14.4	4.4
山西	12.9	8.0	15.5	2.9
内蒙古	5.4	2.9	6.9	1.1
辽宁	15.4	10.4	19.7	4.2
吉林	4.6	3.9	3.1	2.2
黑龙江	11.6	9.2	11.0	2.1
上海	12.9	5.2	34.5	3.3
江苏	18.7	13.9	28.6	6.7
浙江	22.0	14.1	35.6	2.0
安徽	6.0	3.6	10.0	1.0
福建	5.9	2.9	16.6	5.8
江西	4.6	2.4	8.5	0.6
山东	20.5	15.1	22.6	4.3
河南	10.2	5.8	18.5	2.4
湖北	5.1	2.8	10.1	0.5
湖南	10.7	8.4	12.6	1.5
广东	30.4	19.8	120.0	7.1
广西	3.4	1.6	11.6	0.4
海南	0.9	0.5	4.1	0.2
重庆	7.1	6.2	3.4	
四川	12.4	8.5	20.1	1.8
贵州	6.4	5.0	5.2	2.1
云南	5.8	4.4	10.7	0.9
西藏	0.3	0.1	0.7	
陕西	5.8	2.6	10.5	1.0
甘肃	2.9	1.7	5.6	0.2
青海	1.6	0.9		3.0
宁夏	1.4	0.8	1.1	0.4
新疆	4.8	3.3	7.4	2.4

表 5—16

分地区工伤认定情况

（2010 年）

单位：件

地区	当期受理工伤认定数	认定工伤件数	视同工伤件数	不予认定工伤件数	当期不予受理申请件数
全国	**1 149 205**	**1 134 703**	**5 898**	**8 604**	**6 027**
北京	23 897	23 586	248	63	61
天津	26 864	26 613	159	92	107
河北	47 407	46 725	434	248	208
山西	13 671	13 343	281	47	24
内蒙古	8 846	8 606	137	103	44
辽宁	30 412	30 010	275	127	71
吉林	10 612	10 397	155	60	344
黑龙江	15 759	15 441	221	97	88
上海	55 963	55 365	273	325	198
江苏	91 661	90 649	356	656	392
浙江	221 118	220 387	217	514	886
安徽	21 355	21 034	110	211	170
福建	24 441	24 125	113	203	283
江西	10 654	10 354	80	220	142
山东	63 461	62 493	379	589	376
河南	17 427	16 963	325	139	121
湖北	16 708	16 416	142	150	200
湖南	47 263	46 524	301	438	236
广东	217 938	214 641	496	2801	936
广西	9 393	9 206	73	114	78
海南	2 364	2 304	35	25	4
重庆	55 958	55 531	90	337	246
四川	45 883	45 270	230	383	385
贵州	19 093	18 865	95	133	111
云南	20 524	20 222	153	149	47
西藏	226	220	0	6	9
陕西	7 189	6 981	152	56	20
甘肃	6 017	5 869	105	43	62
青海	2 340	2 274	45	21	18
宁夏	3 654	3 575	32	47	21
新疆	8 458	8 168	126	164	125
兵团	2 649	2 546	60	43	14

表 5—17　　分地区劳动能力鉴定情况

（2010 年）　　单位：人

地区	申请鉴定人数						评定伤残等级人数				存在生活自理障碍人数
	小计	初次申请	再次申请	改变结论	复查申请	改变结论	小计	一至四级	五至六级	七至十级	
全国	**494 918**	**473 374**	**14 110**	**4 448**	**7 434**	**2 186**	**418 857**	**25 012**	**28 777**	**365 068**	**8 788**
北京	11 537	10 981	26	5	530	490	9 093	974	775	7 344	234
天津	7 850	7 220	251	98	379	105	6 991	408	943	5 640	151
河北	14 521	14 005	163	63	353	258	13 182	856	1 199	11 127	351
山西	9 216	8 967	180	100	69	35	8 839	1 229	1 290	6 320	623
内蒙古	5 820	5 700	82	36	38	25	5 494	350	730	4 414	156
辽宁	17 520	16 567	224	63	729	220	15 266	1 821	1 522	11 923	553
吉林	7 246	6 455	271	172	520	87	6 483	286	493	5 704	166
黑龙江	13 127	12 558	396	173	173	41	11 650	618	1 136	9 896	260
上海	38 259	36 383	755	264	1 121	7	33 690	514	891	32 285	298
江苏	39 106	37 351	1 407	280	348	33	34 657	893	1 453	32 311	660
浙江	47 942	45 562	2 328	607	52	29	43 976	855	1 775	41 346	225
安徽	9 750	9 213	329	102	208	12	8 058	460	794	6 804	136
福建	8 011	7 561	437	140	13	3	6 441	422	390	5 629	124
江西	7 910	7 479	401	88	30	18	6 925	312	588	6 025	235
山东	28 323	27 243	928	258	152	42	22 982	1 288	1 681	20 013	586
河南	10 691	10 375	236	97	80	30	8 186	1 112	723	6 351	314
湖北	17 676	17 142	392	199	142	11	16 197	1 472	2 712	12 013	314
湖南	16 511	15 173	964	302	374	92	15 430	549	926	13 955	183
广东	77 365	75 817	487	64	1 061	222	54 180	855	1 773	51 552	547
广西	4 618	4 535	64	30	19	8	3 846	849	524	2 473	63
海南	769	733	28	4	8	1	367	63	72	232	22
重庆	24 794	23 855	869	394	70	31	22 403	1 196	1 012	20 195	365
四川	31 736	30 348	1 135	195	253	53	26 755	2 976	1 711	22 068	641
贵州	14 781	13 832	715	447	234	149	13 465	786	965	11 714	354
云南	8 975	8 572	375	136	28	4	6 369	1 009	882	4 478	462
西藏	434	430	4	2	0	0	380	32	68	280	12
陕西	5 415	5 034	67	11	314	136	5 038	684	449	3 905	182
甘肃	3 361	3 292	28	9	41	12	3 049	613	410	2 026	77
青海	948	911	16	3	21	8	879	123	93	663	34
宁夏	2 586	2 553	23	1	10		2 421	813	361	1 247	74
新疆	6 529	5 995	512	97	22	7	4 901	527	313	4 061	294
兵团	1 591	1 532	17	8	42	17	1 264	67	123	1 074	92

表 5—18　　历年分地区生育保险参保人数　　单位：万人

地区	2001年		2002年		2003年		2004年		2005年	
	参保人数	享受待遇人数	参保人数	享受待遇人数	参保人数	享受待遇人数	参保人数	享受待遇人数	参保人数	享受待遇人数
全国	**3 455**	**24**	**3 488**	**28**	**3 655**	**36**	**4 384**	**46**	**5 408**	**62**
北京									226.1	1.1
天津									157.4	0.6
河北	131.5	0.8	95.4	0.7	94.1	0.4	114.1	0.4	215.9	0.8
山西	108.0	0.3	84.3	0.3	84.3	0.2	93.2	0.2	95.6	0.3
内蒙古	27.9	0.3	23.4	0.1	40.3	0.2	66.7	0.4	105.8	1.5
辽宁	227.8	1.2	216.1	1.2	199.1	1.5	215.9	2.1	220.1	2.7
吉林	24.0	0.1	32.7	0.1	34.0	0.1	35.1	0.2	35.3	0.8
黑龙江	68.2	0.2	153.2	1.2	167.5	2.7	187.3	3.5	156.6	2.9
上海	443.7	0.1	452.9	3.7	461.1	4.1	505.6	4.9	539.3	5.8
江苏	483.5	4.6	486.1	4.1	504.1	7.2	552.7	9.2	630.9	11.2
浙江	187.6	1.7	193.7	1.9	215.0	2.1	239.8	3.0	284.9	3.7
安徽	23.4	0.1	23.6	0.2	23.9	0.2	37.6	0.2	53.5	0.5
福建	118.2	0.9	123.7	1.0	139.4	1.4	146.5	1.7	161.8	2.1
江西	120.2	0.8	109.4	0.7	108.7	0.6	107.6	0.5	117.8	0.8
山东	331.8	3.4	322.8	3.8	336.5	4.1	390.8	4.7	461.2	5.5
河南	196.4	1.1	205.9	1.1	199.2	1.1	201.2	1.5	228.4	1.5
湖北	182.1	1.1	182.7	0.8	182.1	0.6	179.9	0.6	175.9	0.6
湖南	3.7	0.0	3.4	0.0	3.3	0.0	212.9	0.5	250.2	3.2
广东	250.1	2.4	258.7	2.5	330.8	3.0	376.7	3.6	419.4	4.2
广西	113.5	1.2	106.8	1.1	111.1	1.2	134.8	1.6	141.4	1.9
海南	10.8	0.1	23.2	0.2	28.4	0.2	31.7	0.4	34.9	0.5
重庆	23.6	0.2	19.9	0.1	16.5	0.1	12.9	0.0		
四川	178.1	1.6	166.4	1.2	165.1	1.3	187.4	1.4	212.5	1.4
贵州	1.1	0.0	0.9	0.0	0.9	0.0	2.3	0.0	52.1	0.0
云南	96.1	1.2	86.9	1.0	82.8	1.4	142.3	2.3	156.1	2.5
西藏										
陕西	4.6	0.1	5.4	0.1	14.6	0.1	36.2	0.2	43.1	0.8
甘肃	5.0	0.0	5.1	0.0	6.8	0.0	31.0	0.1	40.0	0.3
青海	6.6	0.1	4.3	0.0	5.2	0.1	5.8	0.1	6.5	0.1
宁夏	8.7	0.1	15.0	0.2	15.1	0.2	18.4	0.2	21.6	0.2
新疆	78.9	1.0	86.4	1.0	85.7	2.0	117.4	2.5	164.1	4.7

续表

地区	2006 年		2007 年		2008 年		2009 年		2010 年	
	参保人数	享受待遇人数	参保人数	享受待遇人数	参保人数	享受待遇人数	参保人数	享受待遇人数	参保人数	享受待遇人数
全国	**6 459**	**108**	**7 775**	**113**	**9 254**	**140**	**10 876**	**174**	**12 336**	**211**
北京	263.3	6.7	290.6	9.8	324.1	11.8	346.8	12.8	372.2	12.6
天津	180.1	7.7	194.0	3.9	196.5	4.7	204.6	4.8	212.0	5.6
河北	264.2	1.7	338.5	2.5	408.5	5.2	489.9	6.7	561.5	5.2
山西	98.1	0.4	104.4	0.3	148.3	0.7	185.8	0.9	211.6	1.7
内蒙古	122.1	2.1	139.1	1.7	154.6	1.6	182.9	2.0	233.9	2.2
辽宁	378.7	4.9	423.0	13.2	460.2	11.7	531.2	13.5	593.0	13.5
吉林	117.7	0.6	173.6	1.6	227.9	2.5	289.9	4.6	310.5	5.6
黑龙江	172.7	3.1	216.8	3.1	241.9	3.2	270.0	3.3	290.1	3.4
上海	555.1	16.8	592.0	7.3	609.9	7.1	625.1	6.5	657.3	7.7
江苏	711.5	12.8	794.1	14.5	907.2	19.5	962.5	23.3	1 086.4	24.4
浙江	382.7	6.9	505.0	6.1	690.0	8.1	750.7	10.4	863.7	12.4
安徽	78.6	1.0	175.6	1.9	231.0	3.5	303.6	4.6	346.9	5.0
福建	173.5	2.0	250.4	2.7	273.9	3.2	317.8	4.5	374.4	4.9
江西	123.2	1.1	137.8	0.8	156.6	0.6	163.0	0.7	170.0	1.0
山东	488.8	10.0	563.3	8.2	638.0	10.3	703.0	14.4	774.1	18.0
河南	238.4	2.0	279.1	2.2	313.4	2.8	379.8	4.0	412.9	5.3
湖北	194.5	0.8	224.6	1.1	278.0	2.9	357.1	6.5	381.8	11.0
湖南	308.5	5.2	369.3	5.6	431.5	6.2	502.4	9.0	527.1	12.1
广东	464.8	4.8	659.1	6.6	1 011.2	9.7	1 586.3	12.5	2 038.5	24.3
广西	145.2	1.9	163.5	2.3	176.5	3.0	199.0	3.2	218.5	3.6
海南	40.6	0.7	66.7	0.8	79.8	1.1	85.0	1.2	92.6	1.5
重庆	96.8	0.6	116.9	2.2	141.6	2.6	155.5	3.7	175.7	4.9
四川	274.1	1.9	323.3	3.6	373.0	4.4	426.4	5.8	484.2	5.9
贵州	72.1	0.7	89.1	1.2	135.9	1.8	152.5	1.9	164.3	2.3
云南	159.5	2.6	165.1	2.2	168.4	2.6	181.1	2.8	210.2	4.0
西藏			9.4	0.0	12.4	0.1	14.2	0.2	14.8	0.3
陕西	86.3	0.5	120.9	0.9	147.6	1.6	164.4	2.1	180.1	2.4
甘肃	47.0	0.4	53.3	0.7	59.1	0.6	71.2	0.7	82.0	1.0
青海	7.2	0.2	6.2	0.2	6.3	0.1	6.3	0.1	6.4	0.1
宁夏	18.1	0.4	19.2	0.4	25.1	0.4	30.7	0.5	39.8	0.6
新疆	195.6	7.5	211.6	5.6	225.4	6.4	236.8	6.6	249.4	8.4

表 5—19

分地区生育保险基本情况

（2010 年）

地区	年末参保人数（万人）	基金收支情况（亿元）		
		基金收入	基金支出	累计结余
全国	**12 336**	**159.6**	**109.9**	**261.4**
北京	372.2	12.2	7.7	19.7
天津	212.0	5.6	4.6	10.7
河北	561.5	4.7	2.5	6.8
山西	211.6	2.2	1.2	4.0
内蒙古	233.9	2.7	1.5	4.0
辽宁	593.0	7.4	5.7	8.5
吉林	310.5	2.2	1.1	4.3
黑龙江	290.1	3.0	1.9	6.4
上海	657.3	12.0	13.3	0.7
江苏	1 086.4	19.4	12.3	40.0
浙江	863.7	12.5	9.8	14.3
安徽	346.9	3.6	2.3	5.0
福建	374.4	4.3	2.9	8.2
江西	170.0	0.8	0.4	2.8
山东	774.1	11.7	9.1	19.0
河南	412.9	4.5	2.4	8.1
湖北	381.8	3.8	2.0	8.1
湖南	527.1	4.2	2.6	8.5
广东	2 038.5	19.2	12.2	30.7
广西	218.5	2.5	1.6	5.8
海南	92.6	0.6	0.3	2.2
重庆	175.7	2.1	1.6	4.1
四川	484.2	5.0	3.9	10.9
贵州	164.3	1.3	0.5	2.9
云南	210.2	3.0	1.7	8.1
西藏	14.8	0.3	0.2	0.6
陕西	180.1	2.4	0.9	4.3
甘肃	82.0	1.0	0.5	1.9
青海	6.4	0.2	0.1	0.5
宁夏	39.8	0.6	0.3	0.7
新疆	249.4	4.6	2.8	9.9

表 5—20　各地区新型农村社会养老保险试点情况

（2010 年）

地区	参保人数（万人）	#达到领取待遇年龄参保人数	基金收支情况（亿元）		
			基金收入	基金支出	累计结余
全国	**10 276.8**	**2 862.6**	**453.4**	**200.4**	**422.5**
北京	168.5	17.7	21.2	7.1	57.2
天津	79.4	65.6	28.5	9.7	36.4
河北	840.3	179.5	24.8	9.9	20.9
山西	249.8	68.8	5.7	3.4	8.0
内蒙古	168.8	41.8	5.6	2.9	7.7
辽宁	146.8	33.6	5.5	2.4	3.1
吉林	86.7	32.2	2.4	1.2	1.4
黑龙江	131.2	27.7	7.2	2.1	3.9
上海	28.9	14.1	6.9	6.8	25.0
江苏	333.5	132.4	27.9	15.7	53.9
浙江	290.8	134.2	16.5	7.3	16.7
安徽	349.3	93.0	13.9	7.3	10.1
福建	273.9	57.7	9.4	3.7	4.6
江西	272.3	75.2	7.0	3.2	4.3
山东	919.2	318.0	43.7	18.2	52.7
河南	1 211.8	251.1	46.6	16.2	23.2
湖北	380.0	115.0	12.4	6.4	7.8
湖南	581.8	217.8	17.2	10.1	8.6
广东	157.6	51.8	6.5	3.5	5.0
广西	220.4	59.6	8.5	3.9	4.6
海南	62.4	17.7	2.5	1.1	1.0
重庆	807.4	265.0	33.5	23.6	9.9
四川	669.6	199.6	29.6	14.2	21.6
贵州	223.9	63.5	7.1	3.7	5.2
云南	469.4	91.7	11.1	3.5	7.3
西藏	80.5	23.5	2.2	1.7	0.2
陕西	439.7	97.0	23.8	4.4	13.4
甘肃	185.5	38.0	15.7	3.5	0.8
青海	65.1	16.8	1.9	0.5	1.4
宁夏	24.7	4.7	0.8	0.3	0.7
新疆	357.9	58.0	8.0	2.7	5.8

注：本年度新农保数据是指经国务院批准开展新农保试点地区的数据，不包含老农保和地方自行开展新农保试点地区数据。

（六）人才队伍建设

表 6—1　　公有经济企事业单位专业技术人才分职务情况

（2010 年）　　单位：万人

地区	专业技术人才总数	高级	中级	初级
全国	**2 815.7**	**288.1**	**1 048.9**	**1 249.4**
中央	620.4	72.0	186.9	237.7
北京	44.0	5.0	15.3	18.1
天津	29.3	4.7	11.7	10.6
河北	113.9	10.9	44.6	54.7
山西	86.7	6.4	31.0	44.2
内蒙古	54.3	7.2	20.7	24.7
辽宁	73.0	11.5	30.9	28.5
吉林	61.0	6.7	24.7	28.9
黑龙江	79.2	12.1	32.9	32.4
上海	58.2	4.8	19.0	20.5
江苏	114.0	13.9	51.1	44.4
浙江	84.6	9.7	35.4	34.9
安徽	81.6	7.5	33.9	36.7
福建	59.9	5.8	21.6	29.8
江西	69.6	7.3	25.6	34.9
山东	175.4	18.6	66.3	83.7
河南	112.6	11.0	46.0	52.3
湖北	86.1	9.6	43.5	31.3
湖南	96.7	7.6	42.1	42.2
广东	139.2	11.1	60.1	60.2
广西	81.0	4.1	33.7	36.8
海南	14.0	1.0	4.6	7.8
重庆	43.6	4.0	15.1	21.7
四川	106.7	9.5	40.5	53.3
贵州	56.4	3.2	17.4	33.6
云南	75.8	6.3	29.0	38.2
西藏	5.4	0.2	1.3	3.6
陕西	73.3	5.9	24.0	39.1
甘肃	50.7	3.3	16.3	27.8
青海	11.8	1.5	4.8	5.2
宁夏	12.4	1.5	5.0	5.4
新疆	45.1	4.1	13.8	25.9

注：专业技术人才数据中包括具有专业技术和管理双重身份的 426.8 万人。

表 6—2　　公有经济企事业单位专业技术人才分学历情况

（2010 年）　　单位：万人

地区	合计	研究生	大学本科	大学专科	中专	高中及以下
全国	**2 815.7**	**135.5**	**1 164.5**	**995.8**	**402.0**	**117.9**
中央	620.4	60.0	283.5	189.2	50.9	36.8
北京	44.0	4.4	23.2	11.2	3.7	1.5
天津	29.3	1.8	13.9	8.4	4.1	1.1
河北	113.9	3.0	46.0	44.1	18.0	2.7
山西	86.7	2.2	30.8	34.2	15.9	3.6
内蒙古	54.3	1.4	22.5	20.4	7.8	2.2
辽宁	73.0	2.7	31.5	26.1	11.1	1.6
吉林	61.0	1.8	24.5	20.1	11.8	2.8
黑龙江	79.2	2.4	31.3	28.9	14.3	2.3
上海	58.2	5.1	27.9	16.9	5.6	2.7
江苏	114.0	5.9	56.9	33.7	13.9	3.5
浙江	84.6	4.1	46.4	23.1	7.2	3.7
安徽	81.6	2.5	29.0	31.2	17.2	1.7
福建	59.9	2.1	25.0	20.5	10.5	1.8
江西	69.6	2.0	22.8	26.5	15.0	3.4
山东	175.4	5.7	80.5	55.7	26.9	6.6
河南	112.6	3.6	38.4	47.4	20.9	2.3
湖北	86.1	2.4	31.4	32.1	15.8	4.4
湖南	96.7	1.6	31.7	38.9	19.6	4.9
广东	139.2	6.3	58.4	49.9	19.7	4.8
广西	81.0	2.4	27.2	33.6	15.1	2.7
海南	14.0	0.4	4.3	5.3	3.2	0.8
重庆	43.6	1.5	18.9	16.2	4.9	2.0
四川	106.7	2.7	39.2	44.4	16.1	4.4
贵州	56.4	0.9	18.0	26.2	9.2	2.2
云南	75.8	1.7	28.1	31.9	11.2	2.8
西藏	5.4	0.1	1.9	2.3	0.9	0.2
陕西	73.3	2.4	26.2	28.6	12.4	3.7
甘肃	50.7	1.1	19.3	19.8	7.9	2.6
青海	11.8	0.2	4.6	4.9	1.4	0.7
宁夏	12.4	0.3	5.3	4.6	1.8	0.4
新疆	45.1	0.8	15.8	19.6	8.2	0.8

注：专业技术人才数据中包括具有专业技术和管理双重身份的 426.8 万人。

表 6—3

事业单位管理人员分学历情况

（2010 年）

单位：万人

地区	合计	研究生	大学本科	大学专科	中专	高中及以下
全国	**415.9**	**18.2**	**165.1**	**152.9**	**46.0**	**33.8**
中央	33.9	6.0	16.7	7.7	1.3	2.1
北京	9.0	0.7	5.0	2.2	0.5	0.5
天津	5.1	0.2	2.3	1.5	0.6	0.4
河北	17.7	0.4	6.3	6.9	2.9	1.1
山西	11.6	0.2	4.2	5.0	1.4	0.6
内蒙古	10.4	0.3	3.8	4.2	1.0	1.2
辽宁	12.9	0.4	5.2	4.9	1.7	0.7
吉林	12.2	0.4	4.2	4.1	2.2	1.2
黑龙江	11.7	0.3	4.7	4.4	1.6	0.7
上海	7.3	0.5	3.5	2.1	0.5	0.7
江苏	18.4	0.9	8.2	5.6	1.4	2.3
浙江	13.0	0.6	6.3	3.9	0.6	1.6
安徽	10.1	0.4	3.7	4.1	1.3	0.6
福建	7.4	0.2	3.4	2.4	0.9	0.5
江西	12.8	0.3	3.8	5.1	1.9	1.8
山东	34.6	1.1	15.7	11.2	4.0	2.5
河南	25.6	0.5	8.5	11.5	3.9	1.1
湖北	19.4	0.5	5.9	7.9	2.5	2.6
湖南	19.8	0.4	6.4	8.1	3.0	1.9
广东	23.8	1.1	9.4	8.9	2.1	2.3
广西	10.8	0.5	3.7	4.3	1.1	1.1
海南	2.6	0.1	0.8	1.0	0.3	0.4
重庆	7.5	0.3	3.3	3.1	0.4	0.4
四川	19.1	0.5	7.0	7.9	2.1	1.4
贵州	10.9	0.2	3.5	5.1	1.3	0.8
云南	8.7	0.2	4.4	3.2	0.6	0.3
西藏	0.4	0.02	0.1	0.2	0.1	0.04
陕西	15.1	0.5	4.9	6.1	2.3	1.4
甘肃	12.5	0.2	5.2	5.1	1.3	0.7
青海	1.5	0.0	0.6	0.7	0.2	0.1
宁夏	2.0	0.1	0.8	0.8	0.2	0.2
新疆	8.3	0.2	3.4	3.6	0.8	0.2

表 6—4　　公有经济企业经营管理人才分学历情况

（2010 年）　　单位：万人

地区	合计	研究生	大学本科	大学专科	中专	高中及以下
全国	**532.9**	**23.9**	**206.3**	**184.0**	**55.9**	**62.8**
中央	307.9	16.7	136.5	102.2	24.7	27.8
北京	12.9	0.9	5.5	4.0	1.1	1.3
天津	4.1	0.1	1.4	1.4	0.6	0.7
河北	6.9	0.2	2.1	2.5	1.1	0.9
山西	17.6	0.2	4.4	6.8	3.0	3.1
内蒙古	3.6	0.1	0.9	1.3	0.6	0.7
辽宁	8.9	0.3	3.1	3.5	0.9	1.1
吉林	2.3	0.1	0.7	0.8	0.4	0.4
黑龙江	12.3	0.2	3.5	5.1	2.5	1.0
上海	16.0	1.0	5.7	5.2	1.7	2.4
江苏	8.1	0.4	2.9	2.9	0.8	1.2
浙江	5.5	0.2	2.0	1.9	0.5	0.9
安徽	7.2	0.2	2.0	2.7	1.2	1.1
福建	5.1	0.1	1.8	1.7	0.7	0.7
江西	4.8	0.1	1.1	1.7	0.8	1.1
山东	16.2	0.4	5.8	5.4	2.6	1.9
河南	9.2	0.2	2.2	3.6	1.5	1.7
湖北	4.8	0.1	1.4	1.8	0.7	0.8
湖南	7.7	0.1	2.1	3.0	1.0	1.5
广东	17.9	0.9	6.3	5.4	2.1	3.2
广西	7.9	0.2	2.6	2.9	1.2	1.0
海南	2.8	0.03	0.4	0.8	0.4	1.1
重庆	6.9	0.2	2.2	2.7	0.7	1.0
四川	7.4	0.2	2.2	3.0	0.9	1.1
贵州	5.4	0.0	1.4	2.2	0.9	0.8
云南	5.2	0.1	1.4	1.9	0.8	0.9
西藏	0.2	0.005	0.02	0.1	0.1	0.1
陕西	9.6	0.3	2.5	3.7	1.3	1.9
甘肃	5.5	0.1	1.4	2.2	0.9	0.9
青海	0.8	0.03	0.2	0.3	0.1	0.1
宁夏	1.0	0.02	0.3	0.4	0.1	0.1
新疆	1.4	0.03	0.3	0.7	0.2	0.2